André Schüller-Zwierlein
Die Fragilität des Zugangs

Age of Access?
Grundfragen der
Informationsgesellschaft

Herausgegeben von
André Schüller-Zwierlein

Editorial Board
Herbert Burkert (St. Gallen)
Klaus Ceynowa (München)
Heinrich Hußmann (München)
Michael Jäckel (Trier)
Rainer Kuhlen (Konstanz)
Frank Marcinkowski (Düsseldorf)
Rudi Schmiede (Darmstadt)
Richard Stang (Stuttgart)

Band 14

André Schüller-Zwierlein

Die Fragilität des Zugangs

—

Eine Kritik der Informationsgesellschaft

DE GRUYTER
SAUR

ISBN 978-3-11-127107-1
e-ISBN (PDF) 978-3-11-073579-6
e-ISBN (EPUB) 978-3-11-073582-6
ISSN 2195-0210

Library of Congress Control Number: 2021943939

Bibliografische Information der Deutschen Nationalbibliothek
Die Deutsche Nationalbibliothek verzeichnet diese Publikation in der Deutschen Nationalbibliografie; detaillierte bibliografische Daten sind im Internet über http://dnb.dnb.de abrufbar.

© 2023 Walter de Gruyter GmbH, Berlin/Boston
Dieser Band ist text- und seitenidentisch mit der 2022 erschienenen gebundenen Ausgabe.
Coverabbildung: Stockbyte / Retrofile RF / Getty Images
Satz: bsix information exchange GmbH, Braunschweig
Druck und Bindung: CPI books GmbH, Leck

www.degruyter.com

Age of Access? Grundfragen der Informationsgesellschaft

Vorwort zur Reihe

Zugänglichkeit: Wann immer es um das Thema Information geht, gehört dieser Begriff zu den meistverwendeten. Er ist zugleich facettenreich und unterdefiniert. Zahlreiche seiner Dimensionen werden in unterschiedlichen Fachtraditionen analysiert, jedoch oft nicht als Teile derselben Fragestellung wahrgenommen. Die Reihe *Age of Access? Grundfragen der Informationsgesellschaft* geht die Aufgabe an, die relevanten Diskurse aus Wissenschaft und Praxis zusammenzubringen, um zu einer genaueren Vorstellung der zentralen gesellschaftlichen Rolle zu kommen, die die Zugänglichkeit von Information spielt.

Die ubiquitäre Rede von „Informationsgesellschaft" und „age of access" deutet auf diese zentrale Rolle hin, suggeriert aber – je nach Tendenz – entweder, dass Information allenthalben zugänglich ist, oder, dass sie es sein sollte. Beide Aussagen, so der Ansatz der Reihe, bedürfen der Überprüfung und Begründung. Der Analyse der Aussage, dass Information zugänglich sein sollte, widmet sich – grundlegend für die folgenden – der erste Band der Reihe, *Informationsgerechtigkeit*. Weitere Bände arbeiten die physischen, wirtschaftlichen, intellektuellen, sprachlichen, politischen, demographischen und technischen Dimensionen der Zugänglichkeit bzw. Unzugänglichkeit von Information heraus und ermöglichen so die Überprüfung der Aussage, dass Information bereits allenthalben zugänglich ist.

Einen besonderen Akzent setzt die Reihe, indem sie betont, dass die Zugänglichkeit von Information neben der synchronen auch eine diachrone Dimension hat – und dass somit die Forschung zu den Praktiken der kulturellen Überlieferung die Diskussion zum Thema Zugänglichkeit von Information befruchten kann. Daneben analysiert sie Potenziale und Konsequenzen neuer Techniken und Praktiken der Zugänglichmachung. Sie durchleuchtet Bereiche, in denen Zugänglichkeit nur simuliert wird oder in denen Unzugänglichkeit nicht bemerkt wird. Und schließlich widmet sie sich Gebieten, in denen sich die Grenzen der Forderung nach Zugänglichkeit zeigen. Die Themen- und Diskursvielfalt der Reihe vereint eine gemeinsame Annahme: Erst wenn die Dimensionen der Zugänglichkeit von Information erforscht worden sind, kann man mit Recht von einer Informationsgesellschaft sprechen.

Die Publikation der Bände in gedruckter und elektronischer Form in Kombination mit der Möglichkeit der zeitversetzten Open Access-Publikation der Beiträge stellt einen Versuch dar, verschiedenen Zugänglichkeitsbedürfnissen Rechnung zu tragen.

André Schüller-Zwierlein

Die Fragilität des Zugangs

Eine Kritik der Informationsgesellschaft

„hoi mē eidotes, oiomenoi d' eidenai [...]. Hautē ara hē agnoia tōn kakōn aitia".
(Platon, *Alkibiades I* 118a; **4. Jh. v. Chr.**)

„Plato was the child of a time which is still our own."
(Karl Popper, *The Open Society and Its Enemies*, 186; **1945**)

„Wenn ein Löwe sprechen könnte, wir könnten ihn nicht verstehen."
(Ludwig Wittgenstein, *Philosophische Untersuchungen*, 568; **1953**)

„Niemand, der nicht fähig ist, mit sich selbst einen Dialog zu führen, kann sein Gewissen bewahren."
(Hannah Arendt, *Sokrates*, 63; **1954**)

„Wer einen Text verstehen will, ist vielmehr bereit, sich von ihm etwas sagen zu lassen."
(Hans-Georg Gadamer, *Wahrheit und Methode*, 273; **1960**)

„La liberté consiste à savoir que la liberté est en péril."
(Emmanuel Levinas, *Totalité et infini*, 23; **1961**)

„le temps du dialogue vivant est infini".
(Jean-François Lyotard, *Le Différend*, 44; **1983**)

„Parler la même langue, ce n'est pas seulement une opération linguistique."
(Jacques Derrida, *De l'Hospitalité*, 117; **1997**)

„Nous sommes structurellement des survivants".
(Jacques Derrida, *Apprendre à vivre enfin*, 54; **2005**)

„The hope of harmony in the contemporary world lies to a great extent in a clearer understanding of the pluralities of human identity".
(Amartya Sen, *Identity and Violence*, xiv; **2006**)

„It's hard to be an individual, to be conscious and alive inside the prison walls of your skull. So much easier to lay all that aside, to flow into something larger than yourself. So much easier to forget."
(Hari Kunzru, *Memory Palace*, 15; **2013**)

„La transparence n'est pas la vérité."
(Anne Dufourmantelle, *Défense du secret*, 103; **2015**)

Meiner Familie

Meinen ersten Leser/inne/n danke ich für ihre Zeit und ihre Hilfe.

Inhaltsverzeichnis

Age of Access?
Grundfragen der Informationsgesellschaft
Vorwort zur Reihe —— V

Die Fragilität des Zugangs
Eine Kritik der Informationsgesellschaft —— VII

1   Einleitung —— 1

2   Eingang —— 6

Teil I: **Platon**

3   **Die Fragilität des Zugangs: Platonische Grundlagen —— 11**
         Phaidros —— 12
         Theaitetos —— 16
         Symposion —— 30

4   **Vertiefung: Hilfe und Muße als kognitive und ethische Grundbedingungen —— 41**
         Hilfe (*boētheia*) —— 41
         Muße (*scholē*) —— 47

Teil II: **Platons Leser/innen**

5   **Die Schwierigkeit des Sich-Verstehens: Der innere Dialog zwischen Hans-Georg Gadamer und Jacques Derrida —— 65**
         Gadamer und das Verstehen —— 66
         Derrida und das Missverstehen —— 76
         Widder —— 79

6   **Die Ethik der Hilfe: Emmanuel Levinas' Platon-Lektüre —— 95**
         Zwischenmenschliches Verstehen —— 96
         Sprache und Ansprache —— 97

Freiheit und ihre Grenzen —— 103
Levinas' ethische *boētheia* —— 105

7 Denken als innerer Dialog: Innere Pluralität und vereinfachende Gewalt bei Hannah Arendt —— 121
The Life of the Mind: Die ethische Bedeutung des inneren Dialogs —— 121
Eichmanns Gedankenlosigkeit —— 132
Die Verhinderung des Denkens im Totalitarismus —— 136
Innere Pluralität —— 141
Blumenbergs Unverständnis —— 144

8 Adyton: Die Notwendigkeit des Innenraums bei Anne Dufourmantelle und Jacques Derrida —— 153
Dufourmantelles Geheimnis —— 153
Derridas Gastfreundschaft —— 158

9 Humanismus und Berechenbarkeit: Der Dialog zwischen Ludwig Wittgenstein und Alan Turing als Ur-Ereignis der Informationsgesellschaft —— 166
Missverstehen: Der erste Lösungsversuch —— 166
Missverstehen: Der zweite Lösungsversuch —— 168
Die Bedeutung eines Wortes —— 172
Realistische Grammatik: Sprache als Vielfalt von Handlungsinstrumenten —— 178
Familienähnlichkeiten: Wittgenstein und Platon —— 183
Sprache als Interaktion —— 197
Wittgensteins Mathematik —— 201
Wittgenstein und Turing —— 214

10 Der Angriff auf die Zukunft: Die Manipulation des kulturellen Gedächtnisses von Platon bis Jean-François Lyotard —— 231
Der erste Angriff —— 231
Arendts „gruesome quiet" —— 234
Orwells ewige Gegenwart —— 237
Kunzrus Zukunft der Informationsgesellschaft —— 244
Der reale Angriff —— 250
Lyotard und die Logik des Schweigens —— 255
Lesen lernen —— 267

Teil III: Gegenwart und Zukunft der Informationsgesellschaft

11 **Gegenwartspanorama: Die Schattenseiten der Informationsgesellschaft** —— 273
    Boētheia und die Kritik des sofortigen Verstehens —— 273
    Information und die „Verdatung der Gesellschaft" —— 282
    Information und Dialog —— 285
    Information und Lesen —— 287
    Information und Übersetzen —— 293
    Die Automatisierung des Verstehens und die Hilfsbedürftigkeit der Sprache —— 299
    Scholē und die „Logik der Beschleunigung" —— 303
    Scholē und die „Ökonomie der Aufmerksamkeit" —— 313
    Scholē und die Bedrohung des Innenraums —— 318
    Der Respekt vor medialer Komplexität —— 324
    Der Respekt vor der Komplexität des Menschen —— 334
    Der Respekt vor der Komplexität der Geschichte —— 346
    Contested heritage —— 349
    Die kritische Funktion des Speichergedächtnisses —— 355
    Das kommunikative Kontinuum —— 357
    Fünf Kritiken, Scham und Mündigkeit —— 362

12 **Geistige Resilienz: Die gesellschaftliche Bedeutung von Bibliotheken und Geisteswissenschaften** —— 371
    Bibliotheken und Resilienz —— 372
    Geisteswissenschaften und Resilienz —— 390
    Fragilität und Resilienz —— 410

13 **Einladung** —— 417

14 **Literatur** —— 420

1 Einleitung

Wie man sich bettet, so liegt man. Walter Benjamin hat die Einrichtung, mit der wir uns umgeben, als Futteral begriffen, in dessen Abdruck wir uns selber erkennen (Benjamin 1991, V,1, 291–292). Dies trifft auch auf die Informationsgesellschaft zu: Ein Vierteljahrhundert nach dem Aufkommen von Suchmaschinen und World Wide Web haben wir uns in einer Welt eingerichtet, in der wir per Touchscreen, Mausklick oder Tastendruck jederzeit die gewünschte Information abrufen können – oder sie automatisch geliefert bekommen. Wir haben alles stets griffbereit – per Handy, Smartwatch und Co. – und werden benachrichtigt, wenn das *Age of Access* (Rifkin 2001) wieder etwas Relevantes für uns bereithält. Zugang zu Information und das sofortige Abrufen des Benötigten sind für uns zu einer Selbstverständlichkeit geworden. Nur stellenweise wundert sich der/die so eingerichtete Bürger/in, wie sich gleichzeitig Hass und Hetze, Radikalismus und Gewalt verbreiten, wie demokratische und ethische Standards, die man ein für alle Mal erreicht glaubte, wieder in Gefahr geraten, wie Populismus und Rassismus ihr Haupt erheben und die politische Landschaft destabilisiert wird. Erklären kann er/sie es sich nicht, verfolgt aber laufend die Nachrichten. Entzieht man sich jedoch für eine Weile dieser bequemen Einrichtung in der unbequemer werdenden Umwelt – auf die eine oder andere Weise –, erregen diese Entwicklungen ausreichend Verdacht, dass hier etwas Grundsätzliches nicht stimmt. Diesem Verdacht wollen wir hier nachgehen.

In einem ersten Schritt gilt es zu realisieren, dass wir uns mit der Informationsgesellschaft nicht nur eine technische und wirtschaftliche, sondern auch eine kognitive Umgebung geschaffen haben, die auf den technischen und wirtschaftlichen Mechanismen aufsetzt und mit ihnen verzahnt ist. Walter J. Ong hat bereits 1982 darauf hingewiesen, dass jedes Medium eine eigene Psychodynamik aufweist (Ong 2002, 31 ff.). Die jüngere Forschung im Bereich von *embodied cognition* und *extended mind* hat noch deutlicher herausgearbeitet, dass das Design unserer Umgebung kognitive Auswirkungen hat: „environmental engineering is also self-engineering. In building our physical and social worlds, we build (or rather, we massively reconfigure) our minds and our capacities of thought and reason." (Clark 2011, xxviii; vgl. Colombo et al. 2019; Menary 2010; Clark/Chalmers 1998; Gallagher 2013, 2018) Jedes Element der technischen und wirtschaftlichen Umgebung hat kognitive Konsequenzen – und muss dementsprechend nicht nur auf Potentiale, sondern auch auf Gefahren untersucht werden. Während dies in manchen Bereichen geschieht, etwa in der Forschung zum digitalen Lesen (vgl. stellvertretend Mangen/Van der Weel 2016; Wolf 2018;

Delgado et al. 2018; Clinton 2019), sind die kognitiven Konsequenzen in anderen Bereichen noch nicht ausreichend beschrieben worden.

Dies gilt auch für ganz basale Mechanismen: Allein die Tatsache etwa, *dass* es einen einfachen Mechanismus gibt – Tastendruck, Mausklick –, signalisiert bereits *Leichtigkeit*, suggeriert, dass einem ein *Ergebnis* geliefert wird, und das *sofort*. Während dieser Mechanismus sicherlich seinen Nutzen hat, lenkt seine Psychodynamik gleichzeitig von einer Vielzahl kognitiv relevanter Faktoren ab, etwa der Tatsache, dass uns zwar Relevantes als Ergebnis angezeigt wird, nicht aber anderes Relevante, das wir *nicht* gefunden haben (der sogenannte „tote Winkel der Information", s. Franke et al. 2014, 2); oder der Tatsache, dass die scheinbar automatisch gelieferten Ergebnisse ganz entscheidend von der Formulierung unserer Abfrage abhängen und dass eine einzelne Abfrage uns – gemäß den Gesetzen von Recall und Precision – ohnehin nie einen ‚vollständigen' Satz Ergebnisse bringt. Viel schwerwiegender ist jedoch die Täuschung, dass wir *überhaupt* ein einfaches, fertiges, eindeutiges, sofortiges Ergebnis erwarten. Dieser grundlegenden Irreführung der Informationsgesellschaft wollen wir uns hier näher widmen. Dabei ist zu beachten, dass nicht nur das technologische Design kognitive Auswirkungen hat, sondern auch das diskursive Design unserer Umgebung, also Vokabular, Grammatik und Narrative, mit denen wir unsere Welt beschreiben. Hierzu zählt auch das Konzept der Information selbst, das uns, mir nichts Dir nichts, suggeriert, ein fertig gepacktes Paket – die ‚Information' – sei für uns zum Abholen oder zur Lieferung bereit. So gilt es also auf ganz fundamentalem Level die Konzeption der Einrichtung ‚Informationsgesellschaft' noch einmal neu unter die Lupe zu nehmen.

Dass das Idealbild der Informationsgesellschaft Grenzen hat, ist vielfach aufgezeigt worden (ohne dass dem immer Taten gefolgt wären). Die Digital Divide etwa – die Tatsache, dass ein beträchtlicher Prozentsatz der Weltbevölkerung keinen ausreichenden Zugriff auf digitale Information hat – ist oft als Hauptproblem der Informationsgesellschaft beschrieben worden (s. Van Dijk 2005; Zillien 2009). Zudem ist deutlich geworden, dass die reine Verteilung von Ressourcen (wie Technologie und Information) ohne die Ausbildung der notwendigen Fähigkeiten kein ausreichendes Maß menschlichen Wohlergehens ist (s. Schüller-Zwierlein/Zillien 2012; Van Dijk 2005; Sen 1999). Auch die Problematik der diachronen Zugänglichkeit – das schleichende Unzugänglichwerden von Information über die Zeit hinweg, in einer Vielzahl von Einzelprozessen – zeigt die Brüchigkeit der Vision vom ubiquitären Zugriff (s. Hollmann/Schüller-Zwierlein 2014). Und schließlich ist mittlerweile klar, dass die vielfältigen digitalen Informationskanäle auch für Desinformation (vgl. HLG 2018) und Kriminalität genutzt werden können und dass die allgemeine Möglichkeit zur Autorschaft in den „alternativen Öffentlichkeiten" (Hauser et al. 2019) der sozialen Medien auch die Enthemmung „inziviler Kommunikation" (Kümpel/Rieger 2019) ermöglicht hat. Doch selbst diese wirkmächtigen Phänomene sind nur die Spitzen eines viel größeren Eisbergs, der die Informationsgesellschaft bedroht.

Was wäre, wenn eine Wurzel von Radikalismus und Gewalt *in der Vorstellung der Informationsgesellschaft selbst* verborgen wäre, wenn die technologische und wirtschaftliche Umgebung, in der wir uns eingerichtet haben, Trends verstärken würde, die seit jeher zu Gewalt führen? Wenn es also einen grundlegenden, strukturellen Faktor gäbe, der das vielbeschworene aufklärerische Potential der Informationsgesellschaft nicht nur unterwanderte, sondern ihm diametral entgegenwirkte? Es gilt das Grundbild unserer Einrichtung, das Abrufen von Information, genauer unter die Lupe zu nehmen. Was wäre, wenn dieses Bild der automatisierten Informationskultur einen Strickfehler mit weitreichenden zwischenmenschlichen Konsequenzen hätte, wenn durch den scheinbar einfachen Zugang zu Information, durch die kognitiven, text- und sprachbezogenen Annahmen im Kern der gegenwärtigen Lebenspraxis fundamentale Dimensionen der Zugänglichkeit sowie notwendige zwischenmenschliche Interaktionsmechanismen und Kompetenzen verlorengingen? Wenn die Informationsgesellschaft uns davon weglenkte, dass Menschen und Texte denselben Mechanismen des Missverstehens unterliegen? Übersehen wir im steten schnellen Zugriff, dass menschliche Äußerungen allzu schnell in Schrift, Begriff und Geschichte umschlagen und als fertiges Paket mit fester Bedeutung behandelt werden? Dass die Transformation der Geschichte in ‚Information' und ‚Kulturelles Erbe' sie immer mehr von uns entfernt und sie ihrer zwischenmenschlichen Realität beraubt? Dass wir in der Vielfalt des Gesagten das Gespür für das Ungesagte verlieren? Was wenn das Ideal der Transparenz die lebensnotwendige Freiheit und Pluralität eines unausgedeuteten Innenraums unterdrückte? Und das Ideal des sofortigen Verstehens die Zeit als notwendigen Verstehensfaktor vergessen machte? Wenn eine Welt, die daraufhin konstruiert ist, leichten Zugang zu suggerieren, uns immer weiter dafür unempfindlich macht, dass Zugang eigentlich schwierig und mühsam, anfällig und fragil ist? Was wenn Sprache, die als Verständigungsmechanismus gilt, auch die Quelle unserer schmerzhaftesten Missverständnisse und Konflikte ist? Was schließlich, wenn Information eben nicht einfach abrufbar, und Sprache nicht transparent, sondern *grundsätzlich hilfsbedürftig* ist?

Nun ist es so, dass wir uns eben nicht nur eine technische, sondern auch eine diskursive Umgebung geschaffen haben, die es kaum erlaubt, außerhalb ihrer zu denken – der Philosoph Ludwig Wittgenstein sprach von der „Verhexung unsres Verstandes durch die Mittel unserer Sprache" (PU 298–299). Um überhaupt über die gegenwärtig übliche Sprache hinausschauen zu können, müssen wir uns Hilfe holen – am besten bei jemandem, der – weit entfernt von unserer Zeit – nicht unseren Diskursregeln unterworfen ist. In diesem Buch wenden wir uns hilfesuchend an Platon – er hat wie kaum ein/e andere/r Philosoph/in die Alltäglichkeit des Missverstehens und die Schwierigkeit der synchronen und diachronen, präsentischen und textbasierten Kommunikation thematisiert. Im ersten Kapitel des Buches werden anhand der Lektüre dreier platonischer Dialoge Konzepte eingeführt, die für die kritische Analyse der Gegenwart von grundlegender Bedeutung sind: die Hilfsbedürftigkeit der Sprache, die Muße als kognitive und ethische Grundbedingung, der Respekt vor Komplexität, der enge Zusammenhang von Synchronie und Diachronie, der innere Dialog, die ethische Bedeutung der Vorstellung eines menschlichen Innenraums, die Scham über geistige Haltungen, die geistige Resilienz und der enge Zusammenhang zwischen Kognition und Ethik. Das zweite Kapitel vertieft die Analyse der platonischen Konzepte Hilfe und Muße noch einmal. In den folgenden Kapiteln wird dann gezeigt, wie Denker/innen des 20. und 21. Jahrhunderts ebenfalls die Hilfe Platons in Anspruch genommen haben, um auf der Basis der beschriebenen Konzepte fundamentale ethische Überlegungen zu entwickeln, die für die Gegenwart der Informationsgesellschaft von hoher Relevanz sind. So werden die platonischen Konzepte immer weiter angereichert, bis sie zu scharfen Instrumenten für die Gegenwartsanalyse werden. Die Kapitel zeigen aus verschiedenen Sichten, wie schwierig der Zugang zu Texten und Menschen ist, wie schwierig also das gegenseitige Verstehen ist; sie verdeutlichen den Nutzen und den Schaden der Vorstellung von fixierter sprachlicher Bedeutung und zeigen die Grenze der Transparenz und der Universalisierung am Individuum. Mag die Verbindung des Verstehens von Texten und Menschen ungewohnt erscheinen, ist sie doch durch die Sprachvermittlung beider Bereiche vorgegeben, ja, beide unterliegen denselben Mechanismen des Missverstehens. Dies wird einem umso eindringlicher bewusst, wenn man – wie es hier geschieht – Fälle betrachtet, wo der Mensch durch seine Sterblichkeit unvermittelt in den Text umschlägt. Im Kapitel *Gegenwartspanorama* wird dann gezeigt, welche zeitgenössischen Entwicklungen dem Beschriebenen entgegenlaufen und welche negativen Effekte dies hat – hier wird unsere grundlegende Kritik der Informationsgesellschaft systematisch ausgearbeitet. Im letzten Kapitel schließlich werden unter Rückbezug auf die genannten Konzepte, insbesondere auf das der geistigen Resilienz, Gegenmaßnahmen und Institutionen beschrieben, die zur Sicherung von Frieden und Freiheit in der heutigen Gesellschaft beitragen können. Ziel des Buches ist es, die individuellen und gesellschaftlichen Gefahren der Informationsgesellschaft klar zu benennen und Wege aufzuzeigen, wie geistige Resilienz dauerhaft gesichert werden kann.

Etwas so Grundlegendes herauszupräparieren ist nicht einfach und bedarf des schrittweisen Freilegens von Schichten. Gleichzeitig muss sich ein Text, der dies versucht, fernhalten von der Präsentation von ‚Ergebnissen' und ‚Informationen'. Er muss andere Wege der Vermittlung suchen. In diesem Buch werden hierfür philosophische, teils auch literarische Texte – bekanntere und unbekanntere – genutzt: Ihr schrittweises Durchgehen am Leitfaden Platons legt Schichten von Bedeutung frei und baut das Gesamtargument des Buches langsam auf. Jedes Werk erhält hierbei seine Rolle, leistet seinen Beitrag. Gleichzeitig werden so stringente Werkinterpretationen von eigenem Wert geboten. Vor allem aber bekommt der/die Leser/in Gelegenheit, diese Texte kennenzulernen und sich in der Interaktion mit ihnen ein eigenes Bild von der Macht ihrer Ansprache an die Gegenwart zu machen. Hierdurch wird zugleich deutlich, wie wichtig es ist, die Ansprache historischer Texte ernstzunehmen, anstatt diese rein als wissenschaftliches Objekt oder als ‚Information' zu betrachten. Der/die Leser/in benötigt hierfür jedoch Zeit und Geduld und muss sein/ihr eigenes Leseverhalten dem ruhigen, schichtweisen, textgeleiteten Aufbau anpassen. So versucht das Buch – *practice what you preach* – dem performativen Selbstwiderspruch zu entgehen. Die Texte zeigen uns in vielfältiger Hinsicht, wie schwierig das sprachliche Verstehen – synchron oder diachron, mündlich oder schriftlich – eigentlich ist und wie intensiv zwischenmenschliche Fragen hiervon geprägt werden. Der/die Leser/in wird dementsprechend mit diesem Buch nur etwas anfangen können, wenn sie/er ihm selbst Hilfe leistet, sich genügend Zeit nimmt und mit den zitierten Stimmen in Diskussion tritt. Abgepackte Informationspakete, beruhigende Bullet Points und Ergebniszusammenfassungen *to go* wird er/sie nicht finden – er/sie muss sich auf den langen Gang durch die Texte und durchs Buch begeben.

2 Eingang

Manchmal fragen wir uns, ob uns die Welt noch zugänglich ist. Ob wir sie noch wahrnehmen, in all dem, was wir täglich tun, in all dem, was wir täglich müssen. Erleben wir das Leben wirklich in Abläufen, Begriffen, Objekten, Eigenschaften, Aufgaben und Funktionen, im Einteilen, Zählen, Holen und Bringen – in den Termini und Strukturen der organisatorischen Grammatik? Ist das Leben so ausreichend beschrieben, wenn wir glücklich sind, uns konzentrieren, mit anderen Menschen sprechen, Natur oder Kunst erleben, oder schlicht das tun, was wir am liebsten tun? Sind wir dann nicht vielmehr jenseits dieser Begriffe und Objekte, in einer eigenen Welt, die die vorherige – zeitweise – ersetzt?

Wenn es eine solche Welt gibt, dann ruft dies vor allem zur Vorsicht auf, zur Schärfung der Sinne und Klarheit der Sichtweise: Wann ergibt es Sinn, die Welt in Begriffe, Objekte, Eigenschaften einzuteilen? Welches sind die Tätigkeiten, Situationen, Räume, in denen wir *jenseits* der alltäglichen Abläufe und Routinen sind? Was tun wir, wenn wir einteilen, klassifizieren, handhaben, gegebenenfalls einer Sache oder einem Menschen (einer Welt für sich?) *an*? Wie kann uns die Welt jenseits dessen wieder zugänglich werden, warum wird sie immer wieder, schnell und oft unmerklich, unzugänglich?

Der menschliche Zugriff auf die Realität über Wissen und Sprache hat die Philosophie seit ihren griechischen Anfängen intensiv beschäftigt. Philosoph/inn/en des 20. Jahrhunderts, so verschiedenartige wie Henri Bergson und Martin Heidegger, haben die Unzureichendheit menschlicher Konzepte und Sprache als Zugang zur Realität plastisch herausgestellt, haben gezeigt, dass diese Unzugänglichkeit viele Aspekte unseres Lebens beherrscht, und ihre schädlichen Auswirkungen im kognitiven Bereich beschrieben. Denker/innen wie Martin Buber haben, darüber hinausgehend, herausgearbeitet, dass diese Unzugänglichkeit auch unser Verhältnis zu anderen Menschen beeinflusst, unsere Sicht trübt, unser Handeln vereinfacht, unser Verhalten verroht – also ethische Konsequenzen hat. Von den Kriegsereignissen geprägt, haben in der Folge Philosoph/inn/en wie Hannah Arendt, Emmanuel Levinas, Jacques Derrida und Jean-François Lyotard in verschiedenen Ansätzen und Dimensionen noch intensiver herausgearbeitet, wie anfällig und zerbrechlich, wie fragil das zwischenmenschliche Verstehen, der Zugang *zueinander*, ist. Hans-Georg Gadamer schließlich hat in seiner Beschreibung des Verstehens als *grundsätzlicher* menschlicher Lage einen Blick darauf eröffnet, wie eng das Verstehen von Texten und das Sich-Verstehen mit Menschen, *das Leben mit- und nacheinander*, zusammenhängen. Diesen ersten Blick, diesen Spalt möchte ich in diesem Buch weiter öffnen, um einen veränderten Blick auf die Informationsgesellschaft zu ermöglichen – in der Hoffnung, dass viele Leserinnen und Leser mir durch diesen Eingang folgen.

Teil I: **Platon**

3 Die Fragilität des Zugangs: Platonische Grundlagen

Ein Anfang ist im Denken nie einfach. Einerseits, weil der Ausbruch aus der gewohnten diskursiven Umgebung eine Kraftanstrengung erfordert, die nur durch ausreichendes Unwohlsein im Jetzt-Zustand motiviert werden kann. Andererseits, weil man sich seines eigenen Denkens nie ganz sicher sein kann. „I do not know for certain how much of my own mind he invented", sagte William Empson über T. S. Eliot (Empson 1965, 35). Diese Unsicherheit begleitet jeden Denkversuch – sicher ist nur, dass die Reihe der Erfinder/innen des eigenen Denkens lang ist. Das gleiche wie Empson könnte jede/r von uns über Platon sagen, nur wirkt dieser Name auf die meisten Menschen, wenn er überhaupt bekannt ist, exotisch, antik und weit entfernt – etwas für Schulbücher oder Professor/inn/en der Klassischen Philologie. Es ist, als hätten wir den Beginn eines Gesprächs vergessen, den Ausgangspunkt eines Gedankengangs: Er ist für uns – trotz aller uns umgebender Information – unzugänglich geworden. Jedes Wort, jeder Gedanke in der sogenannten ‚westlichen' Gedankenwelt steht jedoch in einer Tradition, die mindestens bei Platon beginnt, und muss sich daher seiner Kritik stellen. So beginnt unsere Betrachtung über die Fragilität des Zugangs im Miteinander und im Nacheinander vor fast 2500 Jahren – nur 25 Menschenleben à 100 Jahre, nacheinander.

Die Informationsgesellschaft geht wie selbstverständlich von schriftlich abrufbaren Informationen aus, die problemlos aufzunehmen und weiterzuverwenden sind. Wie gut können wir jedoch Texte wirklich verstehen? Welche Kraft hat ein Sprechakt, wenn er ‚nur' als Text vorliegt, als Objekt *daliegt*? Wie lässt sich ein Text verstehen, wenn der Mensch, der ihn geschrieben hat, nicht befragt werden kann? Was bleibt von einer/einem Denker/in, nach seinem bzw. ihrem Tode? Wie kann Wissen synchron und diachron, im gemeinsamen Gespräch wie über Generationen hinweg, weitergegeben werden, wie kann ein diachroner Dialog, ein Lernen und Lehren über die Zeit hinweg, stattfinden? Diese Fragen haben Platon umgetrieben, und sie führen direkt in unser Thema hinein. Am offensichtlichsten hat Platon sie in seinem Dialog *Phaidros* untersucht, dessen sogenannte Schriftkritik berühmt geworden ist. Es wird sich jedoch in der Folge zeigen, dass diese Schriftkritik weit mehr ist als eine bloße Kritik der Schrift. Für ein vollständigeres Bild werden wir zudem weitere Dialoge heranziehen. Aber beginnen wir unseren Durchgang mit dem *Phaidros*.

Phaidros

Zu Beginn des Dialogs trifft der philosophische Missionar Sokrates auf seinen Freund Phaidros. Der berichtet ihm begeistert, dass er den Tag mit dem berühmten Redner Lysias verbracht habe und sich nun draußen vor der Stadt die Füße vertreten müsse. Dessen in aller Ruhe (*kata scholēn*; *Phaidros* 228a) auskomponierte Prachtrede über den Eros hat er, wie sich herausstellt, in schriftlicher Form dabei, und Sokrates – der Phaidros drängt, die Rede vorzutragen – begleitet ihn auf seinem Spaziergang, an einem heißen Sommertag die Füße in einem Bächlein kühlend, bis man sich gemeinsam unter einer schattigen Platane niederlässt. Muße (*scholē*) hierzu habe er, Sokrates, genug – und würde keiner anderen Beschäftigung (*ascholia*) den Vorrang geben (227b); der Schauplatz des Dialogs ist ein Paradebild der Muße. Als Sokrates dann um den Vortrag der Rede bittet, bekennt Phaidros (bezeichnenderweise für den weiteren Verlauf), dass er sie nicht Wort für Wort wiederholen könne, nur in den wichtigsten Punkten. Sokrates, der weiß, dass Phaidros die Rede schriftlich bei sich hat, bittet ihn, wenn schon ‚Lysias selbst anwesend sei' (228e), doch lieber den Wortlaut aus dem Schriftlichen vorzutragen. Bereits hier spielt die Frage eine Rolle, in welcher Form das Gesagte bzw. Geschriebene am besten zugänglich gemacht werden kann, welche Rolle die ‚Präsenz' des Autors/der Autorin hierbei spielt und wie Rezipient/inn/en in seiner/ihrer Abwesenheit handeln sollen.

Nachdem Phaidros die hochgepriesene Rede vorgetragen hat, unterzieht Sokrates diese (zu Phaidros' Entsetzen) einer rhetorischen Kritik. Denn nur auf die Rhetorik (nicht auf den Inhalt) habe er sich beim Zuhören konzentriert: *tō gar rhētorikō autou monō ton noun proseichon* (*Phaidros* 235a). Dieses ausschließliche Richten des Geistes auf etwas (*prosechein ton noun*), wird uns – als weitere Bedingung der Zugänglichkeit – in diesem Buch noch intensiver beschäftigen (vgl. Kap. 4). Um deutlich zu machen, was er mit seiner Kritik meint, tritt Sokrates nun jedoch im Gegenzug an, aus dem Stegreif eine bessere Rede mit derselben These zu halten (mit verhülltem Gesicht, da er inhaltlich nicht einverstanden ist bzw. nicht eigene Inhalte vorbringt) – seine Brust sei gefüllt aus anderen Quellen, mit Dingen, die er von den Altvorderen besser zu diesem Thema gehört und gelesen habe (235c–d, 236c–d). Wir befinden uns wiederum in einem Spiel zwischen Schriftform und eigenem Denken, Absenz und Präsenz des Autors/der Autorin. Zudem deutet sich hier die Vorstellung eines geistigen Innenraums bzw. Gefäßes an, gefüllt mit wertvollen Dingen oder leer, zugänglich oder unzugänglich für Andere. Die Rede vom Innen und Außen einer Person wird sich bei Platon als eng verbunden mit Fragen der gegenseitigen Zugänglichkeit erweisen.

Dieses Spiel zwischen Schriftform und eigenem Denken, Absenz und Präsenz des Autors/der Autorin erweitert sich dann noch einmal in der dritten, höchst lyrischen Rede, die Sokrates aus Scham (*aischynomenos*; *Phaidros* 243d) als Auslöschung des Vorigen vom eigenen Standpunkt aus hält, um mit dem Wasser einer weiteren Rede „den Seegeschmack des zuvor Gehörten hinunterzuspülen" (243d) und dem Eros nun wirklich genüge zu tun; wenn man diesen durch die ersten Reden beleidigt habe, sei der „Vater der Rede", Lysias (*tou logou patera*, 257b), schuld – das Bild des Vaters wird später zu einem zentralen Motiv der Schriftkritik. Phaidros hingegen, so Sokrates nach erfolgter Rede, solle sich jenseits von unilateralen Reden lieber bilateralen philosophischen Gesprächen zuwenden. In der Folge diskutieren die beiden, ob es gut sei, Reden aufzuschreiben und nach dem Tode zu hinterlassen (*kataleipein syngrammata*, 257d), und wie mündlich oder schriftlich gut zu sprechen sei. Hierbei geht es wiederum um Fragen der Zugänglichkeit ebenso wie um das eigenständige Beherrschen und Denken – etwas nur aus einem Buch gehört zu haben sei so, als wenn man, statt Arzt/Ärztin zu sein, nur ein paar Mittelchen bei der Hand habe und einsetze (268c). Ohne das Durchschauen der Komplexität des Gegenstandes gleiche das Vorgehen der Wanderung eines Blinden (*hōsper typhlou poreia*, 270d-e). Die Redekunst könne man nicht Lehrbüchern entnehmen – der wahre Redner/die wahre Rednerin müsse z. B. einschätzen können, zu welchem Publikum er was sage (273e). Die Schwierigkeit, die Aussagen Anderer zu verstehen und Wissen aus Schriftstücken zu übernehmen, wird hier bereits deutlich herausgehoben.

Berühmt ist der *Phaidros* jedoch für das, was nun folgt: die sogenannte Schriftkritik. Um Phaidros die Frage von der „Schicklichkeit" bezüglich des Schriftgebrauchs (*to d' euprepeias dē graphēs peri*; *Phaidros* 274b) näher zu bringen, erzählt Sokrates einen Mythos, in dem der ägyptische Gott Theuth, Erfinder des Rechnens, der Geometrie, der Astronomie und der Brett- und Würfelspiele, dem ägyptischen König Thammus seine jüngste Erfindung präsentiert – die Buchstabenschrift. Diese, so Theuth, würde die Ägypter „weiser machen und gedächtnisreicher, denn als ein Mittel für den Verstand und das Gedächtnis ist sie erfunden" (274e). Thammus jedoch ist weniger begeistert: Der „Vater der Buchstaben" (*patēr ōn grammatōn*, 274e) übertreibe, die Schrift würde das exakte Gegenteil bewirken. Durch Vernachlässigung der eigenen Erinnerung, im Vertrauen auf die Schrift, würde die *äußerliche* Schrift (*exōthen*) *in* den Seelen (*en psychais*) das Vergessen eher befördern. Theuth habe nur ein äußerliches Mittel für die Gedächtnisunterstützung, nicht für die Weisheit von innen her (*ouk endothen*), erfunden – durch Lektüre ohne Anleitung entstünden nur Vielwisser/innen ohne Urteilskraft und eigenes Verständnis. Wer glaube, seine Kunst (*technē*) in Buchstaben zu hinterlassen (*en grammasi kataleipein*, 275c) und meine, dass sich etwas Klares, Festes, Gangbares (*ti saphes kai bebaion*) aus Buchstaben ergebe, der sei einfältig – denn die Schrift stehe wie die Kunst scheinbar lebendig da, wenn man sie aber etwas frage, so schweige sie; ebenso die auskomponierten Reden, wenn man sie voll Lernbegier nach etwas Gesagtem frage, so zeigten sie nur immer wieder dasselbe an. Einmal niedergeschrieben, kämen sie zu jedem Beliebigen, ohne Ausrichtung auf ihr Publikum. Und wenn sie geschmäht, kritisiert würden, bräuchten sie immer ihren Vater als Helfer (*tou patros aei deitai boēthou*, 275e), denn sie selbst könnten sich nicht wehren oder sich helfen (*autos gar out' amynasthai oute boēthēsai dynatos hautō*, 275e). Hier taucht erstmals das zentrale Motiv auf, das uns das ganze Buch hindurch beschäftigen wird: Dass ein Text, eine Aussage, der *Hilfe, boētheia*, bedarf, um verständlich, zugänglich, zu werden. Doch bevor wir uns diesem Konzept näher widmen, folgen wir noch dem restlichen Lauf des Arguments im *Phaidros*.

Die Schwester dieser schriftlichen Rede, so Sokrates, sei wesentlich mächtiger, nämlich diejenige, die *in* der Seele des Lernenden geschrieben werde (*graphetai en tē tou manthanontos psychē*; *Phaidros* 276a) und so in der Lage sei, sich selbst zu wehren bzw. zu helfen. Neben der Betonung des mündlichen Gesprächs, des eigenständigen Beherrschens und der Notwendigkeit der Hilfe ist hier beachtenswert, dass Rede als *in* den anderen Menschen, in dessen Innenraum *eingreifend* dargestellt wird – nicht das einzige Mal in Platons Dialogen. Die geschriebene Rede, so Phaidros, könne von dieser wirklichen Rede nur ein Abbild sein. Sokrates bestätigt dies, der vernünftige Bauer werde doch nicht Samen, die ihm wichtig seien, zum Test und Spiel in einen Trog (vgl. Baudy 1986) säen, sondern diese nach den Regeln des Landbaus am passenden Ort aussäen, um dann entsprechende Ernte einfahren zu können. Ebenso werde der Weise nicht ernsthaft seine Samen mit Tinte und Feder aussäen, nicht fähig, sich selbst zu helfen (*boētheia*) oder die Wahrheit zu vermitteln – höchstens als Gedächtnishilfe für das Alter. Ernsthaftigkeit zeige sich nur bei jemand, der im dialektischen Gespräch *in* eine geeignete Seele mit Wissen Reden pflanze, die fähig seien, sich selbst und dem, der sie pflanzte, zu helfen (*boētheia*) (*Phaidros* 276e–277a). Diese seien dann nicht fruchtlos, sondern enthielten einen Samen, aus dem wieder in anderen Menschen Reden keimen und den Samen so unsterblich halten könnten – ein Traum der *mündlichen* Fortpflanzung, der inspirativen Unsterblichkeit, der klar in Konkurrenz steht zum üblicherweise mit der *Schriftlichkeit* verbundenen Vorstellung vom Leben über den Tod hinaus. Platon präsentiert uns so zwei unterschiedliche Visionen vom Leben *nacheinander* – und eine Idealvorstellung der Zugänglichkeit, vom Eingreifen *in* Andere, von geistiger Interaktion im Leben *miteinander*.

Wer glaube, so betont Sokrates schließlich noch einmal, in dem von einem selbst Geschriebenen sei für Andere eine große Sicherheit und Deutlichkeit (*kai megalēn tina en autō bebaiotēta hēgoumenos kai saphēneian*; *Phaidros* 277d), der irre – die besten unter den geschriebenen Reden seien lediglich als Gedächtnishilfen (*hypomnēmata*) für den Schreibenden selbst entstanden. Die wirklichen Reden würden *in* eine Seele geschrieben (*graphomenois en psychē*, 278a), nicht auf Papier – dies seien dann die echten Söhne des Verfassers. Von den Schriftstellern seien daher nur solche ernstzunehmen, die *im Bewusstsein* dieser Gesamtlage Schriftliches verfasst hätten, mit der Möglichkeit, ihm selbst zu Hilfe zu kommen (*boēthein*) oder das eigene Geschriebene durch Überprüfung als minderwertig zu erweisen; nur einen solchen könne man einen Philosophen nennen. Wer nichts Wertvolleres habe, als das, was er verfasste und niederschrieb, indem er es lange hin- und herdrehte, zusammenkleisterte und wegschnitt, den könne man nur einen bloßen Redenschreiber nennen (278c–e). So weit, so bekannt – zumindest für Philosoph/inn/en und Philolog/inn/en.

Platons Bild von der Waisenhaftigkeit des Textes, der stets die Hilfe seines Vaters benötigt (was spätestens nach dessen Tod unmöglich wird), hat Schule gemacht. Der Dialog wurde besonders im 20. Jahrhundert verstärkt rezipiert, z. B. bei literaturwissenschaftlichen Debatten darüber, ob man die vom Autor/ von der Autorin beabsichtigte Bedeutung eines Textes erkennen könne oder nicht (vgl. Burke 2011). Insbesondere hat man in der sogenannten platonischen Schriftkritik eine Herabwertung des Mediums Schrift und eine Aufwertung der Mündlichkeit gelesen – bis hin zu den bekannten Konstruktionen von Platons ‚ungeschriebener Lehre' durch die sogenannte Tübinger Schule (vgl. Krämer 1996; Horn et al. 2020, 31–32). Tritt man jedoch, nach dem Durchgang durch den Dialog, einmal einen Schritt zurück, steht eine Kernbotschaft im Mittelpunkt, die in ihrer Bedeutung noch nicht ausreichend herausgearbeitet worden ist: *Beide*, Mündlichkeit und Schriftlichkeit, bedürfen der Hilfe, *boētheia*. Das heißt auch: Zugänglichkeit, gegenseitiges Verstehen, ist nicht selbstverständlich, sondern *fragil* – sie muss immer erst erarbeitet werden. Das synchrone, mündliche Verstehen in der Gegenwart der anderen Person ist *ebenso* anfällig wie die Kommunikation über Texte an folgende Generationen – das Leben miteinander und das Leben nacheinander sind in diesem Punkt eng miteinander verbunden. Diese Aussage liegt, so werden unsere Lektüren zeigen, im Zentrum von Platons Philosophie – mit gewichtigen Konsequenzen. Gleichzeitig wird hier eine Sprachauffassung deutlich, die sich, wie wir sehen werden, von der der Informationsgesellschaft fundamental unterscheidet (vgl. Kap. 11): Wenn Sprache grundsätzlich hilfsbedürftig ist, kann die Vorstellung einfach abrufbarer Information keine gesellschaftliche Leitfunktion übernehmen.

Dass die von Sokrates (von dem nichts Schriftliches bekannt oder erhalten ist) bevorzugte mündlich vermittelte, inspirative Überlieferung bedingt durch die Parameter des menschlichen Lebens ihrerseits auf Grenzen stößt, zeigen Platons Dialoge (der Sokrates' Lehren schriftlich überliefert) immer wieder. Am deutlichsten kommt dies in dem mit dem *Phaidros* eng zusammenhängenden Dialog *Theaitetos* heraus, der die Verstehensschwierigkeiten zwischen Menschen ebenso dokumentiert wie die Gefährdung der Entstehung und Überlieferung von Wissen durch die Endlichkeit und Bedrohtheit des Denkers/der Denkerin. Der Dialog zeigt die scheinbar mythisch-spielerische Schriftkritik des *Phaidros* in einem ganz anderen, politischeren Licht, nämlich dem des konkret drohenden Todes des Autors/Denkers. Sehen wir uns diesen Dialog in Ruhe an, der zentrale Themen unseres Buches etabliert.

Theaitetos

Im Gegensatz zum *Phaidros*, wo es thematisch um das Verhalten von Verliebten geht, steht im *Theaitetos* ein ungleich gewichtigeres Thema im Vordergrund – die Frage, was Wissen eigentlich ist. Von Beginn an wird hier deutlich gemacht, dass unsere Zugänge zur Welt und zu anderen Menschen keine Selbstverständlichkeiten sind, und dass Fehler bzw. falsches Verhalten hierbei leicht passieren. Bevor wir uns in Sokrates' Dialog mit dem jungen Theaitetos begeben, bringt uns jedoch die Rahmenhandlung bereits zu den Fragen, die im *Phaidros* angesprochen wurden. Um den Dialog zu verstehen, muss man wissen, dass der philosophische Missionar Sokrates, der stets auf offener Straße das philosophische Gespräch suchte, in Athen trotz wiederholter Anfeindungen lange Zeit geduldet und vielfach bewundert wurde, dann jedoch in den aufgehetzten Krisenjahren, nach der Niederlage Athens im Peloponnesischen Krieg, der Gottlosigkeit und Verführung der Jugend angeklagt und zum Tode verurteilt wurde. Der Dialog spielt sich im Schatten dieser Ereignisse ab: Er beginnt mit dem Treffen zwischen Eukleides und Terpsion, die beide bei Sokrates' Tod anwesend waren (s. *Phaidon* 59c), und endet damit, dass Sokrates zu Gericht muss, wo die Anklage gegen ihn verlesen wird. Die Gefährdung des Denkers/der Denkerin durch Endlichkeit und Gewalt ist also ein Hauptmotiv des Dialogs – auch wenn sein offizielles Thema das Wissen ist; dementsprechend wird in der Rahmenhandlung ebenso wie im Dialog selbst die im *Phaidros* herausgestellte Frage des (schriftvermittelten) Lebens *nach*einander untersucht. Bereits zu Beginn des Dialogs steht die Titelfigur am Rande des Todes: Eukleides hat am Athener Hafen den Mathematiker Theaitetos getroffen, in der Schlacht verletzt und von Krankheit gezeichnet, gerade noch eben (*Theaitetos* 142b) am Leben, – ein leitendes Bild für die Bedrohung des Denkers und die Nähe von Person und (schriftlicher) Hinterlassenschaft. Theaitetos, ein bekannter Gelehrter, hat sich in der Schlacht tapfer geschlagen, und Eukleides sagt, er habe sich in dieser Situation an (den verstorbenen Freund) Sokrates erinnern müssen, der Theaitetos schon in dessen Jugend eine große Zukunft prophezeit habe. Sokrates habe mit dem jungen Theaitetos philosophische Unterredungen geführt und ihm, Eukleides, diese weitererzählt. Terpsion fordert ihn daraufhin auf, ihm die Gespräche zu schildern – Eukleides sagt jedoch, dass er dies nicht aus dem Gedächtnis könne (man vergleiche Sokrates' Idealvorstellung der mündlichen Überlieferung im *Phaidros*!), dass er sich aber damals nach dem Heimkommen gleich Notizen gemacht hätte (*hypomnēmata*, 143a; vgl. *Phaidros*), die er dann wiederum bei mehr Muße (*kata scholēn*, 143a; vgl. *Phaidros*) weiter schriftlich ausgearbeitet habe – und sooft er nach Athen gekommen sei, habe er den Sokrates wegen der Dinge gefragt, an die er sich nicht erinnerte, und den Text dann nach dem Heimkommen weiter korrigiert, sodass er *fast* den ganzen Dialog mitgeschrieben habe. Das Ganze habe er schließlich, um Redundanzen zu vermeiden, als Dialog mit Sprecherrollen aufgeschrieben, nicht in der Nacherzählung. In der Folge wird so – im Vorlesen des Aufgeschriebenen durch einen Sklavenjungen für die ruhenden Herren – Sokrates vermittels des Textes im Gespräch mit Theaitetos zum Leben erweckt (im Dialog geschieht eine solche Erweckung dann ein weiteres Mal). Ein zentrales Thema des *Theaitetos* ist es also, auf welchen schwierigen und unvollkommenen Wegen, und über welche Medien, Wissen nach dem Tod des stets gefährdeten Denkers/Autors (bzw. Denkerin/Autorin) noch zugänglich sein kann – der Dialog stellt, wie deutlich werden wird, so etwas wie die praktische Anwendung und Überprüfung der Schriftkritik des *Phaidros* dar.

Um dies herauszuarbeiten, müssen wir die einzelnen Szenen des Dialogs durchgehen, die so etwas wie einen laufenden Kommentar sowohl zur ‚offiziellen' Kernfrage des Dialogs, ‚Was ist Wissen?' als auch zu unseren Fragen in diesem Buch darstellen. Zu Beginn sitzt Sokrates mit dem berühmten Mathematiker Theodoros zusammen und fragt ihn nach talentierten Jünglingen. Theodoros nennt Theaitetos als – im Gegensatz zu anderen – besonders talentiert und lernfähig (*Theaitetos* 144a–b), scharfsinnig und beharrlich, gleichmütig und gedächtnisstark (verschiedene Menschen verstehen also verschieden gut), weiß jedoch nicht den Namen seines Vaters und seiner Familie. Sokrates hingegen weiß zwar den Namen des Jünglings nicht, kennt aber dessen Vater – hier werden, wie in der Fragestellung, ob es einen Experten braucht, um festzustellen, ob Theaitetos Sokrates ähnlich sieht, spielerisch erste Fragen von Wissen, Kennen und Wahrnehmen, von Zugänglichkeit und Unzugänglichkeit, eingeführt, die sich in der Folge des Dialogs als zentral erweisen.

Sokrates leitet den Dialog mit einem typischen Understatement ein – er wisse bei einer Kleinigkeit nicht weiter (*mikron de ti aporō*; *Theaitetos* 145d), nämlich bei der Frage, was Wissen sei. Wer im Kreise der Knaben die beste Antwort gebe, dürfe dann den Verlauf der Diskussion bestimmen. Auf Aufforderung von Theodoros wagt sich Theaitetos an die Fragestellung heran und antwortet, die

Lehrfächer des Theodoros (Astronomie, Mathematik, Geometrie etc.) seien ebenso Wissen wie die Schuhmacherkunst und die weiteren Handwerke. Sokrates lobt ihn, führt ihn aber im Dialog darauf hin, dass er nur einzelne Wissens*arten* genannt habe, nicht aber eine *Definition* von Wissen (146c-e). (Vgl. Kap. 9.) Theaitetos merkt nun langsam, dass es sich um keine Kleinigkeit handelt, sondern um eine der schwierigsten Aufgaben (148c), und gibt zu, dass er sich immer wieder mit diesen Fragen beschäftigt habe, hierauf aber keine Antwort finden könne. Sokrates antwortet – hier kommen wir zurück in die Welt des Zeugens, des angefüllten (geistigen) Innenraums und des Ineinander-Eingreifens aus dem *Phaidros* –, Theaitetos habe eben Geburtsschmerzen, weil er nicht leer, sondern schwanger sei und etwas *in* sich trage (148e; ōdinein ti kyounta endon, 151b). Wisse er denn nicht, dass er, Sokrates, der Sohn einer Hebamme (hyos maias) sei? Und dass er eigentlich dieselbe Kunst ausübe? Er könne alles, was Hebammen könnten – Wehen auslösen und lindern, Schwergebärenden bei der Geburt helfen u. a. m. Bei Frauen sei es jedoch nicht so, dass sie zwar großenteils Kinder gebären, bisweilen aber auch Trugbilder (eidōla tiktein) – seine Kunst unterscheide sich daher von der Hebammenkunst: Er leiste Geburtshilfe für Männer, nicht Frauen, und kümmere sich um gebärende Seelen (tas psychas [...] tiktousas, 150b), nicht um Körper. Insbesondere aber bestehe seine Kunst (technē) darin zu unterscheiden, ob jemand ein Trugbild gebäre oder eine lebensfähige Wahrheit. Dies habe er schon bei vielen ausgeübt – manche hätten sich aber, Trugbilder höher schätzend als die Wahrheit, von ihm abgewandt, oder seien wütend gewesen, weil er ihre geliebten ‚Kinder' als Trugbilder erwiesen hätte (hier klingt die Gefährdung des Denkers ebenso an wie die im *Phaidros* beschriebenen geistigen ‚Kinder'). Theaitetos möge ihm dennoch gewogen bleiben und weiter versuchen, die Frage nach dem Wissen zu beantworten. So weit die vielfach kommentierte sogenannte Maieutik-Episode.

Für unseren Zweck sind an dieser Episode einige erste Punkte besonders aussagekräftig. Schon vor 2500 Jahren zeigt sich: Menschen können füreinander mehr oder weniger zugänglich sein – und dies hängt eng damit zusammen, was sie meinen zu wissen. Menschen können ineinander eingreifen (bei Platon oft mit räumlichen Bildern dargestellt), voneinander lernen und einander beeinflussen. Menschen müssen im Gespräch einander *helfen*, um ihre Thesen zu entwickeln, Meinungen zu bilden, um sich *überhaupt* gegenseitig zu verstehen – die Maieutik ist eine Schwester der *boētheia*. Menschen haben oft nicht von Anfang an ausgeformte Meinungen, sondern entwickeln sie erst im gemeinsamen Gespräch. Erste Eindrücke und zunächst überzeugend klingende Thesen erweisen sich bei geduldiger Prüfung als nicht stichhaltig. Wie zugänglich man für Andere ist, hängt neben geistiger Offenheit und verschiedenen Verstandesfähigkeiten sowie -tugenden auch von der Zeit ab, die man auf das Lernen von Anderen verwendet. Auf die Hinterfragung dessen, was man zu wissen meint, wird nicht immer positiv, sondern oft aggressiv reagiert – Wissen/ Meinung und Stolz/Scham, Wissen/Meinung und Identität hängen eng zusammen. Wissen und Meinung sind auch *soziale* Phänomene, geistige Haltungen wie das Zu-Wissen-Meinen unterliegen sozialen Mechanismen wie der Scham. Die Fragilität des Zugangs und die Anfälligkeit und Gefährdung des Denkens erweisen sich als platonische Kernthemen.

Während sich in der Maieutik-Episode die sokratische Vorstellung eines inspirativen Eingreifens im präsentischen Dialog aus dem *Phaidros*, einer Weitergabe von Wissen im persönlichen Lehrer-Schüler-Verhältnis, in gewissem Maße fortschreibt, hinterfragt Platon diese im Folgenden ausgiebig. Theaitetos' erster von drei Vorschlägen, was Wissen ist, verbunden mit der sogenannten Protagoras-Episode, ist der Kernpunkt dieser Prüfung der Thesen des *Phaidros*. Wissen, so schlägt Theaitetos nun vor, sei Wahrnehmung gleichzusetzen. Dies sei gar keine schlechte Erklärung (*logon ou paulon*), so der philosophiegeschichtlich beschlagene (und belesene) Sokrates, sondern die, die auch der Sophist Protagoras gebe (*hon elege kai Prōtagoras*; *Theaitetos* 152a). Er drücke sich nur anders aus, indem er sage, der Mensch sei das Maß aller Dinge (*Phēsi gar pou ‚pantōn chrēmatōn metron' anthrōpon einai*, 152a), das habe Theaitetos doch sicher gelesen. Oft habe er es gelesen, versichert dieser. Von Beginn an taucht der zu diesem Zeitpunkt verstorbene Protagoras also aus seinen Schriften auf – nicht etwa über lebende Schüler/innen, die sein Wissen mündlich weitergeben. Mit dem ersten Satz beginnt dann sofort die Deutung der Aussage des Protagoras und damit die Betonung der verschiedenen Ausdeutbarkeit von Aussagen und der Schwierigkeit, das Gesagte zu verstehen– wir befinden uns also auf dem Gebiet des *Phaidros*: „Nicht wahr, er meint dies so, ..." (152a). Sokrates verleiht zunächst, um den Einsatz zu erhöhen, der Aussage des Protagoras rhetorisch-spielerisch noch mehr Gewicht, indem er sie mit ähnlichen Aussagen von Philosophen wie Heraklit und Empedokles verbindet und bestärkende Homer-Zitate (die er gleichfalls erst ausdeutet) einstreut: „Wer dürfte nun wohl gegen ein solches Heer und seinen Anführer Homeros etwas bestreiten, ohne sich lächerlich zu machen?" (153a). In der Folge führt Sokrates jedoch im Gespräch mit Theaitetos die These, dass das Wissen sei, was jeder Mensch für sich wahrnehme, recht leicht in schwierige Gewässer: Wenn für den einen der Wind kalt sei und für den anderen warm, oder einem selbst erscheine eine Sache einmal so und einmal so – sei dies also Wissen? Beide sind sich nun einig, dass man, anstatt große Reden zu halten, die Sache erst ausführlich, gemeinsam und in aller Ruhe, in voller Muße durchprüfen (*pollēn scholēn agontes*, 154e) und dann sehen müsse, was diese Erscheinungen *in* uns (*ta phasmata en hēmin*, 155a) seien. Die Widersprüche ließen sich nur aufklären, wenn man herausfinde, was Protagoras eigentlich meine – und wenn man prüfe, ob das, was man sage, dass dieser meine, auch korrekt sei. Die Differenzierung in den Formulierungen ist hier sehr hoch: „dem zufolge, was – wie wir sagen – Protagoras behauptet" (*ex hōn ton Prōtagoran phamen legein*, 155d). Theaitetos werde ihm sicher dankbar sein, so Sokrates, wenn er die *verborgene* Wahrheit der Aussagen dieses Mannes oder dieser Männer aufspüre (*tēs dianoias tēn alētheian apokekrymmenēn*, 155d–e). Die Zugänglichkeit des Gemeinten aus dem Geschriebenen wird hier also (stets mit der Schriftkritik im Hinterkopf) intensiv auf den Prüfstand gestellt.

Anhand der Beispiele der Wahrnehmungen des Kranken und des Gesunden, und des Wachenden und des Schlafenden, wird nun zunächst durchexerziert, was Protagoras' Aussage bedeuten könnte. Nachdem man einen scheinbar runden Eindruck erreicht hat (*Theaitetos* 160d–e), schreitet Sokrates dann zur Kritik der Theorie des Protagoras, die er wiederum mit dem Bild der gedanklichen Kinder beschreibt: Man müsse nun durch Herumtragen prüfen, ob Theaitetos' neugeborenes Thesenkind auch ein gesundes sei oder ein Windei und ein Falsches (*anemiaion te kai pseudos*, 161a) – falls Theaitetos nicht zu verdrießlich werde, wenn ihm sein Erstgeborenes weggenommen werde (die Gefährdung des Denkers/der Denkerin scheint hier ebenso wieder auf wie das Motiv der Scham über geistige Haltungen – wie Sokrates selbst in 190e sagt, er würde sich schämen, *aischynoimēn*, gewisse Zugeständnisse in der Diskussion machen zu müssen). Sokrates nimmt sich Protagoras über dessen Buch *Alētheia* (Wahrheit) vor, das (Wahrheit lautstark proklamierend) mit dem Satz vom Mensch als Maß aller Dinge beginnt. Er fragt, wieso Protagoras nicht Schweine oder Affen als Maß aller Dinge nehme (161c), wenn doch alle Wahrnehmungen die gleiche Wertigkeit hätten – und wie komme Protagoras überhaupt dazu, jemandem etwas beibringen zu wollen, zumal gegen Geld, wenn es doch jeder genauso gut wisse wie er? (161d) Dann sei ja jedes philosophische Gespräch unnötig, weil einfach jeder recht habe – *wenn* die ‚Wahrheit' des Protagoras wirklich wahr sei und nicht nur zum Scherz aus dem „Adyton des Buches" herausgeredet habe (*ek tou adytou tēs biblou ephthenxato*, 162a). Was ist ein Adyton? Ein Adyton ist ein *innerer, unzugänglicher* Tempelbereich, aus dem z. B. in Delphi die Stimme des berühmten Orakels heraustönte. Der Vergleich mit dem Orakel ist hier ebenso klar wie der Bezug zum *Phaidros*: Jedes Buch – wie ein Orakel – sagt immer nur das, was es sagt und kann dem nichts hinzufügen, kann sich nicht *helfen*; der Ursprung der Aussage, der Sprecher/die Sprecherin, die Autorin/der Autor, und damit die wirkliche Bedeutung der Aussage, bleiben abwesend, unzugänglich, im Innenraum des Buches, versperrt für den Rezipienten/die Rezipientin. Die Abwesenheit des Autors/der Autorin im Buch ist hier ebenso deutlich herausgearbeitet wie im *Phaidros* – auch wenn die Adyton-Stelle wesentlich weniger literaturgeschichtliche Wirkung entfaltet hat. Dabei spielt Protagoras' Schrift *Alētheia* im

Theaitetos eine ähnliche Hauptrolle wie die Schrift des Lysias im *Phaidros*. Platon wirft ihr performative Selbstwidersprüche vor (Anspruch auf Wahrheit vs. Mensch als Maß aller Dinge, und: Kann Schrift überhaupt Wahrheit vermitteln?).

Gegen diesen Angriff des Sokrates nun möchte Theodoros, der mit Protagoras befreundet war, den Verstorbenen nicht verteidigen, er überlässt dem jungen Theaitetos die Antworten in den weiteren Prüfungen der Position des Protagoras. Die wichtigste Rolle übernimmt aber Sokrates: Er lässt weder Theaitetos noch sich selbst schnell vom Haken, lässt keinen schnellen argumentativen Sieg über den abwesenden Protagoras zu, sondern lässt diesen wiederauferstehen, indem er – ihm gleichsam beispringend – seinen Standpunkt übernimmt und ihn eine Verteidigungsrede halten lässt: „Denn Protagoras oder ein anderer für ihn würde hierauf sagen: [...]" (*Theaitetos* 162d). Der Dialog wird nun zu beträchtlichen Teilen zu einem Dialog zwischen Sokrates und Protagoras, in welchem Sokrates beide Rollen übernimmt und der Position des Protagoras so gut wie möglich gerecht zu werden versucht – ihm so gut wie möglich ‚Hilfe leistet' (dieser *boētheia*-Bezug wird in der Folge noch direkter und durchsetzt den gesamten Dialog). Wir haben es hier also mit einer doppelten Wiederauferstehung aus der Schrift, einer Wiedererweckung durch den Leser zu tun – wie Eukleides und Terpsion Sokrates in der Rahmenhandlung wiederauferstehen lassen, so geschieht dies im Dialog durch Sokrates selbst. Hier wird immer deutlicher, dass der Dialog die Thesen der Schriftkritik des *Phaidros* einer Prüfung unterzieht bzw. das Potential von Leser/in und Schrift differenzierter bewertet.

Nachdem Sokrates dieses erste Argument scheinbar widerlegt hat, lässt er sich selbst jedoch wiederum nicht schnell aus der Sache heraus, sondern übernimmt noch einmal die Rolle bzw. Verteidigung des Protagoras: „Es kommt mir vor, als ob wir nach Art eines schlechten Hahns, ehe wir noch gesiegt haben, von der Sache abspringend unser Siegesgeschrei anstimmten. [...] Nach Art berufsmäßiger Wortfechter scheinen wir unsere Übereinkunft (lediglich) hinsichtlich der Übereinstimmung der Worte gewonnen zu haben" (*Theaitetos* 164c). Hier treten wir endgültig in die Welt des *Phaidros* ein: Das Argument des Protagoras, so Sokrates, wäre so schnell nicht verloren gewesen, wenn nur der Vater der Geschichte (*ho patēr tou heterou mythou*, 164e) noch lebte, er wäre ihr auf viele Weise zu Hilfe gekommen (*alla polla an ēmyne* – das *ēmynein* ist dem *boēthein* eng verwandt, beide kommen oft gemeinsam oder synonym vor). Nun aber, da sie verwaist sei (*orphanon*, 164e), eine vom Vater verlassene Schrift, misshandelten Sokrates und seine Mitdiskutanten sie – und nicht einmal die Vormünder (*epitropoi*, 164e), denen Protagoras sie übergeben habe (wie sein Freund Theodoros) wollten ihr zu Hilfe kommen (*boēthein*). So müsse man selbst ihr gerechtigkeitshalber beistehen (*boēthein*). Die Waisenhaftigkeit des Texts ohne Verteidigung durch den Vater, die wir aus dem *Phaidros* kennen, wird hier noch einmal vertieft dargestellt. Bedingt durch die Sterblichkeit, die Unverfügbarkeit des Autors und die Unzuverlässigkeit der bestellten Vormünder (also Schüler/innen und Freunde, im Sinne der mündlichen, inspirativen Überlieferung) muss nun der *Leser/die Leserin* die Hilfeleistung für die Position des Autors/der Autorin übernehmen – muss die Position so gut wie möglich verteidigen und zu verstehen versuchen, muss sie sich zugänglich machen, anstatt sie schnell, ohne Möglichkeit der Gegenrede, abzuurteilen. Dies verlangt nicht nur das exakte dialektische Denken, sondern, wie Sokrates herausstellt, allein die Gerechtigkeit (164e, 167e), der Respekt vor dem toten Denker (bzw. Denkerin). Wie gut die Leserin/der Leser zu verstehen versucht, was der unverfügbare Autor bzw. Autorin gemeint haben könnte und wie dessen/deren Aussagen am positivsten auslegbar wären, ist also, wie im präsentischen Dialog, ethisch beurteilbar. Was nach dem Tod des Denkers/der Denkerin mit dessen/deren Lehren geschieht, erweist sich als wiederkehrendes platonisches Thema. Die ineinander verschachtelte Wiederauferweckung zweier toter Denker aus der Schrift im *Theaitetos* ist ein zentrales Statement Platons über das Potential der Schrift und über die *Grenzen* der von Sokrates erträumten mündlichen inspirativen Überlieferung. Diese Grenzen zeigen sich auch in 183e–184a, wo der junge Sokrates die Worte des alten Parmenides nicht versteht – ein skeptisch machendes Spiegelbild zur Situation im Dialog, wo gerade diese Form der inspirativen Überlieferung erfolgt – der junge Theaitetos lernt von den Älteren, Sokrates und Theodoros. Aus der Schwierigkeit des Sich-Verstehens und der Hilfsbedürftigkeit der Sprache ergibt sich, so zeigt sich, die Notwendigkeit zum intensiven Dialog.

In der Folge belegt die hohe Frequenz des Wortes *boētheia* die große Bedeutung dieses Motivs: Theodoros sagt, er wäre dankbar, wenn Sokrates Protagoras beistehe (*boēthēs*), und Sokrates präsentiert darauffolgend seine Hilfeleistung (*tēn g' emēn boētheian*; *Theaitetos* 165a). Nach weiteren Erörterungen fragt Sokrates wiederum: „Was für eine hilfreiche Rede würde also wohl […] Protagoras für seine Lehre herbeibringen?" (165e) Das, was man bereits, ihm beistehend, gesagt habe und mehr – es folgt eine lange Rede, die Sokrates wiederum in der Rolle des Protagoras vorträgt, um dessen Standpunkt zu verteidigen. Am Ende sagt er: „Dieses, Theodoros, habe ich Deinem Freunde zur Hilfe [*boētheian*] dargebracht […]; wenn er aber selbst lebte, würde er dem Seinigen weit glänzender beigestanden haben [*eboēthēsen*]." Theodoros bestätigt ihm jedoch, er habe Protagoras kraftvoll beigestanden (*beboēthēkas*). Weitere Erwähnungen der Hilfsakte folgen (169a, 169e, 171e), sich steigernd zur direkten Anrede von Protagoras („Was also, Protagoras, sollen wir mit dieser Rede anfangen?", 170c), mit steter Bezugnahme darauf, dass seine Lehre nur geschrieben vorläge (166c–d, 171a–b), bis hin zu folgender Vorstellung: „könnte [Protagoras] sich jetzt hier hervorarbeiten nur bis an den Hals: so würde er mich sowohl, daß ich in den Tag hineingeredet, wie sehr wahrscheinlich, hart bestrafen, als auch dich, daß du alles eingeräumt, und würde dann wieder untertauchen und davongehen." (171d) Der *Theaitetos* erweitert so die Vorstellung des *Phaidros*, dass nur der Autor/die Autorin helfen könne, durch eine vorbildliche *boētheia* des *Lesers* Sokrates, der den Autor fiktiv am Gespräch teilnehmen lässt und dessen Position maximal selbst verteidigt. Eine Quasi-Präsenz des Autors wird aus dem Text erweckt, um diesen zu verteidigen: Der *Leser* bzw. die *Leserin* trägt die Verantwortung für die kulturelle Überlieferung. Sokrates hämmert Theaitetos die Botschaft ein, dass Zugänglichkeit nicht über oberflächliche Lektüre oder schnelles Verstehen möglich ist, sondern nur durch geduldige, bestmögliche Hilfe (*boētheia*) für den Standpunkt des/der Anderen – im Gespräch ebenso wie bei der Lektüre. Die Grenzen zwischen beiden Bereichen sind fließend – wir erinnern uns: Zu Beginn des Dialogs ist Theaitetos dem Tode nahe, Sokrates und Protagoras sind bereits verstorben.

Bei all diesem Hin und Her und der wiederholten Widerlegung der These, Wissen sei Wahrnehmung, gerät man nun im Verlauf des Dialogs immer weiter in Komplexitäten (die zeigen, dass die ‚Wahrheit' nicht so einfach ist, wie sie in den Worten des Buches erscheint), und Sokrates meint: „Aber, o Theodoros, wir kommen immer aus einer Untersuchung in die andere, und aus einer kleineren in eine größere." (*Theaitetos* 172b–c) Die nun folgende Episode ist ein Exkurs zu den Bedingungen, die einen philosophischen Dialog, das Erreichen von Wissen und die Zugänglichkeit füreinander, *überhaupt* möglich machen, aber auch ein Exkurs in die äußeren Umstände des Dialogs, die, so zeigt sich, dessen Thema durchgehend bestimmen. Zunächst baut der Dialog eine weitere, ebenfalls bereits im *Phaidros* angelegte Bedingung für die Zugänglichkeit aus. Theaitetos erwidert auf Sokrates' Beobachtung der sich verzweigenden Fragestellungen: „Haben wir denn nicht Muße, Sokrates?" (*Oukoun scholēn agomen*, 172c). Das Thema der Muße war im Dialog schon angeklungen, und hatte auch die Rahmenhandlung des *Phaidros* dominiert. Theaitetos' Bemerkung inspiriert Sokrates nun dazu, die Muße (*scholē*) als Grundbedingung für die Philosophie und das Erreichen von Wissen herauszustellen – ein Bezug auf das offizielle Thema des Dialogs –, gleichzeitig arbeitet er Faktoren heraus, die Denken und Wissen gefährden: Oft und auch jetzt wieder habe er gedacht, dass diejenigen, die sich viel mit Philosophie und Wissenschaft beschäftigten, wenn sie einmal in die Gerichtshöfe kämen, als Redner sich lächerlich machen würden. Denn diejenigen, die sich von Jugend auf dort aufhielten, seien, im Gegensatz zu Philosophen und Wissenschaftlern, wie Knechte aufgewachsen – Knechte, so zeigt sich, der *Zeit*: Den Philosophen fehle es nicht an Muße (*scholē*), sie stellten ihre Untersuchungen in Frieden und Muße (*en eirēnē epi scholēs*, 172d) an, wie man jetzt selbst schon wiederholte Versuche zur Frage des Wissens angestellt habe. Die Anderen aber redeten immer im Gedränge (*ascholia*), denn das abfließende Wasser treibe sie zur Eile (*hoi de en ascholia te aei legousi – katepeigei gar hydōr rheon*, 172d). Dieses Bild ist für den *Theaitetos* zentral: Mit der Wasseruhr (*klepsydra*) wurde im antiken Griechenland vor Gericht die erlaubte Redezeit gemessen. In krassem Gegensatz zum Philosophen darf der Redner vor Gericht nur eine bestimmte Zeit reden und nur die abgelesenen Punkte (172e) – er ist damit immer (unilateral, wie die Schrift) auf Überredung angewiesen, kann kein wirkliches Wissen erlangen oder vermitteln und tritt in keinen (bilateralen) Dialog (mit gegenseitiger Hilfe) ein, sondern muss versuchen, unter Zeitdruck die Masse ebenso wie den Richter zu überreden. Dabei gehe der Streit vor Gericht nicht etwa um dieses oder jenes, sondern immer um einen selbst, oft sei es ein Wettlauf um das Leben – hier dringt die Tatsache in die philosophische Erörterung ein, die erst ganz am Ende des Dialogs expliziert wird, nämlich dass Sokrates anschließend in die Königshalle muss, weil dort die Anklage verlesen wird, die für ihn schließlich zu Verurteilung und Tod führt. Hierzu passt die – erst bei wiederholtem Lesen schockierend deutlich werdende – Tatsache, dass im *Theaitetos* die drei Versuche, die Natur des Wissens zu ergründen (Wissen als Wahrnehmung, Wissen als wahre Meinung, Wissen als wahre Meinung mit Begründung), immer kürzer werden! Im Gegensatz dazu sind die drei Teile des *Phaidros* etwa gleich lang – die unbegrenzte Muße wird hier bereits durch die Gesamtsituation signalisiert, das ruhig dahinfließende Bächlein Illissos im *Phaidros* steht in krassem Gegensatz zur wegrinnenden Zeit der Wasseruhr im *Theaitetos*. So zeigt sich erst in der Gesamtschau ein weiterer Aussagelevel der Dialoge – der ihre enge Verwandtschaft untereinander ebenso belegt wie die Zentralität des Themas der Fragilität des Zugangs. Die vor Gericht geschulten und aufgewachsenen Menschen würden, so Sokrates weiter, durch diese Situation geformt:

> „So daß sie durch alles dieses zwar scharfsichtig gemacht werden und gewitzigt, und sich trefflich darauf verstehen, ihrem Herrn mit Worten zu schmeicheln [...]; aber kleinlich und ungerade sind ihre Seelen. Denn die Knechtschaft von Jugend an hat ihnen das Wachstum und das freie grade Wesen benommen, indem sie sie nötigt, krumme Dinge zu verrichten, und die noch zarte Seele in große Gefahren und Besorgnisse verwickelt, welche sie ohne Verletzung des Gerechten und Wahren nicht überstehen können, und daher sogleich zur Lüge und zum gegenseitigen Unrechttun sich hinwendend so verbogen und verkrüppelt werden, daß schon nichts Gesundes mehr an ihren Seelen ist" (*Theaitetos* 173a–b).

Die Philosoph/inn/en hingegen seien frei und ungebunden, sie seien nicht Knechte ihrer Reden, sondern die Reden gleichsam ihre Knechte, die sich nur nach ihnen richten müssten, denn weder ein Richter noch sonstige Zuschauer säßen dabei, um zu strafen oder zu befehlen (173d). Neben der Hilfe beim Verstehen der anderen Person (*boētheia*), die diese entweder sich selbst leisten muss oder man selbst für sie, beschreibt Platon hier also eine zweite Grundbedingung der gegenseitigen Zugänglichkeit – die Muße (*scholē*) (vgl. Kap. 4). Die Zeit des Gerichts ist nicht die Zeit der Philosophie.

Platon schließt nun eine Episode an, die aufzeigt, dass es sich bei seinem Konzept der Muße nicht nur um die reine Verfügbarkeit von Zeit handelt, sondern auch um Konzentration, um die Ausschließlichkeit der Widmung. Die Philosoph/inn/en, so Sokrates, wüssten von Jugend an nicht einmal den Weg zum Gericht, mit Politik und Ämtern hätten sie nichts zu tun, nur ihr Körper halte sich im Staate auf, ihr Denken aber schwebe darüber (ob man dem stets auf dem Marktplatz diskutierenden Sokrates dies abnimmt, ist eine andere Frage), der Philosoph/die Philosophin beschäftige sich mit der Erforschung des Ganzen und sehe nicht, was in der Nähe sei. So sei es auch dem philosophischen Urvater Thales ergangen, den, „als er, um die Sterne zu beschauen, den Blick nach oben gerichtet in den Brunnen fiel, eine artige und witzige thrakische Magd soll verspottet haben, daß er, was am Himmel wäre, wohl strebte zu erfahren, was aber vor ihm läge und zu seinen Füßen, ihm unbekannt bliebe. Dieser Spott reicht noch immer aus gegen alle, welche in der Philosophie leben." (*Theaitetos* 174a-b) Der Denker vor Gericht – auch dies ein Ausblick auf den sokratischen Prozess – errege „Gelächter, nicht nur den Thrakierinnen, sondern auch dem übrigen Volk, indem er aus Unerfahrenheit in Gruben und in allerlei Verlegenheit hineinfällt" (174c). Die Herkunft (aus der äsopischen Fabel) und Nachwirkung dieser thrakischen Magd hat Hans Blumenberg in *Das Lachen der Thrakerin* als „Urgeschichte der Theorie" beschrieben (Blumenberg 1987). Für uns sind hieran mehrere Aspekte wichtig: Zum einen ist hier die Heraushebung der Konzentration, des *prosechein ton noun*, des ausschließlichen Richtens des Geistes auf etwas, von besonderer Bedeutung – Konzentration ist Bestandteil und Ergänzung der Muße. Muße meint bei Platon auch die Abwesenheit von Ablenkungen und Notwendigkeiten, von *ascholia*, die die Konzentration, das Eindringen in den Gegenstand, und damit erst das Erreichen von Wissen ebenso wie die Zugänglichkeit füreinander ermöglicht. Selbst ein König, so heißt es in dieser Episode frech, müsse aus Mangel an Muße (*hypo ascholias; Theaitetos* 174d) grob und ungebildet sein. Zum anderen ist die Thrakierinnen-Episode ein zentrales Bild für das Unverständnis der Masse – eine Unzugänglichkeit für gedankliche Komplexität, die das Denken gefährdet und letztlich Sokrates den Tod bringt: Er wird u. a. von einem Gerber angeklagt (im *Gorgias* sagt Sokrates, der Philosoph könne gerichtet werden wie unter Kindern ein Arzt, den der Koch verklagte – wie der/die eigentliche Heiler/in von den Verführer/inne/n; 521e). Der Denker bzw. die Denkerin ist bei Platon stets durch Zeitdruck ebenso bedroht wie durch oberflächliches Denken und Vereinfachung, Ablenkung, rhetorische Verführung, gegenseitige Unzugänglichkeit, Gewalt und Unfreiheit. Den Philosophen/ die Philosophin charakterisiert Sokrates bezeichnenderweise als „in Freiheit und Muße aufgewachsen" (*en eleutheria te kai scholē*; *Theaitetos* 175e). Nicht umsonst sagt Theodoros am Ende der Episode, wenn Sokrates alle so wie ihn überzeugte von dem was er sage, „so würde mehr Friede und des Bösen viel weniger sein unter den Menschen." (176a) Für Platon stehen geistige Haltungen stets in einem sozialen Raum – in dem die Gefahr, sich lächerlich zu machen (vgl. 147b, 161d–e, 174a–175e), noch das geringste Übel ist.

Zur Notwendigkeit von (gegenseitiger) Hilfe, von Muße und Konzentration, um für einander zugänglich zu sein, kommt im *Theaitetos* eine weitere Grundbedingung der Zugänglichkeit: der Respekt vor Komplexität. Denn im *Theaitetos* ist, bei näherem Hinsehen, alles *schwierig*: Sich erst einmal zu finden (142a), jemanden zu (er)kennen (144b–d), sich zu erinnern (142d), etwas richtig aufzuschreiben (143a), dies zu interpretieren, zu verstehen was jemand anderes meint (ob mündlich oder schriftlich, z. B. 184a), oder zu erkennen, ob jemand im Ernst spricht (157c). Wissen muss ständig aktualisiert werden, um nicht verlorenzugehen (153b–c). Argumentationen führen in Aporien (Ausweglosigkeiten) oder Widersprüche. Selbstverständlichkeiten erweisen sich als trügerisch. Man kann sich in vielerlei Hinsicht *versehen*, *verhören* und *verdenken* (195a) oder sich zu Unrecht *selbst überreden* (190c). Theaitetos benötigt Hilfe, um erst einmal zu verstehen, was er selbst meint (selbst er, der laut dem Dialog über die größten geistigen Tugenden und die harmonischste Kombination einzelner Fähigkeiten verfügt – die sich sogar gegenseitig behindern können, 144a–b). Man verwendet Wörter, deren Bedeutung einem nicht ausreichend klar ist (196d–e). Es ist auch nicht jeder Mensch in jeder Art zu reden geübt (146b), und es ist schwierig, Ausländer zu verstehen und unbekannte Buchstaben zu lesen (163b). Der Philosoph findet sich in der Welt nicht zurecht, und die thrakische Magd versteht ihn nicht. Zeitdruck und andere Faktoren bedrohen den Erkenntnisgewinn, Fragen erweisen sich als unermesslich umfangreich (184a) und wegen zahlreicher sich aufdrängender Fragen droht das Eigentliche ungeprüft zu bleiben (184a) – nicht alle Fragen sind es letztlich wert, den Geist auf sie zu richten, sich auf sie zu konzentrieren (*ou ... axion ton noun prosechein*, 145a). Beträchtliche Teile des *Theaitetos* drehen sich darum, was man eigentlich mit gewissen Begriffen meint (Was ist falsche Meinung, was ist mit *logos* gemeint?). Und nach drei Versuchen – der erste in voller Muße – wissen wir immer noch nicht, was Wissen ist. All dies signalisiert, dass das mit dem Wissen nicht so einfach sein kann, dass man sich Zugänglichkeit erst mühsam erarbeiten muss – und es lehrt den *Respekt vor Komplexität*. Nicht nur die Interpretation der schriftlichen Überlieferung, sondern auch der mündliche Dialog, so zeigt sich, ist nicht trivial: Gegenseitiges Verstehen, gegenseitige Zugänglichkeit, ist nicht selbstverständlich, sondern muss immer erst erarbeitet werden. Für Schriftliches und Mündliches, so wird hier deutlich, sind *gemeinsame* Kompetenzen und Tugenden gefragt. Der *Theaitetos* zeigt, dass die Arbeit an Worten – die Konzentration auf Worte, *prosechōn tois rhēmasi ton noun* (165a) – auch eine Arbeit am Menschen ist.

Dass es sich in der Auseinandersetzung mit den Aussagen Anderer (gedruckt oder gesprochen) bei Hilfe, Muße, Konzentration und Respekt vor Komplexität um grundlegende *geistige* Tugenden handelt, zeigt sich darin, dass Platon nun im Anschluss (wie auch in anderen Dialogen) das Denken selbst als einen inneren Dialog beschreibt. Auf die Frage, was er unter Denken verstehe, antwortet Sokrates im *Theaitetos*: „Eine Rede, welche die Seele bei sich selbst durchgeht über dasjenige, was sie erforschen will. […] so schwebt sie mir vor, daß, solange sie denkt, sie nichts anderes tut als sich unterreden, indem sie sich selbst fragt und antwortet, bejaht und verneint." (*Theaitetos* 189e–190a). Denken setzt sich also selbst Thesen vor, die es hinterfragt, prüft, ausarbeitet, erläutert und widerlegt, „zu sich selbst sprechend und sich fragend" (196a), *legōn pros hauton*, sich selbst helfend und erläuternd. Denken ist somit ein beurteilbares *Verhalten*, das in *innerer* Pluralität stattfindet und auf der zwischenmenschlichen Tugend der Hilfe beruht. Diese Einordnung des Denkprozesses in das Sprachliche und Zwischenmenschliche wird Platons moderne Leser/innen zu zentralen ethischen Überlegungen führen (vgl. Kap. 7).

Gehen wir aber den *Theaitetos* noch bis zum Ende durch: Die Widerlegungen der einzelnen Thesen werden nun immer kürzer – hier färbt immer deutlicher durch, dass Sokrates im Anschluss zu Gericht muss, um auf den Tod verklagt zu werden. So handelt er die These, Wissen sei wahre Meinung, schließlich recht schnell ab – eine ganze Kunst spreche schon dagegen, dass dies so sei, nämlich die der Redner/innen und Advokat/inn/en: „Denn diese überreden vermittelst ihrer Kunst nicht, indem sie lehren, sondern, indem sie bewirken, daß man sich vorstellt, was sie eben wollen." (*Theaitetos* 201a) Oder halte Theaitetos sie „für so bewundernswürdige Meister im Lehren, daß sie denen, die nicht Zeugen eines Diebstahls oder einer anderen Gewalttat waren, verständen, während ein weniges Wasser verläuft, die wahre Beschaffenheit dessen, was diesem geschehen ist, gründlich zu beweisen?" (201a–b) Hier kehrt das Motiv der Wasseruhr wieder, das symbolisch für alles steht, was Zugänglichkeit und Wissen verhindern kann, und das gleichzeitig stets an Sokrates' Prozess gemahnt. Entsprechend schließt Sokrates an: Wenn also Richter überredet worden seien „in bezug auf etwas, das nur, wer es selbst gesehen hat, wissen kann, sonst aber keiner", so hätten sie doch dieses, „nach dem bloßen Gehör urteilend", durch eine wahre Meinung, aber *ohne* Wissen, abgeurteilt. Wenn hingegen wahre Meinung und Wissen einerlei wären, dann könne auch der beste

Richter nicht etwas Wahres meinen ohne Wissen. So scheine beides verschieden zu sein. (201b–c). Hier werden nun Gegenstand und Rahmenbedingungen des Dialogs endgültig vermischt, und das Schicksal des Philosophen vor Gericht erscheint bereits besiegelt. Zugleich ist die zweite These, Wissen sei wahre Meinung, widerlegt.

Bei der dritten und letzten These nun, Wissen sei wahre Meinung mit Erläuterung, gerät der Dialog, in aller Kürze, endgültig in Abgründe: Nicht nur sagt Theaitetos gleich zu Beginn, er habe diese These zwar von anderen gehört, könne sie aber nicht weiter erläutern (*Theaitetos* 201d) – es handelt sich, *nota bene*, um die These, Wissen sei wahre Meinung mit *Erläuterung*! Sondern drei Versuche zu klären, was man eigentlich mit Erläuterung (*logos*) meinen könnte, scheitern einer nach dem anderen. Insbesondere werden noch einmal Komplexität und Kontextabhängigkeit des Erkenntniszugriffs betont: Um deutlich zu machen, wann man eventuell von wahrer Meinung mit Erläuterung sprechen könnte, zitiert Sokrates aus Hesiods *Erga kai hēmerai* (*Werke und Tage*) die Stelle von den hundert Hölzern des Wagens (*Theaitetos* 207a). In diesem Gedicht mahnt ein Erbe seinen Bruder, nicht einfach das Ererbte zu verschleudern, sondern rechtzeitig für karge Zeiten vorzubeugen, als Bauer z. B. rechtzeitig einen Wagen zu kaufen, denn diesen könne man nicht einfach selbst schnell herstellen, wenn es bereits Winter sei, hierzu benötige es hundert verschiedene Hölzer, die jeweils am besten für die verschiedenen Teile geeignet seien und die man erst einzeln und rechtzeitig besorgen müsse. An diesem Beispiel zeigt Sokrates die Granularitätsgrade des Wissens – es sind drei verschiedene Dinge, ob man weiß, was ein Wagen ist, ob man weiß, aus welchen Teilen ein Wagen grob besteht („Räder, Achsen, Obergestelle, Sitz, Joch", 207a), oder ob man eben „das ganze Wesen desselben nach jenen hundert Hölzern beschreiben könne" (207b–c), samt der Begründungen für deren besondere Eignung für das jeweilige Teil. Wiederum lehrt uns Platon hier Respekt vor Komplexität und impft uns gegen den oberflächlichen Gebrauch von Sprache. So endet der Dialog passend in einer (didaktischen) Aporie bzw. einer kognitiven Granularitätslehre: „Jetzt aber, Theaitetos, da ich nun zu dem Gesagten näher hinzutrete, verstehe ich wie bei den großen auf die Entfernung berechneten Gemälden auch nicht mehr das mindeste davon. So lange ich von ferne stand, schien mir damit etwas gesagt zu sein." (208e) Die drei Versuche des Theaitetos haben sich mit Unterstützung der sokratischen Hebammenkunst als „Windeier" (210b) erwiesen – dies sei aber, beruhigt Sokrates abschließend, dennoch nützlich: So könnte Theaitetos bei zukünftigen Unternehmungen bessere Kinder hervorbringen, oder werde zumindest besonnenerweise nicht glauben zu wissen, was er nicht weiß. Zu meinen zu wissen, was man nicht weiß, ist bei Platon Ursprung allen Übels (*Alkibiades* I 118a). Die soziale und ethische Dimension von Wissen und gegenseitiger Zugänglichkeit steht also im Zentrum des *Theaitetos* – eine Dimension, die gegenüber der abstrakten Diskussion der epistemologischen Fragen gern vernachlässigt wird (vgl. z. B. Burnyeat 1990).

Der Dialog endet mit den Worten: „Jetzt nun muß ich mich in der Königshalle einstellen wegen der Klage, welche Meletos gegen mich angestellt hat. Morgen aber, Theaitetos, wollen wir uns wieder hier treffen." (*Theaitetos* 210d) Der *Theaitetos* inszeniert so durchgehend die Gefährdung der philosophischen Erörterung und die Fragilität des Zugangs, zueinander und zu Texten. Bedroht ist der Zugang durch eine Vielfalt von Faktoren, über allem aber hängt die Bedrohung durch Gewalt und Sterblichkeit: Beide, Theaitetos und Sokrates, erscheinen an der Grenze des Todes. Damit sind wir mitten in der Schriftkritik: Die Fragilität des Zugangs nach dem Tod bzw. aus der Schrift wird im *Theaitetos* z. B. in der Diskussion darüber thematisiert, was Protagoras mit seinen Äußerungen eigentlich *gemeint* hat. In der Rahmenhandlung stellt Platon heraus, dass Sokrates' Schüler 30 Jahre nach seinem Tod noch an ihn denken, dass sie aber für die philosophischen Inhalte Gedächtnisstützen, *hypomnēmata*, verwenden und mit rein mündlicher Überlieferung nicht auskommen. Auch die Niederschrift des Dialogs durch Eukleides erfolgte mit Hilfe des ‚Autors' Sokrates. Der *Theaitetos* ist also ein Dokument der Fragilität des Zugangs in vielerlei Hinsicht. Sowohl Sprache als auch Meinungen sind hier nicht immer klar oder sofort verständlich. Insbesondere zeigt der Dialog, dass dies für anwesende Menschen und mündliche Sprache genauso gilt wie für Verstorbene und schriftliche Sprache, für die synchrone Dimension wie für die diachrone. Beide, Menschen und Texte, verfügen über einen Innenraum, der nicht *einfach* für Andere zugänglich ist. Der *Theaitetos* zeigt so, dass die ‚Schriftkritik' eine viel umfassendere Bedeutung für Platon hat als die reine Bewertung einer Kommunikationstechnologie. Er stellt die in der Literaturtheorie später oft diskutierte Frage nach dem ‚Tod des Autors' viel existentieller: Was passiert mit dem Gedachten einer Person nach ihrem Tode? Und wie hängt dies mit Missverstehensprozessen im präsentischen Gespräch zusammen? Wie gut können wir einander (und uns selbst) *überhaupt* verstehen? Der *Theaitetos* führt diese Fragen, die weit über die Vorstellung von Kommunikation als einfacher Übermittlung von Information hinausgehen, als Drama mit Sokrates, Protagoras und Theaitetos auf. Der Dialog stellt nicht nur die Frage, was Wissen ist, sondern auch, wie man (gemeinsam) zu Wissen kommt und wie es (füreinander) dauerhaft zugänglich bleibt. Er zeigt in aller Deutlichkeit, wofür kognitives und zwischenmenschliches Verstehen *anfällig* ist und in welch vielfältiger Weise die ‚Aufnahme von Information' scheitern kann. Die Schriftkritik spielt hierbei – im realen Rahmen des Sokrates-Prozesses – eine wichtige Rolle, indem sie vor der Verkürzung eines *Menschen* auf das Gesagte, auf vorliegende ‚Information', warnt.

Bevor wir uns in weiteren Kapiteln der Behandlung dieser Themen durch Denker/innen des 20. und 21. Jahrhunderts zuwenden und beginnen, die Relevanz des Themas ‚Fragilität des Zugangs' für die Gegenwart herauszuarbeiten, soll nun das platonische Fundament unseres Buches noch um einen weiteren Dialog erweitert werden, der gemeinsam mit *Phaidros* und *Theaitetos* die grundlegenden Themen des Buches etabliert: das *Symposion*.

Symposion

Das *Symposion* beginnt wiederum mit der Schwierigkeit, über die Zeit hinweg Zugang zu Gesagtem und Gedachtem zu erhalten. Ein Freund bittet den Sokrates-Jünger Apollodoros, von dem gastlichen Beisammensein, den Gesprächen und Reden von Sokrates und anderen bei Agathon zu berichten. Apollodoros fühlt sich nicht ganz unvorbereitet, weil er vor kurzem schon einmal gebeten wurde, dies zu erzählen, von einem Bekannten, der von einem Freund eines Freundes davon gehört hat und sich von Apollodoros Genaueres erwartet, jedoch denkt, dass dieser selbst dabei war. Das Gespräch hat hingegen schon in seiner Jugend stattgefunden, und er selbst hat es nur von einem Aristodemos gehört, der dabei war. Allerdings habe er, Apollodoros (wie Eukleides im *Theaitetos*), mehrfach bei Sokrates nachgefragt, um die ihm geschilderte Version zu validieren (*Symposion* 173b), die Feststellung der Authentizität des Gesagten erfolgt so durch das *homologein* der Quellen. Im Dialog wird jedoch wiederholt betont, dass die Schilderung nicht vollständig ist, weder habe sich Aristodemos an alles erinnern können, noch habe er, Apollodoros, alles Berichtete behalten (178a; 180c); am Ende des Dialogs ist der Augenzeuge sogar eingenickt (223b–d). Hier steht also wieder der stete Prozess der Erhaltung, Verfremdung und Unzugänglichwerdung menschlicher Äußerungen im Vordergrund – der im *Phaidros* ideal vorgestellte inspirative Prozess der mündlichen Überlieferung zeigt sich in all seiner Fragilität.

Die Zugänglichkeit von Menschen und Aussagen erweist sich in der Folge als eigentliches Hauptthema des Dialogs. So berichtet nun Aristodemos, von dem der Bericht eigentlich stammt, durch die Stimme von Apollodoros, er habe Sokrates einmal herausgeputzt und beschuht getroffen, ganz im Gegensatz zu dessen Gewohnheit. Auf Nachfrage sagt Sokrates, er sei unterwegs zu einem Festmahl beim Dichter Agathon, zur Feier von dessen erstem Sieg im Tragödienwettbewerb. Sokrates lädt Aristodemos ein mitzukommen, und dieser nimmt die Einladung gern an. Unterwegs verliert man sich jedoch, denn Sokrates bleibt, in Gedanken versunken, stehen: Er hat, so heißt es, den Geist auf sich selbst gerichtet (*heautō pōs prosechonta ton noun*; *Symposion* 174d), ist in sich versunken, hat die Außenwelt ausgeblendet. Auch als Aristodemos bereits als Festgast im Haus des Agathon aufgenommen ist, wartet man noch auf Sokrates – dieser hat sich in 175a in den Vorhof des Nachbarn zurückgezogen (*anachōrēsas ... hestēken*) und steht weggetreten da (*apostas ... hestēken*, 175b). Hier scheint die Vorstellung des Nachdenkens als innerer Dialog aus dem *Theaitetos* wieder auf. Insbesondere wird jedoch die Vorstellung des ausschließlichen Konzentrierens, des *prosechein ton noun*, wieder aufgenommen, die uns bereits in *Phaidros* und *Theaitetos* begegnet ist. Dieses zentrale Motiv deutet auf die notwendigen Bedingungen von Zugänglichkeit hin (für einen Gegenstand und füreinander), auf die Existenz eines geistigen Innenraums sowie auf die Konkurrenz zwischen verschiedenen Aufmerksamkeitsobjekten. Die Schilderung des ausschließlichen Richtens des Geistes, der Konzentration als Öffnung und Verschließung für Gegenstände und Personen, im *Symposion* macht deutlich, wie eng die Verbindung von Muße, Konzentration und Zugänglichkeit ist. Sie stimmt zudem ein weiteres wichtiges Thema des Dialogs an, die Frage der Zugänglichkeit Anderer und der Weitergabe von Wissen: Sokrates' halb scherzhafte Reaktion auf Agathons Bitte, er möge doch seine beim Nachdenken gewonnen Weisheiten gleich an ihn weiterreichen, spricht Bände in Bezug auf die Frage von Sokrates' Einfluss auf Alkibiades, die die letzte Phase des Dialogs dominiert, und nimmt dabei die Gefäß-Metaphorik für geistige Inhalte wieder auf: „Das wäre vortrefflich, Agathon, wenn es mit der Weisheit so wäre: daß sie, wenn wir einander nahten, aus dem Volleren in den Leereren überflösse, wie das Wasser in den Bechern durch einen Wollfaden aus dem volleren in den leereren fließt." (*Symposion* 175d) Eine einfache Weitergabe und Aufnahme von Wissen – oder ‚Information' – ist hier nicht möglich.

In der Folge einigt man sich darauf, nur mäßig zu trinken – im alten Griechenland nicht immer die Regel – und reihum jeweils eine Rede zu halten. Thematisch soll es wie im *Phaidros* um den Eros gehen; Phaidros, der auch hier zugegen ist und das Thema vorgeschlagen hat, darf beginnen, bezeichnenderweise mit Blick auf die Kinder- und Vater-Metaphorik aus *Phaidros* und *Theaitetos*, als *patēr tou logou* (*Symposion* 177d). Phaidros setzt sein Thema aus dem *Phaidros* fort (die Chronologie der Dialoge ist unklar) und spricht über das Verhältnis zwischen Liebenden. Dabei etabliert er ein weiteres wichtiges Motiv, das uns in diesem Buch beschäftigt: die Scham. Die Liebe könne am besten bei den Menschen das bewirken, was sie das ganze Leben lang führen soll, nämlich die Scham beim Hässlichen (*tois aischrois aischynēn*, 178d) und den Wetteifer beim Schönen: Vor niemand anderem würde man sich für schändliche Taten so sehr schämen wie vor dem geliebten Menschen (178d–e). Dass diese Scham auch intellektuelle Handlungen, Haltungen, Meinungen betreffen kann und deshalb für die Frage der Zugänglichkeit von Menschen von besonderem Interesse ist, zeigt der weitere Verlauf: Nach Phaidros hält Pausanias (Geliebter des Gastgebers) turnusgemäß (nach der Liegeordnung beim Bankett) seine Rede auf den Eros, danach der Arzt Eryximachos, dann kommt der Dramatiker Aristophanes an die Reihe. Als dieser geendet hat, lobt Eryximachos dessen Rede und etabliert den Topos, dass es nun langsam schwierig werde, noch etwas Gutes zu sagen, weil schon fast alles gesagt sei. Sokrates und Agathon stimmen ein, Sokrates bezweifelt jedoch, dass Agathon – der gerade vor großem Publikum den Tragödenwettbewerb gewonnen hat – vor einem so kleinen Publikum wie dem jetzigen verlegen sein sollte. Agathon antwortet: „Sokrates, [...] du glaubst doch nicht, die Bühne habe mir den Kopf so eingenommen, daß ich nicht wüsste, wie den Verständigen wenige Einsichtsvolle bänger machen als noch so viele Unwissende." (194b) Sokrates versucht ihn entsprechend in der Folge (194c–e) in ein philosophisches Gespräch darüber zu verwickeln, ob man sich vor wenigen Weisen mehr schämen würde (*aischynoio*) als vor der großen Masse – etabliert also das Thema der Scham über geistige Haltungen und sprachliche Äußerungen, wird aber dann vom ‚Vater der Rede' Phaidros davon abgehalten, der auf dem Turnus der Reden zum Eros besteht.

Entsprechend hält nun der Dichter Agathon eine rhetorisch in höchstem Maße gedrechselte Rede über den Eros, deren Gestelztheit Sokrates nach dem Ende der Rede zunächst selbst mit verzwirbelten Worten parodiert (*Symposion* 198a). Danach setzt er an, Agathons Rede grundsätzlich und inhaltlich zu zertrümmern – es gehe doch vermutlich eher darum, die Wahrheit über etwas zu sagen und nicht, es mit schönen Attributen zu versehen? Und nun schafft er es doch, Agathon in ein kurzes philosophisches Gespräch zu verwickeln, an dessen Ende dieser zugeben muss, er scheine offenbar überhaupt nichts von dem zu verstehen, was er vorhin behauptet habe – was Sokrates süffisant bestätigt: Immerhin aber habe er schön gesprochen (201b–c). Hier gibt uns Platon eine Vorschau auf die große Alkibiades-Episode des Dialogs, mit den Hauptmotiven der Scham über das Nichtwissen und des Eindringens des Philosophen in vom Anderen Behauptetes, das vor der großen Masse, in der unilateralen Volksrede bestehen mag, nicht aber im bilateralen Dialog.

Sokrates, der nun an der Reihe ist, bringt dementsprechend keine Rede vor, sondern schildert ein philosophisches Gespräch – mit redeartigen, lyrischen Elementen –, das die weise Priesterin Diotima mit ihm über den Eros geführt habe. Abgesehen von Platons Ideenlehre, die er hier Diotima in den Mund legt, kommen in dieser Rede typisch sokratische Themen vor: das Grundübel des Zu-Wissen-Meinens („Denn das ist eben das Arge am Unverstande, daß er, ohne schön und gut und vernünftig zu sein, doch sich selbst ganz genug zu sein dünkt."; *Symposion* 204a) und die Thematik von geistiger Zeugung in Anderen, deren Schwangerschaft und Geburt, die uns im *Theaitetos* und im *Phaidros* bereits begegnet ist (*Symposion* 206b–209d). Diese Zeugung oder Geburt im Schönen (*tokos en kalō*, 206b, e) wird als das zentrale Ziel des Eros (der die Liebe ebenso umfasst wie die philosophische Suche nach der Wahrheit) beschrieben – weil diese Zeugung oder Geburt „das Ewige ist und das Unsterbliche, wie es im Sterblichen sein kann" (206e–207a). Dieses Streben nach Unsterblichkeit durch Zeugung oder Geburt (als Weitergabe) gelte auch für das, was die Seele angeht, die „Gewohnheiten, Sitten, Meinungen, Begierden, Lust, Unlust, Furcht" (207e), insbesondere aber für das Wissen: Denn was Übung genannt werde, gebe es, weil das Wissen verschwinde, sei doch das Vergessen ein Verschwinden des Wissens (*lēthē gar epistēmēs exodos*), Übung aber bewahre das Wissen, indem sie wieder eine neue Erinnerung anstelle der schwindenden vermittele, sodass es dasselbe zu sein scheine. Und auf diese Weise werde „alles Sterbliche erhalten, nicht so, daß es durchaus immer dasselbe wäre wie das Göttliche, sondern indem das Abgehende und Veraltende ein anderes neues solches zurückläßt, wie es selbst war." So habe „alles Sterbliche teil an der Unsterblichkeit" (208a–b). Wiederum zeigt sich der enge Zusammenhang zwischen (synchroner) Zugänglichkeit füreinander (und dem Übergang von Wissen von einer Person auf die andere) und der (diachronen) kulturellen Überlieferung, der uns bereits in *Phaidros* und *Theaitetos* begegnet ist und der durch die Erweiterung der mündlichen Überlieferung auf die schriftliche verkompliziert, aber nicht abgeschafft wird.

Diotima betont im Folgenden die Bedeutung des Drangs nach Unsterblichkeit – für die Einen ein körperlicher Fortpflanzungstrieb, für die Anderen ein geistiger: Es gebe ja auch Leute, „die auch in der Seele Zeugungskraft haben [...], für das nämlich, was der Seele ziemt zu erzeugen und erzeugen zu wollen. Und was ziemt ihr denn? Weisheit und jede andere Tugend" (*Symposion* 208e–209a). (Vgl. *Theaitetos*.) Diese Form der Fortpflanzung, so Diotima, sei sogar die bedeutendere: „Und jeder sollte lieber solche Kinder haben wollen als die menschlichen, wenn er auf Homeros sieht und Hesiodos und die anderen trefflichen Dichter, nicht ohne Neid, was für Geburten sie zurücklassen (*kataleipousin*), die ihnen unsterblichen Ruhm und Angedenken sichern, wie sie auch selbst unsterblich sind." (*Symposion* 209c–d) Interessanterweise verwendet Platon auch hier das Wort *kataleipein* – das gleiche Wort erscheint in *Phaidros* 257d, wo es darum geht, dass Staatsmänner Schriften hinterlassen (wollen), und natürlich mitten in der Schriftkritik in 275c, kurz vor der klassischen *boētheia*-Stelle 275e (und 276c, 277a, 278c). Was nach dem Tod des Denkers/der Denkerin mit seinen/ihren Lehren geschieht, der Zusammenhang zwischen Zugänglichkeit füreinander und kultureller Überlieferung, zwischen dem Leben mit- und nacheinander, erweist sich, aufsetzend auf dem gewaltsamen Tod seines Lehrers Sokrates und historisch plaziert am Beginn der schriftlichen Überlieferung westlicher Philosophie, als durchgehendes Thema der platonischen Dialoge.

Wer zur Erkenntnis des wahrhaft Schönen aufsteigen wolle, so schließt Diotima (durch Sokrates' Mund), der müsse zunächst in jungem Alter einen einzigen schönen Körper lieben, dann aber die Schönheit in vielen Körpern und damit die Einheit der Schönheit erkennen (was dazu führt, dass er den einen Körper des Anfangs verachtet und für geringfügig hält) und, darauf aufbauend, der Schönheit der Seele Vorrang einräumen vor der Schönheit des Körpers und sich der Erkenntnis der Schönheit widmen, nicht der Schönheit eines einzelnen Körpers (*Symposion* 210a–e) – hier ist der Aufstieg der Philosophie vom Vielen und Einzelnen zur Ideenlehre ebenso vorgezeichnet wie Sokrates' im Folgenden gezeigte Immunität gegenüber den Verführungen des Alkibiades. So ist in höchstem dramatischem Maße die Bühne bereitet für die Alkibiades-Episode, die alle bisher entwickelten Themen aufnimmt und in ihrer Bedeutung zeigt.

Wer ist Alkibiades und warum sollte er uns 2500 Jahre später interessieren? Alkibiades verkörpert viele der Verführungen, die dem Denker/der Denkerin, der/die nach Wahrheit und moralisch gutem Leben sucht, drohen. Jung, schön, reich, rednerisch gewandt, mit den Mächtigen Athens verwandt, ist er schon in jungem Alter davon überzeugt, dass er die Geschicke Athens am besten lenken kann. Er ist Volksredner und Politiker, gottbegabt und überambitioniert, verführerisch und verführbar, *der* Society-Löwe Athens schlechthin. Zur Zeit als Platon seine Dialoge schrieb, hatte Athen den jahrzehntelangen Peloponnesischen Krieg verloren: Während dieser Zeit hatte Alkibiades mehrfach die Führung größerer militärischer Unternehmungen übernommen, war jedoch auch zweimal aus Athen verbannt worden und hatte dann jeweils mit Athens Feinden (erst Sparta, dann Persien) paktiert – ein Spiel zwischen den politischen Fronten, das ihn letztlich im Jahre 404 v. Chr. das Leben gekostet hatte. Die Überschätzung der eigenen Fähigkeiten und Kenntnisse, die moralische Wankelmütigkeit und der Opportunismus des Alkibiades waren für jeden Athener sprichwörtlich. Er ist also ein natürliches Ziel für die moralische Hinterfragung durch Sokrates – wie die beiden Dialoge *Alkibiades* I und II zeigen, die in der Antike ebenfalls Platon zugeschrieben wurden (heute wird ihre Echtheit teilweise bestritten). Im *Symposion* jedoch kommt Alkibiades selbst zu Wort und schildert in leuchtenden Farben (und volltrunkenem Zustand) sein Verhältnis zu Sokrates – das durch die Fragilität des Zugangs zueinander bestimmt ist.

Der Auftritt des Alkibiades ist standesgemäß spektakulär: Kaum hat Sokrates geendet, klopft es heftig an die Hoftür, und Lärm wie von Betrunkenen dringt herein. Kurze Zeit später torkelt Alkibiades hinein, gestützt von seiner Entourage (samt Flötenspielerin), bekränzt mit Efeu, Veilchen und vielen bunten Bändern. Dass Alkibiades hier der Gate- oder Party-Crasher ist, ist später noch relevant, weil er in anderer Hinsicht keinen Zugang finden kann, das Thema von Innen und Außen dominiert den Dialog. Auch steht er in Kontrast zum anderen Spätkommer des Dialogs – Sokrates, der aus den Tiefen philosophischer Reflexion zu den Anderen stößt. Die Begrüßung ist standesgemäß: „Ihr Männer, seid gegrüßt!" (*Symposion* 212e) – Alkibiades, der Volksredner, wendet sich in seiner Rede permanent an die „Männer", immer also (unhinterfragt) an die Masse, und nicht im Dialog an den Einzelnen. Ob man einen Sturzbetrunkenen noch aufnehme, fragt Alkibiades, er wolle den Wettbewerbsgewinner Agathon noch bekränzen (den Schmuck hierzu hat er ganz uneitel auf dem eigenen Kopf mitgebracht). Und er vergisst nicht zu fragen, ob die Anwesenden nun mittrinken wollten? Als alle laut Beifall rufen, kommt er endgültig herein, bekränzt den Agathon, übersieht aber dabei den daneben lagernden Sokrates, der extra für ihn zur Seite gerückt ist (213a–b) – dass Alkibiades sich hier der Schönheit zuwendet und den Philosophen übersieht, ist bei weitem kein dramaturgischer Zufall, wie die Spiegelstelle in Platons *Protagoras* zeigt, wo Sokrates nicht auf Alkibiades achtet, weil er sich dem Weisen Protagoras zuwendet (*Protagoras* 309b). Als Alkibiades Sokrates dann sieht, erschrickt er – ob Sokrates sich wieder auf die Lauer gelegt habe, stets tauche er unvermutet da auf, wo Alkibiades sei. Beide, Sokrates und Alkibiades, unterstellen sich gegenseitig, nicht die Hände voneinander lassen zu können und keinen Anderen zu dulden. Gleichwohl umwindet Alkibiades das „wunderbare Haupt" des Sokrates, der mit seinen Reden „alle Menschen besiegt" (*Symposion* 213e), ebenfalls mit bunten Bändern. Bevor er seiner Hochachtung vollends Ausdruck verleihen kann, erklärt er sich aber erst einmal selbst zum Vorsitzenden des Gelages, leert kurzerhand ein mehr als zwei Liter fassendes Weingefäß (213e) und befiehlt Sokrates, dies ebenfalls zu tun – obwohl, wie er bemerkt, dieses Kunststück ihm beim Sokrates nichts nützen werde, „denn wie viel einer nur will, trinkt er aus und wird deshalb doch nicht berauscht." (214a) Hier zeigt sich erstmals Alkibiades' grundlegende Sicht des Sokrates, die er im Folgenden vertiefen wird: Sokrates ist nicht anfällig für seine Verführungen, sein Panzer ist undurchdringbar – die Frage der Zugänglichkeit steht im Zentrum des Dialogs.

Zunächst jedoch muss das weitere Vorgehen geklärt werden: Als Alkibiades vom bisherigen Verlauf erfährt, will er keinesfalls in Konkurrenz mit den bisherigen Rednern treten, sondern stattdessen eine Lobrede auf den Sokrates halten – der dadurch und im Folgenden als personifizierter (Anti-)Eros erscheint. Nach kurzer Gegenwehr des Sokrates macht Alkibiades sich dann ans Werk – er wolle nicht spöttisch loben, sondern die Wahrheit über Sokrates sagen, und diese Wahrheit in Bildern ausdrücken (*Symposion* 215a). Sokrates, so sagt er, gleiche den Silenen in den Werkstätten der Bildhauer, die, wenn man sie nach zwei Seiten aufklappt (*dichade dioichthentes*), in ihrem Inneren Götterbilder zum Vorschein brächten (*phainontai endothen agalmata echontes theōn*, 215b). Er gleiche zudem dem Satyr Marsyas, der mit seinem Flötenspiel alle verführte – während Sokrates dies mit Worten tue (215b–c). Der Vergleich bringt bereits einiges zutage: Satyre und Silenen sind Geschöpfe aus dem Umkreis des Dionysos, trink- und liebesfreudige Wesen, oft von hässlichem Äußeren – Sokrates' Äußeres wurde oft als hässlich, mit hervorquellenden Augen und breiter Nase, beschrieben, und die Identifikation mit dem Eros ist hier ebenfalls deutlich. Der Vergleich mit Marsyas wirft Schatten voraus auf Sokrates' gewaltsames Ende – Marsyas wurde bei lebendigem Leibe die Haut abgezogen. Wichtiger ist jedoch wiederum, dass man hier erst Zugang zu einem Menschen jenseits seines Äußeren finden muss, um die Schätze in seinem Inneren zu entdecken.

Die Vorstellung der Zugänglichkeit dominiert auch Alkibiades' weitere Schilderungen. Er betont, wie stark Sokrates' Einfluss auf seine Hörer ist, sogar jenseits der konkreten Präsenz und rhetorischen Gelegenheit: „Hört aber einer dich selbst oder von einem anderen deine Reden vorgetragen, wenn auch der Vortragende wenig bedeutet, sei es nun Weib oder Mann, wer sie hört, oder Knabe, alle sind wir wie außer uns und ganz davon hingerissen." (*Symposion* 215d) Die Worte des Sokrates dringen – jenseits von bloßem Volksrednertum – in das Innere seiner Zuhörer vor, greifen in sie ein:

> „Denn weit heftiger als den vom Korybantentanz Ergriffenen pocht mir, wenn ich ihn höre, das Herz, und Tränen werden mir ausgepreßt von seinen Reden [...]. Wenn ich dagegen den Perikles hörte oder andere gute Redner, dachte ich wohl, daß sie gut sprächen, dergleichen begegnete mir aber nichts, noch geriet meine Seele in Unruhe darüber und in Unwillen, daß ich mich in einem knechtischen Zustand befände." (215e)

Oft, so sagt Alkibiades, wurde er von ihm in einen Zustand versetzt, „daß ich glaubte, es lohnte nicht zu leben, wenn ich so bliebe, wie ich wäre." (216a) Die Tränen, die Sokrates bei Alkibiades hervorbringt, sind jedoch nicht Tränen der Begeisterung, sondern Tränen der Scham. Sokrates, so schildert es Alkibiades, dringt in ihn ein und zeigt ihm schändliche Geisteshaltungen und Unwissen auf (nicht umsonst heißt es im *Alkibiades* I, zu meinen etwas zu wissen, was man nicht weiß, sei die Ursache allen Übels – genau dies führt Sokrates Alkibiades in diesem Dialog vor, dass er nicht über ausreichende Kenntnisse verfügt, um den Staat zu führen): „Denn er nötigt mich einzugestehen, daß mir selbst noch gar vieles mangelt und ich doch, mich vernachlässigend, der Athener Angelegenheiten besorge. Mit Gewalt also, wie vor den Sirenen die Ohren verstopfend, fliehe ich aufs eiligste, um nur nicht immer sitzen zu bleiben und neben diesem alt zu werden." (*Symposion* 216a) Hier spielt wieder der Aspekt der Zeit und der Muße mit hinein, die die Erkenntnis der Wahrheit erfordert. Vor allem aber gibt Alkibiades zu, dass Sokrates wie kein Anderer in sein *Inneres* eingedrungen ist und ihn, den Großsprecher, Volksredner und Prahlhans, *beschämt*:

> „Und mit diesem allein unter allen Menschen ist mir begegnet, was einer nicht in mir suchen sollte (dass es in mir sei, *en emoi eneinai*), daß ich mich vor irgend jemand schämen könnte (*to aischynesthai hontinoun*); indes vor diesem allein schäme ich mich doch. Denn ich bin mir sehr gut bewußt, daß ich nicht imstande bin, ihm zu widersprechen, als ob man das nicht tun müßte, was er anrät, sondern daß ich nur, wenn ich von ihm gegangen bin, durch die Ehrenbezeugungen des Volks wieder überwunden werde. Also laufe ich ihm davon und fliehe, und wenn ich ihn wiedersehe, schäme ich mich wegen des Eingestandenen" (216a–b).

Gewohnt, die Masse mitzureißen, ist Alkibiades gegen die Hinterfragung, das individuelle Eindringen, nicht immun, auch wenn er sich, so gut er kann, vor ihr verschließt – Sokrates habe ihn an der empfindlichsten Stelle getroffen, der Seele: „ich, der ich noch empfindlicher gebissen bin und am empfindlichsten Ort, wo nur einer kann gebissen werden – denn am Herzen oder an der Seele oder wie man es nennen soll, bin ich verwundet von den Reden der Weisheit, die sich an eine junge, nicht unedle Seele, wenn sie sie einmal ergriffen, heftiger als eine Natter ansaugen" (218a). (In *Symposion* 218d ff. nimmt Sokrates bezeichnenderweise zweimal das *en emoi* wieder auf.) Die Scham über Geisteshaltungen, die auch den *Alkibiades* I prägt (*Alkibiades* I 109a), und das Eindringen des Philosophen/der Philosophin in den geheimen Innenraum, den Adyton des Gegenübers zeigen sich hier als zentrale Motive. Sokrates ist in Alkibiades eingedrungen, während er selbst für dessen Reize undurchdringlich bleibt. Seine Gates kann der Gate-Crasher Alkibiades nicht crashen.

Dieses Eindringen und gleichzeitig Beschämen ist, wie wir in allen drei Dialogen sehen – Sokrates zeigt Phaidros, wie schwach sein Vorbild Lysias ist, er zeigt Theaitetos wie schwach der große Protagoras ist, und er demontiert wie gesehen erst Agathon, dann Aristophanes und schließlich Alkibiades –, eine Voraussetzung für die Fortpflanzung im Geiste, ein reinigender, kathartischer Vorgang (vgl. *Sophistes* 230d) – aber, wie man an Alkibiades sieht, nicht ausreichend, wenn sich der Schüler dem Dialog entzieht (Sokrates selbst sagt in einem anderen Dialog, dass nicht jeder Schüler von ihm profitiert). So stark trifft Sokrates Alkibiades, dass dieser es sogar oft lieber sehen würde, wenn Sokrates nicht mehr lebte; „geschähe es aber etwa, so weiß ich gewiß, daß mir das noch bei weitem schmerzlicher sein würde" (*Symposion* 216c). Die Bedrohung des Denkers Sokrates – gerade dadurch, dass er andere *beschämt*, ihr Inneres entblößt, in sie eingreift – schwingt hier mit. Es zeigt sich bereits: Die Fragilität des Zugangs hat auch etwas mit Scham zu tun (vgl. Kap. 11).

Die Motivik von innen und außen, der Zugänglichkeit und Unzugänglichkeit, setzt sich nun fort und dominiert die Rede des Alkibiades. Keiner aus der Runde kenne den Sokrates so wie er, er wolle ihn nun enthüllen: Mit seiner Art, sich immer in der Nähe der Schönen aufzuhalten und so zu tun, als ob er nichts wisse, habe er sich von außen (*exōthen*) umhüllt wie ein gemeißelter Silen, innen (*endothen*) aber, wenn man ihn öffne (*anoichtheis*), „was meint ihr wohl, ihr Männer und Trinkgenossen, wie vieler Weisheit und Besonnenheit er voll ist?" (*Symposion* 216d) Wir erkennen hier die Gefäßbilder aus dem *Phaidros* und dem *Theaitetos* wieder. In Sokrates kann jedoch nur eindringen, wofür (oder für wen) er sich öffnet – für Verführungen ist er nicht anfällig:

> „Wißt denn, daß es ihn nicht im mindesten kümmert, ob einer schön ist, sondern er achtet das so gering, wie wohl niemand glauben möchte, noch ob einer reich ist oder irgend einen der von den Leuten am meisten gepriesenen Vorzüge hat. Er hält vielmehr alle diese Dinge für nichts wert und uns für nichts und verstellt sich nur gegen die Menschen und treibt Scherz mit ihnen sein Leben lang. Ob aber jemand, wenn er ernsthaft war und sich auftat (sich öffnete, *anoichthentos*), die Götterbilder gesehen hat, die er in sich trägt (*ta entos agalmata*), das weiß ich nicht. Ich habe sie aber einmal gesehen, und so göttlich und golden und überaus schön und bewunderungswürdig kamen sie mir vor, daß ich glaubte, auf der Stelle alles tun zu müssen, was nur Sokrates wünschte." (216e–217a)

Wir befinden uns hier immer noch in dem Spiel zwischen geistigem und körperlichem Eros, geistigem und körperlichem Eindringen: Dass Sokrates ihn geistig erreicht hat und auch er erkannt hat, dass in dessen Worten Wahres liegt, heißt nicht, dass Alkibiades nicht versucht, Sokrates mit seinen eigenen Mitteln, seiner körperlichen Schönheit, zu verführen – hiergegen bleibt Sokrates jedoch, wie Alkibiades berichtet, immun, ganz gemäß der Philosophie Diotimas. Auch Geld kann ihn nicht verführen, und auf einem gemeinsam mit Alkibiades durchgestandenen Feldzug habe Sokrates, so berichtet sein Bewunderer, alle übertroffen in der Fähigkeit, ohne Nahrung auszukommen, Strapazen und Kälte zu ertragen (220b). Im Kampfe habe er Alkibiades gerettet und ihm trotzdem sogar den Tapferkeitspreis überlassen. Undurchdringlich bleibt Sokrates gegen die Schrecken der Schlacht und die Kargheit der Umstände – und betreibt (die Schilderungen des weltersetzenden *prosechein ton noun* und des inneren Dialogs wieder aufnehmend) sogar im Felde die Philosophie weiter:

> „Es war ihm etwas eingefallen, und er stand nachsinnend darüber (*heistēkenai skopōn*) von morgens an auf einer Stelle und, da es ihm nicht vonstatten ging, ließ er nicht nach, sondern blieb immer forschend stehen (*heistēkenai zētōn*). Nun wurde es Mittag, und die Leute merkten es und erzählten verwundert einer nach dem andern, daß Sokrates vom Morgen an über etwas nachsinnend dastehe (*phrontizōn ti, hestēken*). Endlich, als es Abend war und man gespeist hatte, trugen einige Ionier [...] ihre Schlafdecken hinaus,

teils um im Kühlen zu schlafen, teils um auf ihn achtzugeben, ob er auch die Nacht über da stehenbleiben würde. Und er blieb stehen, bis es Morgen wurde und die Sonne aufging; dann verrichtete er noch sein Gebet an die Sonne und ging fort." (220c–d)

Die Motive der Unzugänglichkeit, der Innerlichkeit, der Muße und der weltersetzenden Konzentration sind hier eng miteinander verbunden.

Alkibiades beendet seine Rede mit der Wiederaufnahme des Silen-Bildes, dem er eine weitere, für unsere Zwecke zentrale Facette hinzufügt. Er habe nämlich, so sagt er, in seinen ersten Worten ausgelassen, dass auch Sokrates' Reden (*logoi*) sehr ähnlich den zu öffnenden Silenen (*tois silēnois tois dioigomenois*) seien:

„Denn wenn einer des Sokrates Reden anhören will, so werden sie ihm anfangs ganz lächerlich vorkommen, in solche Worte und Redensarten sind sie äußerlich (*exōthen*) eingehüllt, wie in das Fell eines frechen Satyrs. Denn von Lasteseln spricht er, von Schmieden und Schustern und Gerbern und scheint immer auf dieselbe Art nur dasselbe zu sagen, sodaß jeder unerfahrene und unverständige Mensch über seine Reden spotten muss. Wenn sie aber einer geöffnet (*dioigomenous*) sieht und inwendig hineintritt (*entos autōn gignomenos*), so wird er zuerst finden, daß diese Reden allein inwendig Vernunft haben (*noun echontas endon monous*), und dann, daß sie ganz göttlich sind und die schönsten Götterbilder von Tugend in sich enthalten (*pleista agalmata aretēs en hautois echontas*) und auf das meiste von dem oder vielmehr auf alles gerichtet sind, was dem, der gut und edel werden will, zu untersuchen gebührt." (*Symposion* 221d–222a)

Wiederum klingt hier die Gefährdung des Denkers/der Denkerin an – wir sind an das Lachen der Thrakerin ebenso erinnert wie an die Klage gegen Sokrates. Vor allem aber wird hier klar, dass man sich auch die Worte (*logoi*) eines Denkers/einer Denkerin erst *zugänglich* machen muss und nicht dem ersten Scheine folgen darf – dass auch sie also ein Innen und ein Außen haben. Wir sind also zurück bei der Frage der Deutung von mündlichen und schriftlichen Äußerungen, bei der Hilfe (*boētheia*), die sie beide erfordern, ebenso wie beim Innenraum, dem Adyton, des Buches *und* des Menschen.

Alkibiades' Lobrede auf Sokrates – eine der rührendsten Szenen der Literatur – dreht sich zentral darum, sich dem Anderen zu öffnen oder zu verschließen: Wie sich Sokrates den Zudringlichkeiten des Alkibiades verschließt (der ihn umfängt), so flüchtet Alkibiades oft vor den ihn hinterfragenden Weisheiten des Sokrates in das Reich des politischen Handelns. Sokrates' Reden muss man sich erst zugänglich machen – und man muss selbst für sie zugänglich sein. Dies alles geschieht in einer (wie auch anderswo bei Platon) mehrfach weitererzählten Fassung des Dialogs – die sich also von einer Verschriftlichung kaum unterscheidet (Platon berichtet ja auch im *Theaitetos* davon, dass Sokrates-Jünger ihre Fassung der Dialoge konsolidiert und aufgeschrieben haben – auch eine Apologie dafür, dass er selbst sie, nach dem Tod des Autors, aufgeschrieben hat). Fragen der Zugänglichkeit von Menschen und Aussagen, der Kommunikation und der Weitergabe im Mit- und im Nacheinander, dominieren das *Symposion*.

Der Dialog endet damit, dass weitere Zecher ins Haus eindringen und ein wildes Gelage entsteht. Am nächsten Morgen sind nur noch der Gastgeber Agathon, Aristophanes und Sokrates wach – Sokrates beendet die Angelegenheit jedoch in typischer, undurchdringlicher Manier erst, nachdem er auch diese letzten Diskutanten überzeugt und in den Schlaf geredet hat: „Und zuerst wäre Aristophanes eingeschlafen, und als es schon Tag geworden, auch Agathon. Sokrates nun, nachdem er diese in den Schlaf gebracht, wäre aufgestanden und weggegangen und er, wie gewöhnlich, ihm gefolgt. So sei er ins Lykeion gegangen und habe sich nach dem Bade wie sonst den ganzen Tag dort aufgehalten und erst abends nach Hause zur Ruhe begeben." (*Symposion* 223d) So zeigt uns der Dialog den engen Zusammenhang der Themen, auf die zuvor immer wieder aufmerksam gemacht wurde, und den Zusammenhang der drei untersuchten Dialoge, jenseits ihrer offiziellen Themen, in Fragen der synchronen und diachronen Zugänglichkeit füreinander, des Lebens mit- und nacheinander, der kognitiven und ethischen Bedeutung des Innenraums, der Muße und des Respekts vor Komplexität, der Hilfsbedürftigkeit der Sprache und der Anfälligkeit und Fragilität des Zugangs. Personen erweisen sich als ebenso wenig *sofort* und *einfach* zugänglich wie Texte – beide werden durch das schlichte Behandeln als ‚Information', durch das Ziehen von Schlüssen nach dem ersten Eindruck verkürzt und gewaltsam behandelt. Die ersten platonischen Grundlagen unserer Kritik der Informationsgesellschaft sind gelegt. Im Folgenden wollen wir zwei der beschriebenen Zugänglichkeitsbedingungen, Hilfe und Muße, noch einmal vertieft untersuchen.

4 Vertiefung: Hilfe und Muße als kognitive und ethische Grundbedingungen

Die Sorge um die Fragilität des Zugangs bestimmt Platons Philosophie. Er schärft uns vielfach ein, dass wir erst entsprechende Bedingungen schaffen müssen, um Zugänglichkeit und Erkenntnis zu ermöglichen. Zu diesen Bedingungen zählt, dass wir uns unserem Gesprächspartner/unserer Gesprächspartnerin gegenüber entsprechend verhalten: Das Konzept der *boētheia* macht deutlich, dass wir uns selbst und einander *helfen* müssen, um füreinander zugänglich sein zu können. *Boētheia* betrifft zudem beides, Mündlichkeit und Schriftlichkeit – mündliche, präsenzbasierte Kommunikation ist *ebenso* hilfsbedürftig wie schriftliche, synchrone Kommunikation ebenso wie diachrone. Gleichwohl ist das Konzept der *boētheia* bei Platon keineswegs „immer gleich", wie Thomas Szlezák in einem der wenigen Aufsätze zu diesem Thema sagt (Szlezák 1992, 99; vgl. Catana 2018), und geht weit über die ‚Schriftkritik' des *Phaidros* hinaus. Es ist wichtig, die volle Breite dieses Konzepts zu verstehen, um einschätzen zu können, was die Diskurse der Informationsgesellschaft überdecken.

Hilfe (*boētheia*)

Das Sich-Selbst-Beistehen der *boētheia* kommt bei Platon in ganz unterschiedlichen Kontexten vor, insbesondere bei der Überredung vor Gericht und der Wahrheitsfindung im philosophischen Dialog, die wir oben als sehr unterschiedlich, ja entgegengesetzt, erwiesen haben. Das Idealbild des Dialogs haben wir im *Phaidros* und im *Theaitetos* kennengelernt: Die philosophischen *logoi* im mündlichen Dialog können sich selbst beistehen, eine Position verteidigen, einen Standpunkt erläutern und entwickeln – eine Fähigkeit der Hilfe, zu der es wie gesehen auch die nötige *scholē* braucht. Diese Formel taucht in Platons Dialogen immer wieder auf, etwa im *Phaidon* 88d–e, wo Sokrates seine Aussage zur Unsterblichkeit der Seele in der eigenen Sterbesituation verteidigt (*eboēthei tō logō, eboēthesen*) und sie gemeinsam mit den Anwesenden im Dialog durchprüft (*syskopein ton logon*, 89a). In einer offensichtlichen Analogie zur Schriftkritik wirft Sokrates den Sophisten im *Protagoras* entsprechend vor (329a), sich nicht helfen zu können, weil sie immer dasselbe sagen, sie seien wie Bücher, die auf Nachfragen nicht antworten könnten – fähig zur Überredung und Überlistung, nicht aber zur dialektischen Wahrheitsfindung.

Doch das Konzept wird auch von Sokrates' Gegnern verwendet: *Boētheia* im Sinne der Fähigkeit, sich vor Gericht zu verteidigen, kommt in Platons Werken immer wieder vor (z. B. *Euthydemos* 273c; *Apologia* 34b). Zum zentralen Thema wird es jedoch im *Gorgias* (z. B. 486b, 508c, 509b, 522d): In diesem Dialog, bei dem Sokrates dem Sophisten Gorgias und seinen Gefährten gegenübersteht, wird die Frage nach der *wahren boētheia* diskutiert – der philosophischen oder der rhetorisch-juristischen. Sokrates vertritt hier die Seite der philosophischen *boētheia*: In *Alkibiades* I 118a hatte er gesagt, die Unwissenheit der Nichtwissenden, welche glauben zu wissen, sei die Ursache allen Übels. Umso vernichtender ist es, wenn Sokrates nun herausarbeitet, dass in der öffentlichen Rhetorik ein/e Nichtwissende/r eine Menge von Nichtwissenden besser überzeugen kann als der/die Wissende (*Gorgias* 458e–459c). Und so beurteilt er auch die Lage vor Gericht (471e–472a). Kallikles sagt ihm daraufhin, er solle die Philosophie lassen und lieber lernen, wie er sich vor Gericht verteidigt (486a–b). In *Gorgias* 508c–509c erläutert Sokrates dann, warum es eben nicht das Wichtigste ist, sich *vor Gericht* verteidigen zu können (*boētheia*). Kallikles warnt ihn daraufhin, er könne von den ersten besten schlechten Menschen vor Gericht gezogen werden (521c) – einer der vielen Verweise auf Sokrates' letztliches Schicksal. Dieser sagt darauf, er könne in der Tat gerichtet werden wie unter Kindern ein Arzt, den der Koch verklagte (521e) – derjenige, der Gesundheit und Wissen vertrete, durch den Verführer, der dem Volk das gebe, was es wolle. Die Gefährdung des Denkers, die Bedrohung der Expertin, durch die mit vereinfachter Sprache überredete Masse steht hier wiederum im Mittelpunkt. Schrift- und Gerichtskritik hängen offensichtlich zusammen: Auch vor Gericht kann man nicht rückantworten und erläutern, sondern wird auf einen Sprechakt reduziert; diejenigen, die man selbst hinterfragt, antworten nicht (*Apologia* 18d). Die zwei Formen der *boētheia* stehen einander diametral gegenüber: Während die Selbsthilfe vor Gericht auf unilaterale Überredung zielt, ist die philosophische Hilfe eine gegenseitige in einem bilateralen Prozess. Die Schriftkritik erhält entsprechend *ethische* und *kognitive* Bedeutung.

Der *Theaitetos* thematisiert diesen Gegensatz, indem die philosophische Diskussion faktisch durch das Gericht abgeschnitten wird. Gleichzeitig wird dies eng mit der Grundfrage des Dialogs, was Wissen ist, wie also Wahrheitsfindung erfolgen kann, verbunden: Die ersten beiden diskutierten Definitionen von Wissen – ‚Wissen ist Wahrnehmung' und ‚Wissen ist wahre Meinung' – scheitern ebenso an klaren Einwänden wie die dritte, Wissen sei wahre Meinung mit *logos*, also mit Begründung, Erläuterung, Rechtfertigung. Letztere deutet aber auf das zentrale implizite Argument des *Theaitetos* hin: In der Schrift wie vor Gericht kann man sich nie ausreichend erläutern, verteidigen, begründen – kann sich nicht ausreichend *helfen* im sokratischen Sinne. Um dieses leisten zu können – dies ist der wahre Schluss des *Theaitetos* –, müssen Möglichkeit und Zeit zur Begründung und Erläuterung im bilateralen Austausch vorhanden sein, im philosophischen Dialog mit *scholē* und *boētheia*. Die Möglichkeit des Wissens ist so eng verbunden mit dem Vorgehen der Philosophie – und der Art des *menschlichen Umgangs*. Ausreichende Begründungen sind nur im zeitlich unbegrenzten Gespräch, in Anwesenheit der Personen möglich. Wissen ist demnach wahre Meinung mit Begründung *und* ausreichend Zeit zur Diskussion. Nach dieser Logik *muss* der Dialog in der Aporie enden.

Bei der *boētheia* geht es jedoch nicht ausschließlich um das Verteidigen eines Standpunkts, oder um das Rechthaben. Platon geht vielmehr von der Nicht-Selbstverständlichkeit des gegenseitigen Verstehens als menschlicher Grundposition aus – die Imperfektion der Sprache und des Sprechens, die Grenzen des menschlichen (Sich-)Verstehens *erfordern* diese Hilfe, im Sinne des Erläuterns, des Erweiterns, bis hin zum eigenen *Entwickeln* (s. Maieutik). Das drastischste Bild für die gegenseitige Unzugänglichkeit ist die lachende Thrakerin (*Theaitetos* 174a–b), die Hans Blumenberg – eine von Sokrates selbst implizierte Parallele – in *direkter* Verbindung mit dem Prozess des Sokrates und seiner Verkennung durch das Volk sieht: „die Aussichtslosigkeit der Verständigung, [...] wofür das Lachen dort, das Todesurteil hier nur die Symptome waren." (Blumenberg 1987, 22) Die platonischen Dialoge drehen sich immer wieder um diese Schwierigkeit des gegenseitigen Verstehens: Im *Philebos* etwa wird Sokrates ständig um Erläuterung gebeten, was er meint. Auch in den anderen Dialogen muss immer wieder nachgefragt werden, wie etwas gemeint ist (z. B. *Politeia* 341b; *Gorgias* 454b–c). Um gegenseitiges Verstehen muss man sich erst bemühen (*Menon* 75c–e). Der *Ion* 530b–c macht klar, dass es nicht reicht, die Worte zu verstehen, um den Sinn zu verstehen. Wie die Maieutik im *Theaitetos* zeigt, ist auch nicht jedem/jeder immer klar, was sie/er eigentlich *selber* meint. Die Frage, was jemand meint, wird derweil immer wieder als eine vorgeführt, die Sokrates gegenüber seinen Mitbürgern in ernsthafte Gefahr bzw. Schwierigkeiten bringt (z. B. *Apologia* 22b). Nicht jede/r ist also willens, sich selbst Hilfestellung zu leisten – und nicht jede/r in der Lage: In *Theaitetos* 201d berichtet Theaitetos eine Meinung, die er von jemand Anderem/Anderer gehört hat, die er aber nicht *erläutern* kann.

Platon betont wiederholt, dass es nicht reicht, dasselbe zu *sagen* bzw. dasselbe Wort zu verwenden (*homologia*), sondern dass man auch dem Inhalt nach einig sein muss – im schriftlichen wie im mündlichen Diskurs: Im *Phaidros* 263d wird gesagt, dass es Wörter gibt, über deren Bedeutung man sich komplett uneins ist, wie Gerechtigkeit – entsprechend wenig hilft es, wenn man diese Wörter unverteidigt, ohne Hilfe, schriftlich ‚festhält' oder rhetorisch verwendet. Hinter Platons Schriftkritik steht so auch die Wahrnehmung aus der Sophistik, dass eine Übereinstimmung oder ein Widerspruch immer auch auf dem bloßen *Wortlaut*, nicht der *Bedeutung* bzw. dem Gemeinten beruhen können (s. z. B. *Theaitetos* 164c; *Sophistes* 218c) – die Reduktion des Gemeinten auf das hilflose Wort, und des Menschen auf das vom bloßen Wort ausgehende Urteil. Dazu passt, dass man laut Platons Sophistenkritik Wissen nicht einfach als Objekt kaufen kann (*Protagoras* 313e) und dass man es *haben*, nicht nur *besitzen* muss (vgl. *Theaitetos* 197b). Dass aus Sokrates' Sicht das Sich-Missverstehen eher die Regel als die Ausnahme ist, zeigt sich schließlich schon in *Phaidros* 237c–d:

> „In allen Dingen, mein Kind, gibt es nur einen Anfang für die, welche richtig ratschlagen wollen: Sie müssen wissen, worüber sie Rat pflegen, oder werden notwendig das Ganze verfehlen. Die meisten nun merken nicht, daß sie das Wesen der Dinge nicht kennen. Als kennten sie es also, verständigen sie sich nicht darüber im Anfang der Untersuchung, und im Fortgang bezahlen sie dann die Gebühr; sie sind nämlich weder jeder mit sich selbst noch untereinander einig."

Diese Alltäglichkeit des Missverstehens ist der Ausgangspunkt für Platons Betonung der Notwendigkeit von *boētheia* und *scholē*. Die Aspekte der Erläuterung und der Verteidigung sind hierbei miteinander verbunden, weil das Aufzeigen von Komplexität und inhaltlichem Reichtum eines Konzeptes gleichzeitig eine Verteidigung seines Wertes darstellt.

Man kann jedoch nicht nur *sich selbst* helfen oder erläutern, und auch nicht nur abstrakte Werte verteidigen, wie in *Politeia* 362d, wo Sokrates davon spricht, (dem Standpunkt) der Gerechtigkeit zu helfen – *boēthein dikaiosynē*. Man kann vielmehr auch *Anderen* in dieser Weise beistehen: So hilft Sokrates in *Politeia* 474b dem Dialogpartner in einer fiktiven öffentlichen Befragungssituation. Ebenso wäre Theodoros im *Theaitetos* Sokrates dankbar, wenn er Protagoras beistehe (*boēthēs*), und Sokrates präsentiert daraufhin seine Hilfeleistung (*tēn g' emēn boētheian*; *Theaitetos* 165a). Auch der *Protagoras* (309b) beginnt mit der Feststellung des Sokrates, Alkibiades habe ihm in einer Diskussion beigestanden (*boētheia*) – in 336b und 347b ff. greift Alkibiades dann helfend ins Gespräch ein. Dass auch hierbei die Schriftkritik *immer* im Hintergrund steht, zeigt ihr erneutes Vorkommen in *Protagoras* 329a, wo Sokrates die Sophisten mit Büchern vergleicht, die auf Nachfragen nicht antworten können. Und schließlich erläutert Zenon im *Parmenides* 128c das Ziel seiner eigenen Schrift wie folgt: „eigentlich ist diese Schrift eine Hilfe für den Satz des Parmenides gegen diejenigen, die sich herausnehmen, ihn zu verspotten" (*boētheia tis tauta ta grammata tō Parmenidou logō*). Jemand Anderem bzw. Anderer beizustehen – oder sie/ihn zu erläutern – ist also durchaus auch eine Form der *boētheia*. Wie die letztgenannte Stelle zeigt, muss dies jedoch nicht mündlich geschehen. Wenn eine Schrift schon nicht sich selbst helfen bzw. erläutern kann, so kann sie doch andere Menschen oder Schriften verteidigen und erläutern. Gleichzeitig hilft Zenon hier seiner eigenen Schrift, indem er erklärt, wozu sie gedacht war.

Das Verteidigen einer Schrift ist bei Platon durchaus ein *üblicher*, nicht nur ein beklagenswerter Prozess (wie eine ausschließliche Lektüre der Schriftkritik suggerieren könnte). Texte stehen hier permanent in der Öffentlichkeit, inmitten der Gesellschaft, und müssen interpretiert, erläutert und verteidigt werden. Dies gilt auch, aber nicht nur, für Gesetze: Der Gesetzgeber muss seinen Gesetzen zu Hilfe kommen und sie verteidigen (*Nomoi* 890d–891b). In *Nomoi* 722d ff. macht Platon zudem deutlich, dass Gesetze der Erläuterung durch ein (schriftliches) Vorwort (*prooimion*) bedürfen. Gleichzeitig kann sich die Schrift, so die Sicht des späten Platon in einem gewissen Gegensatz zur Schriftkritik, aber durchaus auch selbst beistehen – durch ihre dauerhafte Präsenz,

> „gibt es doch für eine mit Einsicht verbundene Gesetzgebung eine sehr große Hilfe (*megistē boētheia*), weil nämlich die gesetzlichen Anordnungen, sobald sie schriftlich niedergelegt sind, um für alle Zeit eine Nachprüfung zu gestatten, völlig unverändert bleiben; daher braucht es uns nicht zu ängstigen, wenn sie anfangs nur schwer verständlich sein sollten, da ja auch derjenige, der nur schwer begreift, sie wiederholt durchgehen und durchdenken kann." (*Nomoi* 890e–891a)

Ein anderer Bereich, wo ebenfalls im öffentlichen Raum Texte interpretiert und Bedeutungen verteidigt werden, ist die dichterische Überlieferung, die im alten Griechenland in jedermanns Munde war. So finden sich in einer Vielzahl platonischer Dialoge Diskussionen über die Bedeutung von Dichterworten und die Schwierigkeiten, diese zu interpretieren, etwa zu Simonides in *Protagoras* und *Politeia*, oder zu Homer in *Minos* und *Ion*. Im *Hippias II* 365c–d sagt Sokrates, ganz im Sinne der Schriftkritik, dass es unmöglich sei, Homer zu befragen, „was er sich wohl dachte, als er diese Verse dichtete". In *Protagoras* 347b–348a lenkt Sokrates nach längerer Interpretation eines Simonides-Gedichts schließlich weg vom Interpretieren ‚fremder Stimmen', die man nicht einmal befragen könne, was sie meinen. Und in *Politeia* 363a–365e wird deutlich gemacht, dass Dichterzitate zum Belegen von allem Möglichen hergenommen werden könnten – eine gängige Praxis, die Sokrates aufgrund der Schwierigkeit festzustellen, was gemeint ist, kritisch hinterfragt. Platon arbeitet hier systematisch die Hilfsbedürftigkeit der schriftlichen Überlieferung heraus.

Was für die schriftliche Überlieferung gilt, gilt diachron, über die Zeit hinweg, gleichermaßen für die mündliche: Platon hebt mehrfach – entgegen einer einfachen Lektüre der Schriftkritik – die Bedeutung der schriftlichen Überlieferung gegenüber der verblassenden, ebenfalls hilfsbedürftigen mündlichen Überlieferung heraus. Dies geschieht nicht nur in den *Nomoi* und im *Theaitetos*, wo Theodoros das mündliche Verteidigen seines Freundes Protagoras verweigert.

In *Politikos* 269b wird deutlich, wie mündliche Überlieferungsketten abreißen und Dinge in Vergessenheit geraten können: „wovon aber durch die Länge der Zeit sich einiges ganz verlöscht hat und das übrige zerstreut erzählt wird, jedes einzelne abgerissen von dem übrigen." In *Sophistes* 243a–b gesteht der Fremde, dass selbst er als Schüler Schwierigkeiten habe, die überlieferten Worte des „Vaters" Parmenides (241d) zu verstehen. Im *Kritias* schließlich werden die Schwächen der mündlichen Überlieferung klar angesprochen:

> „Von ihnen haben sich nur die Namen erhalten, ihre Taten aber verschwanden durch die verschiedentliche Vernichtung derjenigen, welche die Kunde übernommen hatten, und durch die Länge der Zeit aus dem Bewußtsein. Denn das jeweils überlebende Geschlecht blieb [...] der Schrift unkundig zurück und kannte nur die Namen der Herrscher im Land vom Hörensagen und daneben nur weniges von ihren Taten." (*Kritias* 109d)

Anderes ist nur erhalten, weil Solons schriftliche Aufzeichnungen sich bei Kritias' Großvater erhalten haben (*Kritias* 112e–113b). In *Kritias* 119c–120c hat schließlich die öffentliche Gesetzesinschrift kultischen und dadurch bedeutungserhaltenden Charakter. So zeigen bezeichnenderweise vor allem die späteren Dialoge neben den Schwächen der Schrift auch deren Stärken, insbesondere die, dem ‚Abfließen' von Wissen entgegenzuwirken (*Nomoi* 732b). Von der Schwierigkeit des Verstehens und der Notwendigkeit der Hilfe – für mündliche wie schriftliche Äußerungen – weichen jedoch alle platonischen Dialoge nicht ab: So soll in *Protagoras* 340a Prodikos der überlieferten Aussage des Dichters Simonides beistehen (*boēthein*). Der Abwesende wird jedoch genauso behandelt wie der anwesende Protagoras, der ebenfalls seiner vorherigen Rede beistehen soll (*tō sautou logō boēthein*, 341d). Synchron und diachron, in Anwesenheit und Abwesenheit, mündlich und schriftlich – am gegenseitigen Verstehen muss bei Platon erst gearbeitet werden, es ist *immer hilfsbedürftig*.

Die symbolische und reale Schnittstelle zwischen diesen Gegensätzen – zwischen Mit- und Nacheinander – ist, wie gesehen, der Moment des Todes. Schon der *Phaidros*, der sich sokratisch auf die Seite der mündlichen inspirierenden Weitergabe schlägt, weist darauf hin, welche Rolle das Hinterlassen von Schriften (*kataleipein syngrammata*) spielt (*Phaidros* 257d–e). Der *Theaitetos* – ein zentraler Teil von Platons Kommunikationsphilosophie – dreht sich dann genau um den Moment des Todes und das Umschlagen des Denkers/der Denkerin in die Schrift. Die Schrift wird hier, wie gesehen, durchgehend betont, von der Rahmenhandlung über die Protagoras-Episode bis zur Anklageschrift am Ende. Dass es im *Theaitetos* um Schrift geht, zeigt schon die Tatsache, dass er inszeniert vorgelesen wird. Er beginnt zudem in der Stunde, wo der Mensch potentiell in die Erinnerung bzw. Schrift umschlägt (Theaitetos, Sokrates). Eukleides macht sich Notizen als Gedächtnisstütze (*hypomnēmata*) und befragt den ‚Autor'

Sokrates, um seine Notizen zu ergänzen (der leistet so *boētheia* zur Ergänzung der Schrift). Die *boētheia* für Protagoras ist das beste Beispiel in Platons Schriften des gemeinschaftlichen Versuchs, das Denken eines Verstorbenen helfend wieder zum Leben zu erwecken. Der *Theaitetos* betont die Rolle der Vormünder, Schüler und Erben, die dann die Aussagen bzw. Schriften des ‚Vaters' interpretieren, erläutern und verteidigen, zeigt aber gleichzeitig das mögliche Scheitern dieses sokratischen Modells (Theodoros weigert sich, seinen Freund zu verteidigen) und die Schwächen der mündlichen Überlieferung. So wird eine wesentlich differenziertere Form der Schriftkritik sichtbar, die gleichzeitig die Zentralität der *boētheia* herausstellt: Für Sokrates ist die Schrift ebenso eine verkürzte Form wie das Gericht und der bloße Begriff bzw. die bloße Homologie. Für Platon hingegen ist die Schrift neben der Akademie eine weitere Möglichkeit, die Erinnerung an Sokrates zu erhalten, denn, wie Hannah Arendt schreibt, „Wenn die Bürger Sokrates zum Tode verurteilen konnten, dann würden sie ihn sehr wahrscheinlich auch nach seinem Tode vergessen." (Arendt 2016, 39) Die Gefährdung des Experten/der Expertin durch die Masse, die Verurteilung des Arztes durch die Kinder, so zeigt Platon, betrifft auch die Überlieferung. Der *Theaitetos* zeigt in doppelter Verschachtelung (Rahmenhandlung, Protagoras-Episode) die Effektivität des Mediums Schrift im Sinne der bleibenden *hypomnēmata* für helfende Freunde (*boētheia*), die dauerhaft die Äußerungen des Denkers/der Denkerin zugänglich und verständlich halten wollen. Die Schrift ist jedoch eben nicht das einzige Medium, das Hilfe braucht – *alle* menschlichen Äußerungen bedürfen der Unterstützung, um verständlich zu werden. Das platonische Konzept der *boētheia* variiert zwischen Hilfe, Verteidigung, Erläuterung und Zugänglichmachung bzw. -haltung. Seine hohe Frequenz in den Dialogen zeigt, dass bei Platon Wort und Person immer erläuterungsbedürftig und angreifbar sind, beide stehen inmitten einer hinterfragenden, kritischen Gesellschaft, in der der Kampf ums Wort und die Gefährdung des Denkens an der Tagesordnung sind und der Zugang zueinander permanent fragil ist. Dies gilt nicht nur für den rhetorischen Kampfplatz oder vor Gericht, sondern auch im philosophischen Dialog unter Idealbedingungen und im zwischenmenschlichen Gespräch: Platon zeigt, dass – weit jenseits der reinen Übermittlung von Information – die (gegenseitige) Hilfe, die *boētheia*, eine zentrale Grundbedingung der menschlichen Zugänglichkeit ist.

Muße (*scholē*)

Wir wollen eine weitere Bedingung der Zugänglichkeit, die im ersten Platon-Kapitel gestreift wurde, noch einmal aufnehmen: *scholē*, ein Begriff, der mehr schlecht als recht als ‚Muße' ins Deutsche übersetzt wird. Josef Pieper hat uns einen wichtigen Hinweis gegeben, indem er in *Muße und Kult* (1948), dem *locus classicus* zum Thema, auf die Nähe der Begriffe *scholē* und lateinisch *schola*, Schule, aufmerksam gemacht hat (Pieper 1958, 14). Wir wollen uns der Frage widmen, wie diese Verbindung bei Platon selbst angelegt ist und was daran für die heutige Zeit bedeutsam ist. *Scholē*, so werden wir sehen, ist bei Platon *Grundbedingung* für Erkenntnis, für Zugänglichkeit. Damit stellt sie ein weiteres Prüfkriterium für die Validität der Informationsgesellschaft dar.

Zunächst muss klar gesagt werden, dass der deutsche Begriff ‚Muße' in unserem Zusammenhang irreführend ist und dass wir uns hier spezifisch auf den platonischen Begriff der *scholē* beziehen. Pieper hat zu Recht betont, „daß wir keinen unmittelbaren Zugang mehr besitzen zu dem ursprünglichen Begriff der Muße" (Pieper 1958, 16; vgl. Kalimtzis 2017, 121 ff.). Im Deutschen wird das Konzept meist mit Freizeit und Müßiggang assoziiert. Piepers Sicht steht derweil in einem eigenen zeitlichen und gesellschaftlichen Kontext und ist überformt vom christlichen Sonntagsverständnis, der feiernden Muße von der Arbeit. Entsprechend liest er Aristoteles durch die Brille von Thomas von Aquin und die *scholē* als „anschauend[e] kontemplativ[e] Versenkung" (Pieper 1958, 52) – in Abhebung von der „totalen Arbeitswelt" (Pieper 1958, 14) der Nachkriegszeit. Doch auch neuere Interpretationen des Konzepts der *scholē* bei Aristoteles (Kalimtzis 2017; Varga 2014) führen uns bzgl. Platon nicht weiter, da sie die politisch-gesellschaftliche Rolle der *scholē* überbetonen (vgl. Kalimtzis 2017, 120) und diese als von der Gesellschaft separierte, materiell unterfütterte Lebensform im Lichte von Thorstein Veblens *Theory of the Leisure Class* (Veblen 1926) verstehen. In der Kulturgeschichte ist das Konzept der Muße in verschiedenster Form interpretiert worden. Der Aufarbeitung dieses Komplexes widmen sich in jüngster Zeit eine Vielzahl von Publikationen (z. B. Varga 2014; Kalimtzis 2017, 2013; Fiorucci 2017; Hasebrink/Riedl 2014; Gimmel et al. 2016; Dobler/Riedl 2017; Figal/Hubert/Klinkert 2016), insbesondere angestoßen durch den Freiburger Sonderforschungsbereich *Muße. Grenzen, Raumzeitlichkeit, Praktiken*, in dem neben Kulturgeschichtlichem auch Verbindungen zu modernen Konzepten wie Flow, Immersion und Achtsamkeit erforscht werden. Für Platon spielt die *scholē* jedoch eine ganz eigene, erkenntnistheoretische und ethische Rolle. Um ihre Relevanz für die Fragilität des Zugangs in der Gegenwart herauszuarbeiten, müssen wir durchgehen, in welchen Hinsichten *scholē* für Platon Bedingung, ja *Medium*, der Erkenntnis ist.

Scholē ist zunächst deshalb für Platon Bedingung für Erkenntnis, weil sie erst es ermöglicht, sich *Komplexität* zu widmen. Platons Dialoge sind durchsetzt von Verweisen auf die Zeit, die es benötigt, um zu Wissen zu kommen, und auf die damit verbundenen Schwierigkeiten. Der *Theaitetos* insbesondere, bei dem es gerade um die Frage nach dem Wissen geht, inszeniert die für die Erfassung von Komplexität notwendige Zeit als zentrales Thema. Wenn *scholē* nicht nur Absenz von Beschäftigtheit, sondern Bedingung von Erkenntnis ist, muss man sich der Muße immer erst versichern, um überhaupt Philosophie zu betreiben, wie in *Theaitetos* 143a: was hindert uns, das Gespräch jetzt durchzugehen, *Alla ti kōlyei nyn hēmas dielthein*? Ebenso stellt man in *Theaitetos* 187d fest, dass uns nichts drängt in diesen Dingen, *hōs ouden en tois toioisde katepeigei* – ein harter Rückbezug auf das abfließende Wasser vor Gericht und damit die Bedrohung des Philosophen (das abfließende Wasser treibe sie zur Eile, *katepeigei gar hydōr rheon*, 172d). Unmuße, so zeigen viele Stellen, droht immer den Zugang zur philosophischen Diskussion zu verhindern (z. B. in den Dialogen, die sich um Sokrates' Gerichtsverfahren und Tod drehen, wie *Phaidon* und *Euthyphron*, aber auch in anderen, z. B. *Phaidros* 227b, 228a, *Protagoras* 314d und *Hippias* I 281a).

Dass Philosophie nur *pollēn scholēn*, in voller Muße (*Theaitetos* 154e), gelingt, hängt mit der Komplexität des Untersuchten und mit den mannigfaltigen Dimensionen der Unzugänglichkeit zusammen. Wir haben bereits angedeutet, dass im *Theaitetos* alles schwierig ist, etwas richtig aufzuschreiben, dies zu interpretieren, jemand anderen zu verstehen (ob mündlich oder schriftlich), zu erkennen, ob jemand im Ernst spricht; Argumentationen führen in Aporien oder Widersprüche, Selbstverständlichkeiten erweisen sich als trügerisch. Zentral ist dabei die Bedeutung der Zeit: Der *Theaitetos* zeigt in einer Vielzahl von Beispielen, dass scheinbar einfache Sätze (z. B. Wissen ist wahre Meinung) und Begriffe erst einmal in ihrer Bedeutung geklärt werden müssen (aus Einfachheit wird enorme Komplexität) und dass dies *Zeit* erfordert, so z. B. beim Durchgang durch die fünf (!) Erklärungsversuche, was eigentlich eine falsche Meinung ist (187a–200d). Allein das berühmte Wachsbeispiel (194e–195a) diskutiert eine Vielzahl von Möglichkeiten, wie eine Meinung falsch sein kann (also Dimensionen der Unzugänglichkeit). Hat man einen Haltepunkt erreicht, darf man ja nicht zu schnell zupacken (190a): Die Komplexitäten haben sich derweil so aufgehäuft, dass man alles noch einmal umdrehen und das Gesagte durchprüfen muss (191c). Das Gleiche demonstriert die ausführliche, zeitintensive *boētheia* zum *homo mensura*-Satz des Protagoras, die wir oben diskutiert haben. Dass alle Ansätze des *Theaitetos* aporetisch enden, gehört damit zur zentralen Bedeutung des Dialogs – er zeigt, dass die Komplexität der Fragestellung alle kurzen Ansätze drastisch übersteigt, und damit die kognitive Bedeutung des Zeitdrucks bzw. der *scholē*.

Der *Theaitetos* zeigt, dass es nicht nur Muße braucht, um sich Komplexität zu widmen, sondern auch, um überhaupt Komplexität erst zu *entdecken*. Theaitetos etwa hat oftmals Protagoras' *homo mensura*-Satz gelesen (*Theaitetos* 152a) –, ohne jedoch die aus ihm resultierenden Schwierigkeiten wahrzunehmen. Wir befinden uns also mitten in der Thematik der Schriftkritik. Zur Rezeption von Geschriebenem, so zeigt sich, braucht es ebenso Muße (*Theaitetos* 143a; *Phaidros* 228a) wie zu dessen Produktion (*Phaidros* 228a). Doch nicht nur die Schrift erschwert das Entdecken von Komplexität – wir haben in *Theaitetos* 207a, der Diskussion um die hundert Hölzer des Wagens, gesehen, dass es verschiedene Zugriffs- bzw. Komplexitätslevels gibt, in 208e zeigt sich, dass es wiederum *Zeit* benötigt, um die Existenz dieser Granularitäten zu realisieren: „Jetzt aber, Theaitetos, da nun ich zu dem Gesagten näher hinzutrete, verstehe ich wie bei den großen auf die Entfernung berechneten Gemälden auch nicht mehr das mindeste davon. So lange ich von ferne stand, schien mir etwas damit gesagt zu sein." Meint man schließlich, etwas verstanden zu haben, braucht es Zeit und wiederholte Prüfung, um dieses Verständnis zu sichern (*Theaitetos* 143a–b) – hier sieht man auch die Grenzen der von Sokrates erträumten mündlichen Weitergabe bzw. inspirativen Überlieferung.

Der *Theaitetos*, fern von einem Scheitern, wie es manche Kommentator/inn/en haben sehen wollen, reißt so erst einmal auf, wie komplex die Fragestellung wirklich ist – die manche/r in *kurzen* Worten beantwortet haben will. Die wiederholte, zeitlich ausgedehnte Frage nach der Definition der Worte (z. B. falsche Meinung) macht erst deutlich, dass die Beantwortung durch *ein* Wort oder *einen* Satz nichts ist, sondern dass sie *erläutert* werden muss (ob mündlich oder schriftlich geäußert). Der *Theaitetos* macht also *in der Praxis des Dialogs* klar, dass die Bezeichnung *Schrift*kritik für den Ansatz des *Phaidros* nur begrenzt tauglich ist, denn es geht um *mehr* als Schrift, es geht um die Anfälligkeit des Erkennens, die Begrenztheit der Sprache, die Fragilität des Zugangs. Jede These, jeder Sprechakt, benötigt Hilfe, Erläuterung, einfach geäußerte Worte führen in vielfache Komplexitäten, sind nicht einfach verständlich. Ein wirkliches Verständnis erfordert den Dialog, *boētheia* ebenso wie *scholē*. So ist es nur konsequent, dass mitten im Dialog, nach längerer Zeit, die ganze Basis der bisherigen Untersuchung noch einmal wackelig wird, indem man sich über Begriffe zu verstehen meinte, die dann fraglich werden: Seit langer Zeit, so Sokrates, habe man nun schon unsauber argumentiert, denn man habe im Diskutieren tausendfach Worte wie ‚wissen' und ‚kennen' gebraucht, ohne dass man über deren Bedeutung wirklich sicher sei, „als ob es uns ziemte sie zu gebrauchen, wenn uns doch noch die Erkenntnis mangelt" (*Theaitetos* 196d–e). Auch hier wird Komplexität erst in der Zeit entdeckt.

Dies geschieht insbesondere im Verlauf des Gesprächs, wo man mittendrin auf eine „unübersehlich vielfältige" Frage (*Theaitetos* 184a) stößt. Die Zeit des Gesprächs ermöglicht erst das Auffinden von Komplexität und deren Behandlung. Entsprechend wird mehrfach (177b–c, 184a) gewarnt, man dürfe sich nicht in angrenzenden Fragen verlieren, weil sonst zu viel Zeit verloren gehe. Denn wissenschaftliche Untersuchungen können sich bei Platon verzweigen, eine Erörterung kann sich aus der anderen ergeben, oder aus der einen viele (*Logos ... ek logou*, 172b) – nur mit *scholē* kann man hier weiterkommen. Gegentyp des Erfassens von Komplexität ist im *Theaitetos* und anderen Dialogen immer wieder das Gericht: die Kürze der Reden und der Druck der Entscheidung. So ist es auch zu verstehen, wenn in *Theaitetos* 177c eine *Flut* neuer Themen die Diskutanten zu überschwemmen droht und in 184a die Fragen *herzuströmen* – dies spielt durchaus auf die erwähnte Messung der Redezeit vor Gericht per Wasseruhr an. Deutlicher wird dies, mit dramatischer Ironie inszeniert, wenn Sokrates in 172b–c, als sich *logos ek logou* ergibt, auf die Frage, ob man denn nicht Muße habe, direkt den Exkurs über die Zeit des Gerichts und den Philosophen vor Gericht beginnt. In der Kürze der Zeit, bei verrinnendem Wasser, zählt vor Gericht nur die Überredung, und so kommen Richter höchstens zu wahrer Meinung, nicht zu Wissen (201b–c) – das nominelle Thema des Dialogs, die Frage nach dem Wissen, hängt so eng mit der Rahmensituation und der Zeitfrage zusammen. Nur mit *scholē*, so zeigt der Dialog mit dem drohenden Tod des Philosophen im Rücken, ist ein nicht-oberflächlicher, nicht-tendentiöser Zugriff, ist Wissen *überhaupt* möglich. Umso krasser ist der Kontrast zwischen Gericht und philosophischem Gespräch als in der Kürze und Überredung des Gerichts über Menschen *geurteilt* wird und deren Leben und Tod: „Und der Streit geht niemals um dies oder jenes, sondern immer um einen selbst, ja oft geht es um das Leben." (172e–173a). Die Zeit des Gesprächs ist nicht die Zeit des Gerichts.

Dies wird, wie gesehen, auch in der Grobstruktur des *Theaitetos* und der mit ihm verbundenen Dialoge signalisiert: Hat Sokrates im ersten Teil des *Theaitetos* noch Zeit, den – als solchen erwähnten – berühmten Gerichtsredner Protagoras philosophisch in aller Ausführlichkeit – mit Exkursen u. a. zum Gerichtswesen – zu demontieren, schwindet die Zeit danach, weil Sokrates zum Gericht muss – im krassen Gegensatz zur gemächlich dahinfließenden Entwicklung des *Phaidros*. Angesichts der Pointierung von Zeitdruck-Gericht und zeitfreiem philosophischem Gespräch ist es dann auch konsequent, dass der *Theaitetos* aporetisch endet – die Erörterung der komplexen Fragen also nicht erlaubt – und auf seine Fortsetzung, den *Sophistes*, verweist. Bevor dieser beginnt, wird inhaltlich jedoch noch ein weiterer Dialog dazwischengeschaltet, der die genannten Motive aufnimmt: Im kurzen *Euthyphron*, der sich zwischen den *Theaitetos* und die beiden Folgedialoge *Sophistes* und *Politikos* zwängt, geht alles um Zeit für Komplexität – in der Vorhalle des Gerichts, wo der eine auf seine Anklage wartet, der andere den eigenen Vater wegen Mordes verklagt, deckt Sokrates die Komplexität der einfachen Urteile des Euthyphron auf, der Dialog wird aber durch den Zeitdruck des Erscheinens vor Gericht beendet, bevor man zu einer Klärung kommt, und hat damit nichts verändert – die Gewalt der (logischen und zeitlichen) *Verkürzung* des Urteils, der Reduktion von Komplexität, *gewinnt* vor Gericht, ebenso wie bei der Verurteilung des Sokrates. Vor diesem Hintergrund mag es uns auffallen, dass die Anklage des Sokrates durchweg in *Theaitetos* und *Euthyphron* als Anklage*schrift* bezeichnet wird, die gegen den Sokrates *geschrieben* worden ist (*epi tēn Melētou graphēn hēn me gegraptai*; *Theaitetos* 210d; vgl. *Euthyphron* 2b, 15e). Die Schrift – wie der *Phaidros* zeigt – steht stellvertretend für die Verkürzung ebenso wie für die Unmöglichkeit, sich selbst zu helfen. Ohne *scholē* ist keine *boētheia* möglich, und damit kein Wissen.

Erkenntnisgewinn, so merken wir beim Lesen des *Theaitetos* und anderer Dialoge, ist bei Platon stets ein physisch und zeitlich vorgestelltes Vorschreiten und Durchgehen – ein Zeit beanspruchender Weg und Prozess. So ist man in einer Untersuchung z. B. vorgeschritten (*probebēkamen*; *Theaitetos* 187a) und vorgedrungen (*proelēlythas*, 187b), man untersucht gehend (*iontes ereunōmen*, 200e), geht Ideen nach (*iontas*, 188d) und macht sich auf zur Untersuchung (*iōmen ge kai skopōmen*, 201a) – und dies geht natürlich nicht für wenig Wasser, *pros hydōr smikron*, 201b, sondern braucht seine Zeit. Nur wer den Weg geht, dem wird sich zeigen, was sich ergibt (*Theaitetos* 200e–201a). Bleiben wir stehen, so wird uns nichts klar werden (*Theaitetos* 201a). Irren wir uns, rennen wir immer wieder im Kreis herum (*peritrechein*; *Theaitetos* 200c). Theaitetos schreitet (*erchetai*, 144b) zu Kenntnissen und Untersuchungen (vgl. *diexerchetai*, 189e; *diexodon*, 207c). Argumente geht man durch (*dielthēte*, *Theaitetos* 183d) und sucht sich den Weg durch die Worte bzw. Gedanken (*dia tōn logōn poreuesthai*, *Sophistes* 253b). Eine Variante hiervon ist das Durchgehen des Ganzen mittels der Elemente (*dia stoicheiōn to holon perapanta* bzw. *tēn dia stoicheiou diexodon*; *Theaitetos* 207c; *dielthein*, 207b). Stößt man auf Aporien, Weglosigkeiten, wird neu begonnen, *ex archēs* (z. B. *Theaitetos* 200d), egal wie oft (die zentrale Bedeutung von Aporien bei Platon wird so verständlich, ebenso wie Sokrates' Ruf, diese hervorzubringen, s. 149a). Oft macht man große Umwege beim Erkenntnisgewinn, *makran perielthontes* (*Theaitetos* 200a). Manchmal ist es zu weitläufig, etwas komplett durchzugehen (*dielthein*) und man begnügt sich mit dem Umriss (*Protagoras* 344a–b), darf aber an etwas nicht unüberlegt vorübergehen (*eikē parienai*; *Charmides* 173a). Man kann auch zwischendrin pausieren (*epausametha diexiontes*; *Protagoras* 348a). Immer wieder muss Zeit sein, „fleißig wieder um[zu]kehren zu dem zuvor Gesagten" (*metastrephestai*), „zugleich vorwärts zu schauen und rückwärts" (*Kratylos* 428d), „noch einmal auf das zurück[zu]gehen, von wo aus wir hierher gekommen sind" (*epanelthōmen de palin hothen deuro metebēmen*; *Kratylos* 438a), und, nachdem man etwas durchgegangen ist, dann noch weiter zurückzugehen (*an tauta diexelthontas hēmas exelthein*; *Protagoras* 361c), oder die Spur einer Sache, die vorher schon vorkam, noch einmal weiterzuverfolgen (*hōsper ichnos metelthein*; *Theaitetos* 187e). Jeder

Dialogteilnehmer muss Zeit zur Berichtigung seiner Antwort haben (*Theaitetos* 183a). Denn ohne das Durchschauen der Komplexität des Gegenstandes gleiche das Vorgehen der Wanderung eines Blinden (*hōsper typhlou poreia*; *Phaidros* 270d–e). Wenn man in Untersuchungen dergleichen vorschreitet (*probebēkamen*; *Theaitetos* 187a), kommt man zu sichereren, gangbareren Erkenntnissen (*bebaion, bebaiotēta, Phaidros* 275c, 277d). Bei Platon ist es stets noch eine verbleibende, zu durchlaufende Zeitdauer und Wegstrecke, bis man zu Wissen kommt, so im *Protagoras*, wo man den Rest noch durchnehmen (*ta loipa diaskepsōmetha*, 333b) und gemeinsam durchprüfen (*syndiaskepsasthai*, 349a) muss. Bei dieser zeitintensiven Beschreibung des Philosophierens überrascht es dann auch nicht, wenn Denkprozesse, die im *Theaitetos* als innerer Dialog beschrieben werden (wir werden darauf zurückkommen), mit den drei Wörtern *dianoeisthai* (Denken), *dialegesthai* (sich unterreden) und *diexerchetai* (durchgehen) (189e–190a) charakterisiert werden – hier klingen die verschiedenen Bedeutungen des *dia-* mit, das Untereinander ebenso wie der *zeitliche* Aspekt des Durchgehens und Durchdenkens. Das philosophische Gespräch als gemeinsames Denken wird durchgeführt bzw. durchlaufen (*diexodon tōn logōn*; *Protagoras* 361d) bis zu seinem Ausgang (*exodos tōn logōn*, 361a). Zeit und Denken sind hier untrennbar verbunden.

Diese Verbindung zeigt sich zudem darin, dass Platon den langen Weg des Wissens auch mit dem Lebensalter verbindet. So ist, wie *Theaitetos* 186c klar macht, *ein* Unterschied zwischen Wissen und Wahrnehmung: Wahrnehmen können Mensch und Tier von Geburt an – Schlüsse aus dem Wahrgenommenen ziehen jedoch nur *en chronō dia pollōn pragmatōn kai paideias*, nur im Laufe der Zeit bei vielen Übungen und durch Unterweisung. Hinweise auf diesen lebenszeitlichen Aspekt durchziehen die Dialoge: Im *Kratylos* etwa fragt Kratylos Hermogenes, „denkst du, es sei so leicht, auch nur irgend etwas so in der Geschwindigkeit zu lernen oder zu lehren, viel weniger etwas so Wichtiges" (427e)? Im *Symposion* sagt Alkibiades bezüglich Sokrates: „Mit Gewalt also, wie vor den Sirenen die Ohren verstopfend, fliehe ich aufs eiligste, um nur nicht immer sitzen zu bleiben und neben diesem alt zu werden." (216a) Im *Theaitetos* (202d) fragt Sokrates den jungen Theaitetos spöttisch: „Also hätten wir auf diese Art am heutigen Tage erreicht, was seit langer Zeit viele [der] Weisen gesucht und, ohne es zu finden, alt geworden sind?" Und Glaukon sagt in der *Politeia* (450b): „Das Maß [...], um solche Reden zu hören, ist ja wohl das ganze Leben für Vernünftige." Die philosophischen Fragen erfordern also *scholē* von allem anderen, da man es mit unendlicher Komplexität zu tun hat – sie erfordern das ganze Leben (und darüber hinaus).

Diese zeitliche Tiefe der *scholē* ist nicht nur die notwendige Bedingung für das Erfassen von Komplexität und Wahrheit, sondern sie ist geradezu die *Umge-*

bung, in der dieses Erfassen erst geschieht. Neben dem *Theaitetos*, wo verrinnende Zeit die Bedrohung von Komplexität verdeutlicht, zeigt sich Platons Plädoyer für die Zeit besonders in seinem längsten Dialog, den *Nomoi*, in dem in einem Dreiergespräch die Gesetze von Kreta, Sparta und Athen erörtert werden. Es ist *nicht* nur ein dramatischer Kunstgriff, dass Platon hier drei alte Männer – die erst jetzt über genügend Erfahrung, Weisheit und Lebenszeit verfügen, um die Gegenstände sinnvoll erörtern zu können – auf einen langen *Weg* mit vielen Pausen hin zu einem Heiligtum des *Zeus* schickt (*Nomoi* 625a–b), mindestens aus kretischer Sicht der *Urheber* der Gesetze. Der lange Weg ist vielmehr die erkenntnistheoretische *Voraussetzung*, dass die notwendige Komplexität in allen Einzelheiten erfasst werden kann (die Einrichtung des Staates wird in allen Details vom Trinkgelage bis zur Ehelosigkeit diskutiert), das *Medium*, in dem sich Komplexität erst entfalten kann. Dass diese zu Anfang des langen Dialogs aufgestellten Rahmenbedingungen in der Tat ausschlaggebend (und ein eigenes Thema des Dialogs) sind, nicht nur eine Rahmenhandlung, zeigt das Ende der langen Wegstrecke, wo die für jede Wissenschaft notwendige *Zeit* diskutiert wird (968d–e): Man merke erst, wie lange Zeit es zur Erlernung einer Wissenschaft brauche, wenn man ihre Erkenntnis in die Seele aufgenommen habe. Die für das Erlangen der Erkenntnis notwendige Zeit sei daher zwar nicht unaussprechlich (*aporrēta*), aber, in Schleiermachers treffender Übersetzung, un*vor*aussprechlich (*aprorrēta*) – sie könne nicht vorher festgelegt werden. Vorschnell Festgelegtes, vorschnell Ausgesprochenes führt zu nichts Gutem – Zeit ist ein zentraler Faktor in Platons Erkenntnis- und Morallehre.

Die notwendige Zeit, um Erkenntnis zu erlangen, ist auch ein Grund, warum Platon und Sokrates sich für die Frage der diachronen Weitergabe von Wissen interessieren, für die Frage der inspirativen mündlichen gegenüber der medial vermittelten Überlieferung. Die Endlichkeit des Menschen, die Kürze der Lebenszeit und die Komplexität der Fragestellungen führen direkt zur Diskussion über medial vermitteltes Wissen und zur Schriftkritik. Das Bewusstsein für die Zeit des Wissens und die Notwendigkeit der Weitergabe ist auch eine Erklärung, warum sich Sokrates speziell für die *jungen* Männer interessiert (dass dies gern missverstanden wurde, zeigt Theodoros' *caveat* in *Theaitetos* 143e). Die Bedrohung der Endlichkeit scheint besonders in den Dialogen durch, die Verurteilung und Tod des Sokrates thematisieren. So unterstreicht die *Apologia* nicht nur die für die Weisheitsliebe notwendige Muße (36d) und die Kürze der Zeit vor Gericht (37a–b), in 41b–c träumt Sokrates gar vom *ewigen* Gespräch nach dem Tode, mit Menschen wie Odysseus oder Sisyphos. Wissen kann so endgültig erst im Langzeit-Dialog über den einzelnen Menschen hinaus erschlossen werden.

Hans Blumenberg hat es in seiner Urgeschichte der Theorie, *Das Lachen der Thrakerin*, prägnant formuliert: „Kein Kriterium für die Differenz von Theorie und ‚Realismus' wird sich als genauer erweisen denn das der unendlichen oder endlichen Zeitdisposition." (Blumenberg 1987, 17) Komplexität und Zeit, so zeigt uns die Platon-Lektüre, hängen zusammen: Komplexität lädt zum Verweilen ein, lädt uns ein, ihr Gast zu sein. Vielwisserei kann nicht funktionieren (s. *Hippias*), weil es Zeit braucht, um zu Wissen zu kommen. Der Respekt vor der Komplexität – des Verstehens, eines Textes, einer Person – bedingt die ausführliche, zeitlich ungebundene Beschäftigung, bedingt *scholē*. Der aporetische Dialog ist ein wichtiges Element in Platons Werk: Die Aporie – jenseits von Nihilismus – zeigt die an jeder Stelle des Arguments neu entstehenden Probleme und macht so auf die notwendige *Zeit* für Studium und helfendes Gespräch aufmerksam. Wie im *Menon* ist die vermeintlich lähmende Aporie erst einmal nötig, um die Menschen von Pseudowissen zu befreien: Zeit für Aporie, für Aufweis des Nichtwissens, für die Enthüllung der Dimensionen der Unzugänglichkeit. Die gezeigten Dimensionen des Nichtverstehens rufen uns auf, Zeit in das Verstehen von Texten und Personen zu investieren, und weisen uns auf die enge Verbindung von Verkürzung und Gewalt hin. Gehen wir noch einmal kurz den Weg zum *Theaitetos* zurück: Zu Beginn werden Expert/inn/en thematisiert – jemand weiß es besser als ein anderer. Dann droht der *homo mensura*-Satz des Protagoras: Alle haben recht. In der Folge zeigt sich, dass nicht alle recht haben, sondern dass es wahre und falsche Meinungen gibt. Bei der genaueren Prüfung zeigt sich aber wiederum, dass es nicht einfach ist zu sagen, was eine falsche Meinung ist (also hätten wieder alle recht). Dann wird gezeigt, dass wahre Meinung nicht Wissen ist, sondern, so versucht man zu sagen, wahre Meinung mit Begründung bzw. *logos*. Dann zeigt sich allerdings, dass auch die Charakterisierung des Wortes Begründung bzw. *logos* nicht trivial ist. Gleichzeitig werden die Erörterungen immer kürzer, weil der Gerichtstermin droht. Die implizite Antwort des *Theaitetos* auf die Frage nach dem Wissen ist also, dass es neben wahrer Meinung mit Begründung auch *scholē* (und *boētheia*) braucht, um alle Komplexitäten auszuarbeiten und gemeinsam zu Wissen zu kommen. Dies ist die erste Antwort auf die Frage nach Muße als Bedingung für Erkenntnis, die uns die Dialoge geben.

Doch es gibt noch weitere Hinsichten, in denen *scholē* Bedingung für Erkenntnis ist, allen voran der Zusammenhang zwischen *scholē* und Konzentration. Phänomene der Konzentration sind uns bereits begegnet, im *Phaidros* und *Theaitetos* (etwa in der Thales-Episode) und insbesondere im *Symposion* – man denke an 174d, wo Sokrates, den Geist auf sich selbst gerichtet (*heautō pōs prosechonta ton noun*), die Außenwelt ausgeblendet hat. Genau dieses Ausblenden ist es, wie wir sehen werden, was *scholē* mit der Konzentration gemeinsam hat. Philosophieren erfordert Konzentration – dieses Thema kommt in vielen Dialogen vor: Sokrates lenkt sogar der eigene Körper ständig von der Konzentration auf die Philosophie ab, lässt, wie er sagt, keine *scholē* für die Philosophie (*Phai-*

don 66d). Muße bedeutet hier eben nicht Freizeit, sondern Spezialisierung, Ausschließlichkeit, Konzentration. In *Politeia* 370c spricht Platon vom Spezialisten, der, *von allem anderen unbelastet*, in seinem Gebiet tätig ist – *scholēn tōn allōn agōn*. Muße ist hier ganz klar keine ausreichende Übersetzung – Konzentration ist ebenso impliziert wie Arbeitsteilung. So hat der Philosoph auch keine Zeit, auf die praktischen Fragen der Masse herunterzuschauen (*Politeia* 500b; vgl. *Theaitetos* 172a–176b). Hierzu passt Sokrates' Aussage in *Apologia* 23b, dass er wegen seiner philosophischen Beschäftigtheit (*ascholia*) keine Muße (*scholē*) gehabt habe, um sich in Angelegenheiten der Stadt oder häuslichen Fragen zu engagieren. In *Menon* 94e geht es darum, sich ausreichend Zeit von den Geschäften der Stadt zu nehmen, um den Sohn in der Tugend zu unterrichten. *Scholē* ist hier Freiheit *von* und damit Freiheit *zu*, die Freiheit, sich *einer* Sache zu widmen und nicht vielen anderen. Vielwisserei ist bei Platon verpönt (s. *Hippias*), denn „es ist besser, ein weniges gut, als vieles ungenügend zu vollbringen" (*Theaitetos* 187e). *Scholē*, die Muße, sich mit *einer* Sache zu beschäftigen, in Ausschließlichkeit, steht in diametralem Gegensatz nicht nur zur Zeit des Gerichts, die sich einer Sache zu kurz und damit oberflächlich widmet, sondern auch zur *ascholia*, die sich *vielen* Dingen oberflächlich widmet. *Scholē* hingegen widmet sich *einer* Sache in all ihrer Komplexität – und oft ist bei Platon nicht einmal dies ausreichend, wenn Dialoge, nach Aufweis der Komplexität, aporetisch enden. *Scholē* ist also auch eng mit dem Spezialist/inn/entum, der Frage nach dem Experten/der Expertin, dem Verständnis von Philosophie als *technē* und dem Arbeitsteilungsdenken verwandt, wie es bei Platon und Aristoteles vorherrscht (vgl. *Politeia* 370b–c; Aristoteles, *Politik*) – der Handwerker/die Handwerkerin muss genauso Zeit für ihr/sein Geschäft haben wie der Philosoph/die Philosophin, unbelastet von anderen Dingen.

Man erkennt die Tiefe der platonischen Muße-Konzeption jedoch erst, wenn man noch genauer hinsieht: *Scholē* bedeutet nicht nur die Möglichkeit, sich einer Sache zu widmen und nicht vielen. Wichtig ist es darüber hinaus, den subjektiv *unendlichen*, den Als-Ob-Charakter, den *weltersetzenden* Charakter der Muße zu verstehen. Günter Figal hat in seiner Philosophie der Muße dieses Charakteristikum herausgestellt:

> „Muße [...] beginnt erst, sofern man die zugelassene Phase, die nicht der Arbeit unterstellt sein soll [...], als zugelassene vergisst. [...] Verweilen ist ein [...] in seinem Zeitcharakter zurückgenommenes Dasein. Es ist das Sichaufhalten in der Weile als einer unbegrenzten Gegenwart. Zwar kann die Welt nicht ewig dauern. Aber das ist in der Weile ohne Bedeutung. In ihr selbst ist kein Ende und also auch kein Danach gegeben. Sie ist zeitlich im Raum." (Figal 2014, 30–31)

Auch bei Platon besteht die Muße darin, dass die Zeit und damit die Möglichkeiten für den Moment *unbegrenzt* erscheinen, dass sie zur *ausschließlichen Welt* des jeweiligen Subjekts werden: Dieser Als-Ob-Charakter zeigt sich z. B. in *Politeia* 376d–e, wo aufgefordert wird, so zu diskutieren, als wenn man entsprechend *scholē* hätte: *hōsper en mythō mythologountes te kai scholēn agontes*. Muße und Konzentration sind verbunden: Das Denken ans Danach ist eine Ablenkung – die Zeit muss unbegrenzt erscheinen, der Gegenstand zur Welt werden. Darüber hinaus sehen wir hier eine Verbindung von Konzentration und Erholung im Ausschließlichkeitscharakter, im Abfallen alles Anderen, die die Nähe von *scholē* und *schola* verständlicher macht. Diskutiert man in Muße, wird der Gegenstand, und auch der Gegenüber, zur *Welt* – zur ausschließlichen Umgebung, die sich in ihrer Komplexität erst erschließt. Thales im Brunnen (*Theaitetos*) und Sokrates im Vorhof im *Symposion* sind die ersten bekannten Darstellungen einer *weltersetzenden* Kraft des Denkens, subjektiv unabhängig von Zeit und Restwelt. *Scholē* erlaubt das *prosechein ton noun*, das (ausschließliche) Richten des Geistes auf etwas – ein häufiger Begriff bei Platon für die Konzentration. Betont wird diese Ausschließlichkeit auch durch andere Bilder, etwa die Sehkraft des Verstandes (*Symposion* 219a) – oder, wie es in *Politeia* 533d heißt, das Auge des Geistes. Die Unzugänglichkeit für Ablenkendes oder sich Aufdrängendes wird im *Symposion* sogar als moralische Tugend dargestellt. Ausschließlichkeit ist eine Nichtvermischung, eine Nichtanfälligkeit. Zugänglichkeit für eines erfordert Unzugänglichkeit für anderes. Wie so oft thematisiert Platon auch hier die Fragilität des Zugangs, die Anfälligkeit für Ablenkungen und Verführungen.

Ein weiterer Aspekt darf jedoch nicht vernachlässigt werden: Im Gegensatz zu späteren Darstellungen der Weltabgewandtheit des Denkens, etwa bei Hannah Arendt (vgl. Kap. 7), erlaubt die platonische *scholē* auch das *gemeinsame* Richten des Geistes auf etwas, das gemeinsame *prosechein ton noun*. Denken ist bei Platon *nicht nur* ein Dialog mit sich selbst (der langsamer oder schneller beendet werden kann, *bradyteron* oder *oxyteron*, *Theaitetos* 189e–190a), sondern Denken kann auch in einem gemeinsamen Dialog stattfinden, in den man genauso versunken sein kann, der genauso weltersetzend sein kann wie ein innerer Dialog. Dass das sich verständigende (philosophische) Gespräch viel *Zeit* bzw. *scholē* benötigt (vgl. *Theaitetos* 172d ff.), ist jedoch nicht nur durch die Ausschließlichkeit der Konzentration auf die Komplexität des Gegenstandes bedingt, sondern dadurch, dass die Dialogpartner auch *füreinander* wahrnehmbar, verständlich, zugänglich werden müssen. Dass wir uns auf einen Dialogpartner/ eine Dialogpartnerin – und nur auf sie/ihn – erst einmal einlassen müssen, zeigt etwa *Protagoras* 309b, wo Sokrates zugibt, dass er den Alkibiades beim Gespräch mit Protagoras gar nicht beachtet hat (*oute proseichon ton noun*), dass man also seine Konzentration so ausschließlich fokussieren kann, dass man einen anderen Menschen gegebenenfalls gar nicht mehr wahrnimmt. Und selbst bei Konzentration auf den Gegenüber ist das gegenseitige Verstehen bei weitem nicht sofort vorhanden, Zugänglichkeit zueinander muss man sich erst durch den Dialog erarbeiten, *dia logōn anagnōrizein* (*Politikos* 258a). Dies bedingt nicht nur die Komplexität des Gegenstandes, sondern auch die Schwierigkeit, eine gemeinsame Sprache zu finden (jenseits bloßer Homologien): Wie *Menon* 75c–e zeigt, bespricht man unter Freund/inn/en einen Gegenstand nur in Termini und Aussagen, bei denen der Gesprächspartner/die Gesprächspartnerin auch mitgehen kann – was Zeit erfordert. Den Gegner/die Gegnerin im Redestreit kann man hingegen schnell abkanzeln.

Die Zeit des Dialogs ist also eine eigene – Muße wird als Bedingung der *gegenseitigen* Zugänglichkeit erkennbar, als Zeit, sich einem *Menschen* zu widmen: Nicht nur müssen sprachliche Äußerungen erst einmal in ihrer Bedeutung und Komplexität verstanden werden – die platonischen Dialoge bieten hierfür reiches Material –, sondern der *Theaitetos* etwa zeigt, dass Menschen selbst erst einmal verstehen müssen, was sie eigentlich meinen, dass sie ihren Standpunkt erst im Gespräch (gemeinsam) entwickeln können. *Scholē* ist so Zeit, einander zu verstehen, Zeit, sich *miteinander* verändernd Wahrheiten bzw. ein gemeinsames Verständnis herauszuarbeiten – Zeit zum Dialog. *Scholē* bedeutet damit auch, dem Anderen logisch-temporalen *Raum* zu lassen, z. B. Gründe für seine Meinung zu äußern, seine Äußerung zu erläutern (*boētheia*), sich zu entwickeln, mich zu verstehen, mit mir übereinzustimmen, Recht zu haben, oder komplexer zu sein als seine erste Aussage. Muße ist der Raum, in dem Hilfe erst geleistet werden kann. Die Zeit des Dialogs, der bilateralen Verständigung, die Zeit für die gegenseitige Befruchtung und die Bildung gemeinsamer Überzeugungen steht im Gegensatz zur Zeit des Gerichts, der Zeit der unilateralen Überredung. Nicht umsonst wird Sokrates im *Gorgias* gewarnt, er werde sich vor Gericht nicht sinnvoll verteidigen können (*Gorgias* 486b). Wie Hannah Arendt (Arendt 2016, 45–46; vgl. Kap. 7) sagt, verwendet Sokrates vor Gericht die falsche Diskursform, den Dialog statt der Überredung – seine Diskursform wird, zeitlich und in anderen Hinsichten, ausgeschlossen. Jean-François Lyotard hat in *Le Différend* (1983; vgl. Kap. 10) in Bezug auf Platon einen wichtigen Satz geschrieben: „le temps du dialogue vivant est infini" (44). Hier kommt die Endlichkeit wieder ins Spiel: Der lebende Dialog *kann* nicht unendlich sein (bedingt durch Sterblichkeit wie durch *ascholia*), er *muss* aber so geführt werden, *als wäre* er es (der Als-Ob-Charakter der Muße). Er ist notwendig auf die *Annahme* der Unendlichkeit angewiesen (vgl. Kap. 6). Als *régime de phrases* konkurriert er mit anderen *régimes*, wie der politischen Rhetorik, hat aber den Anspruch, sich die *Zeit* zu nehmen, die Ausgangssprachen zu *verändern*, sodass man nicht „bleibt, was man war" (Gadamer 2010, 384), sondern im Gespräch eine gemeinsame Sprache findet, sodass alle Stimmen zu Wort kommen und kein Sprachspiel ausgeschlossen wird (vgl. Kap. 10). Hier zeigt sich die ethische wie die politische Dimension der *scholē*. *Scholē* impliziert nicht nur, dass wir der Sache Zeit geben, in all ihrer Komplexität erörtert zu werden, sondern dass wir dem Dialogpartner/der Dialogpartnerin Raum und Zeit geben, sich uns verständlich zu machen, sich selbst zu helfen. Weil Verstehen schwierig ist, braucht es Hilfe – und Hilfe braucht Zeit. *Scholē* und *boētheia* hängen eng zusammen. Dies sind wichtige Botschaften des *Theaitetos*: Wahrheit und Wissen kann man nur mit beidem, *scholē* und *boētheia*, finden (die den erklärenden *logos* in Ergänzung zur wahren Meinung erst möglich machen). Erst Muße ermöglicht uns den inneren und äußeren Dialog, die wiederholte, immer wieder neu ansetzende Prüfung, die Unterstützung von Standpunkten durch Argumente – dies ist die zeitliche Dimension der *boētheia*.

Muße ist somit eine Art Schutzraum der Erkenntnis, eine Grundbedingung für das gegenseitige Verstehen – nicht umsonst hat Günter Figal von der „Räumlichkeit der Muße" (Figal 2014) gesprochen. *Scholē* als die Möglichkeit, sich einer Sache oder Person gänzlich zu widmen, ausschließlich und umfassend, potentiell unbegrenzt, braucht einen Schutzraum und *ist* gleichzeitig ein Schutzraum. *Scholē* ist nicht Ruhe, sondern ist Zeit *zu* und macht Zeit *für*: Eukleides' und Terpsions Ruhen im Hause des Eukleides (*Theaitetos*), Phaidros' und Sokrates' Ruhen unter der Platane im *Phaidros* oder die lange Wanderung in den *Nomoi* – hier sind wir auch örtlich außerhalb des geschäftigen Treibens der Stadt. Erkenntnis benötigt diesen Schutzraum der Muße, denn es droht uns immer etwas davon abzuhalten (vgl. *Theaitetos* 143a). Diesen Schutzraum wählen wir, diese Zeit *nehmen* wir uns für den Gegenstand ebenso wie für unseren Gegenüber: Muße ist etwas, das wir uns auch *nehmen* können. Es gibt nicht Zeit haben, es gibt nur Zeit *machen*. So sagt Sokrates im *Ion* 530d–531a, dass er sich für Ions Gedichtvortrag noch „Muße machen" wird (*poiēsomai scholēn*). Und der *Theages* 121a zeigt ebenfalls, dass man sich auch Zeit nehmen bzw. Muße machen kann (*poiēsomai scholēn*). Sich Zeit zu nehmen für jemanden heißt, ihn als Gast zu empfangen. Für einen Gast nehmen, reservieren wir uns Zeit und schieben die restlichen Belange unseres Lebens auf. Bei Platon ist dementsprechend der Austausch von Reden ein Zeichen der Gastfreundschaft – so spricht Sokrates in *Timaios* 20c von „meiner Rede Gastgeschenk" (vgl. *Symposion*). Gastfreundschaft hängt mit Konzentration zusammen: Nehme ich jemanden als Gast auf, widme ich ihm/ihr meine ausschließliche, für den Moment subjektiv zeitlich unbegrenzte Aufmerksamkeit – sie/er kann sich entfalten, sich entwickeln, sich helfen, sich zugänglich machen. Die gegenseitige Versicherung der *scholē* schafft erst dieses Klima (vgl. Kap. 8).

Doch die Erkenntnis benötigt weitere Schutzräume, die mit der Muße verbunden sind und die freie Disponierung von Zeit garantieren. Die Bedrohung des Denkers/der Denkerin ist bei Platon allgegenwärtig, nicht zuletzt die durch den Krieg, wie der Beginn des *Theaitetos* plastisch zeigt, wo Theaitetos von Wunden übersät und von Dysenterie geschwächt gerade noch am Leben ist. Dementsprechend charakterisiert Platon *Frieden und Freiheit* als Schutzräume der Erkenntnis, ebenso wie die *scholē*: Im Gegensatz zu den Konfliktparteien vor Gericht finden die philosophische Diskussionen in Frieden und Muße statt, *en eirēnē epi scholēs* (*Theaitetos* 172d). Denn nur der Frieden garantiert die Freiheit von Zwang, die für den Erkenntnisgewinn notwendig ist. Bei Aristoteles heißt es, für Sklaven gebe es keine Muße (*Politik* 1334a), aber man müsse auch im Krieg kämpfen, um kein Sklave zu werden. Bei Platon ist die (gemeinsame) Philosophie ebenso an die Freiheit gebunden – den Philosophen charakterisiert Sokrates als „in Freiheit und Muße aufgewachsen" (*en eleutheria te kai scholē*; *Theaitetos* 175e). Muße, *scholē*, ist Teil dieser Freiheit, einer Freiheit zu denken und zu erörtern, einer *eleutheria ... tōn logōn* (*Theaitetos* 173b), ohne strafendes oder befehlendes Gericht (173b–c) und ohne Zeitdruck. (Vgl. Kap. 7.)

Jenseits solcher Bedrohungen ist bei Platon *scholē* als die subjektive Vorstellung geistiger, zeitlicher und weiterer Un-Bedingtheit schließlich ganz grundsätzlich Voraussetzung für abstraktes Denken und damit Abbild der Ideenlehre: Die Entfernung vom Alltag (*ascholia*) ist auch im Sinne der Ideenlehre als Abkehr vom Einzelnen zum Allgemeinen zu verstehen, vom Einzelnen zum Überblick aus der Adlerperspektive, wie *Theaitetos* 175c–d zeigt, wo der Philosoph aus „dem ‚Ob ich dir hierin unrecht tue oder du mir'" aussteigt, zugunsten der „Untersuchung der Gerechtigkeit und Ungerechtigkeit selbst, was jede von ihnen ist". Hier hängen *scholē*, Komplexität und Philosophie eng zusammen. Die Beschäftigtheit (*ascholia*) ist für Platon auch immer die Beschäftigung mit Vielem, die *scholē* erlaubt hingegen die Beschäftigung mit der Einheit im Vielen (und gleichzeitig mit der Komplexität im scheinbar Einfachen). Platon beschreibt diese Ausschließlichkeit und Un-Bedingtheit des abstrakten Denkens, wenn er davon spricht, dass die Psyche eine Sache vermittels ihrer selbst erforscht, *autē di' hautēs hē psychē episkopein* (*Theaitetos* 185e), bzw. sich für sich selbst mit dem, was ist, beschäftigt, *autē kath' hautēn pragmateuētai peri ta onta* (187a). Der Alltagsbetrieb, die *ascholia*, erlaubt keine Philosophie: Diese beschäftigt sich laut Platon mit dem Immerwährenden, nicht mit dem Werdenden, also benötigt sie auch viel Zeit. Die Wasseruhr – als Symbol der zeitlichen Gewalt – ist das Gegenteil der Philosophie. Und so muss auch der König aus Mangel an *scholē* roh und ungebildet werden (*hypo ascholias*; *Theaitetos* 174d). Die Beschäftigung mit dem Ewigen muss potentiell und putativ ewig sein, der philosophische Dialog mindestens scheinbar unendlich. Immunität gegenüber den

Zwängen der Außenwelt bleibt jedoch, wie das *Symposion* zeigt, eine sokratische Ausnahme – und selbst diesen drängt manchmal die Zeit.

Muße zeigt sich so bei Platon als Bedingung, als Schutzraum für Erkenntnis, als Medium, in dem Erkenntnis stattfindet, als *Grundbedingung* für die eigene Zugänglichkeit. Sie ermöglicht die Erfassung von Komplexität ebenso wie die Konzentration auf einen Gegenstand, den Dialog und die gegenseitige Hilfe ebenso wie die Zugänglichkeit für den Gegenüber, die geistige Gastfreundschaft jenseits der vielfältigen Zwänge der Außenwelt. Zugänglichkeit erweist sich so wiederum als anfällig, wirkliches Verstehen als eine Welt weit jenseits der schnellen Aufnahme von Information. In der Bedrohung des Denkers/der Denkerin durch Zeitdruck, Ablenkung und oberflächliche Urteile ebenso wie durch Krieg und Unterjochung zeigt sich in vielfältiger Hinsicht die Fragilität des Zugangs, den die Informationsgesellschaft wie selbstverständlich voraussetzt.

Teil II: **Platons Leser/innen**

5 Die Schwierigkeit des Sich-Verstehens: Der innere Dialog zwischen Hans-Georg Gadamer und Jacques Derrida

Die nun folgenden Kapitel zeigen, dass Platon vor allem im 20. Jahrhundert – dem Jahrhundert zweier Weltkriege – Leserinnen und Leser gefunden hat, die die zentrale *zwischenmenschliche* Bedeutung seiner Dialoge und der platonischen Konzepte des Lebens mit- und nacheinander, des menschlichen Innenraums, der Muße, des Respekts vor Komplexität, der Hilfsbedürftigkeit der Sprache und der Fragilität des Zugangs zueinander herausgearbeitet haben. Ihre grundlegenden Überlegungen zur Anfälligkeit des zwischenmenschlichen Verstehens werfen ein kontrastreiches Licht auf die Informationsgesellschaft der Gegenwart, die auf der Vorstellung einfacher und problemloser Informationsaufnahme beruht.

Der Tod des Freundes, des Denkers, der einen hinterfragt hat und dessen Tod uns hinterfragt, dessen Aussagen uns nach seinem Tod noch ansprechen, über die Schrift in uns eingreifen, zu denen wir uns einen Zugang erst erarbeiten müssen, die Schwierigkeit des Sich-Verstehens im Mit- und Nacheinander: Diese platonischen Themen nimmt niemand prägnanter auf als der französische Philosoph Jacques Derrida – anderthalb Jahre vor seinem eigenen Tod – in *Béliers*, dem intensivsten seiner philosophischen Adieus an verstorbene Freunde (die sich gesammelt in Derrida 2003b finden). *Béliers*, deutsch: Widder (Mehrzahl), ist Derridas Adieu an den deutschen Philosophen Hans-Georg Gadamer, der 2002 im Alter von 102 Jahren verstarb. Von zentraler Bedeutung ist der Text, weil die Ansätze der beiden Denker von vielen Außenstehenden (und teilweise von ihnen selbst) als gegensätzlich empfunden wurden (vgl. z. B. Michelfelder/Palmer 1989), Derrida jedoch in diesem Text, Gadamers Sprache und Denkansätze liebevoll übernehmend, die Gemeinsamkeit und den gedanklichen Dialog der beiden herausarbeitet. Dies ist umso eindringlicher, weil es in der viel beachteten Kontroverse zwischen Gadamer und Derrida *exakt* um die Frage ging, ob und wie ein Text – in der Absenz des Autors (bzw. Autorin) – zu seinem Leser (bzw. Leserin) sprechen kann. Wir befinden uns also inmitten der platonischen Welt – und wiederum stellt sich die Frage, ob die Vorstellung problemlos abrufbarer und verarbeitbarer Information, die die Gegenwart beherrscht, ein realistisches Bild darstellt. Um den komplexen Text *Béliers* und seine Bedeutung für unser Buch zu verstehen, ist es zunächst notwendig, die beiden Denker verorten zu können.

Gadamer und das Verstehen

Beginnen wir mit Gadamer: Geprägt von Martin Heideggers Versuch, den Zugang zur griechischen Philosophie wiederzugewinnen (ein erster Versuch Gadamers ist seine Dissertation über Platons *Philebos*), sieht er die geistige Zugänglichmachung überlieferter Texte als zentrales Bild für die Geschichtlichkeit und Anfälligkeit menschlichen Verstehens. In seinem Hauptwerk *Wahrheit und Methode* (1960) versucht Gadamer anhand dieser Beobachtung nicht weniger, als Vorgehen und Wahrheitsanspruch der Geisteswissenschaften zu begründen – und diese gleichzeitig von der schematischen Angleichung an naturwissenschaftlich-rationalistische Methoden zu befreien. Hierzu geht er zunächst in historischer Sicht alternative Erkenntnis- und Zugangsweisen durch – vertreten durch Begriffe wie Bildung, *sensus communis*, Urteilskraft, Geschmack, Genie, durch die Nachahmung und Darstellung in Spiel und Kunst, oder die Teilhabe und Selbstvergessenheit des Zuschauers. Nach diesem Durchgang kommt er über die Literatur zur Lektüre von (historischen) Texten und zur Hermeneutik, der Kunst der Auslegung von sprachlichen Äußerungen als Erkenntnis- und Zugangsweise. Teils kritisch, teils wertschätzend setzt er auf Vor-Denkern der historischen, philologischen und theologischen Hermeneutik auf – von dem intensiven Platon-Leser und -übersetzer Friedrich Schleiermacher, der die Alltäglichkeit des Missverstehens und damit die Notwendigkeit der Hermeneutik als Lehre des Verstehens sprachlicher (schriftlicher *und* mündlicher) Äußerungen als erster systematisch beschrieben hatte (vgl. Schleiermacher 1993), über Dilthey bis zu Heidegger. Auf dieser Grundlage entwickelt Gadamer eine eigene Hermeneutik. Diese sieht Verstehen grundsätzlich *in der Zeit*, und damit in einem subjektiven, begrenzten, in der Zeit mitgleitenden Horizont. Das verstehende Subjekt ist involviert in die Geschichtlichkeit des Verstehens, es steht selbst in Überlieferungen, Vor-Urteilen, (textlich dokumentierten) Verstehenstraditionen und Traditionsverständnissen. Die Zeitlichkeit des menschlichen Verstehens, auch über Subjekte hinweg, die nach dem Tod in textliche Überlieferung übergehen, ist Gegenstand und Bedingung geisteswissenschaftlichen Verstehens und hebt die Geisteswissenschaft, so Gadamer, von der rationalistischen Methode der Naturwissenschaften ab.

Ein zentraler Punkt Gadamers ist hierbei, dass Texten – Äußerungen Verstorbener bzw. nicht Befragbarer – ihre Ziele und Wahrheitsansprüche nicht durch bloß ‚wissenschaftliche' Untersuchung genommen werden dürfen: „Die Erfahrung der geschichtlichen Überlieferung reicht grundsätzlich über das hinaus, was an ihr erforschbar ist." (Gadamer 2010, 3) Der Text kann also nicht einfach als ‚Information' behandelt und ausgewertet werden. Der Leser/die Leserin ist vielmehr selbst involviert, setzt sich dem Text aus, wird vom Text *in Frage gestellt*. Dass die Gegenwart es grundsätzlich besser wisse, und dementsprechend die überlieferten Texte ‚von oben herab' nur mehr zu analysieren und einzuordnen brauche, erscheint ihm nicht angemessen – schon sein Eingangszitat aus Rilkes *Duineser Elegien* deutet hierauf hin: Solange man Selbstgeworfenes fange, sei alles einfach gewonnen; sich dem Anspruch des/der Anderen zu öffnen, und dadurch sich selbst zu hinterfragen, sei aber die eigentliche Kunst. Verstehen und Auslegen von Texten, so Gadamer, sei eben „nicht nur ein Anliegen der Wissenschaft", sondern gehöre „zur menschlichen Welterfahrung insgesamt." (1) Im Verstehen und Auslegen der textlichen Überlieferung würden „nicht nur Texte verstanden, sondern Einsichten erworben und Wahrheiten erkannt." (1) Für den verstehenden Leser bzw. Leserin sei dies eine „Erprobung seiner selbst" (2), es handle sich um eine *Erfahrung* der Überlieferung, eine *Begegnung* mit ihr, nicht nur um deren Erforschung. Das Verstehen – anderer Menschen wie der kulturellen Überlieferung – sei eine grundsätzliche menschliche Situation: „wie wir einander, wie wir geschichtliche Überlieferungen, wie wir die natürlichen Gegebenheiten unserer Existenz und unserer Welt erfahren, bildet ein wahrhaft hermeneutisches Universum, in das wir nicht [...] eingeschlossen, sondern zu dem wir geöffnet sind." (4) Hier zeigt sich, wie eng das Leben miteinander und das Leben nacheinander für Gadamer zusammenhängen. So lässt sich auch seine Forderung verstehen, man solle „die Sprach- und Denkgewohnheiten, die sich dem einzelnen in der Kommunikation mit seiner Mitwelt bilden, vor das Forum der geschichtlichen Tradition stell[en], der wir alle gemeinsam angehören." (5) Der synchrone Dialog gehört für ihn in den Kontext des diachronen Dialogs.

Sicher gehöre hierzu, so Gadamer, eine „Empfänglichkeit für das Andere [...] der Vergangenheit" (Gadamer 2010, 22). Gadamers Analyse der menschlichen Erkenntnisweisen als Dimensionen der *eigenen* Zugänglichkeit sieht jedoch das Verhalten zu historischen Texten nicht als Rekonstruktion ursprünglicher Umstände und Intentionen oder als Einfühlen in den Autor bzw. Autorin – von der *intentional fallacy* (Wimsatt/Beardsley 1946), die die postmoderne Literaturtheorie kritisierte, ist er weit entfernt. Die platonische Waisenhaftigkeit des Textes ist ihm vielmehr deutlich bewusst – die Endlichkeit des Menschen bedingt, dass die Texte ihren Hersteller/ihre Herstellerin übertreffen: „Es liegt in der geschichtlichen Endlichkeit unseres Daseins, daß wir uns dessen bewußt sind, daß nach uns andere immer anders verstehen werden. [...] Die hermeneutische Reduktion auf die Meinung des Urhebers ist ebenso unangemessen wie bei geschichtlichen Ereignissen die Reduktion auf die Absicht der Handelnden." (379) Denn „[n]icht nur gelegentlich," so Gadamer, „sondern immer" übertreffe „der Sinn eines Textes seinen Autor. Daher ist Verstehen kein nur reproduktives, sondern stets auch ein produktives Verhalten." (301) Entsprechend sieht er die Lektüre von (historischen) Texten als denkende Vermittlung mit dem gegenwärtigen Leben (174):

> „Es kann [...] keine richtige Auslegung ‚an sich' geben [...]. In der Angewiesenheit auf immer neue Aneignung und Auslegung besteht das geschichtliche Leben der Überlieferung. Eine richtige Auslegung ‚an sich' wäre ein gedankenloses Ideal, das das Leben der Überlieferung verkennte. Jede Auslegung hat sich in die hermeneutische Situation zu fügen, der sie zugehört. Situationsgebundenheit bedeutet keineswegs, daß sich der Anspruch auf Richtigkeit, den jede Interpretation erheben muß, ins Subjektive oder Okkasionelle auflöste." (401)

Der verstehende Leser/die verstehende Leserin kann keinen dogmatischen Deutungsanspruch erheben, sondern ist selbst Teil der Geschichte: „die Geschichte ist nicht nur nicht am Ende – wir stehen als die Verstehenden selbst in ihr, als ein bedingtes und endliches Glied einer fortrollenden Kette." (203) Auch sie oder er gehört, ob bewusst oder unbewusst, Traditionen und Entwicklungslinien an, „weil Zugehörigkeit zu Traditionen genauso [...] zu der geschichtlichen Endlichkeit des Daseins gehört wie sein Entworfensein auf zukünftige Möglichkeiten seiner selbst." (266) Sein oder ihr Verstehen seiner bzw. ihrer Umwelt ist also ein Teil eines Dialogs mit dem Gegebenen – dessen Stimme sie bzw. er weder voreilig noch absichtlich überhören dürfe: „Wer einen Text verstehen will, ist vielmehr bereit, sich von ihm etwas sagen zu lassen." (273) Sich von ihm etwas sagen lassen: Gadamers feine Formulierung, die Textliches und Menschliches mischt, spitzt die *ethische* Haltung zu, die einen guten Leser, eine gute Leserin ausmacht, und zeigt uns an, dass das Verhalten zu Texten und zu Menschen in verschiedenen Hinsichten zusammenhängt – ein Aspekt, den wir in diesem Buch Schritt für Schritt ausarbeiten werden.

Gadamer kritisiert die Menschen seiner Gegenwart als Kinder der Aufklärung im negativen Sinne – frühere Meinungen und Äußerungen würden oft nur historisch untersucht, aber nicht ernstgenommen, das neueste Urteil werde schnell als das beste akzeptiert: Das „Vorurteil der Aufklärung" sei „das Vorurteil gegen die Vorurteile überhaupt und damit die Entmachtung der Überlieferung." (Gadamer 2010, 275) Statt sie zu diskreditieren (276 und ff.), müssten wir die Vor-Urteile unserer Vorgängerinnen und Vorgänger vielmehr an uns heranlassen, nicht sie von uns weghalten und ‚wissenschaftlich' objektifizieren, als ‚Information' behandeln – wir befänden uns *mitten in* der Überlieferung: „Wir stehen [...] ständig in Überlieferung, und dieses Darinstehen ist kein vergegenständlichendes Verhalten, so daß das, was die Überlieferung sagt, als ein anderes, Fremdes gedacht wäre" (286). Es gehe darum, „sich von der Überlieferung angesprochen zu sehen" (287) – nur so werde auch deren Bedeutung sichtbar:

Ein Text, der nur historisch verstanden werde, werde „aus dem Anspruch, Wahres zu sagen, förmlich herausgedrängt." (308) Gadamer geht es hierbei nicht nur um den richtigen Zugang zu historischen Texten, sondern um *unsere* Zugänglichkeit für Texte, die wir nicht rein als historischen Gegenstand wahrnehmen sollen, sondern in deren Auslegungsgeschichte wir immer schon verwickelt sind, Texte, die uns als Person ansprechen, Texte, die unserer *gegenwärtigen* Welt mitzugehörig sind (vgl. 295). Texte zudem, die unsere Hilfe benötigen: Einen Text zu verstehen versuchen heiße nicht, so Gadamer, sich irgendwie empathisch in den Autor bzw. die Autorin hineinzuversetzen, sondern, „daß wir das sachliche Recht dessen, was der andere sagt, gelten zu lassen suchen. Wir werden sogar, wenn wir verstehen wollen, seine Argumente noch zu verstärken trachten. So geschieht es schon im Gespräch. Wieviel mehr noch gilt es beim Verstehen von Schriftlichem" (297) – dies ist Gadamers Version der platonischen *boētheia*.

Wie im Gespräch müsse man, so Gadamer, auch beim historischen Text offen sein dafür, „daß ein überlieferter Text es besser weiß, als die eigene Vormeinung gelten lassen will." (Gadamer 2010, 299) Verständigung im Gespräch schließe genauso ein, „daß die Partner [...] versuchen, das Fremde und Gegnerische bei sich gelten zu lassen." (390) Hierzu bedürfe es, wie im Dialog, der Muße, der Zeit: „Die Ausschöpfung des wahren Sinnes aber, der in einem Text [...] gelegen ist, kommt nicht irgendwo zum Abschluß, sondern ist in Wahrheit ein unendlicher Prozeß." (303) Gadamer macht klar (305), dass die Fragestellung der Forscherin/des Forschers jeweils schon von seinen/ihren Vor-Urteilen und der Wirkungsgeschichte des Textes mitbestimmt ist. Seine Hermeneutik ist ein der Dialektik abgeschautes, unendliches Verfahren des Hin und Her zwischen Text und Leserin/Leser, die sich gegenseitig ansprechen und prüfen. (Nicht umsonst spricht Gadamer immer wieder das platonische Thema des Denkens als innerer Dialog an, z. B. 411, 426; vgl. Kap. 7.) Wichtig ist jedoch hier, dass der/die Leser/in bzw. Forscher/in mit ihren/seinen eigenen Meinungen und Urteilen involviert ist, sich selbst im Dialog mit der Überlieferung hinterfragt und erprobt:

> „In Wahrheit ist der Horizont der Gegenwart in steter Bildung begriffen, sofern wir alle unsere Vorurteile ständig erproben müssen. Zu solcher Erprobung gehört [...] die Begegnung mit der Vergangenheit und das Verstehen der Überlieferung, aus der wir kommen. Der Horizont der Gegenwart bildet sich [...] nicht ohne die Vergangenheit. Es gibt so wenig einen Gegenwartshorizont für sich, wie es historische Horizonte gibt, die man zu gewinnen hätte. Vielmehr ist Verstehen immer der Vorgang der Verschmelzung solcher vermeintlich für sich seiender Horizonte." (311)

Bedeutung wird hier in einem Austauschprozess ausgehandelt – die Bedeutung der Gegenwart ebenso wie die der Vergangenheit.

Das „‚Sein zum Text'" (Gadamer 2010, 317) ist also bei Gadamer eine Grundsituation der Gegenwart. Er sieht, dass jede Generation einen Text anders (wenn auch nicht beliebig) verstehen wird (345), erkennt hierin jedoch das Positive des Aneignens und der Fortführung, des Stehens in einer Überlieferung, die die/der Leser/in bzw. Interpretierende „mit der Gegenwart seines eigenen Lebens vermitteln muß" und die „er damit in die Zukunft hinein offen hält." (346) Diese Vermittlung mit der Gegenwart ist für ihn ein Zugänglichhalten der Vergangenheit und deren Offenhalten für die Zukunft. Dieses Zugänglichhalten ist nicht nur eines von historischen Texten, sondern eng mit dem Sich-Zugänglichhalten für den Anderen im Gespräch verknüpft:

> „Überlieferung ist [...] nicht einfach ein Geschehen, das man durch Erfahrung erkennt und beherrschen lernt, sondern sie ist *Sprache*, d.h. sie spricht von sich aus so wie ein Du. Ein Du ist nicht Gegenstand, sondern verhält sich zu einem. [...] Daß *die Erfahrung des Du* eine spezifische sein muß, sofern das Du kein Gegenstand ist, sondern sich selbst zu einem verhält, ist klar. [...] Da hier der Gegenstand der Erfahrung selbst den Charakter der Person hat, ist solche Erfahrung ein moralisches Phänomen und das durch die Erfahrung erworbene Wissen, das Verstehen des anderen, ebenfalls." (363–364)

Weit davon entfernt, eine historische Rekonstruktion einer Person hinter dem Text zu verlangen, sieht Gadamer den Text dennoch in der Rolle eines Dialogpartners: „Denn ein echter Kommunikationspartner, mit dem wir ebenso zusammengehören wie das Ich mit dem Du, ist auch die Überlieferung." (364) Bei beiden geht es nicht um die Beherrschung, sondern um das eigene – moralisch beurteilbare – Verstehensverhalten, die *eigene* Zugänglichkeit.

Wie beim persönlichen Dialog gehört hierzu, dass man den Anderen nicht objektifiziert, einordnet, sondern ihn in seiner Einzigartigkeit wahrnimmt:

> „Im hermeneutischen Bereich entspricht nun solcher Erfahrung des Du, was man im allgemeinen *das historische Bewußtsein* nennt. Das historische Bewußtsein weiß um die Andersheit des Anderen, um die Vergangenheit in ihrer Andersheit so gut, wie das Verstehen des Du dasselbe als Person weiß. Es sucht im Anderen der Vergangenheit nicht den Fall einer allgemeinen Gesetzmäßigkeit, sondern ein historisch Einmaliges." (Gadamer 2010, 366)

Wer sich dem verschließe, sich heraushalte, der zerstöre, genau wie in der gegenwärtigen Beziehung, den Dialog: „Es ist wie im Verhältnis zwischen Ich und Du. Wer sich aus der Wechselseitigkeit einer solchen Beziehung herausreflektiert, der verändert diese Beziehung und zerstört ihre sittliche Verbindlichkeit. *Genau so zerstört, wer sich aus dem Lebensverhältnis zur Überlieferung herausre-*

flektiert, den wahren Sinn dieser Überlieferung." (366) Auch für das Verständnis historischer Texte gelte: „Der Anspruch, den anderen vorgreifend zu verstehen, erfüllt die Funktion, sich den Anspruch des anderen in Wahrheit vom Leibe zu halten." (366) Es bedürfe vielmehr eines „Lebensverhältnis[ses] zur Überlieferung" (366), einer „Erfahrungsbereitschaft" (367). „[D]ie Offenheit für die Überlieferung", so Gadamer, habe „eine echte Entsprechung zu der Erfahrung des Du." (367) Denn, „wer sich überhaupt etwas sagen lässt, ist auf eine grundsätzliche Weise offen." (367) Im mitmenschlichen Verhalten komme es darauf an, „das Du als Du wirklich zu erfahren, d. h. seinen Anspruch nicht zu überhören und sich von ihm etwas sagen zu lassen." (367) Genauso brauche es „Offenheit für die Überlieferung" (367). Der Lesende, so Gadamer „hat, was ihn anspricht und was er versteht, eben damit in seiner Geltung erfahren. Was er verstand, ist immer schon mehr als eine fremde Meinung – es ist immer schon mögliche Wahrheit." (398) „Ich muß", so Gadamer,

> „die Überlieferung in ihrem Anspruch gelten lassen, nicht im Sinne einer bloßen Anerkennung der Andersheit der Vergangenheit, sondern in der Weise, daß sie mir etwas zu sagen hat. [...] Wer in dieser Weise für die Überlieferung offen ist, durchschaut, daß das historische Bewußtsein gar nicht wirklich offen ist, sondern vielmehr, wenn es seine Texte ‚historisch' liest, die Überlieferung immer schon vorgängig und grundsätzlich nivelliert hat, so daß die Maßstäbe des eigenen Wissens durch die Überlieferung niemals in Frage gestellt werden können." (367)

Das hermeneutische Bewusstsein hingegen sieht klarer, „indem es sich die Überlieferung zur Erfahrung werden läßt und sich für den Wahrheitsanspruch, der in ihr begegnet, offen hält." (367) Der/die Lesende wird von einem Text wie von einem Du angesprochen und hinterfragt. Gadamer spricht davon, sich „dem überlegenen Anspruch des Textes zu öffnen" (316) – nicht, ihn mit der herabschauenden Geste der rationalistischen Wissenschaft als zu beurteilende Information zu behandeln.

So bringt Gadamer die (diachrone) Textauslegung eng mit dem (synchronen) zwischenmenschlichen Gespräch zusammen, und bewegt sich damit in dem von uns skizzierten platonischen Raum:

> „Das eben charakterisiert ein Gespräch – gegenüber der erstarrten Form der zur schriftlichen Fixierung drängenden Aussage –, daß hier die Sprache in Frage und Antwort, im Geben und Nehmen, im Aneinandervorbeireden und Miteinanderübereinkommen jene Sinnkommunikation vollzieht, deren kunstvolle Erarbeitung gegenüber literarischer Überlieferung die Aufgabe der Hermeneutik ist. Es ist daher mehr als eine Metapher – es ist eine Erinnerung an das Ursprüngliche, wenn sich die hermeneutische Aufgabe als ein In-das-Gesprächkommen mit dem Text begreift. [...] Das in literarischer Form Überlieferte wird damit aus der Entfremdung, in der es sich befindet, in die lebendige Gegenwart des

Gesprächs zurückgeholt, dessen ursprünglicher Vollzug stets Frage und Antwort ist." (Gadamer 2010, 374)

Gadamer übernimmt hier Platons Vorstellung, dass die mündliche ebenso wie die schriftliche Kommunikation immer der Hilfe zum Verständnis bedarf. Er erkennt wie Platon den Vorrang des Mündlichen (den Derrida heftig bestreiten wird), sieht jedoch gleichzeitig (angesichts der Endlichkeit des Menschen) die Notwendigkeit, das Schriftliche in seiner eigenen Lebendigkeit zu fassen, nicht als nur sekundäre Form, als Objekt mit objektivierter Bedeutung, sondern als Kommunikationspartner. Ziel der Kommunikation ist bei ihm nicht nur Verständnis, sondern Verständigung (etwas, das, wie wir sehen werden, bei Derrida nicht gelingen kann). Lesen ist hier ein Gespräch – nicht nur in dem Sinne, dass, legt man ein Interpretationsmuster über den Text, dieser mit korrespondierenden und nicht-korrespondierenden Merkmalen antwortet: Gadamer holt vielmehr mündliche synchrone und schriftliche diachrone Kommunikation in dem Moment zusammen, wo *beide* Seiten hinterfragt werden können, nicht nur der historische Text durch den Leser/die Leserin, sondern auch umgekehrt:

> „Am Anfang steht [...] die Frage, die uns der Text stellt, das Betroffensein von dem Wort der Überlieferung, so daß das Verstehen derselben immer schon die Aufgabe der historischen Selbstvermittlung der Gegenwart mit der Überlieferung einschließt. Das Verhältnis von Frage und Antwort hat sich also [...] umgekehrt. Das Überlieferte, das uns anspricht [...,] stellt selbst eine Frage und stellt damit unser Meinen ins Offene. Um diese uns gestellte Frage zu beantworten, müssen wir, die Gefragten, selber zu fragen beginnen." (379)

Sprachliche Überlieferung sei „im eigentlichen Sinne des Wortes Überlieferung, d. h. hier ist nicht einfach etwas übriggeblieben, dessen Erforschung und Deutung als ein Überbleibsel der Vergangenheit zur Aufgabe wurde. Was auf dem Wege sprachlicher Überlieferung auf uns gekommen ist, ist nicht übriggeblieben, sondern es wird übergeben, d. h. es wird uns gesagt" (393). Wir, die vermeintlich Fragenden, Urteilenden, sind im „Gespräch mit der Überlieferung" (407) die „von dem Wort der Überlieferung Getroffenen" (380) – so wie Alkibiades von den Worten des Sokrates getroffen wird.

Gadamers Wende zum Gespräch, weg von der Objektivierung des Textes und seiner Bedeutung, hin zur Be- oder Getroffenheit der Person, wirft nicht nur ein Licht voraus auf die gegenwärtige Vorstellung, ein Text ‚enthalte Information', sondern ist auch zentral für unsere These von der Verbindung des Lebens miteinander mit dem Leben nacheinander. Sicher, so Gadamer, „redet ein Text nicht so zu uns wie ein Du. Wir, die Verstehenden, müssen ihn von uns aus erst zum Reden bringen." Aber ein solches „verstehendes Zum-Reden-Bringen" sei

„kein beliebiger Einsatz aus eigenem Ursprung", „sondern selber wieder als Frage auf die im Text gewärtigte Antwort bezogen". „Die Gewärtigung einer Antwort" setze „schon voraus, daß der Fragende von der Überlieferung erreicht und aufgerufen ist." (Gadamer 2010, 383) So muss man sich Zugänglichkeit, Verständigung, erst erarbeiten – „die im Verstehen geschehende Verschmelzung der Horizonte" der beiden Teilnehmer/innen ist aus Gadamers Sicht „die eigentliche Leistung der Sprache" (383) – ein Punkt, bei dem, wie wir sehen werden, Derrida nicht mitgehen kann (er praktiziert jedoch in *Béliers* seine eigene Art der Verschmelzung durch die Sprache). Klar ist jedoch, dass die Vorstellung des Horizonts bei Gadamer eine Imperfektion der eigenen Wahrnehmung impliziert, welche sich mit einem anderen Horizont überschneiden und verschmelzen kann – nicht zu *einem*, ganz deckungsgleichen Horizont, sondern in Bildung einer gemeinsamen Teilmenge. Das Überlieferte, so Gadamer, „bringt sich in seinem Recht zur Geltung, indem es verstanden wird, und verschiebt den Horizont, der uns bis dahin umschloß." (489)

Die Erarbeitung von Zugänglichkeit erfordert die Arbeit an einer gemeinsamen Sprache: „Jedes Gespräch", so Gadamer,

> „setzt eine gemeinsame Sprache voraus, oder besser: es bildet eine gemeinsame Sprache heraus. [...] Die Verständigung über eine Sache, die im Gespräch zustande kommen soll, bedeutet daher notwendigerweise, daß im Gespräch eine gemeinsame Sprache erst erarbeitet wird. Das ist nicht ein äußerer Vorgang der Adjustierung von Werkzeugen, ja es ist nicht einmal richtig zu sagen, daß sich die Partner aneinander anpassen, vielmehr geraten sie beide im gelingenden Gespräch unter die Wahrheit der Sache, die sie zu einer neuen Gemeinsamkeit verbindet. Verständigung im Gespräch ist nicht ein bloßes Sichausspielen und Durchsetzen des eigenen Standpunktes, sondern eine Verwandlung ins Gemeinsame hin, in der man nicht bleibt, was man war" (Gadamer 2010, 384)

– das Gespräch kann die Teilnehmer/innen verändern, *belehren*. Zugänglichkeit ist hier, wie bei Platon, nicht unilateral, sondern muss erst erarbeitet werden und erfordert die Bereitschaft, verändert zu werden, den Anderen/die Andere in sich eingreifen zu lassen. So will Gadamer auch die Lektüre historischer Texte verstanden wissen, die dem Verhalten im Gespräch eng verwandt ist, den gleichen Gefahren des Missverstehens ausgesetzt ist (s. 189) und das gleiche Aufeinander-Zu-Arbeiten erfordert. (Auf diesem Spielfeld von Einigung und Missverstehen, Gespräch und Textlektüre, Ethik und Hermeneutik spielt sich, wie wir sehen werden, auch *Béliers* ab, in dem Derrida auf seine eigene Weise mit dem verstorbenen Gadamer ins Gespräch tritt.) Dies heiße natürlich nicht, so Gadamer,

> „daß die hermeneutische Situation gegenüber Texten der zwischen zwei Gesprächspersonen völlig gleicht. Handelt es sich doch bei Texten um ‚dauernd fixierte Lebensäußerun-

gen', die verstanden werden sollen, und das bedeutet, daß nur durch den einen der beiden Partner, den Interpreten, der andere Partner des hermeneutischen Gesprächs, der Text, überhaupt zu Worte komme. [...] Gleichwohl kommt durch diese Rückverwandlung in Verstehen die Sache selbst, von der der Text redet, ihrerseits zur Sprache. Es ist wie beim wirklichen Gespräch, daß die gemeinsame Sache es ist, die die Partner, hier den Text und den Interpreten, miteinander verbindet. [...] Es ist also ganz berechtigt, von einem hermeneutischen Gespräch zu reden." (391)

Zwischen den Partner/inne/n dieses ‚Gesprächs' finde

„eine Kommunikation statt, die mehr ist als bloße Anpassung. Der Text bringt eine Sache zur Sprache, aber daß er das tut, ist am Ende die Leistung des Interpreten. Beide sind daran beteiligt. [...] Das bedeutet aber, daß die eigenen Gedanken des Interpreten in die Wiedererweckung des Textsinnes immer schon mit eingegangen sind. Insofern ist der eigene Horizont des Interpreten bestimmend, aber auch er nicht wie ein eigener Standpunkt, den man festhält oder durchsetzt, sondern mehr wie eine Meinung und Möglichkeit, die man ins Spiel bringt und aufs Spiel setzt und die mit dazu hilft, sich wahrhaft anzuzeigen, was in dem Texte gesagt ist. Wir haben das oben als Horizontverschmelzung beschrieben. Wir erkennen darin jetzt die Vollzugsform des Gesprächs, in welchem eine Sache zum Ausdruck kommt, die nicht nur meine oder die meines Autors, sondern eine gemeinsame Sache ist" (391–392)

– eine gemeinsame Sache, eine gemeinsame Sprache, die erst erarbeitet werden muss, in der Tat „eine Verwandlung ins Gemeinsame hin, in der man nicht bleibt, was man war." (384)

Die Wechselbeziehung, „die zwischen dem Interpreten und dem Text spielt und die der Wechselseitigkeit der Verständigung im Gespräch entspricht" (Gadamer 2010, 391), stellt angesichts der Schriftlichkeit des überlieferten Textes die höchsten Ansprüche an den Teilnehmer/die Teilnehmerin: „Schriftlichkeit ist Selbstentfremdung. Ihre Überwindung, das Lesen des Textes, ist also die höchste Aufgabe des Verstehens." (394) Hier kommt Gadamer auf Platons Schriftkritik zurück (die auch in Derridas Werk eine zentrale Rolle spielt) und betont seinerseits die *boētheia*:

„Plato sah in der Hilflosigkeit der Schrift bekanntlich eine noch größere Schwäche, als sie die Reden haben [...], und wenn er für die Reden dialektische Hilfe fordert, um dieser Schwäche aufzuhelfen, dagegen den Fall der Schrift für hoffnungslos erklärt, so ist das offenbar eine ironische Übertreibung, durch die er sein eigenes literarisches Werk und seine Kunst verhüllt. In Wahrheit ist es mit dem Schreiben, wie es mit dem Reden ist. [...] Es gibt wirklich auch eine Kunst des Schreibens, die dem Denken zu Hilfe zu kommen vermag, und sie ist es, der die Kunst des Verstehens zuzuordnen ist, die dem Geschriebenen die gleiche Hilfe leistet." (396–397)

Hier beschreibt Gadamer mithilfe der platonischen *boētheia* seine eigene Hermeneutik, in der sich Text und Leserin bzw. Leser gegenseitig, in einem iterierten Prozess, Hilfe leisten. Die Schrift mache uns sogar in besonderer Weise auf die *auch im Gespräch* drohende gegenseitige Unzugänglichkeit aufmerksam:

> „die besondere Schwäche der Schrift, ihre gegenüber der lebendigen Rede gesteigerte Hilfsbedürftigkeit, hat die Kehrseite, daß sie die dialektische Aufgabe des Verstehens mit verdoppelter Klarheit hervortreten läßt. Wie im Gespräch muß hier das Verstehen den Sinn des Gesagten stärker zu machen suchen. [...] So läßt die schriftliche Fixierung, gerade weil sie den Aussagesinn von dem Aussagenden ganz ablöst, in dem verstehenden Leser den Anwalt eines Wahrheitsanspruches erstehen." (398)

Der Leser/die Leserin leistet in Gadamers Sicht also wiederum eine Art der *boētheia*, der Hilfe für die Position des Textes – wie bei Platon als Konsequenz aus der Endlichkeit des Menschen. Diese Nähe von Gespräch und Textauslegung in der Dimension der *Hilfe* zum Verständnis, so zeigt sich, steht im *Zentrum* von Gadamers Hermeneutik. Verstehen heißt für ihn „für den Anderen stehen, ihn vertreten" (Gadamer 1996, 330).

Die Nähe von Gespräch und Textauslegung betont die gemeinsame Anfälligkeit mündlicher und schriftlicher Kommunikation durch die Grundverfassung der Sprachlichkeit (s. Gadamer 2010, 462) und der mit ihr verbundenen Unendlichkeit des Sinnes in der endlichen Kommunikation. Sie impliziert, dass mündliche Äußerungen *ebenso* wie schriftliche Äußerungen *boētheia* erfordern – das Missverstehen ist der Anfangspunkt, von dem aus Gadamers ethisches Bemühen um Verständigung zu verstehen ist. Diese *ethische* Bedeutung von *Wahrheit und Methode* ist zu selten anerkannt worden. Gadamers Sicht des Verstehens und Auslegens als Grundhaltung des Menschen geht von Heidegger aus (vgl. z. B. Heidegger 1977, 13–15, 142 ff.), kritisiert diesen aber letztlich ethisch, indem Gadamer Heideggers objektgerichtete Ontologie um das *gegenseitige* Verstehen und das Verstehen von Texten, der Überlieferung, erweitert (vgl. Kap. 6). Heideggers Sprache schärft die Sinne für die Unzugänglichkeit vieler Dinge in der alltäglichen Wahrnehmung; dass die Arbeit an der Zugänglichkeit von *Texten* die gleichen Kompetenzen trainiert, die die Zugänglichkeit von und für *Menschen* erfordert – dass also kulturelle Überlieferung und gegenwärtige Ethik miteinander zusammenhängen, hat jedoch erst Gadamer begonnen herauszuarbeiten.

Derrida und das Missverstehen

Für Jacques Derrida, Gadamers Diskussionspartner und Leser, ist die platonische Schriftkritik eine Art *signature phrase*, ein prägender Bestandteil seines philosophischen Werkes, der von den ersten (z. B. *La Dissémination*) bis zu den letzten Arbeiten (*Apprendre à vivre enfin*) immer wieder auftaucht. Jenseits seiner ohnehin intensiven Platon-Lektüre spielt Derrida die Schriftkritik in besonderem Maße in die Hände: Sie bildet mit die Grundlage seiner Kritik der schriftfeindlichen westlichen Philosophie, welche von einem Primat des Mündlichen und der persönlichen Präsenz ausgehe und der Schrift nur eine sekundäre Rolle zumesse, „une fonction seconde et instrumentale: traductrice d'une parole pleine et pleinement *présente*" (Derrida 1967a, 17), sie werde reduziert „au rang d'instrument asservi à un langage plein et originairement parlé" (Derrida 1967a, 45). Schrift sei in dieser „opposition traditionnelle et hiérarchisée de l'écriture à la parole" (Derrida 1972, 10) immer nur abgeleitet gegenüber der Erstform der Präsenz und Mündlichkeit, nur eine weiter entfernte Vermittlungsebene, eine zweitrangige Veräußerung des Inneren: „L'époque du logos abaisse donc l'écriture pensée comme médiation de médiation et chute dans l'extériorité du sens." (Derrida 1967a, 24) Derrida wendet sich damit einerseits *gegen* die platonische Schriftkritik (gelesen als Abwertung der Schrift zur Sekundärform, „l'exclusion et l'abaissement de l'écriture"; Derrida 1972, 183), andererseits dient „die Schriftkritik ihm aber auch mit ihrem Bild des Waisenkindes als Urbild der *Eigenständigkeit* schriftlicher Produkte. In Derridas Sicht hat die Schrift, in ihrer Waisenhaftigkeit (die er so akzeptiert), in ihrer – aufgrund der Absenz des erläuternden, helfenden Vaters – nie restlos ausschöpfbaren vielfältigen Bedeutung, eine viel höhere Bedeutung, weil sie Vielfalt, Zweifel, Subversion und immer wieder neue Lesarten eröffnet und auf die Unabschließbarkeit sprachlicher Bedeutung hinweist. Sprache ist für Derrida *produktiv* irreduzibel, sie entzieht sich durch ihre *différance*, ihr Immer-Noch-Unterschiedlichsein zur einzelnen Deutung, permanent dem Zugriff des Lesers/der Zuhörerin. In der *Dissémination*, seiner ausführlichsten Deutung der Schriftkritik, bezieht Derrida dieses zentrale Konzept seiner Philosophie direkt auf die platonische Vorstellung von der Waisenhaftigkeit des Textes: „Le *logos* est un fils, donc, et qui se détruirait sans la *présence*, sans *l'assistance* présente de son père. De son père qui répond. Pour lui et de lui. Sans son père, il n'est plus, précisément, qu'une écriture." (Derrida 1972, 86) Die *boētheia* wird hier zum zentralen Thema und wird von ihm bereits in der Rolle des Vorworts als erklärenden, helfenden Textes des Autor-Vaters, als „discours d'assistance" (Derrida 1972, 35) *verweigert*: „La disparition du face [du père] est le mouvement de la différance qui ouvre violemment l'écriture [...].

[...] La différance, disparition de la présence originaire" (Derrida 1972, 193–194). Erst durch die *Absenz* des Autor-Vaters, den Mangel an Hilfe, wird der Text für eine Vielzahl von Deutungen und Bedeutungsebenen *geöffnet*. Dies deutet bereits der Titel *Dissémination* an: Die platonische Metapher des *Aussäens*, des Befruchtens (*semen*; vgl. Baudy 1986) und des verbreitenden Weitergebens (bei Platon dem Mündlichen vorbehalten) wird hier kombiniert mit der Aufspaltung in verschiedene Bedeutungen (Dis-Semination, Semantik) zur aussäenden Bedeutungsvielfalt der Schrift aus Dekonstruktionssicht.

Auch fließt hier immer wieder die Frage von Innen und Außen ein: Derrida beschwört zwar die *Exteriorität* der Bedeutung eines Textes gegenüber jeder Deutung, erinnernd an Platons *adyton* des Buches (an anderer Stelle spricht Derrida von der Krypta des Gedichts, s. u.) ebenso wie an das Exterioritäts-Vokabular seines Lehrers Emmanuel Levinas (vgl. Kap. 6). Gleichzeitig sei der Text in die Gesamtheit der jeweiligen Sprache und ihre Deutungskontexte eingebunden, also nicht einfach separierbar, mit einem fest definierten Innen und Außen: „En un mot, nous ne croyons pas qu'il existe en toute rigueur un texte platonicien, clos sur lui-même, avec son dedans et son dehors." (Derrida 1972, 149) Mit seiner Kritik des Phonozentrismus (der Vorherrschaft der Stimme vor der Schrift) verbindet Derrida auch eine Kritik der Sicht von Innen und Außen, vom Inneren des Menschen und seiner vermittelten Veräußerung in der Schrift (s. Derrida 1967a, 46 ff.) sowie der Vorstellung einer ‚äußeren' Textform mit einer festen ‚inneren' Bedeutung – also eine Kritik der Auffassung der Zugänglichkeit. Dass Derrida mit dieser Haltung auf Grenzen stößt, und welche Vorteile das Denken in Begriffen der Zugänglichkeit hat, werden wir im Folgenden herausarbeiten. Die Rede von Innen und Außen, so wird sich zeigen, hat letztlich den entscheidenden Vorteil, dass sie betont, dass das erste Angetroffene nicht zureichend ist (d. h. ein Außen) und man sich Zugang, Verstehen, somit erst *erarbeiten* muss. Die räumliche Metapher des Innen und Außen, die Frage der Zugänglichkeit, schafft damit ein *ethisches* Bewusstsein, das Derridas Kritik zunächst nicht erfasst.

Die Absenz des Autor-Vaters ist als Topos ‚Tod des Autors' mit verschiedensten Konsequenzen in die Geschichte der Literaturwissenschaft eingegangen: „The idea of the death of the author dominated the secondary and pedagogic theoretical productions of the 1980s." (Burke 2011, xvii; vgl. a. zur Kritik an der Auffassung von der ‚Intention des Autors' Derrida 1972, 108). Derrida setzt diese Sicht auch sprachlich um, indem er, trotz seiner oft barock verwickelten Schreibweise, für den von ihm studierten Text unpersönliche, technisch-neutrale Ausdrücke verwendet: Der Text hat ein *Kompositionsgesetz* und *Spielregeln* („Un texte n'est un texte que s'il cache au premier regard, au premier venu, la loi de sa composition et la règle de son jeu." Derrida 1972, 71), die verborgen sind und die es zu entdecken gilt (hier verwendet Derrida also doch eine Vorstellung der Zugänglichkeit, von Innen und Außen, nicht umsonst spricht er oft davon, dass der Text sich *öffnet*; zudem betont er die lange Zeit, die es dauern kann, um diese Gesetze und Regeln zu entdecken, „la dissimulation de la texture peut en tout cas mettre des siècles à défaire sa toile"; Derrida 1972, 74), es handelt sich um ein inhärentes „système textuel" (Derrida 1972, 109) – der *System*begriff bestimmt ebenso wie der binäre Oppositionsbegriff (schwarz/weiß etc.) Derridas Platonlektüre. Der Text ist in dieser Sicht ein eigenständiges, funktionierendes System, eine Kombinationsmechanik von Bedeutungen, die eben nicht rein auf auktorialer Intention beruht, sondern durch viele Faktoren bedingt ist (Derrida 1972, 108), und die sich einer finalen Deutung (oder Übersetzung) entzieht, da das Textverständnis von der gewählten Bedeutungskombinatorik abhängt. (Diese bezieht auch den Kontext mit ein: Interessanterweise treffen sich Gadamer und Derrida darin (Derrida 1972, 108), dass ein Text und seine Bedeutung immer schon in einer kulturellen Überlieferung stehen.) Derrida führt diese Kombinationsmöglichkeiten in seiner *Pharmacie de Platon* just an dem Wort *pharmakon* vor, das auf die *Schrift* bezogen wird und ebenso Heilmittel wie Gift bedeuten kann: „il *fait tourner* le mot autour de son étrange et invisible pivot" (Derrida 1972, 109). Gleich welches Interpretationsmuster gewählt wird, so Derrida, ist es dennoch unmöglich, „de réduire un texte comme tel à ses effets de sens, de contenu, de thèse ou de thème" (Derrida 1972, 13) – es bleibt immer ein Rest, eine Möglichkeit, den Text auch anders zu lesen: „Réservant toujours à l'anatomie ou à la physiognomie d'une critique qui croirait en maîtriser le jeu" (Derrida 1972, 71; auch das Bild des Spiels stammt aus dem *Phaidros*). (Derridas Kritik an rationalistisch-sezierender Lektüre ähnelt hier durchaus Gadamers.) Diese Ambiguität sieht Derrida als irreduzible, fruchtbare Ressource (Derrida 1972, 110) des Textes.

Seine systemische Textvorstellung (in Absenz des Autors/der Autorin) ist so einerseits ent-hierarchisiert, ja, wie er sagt, demokratisiert (Derrida 1972, 165–167), andererseits jedoch auch weitgehend *entmenschlicht*: Der Text führt ein Eigenleben und soll dies auch führen. Die Rede von Struktur, System, Zentrum und binärer Opposition bestimmt – trotz seiner Betonung von Irreduzibilität und *différance* – Derridas Denken; dies mag durch die Konfrontation mit dem Strukturalismus bedingt sein, führt aber nicht zu einer Vermenschlichung seiner Sprachsicht, die menschliche Präsenz und auktoriales Zentrum bekämpft. Die Differenz vom System setzt hier das System voraus. Der explizite (provokative) Antihumanismus des frühen Derrida zeigt sich auch in einem weiteren frühen Werk, *L'Écriture et la Différence* (1967, 427):

»Il y a donc deux interprétations de l'interprétation, de la structure, du signe et du jeu. L'une cherche à déchiffrer, rêve de déchiffrer une vérité ou une origine échappant au jeu et à l'ordre du signe, et vit comme un exil la nécessité de l'interprétation. L'autre, qui n'est plus tournée vers l'origine, affirme le jeu et tente de passer au-delà de l'homme et de l'humanisme, le nom de l'homme étant le nom de cet être qui, à travers l'histoire de la métaphysique [...] a rêvé la présence pleine, le fondement rassurant, l'origine et la fin du jeu.«

Gadamers gegenseitige Hilfe von Text und Leser/in mit Blick auf eine ‚Einigung' ist hier, in den frühen Schriften Derridas, weit entfernt. Das von Gadamer immer noch als Ziel mitgeführte Konzept der *Verständigung* (wenn auch als Horizont eines unendlichen Dialogs), das Sich-Gegenseitig-Verstehen-Wollen mit Blick auf Menschen und Texte, das Arbeiten am Sich-Zugänglich-Machen, das Aufeinander-Zu-Verändern, ist bei Derrida, der die Dinge von genau der umgekehrten Warte aus angeht, nicht erreichbar bzw. sogar nicht *erreichenswert*: Er arbeitet bei jeder Instanz gerade die irreduziblen Reste eines jeden (Ein-)Verständnisses heraus. Derridas und Gadamers Ansätze legen also auf genau entgegengesetzte Phänomene Wert.

Widder

Umso eindringlicher ist deshalb Derridas Nachruf *Béliers. Le dialogue ininterrompue: entre deux infinis, le poème* (2003): Hier interpretiert der Philosoph des Immer-Noch-Missverstehens, der Dissemination, den verstorbenen Philosophen des Verstehenwollens, des Dialogs – versucht, ihn sich zugänglich zu machen und thematisiert die Frage der Zugänglichkeit füreinander vor und nach dem Tod. *Béliers* beginnt in der Startposition der Schriftkritik bzw. des *Theaitetos*: Nach dem Tod des Autors. Es handelt sich um den Vortrag, den Derrida auf einer Konferenz in Gedenken an den am 13. März 2002 verstorbenen Hans-Georg Gadamer in Heidelberg gehalten hat. Derrida legt seinem Text die gemeinsame Lektüre von Gedichten von Paul Celan zugrunde – den beide, Gadamer und Derrida, persönlich kannten. Um die einzelnen Manöver des Textes zu verstehen, die zentral unser Thema erhellen, müssen wir den Text wiederum Schritt für Schritt durchlaufen. Bereits der Titel hat (Derrida-typisch) multiple Dimensionen, die uns erst im Laufe der Lektüre deutlicher werden können – die genannten Widder sind sowohl mehrere Widder in den Gedichten Celans als auch mehrere Deutungen desselben Widders (u. a. durch Gadamer und Celan) als auch, mit Blick auf das Sternbild Widder, die als Konstellation am Theoriehimmel ewig diametral aufeinanderprallenden, von Derrida und Gadamer beispielhaft vertretenen Sichtweisen des Textverstehens. (Den Titel *Widder* in der deutschen

Übersetzung wegzulassen, war keine glückliche Entscheidung.) Der „ununterbrochene Dialog" bezieht sich sowohl auf Gadamers Verständnis des Lesens als unendlicher Dialog mit dem Text (bzw. der kulturellen Überlieferung) als auch auf die *de facto* immer wieder unterbrochenen (und manchmal missverstehenden) Dialoge zwischen Gadamer und Derrida, als auch auf das Aufnehmen der Position des Anderen in den eigenen *inneren* Dialog, der auch durch den Tod des Anderen nicht unterbrochen wird. Dieser Dialog, so deutet der Titel an, findet zwischen zwei Unendlichkeiten statt, zwei nie ganz ausdeutbaren, nie ganz einander verstehenden Menschen (zur Unendlichkeit des Menschen als ethischer Konzeption bei Derridas Lehrer Levinas s. Kap. 6 – seine Lehre schwingt hier mit), oder, Gadamersch gedacht, zwei in der notwendig unendlichen, Verständnis erst ermöglichenden Muße der Philosophie zusammenfindende Menschen. Mitten in diesem Dialog, zwischen beiden Freunden, liegt das Gedicht als Gegenstand gemeinsamen Lesens, insbesondere Celans „Große, glühende Wölbung", das das Bild des Widders mit in Derridas Text bringt.

Derrida beginnt *Béliers* in der Position des Überlebenden, des Zeugen. Im ersten Satz fragt er sich – und diese Frage wiegt schwer –, ob er in der Lage sein werde, ein angemessenes Zeugnis abzulegen von seiner Bewunderung für Gadamer (Derrida 2003a, 9) – denn diese Bewunderung hängt eng mit den widerstreitenden Positionen der beiden und der damit verbundenen Frage der Ausdrückbarkeit und Zugänglichkeit von Erfahrung zusammen. Zeuge zumal eines philosophischen Jahrhundertzeugen, eines „immense témoin" (9). Gleichzeitig befalle ihn eine Melancholie, die, so wird sich zeigen, nicht nur durch Gadamers Tod bedingt ist, sondern durch die eng miteinander verbundenen Fragen des Einander-Verstehens und des Einander-Überlebens, des unendlichen und des unterbrochenen Dialogs, die zentral zwischen beiden Philosophen stehen und *Béliers* bestimmen. Gadamers Tod habe diese Melancholie verändert, beschwert, auf immer versiegelt – und das Verständnis erschwert: Unter dieser Versiegelung, dieser „signature difficile à lire" (10) (die Signatur ist einer von Derridas (schriftbasierten) Lieblingsausdrücken für die Position des Autors eines Textes), sei es schwierig zu unterscheiden, was durch den Tod Gadamers bedingt sei und was durch andere Erlebnisse, darunter das erste Treffen Derridas mit Gadamer im Jahre 1981. Derrida versteht dieses Treffen – Gadamers Idee des Dialogs und seine eigene des Missverstehens, der Unterbrechung, kombinierend – bereits als Beginn des gemeinsamen philosophischen Dialogs, charakterisiert jedoch durch „une étrange interruption" (10), man habe bei diesem Treffen kaum direkt miteinander gesprochen, quasi den Atem an- und das Urteil zurückgehalten. Gerade diese – situative wie inhaltliche – „étrange césure" (11) habe aber zu einer intensiveren, gedanklichen Auseinandersetzung, einer *Partner*schaft, einem *inneren*, unausgesprochenen Dialog geführt: „j'étais sûr qu'un étrange et intense partage avait commencé. Un partenariat peut-être. Je pressentais que ce qu'il aurait sans doute appelé un ‚dialogue intérieur' se poursuivrait en chacun de nous" (10). Die platonische Figur des Denkens als innerer Dialog nimmt Derrida hier bewusst auf, stellt jedoch heraus, dass dieser innere Dialog auch *mit* anderen Denkern bzw. Denkerinnen im Geiste geführt werden kann!

Mit der Figur des (inneren) Dialogs stellt Derrida ein typisch Gadamersches Thema ins Zentrum seines Textes: „En parlant de *dialogue*, je me sers ici d'un mot dont j'avoue qu'il restera longtemps, pour mille raisons, [...] étranger à mon lexique, comme une langue étrangère dont l'usage appellerait des traductions inquiètes et précautionneuses. En précisant surtout ‚dialogue *intérieur*', je me réjouis d'avoir déjà laissé Gadamer parler en moi." (Derrida 2003a, 13) Derrida führt so – die Bildlichkeit der Innerlichkeit aufnehmend – in *Béliers* das aus, was er in *Dissémination* als sokratisches Prinzip beschrieben hatte, das Annehmen der Sprache eines Anderen zur Hinterfragung der eigenen Position: „Se soumettre à la recherche mutuelle, chercher à se connaître soi-même par le détour et le langage de l'autre" (Derrida 1972, 138; Burke beschreibt Derridas Gewohnheit des „miming the voice of the author [he] reads"; Burke 2011, 162). Gleichzeitig leitet Derrida damit das Spiel des Textes *Béliers* ein, in dem er performativ in Gadamerschem *und* eigenem Vokabular die jeweiligen Positionen analysiert – jemanden *in sich* sprechen zu lassen (und ihn damit in den inneren Dialog des eigenen Denkens aufzunehmen), den Anspruch einer Schrift an die eigene Person anzunehmen, ihre Sprache in den Leser/die Leserin eingreifen zu lassen, sich für sie zugänglich zu machen, ist eine Gadamersche Sichtweise, die Derrida hier bewusst annimmt und die über sein grundsätzliches Verständnis der Eigenständigkeit des Textes hinausgeht. Die Figur der Partnerschaft *im* inneren Dialog *übernimmt* Derrida von Gadamer, allen voran aus einer Passage, die er im Folgenden in *Béliers* (Derrida 2003a, 13–14) in seiner eigenen Sprache, Französisch, zitiert, die hier aber im ursprünglichen Deutsch Gadamers (mit Derridas Heraushebungen) zitiert sei, sie stammt aus einer von Gadamers Reaktionen auf die Philosophie Derridas, *Destruktion und Dekonstruktion* (1985):

> „Vollends das Gespräch, das wir *in unserem eigenen Denken* weiterführen und das sich vielleicht in unseren Tagen um neue große Partner aus einem sich planetarisch erweiternden Menschheitserbe bereichert, sollte überall seinen Partner suchen – und insbesondere, wenn er ein ganz anderer ist. Wer mir Dekonstruktion ans Herz legt und auf Differenz besteht, steht *am Anfang eines Gespräches*, nicht an seinem Ziele." (zitiert nach Derrida/Gadamer 2004, 9; vgl. Gadamer 1986)

Hier drückt sich exakt das zentrale Widerspiel zwischen den beiden philosophischen Positionen aus – Gadamer versteht die Differenz als Beginn, als Aufforderung zu Gespräch und Verständigung, Derrida sieht sie in seiner Grundposition der frühen Schriften als notwendig bleibendes Residuum.

Ihr erstes Treffen sei, so schreibt Derrida, durch dieses Misslingen der Kommunikation sogar noch vielversprechender, weil gedankenprovozierender (den inneren Dialog fördernder) gewesen als ein konsensuelles Treffen (Derrida 2003a, 14) – er spielt damit weiter mit den gegensätzlichen Positionen von Verstehen und Missverstehen, Vertrautheit und Fremdheit, Intimität und Störung. Derrida beschreibt dies mit dem deutschen Wort *unheimlich*, genommen aus Gadamers Sprache, und lenkt damit auf die Schwierigkeiten der Übersetzung hin – der sprachlichen ebenso wie der Übersetzung der Gedanken des Einen, sodass sie für den Anderen verstehbar sind. So zitiert er in der Folge eine Passage aus Gadamers Text *Dekonstruktion und Hermeneutik* (1988), wo dieser ein Treffen von Heidegger-Schüler/inne/n (incl. Gadamer und Derrida) beschreibt und sagt, dass hier vor allem die Sprachbarriere den Dialog behindert habe (Derrida 2003a, 15), und eine Passage aus Gadamers *Die Grenzen der Sprache* (1984), wo dieser in ähnlichem Zusammenhang auf seinen Aufsatz *Lesen ist wie Übersetzen* verweist (Derrida 2003a, 17) – und erörtert damit ebenso spielerisch wie ernsthaft erneut die zentrale Frage des Textes, wie ein Text für den Leser bzw. die Leserin zugänglich werden kann, wie die Sprache des/der Anderen – in Absenz der/des Anderen – zugänglich werden, in die eigene Sprache übersetzt werden kann.

Gleichzeitig schildert Derrida Gadamers Auffassung, dass ein Text bzw. Kunstwerk nicht nur ein Objekt sei, das vor dem lesenden Subjekt liege, sondern dass er dieses auch anspreche, beeinflusse und verändere (Derrida 2003a, 18), und zitiert aus *Wahrheit und Methode* (Derrida 2003a, 17): „Das ‚Subjekt' der Erfahrung der Kunst, das was bleibt und beharrt, ist nicht die Subjektivität dessen, der sie erfährt. Sondern das Kunstwerk selbst." Diese Autorität des Werkes selbst, so Derrida, Gadamers Gedanken übernehmend, „c'est aussi l'appel à la réponse responsable et au dialogue" (18). Er wisse nicht, so Derrida, ob er das Recht habe, von einem Dialog zwischen Gadamer und ihm zu reden, aber aus seiner Sicht sei der Dialog zunächst vor allem ein innerer, unheimlicher gewesen, gleichzeitig vertraut und fremd (18–19) – der *innere* Dialog habe genau das im Positiven am Leben erhalten, was ihn *außen*, in der Öffentlichkeit, zu stören schien:

> »Dans un for intérieur qui ne se ferme jamais, cet entretien a gardé, je veux le croire, la mémoire du malentendu avec une constance remarquable. Il a cultivé, il a sauvé le sens caché de cette interruption de façon ininterrompue [...]. [...] Mon dialogue intérieur avec Gadamer, avec Gadamer lui-même, avec Gadamer vivant, et vivant encore, si j'ose dire, n'aura pas connu de cesse depuis notre rencontre de Paris.« (19)

Derrida geht hier angesichts des Todes des Freundes bzw. Autors über seine eigene frühe Position hinaus – wie Sokrates bei Alkibiades greift Gadamer in seine Innerlichkeit, sein Innerstes (zum *for intérieur* vgl. Kap. 8) ein, und spricht noch aus dem Text zu ihm, in ihm, in einem unendlichen Dialog. Hier zollt Derrida Gadamer höchsten Respekt durch die Übernahme seiner Position – gleichzeitig immer auch (gemäß seinen eigenen Thesen) die Unterbrechungen, Missverständnisse und Nichtverstehensreste betonend.

Es zeigt sich hier, dass Derridas eigenständiges Textverständnis *durch* den Tod des (befreundeten) Autors an Grenzen stößt, dass die ‚Botschaft', der Dialogbeitrag des Verstorbenen über seinen Tod hinaus, durch seine Texte weiter erhalten werden muss. Hier sind wir wieder in der Welt des *Phaidros* und des *Theaitetos*. Entgegen allen rein theoretischen Sichten des ‚Todes des Autors' realisiert Derrida hier, wie Platon, die Schwere des realen Todes des realen Autors/ der realen Autorin. Derrida beschreibt in drastischer, bewegender Sprache, wie eng das Leben miteinander und das Leben nacheinander zusammenhängen, wie ein Freund notwendig den anderen überlebt, wie der Überlebende den Dialog mit dem Toten *in sich* weiterführt:

> »de deux amis, l'un verra l'autre mourrir. Le dialogue, si virtuel soit-il, à jamais sera blessé par une ultime interruption. Une séparation à nulle autre comparable, une séparation entre la vie et la mort viendra défier la pensée depuis un premier sceau énigmatique, celui que sans fin nous chercherons à déchiffrer. Le dialogue continue, sans doute, il poursuit son sillage chez le survivant. Celui-ci croit garder l'autre en soi, il le faisait de son vivant, il lui laisse désormais au-dedans de lui la parole. Il le fait peut-être mieux que jamais et c'est là une terrifiante hypothèse. Mais la survie porte en elle la trace d'une ineffaçable incision.« (Derrida 2003a, 20)

Der Tod verändert den Dialog, verstärkt vielleicht sogar das Eingreifen des Einen in den Anderen, intensiviert das Zuhören, macht den Einen für den Anderen zugänglicher, er trägt ihn *in sich* (man mag hier an die sokratische Maieutik erinnert werden), lässt ihm *in sich* das Wort, lässt sich, in Gadamers Worten, etwas sagen – und doch bleibt der Dialog gestört durch den unauslöschbaren Einschnitt des Todes. Das theoretische Ringen um Schrift und deren Deutung ist mit dem persönlichen Dialog der beiden Philosophen eng verbunden.

Warum er sich dieser ersten Unterbrechung im Dialog so ausführlich widme, fragt Derrida rhetorisch (Derrida 2003a, 20). Weil diese Störung oder Unterbrechung, fern davon, das Versagen des Dialogs zu bedeuten, „pouvait devenir la condition de la compréhension et de l'entente" (21) – und gerade um diese Frage, ob und wie man sich gegenseitig verstehen kann, ob es Konsens und Verständigung überhaupt sinnvoll geben kann, geht es in der theoretischen Debatte der beiden Philosophen. Um dies zu untermauern, zitiert Derrida nun seinen Redebeitrag aus dem ersten öffentlichen Dialog der beiden im Jahre 1981, wo er fragte, ob Gadamers Vorstellung des Verstehens (von Sprache/Schrift) und des Sich-Verstehens, „loin d'être le continuum du ‚rapport' [...], n'est pas l'interruption du rapport, un certain rapport d'interruption, le suspens de toute médiation." (21–22) Von Beginn an war es beiden also um die Frage der Möglichkeit des Verstehens und des Konsenses im Dialog gegangen. Gleichzeitig sei dieser Dialog der Denker miteinander von vornherein durch das Bewusstsein der Endlichkeit und des zukünftigen Lebens nacheinander gezeichnet, als *Grundbedingung* des Menschen, als „*cogito* de l'adieu" (22): Dieser Abschied ohne Rückkehr

> »signe la respiration même du dialogue [...]. Dès cette première rencontre, l'interruption va au-devant de la mort, elle la précède, elle endeuille chacun d'un implacable futur antérieur. L'un de nous deux *aura* dû rester seul, nous le savions tous les deux en avance. Et depuis toujours. L'un des deux *aura* été voué, dès le commencement, à porter à lui seul, en lui-même, et le dialogue qu'il faut poursuivre au-delà de l'interruption, et la mémoire de la première interruption.« (22)

Der eine Denker müsse *in sich* den Dialog mit dem anderen weiterführen, ihn in sich weitertragen, jenseits der Unterbrechung des Todes.

Mit dem Motiv des Einander-Tragens nimmt Derrida das Motiv des Zeugen vom Anfang auf und lenkt gleichzeitig auf Gadamers Celan-Interpretationen hin, deren zentrale Worte dem Rest des Derrida-Textes zugrundeliegen werden. Und so fügt er hinzu, der eine Denker müsse nicht nur den Dialog weiter *tragen* und die Erinnerung an den ersten, unterbrochenen Dialog, sondern auch die *Welt* des Anderen, „le monde de l'autre. Le monde après la fin du monde." (Derrida 2003a, 23) Denn der Tod eines Menschen sei das Ende einer Welt, wenn nicht gar jeweils das Ende *der* Welt:

> »Car chaque fois, et chaque fois singulièrement, chaque fois irremplaçablement, chaque fois infiniment, la mort n'est rien de moins qu'une fin *du* monde. Non pas *seulement une* fin parmi d'autres, la fin de quelqu'un ou de quelque chose *dans le monde*, la fin d'une vie ou d'un vivant. La mort ne met pas un terme à quelqu'un dans le monde, ni à *un* monde parmi d'autres, elle marque chaque fois, chaque fois au défi de l'arithmétique l'absolue fin du seul et même monde, de ce que chacun ouvre comme un seul et même monde, la fin de l'unique monde, la fin de la totalité de ce qui est ou peut se présenter comme l'origine de monde pour tel et unique vivant« (23).

Nicht umsonst hat Derrida seine anderen Nachrufe in einem Band unter dem Titel *Chaque fois unique, la fin du monde* gesammelt. Der Überlebende bleibe allein, jenseits der Welt des Anderen, er sei in der Welt *außerhalb* der Welt und der Welt beraubt (23), trage aber die Verantwortung für die Welt des Anderen: „Il se sent du moins seul responsable, assigné à porter et l'autre et *son* monde, l'autre et *le* monde disparus, responsable sans monde (*weltlos*), sans le sol d'aucun monde, désormais, dans un monde sans monde, comme sans terre par-delà la fin du monde." (23) In hohem lyrischem Ton stellt Derrida so noch einmal die Frage nach der Zugänglichkeit der Welt des Verstorbenen, die auch die Theorie-Debatte zwischen den beiden Philosophen geprägt hat – führt uns aber gleichzeitig zu der Celan-Zeile hin, die, in der Lesart Gadamers ebenso wie in der Derridas, den ganzen folgenden Text prägen wird und von der Derrida sagt, dass sie auf verschiedene Weise *in uns* („en nous", 25) widerhallt: „Die Welt ist fort, ich muss dich tragen." In Abwesenheit des Autors muss nun ein Anderer seinem Text helfen.

„Die Welt ist fort, ich muss dich tragen." – dies ist die letzte Zeile des Gedichtes „Große, glühende Wölbung" aus Celans Band *Atemwende* (1967), und Derrida erzählt, Celan habe ihm – wiederum kurz vor seinem Tode – ein Exemplar des Bandes überreicht, als sie Kollegen an der ENS waren. (Wie im *Phaidros* und im *Theaitetos* spielt also ein Buch die Hauptrolle.) Wenn er nun Celans Stimme hier hören lasse, sie *in sich* höre („Si je fais entendre ici sa voix, si je l'entends en moi"; Derrida 2003a, 26) – hier spricht er mehr Gadamers Sprache als die seiner eigenen Theorie –, dann, weil er die Bewunderung Celans mit Gadamer teile. Wie Gadamer habe er oft versucht, Celan zu lesen und *mit ihm* zu denken, mit ihm auf ihn hin zu denken („penser avec lui. Avec lui vers lui.", 26) – ihn also in den eigenen inneren Dialog des Denkens miteinzubeziehen. Wenn er sich nun noch einmal diesem Gedicht widme, dann geschehe dies, um sich Gadamer zuzuwenden und den (inneren) Dialog mit ihm, durch den Text und über den Text, aufzunehmen, „de m'adresser à Gadamer lui-même, lui-même en moi hors de moi, pour lui parler." (26) Dieser innere Trialog geht deutlich über Derridas frühe Position hinaus, die die Waisenhaftigkeit des Textes zelebrierte, und erkennt an, dass es angesichts der menschlichen Endlichkeit, des *cogito de l'adieu*, notwendig wird, den *persönlich* begonnenen Dialog *über Texte* weiterzuführen, nach bestem Wissen und Gewissen. Und so sagt Derrida auch, dass er versuchen wird, in *verantwortlicher* Weise dem zu antworten, was Gadamer die Ansprache, den Anspruch, den Appell des Werkes nenne („l'appel à la réponse responsable et au dialogue"; 18): „répondre de façon responsable à ce que Gadamer appelle souvent l'*Anspruch* de l'oeuvre, l'appel qu'elle nous adresse, l'interpellation exigente qu'un poème institue, le rappel obstiné mais justifié de son droit à faire valoir ses droits." (27) Wir erinnern uns an Gadamers Beschreibung des hermeneutischen Prozesses, der die Verantwortung des Lesers/der Leserin als Helfer/in betonte: „So läßt die schriftliche Fixierung, gerade weil sie den Aussagesinn von dem Aussagenden ganz ablöst, in dem verstehenden Leser den Anwalt eines Wahrheitsanspruches erstehen." (Gadamer 2010, 398) Angesichts des Todes des Freundes verspürt Derrida diese Verantwortlichkeit –

nicht jedoch ohne auch seine eigene Position immer wieder mit hineinzubringen und Gadamers zu hinterfragen. Von diesem Widerspiel ist der Text zutiefst geprägt.

Dies geschieht auch dadurch, dass Derrida – vergleichbar Sokrates' *boētheia* für Protagoras, als bestmögliches Vertreten der Position des Toten – Gadamers Lesemethoden übernimmt, so z. B. vom letzten Vers eines Gedichts auszugehen, wie er dies bei „Die Welt ist fort, ich muss dich tragen." tut, und dadurch, dass er Gadamers Celan-Interpretationen aus *Wer bin ich, und wer bist Du? Kommentar zu Celans Gedichtfolge ‚Atemkristall'* durchgeht und zeigt, wo Gadamer eben gerade auf *unentscheidbare, offen gelassene* und verschiedene Lesarten zulassende Punkte in Celans Gedichten trifft – ein inszenierter Rollentausch im freundschaftlichen Spiel von Verständnis bzw. Einvernehmen und (notwendiger) Differenz: „Gadamer laisse indécidée, indécidable, sur le seuil, une série de questions qui, loin d'arrêter la lecture interprétative, en ouvrent et libèrent l'expérience même." (Derrida 2003a, 36) Derrida weist so auf seine eigene Überzeugung hin, dass gerade die *différance*, das Immer-Wieder-Ausbrechen des Textes aus starren Interpretationen, das fruchtbare, dauerhafte Element der Texte darstelle. So findet er Gadamers Ansprache für sein Denken ebenso wie Elemente seines Denkens in Gadamer: „Permettez-moi, pour y souligner la ferme décision de laisser l'indécidable indécidé, de citer tout ce paragraphe qui conclut sans conclure. [...] j'admire le respect marqué par Gadamer à l'endroit d'une indécision. Celle-ci semble interrompre ou suspendre le déchiffrement de la lecture mais en vérité elle en assure l'avenir." (36–37) Und so finden sich beide zusammen in der Anerkennung der Unabschließbarkeit und Unreduzierbarkeit des Textes („Gadamer a besoin de souligner ce qu'il appelle le ‚caractère sans fin du dialogue'", 38; wir erinnern uns an die platonische Zeit der Philosophie bzw. des Dialogs gegenüber der Zeit des Gerichts), Gadamer jedoch mit dem Ziel der Verständigung mit dem Text, Derrida mit dem Ziel, die entgegenstehenden Reste jeder Interpretation zu finden.

So sind die Ansätze der beiden durch die Frage der Endlichkeit miteinander und mit der platonischen Schriftkritik verbunden: In Gadamers Sicht, so Derrida, sei der hermeneutische Dialog unendlich, er sei nie abgeschlossen, bis er nicht zu einem echten Einverständnis geführt habe, und dass er *de facto* nie abgeschlossen sein könne, es nie völliges Einverständnis zwischen zwei Menschen geben könne, darin sehe Gadamer das Zeichen der Endlichkeit selbst (Derrida 2003a, 38–39). Die Endlichkeit verhindere die Einigung. (Gadamer, so muss man gleichwohl anmerken, betont die Bedeutung allein des *Ziels* der Einigung.) Derrida selbst hingegen – in seiner bereits skizzierten Sicht der Kreativität des waisenhaften Textes – sieht die Endlichkeit als produktiv: „Je dirais que la finitude interruptrice est cela même qui appelle le processus infini." (39) Die Unendlichkeit des Textes entsteht aus der Endlichkeit des Menschen. Nicht zufällig kommt Derrida nun direkt auf die Schriftkritik zu sprechen, die sein Werk geprägt hat und die genau den Punkt adressiert, an dem Derrida und Gadamer auseinandergehen bzw. sich immer wieder treffen. Derrida findet hier seinen Ansatz in Gadamer wieder, indem die Fähigkeit des Gedichts (der den Autor/die Autorin überlebenden Spur) zur Ansprache seiner Leserinnen und Leser (seine Kraftressource) gerade in seiner Unentscheidbarkeit liege:

> »Au-delà d'un trope, Gadamer dit à la lettre que le poème *lui-même* ne décidera rien. [...] S'il garde une initiative apparemment souveraine, imprévisible, intraduisible, presque illisible, c'est aussi qu'il reste une trace abandonée, tout à coup indépendante du vouloir-dire intentionnel et conscient du signataire [...] et destinée à survivre, dans un ›processus infini‹, aux déchiffrements de tout lecteur à venir. Si, comme toute trace, il est ainsi destinalement abandonné, coupé de son origine et de sa fin, cette double interruption n'en fait pas seulement le malheureux orphelin dont parle le *Phèdre* de Platon à propos de l'écrit. Cet abandon qui paraît le priver, l'émanciper, le séparer d'un père qui aurait exposé le calcul à l'incalculable de la filiation interrompue, cette illisibilité immédiate, c'est aussi la ressource qui lui permet de bénir [...], de donner à penser, [...] de parler (peut-être, seulement peut-être).« (39–40)

Die Waisenhaftigkeit des Textes *eröffnet* hier erst seine Vielfalt, gerade die Vieldeutigkeit des Textes *gibt* dem Leser/der Leserin zu denken. Wo der Platon der Schriftkritik die Einstimmigkeit des Textes fürchtete, sieht Derrida dessen Vielstimmigkeit gerade als dessen dauerhafte Ressource – wie Platon lehrt Derridas disseminatorische Lektüre den Respekt vor Komplexität. Erst durch diese könne das Gedicht in der Tat seine Leser/innen *ansprechen* (selbst wenn diese unzugänglich für es sein sollten) (37–38, 40). In dieser beeindruckenden Fusion der beiden Ansätze, die wiederum, natürlich, keine sein darf und kann, hat Derrida Gadamer höchsten Respekt gezollt, sich von ihm hinterfragen lassen, ihn sprechen lassen (wie Sokrates Protagoras), ihn hinterfragt und doch seine eigene Position herausgearbeitet. Fragen der Zugänglichkeit füreinander, im Miteinander und im Nacheinander, persönlich wie über den Text, stehen hier unauflösbar verbunden im Mittelpunkt. Von der Vorstellung der reinen Informationsaufnahme aus einem Text sind wir hier Galaxien entfernt.

Im folgenden Kapitel liest Derrida noch einmal die Zeile „Die Welt ist fort, ich muss dich tragen." mit Betonung auf den Rahmenparametern des Dialogs, den Personalpronomina, und mit einem Blick auf Gadamers Interpretationen desselben Themas in *Wer bin ich, und wer bist Du?* Dabei betont er sein platonisches Erbe, indem er seine Zuhörer/innen um Hilfe (*boētheia*) bittet („n'entendez que des appels au secours"; Derrida 2003a, 45), da er sich über nichts sicher sei, aber dies könne man ja nun auch nicht: „La certitude d'une lecture assurée serait la première niaiserie ou la plus grave trahison." (45) Wie bei Platons „Adyton des Buches" behalte der Text sein Geheimnis: „Demeurant illisible, il secrète et met au secret, dans le même corps, des chances de lecture infinies." (46) (Derrida nimmt also das Bild vom Innen und Außen des Textes durchaus wieder auf.) Und hier schlägt dann doch Derridas eigene Theorie durch, trotz seiner durchsichtigen Leugnung, dies nicht explizit sagen zu wollen, stellt er die Hermeneutik der disseminalen Lektüre gegenüber – letztere mache erstere ebenso notwendig wie möglich:

> »Je ne dirai rien, directement, de la frontière infranchissable mais toujours abusivement franchie entre, *d'une part*, d'indispensables approches formelles mais aussi bien thématiques, polythématiques, attentives, comme doit l'être toute herméneutique, aux plis explicites et implicites du sens, aux équivoques, aux surdéterminations, à la rhétorique, au vouloir-dire intentionnel de l'auteur, à toutes les ressources idiomatiques du poète et de la langue, etc., et, *d'autre part*, une lecture-écriture disséminale qui, s'efforçant de prendre tout cela en compte, et d'en rendre compte, d'en respecter la nécessité, se porte aussi vers un reste ou un excédent irréductible. L'excès de ce reste se soustrait à tout rassemblement dans une herméneutique. Cette herméneutique, il la rend nécessaire, il la rend aussi possible, comme il rend ici possible, entre autres choses, la trace de l'oeuvre poétique, son abandon ou sa survie, au-delà de tel signataire et de tout lecteur determiné. Sans ce reste, il n'y aurait même pas l'*Anspruch*, l'injonction, l'appel« (47–48).

Der irreduzible Rest, die Unabschließbarkeit des Gedichts bewirke erst die Ansprache, den Anspruch an den Leser/die Leserin, die Dissemination erst den unendlichen Dialog der Leserin/des Lesers mit dem Text, das Übrigbleiben („la restance", 48) erst das Überleben. Derrida fusioniert hier respektvoll beide Ansätze, wenn auch durchaus mit dem besten Ende für sich (wobei er geschickt der Hermeneutik das Interesse an der Autorintention unterschiebt, von dem sich Gadamer klar distanziert hatte: „Die hermeneutische Reduktion auf die Meinung des Urhebers ist ebenso unangemessen wie bei geschichtlichen Ereignissen die Reduktion auf die Absicht der Handelnden."; Gadamer 2010, 379).

Als wäre dies nicht schon klar genug, stellt Derrida nun die Ansätze der beiden Denker noch einmal gegenüber: Die gerade (von ihm selbst) ausgeführte formale Analyse könne sehr weit gehen und müsse dies auch, riskiere aber wenig, sie gehöre zur Sphäre der Kalkulierbarkeit und Entscheidbarkeit. Und so sei es auch mit der hermeneutischen Antwort auf den Anspruch des Gedichtes, im inneren Dialog des Lesers, im verantwortlichen Umgang der Leserin mit dem Text: „Cette réponse, cette responsabilité, peut se poursuivre à l'infini, de façon ininterrompue, elle va du sens au sens, de vérité en vérité, sans autre loi calculable que celle que lui assignent la lettre et le dispositif formel du poème." (Derrida 2003a, 54) Die disseminatorische Lektüre hingegen, obwohl durchaus durch dasselbe Gesetz überwacht und bestimmt, finde jenseits dessen die Unterbrechungen, Brüche, Zäsuren, Ellipsen im Text, die das Gedicht dauerhaft *sprechend* machen:

> »[elle] fait et assume, à travers le moment herméneutique, l'épreuve d'une interruption, d'une césure ou d'une ellipse, d'une entame. Telle béance n'appartient ni au sens, ni au phénomène, ni à la vérité mais, les rendant possibles en leur restance, elle marque dans le poème le hiatus d'une blessure dont les lèvres ne se ferment ou ne se rassemblent jamais. Ces lèvres se dessinent autour d'une bouche parlante qui, même quand elle garde le silence, appelle l'autre sans condition, dans la langue d'une hospitalité dont on ne décide même plus.« (54)

Wieder wird also die unendliche Ansprache des Textes, der ewig offen sprechende Mund des Gedichts, der unendliche Dialog des Lesers/der Leserin mit dem Text, die Gastfreundschaft des Textes für immer neue Leser/innen, durch das Geheimnis, den irreduziblen Rest an Bedeutung, das Verschwiegene, durch das, was über jede einzelne Interpretation hinausgeht, ermöglicht. So gehören Dissemination und Hermeneutik wie zwei Seiten derselben Medaille zusammen, ausgelöst durch die menschliche Endlichkeit, die Absenz des Autors/der Autorin, das *cogito* des Abschieds – ich nehme Abschied, also bin ich –, die Strukturalität des Überlebens (54), die Unvermeidlichkeit des Lebens nacheinander. Von der Gastfreundschaft, dem Innenraum des Adyton (Derrida spricht – mit klarem Blick auf den Tod des Autors/der Autorin – auch von der unzugänglichen *Krypta* des Gedichts, „retiennent à jamais l'accès du poème sur le seuil de ses cryptes", 66) und dem Geheimnis wird in Kap. 8 noch die Rede sein.

Die Verantwortung der Leserin bzw. des Lesers für den Text, für die kulturelle Überlieferung, die Gadamer betont hatte, kommt nun auch bei Derrida heraus – der Text wird zum einzigen Überlebenden, der uns anspricht, für den wir, die Leserinnen und Leser, Verantwortung tragen, den wir weitertragen müssen, dem wir uns aber auch in seiner Tragweite aussetzen müssen:

> »le poème est confié, seul survivant, à notre garde, et [...] nous devons le porter à notre tour, le sauver à tout prix [...]. Le poème encore parle de lui-même, certes, mais sans autotélie ni autosuffisance. Au contraire, nous l'écoutons se confier à la garde de l'autre, à la nôtre, et se mettre secrètement à la portée de l'autre. Porter ce poème, c'est se mettre à sa portée, le mettre à la portée de l'autre, le donner à porter à l'autre.« (Derrida 2003a, 69)

Der Text ist auf die Hilfe, die *boētheia*, des/der Lesenden und Überliefernden, als Anwalt oder *epítropos*, angewiesen – er hinterfragt diese/n aber auch. Hier sind sich Derrida und Gadamer sehr nahe:

> „Der Begriff der zeitgenössischen Adresse kann selber nur eine beschränkte kritische Geltung beanspruchen. Denn was ist Zeitgenossenschaft? Zuhörer von vorgestern wie von übermorgen gehören immer zu denen, zu denen man als Zeitgenosse spricht. Wo soll die

Grenze für jenes Übermorgen sein, das einen Leser als Angeredeten ausschließt? [...] Wir hatten gesehen, wie Literatur durch den Willen zur Weitergabe definiert ist. Wer abschreibt und wer weitergibt, meint aufs neue seinen eigenen Zeitgenossen." (Gadamer 2010, 399)

In seinem Nachruf entwickelt Derrida so auch eine Überlieferungsphilosophie.

Béliers endet mit einer weiteren Lektüre der Zeile „Die Welt ist fort, ich muss dich tragen." Tragen, das sei auch das *In-sich-Tragen* eines Kindes durch die Mutter – Derrida sieht hier sicherlich die Vater-Figur aus dem *Phaidros* ebenso im Hintergrund wie das Mit-einer Idee-Schwanger-Gehen aus dem *Theaitetos* –, für den Überlebenden sei dieses Tragen ebenfalls ein In-sich-Tragen des Anderen, wie man Trauer trägt (Derrida 2003a, 72), eine Verpflichtung zum Weitertragen:

> »Selon Freud, le deuil consiste à porter l'autre en soi. Il n'y a plus de monde, c'est la fin du monde pour l'autre à sa mort, et j'accueille en moi cette fin du monde, je dois porter l'autre et son monde, le monde en moi: introjection, intériorisation du souvenir [...], idéalisation. [...] Mais si *je dois* (c'est l'éthique même) porter l'autre en moi pour lui être fidèle, pour en respecter l'altérité singulière, une certaine mélancolie doit protester encore contre le deuil normal. Elle ne doit jamais se résigner à l'introjection idéalisante. [...] La ›norme‹ [...] nous permet d'*oublier* que garder l'autre au-dedans de soi, *comme soi*, c'est déjà *l'oublier*. L'oubli commence là. *Il faut* donc la mélancolie.« (73–74)

Das In-Sich-Tragen im eigenen Innenraum, in der eigenen Welt, darf also kein statisches Konservieren eines Klischees, eines Produkts oder Objekts, sein, sondern muss als sich gegenseitig kritisch hinterfragender Dialog immer weitergeführt werden: „Il s'agit de porter sans s'approprier. Porter ne veut plus dire ‚comporter', inclure, comprendre en soi, mais *se porter vers* l'inappropriabilité infinie de l'autre, à la rencontre de sa transcendance absolue au-dedans même de moi, c'est-à-dire en moi hors de moi. [...] l'infiniment autre en moi." (76) Die Unendlichkeit, die Irreduzibilität des anderen Menschen – eine Vorstellung die Derrida von Emmanuel Levinas übernommen hat – existiert selbst nach seinem Tode *im* Anderen weiter, der ihn weiterträgt und sich von ihm tragen lässt: „Je dois porter l'autre, [...] l'autre doit me porter [...], là même où le monde n'est plus entre nous ou sous nos pieds pour nous assurer une médiation ou consolider une fondation." (76) Man trage immer schon das Erbe Anderer, dem man verpflichtet ist, in deren Schuld man steht, und die einem dennoch nie ganz zugänglich sind: „Avant d'*être*, je *porte*, avant d'*être moi*, je *porte l'autre*. [...] Je reste *devant*, en dette et devant à toi devant toi" (77) – das Wort *devant* drückt hier in seinem Doppelsinn sowohl Schuld als auch Distanz aus.

Zum Schluss bringt Derrida noch Heidegger mit in den (inneren) Dialog, „le nom de quelqu'un avec qui le dialogue intérieur de Gadamer fut, je le crois, toujours engagé, de façon ininterrompue" (Derrida 2003a, 77), den sie gemeinsam beim Treffen 1988 zu verstehen gesucht hatten, und hinterfragt kritisch dessen Verwendung des Wortes „Welt". Hier, so endet Derrida platonisch, hätte er gern Gadamer als Interpreten zu *Hilfe* (*boētheia*) geholt, als einen der Hüter (oder Vormünder) des Heideggerschen Erbes: „Voilà une des questions que, l'appelant au secours, j'aurais aimé poser à Gadamer au cours d'un entretien interminable." (80) Um hierbei (sich gegenseitig) zu *helfen* („pour nous aider", 80), „j'aurais commencé par rappeler combien nous avons besoin de l'autre et combien nous aurons encore besoin de lui, de le porter, d'être par lui portés, là où il parle en nous avant nous." (80) In dieser glänzenden, multipel wirkenden Abschlussformulierung bringt Derrida vieles zusammen: die auch von Gadamer angestrebte gegenseitige Hilfe der Sich-zu-Verstehen-Suchenden, die *boētheia* des Einander-Tragens, das Eingreifen in den Anderen (*en nous*, wir hören hier Alkibiades' *en emoi* mit), die Vorstellung der Innerlichkeit, des Sprechens des Anderen *in uns* (vgl. 13, 20, 25, 26, 73–74), des inneren Dialogs *miteinander* (vgl. „Mon dialogue intérieur avec Gadamer", 19), sowie Gadamers Auffassung vom Vor-Urteil (*avant nous*), auf dessen Grund wir stehen und unsere eigene Position entwickeln, das uns anspricht, dessen Ansprache im Text überlebt, dessen Ansprache uns verändert. Derrida hat hier seine eigene Position der befruchtenden Offenheit des Textes mit Gadamers Hermeneutik, die neben dem Text auch die Person und ihr Verstehen und Urteilen mit hineinbringt, in fruchtbarer, respektvoller und kritischer Weise vereinigt – er nimmt die Ansprache Gadamers auf und zeigt, wie beide Ansätze einander bedürfen und wie verhakt Widder nicht voneinander loskommen, in unendlichen Durchläufen von Einigung und Differenz. In dichtester Weise führt er hier vor, wie eng das Textliche und das Menschliche, der Zugang zu Texten und zu Menschen, das Leben mit- und nacheinander, zusammenhängen. Seine eigene Philosophie der Dissemination, und ihren Ausgang von der platonischen Schriftkritik, der Abwesenheit des Vater-Autors, zeigt er so im Lichte des realen Todes des Autors, im Lichte der menschlichen Endlichkeit.

Derrida hat, so haben wir gesehen, realisiert, dass seine Kritik der Präsenz dort auf Grenzen stößt, wo es um ethische Fragen und um Fragen der Endlichkeit bzw. der Zugänglichkeit nach dem Tode geht. Derrida kritisiert die Sicht der Schrift als schlechtere Zweitform einer originären Innerlichkeit, die in der Philosophiegeschichte immer wieder vorgetragen wurde, als Verhältnis „entre la parole et l'écriture, ce qui veut dire entre un dedans et un dehors" (Derrida 1967a, 53). Aber wir haben gesehen, dass die Vorstellung der Innerlichkeit auch ethische Konsequenzen haben kann, etwa in dem Sinne, dass der Mensch (und der Text) nicht auf einen ersten Eindruck reduziert werden kann, oder in dem Sinne des Eingreifens in jemand Anderen. Auf diese ethischen Konsequenzen der Auffassungen von Innerlichkeit und Zugänglichkeit werden wir in späteren Kapiteln weiter eingehen. Wir haben es hier derweil mit einem Gesamtphänomen zu tun, das über die Frage der Schrift hinausgeht, aber eng mit ihr zusammenhängt, mit den „rapports graphiques du vivant et du mort" (Derrida 1972, 73). Die wirkliche Bedeutung der Wiederaufnahme der Schriftkritik durch Derrida – jenseits der jahrelangen hauptsächlich literaturwissenschaftlichen Debatten – zeigt sich erst in seinen späten Schriften: Nämlich in der Frage, ob Texte uns etwas *lehren* können, ob also Wahrheit, Erkenntnis, über sie vermittelt werden kann. Für den frühen Derrida scheint dies oft nur die einzige Erkenntnis der Irreduzibilität des Textes (und damit auch der Geschichte, der Ideologiesysteme etc.) auf eine Interpretation zu sein – der Text eröffnet so eigene Erkenntnismöglichkeiten zur Vielfalt der Deutungsmöglichkeiten eines Phänomens. Doch die Frage, ob ein Text uns etwas lehren kann (man erinnere sich an diese Frage bei Protagoras im *Theaitetos* – kann ein Text uns ohne den Autor etwas lehren, kann uns jemand etwas lehren, wenn alle Standpunkte gleich gültig sind?), so merkt der spätere Derrida, stellt sich *dann* noch einmal in verstärkter Form, wenn der lebende Autor in die Schrift umschlägt, wenn die Person, die im Gespräch uns etwas lehren konnte, stirbt und nur noch ihre Schriften bleiben. Diese Herausforderung an seine Philosophie durch den Tod befreundeter Philosophen hat Derrida Stück für Stück verstanden und in seinen zahlreichen Nachrufen auf Freunde und Kolleg/inn/en diskutiert. Am intensivsten – geradezu paradigmatisch – wird diese Diskussion in *Béliers*, wo Derrida versucht, Gadamers Wahrheitsanspruch herauszuarbeiten, während er gleichzeitig die irreduziblen Momente der Schriftinterpretation ins Licht stellt. In dieser Vermengung von theoretischem Ansatz und persönlicher Ansprache stellen sich die *existentielle* Bedeutung der platonischen Schriftkritik und der existentielle Zusammenhang des Lebens mit- und des Lebens nacheinander in einzigartiger Weise heraus.

In Derridas letztem Text, einem Interview kurz vor seinem Tode, setzt er – seiner Situation am Rande des Todes bewusst – seine Philosophie grundsätzlich in diesen Kontext der menschlichen Endlichkeit: *Apprendre à vivre enfin* (2005), ‚Endlich zu leben lernen', drückt bereits im mehrdeutigen Titel aus, dass der Mensch im Angesicht des Todes lebt und angesichts der Endlichkeit zu leben lernen muss, wie die klassische Philosophie gesagt hatte, dass Leben heiße, Sterben zu lernen (Derrida 2005, 24). Leben *sei* Überleben – er selbst habe dies in seiner philosophischen Biographie so erlebt, wo er Schritt für Schritt immer weiter zum *Überlebenden* der großen französischen Philosophengeneration der 1960er wurde, aber die Frage des Einander-Überlebens (des Lebens mit- und nacheinander) als menschlicher Grundsituation habe ihn von Beginn seines Lebens an umgetrieben: „la question de la survie ou du sursis, qui m'a toujours hanté, littéralement, à *chaque instant* de ma vie [...]. Je me suis toujours intéressé à cette thématique de la survie [...]. Elle est originaire: la vie *est* survie." (26) Das Thema des Überlebens – im Sinne des Übrigbleibens nach dem Tode ebenso wie im Sinne des Weiterlebens, etwa des Textes nach dem Tod des Autors, habe alle Konzepte seines Arbeitens geprägt: „Tous les concepts qui m'ont aidé à travailler, notamment celui de la trace ou du spectral, étaient liés au ‚survivre' comme dimension structurale et rigoureusement originaire." (Derrida 2005, 26) Das Einander-Überleben ist eine *strukturelle* Eigenschaft menschlichen Lebens *miteinander* (er nimmt hier das *cogito* des Abschieds aus *Béliers* wieder auf; vgl. a. Derrida 2005, 54). So erscheint auch Derridas sprach- und schriftfixiertes Frühwerk in einem neuen Licht, in einer existentielleren Dimension, in der es eben dann doch auch um das Lehren und das Voneinander-Lernen geht: „Chaque livre est une pédagogie destinée à former son lecteur." (Derrida 2005, 32) Er selbst führe den Dialog mit den verstorbenen Denkerinnen und Denkern, von denen er geerbt habe („dont j'hérite", 27), die ihn geprägt hätten, ebenso weiter wie mit lebenden, vielleicht mehr als mit lebenden (ein Motiv, das in *Béliers* schon angeklungen war): „Moi, je continue à discuter – Bourdieu, Lacan, Deleuze, Foucault, par exemple, qui continuent de m'intéresser largement plus que ceux autour desquels se presse la presse aujourd'hui [...]. Je garde ce débat vivant" (30). Zum Leben-Lernen, zum Selbst, gehöre, das weiter zu kultivieren, was (wen) man in sich trage, „cultiver toutes ces choses qui, infiniment plus grandes et puissantes que soi, font néanmoins partie de ce petit ‚moi'" (30).

Gleichzeitig setzt Derrida hier das Schreiben und Publizieren generell in den Kontext der platonischen Schriftkritik und nimmt die Vorstellung vom Tod des Autors/der Autorin in die Schrift wieder auf: Wenn man Bücher schreibe, wisse man nicht, mit wem man spreche, die Schriften würden unabhängig von einem selbst, als Spur:

> »*A fortiori* quand on écrit des livres d'une grande généralité: on ne sait pas à qui on parle, on invente et crée des silhouettes, mais au fond cela ne nous appartient plus. Oraux ou écrits, tous ces gestes nous quittent, ils se mettent à agir indépendamment de nous. [...] Au moment où je laisse (publier) ›mon‹ livre [...], je deviens, apparaissant-disparaissant, comme ce spectre inéducable qui n'aura jamais appris à vivre. La trace que je laisse me signifie à la fois ma mort, à venir ou déjà advenue, et l'espérance qu'elle me survive. Ce n'est pas une ambition d'immortalité, c'est structurel. Je laisse là un bout de papier, je pars, je meurs: impossible de sortir de cette structure, elle est la forme constant de ma vie. Chaque fois que je laisse partir quelque chose, que telle trace part de moi, en ›procède‹, de façon irréappropriable, je vis ma mort dans l'écriture.« (Derrida 2005, 33)

Dies sei eine schwere Prüfung, man enteigne sich, ohne zu wissen, wem man die Sache anvertraue, wer erben werde und wie, und ob: „Qui va hériter, et comment? Y aura-t-il même des héritiers?" (34) Platon zeigt im *Theaitetos*, dass bestellte Vormünder nicht immer verlässlich sind: Der Vormund (*epitropos*) des Theaitetos hat das Vermögen seines Vaters durchgebracht, der Vormund (*epitropos*) des Protagoras, Theodoros, will ihn nicht verteidigen bzw. ihm zu Hilfe kommen (*Theaitetos* 144d, 164e–165a). Hier erhält wiederum am Punkt des realen Todes, des Umschlagens des Menschen in die Schrift, die Notwendigkeit des Weiterlebens in Anderen und durch Andere ein ganz anderes Gewicht.

Derrida wäre jedoch nicht Derrida, wenn er nicht die Fruchtbarkeit dieses Abspaltungsprozesses bzw. der menschlichen Endlichkeit betonen würde:

> »la survie est un concept original, qui constitue la structure même de ce que nous appelons l'existence [...]. Nous sommes structurellement des survivants, marqués par cette structure de la trace, du testament. Mais, ayant dit cela, je ne voudrais laisser cours à l'interprétation selon laquelle la survivance est plutôt du côté de la mort, du passé, que de la vie et de l'avenir. Non, tout le temps, la déconstruction est du côté du *oui*, de l'affirmation de la vie. [...] La survivance, c'est la vie au-delà de la vie, la vie plus que la vie« (Derrida 2005, 54–55).

So arbeiten schließlich beide, Gadamer und Derrida, in der widderartigen Verhakung ihrer Positionen, in ihrer gemeinsamen Platon-Lektüre, eine Philosophie der menschlichen Sterblichkeit heraus, die sich um die Frage der Zugänglichkeit zueinander, zur Welt, die der Andere ist, des Einander-Verstehens, des Einander-Verstehen-Helfens, des Einander-Befruchtens dreht. Ihr Werk zeigt, in enger Anlehnung an Platon, wie fragil und schwierig der Zugang zueinander ist – im Miteinander wie im Nacheinander. Im existentiellen Ringen um die Bedeutung machen beide Denker gleichzeitig plastisch deutlich, wie wenig zielführend die Vorstellung sofort aufnehmbarer textlicher Information und damit direkt verständlicher Sprache ist, die der Informationsgesellschaft zugrundeliegt.

6 Die Ethik der Hilfe: Emmanuel Levinas' Platon-Lektüre

Wie im vorigen Kapitel bereits sichtbar wurde, haben die platonische Schriftkritik und das mit ihr verbundene Konzept der *boētheia* im 20. Jahrhundert eine umfassende Rezeption und Weiterverwendung erfahren. In keinem philosophischen Werk ist das Konzept der *boētheia* jedoch an eine so zentrale Stelle gerückt worden wie in Emmanuel Levinas' Hauptwerk *Totalité et infini* (1961). Dies geschieht vor mehreren Hintergründen, zuallererst vor dem einer bei Levinas ebenso permanenten Platon-Lektüre wie bei Derrida (vgl. z. B. Stähler 2011); den *Phaidros* hob Levinas hierbei besonders heraus (Levinas 1982, 33–34). Darüber hinaus steht Levinas in einer Tradition der dialogischen Philosophie, die sich – von Platon inspiriert – von der monologischen Philosophietradition, wie sie von Descartes und Kant verkörpert wird, abwendet. In dieser dialogischen Tradition stehen z. B. Feuerbach, Ebner, Buber, Jaspers, Marcel, Löwith, Levinas und Sartre (vgl. Wojcieszuk 2010). Beeinflusst von Martin Bubers Philosophie der Ich-Es- und Ich-Du-Beziehung, der Unterscheidung von Gegenstand und Gegenwart (s. Buber 1995), wendet sich Levinas, wie andere Heidegger-Schüler/innen (z. B. Hannah Arendt, Karl Löwith und Hans-Georg Gadamer), gegen Heideggers monolithische Welt der Erfassung des *Seins* und hin zum *Mitmenschen*, zur Ethik, zum menschlichen *Zusammenleben* als Grundbedingung menschlicher Existenz: Bei Levinas wird die Ethik zur *ersten* Philosophie – vor der Ontologie. Doch wie kann das Konzept aus der platonischen Schriftkritik – die oft als schlichte Medienkritik rezipiert wird – Leitmotiv einer *Ethik* werden? Dem wollen wir in der Folge nachgehen und sehen, wie Levinas Platons Philosophie der Hilfe, seine Darstellung der Anfälligkeit zwischenmenschlichen Verstehens, zu einer existentiellen ethischen Kategorie erweitert und damit gleichzeitig dem Konzept der Information weiter den Boden entzieht. Der *boētheia*-Diskurs zieht sich durch das gesamte Werk *Totalité et infini* hindurch (z. B. Levinas 2016, 65, 92, 98, 100, 194, 198, 199–200, 218–219, 251–253, 283, 330, 331–332). Dennoch sind dem Phänomen bislang nur wenige Untersuchungen gewidmet worden (Naas 2008; Direk 2007). Die zentrale Bedeutung des *boētheia*-Diskurses – und damit die Bedeutung der Frage der Zugänglichkeit – für Levinas' Ethik ist im Detail noch herauszuarbeiten. Begeben wir uns also wieder auf den Weg durch das Werk.

Zwischenmenschliches Verstehen

Ausgangspunkt des Werks ist die Gewalt. Permanent drohe Krieg zwischen den Menschen auszubrechen, so Levinas („la possibilité permanente de la guerre"; Levinas 2016, 5). Der Krieg negiere moralische Werte, mache diese gar lächerlich: „La guerre ne se range pas seulement – comme la plus grande – parmi les épreuves dont vit la morale. Elle la rend dérisoire." (5) Krieg beendet in Levinas' Sicht das *verstehende* Verhältnis zueinander, das Auffassen des/der Anderen als Mensch. „Le problème de la paix et de la raison" (II), des menschlichen Zusammenlebens und des Verstehens, sind dementsprechend miteinander verknüpft. Frieden wird erst durch Zugänglichkeit geschaffen: „La paix se produit comme cette aptitude à la parole." (8) In *Totalité et infini* geht es daher um die Grundfrage, was Verstehen, was Zugänglichkeit als zwischenmenschliches Verhältnis eigentlich ist. Verstehen im zwischenmenschlichen Bereich ist, so Levinas, nicht reines Enthüllen, *wie* etwas *ist*, sondern – *jenseits* der Ontologie (III) – das Konfrontiertwerden mit dem anderen Menschen, mit der „nudité humaine" (II), die uns anruft (*interpelle*) in ihrer Schwachheit und Schutzlosigkeit, die *als solche* aber auch eine Autorität hat, die uns befiehlt, uns lehrt, der wir unterworfen sind; diese Nacktheit, das pure Anlitz des/der Anderen, die „visage" (III) *spricht* bereits zu uns, „déjà langage avant les mots" (III) – gleichzeitig ist der Andere immer *außerhalb* meiner eigenen Vorstellungen und Formulierungen von ihm (*extériorité*), transzendiert sie, ist einzigartig („son unicité d'irremplaçable", III), unendlich, jenseits meiner Möglichkeiten. Diesen Zusammenhang zwischen Zugänglichkeit, Verstehen und Ethik führt Levinas im Folgenden aus.

Das Konzept der Unendlichkeit steht dabei sinnbildlich für Levinas' Konzeption der Menschlichkeit: Es verbindet die theologische Sicht (die Unendlichkeit Gottes) mit der humanistischen (der andere Mensch mit unendlichen Möglichkeiten, der immer über mein begrenztes Verständnis hinausgeht). Beide können jeweils nie unter eine Gesamtheit subsumiert werden: „une situation où la totalité se brise […]. Une telle situation est l'éclat de l'extériorité ou de la transcendance dans le visage d'autrui. Le concept de cette transcendance […] s'exprime par le terme d'infini." (Levinas 2016, 9–10) Den anderen, unendlichen Menschen in ein Gedankensystem aufzunehmen, würde ihm Gewalt antun: „La violence qui consiste pour un esprit à accueillir un être qui lui est inadéquat" (10). Die Idee der Unendlichkeit drückt für Levinas die Unabschließbarkeit des/der Anderen durch unsere Gedanken oder Worte aus: „Dans l'idée de l'infini se pense ce qui reste toujours extérieur à la pensée." (10) An dieser Unendlichkeit scheitert nicht nur jede Totalisierung oder Subsumierung, jedes unilaterale Verstehen, sondern auch die Gewalt des Krieges: „C'est contre l'infini […] que se brise la dure loi de la guerre" (11). Denn die Wahrheit eines Individuums liegt nicht in einer abgeschlossenen Gesamtsicht auf es, sondern darin, dass es die Auffassung des/der Anderen immer, unendlich, übersteigt, immer außerhalb von dessen Sicht steht: „Les êtres particuliers livrent-ils leur vérité dans un Tout où s'évanouit leur extériorité? L'ultime événement de l'être se joue-t-il, au contraire, dans tout l'éclat de cette extériorité? – voilà à quoi se réduit la question avec quelle nous avons commencé." (11) So rechtfertigt sich für Levinas auch, dass er das Unendliche und die Exteriorität, und damit das *Verstehen*, in das Zentrum seiner Ethik stellt, „en affirmant le primat philosophique de l'idée de l'infini" (11).

Auf diese Weise wird die Ethik zur Optik (Levinas 2016, 8), sie erfordert die Wahrnehmung, dass der/die Andere uns und unser Verstehen übersteigt. Erst in dieser Wahrnehmung, dem In-Mich-Hineinsetzen der Idee des Über-Mich-Hinausgehens, wie Levinas sagt, zeigt sich die Idee des Unendlichen: „L'infini n'est pas d'abord pour se révéler *ensuite*. Son infinition se produit comme révélation, comme mise en *moi* de son idée." (12) Hier wird klar, wie Verstehen, Innerlichkeit bzw. Exteriorität und Ethik zusammenhängen – der/die Andere ist genau das, was über meine Weltvorstellung hinausgeht, was in mich eingreift. Ich kann sie/ihn zwar in meine Subjektivität, in meinen Innenraum aufnehmen („la subjectivité comme accueillant Autrui, comme hospitalité", 12; zur Gastfreundschaft vgl. Kap. 8). Doch der/die Andere geht immer über uns hinaus, und unser Erkennen wird durch die eigene Inadäquation bestimmt: „L'intentionnalité, où la pensée reste *adéquation* à l'objet, ne définit donc pas la conscience à son niveau fondamental. Tout savoir en tant qu'intentionnalité suppose déjà l'idée de l'infini, *l'inadéquation* par excellence." (12) Der bzw. die Eine, die/der die Andere bzw. den Anderen aufnimmt, nimmt so mehr in sich auf als seine/ihre eigene Kapazität umfasst (12). In dieser Vorstellung des „surplus de l'être sur la pensée qui prétend le contenir" (13) zeigt sich der Einfluss von Henri Bergson auf Levinas, nur wird die Unzureichendheit des abstrakten, unilateralen Denkens in Bezug auf die Realität *ethisch* und immer vor dem Hintergrund der Gewalt gedacht.

Sprache und Ansprache

Im Zentrum dieser Inadäquation steht die Sprache: Sie ist Mittel zum Ansprechen des/der Anderen, gleichzeitig aber immer auch Mittel, um das Hinausgehen über den ersten Eindruck, über das Gesagte hinaus zu signalisieren – ein erster Hinweis auf die später explizite *boētheia* bei Levinas: „l'essence même du langage qui consiste à défaire, à tout instant, sa phrase par l'avant-propos ou l'exégèse, à dédire le dit, à tenter de redire sans cérémonies ce qui a déjà été mal entendu dans l'inévitable cérémonial où se complaît le dit." (Levinas 2016, 16) Wie bei Platon steht hier die Alltäglichkeit des Missverstehens im Zentrum. Das helfende, erläuternde Sprechen (*dédire le dit*) erlaubt es, die Reduktion des/der Sagenden auf das Gesagte und die einfache Akkommodation des/der Anderen in die eigene Gleichheit zu verhindern. Denn das Ich ist bei Levinas dasjenige, das sich als sich selbst, als das Selbe, *le Même*, identifiziert (25–27). So schafft es sich ein fassbares, nach seinen eigenen Regeln funktionierendes Zuhause (ein *chez soi*) in einer beherrschbaren Welt, deren Andersheit zum Ich nur formal ist: „l'altérité du moi et du monde habité n'est que formelle. Elle tombe sous mes pouvoirs dans un monde où je séjourne" (28). Das *absolut* Andere hingegen „est autre d'une altérité qui n'est pas un simple envers de l'identité, ni d'une altérité faite de résistance au Même, mais d'une altérité antérieure à toute initiative, à tout impérialisme du Même. Autre d'une altérité constituant le contenu même de l'Autre." (28) Dieses absolut Andere, *per definitionem* Andere, ist der/die Andere: „L'absolument Autre, c'est Autrui." (28) Er entzieht sich meinem Imperialismus des Gleichen: Der/die Andere ist nicht in das Verstehen des/der Einen subsumierbar, ihre Beziehung ist nicht in einer Gesamtheit verstehbar (29). Die einzige Verbindung zwischen beiden ist die Sprache (28–29). Der Diskurs erst erkennt den/die Andere/n als anderes Ich an (mit einem Stein sprechen wir nicht) und gibt ihm/ihr die Gelegenheit, sich zu rechtfertigen: „L'apologie où le moi à la fois s'affirme et s'incline devant le transcendant, est dans l'essence du discours." (29) Hier sind wir bereits im Bereich der Levinasschen *boētheia*, bei der die Essenz der Präsenz darin liegt, sich selbst beizustehen, sich selbst weiter zu erläutern und als über das Gesagte *hinausgehend* zu signalisieren.

In der Infragestellung des Eigenen, des Gleichen, durch den Anderen/die Andere gründet Levinas' Ethik: „Une mise en question du Même [...] se fait par l'Autre. On appelle cette mise en question de ma spontanéité par la présence d'Autrui, éthique. L'étrangeté d'Autrui – son irréductibilité à Moi – à mes pensées et à mes possessions, s'accomplit précisément comme une mise en question de ma spontanéité, comme éthique." (Levinas 2016, 33) Levinas verbindet hiermit eine Kritik der westlichen Philosophietradition, die sich zu sehr auf Erkenntnistheorie und Ontologie und zu wenig auf die Ethik konzentriert habe: „La philosophie occidentale a été le plus souvent une ontologie: une réduction de l'Autre au Même" (33). Die klassifizierende, ontologische Vernunft ist nach Levinas eine Kraft des vereinnahmenden Selben, „neutralisant l'autre et l'englobant" (34) – der/die Andere wird zum Objekt, zum Thema reduziert: „La neutralisation de l'Autre, devenant thème ou objet [...] est précisément sa réduction au Même." (34) Sie erfasst den Anderen/die Andere nicht in ihrer/seiner Individualität, sondern nagelt sie/ihn auf die Merkmale und Informationen fest, die sie erfasst, auf die Erscheinung: „Connaître ontologiquement, c'est surprendre dans l'étant affronté, ce par quoi il n'est pas cet étant-ci, cet étranger-ci, mais ce par quoi il se trahit en quelque manière, se livre, se donne à l'horizon où il se perd et apparaît, donne prise, devient concept." (34) Hier liegt auch Levinas' Kritik an Heidegger, dessen Ausgehen vom Sein, statt vom Seienden, die falsche Priorität setze und das Primat der Ethik verletze: „Affirmer la priorité de l'*être* par rapport à l'*étant*, c'est déjà se prononcer sur l'essence de la philosophie, subordonner la relation avec *quelqu'un* qui est un étant (la relation éthique) à une relation à l'*être de l'étant* qui, impersonnel, permet la saisie, la domination de l'étant (à une relation de savoir)" (36). Die Ontologie, als Reduktion des ethischen Verhältnisses auf ein Verhältnis des Wissens, so Levinas, „consiste à neutraliser l'étant pour le comprendre ou pour le saisir. Elle n'est donc pas une relation avec l'autre comme tel, mais la réduction de l'Autre au Même." (36–37) Sie ist unilateral, setzt sich keiner Ansprache aus, reduziert den Anderen/die Andere auf das eigene Verstehen.

Die Verbindung dieser konzeptualisierenden Reduktion mit Gewalt und Krieg ist bei Levinas stets präsent – durch die Bestimmung des/der Anderen in den eigenen Termini ergreift man von ihm/ihr Besitz und unterdrückt ihn/sie: „La thématisation et la conceptualisation [...] ne sont pas paix avec l'Autre, mais au sein d'une négation de son indépendance. ‚Je pense' revient à ‚je peux' – à une appropriation de ce qui est, à une exploitation de la réalité. L'ontologie comme philosophie première, est une philosophie de la puissance." (Levinas 2016, 37) Hier hat er sicher auch Heideggers Unterstützung des Nationalsozialismus im Kopf – Levinas selbst war in einem Arbeitslager interniert, seine Verwandten wurden von den Nationalsozialisten ermordet. Die Reduktion einer Person auf eine Ontologie, eine feste, abgeschlossene Identität und Bedeutung, hat bei ihm immer auch diese gewaltsame Bedeutung – die Ontologie ist so eine Philosophie der Macht, der Ungerechtigkeit, der *Tyrannei*: „Philosophie du pouvoir, l'ontologie, comme philosophie première qui ne met pas en question le Même, est une philosophie de l'injustice. L'ontologie heideggerienne qui subordonne le rapport avec Autrui à la relation avec l'être en général [...] demeure dans l'obéissance de l'anonyme et mène, fatalement, à une autre puissance, à la domination impérialiste, à la tyrannie." (38)

Dem gegenüber stellt Levinas „[l]'éthique où le Même tient compte de l'irréductible Autrui" (Levinas 2016, 38), die der Gewalt und der Durchsetzung der eigenen Freiheit abschwört und Sprache und Güte als die Mittel gemeinsamen Zusammenlebens ansieht. Dadurch wendet sie sich nicht vom Ziel der Wahrheit ab: „Le rapport éthique, opposé à la philosophie première de l'identification de la liberté et du pouvoir, n'est pas contre la vérité, il va vers l'être dans son extériorité absolue et accomplit l'intention même qui anime la marche à la vérité."

(38–39) Bei Levinas wird die Ethik zur Ersten Philosophie. Man bestimmt nicht den Anderen/die Andere abschließend, sondern hinterfragt ihn/sie laufend und wird durch ihn/sie hinterfragt – jede Aussage, „le thème où il s'offre" (39), ist nur eine Erscheinung, hinter der der/die Andere auftaucht und *über die hinaus* weiter gesprochen werden muss. Das Im-Dialog-Sein ist der Grundzustand menschlicher Existenz: „Ce ‚dire à Autrui' – cette relation avec Autrui comme interlocuteur, cette relation avec un *étant* – précède toute ontologie." (39) Sprache dient nicht dem *Übereinandersprechen*, sondern dem *Miteinandersprechen*. Sie ist nicht ein Mittel des Besitzens, sondern des Gebens (42). Die Ansprache des/der Anderen erfolgt bereits durch ihre/seine Präsenz, die bereits durch ihre Dauer jede meiner Ideen übersteigt:

> »La manière dont se présente l'Autre, dépassant *l'idée de l'Autre en moi*, nous l'appelons, en effet, visage. Cette façon ne consiste pas à figurer comme thème sous mon regard, à s'étaler comme un ensemble de qualités formant une image. Le visage d'Autrui détruit à tout moment, et déborde l'image plastique qu'il me laisse, l'idée à ma mesure et à la mesure de son *ideatum* – l'idée adéquate. Il ne se manifeste pas par ces qualités, mais [kath'auto].« (43)

Dadurch, dass der/die Andere meine Auffassung von ihm ständig überschreitet, muss ich sie/ihn aufnehmen, anstatt ihn/sie zu dominieren und gänzlich zu erfassen, muss mir über mein eigenes Urteil hinaus etwas sagen lassen; der/die Andere ist von mir nicht komplett erfassbar, sie/er kommt von außen, dringt in mich ein, geht über mich hinaus und erteilt mir damit eine Lehre:

> »C'est donc *recevoir* d'Autrui au-delà de la capacité du Moi; ce qui signifie exactement: avoir l'idée de l'infini. Mais cela signifie aussi être enseigné. Le rapport avec Autrui ou le Discours, est un rapport non-allergique, un rapport éthique, mais ce discours accueilli est un enseignement. Mais l'enseignement ne revient pas à la maïeutique. Il vient de l'extérieur et m'apporte plus que je ne contiens.« (43)

Dies erinnert an Gadamers Gespräch, in dem keine/r bleibt wie sie/er war, an das Offenhalten der Möglichkeit, dass der/die Andere recht hat. Wir erinnern uns auch an die platonischen Bilder des Eindringens des/der Anderen in den eigenen Innenraum. Jede/r ist so für den Anderen/die Andere unendlich – unendlich komplex, unendlich hilfsbedürftig gegenüber meinem begrenzten Verstehen.

Im Gespräch stehen die zwei füreinander Unendlichen, so Levinas, auch zeitlich in der Unendlichkeit, mit der stetigen Möglichkeit, sich selbst weiter beizustehen, sie stehen außerhalb der Geschichte – „Quand l'homme aborde vraiment Autrui, il est arraché à l'histoire." (Levinas 2016, 45) –, ganz im Sinne des platonischen unendlichen Dialogs in der *scholē*. Erst die Geschichte der sie

Überlebenden macht sie zu Endlichen, inkludiert sie in einer Totalität (45, 48), urteilt von außen über das Geheimnis ihrer Innerlichkeit (51; vgl. Kap. 8). Wir sehen, dass Levinas hier eine andere Position vertritt als Gadamer und Derrida, die einen Dialog mit der Überlieferung *nach* dem Tode des Autors/der Autorin, ein Hinterfragtwerden der Leserin/des Lesers *durch den Text*, für möglich halten: „Dans la totalité de l'historiographe," so Levinas, „la mort de l'Autre est une *fin*, le point par où l'être séparé se jette dans la totalité et où, par conséquent, le *mourir* peut être dépassé et passé, le point à partir duquel l'être séparé continue par l'héritage que son existence amassait." (49) Der Mensch schlägt in die Schrift um. Die Geschichte ist eine Zeit der Akte, nicht der Intentionen, des Geschehen, nicht des Inneren (52). Sie reduziert die *Pluralität* des Inneren: „La vie intérieure est la *manière* unique pour le réel d'exister comme une pluralité." (52; vgl. Kap. 7) Das Vergangene ist bereits reduzierte Pluralität, es kann uns nicht mehr ansprechen, kann sich nicht mehr helfen, es wird zum unilateral erfassten Thema: „l'historique et le passé se définissent comme thèmes dont on peut parler. Ils sont thématisés, précisément parce qu'ils ne parlent plus. L'historique est à jamais absent de sa présence même. Nous voulons dire par là qu'il disparaît derrière ses manifestations – son apparition est toujours superficielle et équivoque, son origine, son principe, toujours ailleurs." (60) Bei Levinas zeigt sich so wiederum der enge Nexus zwischen der *ethischen* Vorstellung von Innerlichkeit und Zugänglichkeit und der intergenerationellen Kommunikation. Wieder erweisen sich die Fragen des Lebens *miteinander* (der Ethik) und des Lebens *nacheinander* (der Überlieferung) als eng verbunden, erneut stellt sich die Frage, wer dem geschriebenen Text Hilfe leistet, wie in der platonischen Schriftkritik – die Levinas dann auch prompt zu einem durchlaufenden Thema in *Totalité et infini* wählt. Während er bezüglich der Schrift hinter Gadamer und Derrida zurückgeht (s. hierzu auch Derridas Levinas-Kritik in Derrida 1967b, 117–228), arbeitet Levinas gleichzeitig noch drastischer heraus, was die platonische *boētheia* im *ethischen* Sinne bedeuten kann und warum sie für ein menschliches Zusammenleben erforderlich ist.

Die Position des/der Anderen ist es, so Levinas, nicht, vom Einen/von der Einen entdeckt und enthüllt, unilateral erkannt, zu werden (Levinas 2016, 60), sondern sich dem/der Einen mitzuteilen, sie/ihn anzusprechen *jenseits* der von ihm/ihr wahrgenommenen Form: „La vie de l'expression consiste à défaire la forme où l'étant, s'exposant comme thème, se dissimule par là même. Le visage parle. La manifestation du visage est déjà discours. Celui qui se manifeste porte, selon le mot de Platon, secours à lui-même. Il défait à tout instant la forme qu'il offre." (61) Levinas erweitert also explizit die platonische *boētheia*, die sich zunächst auf sprachliche Äußerungen bezog, auf die Hilfe, die sich das Individuum selbst durch seine dauerhafte Präsenz bzw. Anwesenheit leistet, durch die es eine oberflächliche erste Wahrnehmung dekonstruiert und auf seine Unabgeschlossenheit, seine Unendlichkeit hinweist: „défaire la forme adéquate au Même pour se présenter comme Autre" (61). Diese Präsenz wird nicht vom/von der Einen erfasst und eingeordnet, sondern dominiert sie/ihn ihrerseits und lehrt ihn/sie durch ihre Andersheit: „Présence dominant celui qui l'accueille, venant des hauteurs, imprévue et, par conséquent, enseignant sa nouveauté même." (62) Ein einzelner Eindruck, eine einzelne Handlung können – wie bei Platon eine einzelne Äußerung – das Individuum nicht zugänglich machen, es ist in ihnen *absent*: „L'action n'exprime pas. Elle a un sens, mais nous mène vers l'agent en son absence. [...] Les oeuvres signifient leur auteur, mais indirectement, à la troisième personne." (62) Wieder dreht sich die Diskussion zu Fragen der synchronen und der diachronen Zugänglichkeit um den Angelpunkt der platonischen Schriftkritik: Die *boētheia* der Präsenz erhält hier eine zeitliche Dimension, die mit der kognitiv-ethischen Dimension eng verbunden ist (wir denken zurück an *scholē* als *zeitliche* Bedingung der Erkenntnis und an den Respekt vor Komplexität als ethischen Faktor). Erst durch die Dauer der Präsenz kann ich mir selbst assistieren, erst die *scholē* und die Konzentration auf den Anderen/die Andere *erlauben* dies.

Das Wesentliche der Sprache ist bei Levinas nicht das Konzeptuelle, Informationelle, sondern (wie bei Gadamer) die Ansprache: „du langage dont l'essentiel est l'interpellation, le vocatif" (Levinas 2016, 65). Gleichzeitig droht das Gesprochene immer wieder ins Historische, in die Vergangenheit und Abgeschlossenheit des Schriftlichen, ins Faktische und zu Beurteilende, ins Thematisierte, in abgepackte Bedeutung, in ‚Information', umzuschlagen. Daher muss sich der/die Anwesende immer wieder selbst Hilfe leisten (*boētheia*):

> »L'objet de la connaissance est toujours fait, déjà fait et dépassé. L'interpellé est appelé à la parole, sa parole consiste à ›porter secours‹ à sa parole – à être *présent*. Ce présent n'est pas fait d'instants mystérieusement immobilisés dans la durée, mais d'une reprise *incessante* des instants qui s'écoulent par une présence qui leur porte secours, qui en répond. [...] Comme si la présence de celui qui parle inversait le mouvement inévitable qui conduit le mot proféré vers le passé du mot écrit. [...] Le présent se produit dans cette lutte [...] contre le passé, dans cette actualisation. [...] Elle apporte ce dont la parole écrite est déjà privée: la maîtrise. La parole, mieux qu'un simple signe, est essentiellement magistrale. Elle enseigne avant tout cet enseignement même [...]. [...] Le présent de la manifestation du maître qui enseigne, surmonte l'anarchie du fait.« (65–66)

Die durch die potentiell unaufhörliche Präsenz des/der Anderen immer wieder erfolgende Ansprache *hilft* dem/der Anderen (*une présence qui leur porte secours*) und *lehrt* den Einen/die Eine die Unabgeschlossenheit ihres/seines Urteilens, die Notwendigkeit der Bereitschaft, vom/von der Anderen zu lernen, und sei es nur deren/dessen Andersheit, die immer über das eigene Urteil hinausgeht.

Spricht man rhetorisch-demagogisch mit der/dem Anderen, reduziert man ihn/sie zum Objekt, thematisiert sie/ihn (Levinas 2016, 66–67); nur wenn man, wie Levinas sagt, dem/der Anderen sich zuwendet (*face à face*, 67), ihr/ihm als *Person*, als *Du* zuhört und nicht sie/ihn als *Thema* nur interpretiert (vgl. Buber 1995), dann handelt man *gerecht*: „*Nous appelons justice cet abord de face, dans le discours.*" (Levinas 2016, 67) – und nur in diesem *gleichrangigen*, gegenseitig die Möglichkeit zur Hilfe gewährenden Diskurs zeigt sich (in Abgrenzung von Heideggers Ontologie als Philosophie der Ungerechtigkeit; 38) *Wahrheit*, nur so gewinnt man Zugang zum/zur Anderen jenseits der Überredung und der unilateralen Aneignung, „accès à autrui en dehors de la rhétorique qui est ruse, emprise et exploitation." (69). Sprache und Verstehen sind bei Levinas somit ein soziales Geschehen, kein abstraktes System von Konzepten, Bedeutungen und Informationen (70), der Diskurs ist immer verkörpert in einem sprechenden Ich, das sich helfen und verteidigen können muss (68, 70). Sprache spielt sich nicht ab, weil alles klar ist, weil Bedeutung eindeutig codiert und nur zu transportieren ist, sondern weil die Menschen sich eben *nicht* leicht verstehen, weil gemeinsame Bedeutung erst auszuhandeln ist, weil Zugänglichkeit fragil ist: „Le rapport du langage suppose la transcendance, la séparation radicale, l'étrangeté des interlocuteurs, la révélation de l'Autre à moi." (70) Die Unmöglichkeit der gänzlichen Zugänglichkeit eines Menschen, die Unmöglichkeit, den Anderen/die Andere in meinen Termini zu definieren, ist für Levinas die Grundlage einer Ethik. Der Respekt vor Komplexität ist hier ethisch zu verstehen. Um sich zugänglich zu machen, muss sich der/die Andere selbst beistehen, ihre/seine erste Erscheinung immer wieder korrigieren – hier sind *scholē* und *boētheia* im Zentrum der Ethik. Die Grenzen der Zugänglichkeit sind nicht nur kognitiv, sondern ethisch relevant.

Freiheit und ihre Grenzen

Es gilt also, den Anderen/die Andere als *Fremde/n*, als Gast, bei sich aufzunehmen („mon accueil de l'Autre"; Levinas 2016, 75; vgl. Kap. 8). Denn nur vom absolut Fremden können wir lernen (71) – und nur der andere Mensch (nicht das thematisierte Objekt) kann uns absolut fremd, für uns absolut anders sein – weil er *frei* ist, anders zu sein als wir denken: „La liberté qui leur est ‚commune' est précisément ce qui les sépare." (71) Dies heißt auch, frei von meinen Konzeptionen, ein nacktes Du, ein Antlitz: „Le visage s'est tourné vers moi – et c'est cela sa nudité même. Il *est* par lui-même et non point par référence à un système. [...]

La relation avec le visage, n'est pas connaissance d'objet." (72) Dem/der Anderen muss man sich öffnen, sich ihr/ihm geben, sich ihr/ihm aussetzen und dem was sie/er uns lehrt: „Ce regard qui supplie et exige – [...] privé de tout parce que ayant droit à tout et qu'on reconnaît en donnant [...] – ce regard est précisément l'épiphanie du visage comme visage. [...] Reconnaître Autrui – c'est donner. Mais c'est donner au maître, au seigneur, à celui que l'on aborde comme ‚vous' dans une dimension de hauteur." (73) Die Gabe besteht darin, nicht auf dem eigenen Erfassen, dem Besitzen der Welt zu bestehen: „La présence d'Autrui équivaut à cette mise en question de ma joyeuse possession du monde." (73) Die Sprache referiert nicht auf eine definierte Welt, sondern ermöglicht erst das Erarbeiten einer gemeinsamen Welt: „Le langage ne se réfère pas à la généralité des concepts, mais jette les bases d'une possession en commun." (74) Der andere Mensch ist ebenso unendlich und nicht gänzlich greifbar wie Gott: „La dimension du divin s'ouvre à partir du visage humain." (76) Die Unabgeschlossenheit des Menschen – die Unendlichkeit des Endlichen, „l'Infini d'Autrui" (78) – stellt die Ethik in den Mittelpunkt menschlichen Erkennens, führt zu einem Primat der Ethik: „ce primat de l'éthique, c'est-à-dire de la relation d'homme à homme" (77). Diese Unabgeschlossenheit als *Freiheit* zu betonen, ist zentral, da kognitive Verkürzung des Urteils und Gewalt nicht nur bei Levinas eng zusammenhängen. Wir sind wieder in Platons Welt, in der Zeit des Gerichts, bei der Komplexität, welche Zeit zum Dialog, zur Hilfeleistung erfordert, und der geistigen Gewalt, die reale Gewalt hervorbringt.

Wahrheit und Moral, Erkenntnistheorie und Ethik, so Levinas, beginnen dort, wo meine eigene Spontaneität in Frage gestellt wird, wo sich das Versagen meines ersten Urteils zeigt (Levinas 2016, 82). Es ist der/die Andere, der/die meine Freiheit der Bestimmung in Frage stellt, durch die Dimension der Scham (*honte* – s. o. *aischynē*), der Scham angesichts dessen, was das (gewaltsame) Ausüben meiner eigenen Freiheit („usurpateur et meurtrier"; 83) gegenüber dem/der Anderen bewirken würde: „C'est la révélation d'une résistance à mes pouvoirs [...] qui met en question le droit naïf de mes pouvoirs, ma glorieuse spontanéité de vivant." (83) Das In-Frage-Stellen des eigenen Urteils, der eigenen Freiheit zu urteilen, ist erst Philosophieren (83). Die Freiheit der Bestimmung und Definition des/der Anderen durch das eigene Selbe ist zu beschränken durch die Gerechtigkeit, durch das An- und Aufnehmen des/der Anderen: „Accueillir Autrui, c'est mettre ma liberté en question." (84) Der/die Andere zwingt mich, nicht *über* sie/ihn zu sprechen (sie/ihn zu thematisieren), sondern *mit* ihm/ihr:

> »Autrui seul échappe à la thématisation. [...] La thématisation [...] est l'exercice d'une liberté sûre d'elle-même dans sa spontanéité naïve; alors que la présence d'Autrui n'équi-

vaut pas à sa thématisation et ne requiert pas, par conséquent, cette spontanéité naïve et sûre d'elle-même. L'accueil d'autrui est *ipso facto* la conscience de mon injustice – la honte que la liberté éprouve pour elle-même.« (85)

Die Erkenntnis schlechten Urteilens beginnt in der mich beschämenden Präsenz des/der Anderen. Der „impérialisme du Même" (86), der meine eigene Freiheit bestimmt, findet seine Grenze an der Präsenz des anderen Menschen: „Autrui s'impose comme une exigence qui domine cette liberté" (86) – ebenso wenig wie ich ihn töten kann, kann ich ihn auch bestimmen, „il déborde absolument toute *idée* que je peux avoir de lui." (86) Und damit legt der/die Andere nicht nur die Grundlage der Ethik, sondern die Grundlage der *(selbst)kritischen* Vernunft: „L'essence de la raison ne consiste pas à assurer à l'homme un fondement et des pouvoirs, mais à le mettre en question et à l'inviter à la justice." (88) Der andere Mensch entzieht sich meiner Ontologie: „Nous nous opposons donc radicalement aussi à Heidegger qui subordonne à l'ontologie le rapport avec Autrui [...], au lieu de voir dans la justice et l'injustice un accès originel à Autrui, par-delà toute ontologie." (88–89) Die Begegnung mit dem/der Anderen hinterfragt jede unilaterale Bestimmung: „Autrui ne nous affecte pas comme celui qu'il faut surmonter, englober, dominer, – mais en tant qu'autre, indépendant de nous: derrière toute relation que nous puissions entretenir avec lui, ressurgissant absolu." (89) Der andere Mensch kann nicht Gegenstand objektiven Wissens sein (89), er übersteigt mein Wissen und stellt meine Freiheit, ihn zu verstehen, durch seine eigene unendliche Freiheit in Frage.

Levinas' ethische *boētheia*

Eine Freiheit, die sich nicht rechtfertigen muss, ist isoliert, ist wie Gyges, der sieht, aber nicht gesehen wird (Levinas 2016, 90), ein unilaterales Wesen, für das die Welt nur ein zu betrachtendes Spektakel ist – eine *stille* Welt ohne Dialog (90). In der Präsenz des anderen Menschen hingegen reichen erste Eindrücke und Urteile nicht aus, hier muss jede/r seinen/ihren ersten Erscheinungen und Äußerungen *helfen* (*boētheia*), sie verdeutlichen, begründen, zurechtrücken: „La parole consiste pour autrui à porter secours au signe émis, à assister à sa propre manifestation par signes, à rémédier à l'équivoque par cette assistance." (91–92) Dies sind jedoch immer nur Zeichen, die der/die Andere gibt, über die sie/er sich ausdrückt – nicht solche die sie/ihn komplett bestimmen, aber solche, mit denen sie/er sich und mir *hilft* (92). Wissen kann so nur in Gemeinschaft entstehen (94). Eine stille Welt wäre ohne Gesetze (94). Es bedarf des anderen Menschen, der sich mit mir darüber unterhält, sogar wenn er darauf verzichtet, sich Hilfe zu leisten und damit seine Äußerungen im Mehrdeutigen lässt (94). Über Objekte sprechen, thematisieren, kann man nur im Dialog. Dabei geht der/die Sagende aber immer über das Gesagte hinaus: „Le signifiant, celui qui émet le signe est *de face* malgré l'entremise du signe sans se proposer comme thème." (97–98) Das über den Satz Hinausgehende ist „la présence de l'Autre dans la proposition, la présence de celui qui peut porter secours à son discours, le caractère enseignante de toute parole. Le discours oral est la plénitude du discours." (98) Das Miteinandersprechen geht jenseits des Gesprochenen und ist immer ein Ansprechen und Hinterfragen, ein Begründen und Erläutern, ein *Helfen* in vielerlei Sinne. Diese *boētheia*, so Levinas, ist die Essenz der Sprache: „ce secours toujours donné au mot qui pose les choses, est l'essence unique du langage." (98–99)

Bedeutung, Verständlichkeit, entsteht so erst im ergänzenden Gespräch: „La parole est en effet toujours une reprise de ce qui fut simple signe jeté par elle, promesse toujours renouvelée d'éclairer ce qui fut obscur dans la parole." (Levinas 2016, 99) *Sprache ist immer weiter zu erläuternde Sprache, und damit notwendig Dialog*: „Le langage a ceci d'exceptionnel qu'il assiste à sa manifestation. La parole consiste à s'expliquer sur la parole. Elle est enseignement. L'apparition est une forme figée dont quelqu'un s'est déjà retiré, alors que dans le langage s'accomplit l'afflux ininterrompu d'une présence qui déchire le voile inévitable de sa propre apparition" (99–100). Hier zeigt sich, wie zentral die Idee der *boētheia* (*assistance*, *secours*) in Levinas' Ethik ist. Die Sprache entzaubert die einfache Eindeutigkeit des Faktischen, Informationellen, durch die Erläuterung, die Verdeutlichung des Komplexen – die *boētheia* liegt im Wesen der Sprache: „La parole désensorcelle, car, en elle, l'être parlant garantit son apparition et se porte secours, assiste à sa propre manifestation. Son être s'effectue dans cette *assistance*." (100) Der/die Sprechende „signale en assistance à l'oeuvre qui le signale" (101). Die Erkundung von Komplexität entsteht so erst im Diskurs der Menschen untereinander, ansonsten fängt man nur Selbstgeworfenes: „L'explication d'une pensée ne peut se faire qu'à deux; elle ne se borne pas à trouver ce que l'on possédait déjà." (102) Bei Levinas ist *boētheia* somit zentrales Element menschlichen Zusammenlebens. Wenn sie verhindert wird, wenn dem Individuum nicht ermöglicht wird, sich in einem Dialog beizustehen, seine Komplexität zu erläutern, herrscht Gewalt bzw. Krieg. Hier zeigt sich eine *existentielle* Bedeutung der platonischen Schriftkritik. Die Wiederaufnahme der Schriftkritik steht bei Levinas – wie bei vielen seiner Zeitgenossen – immer vor dem Hintergrund der Toten des Zweiten Weltkriegs und des Holocausts, die ihre Stimme verloren haben, die in die Schrift umgeschlagen sind, die sich nicht mehr beistehen können. Die von Platon begonnene Überlegung – bereits bei ihm Zeichen der Bedrohung des Denkers/der Denkerin durch den Tod – stellt sich so noch einmal aus einer drastischeren Perspektive dar.

Wie bei Platon zeigt sich bei Levinas die *kognitive* und *ethische* Bedeutung einer Vorstellung von Innen und Außen, von Interiorität und Exteriorität: Interiorität ist das *chez soi*, das, was ich bestimme, was in meiner Reichweite ist, was ich als Ich definiere; Exteriorität ist das gänzlich Andere, insbesondere *der/die* gänzlich Andere, der/die mich über das *chez moi* hinaus lehrt, der/die weit über meinen Horizont hinausgeht, mich hinterfragt. Gleichzeitig verweigert sich die Interiorität des Individuums jedem Konzept von außen, es ist „chez soi" (Levinas 2016, 122), durchbricht die Totalität, behält sich ein Geheimnis: „Le secret du moi garantit la discrétion de la totalité." (122) (Vgl. Kap. 8.) Im Innenraum, abgetrennt von der Immersion in der es nährenden Welt (*jouissance*), konstituiert sich das Individuum, das Selbe: „Le fait d'avoir limité une partie de ce monde et de l'avoir fermée, d'accéder aux éléments dont je jouis par la porte et par la fenêtre, réalise l'extra-territorialité et la souveraineté de la pensée, antérieure au monde auquel elle est postérieure." (184) Alles befindet sich in seinem besitzenden Zugriff, ist von seinen Konzepten geprägt, bildet *seine* Welt. Um über dies hinauszugehen, um die Dinge außerhalb seines eigenen Kontextes zu sehen – also auch theoretisch-analytisch zu denken –, braucht es die Begegnung mit dem/der Anderen, die/der es hinterfragt und die/den es sich nicht unterwerfen kann, der/die es von jenseits seines Horizontes belehrt:

> »pour que je puisse me libérer de la possession [...], pour que je puisse voir les choses en elles-mêmes, c'est-à-dire [...] refuser et la jouissance et la possession, [...] [...] il faut que je rencontre le visage indiscret d'Autrui qui me mette en question. [...] J'accueille autrui qui se présente dans ma maison en lui ouvrant ma maison. La mise en question de moi, coextensive de la manifestation d'Autrui dans le visage – nous l'appelons langage. La hauteur d'où vient le langage, nous la désignons par le mot enseignement.« (185)

Hier ist das Aufnehmen des/der Anderen als Gast ebenso faktisch wie metaphorisch gemeint – in meine Welt des Gleichen ebenso wie in meinen privaten Innenraum nehme ich den Anderen/die Andere auf, die/der über meine Welt hinausgeht, öffne ihr/ihm meine geistigen ebenso wie meine faktischen Türen, um von ihm/ihr über das, was jenseits meines Horizonts liegt, belehrt zu werden. Belehrt insbesondere darin, dass es überhaupt etwas jenseits meines Horizonts gibt, dass mein Urteil begrenzt ist, dass meine geglaubte Totalität einer Unendlichkeit gegenübersteht – und damit *beschämt* (*aischynē*): „L'enseignement premier enseigne cette hauteur même qui équivaut à son extériorité, l'éthique. Par ce commerce avec l'infini de l'extériorité ou de la hauteur, la naïveté de l'élan direct, la naïveté de l'être qui s'exerce comme une force qui va, a honte de sa naïveté. Elle se découvre comme une violence, mais, par là, se place dans une nouvelle dimension." (186)

Die Gewaltsamkeit der unilateral definierten Welt wird durch die Sprache als Ansprache, als friedliche Kontaktaufnahme durchbrochen: „Le déploiement positif de cette relation pacifique sans frontière ou sans négativité aucune, avec l'Autre, se produit dans le langage. Le langage n'appartient pas aux relations qui puissent transparaître dans les structures de la logique formelle: il est contact à travers une distance" (Levinas 2016, 187). Den anderen Menschen kann ich legitim nur ansprechen (und ihn so aus seiner Monopolwelt herausreißen, hinterfragen), nicht thematisieren: „Autrui n'est ni initialement, ni ultimément ce que nous saisissons ou ce dont nous faisons notre thème." (187) Nur in diesem Hinausgehen über mich selbst ist Wahrheit möglich. Das Aufnehmen des anderen Menschen als Gast in meinen Innenraum ist hierfür maßgeblich (auch wenn ich mich dem natürlich verwehren, meine Türen verschließen kann): „le recueillement dans une maison ouverte à Autrui – l'hospitalité – est le fait concret et initial du recueillement humain et de la séparation" (187). (Vgl. Kap. 8.) In der Sprache thematisiert der/die Andere ein Stück Welt, entreißt sie dem reinen Besitz durch mich („met le monde possédé en question"; 189) und macht sie potenziell zur gemeinsamen Welt, „instaure un monde commun" (189) – keine abstrakte, idealisierte, sondern eine als gemeinsam *angebotene*: „l'offre du monde à autrui. [...] cette *offre* du monde, cette offre de contenus qui répond au visage d'autrui ou qui le questionne" (189–190). Das Über-meinen-Horizont-Hinausgehen des/der Anderen in der Ansprache ist „le premier geste éthique" (190), in der gleichzeitig das Angebot einer gemeinsamen Welt gemacht wird. Zugänglichkeit muss auch hier, wie bei Platon, erst geschaffen, erst erarbeitet werden.

Hier kommt wieder die platonische Schriftkritik ins Spiel: Wie kann über diese Trennung zwischen den Menschen hinweg Kontakt aufgenommen werden – spiegeln nicht auch die Taten, Produkte, Werke eines Menschen sein Inneres für den Anderen wider? Nein, sagt Levinas, „Par les oeuvres seulement le moi n'arrive pas au-dehors; s'en retire ou s'y congèle comme s'il n'en appelait pas à autrui et ne lui répondait pas" (Levinas 2016, 191). Seine Werke gehen in so vielem über seinen Willen hinaus, dass sie ihn nicht widerspiegeln können, er kann sie nicht kontrollieren: „L'ouvrier ne tient pas en main tous les fils de sa propre action. Il s'extériorise par des actes déjà en un sens manqués." (191) Selbst wenn diese Akte als Zeichen verstehbar wären, würden sie ohne Hilfe (*boētheia*) des Zeichengebers/der Zeichengeberin interpretiert. Erst *mit* ihrer/seiner Hilfe (*boētheia*) entstehe *Sprache*: „Si ses oeuvres délivrent des signes, ils sont à déchiffrer sans son secours. S'il participe à ce déchiffrement, il parle." (191) Sind die Produkte – ob geistig oder körperlich – einmal in den wirtschaftlichen Kreislauf, in die Anonymisierung des Geldes überführt, sagen sie nichts mehr über mein Inneres aus, der Schöpfer/die Schöpferin ist in den Werken absent (191), missverstanden, verraten: „A partir de l'oeuvre, je suis seulement déduit et déjà mal entendu, trahi plutôt qu'exprimé." (192) Will man sich nur durch seine Werke verstanden wissen, versteckt man sich hinter ihnen: „S'exprimer par sa vie, par ses oeuvres, c'est précisément se refuser à l'expression." (192) Entgegen dieser Absenz in Worten und Werken kann nur in der gegenseitigen Präsenz des Dialogs wirkliche Zugänglichkeit geschaffen werden: „Absence à laquelle la parole seule, mais dégagée de son épaisseur de produit linguistique, peut mettre fin." (192) Levinas erweitert so die Aussage der platonischen Schriftkritik auch auf Taten, Arbeit und Werke und stellt die Fragilität des Zugangs als *existentielle* Frage der grundsätzlich separierten, füreinander unendlichen menschlichen Wesen dar. Er stellt die Konzepte *boētheia*, Zugänglichkeit und Innenraum ins *Zentrum* seiner Philosophie und zeigt ihre grundlegende ethische Bedeutung: Wir sind nicht auf den ersten Blick, über das erste Wort zugänglich – und wer dennoch auf dieser Grundlage handelt, übt Gewalt aus. Der/die Andere ist kein *Was* („Les choses n'ont pas de visage." 149; „Le visage n'est pas une modalité de la quiddité". 193), und so kann auch die Frage nach dem *wer?* nicht sinnvoll als Information mit Substantiv und Attribut beantwortet werden. „La question *qui?* vise un visage. La notion de visage différe de tout contenu représenté. [...] Viser un visage, c'est poser la question *qui* au visage même qui est la réponse à cette question." (193) Setzt man sich diesem direkten Kontakt nicht aus, sondern beschränkt sich auf vorhandene Zeichen und Werke, wo derjenige „n'assiste pas à sa manifestation" (193), sich also nicht selbst Hilfe (*boētheia*) leistet – absent ist –, verpasst man den eigentlichen Menschen: „Quand on comprend l'homme à partir de ses oeuvres, il est plus surpris que compris. Sa vie et son travail le masquent." (194)

Die *boētheia* ist nur dem/der Anderen gegenüber erforderlich, *konstituiert* das Verhältnis zum/zur Anderen: „C'est seulement en abordant Autrui que j'assiste à moi-même." (Levinas 2016, 194) Präsenz, *assistance à soi-même*, ist bei Levinas das Sich-Aussetzen zum Hinterfragt-Werden, zum Erläutern – zum Dialog (194). Alle abgeschlossenen Sichten verfehlen das Individuum, missverstehen es, *verdecken* es: „Une existence dite objective telle qu'elle se reflète dans la pensée des autres, et par laquelle je compte dans l'universalité, dans l'État, dans l'histoire, dans la totalité, ne m'exprime pas mais précisément me dissimule." (194) Erst im direkten Kontakt wird Zugänglichkeit ermöglicht, die gleichzeitig eine *Verantwortung* mit sich bringt: „Le visage que j'accueille me fait passer du phénomène à l'être dans un autre sens: dans le discours je m'expose à l'interrogation d'Autrui et cette urgence de la réponse [...] m'engendre pour la responsabilité; comme responsable je me trouve ramené à ma réalité dernière." (194) Diese existentielle Hinterfragung, die Dringlichkeit der helfenden Antwort in der Präsenz, die Realisierung des Anspruchs des/der Anderen involviert eine besondere Art der Aufmerksamkeit, der Konzentration (vgl. Kap. 4), eine „attention extrême" (194): „Etre attentif signifie un surplus de conscience qui suppose l'appel de l'Autre. Etre attentif c'est reconnaître la maîtrise de l'Autre, recevoir son commandement" (194). Konzentration bedeutet, dass ich *Raum* dafür lasse, dass der/die Andere anders ist als ich denke, komplexer als ich zunächst sehe. Der Gegensatz zwischen „l'intériorité souveraine de l'être séparé" (196) und ihrer merklichen Begrenzung durch den Anderen/die Andere „se concilie dans l'homme ouvert à l'enseignement" (196), durch die *Zugänglichkeit* („lorsque l'âme s'ouvre, dans la merveille de l'enseignement"; 197), die Levinas als eng verwandt mit der Aufnahme der Idee der Unendlichkeit versteht: „L'idée de l'infini implique une âme capable de contenir plus qu'elle ne peut tirer de soi. Elle dessine un être intérieur, capable de relation avec l'extérieur et qui ne prend pas son intériorité pour la totalité de l'être." (196) Durch die Unendlichkeit des anderen Menschen zeigt sich die Unzureichendheit der von mir geglaubten Totalität. Der/die Andere bringt in ihrer/seiner Transzendenz etwas in mich hinein (dringt also in mich ein), das dort vorher nicht war, und leistet so laut Levinas mehr als eine platonische Maieutik, die hervorbringt, was in einem selbst war (223).

Das getrennte Ich, das den Anderen/die Andere nicht anspricht und sich ihr/ihm nicht öffnet, bleibt Erscheinung, Phänomen, in dem – in den Termini der Schriftkritik gedacht, die Levinas hier explizit anspricht – der Autor/die Autorin abwesend ist:

> »ce moment où l'être séparé se découvre sans s'exprimer[,] où il apparaît, mais s'absente de son apparition, correspond exactement au sens du phénomène. Le phénomène c'est l'être qui apparaît, mais demeure absent. Pas apparence, mais réalité qui manque de réalité, encore infiniment éloignée de son être. On a, dans l'oeuvre, deviné l'intention de quelqu'un, mais on l'a juré par contumace. L'être n'a pas porté secours à lui-même (comme le dit Platon à propos du discours écrit), l'interlocuteur n'a pas *assisté* à sa propre révélation. On a pénétré dans son intérieur, mais en son absence. On l'a compris comme un homme préhistorique qui a laissé des haches et des dessins, mais pas de paroles.« (Levinas 2016, 197–198)

Hier wird die enge Verbindung von Ethik und Schriftkritik deutlich: Wer sich nicht dem Anderen *öffnet*, *zugänglich* macht, bleibt nur Phänomen, Erscheinung, Werk – ist wie ein prähistorischer Mensch reduziert auf Spuren und Zeichen. Erst in der sich assistierenden Präsenz, der *visage*, im Eintritt in eine Beziehung zeigt sich auch der Zeichengeber/die Zeichengeberin, „[l]e signifiant, celui qui donne signe" (198). Echte Kommunikation geschieht nur durch die *boētheia* der Präsenz, „en faisant *assister* le signifiant à cette manifestation du signifié." (199) Hierin sieht Levinas, ganz im Sinne der Schriftkritik (sich der Kritik Derridas aussetzend), die Stärke der mündlichen Kommunikation gegenüber der schriftlichen – bei ersterer ist *boētheia* möglich, das „port[er] secours" (199), die „présence ou mon assistance à moi-même." (199)

Hier kommt Levinas noch einmal zu dem Aspekt, der auch Platon umgetrieben hatte: Das Umschlagen des – in der Präsenz unendlichen, in der Dauer endlichen – Individuums in die Schrift und in die Geschichte:

> »Le surplus que comporte le langage par rapport à tous les travaux et les oeuvres qui manifestent un homme, mesure l'écart entre l'homme vivant et l'homme mort, le seul cependant que l'histoire – qui l'aborde objectivement dans son oeuvre ou dans son héritage – reconnaisse. Entre la subjectivité enfermé dans son intériorité et la subjectivité mal entendue dans l'histoire, il y a l'assistance de la subjectivité qui parle.« (Levinas 2016, 199–200)

Für Levinas bleibt das Individuum in der Schrift unzugänglich, ohne Hilfe – die Geschichte wird von den Überlebenden geschrieben und verführt zur Idolatrie des Faktischen, des stumm Informationellen: „une idolâtrie du fait, c'est-à-dire une invocation de ce qui ne parle pas" (60). In der Anwesenheit hingegen geht der/die Anwesende stets über den *vorherigen* Eindruck, das *vorher* gesprochene Wort, hinaus, ist irreduzibel auf es: „Le visage est présent dans son refus d'être contenu. Dans ce sens il ne saurait être compris, c'est-à-dire englobé. [...] Autrui demeure infiniment transcendant, infiniment étranger" (211). Die Sprache als Ansprache hat die Kraft, die Einheitlichkeit des egoistischen Seins, die unilateralen Definitionen und Thematisierungen, die abschließende Geschichte, zu durchbrechen: „Le langage se définit peut-être comme le pouvoir même de rompre la continuité de l'être ou de l'histoire." (212) Sie bringt zwei füreinander dauerhaft transzendente Wesen in Kontakt – sie können einander zwar thematisieren, ihre Anwesenheit erschöpft sich aber nie in dieser Thematisierung, sie gehen immer über diese hinaus (212): „autrui qui, en tant qu'interlocuteur, a quitté le thème qui l'englobait et surgit inévitablement derrière le dit." (212) Diese Notwendigkeit der *boētheia* im Dialog, diese dauernde Transzendenz, über mein Urteil hinaus, begründet für Levinas eine Ethik: „la structure formelle du langage annonce l'inviolabilité éthique d'Autrui" (213). Fragen des Mit- und des Nacheinander sind hier unauflöslich miteinander verbunden.

Auf diese Weise begrenzt der/die Andere meine Freiheit nicht, sondern *begründet* und rechtfertigt sie, indem sie/er mich zur Verantwortung und Stellungnahme aufruft (Levinas 2016, 214–215) – der Aufruf ist nicht Widerstand, nicht gewaltsam, sondern *friedlich*, er begründet das ethische Verhältnis (215, 222). Der andere Mensch entzieht sich dem Besitz, der Definition durch mich, „Le visage se refuse à la possession, à mes pouvoirs." (215) Mein Können, meine Macht (beide Bedeutungen schwingen mit) kann ihn nicht greifen, nicht unilateral definieren, sie kann ihn nur vernichten, ermorden: „la nature même du pouvoir qui ne peut dès lors plus prendre, mais peut tuer. [...] Tuer n'est pas dominer mais anéantir, renoncer absolument à la compréhension. Le meurtre exerce un pouvoir sur ce qui échappe au pouvoir." (216) Der Gewalt hat der/die Andere nur ihre/seine unerreichbare Transzendenz entgegenzusetzen, die mich anspricht:

> »Il m'oppose [...] non pas un superlatif quelconque de puissance, mais précisément l'infini de sa transcendence. Cet infini, plus fort que le meurtre, nous résiste déjà dans son visage, [...] est l'*expression* originelle, est le premier mot: ›tu ne commettras pas de meurtre‹. L'infini paralyse le pouvoir par sa résistance infinie au meurtre, qui, dure et insurmontable, luit dans le visage d'autrui, dans la nudité totale des ses yeux, sans défense, dans la nudité de l'ouverture absolue du Transcendant. Il y a là une relation non pas avec une résistance très grande, mais avec quelque chose d'absolument *Autre*: la résistance de ce qui n'a pas de résistance – la résistance éthique.« (217)

Auch in diesem ethischen Widerstand, der eigenen Exposition sieht Levinas eine Form der *boētheia*:

> »L'être qui se manifeste assiste à sa propre manifestation et par conséquent en appelle à moi. Cette assistance, n'est pas le *neutre* d'une image, mais une sollicitation qui me concerne de sa misère et de sa Hauteur. Parler à moi c'est surmonter à tout moment, ce qu'il y a de nécessairement plastique dans la manifestation. Se manifester comme visage, c'est *s'imposer* par-delà la forme, manifestée et purement phénoménale, se présenter d'une façon, irréductible à la manifestation, comme la droiture même du face à face, sans intermédiaire d'aucune image dans sa nudité, c'est-à-dire dans sa misère et dans sa faim.« (218)

Die Präsenz mit *boētheia*, das Sich-Manifestieren und Seiner-Manifestation-Beistehen, ruft den Gegenüber an, exponiert sich seiner Antwort und seiner Frage: „Se manifester en assistant à sa manifestation revient à invoquer l'interlocuteur et à s'exposer à sa réponse et à sa question." (218–219) Diese Funktion der Sprache, der Aufruf zur *Verantwortlichkeit*, „[c]e lien entre l'expression et la responsabilité – cette condition ou cette essence éthique du langage" (219), geht jeder enthüllenden oder einordnenden Funktion der Sprache voraus: „Le visage ouvre le discours originel dont le premier mot est obligation [...]. Au dévoilement de l'être en général [...] préexiste la relation avec l'étant qui s'exprime; au plan de l'ontologie, le plan éthique." (220) So begründet Levinas – nochmals in einer expliziten Wende gegen Heidegger – durch die *boētheia* das Primat der Ethik vor der Ontologie.

Sprache, Bedeutung, Vernunft entstehen erst aus der primären In-Frage-Stellung meiner Welt durch die Präsenz des/der Anderen (Levinas 2016, 227–229). Ich bezeichne eine Sache erst für den Anderen/die Andere:

»En désignant une chose, je la désigne à autrui. L'acte de designer [...] place les choses dans la perspective d'autrui. Utiliser un signe ne se limite donc pas au fait de substituer à la relation directe avec une chose, une relation indirecte, mais permet de rendre les choses offrables, de les détacher de mon usage, de les aliéner, de les rendre extérieures. Le mot qui désigne les choses atteste leur partage entre moi et les autres. [...] Ce dégagement a un sens positif: entrée de la chose dans la sphère de l'autre. La chose devient thème. Thématiser, c'est offrir le monde à Autrui par la parole.« (230)

Sprache sieht Levinas also als den Versuch des Teilens meiner Welt mit dem/der Anderen. Die Präsenz des/der Anderen ruft dieses Teilen erst hervor, indem sie meinen unreflektierten Besitz hinterfragt. Sprache ist deshalb kein abstraktes System aus Bedeutungen, sondern involviert mich in ein soziales Netz des Gebens und Helfens bzw. Sich-Beistehens: „La parole ne s'instaure pas dans un milieu homogène ou abstrait, mais dans un monde où il faut secourir et donner." (238) Bedeutung wird so gemeinsam herausgearbeitet und ist nicht präexistent – ist keine unilateral entnehmbare Information. Das sprachliche Verhältnis geht über das Thematisieren von Dingen hinaus (233) – die Sprache ruft mich zum Ausgleichen der Perspektiven auf und verkörpert so den Aufruf zur Gerechtigkeit: „le langage est justice" (234). Der/die Andere, mir Fremde, präsentiert sich als gleichberechtigt und belehrt mich damit, ihr/sein Unendliches zeigt mir die Begrenztheit meiner Perspektive auf und nimmt mich in die Verantwortung (234). Das *Andere* begründet so die Ethik (nicht das Gleiche), die gemeinsame Sprache bedeutet nicht, dass sich alle ähnlich sind, im Gegenteil, sie ist der Mechanismus, durch den Fremde zusammenfinden und gleichzeitig ihre Andersheit signalisieren:

»Toute relation sociale [...] remonte à la présentation de l'Autre au Même [...]. L'essence de la société échappe, si on la pose semblable au genre qui unit les individus semblables. [...] Mais la communauté humaine qui s'instaure par le langage – où les interlocuteurs restent absolument séparés – ne constitu[e] pas l'unité du genre. [...] Que tous les hommes soient frères ne s'explique pas par leur resemblance [...]. C'est ma responsabilité en face d'un visage me regardant comme absolument étranger [...] qui constitue le fait original de la fraternité.« (235)

Die Brüderlichkeit der Menschen liegt in der Hinterfragbarkeit durch den jeweils Anderen/die jeweils Andere – das Über-meinen-Horizont-Hinausgehen begründet den Respekt und die Verantwortung für den Anderen/die Andere, der/die mich ebenso dominiert wie dauert (237), in einer immer asymmetrischen Beziehung (238), auf der Grundlage der gegenseitigen Ansprache, die unser Denken prägt: „Le discours conditionne la pensée, car le premier intelligible n'est pas un concept, mais une intelligence dont le visage énonce l'extériorité inviolable en proférant le ‚tu ne commettras pas de meurtre'. L'essence du discours est éthique." (238) Dies ist das Erste, was es vom anderen Wesen zu *verstehen* gilt, was es mir *zu verstehen gibt*: „l'intelligibilité de cet intelligible réside précisément dans le comportement éthique, c'est-à-dire dans la responsabilité à laquelle il invite la volonté." (241)

Levinas sieht die *boētheia* im Zentrum menschlichen Daseins und damit in Verbindung mit der *Zeitlichkeit* – und Endlichkeit – menschlichen Lebens: Im Gegensatz zu Heideggers „Sein zum Tode" ist bei Levinas der Mensch immer derjenige, der mit seiner Dauer, seiner Präsenz, den Tod immer noch aufschiebt, der noch Zeit hat: „à la violence inévitable de la mort il oppose son temps qui est l'ajournement même. [...] Le temps est précisément le fait que toute l'existence de l'être mortel – offert à la violence – n'est pas l'être pour la mort, mais le ‚pas encore' qui est une façon d'être contre la mort" (Levinas 2016, 247). Die Anwesenheit ist genau das Weiter-Hinausschieben, das Dauern der Präsenz, in der der andere Mensch über die erste Wahrnehmung hinausgeht, in der er unendlich ist, und in der er durch Gewalt bedroht ist (248; vgl. die Zeit des Gerichts). Die Beziehung zum/zur Anderen eröffnet die Zeit, das Noch-Nicht des Unendlichen, des Alles-Möglichen: „relation asymétrique avec l'Autre qui, infini, ouvre le temps" (249). In dieser Dauer der Präsenz, die erst die Unendlichkeit des Anderen eröffnet – also *scholē* erfordert – und damit die ethische Beziehung schafft, sieht Levinas die Möglichkeit und Notwendigkeit der *boētheia*, da das Werk, die Tat, in der Abwesenheit des Menschen immer stumm, unverständlich bleibe: „la volonté reste inexprimée dans son oeuvre qui a une signification, mais reste muette" (250), „l'oeuvre qui se sépare de son auteur, de ses intentions et de sa possession et dont s'empare une autre volonté." (251) Dies geschieht nicht nur über den Tod hinaus, sondern auch in der Synchronie, wo ein Werk – separiert von seinem Autor/seiner Autorin bzw. Hersteller/in – dem/der Anderen übergeben, von ihm/ihr übernommen wird. Die Zukunft dieses Werkes, dieser Tat, kann ich nicht absehen (251), der Schöpfer/die Schöpferin ist von ihrem/seinem Werk separiert, das Werk wird handelbares Produkt, das der einseitigen Nutzung Anderer ausgesetzt ist:

> »Une séparation se creuse entre le producteur et le produit. Le producteur à un certain moment, ne *suit* plus, reste en retrait. Sa transcendence reste à mi-chemin. Contrairement à la transcendance de l'expression dans laquelle l'être qui s'exprime assiste personellement à l'oeuvre de l'expression, la production atteste l'auteur de l'oeuvre en l'absence de l'auteur, comme forme plastique. Ce caractère inexpressif du produit se reflète, positivement dans sa valeur marchande, dans sa convenance à d'autres, dans sa possibilité de revêtir le sens que d'autres lui prêteront, d'entrer dans un context tout différent de celui qui l'engendre. L'oeuvre ne se défend pas contre la *Sinngebung* d'autrui et expose la volonté qui l'a produite à la contestation et à la méconnaissance, elle se prête aux desseins d'une volonté étrangère et se laisse approprier.« (251–252)

Der zeitlich anwesende Mensch als Schöpfer/in, Arbeiter/in, Akteur/in, möchte diese Vereinnahmung, diese Exteriorisierung seines Werks ins Produkt, wiederum *aufschieben*, möchte sein Werk verteidigen, ihm assistieren, stößt aber an die Grenzen seiner Interiorität:

> »Le vouloir de la volonté vivante *ajourne* cet asservissement et, par conséquent, veut contre autrui et sa menace. Mais cette façon pour une volonté de jouer un rôle dans l'histoire dont elle n'a pas voulu, marque les limites de l'intériorité: la volonté se trouve prise dans des événements historiques qui n'apparaîtront qu'à l'historien. Les événements historiques s'enchaînent dans les oeuvres. [...] Il n'y a pas d'histoire purement intérieure.« (252)

Die geschichtliche Perspektive ist geprägt vom „mutisme du produit" (252), von der Verteidigungslosigkeit des Produkts bzw. Werks; die Geschichte regiert „dans le monde de réalité-résultats, monde d'‚oeuvres complètes', héritage de volontés mortes." (252) Levinas formuliert die Schriftkritik hier *existentiell* und über die Schrift hinaus bezogen auf jede Handlung und jedes Werk – die Geschichte wird von den Überlebenden geschrieben, das Innere der Handelnden wird unzugänglich, schlägt in Geschichte um:

> »L'oeuvre est toujours, dans un certain sens, un acte manqué. Je ne suis pas entièrement ce que je veux faire. [...] L'oeuvre a un sens pour d'autres volontés, elle peut servir un autre et se retourner éventuellement contre son auteur. Le ›contre-sens‹ qu'acquiert le résultat de la volonté retirée de son oeuvre, tient à la volonté qui a survécu. [...] Le destin, c'est l'histoire des historiographes, récits des survivants, qui interprètent, c'est-à-dire utilisent les oeuvres des morts. [...] L'historiographie raconte la façon dont les survivants s'approprient les oeuvres des volontés mortes; elle repose sur l'usurpation accomplice par les vainqueurs, c'est-à-dire par les survivants; elle raconte l'asservissement en oubliant la vie qui lutte contre l'esclavage.« (252–253)

Das kulturelle Gedächtnis bringt so das Unendliche des Individuums – das der Ethik zugrundeliegt – wieder ins Endliche, das Werk ist wehrlos, waisenhaft, der Wille wird zur Sache, die Überlebenden versklaven die Verstorbenen für ihre Zwecke. Die Mechanismen des Missverstehens im Leben nacheinander hängen mit denen im Leben miteinander eng zusammen.

Diese Verbindung von kulturellem Gedächtnis und Gewalt (vgl. Kap. 10) ist bei Levinas nicht nur metaphorisch gedacht (im Sinne eines sentimental bedauernden Verlusts einer Innerlichkeit, oder des Bedeutungsverlusts eines einzelnen Willens im großen Geschichtsverlauf), sondern hat immer die Möglichkeit realer Gewalt mit im Blick, die zwischen Wille und Werk, Wille und Handlungsfähigkeit eingreift (Levinas 2016, 254) und die den Körper als Schnittstelle zwischen Innen und Außen, zwischen Willen und Reduktion zum Objekt trifft.

Nicht einmal der Mut gegenüber dem Mörder/der Mörderin, der Widerstand, kann die Handlungsfähigkeit des Willens retten und die Appropriierung des Subjekts als Objekt verhindern, denn der/die überlebende Mörder/in macht den Tod unilateral zum Teil einer eigenen Geschichte: „Se refuser à servir autrui par sa vie, n'exclut pas qu'on le serve par la mort." (255) Die eigene Endlichkeit bedingt die (gewaltsame) Ausdeutbarkeit, die Instrumentalisierung und Objektifizierung durch Andere. In der realen Gewalt können das Leben mit- und nacheinander so in schlimmster Weise verbunden werden: Die höchste Prüfung für das Individuum liegt, so Levinas, nicht darin, dass das anwesende, immer noch Zeit und Handlungsfreiheit habende Individuum diese schwinden sieht, deren Ende vor sich sieht, seinen Feind/seiner Feindin unentrinnbar fühlt, sondern im Leiden (266), in dem es gezwungen wird, Zeuge/Zeugin seiner eigenen Objektifizierung zu sein: „Le haineux cherche à être cause d'une souffrance dont l'être haï doît être témoin. Faire souffrir, ce n'est pas réduire autrui au rang d'objet, mais au contraire le maintenir superbement dans sa subjectivité. Il faut que dans la souffrance le sujet sache sa réification, mais pour cela il faut précisément que le sujet demeure sujet." (267) Dem unendlichen Individuum wird seine eigene Endlichkeit vor Augen gehalten. (In Kap. 10 werden wir sehen, wie ein gequältes Individuum darüber hinaus mit dem *Um*schreiben der eigenen Geschichte, der Pervertierung des Gewollten und Geglaubten konfrontiert wird.)

„[L]a vie intérieure" (Levinas 2016, 268) ist für Levinas Grundlage der menschlichen *Unendlichkeit* und *Freiheit* – Freiheit, die nur im Zuhören und Sich-Beistehen-Lassen, in der Ermöglichung von *boētheia* respektiert wird, und die durch Folter zerstört wird (269). Geschichte und Gewalt haben gemein, dass man nicht mehr mit dem anderen Menschen spricht, ihn nicht sprechen lässt: „le survivant qui ne parle plus à l'être qu'il juge" (269). Diese Freiheit könne nur durch Institutionen gesichert werden, die diese garantieren: „la liberté humaine se réfugie de sa propre trahison dans les institutions" (270). (Zur Rolle von Institutionen vgl. Kap. 12. Zur inneren Pluralität als Grundlage der Ethik vgl. Kap. 7.) Die *boētheia* ist für diese Konzeption zentral: Nur ein Individuum, das man reden lässt, sich beistehen lässt, kann immer wieder etwas zu sich hinzufügen, jenseits der bisherigen Wahrnehmung (271). Über ein Individuum urteilen kann man nur in seiner Anwesenheit, wo es sich verteidigen kann (272) – hierzu ist auch *scholē*, potentiell-putativ unendliche Dauer, notwendig (277). Der Mensch, so insistiert Levinas, ist singulär, irreduzibel (271) in eine Totalität welcher Art auch immer, auch durch die Geschichte. Wahrheit, Zugänglichkeit, kann nie unilateral sein, sondern immer nur im Aufruf an den Anderen/die Andere, sich zu äußern (274), darin, ihm/ihr die Möglichkeit zur Apologie, zur Hilfe, zu geben, die Möglichkeit, sich immer Noch-Nicht-Sein zu lassen – hierin sind die Menschen einander laut Levinas verantwortlich. Die Fragilität des Zugangs von

Menschen zueinander – synchron und diachron – steht so im Zentrum seiner Philosophie. Denn zwei Individuen beginnen immer in einem ungleichen, asymmetrischen Verhältnis, „dans l'inégalité des termes, transcendants l'un par rapport à l'autre" (281), ohne dritte, ‚objektive' Perspektive (vgl. Kap. 10). Dies ist die Grundsituation der Sprache: „Un ordre commun aux interlocuteurs s'établit par l'acte positif qui consiste, pour l'un, à *donner* le monde, sa possession, à l'autre; ou par l'acte positif qui consiste, pour l'un à se justifier de sa liberté devant l'autre, c'est-à-dire par l'apologie. L'apologie n'affirme pas aveuglément le soi, mais fait déjà appel à autrui." (282) – die Apologie, die *boētheia*, ist hier das begründende Element des Zusammenlebens. Die eigene Freiheit muss sich immer der Machtausübung gegenüber dem/der Anderen bewusst sein, *schämt* sich dafür, begründet und leistet sich Beistand, und ruft den Anderen/die Andere zur Beurteilung auf: „Ma liberté arbitraire lit sa honte dans les yeux qui me regardent. Elle est apologétique, c'est-à-dire se réfère déjà, de soi, au jugement d'autrui qu'elle sollicite" (282), „en y assistant" bzw. „en assistant à sa propre apparition" (283).

In der Geschichte *kann* der Mensch sich laut Levinas nicht mehr verteidigen. Gleichwohl sieht er die Unvermeidlichkeit des Lebens nacheinander, sieht dieses gar als Essenz menschlichen Lebens an: „L'être [...] est société et, par là, il est temps." (Levinas 2016, 301) Auch die Philosophie wende sich, über die Zeiten hinweg, an die, die sie lesen wollen (302) – hier deutet Levinas (in einem einzelnen Satz) wie Platon *trotz* der Unzureichendheit der Schrift deren Notwendigkeit als Mechanismus der Weitergabe an (auch wenn er oben betont hatte, dass Menschen nicht durch ihre Werke zu Anderen sprechen könnten, 191 – die logische Schwierigkeit seiner Position als Autor eines geschriebenen Werkes wird ihm also bewusst). Das Problem der das einzelne menschliche Leben übersteigenden Transzendenz – des Lebens nacheinander *trotz* der Definition der ethischen Unendlichkeit des Menschen durch seine Zeitlichkeit (307, 315), durch sein Noch-Nicht –, die Frage der Ansprache, Hinterfragung und Weitergabe *nach* dem Tode bleibt bei Levinas jedoch letztlich ungelöst. Seine in *Totalité et infini* angestellten Versuche einer Philosophie der Fruchtbarkeit und der Vaterschaft als Reaktion auf dieses Problem sind nicht nur aus feministischer Perspektive extrem zweifelhaft. In diesem Aspekt werden wir also – mit Blick auf das kulturelle Gedächtnis, die intergenerationelle Kommunikation – wieder auf Gadamer und Derrida zurückgeworfen.

Levinas hat jedoch als erster die Fragilität des Zugangs von Menschen zueinander explizit ins Zentrum einer Ethik gestellt – eine Ethik, in der die Anwesenheit des/der Anderen unsere ursprüngliche Sicht deformiert, den Raum zwischen zwei Individuen krümmt und sich so einer Totalisierung und Objektivierung entzieht (Levinas 2016, 323), und dadurch allein Wahrheit möglich macht. Diese „courbure de l'espace" (324), in der der andere Mensch unsere Perspektive transzendiert, seine Exteriorität, das „face à face – relation dernière et irréductible qu'aucun concept ne saurait embrasser sans que le penseur qui pense ce concept se trouve aussitôt en face d'un nouvel interlocuteur" (324), ist die Grundstellung menschlichen Lebens, die über jede Ontologie hinausgeht. Diese Exteriorität des/der Anderen „signifie la résistance de la multiplicité sociale à la logique qui totalise le multiple" (324), den Widerstand der Pluralität gegen eine einseitige panoramische Sicht über die Welt, gegen die „domination du panoramique" (328; vgl. Kap. 7). Sie bleibt bestehen und verwandelt sich nicht in unsere Interiorität (329), sondern geht immer über uns, unsere Auffassung, unsere Thematisierung, hinaus, in einer „extériorité inépuisable, infinie" (330). Dies ist deswegen möglich, weil der/die Andere ihrer/seiner eigenen Erscheinung beisteht (*boētheia*):

> »Contrairement à la manifestation plastique ou dévoilement [d'un objet] [...] – dans l'expression la manifestation et le manifesté coïncident, le manifesté assiste à sa propre manifestation et, par conséquent, reste extérieur à toute image qu'on en retiendrait [...]. La parole se refuse à la vision, parce que le parlant ne delivre pas de soi que des images, mais est personnellement présent dans sa parole, absolument extérieur à toute image qu'il laisserait. Dans le langage, l'extériorité s'exerce, se déploie, s'é-vertue. Qui parle, assiste à sa manifestation, inadéquat au sens que l'auditeur voudrait en retenir à titre de résultat acquis et, en dehors de la relation même du discours, comme si cette présence par la parole se réduisait à la *Sinngebung* de celui qui écoute. Le langage est le dépassement incessant de la *Sinngebung* par la signification. Cette présence qui dépasse en format la mesure du moi, ne se résorbe pas dans ma vision.« (330)

Im Gegensatz zum Heideggerschen Entdeckten, in der Lichtung, „le manifesté assiste à sa propre manifestation" (330), kann also auf die erste oder zweite Wahrnehmung des ‚Entdeckenden' ebenso wenig reduziert werden wie auf die in den einzelnen Äußerungen ‚enthaltene' ‚Information'.

Gerade in der *boētheia* liegt damit die Unendlichkeit des Menschen: „L'homme n'est vraiment à part, non-englobable, que dans l'expression où il peut ‚porter secours' à sa propre manifestation." (Levinas 2016, 332) Wo Politik und Geschichte sich nur um die abgeschlossenen Werke, die *Oeuvres Complètes*, drehen, bietet die präsentische Rede die Möglichkeit der Transzendenz und damit der Gerechtigkeit: „La justice est un droit à la parole." (332) Das menschliche Sein ist nicht in erster Linie durch das Erkennen von Objekten charakterisiert, sondern durch eine „[s]ocialité première" (340): „l'être se joue dans le rapport entre hommes" (333). Intentionalität richtet sich primär nicht auf die ontologische Thematisierung eines Objektes, sondern auf die Ansprache des/der Anderen, auf die *visage* – als *Gastfreundschaft*: „accueil du visage, hospitalité et non pas thématisation. [...] Le sujet est un hôte." (334) Der Gastgeber/die Gastgeberin öffnet dem Gast ihr/sein Inneres und widmet ihm seine/ihre ausschließliche Aufmerksamkeit. (Vgl. Kap. 8.) Dabei geht der/die Andere immer über uns hinaus, sie/er ist nie *ganz* für uns zugänglich, wir haben nie die Freiheit, ihn/sie gänzlich unserem Urteil zu unterziehen, sie/er hinterfragt permanent die Freiheit unseres Urteils, das sich dementsprechend zu rechtfertigen hat. Levinas weitet so das *boētheia*-Argument aus auf jede Art der Subsumierung des/der Einzelnen, der Verallgemeinerung (331 ff., 342). Die Exteriorität des anderen Menschen ist die Essenz der Moral (337). Levinas' Philosophie demonstriert damit, wie fragil die Zugänglichkeit zum anderen Menschen ist: In vielen alltäglichen Situationen beurteilen wir den anderen Menschen, summieren ihn, betrachten und behandeln ihn als abgeschlossen (ganz im Sinne der organisatorischen Grammatik). Der Respekt (338) vor der Fragilität des Zugangs als ethisches Grundprinzip ist das Hauptziel seiner Philosophie. Nur hieraus könne Wahrheit entstehen (339) – dementsprechend ist die Ethik *prima philosophia* (340). Und nur hieraus, der Anerkennung der Exteriorität des/der Anderen *durch mich*, nicht aus einer unpersönlichen Vernunft, so Levinas, könne Frieden entstehen (342).

Die Gefahr der *Vereindeutigung* (vgl. Bauer 2018), der unilateralen Thematisierung und Informatisierung liegt für Levinas also an der Basis der Gewalt. In Fragen des gegenseitigen Verstehens treffen sich bei ihm Ethik und kulturelle Überlieferung, Leben mit- und nacheinander. Levinas' Philosophie begründet, warum Vereindeutigung eine Gefahr ist, und warum Zugänglichkeit gerade darin besteht, dass man den Anderen/die Andere *offen*, ergänzbar, lässt und sie/ihn *nicht* definiert und abschließt. Damit arbeitet Levinas die ethische Bedeutung der *boētheia* heraus: Er betont, dass *Menschen* stets der Erläuterung und der Hilfe bedürfen, dass sie nicht allein über die allererste Äußerung oder Manifestation wahrgenommen oder rein als *phénomène* bzw. *thème* behandelt werden dürfen. Es ist gesamtgesellschaftlich noch zu realisieren, was es heißt, dass die/der Andere *immer* über uns und unsere Informationslage hinausgeht – aus diesem Über-Uns-Hinausgehen entstehen laut Levinas unsere Verantwortung, den Anderen/die Andere nicht zu reduzieren, und die Notwendigkeit zur *boētheia* – Hilfe, die man sich durch Präsenz und durch Sprache leistet, Hilfe, die man selber braucht (und die so Verantwortung erzeugt) und die man sich selber und auch dem/der Anderen leistet. Levinas realisiert die zentrale *ethische* Funktion der Hilfe bei Platon, die für schriftliche *und* mündliche Rede gilt, er radikalisiert sie sogar noch, indem er sagt, dass auch die bloße *Präsenz des Menschen* noch der Hilfe bedarf – weil er immer über uns hinausgeht. Aus dieser Unendlichkeit, diesem Über-Uns-Hinausgehen entsteht unsere Verantwortung, den anderen Menschen nicht zu einem fertigen Produkt zu reduzieren, zu bloß zu thematisierender Information. Denn aus der Reduktion entsteht Gewalt. Levinas zeigt so, wie Kognition und Gewalt zusammenhängen: Wer sich nicht hinterfragt, wer das eigene Urteil nicht durch den Anderen/die Andere hinterfragen lässt, begeht nicht nur einen kognitiven Fehler, sondern handelt gewaltsam – und legt die Grundlage für physische Gewalt. Dies wirft ein neues Licht auf die unilaterale Liefererwartung der Informationsgesellschaft.

7 Denken als innerer Dialog: Innere Pluralität und vereinfachende Gewalt bei Hannah Arendt

Beginnen wir neu, wieder in einem Moment des Todes, des Umschlagens in die Schrift: Als die politische Philosophin Hannah Arendt 1975 in New York, umgeben von Gesprächspartner/inne/n, plötzlich an einem Herzinfarkt starb, befand sie sich mitten in der Arbeit an einem großen Buch, in dem es um unsere geistigen Kapazitäten, das Denken, das Wollen und das Urteilen gehen sollte. *The Life of the Mind*, schließlich 1978 von ihrer Nachlassverwalterin Mary McCarthy veröffentlicht, entwickelt im ersten Teil, *Thinking*, eine Konzeption der inneren Pluralität des Menschen, die, frühere Überlegungen aufnehmend, zentral auf Platons Konzept des Denkens als innerer Dialog (s. o., *Theaitetos* 189e–190a, *Sophistes* 263e–264a) aufbaut, welches sich rückblickend – ähnlich wie die *boētheia* für Levinas – als zentral für Arendts Werk erweist (zu Arendt und Platon vgl. z. B. Lavallée 2018; Bluhm 2016; Magiera 2007). Gleichzeitig leistet die Analyse dieses Konzepts bei Arendt einen wichtigen Beitrag zu unserer Erörterung der ethischen Bedeutung von Innerlichkeit und Zugänglichkeit, der Alltäglichkeit des Missverstehens, des Zusammenhangs von *scholē* und Konzentration und, schließlich, der Verbindung von gedanklicher und physischer Gewalt, die unserer Kritik der Informationsgesellschaft zugrundeliegt. Arendt verstand sich während ihrer gesamten Karriere als Vertreterin der politischen Theorie und signalisierte immer wieder Distanz zum Begriff der Philosophin. Mit ihren Büchern zur Totalitarismustheorie und zum Prozess von Adolf Eichmann hat sie die politische Debatte maßgeblich geprägt. Es mag daher seltsam anmuten, dass sie sich am Ende ihrer Karriere in einem großen Werk – in Auseinandersetzung mit der klassischen philosophischen Tradition, von Platon und Aristoteles bis Kant und Heidegger – mit den scheinbar rein philosophischen Themen des Denkens, Wollens und Urteilens befasst. Es wird sich jedoch zeigen, dass Arendt in ihrem *Opus magnum* gerade zum Kern ihres bisherigen Denkens vorstößt und die Grundlagen der von ihr analysierten *politischen* Fragen im *Geistigen* aufdeckt.

The Life of the Mind: Die ethische Bedeutung des inneren Dialogs

In ihrer Einleitung macht Arendt sofort deutlich, dass ihre Erörterung der grundlegenden Tätigkeiten und Fähigkeiten des Geistes einen besonderen Ursprung hat – ihre Teilnahme am Eichmann-Prozess. Für Nicht-Arendt-Leser/innen sei gesagt, dass Adolf Eichmann, ein Cheflogistiker des Holocaust, 1960 in Südamerika entdeckt, nach Israel gebracht und dort vor Gericht gestellt wurde. Bei dem Prozess, der für Eichmann mit der Todesstrafe endete, waren viele internationale Beobachter/innen anwesend, unter anderem Arendt als Berichterstatterin für eine amerikanische Zeitschrift. Ihre Berichte vom Prozess, ebenso wie die spätere Buchfassung, erregten viel Aufsehen und riefen massive Kritik hervor, insbesondere wegen ihrer Kommentare zum Verhalten von Juden während des Nationalsozialismus sowie wegen ihrer Einschätzung von Eichmanns Charakter als Inbegriff der „Banalität des Bösen" (vgl. z. B. Smith 2000). Wir werden sehen, dass es in *The Life of the Mind* (kurz *Life*) um die Grundlagen genau dieses Begriffes geht und dass die Analyse des Denkens in *Life* der Analyse des Nicht-Denkens in Arendts Eichmann-Buch exakt gegenübersteht.

Arendts Erörterungen in *Life* beginnen beim Zusammenhang von Denken und Gewalt, dem wir zuvor bei Levinas nachgegangen sind:

> "my preoccupation with mental activities has two rather different origins. The immediate impulse came from my attending the Eichmann trial in Jerusalem. In my report of it I spoke of 'the banality of evil'. Behind that phrase, I held no thesis or doctrine, although I was dimly aware of the fact that it went counter to our tradition of thought [...] about the phenomenon of evil" (Arendt 1978, I, 3)

– einer Tradition, die die mächtigen und komplexen Motive böser Taten heraushebe. Genau dieses kann Arendt jedoch bei Eichmann nicht feststellen, sondern findet die Wurzel seiner Handlungen in einem *Mangel* an Denken bzw. Nachdenken. Was dies genau heißt, darum geht es hauptsächlich in *Life*:

> "I was struck by a manifest shallowness in the doer that made it impossible to trace the uncontestable evil of his deeds to any deeper level of roots or motives. The deeds were monstrous, but the doer [...] was quite ordinary, commonplace, and neither demonic nor monstrous. There was no sign in him of firm ideological convictions or of specific evil motives, and the only notable characteristic one could detect in his past behavior as well as in his behavior during the trial and throughout the pre-trial police examination was something entirely negative: it was not stupidity but *thoughtlessness*. In the setting of Israeli court and prison procedures he functioned as well as he had functioned under the Nazi regime but, when confronted with situations for which such routine procedures did not exist, he was helpless, and his cliché-ridden language produced on the stand, as it had evidently done in his official life, a kind of macabre comedy. Clichés, stock phrases, adherence to conventional, standardized codes of expression and conduct have the socially recognized function of protecting us against reality, that is, against the claim on our thinking attention that all events and facts make by virtue of their existence. If we were responsive to this claim all the time, we would soon be exhausted; Eichmann differed from the rest of us only in that he clearly knew of no such claim at all." (4)

In dieser einleitenden Beschreibung stecken bereits grundlegende Konzepte Arendts: der Mangel an Nachdenken, die Sprachgebundenheit des Denkens und die Rolle ideologischer und klischeehafter Sprache. So erkennt sie durchaus die praktische Funktion der Sprache an, die Komplexität der Welt handhabbar zu machen; gleichzeitig sieht sie aber den Zusammenhang zwischen Komplexitätsreduktion und Gewalt, der mindestens dann schnell zutage tritt, wenn sich die Vereinfachung auf Personen bezieht und uns für deren Komplexität unzugänglich macht. Arendt weitet hier ihre Überlegungen zum Eichmann-Fall auf eine generelle Reflexion zur ethischen Bedeutung des Denkens aus: Inwiefern, fragt sie in *Life*, könnte diese Absenz des Nachdenkens, in praktischen Zusammenhängen doch so üblich, mit bösen Taten in Verbindung gebracht werden?

> "It was this absence of thinking – which is so ordinary an experience in our everyday life, where we have hardly the time, let alone the inclination, to *stop* and think – that awakened my interest. Is evil-doing [...] possible in default of not just 'base motives' [...] but of any motives whatever, of any particular prompting of interest or volition? Is wickedness, however we may define it, this being 'determined to prove a villain,' *not* a necessary condition for evil-doing? Might the problem of good and evil, our faculty for telling right from wrong, be connected with our faculty of thought? [...] Could the activity of thinking as such, [...] regardless of results and specific content, [...] be among the conditions that make men abstain from evil-doing or even actually 'condition' them against it?" (4–5)

Arendt geht es hierbei nicht nur um einen theoretischen Zusammenhang zwischen gedanklicher und realer Gewalt, sondern um die brennende Frage, wie Gewalt zukünftig verhindert werden kann.

Es zeigt sich bereits an diesem frühen Punkt des Buches, dass die Aktivität des Denkens für Arendt fundamental durch Platons Konzept des Denkens als innerer Dialog geprägt ist: „The thinking activity – according to Plato, the soundless dialogue we carry on with ourselves" (Arendt 1978, I, 6). Sie fragt nach der Natur ebenso wie nach dem Ort und der sozialen Position und Rolle des Denkens: „What are we ‚doing' when we do nothing but think? Where are we when we, normally always surrounded by our fellow-men, are together with no one but ourselves?" (8) Denken habe man oft mit der Spezialistin, dem Philosophen verbunden, zurückgezogen von der Welt, in Nachdenken versunken. Diese Beschränkung aber habe ihre Gültigkeit verloren, die Notwendigkeit des Nachdenkens müsse für alle mündigen Personen gefordert werden: „If, as I suggested before, the ability to tell right from wrong should turn out to have anything to do with the ability to think, then we must be able to ‚demand' its exercise from every sane person, no matter how erudite or ignorant, intelligent or stupid, he may happen to be." (13) Indem Arendt sagt, dass nicht nur jede/r denken *kann*, jede/r zur Mündigkeit fähig ist, sondern dass jede/r denken *muss*, verschärft sie die Thesen der Aufklärung: Einem mündigen Menschen ist Gedankenlosigkeit nicht *erlaubt*, sie ist unethisch. Damit bezieht sie sich nicht nur auf Eichmann, sondern auch auf den ihrer Ansicht nach mangelnden Widerstand des Normalbürgers/der Normalbürgerin während des Nationalsozialismus. Mit Intelligenz, so Arendt, habe diese Gedankenlosigkeit nichts zu tun: „absence of thought is not stupidity; it can be found in highly intelligent people, and a wicked heart is not its cause; it is probably the other way round, that wickedness may be caused by absence of thought." (13) Die philosophische Tradition habe sich mit dieser *sozialen* und damit letztlich *ethischen* Bedeutung des Nachdenkens zu wenig befasst (15).

Nach diesen einleitenden Erörterungen beginnt Arendt ihre Untersuchungen mit Beobachtungen des sozialen Lebens und der Bedeutung der Wahrnehmung des Außen, der Erscheinung: „everything that is is meant to be perceived by somebody. [...] [T]here is no subject that is not also an object and appears as such to somebody else" (Arendt 1978, I, 19). Die Welt des Nachdenkens müsse sich in dieser sozialen, sichtbaren Welt verorten, die äußere Darstellung des Inneren müsse in entsprechende Überlegungen stets miteinbezogen werden: „To be alive means to be possessed by an urge toward self-display [...]. Living things *make their appearance* like actors on a stage set for them." (21) Das Primat der Erscheinung in einer sozialen Welt bedinge gleichzeitig Auffassungen des Inneren und der Fokussierung auf sich selbst:

> "The primacy of appearance for all living creatures [...] is of great relevance to the topic we are going to deal with – those mental activities by which we distinguish ourselves from other animal species. For although there are great differences among these activities, they all have in common a *withdrawal* from the world as it appears and a bending back toward the self." (22)

Dieser Rückzug erscheine aber natürlich dennoch nach außen (22) – wie wir in den Sokrates-Darstellungen des *Symposion* und in der Thales-Episode des *Theaitetos* gesehen haben. Gleichzeitig wirke sich diese Welt des Erscheinens auf das Denken selbst und auf Vorstellungen von ihm aus. Auch die Philosophin/der Philosoph könne sich der Welt des Erscheinens nicht entziehen (24), Erscheinungen bestimmten unser tägliches Leben, jenseits von abstrakten wissenschaftlichen Erkenntnissen – „nobody so far has succeeded in *living* in a world that does not manifest itself of its own accord." (26) Inspiriert von der Biologie der Erscheinungsformen bei Adolf Portmann betont Arendt, dass das Individuum sogar einen „*urge to appear*" habe, „to fit itself into the world of appearances by displaying and showing, not its ‚inner self' but itself as an individual." (29) Arendt wendet sich damit in gewissem Maße gegen die gängige Vorstellung, dass das Innere das deutlich Wertvollere sei als die Erscheinung – sie hebt den

Wert *beider* Dimensionen heraus, Dimensionen, aus denen man aufgrund der Notwendigkeit räumlich-metaphorischer Sprache zur Verdeutlichung auch nicht herauskommt: „Thought with its accompanying conceptual language, since it occurs in and is spoken by a being at home in a world of appearances, stands in need of metaphors in order to bridge the gap between a world given to sense experience and a realm where no such immediate apprehension of evidence can ever exist." (32) Dementsprechend arbeitet sie weiter mit Vorstellungen von Außen (Erscheinung im Sozialen) und Innen (jenseits der Erscheinung, jenseits des Sozialen) und, darauf aufbauend, mit dem platonischen Konzept des stillen *inneren* Dialogs, eines Denkens, das eben abgeschieden, innerlich, jenseits der sozialen Welt stattfindet – gleichzeitig aber in dieser wahrgenommen wird.

Denken ist laut Arendt ebenso sprachlich verfasst wie das soziale Leben: „Our mental activities [...] are conceived in speech even before being communicated [...]. Thought without speech is inconceivable" (Arendt 1978, I, 32). Diese Vorstellung verbindet sie mit dem platonischen Konzept des inneren Dialogs: „even silent, non-appearing activity already consists in speech, the soundless dialogue of me with myself" (31). Was man von diesem Innenleben nach außen zeigt, bestimmt man in gewissem Maße selbst:

> "In addition to the urge toward self-display by which living things fit themselves into a world of appearances, men also *present* themselves in deed and word and thus indicate how they *wish* to appear, what in their opinion is fit to be seen and what is not. This element of deliberate choice [...] seems specifically human. *Up to a point* we can choose how to appear to others" (34).

Arendt erörtert hier wie Levinas die Rolle des Erscheinens füreinander: Wir präsentieren uns in Worten, Taten und Gesten – und schaffen einen für Andere konsistenten Charakter: „I am making an act of deliberate choice among the various potentialities of conduct with which the world has presented me. Out of such acts arises finally what we call character or personality, the conglomeration of a number of identifiable qualities gathered together into a comprehensible and reliably identifiable whole" (37). Dahinter steht jedoch für Arendt keine ‚wahre' Einheit eines inneren Selbst, die es zu entdecken oder zu offenbaren gälte (39), sondern die *grundsätzliche Pluralität* des Denkens, der laufende innere Dialog als Aktivität (40), bei der man sich von der physischen Welt zurückzieht, „the mind's experiences of withdrawal from the real world" (44), „the mind's withdrawal as the necessary condition of all mental activities" (96). Arendt bezieht sich hier explizit auf die *scholē* (vgl. 92–93), die sich in ihrem Denken, wie wir sehen werden, wiederum als kognitive und ethische Notwendigkeit erweist. Der Mensch sei in der paradoxen Position eines Wesens „that, though itself part of the world of appearances, is in possession of a faculty, the ability to think, that permits the mind to withdraw from the world without ever being able to leave it or transcend it." (45) Beim Denken ziehe man sich von der Welt zurück in das Alleinsein, das Sein mit sich: „while, for whatever reason, a man indulges in sheer thinking, and no matter on what subject, he lives completely in the singular, that is, in complete solitude" (47). Das Denken ersetzt so temporär die Welt, außerhalb von Raum und Zeit (210). Den Begriff des Alleinseins wird Arendt später – im politischen Kontext – von der Einsamkeit und der Isolierung abgrenzen.

Arendts Beschreibung des Denkens geht vom platonischen Rahmen aus – Denken steht bei ihr immer in der Auseinandersetzung mit der notwendigen *ascholia* des praktischen Lebens: „Absence of thought is indeed a powerful factor in human affairs, statistically speaking the most powerful [...]. The very urgency, the *a-scholia*, of human affairs demands provisional judgments, the reliance on custom and habit, that is, on prejudices." (Arendt 1978, I, 71) Ein gänzliches Sich-Überlassen an diese beschäftigte Welt ohne Nachdenken, an die Praxis, das Vorurteil, das Klischee, ein Aussetzen des inneren Dialogs, ist für Arendt jedoch fatal – der *innere* Dialog ist für das menschliche *Zusammenleben* notwendig. Dieses weltabgewandte Nachdenken ist nach außen nur in seiner Abgewandtheit wahrnehmbar: „the main characteristic of mental activities is their *invisibility* [...]. The only outward manifestation of the mind is absent-mindedness, an obvious disregard of the surrounding world" (71–72). Die Fokussierung auf sich selbst als Dialogpartner/in ist dabei bestimmend für das geistige Leben:

> "to be by myself and to have intercourse with myself is the outstanding characteristic of the life of the mind [...]. [...] Mental activities themselves all testify by their *reflexive* nature to a *duality* inherent in consciousness; the mental agent cannot be active except by acting, implicitly or explicitly, back upon himself. [...] Mental activities, and [...] especially thinking – the soundless dialogue of the I with itself – can be understood as the actualization of the original duality or the split between me and myself which is inherent in all consciousness." (74–75)

Diese Fokussierung auf den inneren Dialogpartner bedinge die Weltabgewandtheit: „For thinking, [...] withdrawal from the world of appearances is the only essential precondition." (78) Die Welt sei derweil im Denken repräsentiert:

> "thought, because of its tendency to generalize, i. e., its special concern for the general as opposed to the particular, tends to withdraw from the world altogether – as from the world's being *present* to the senses. *Every mental act rests on the mind's faculty of having present to itself what is absent from the senses.* Re-presentation, making present of what is actually absent, is the mind's unique gift" (75–76).

Denken unterbricht Handlungen ebenso wie die Wahrnehmung der gemeinsamen und sozialen Welt: „Thinking [...] interrupts any doing, any ordinary activities [...]. All thinking demands a *stop*-and-think." (78) So erklärt sich laut Arendt die Metapher von Innen und Außen – das zuvor Gesehene, Gehörte etc. verschwindet und wird *ersetzt* durch den Gegenstand des Denkens (wir denken zurück an den weltersetzenden Charakter der Konzentration bei Platon). Arendt beschreibt hier auch den möglichen Konflikt zwischen dem *common sense* des täglichen Lebens und seinen Erscheinungen einerseits, und dem zurückgezogenen, rein aufs Denken fokussierten Philosophen (bzw. der Philosophin) andererseits – ihrerseits mit Bezug auf die platonische Thales-Episode (82–83). Sie versucht, diesen weltersetzenden geistigen Rückzug genauer zu charakterisieren: „in the proverbial absent-mindedness of the philosopher, everything is absent because something actually absent is present to his mind, and among the things absent is the philosopher's own body" (84). Der Denker (bzw. Denkerin) entzieht sich der wahrnehmbaren Welt: „While thinking I am not where I actually am; I am surrounded not by sense-objects but by images that are invisible to everybody else. It is as though I had withdrawn into some never-never-land, the land of invisibles" (85). Bei der Rückkunft in die alltägliche Realität fühlt sich die Denkerin/der Denker dann wie Orpheus im Mythos: „More precisely than could any terminological language, the old myth tells what happens the moment the thinking process comes to an end in the world of ordinary living: all the invisibles vanish again." (86) Die innere Pluralität wird wieder zur Einheit der sozialen Identität „as soon as the thinker's solitude is broken in upon and the call of the world and our fellow-men changes the inner duality of the two-in-one into a One again." (198)

Sichtbar, so Arendt, werde das Gedachte über die Sprache gemacht – in welcher wir uns Anderen zeigen (vgl. Levinas):

> "Mental activities, invisible themselves and occupied with the invisible, become manifest only through speech. Just as appearing beings living in a world of appearances have an urge to show themselves, so thinking beings, which still belong to the world of appearances even after they have mentally withdrawn from it, have an *urge to speak* and thus to make manifest what would otherwise not be a part of the appearing world at all." (Arendt 1978, I, 98)

Die Sprachgebundenheit des Denkens – „thoughts do not have to be communicated in order to occur, but they cannot occur without being spoken – silently or sounding out in dialogue, as the case may be" (99) – rühre aus der Tatsache her, dass der Mensch in der Gesellschaft, in der Vielzahl existiere (99), in der gegenüber Anderen Begründung und Bedeutung geschaffen werden müssten (100; vgl. *boētheia*) – die gleichen Mechanismen greifen dann auch beim inneren Dialog. Arendt stellt hierbei einerseits die Frage der Zugänglichkeit des intern Gedachten für Andere – des inneren Dialogs in der Sprache nach außen – und kommt so zur platonischen Schriftkritik, die die Reduktion von einmal Geäußertem auf seine Vorlageform herausstellt (110 ff.). Das Bild des Denkens als innerer Dialog, „thinking, the silent dialogue of me with myself" (122), führt sie jedoch andererseits auch zur eigentlichen, ethisch geprägten Funktion des Denkens. Denken ist für Arendt kein Prozess, der zu abgeschlossenem Wissen führt, sondern ein steter Prozess der Selbsthinterfragung bisheriger Ergebnisse: „the business of thinking is like Penelope's web; it undoes every morning what it has finished the night before." (88) Sokrates, Arendts Idealtyp des Denkers/der Denkerin, stößt diesen inneren Dialog in anderen Menschen an, bringt sie zum Denken (172), fordert ihre Gedankenlosigkeit heraus, erlaubt keine einfache Akzeptanz von Begriffen wie Wissen oder Gerechtigkeit. Aus diesen sokratischen Überlegungen nährt sich auch Arendts Vorstellung der Verbindung von Gedankenlosigkeit und Gewalt, die durch das Eichmann-Buch so berühmt geworden ist. Wiederum aufbauend auf Platons Schrift- und Sprachkritik sagt Arendt klar, was droht, wenn Denken sprachlich geäußert und dann als *Produkt* („*frozen thought*", 171) statt als *Prozess* genommen wird: „When common opinion gets hold of the ‚concepts,' that is, the manifestations of thinking in everyday speech, and begins to handle them as though they were the results of cognition, the end can only be a clear demonstration that no man is wise." (176–177) Hier sehen wir die sokratischen Ursprünge der Konzeption der „Banalität des Bösen".

An diesem Punkt kommt auch Arendts eigentliches Gebiet, die politische Philosophie, wieder hinein – als weiterer Hintergrund für ihr Eichmann-Urteil:

> "non-thinking [...] also has its perils. By shielding people from the dangers of examination, it teaches them to hold fast to whatever the prescribed rules of conduct may be at a given time in a given society. [...] If ethical and moral matters really are what the etymology of the words indicates, it should be no more difficult to change the mores and habits of a people that it would be to change their table manners. The ease with which such a reversal can take place under certain conditions suggests indeed that everybody was fast asleep when it occurred. I am alluding, of course, to what happened in Nazi Germany [...], when suddenly the basic commandments of Western morality were reversed" (Arendt 1978, I, 177).

Im gleichen Atemzug nennt sie auch die aus ihrer Sicht schnelle ‚Umerziehung' der deutschen Bevölkerung nach dem Krieg. Hier erarbeitet Arendt eine Grundlage für ihre Einschätzung zur „connection between evil and lack of thought", der „possible interconnectedness of non-thought and evil" (beide 179), die sie bei Eichmann gesehen hatte und die bei jedem Menschen – nicht nur bei wenigen, Dummen oder Intelligenten – auftreten kann, unabhängig von der Person und dem Objekt des Denkens: „If there is anything in thinking that can prevent men from doing evil, it must be some property inherent in the activity itself, regardless of its objects." (180)

Um dies weiter zu erläutern, geht Arendt im Folgenden wieder von Sokrates aus, der in *Gorgias* 482c erkläre, man müsse mit sich selbst übereinstimmen (Arendt 1978, I, 181). Dies bedinge aber, so Arendt, ein zumindest mehrstimmiges Selbst (183), das sich nach außen als *eines* zeige:

"when I appear and am seen by others, I am one; otherwise I would be unrecognizable. And so long as I am together with others, barely conscious of myself, I am as I appear to others. We call *consciousness* [...] the curious fact that in a sense I also am for myself [...], which indicates that the Socratic 'being one' is not so unproblematic as it seems; I am not only for others but for myself, and in this latter case, I clearly am not just one. A difference is inserted in my Oneness." (183)

Eins sei das Individuum nach außen – innen herrsche Pluralität:

"For nothing can be itself and at the same time for itself but the two-in-one that Socrates discovered as the essence of thought and Plato translated into conceptual language as the soundless dialogue *eme emautō* – between me and myself. But, again, it is not the thinking activity that constitutes the unity, unifies the two-in-one; on the contrary, the two-in-one become One again when the outside world intrudes upon the thinker and cuts short the thinking process. Then, when he is called by his name back into the world of appearances, where he is always One, it is as though the two into which the thinking process had split him clapped together again." (185)

Das Bild des Denkens als innerer Dialog, der existentiellen inneren Pluralität des Menschen als maßgebliche Voraussetzung *kritischen* Denkens, beherrscht entsprechend Arendts weitere Ausführungen:

"Nothing perhaps indicates more strongly that man exists *existentially* in the plural than that his solitude actualizes his merely being conscious of himself [...] into a duality during the thinking activity. It is this *duality* of myself with myself that makes thinking a true activity, in which I am both the one who asks and the one who answers. Thinking can become dialectical and critical because it goes through this questioning and answering process, through the dialogue of *dialegesthai*, which actually is a 'travelling through words,' a *poreuesthai dia tōn logōn*, whereby we constantly raise the basic Socratic question: *What do you mean when you say ...?* Except that this *legein*, saying, is soundless and therefore so swift that its dialogical structure is somewhat difficult to detect." (185)

Das denkende Ich „proceeds in the form of a silent dialogue." (187) Mit sich selbst (bzw. seinen Werten) übereinstimmen kann der Mensch paradoxerweise nur, wenn er sich immer kritisch hinterfragt, immer im Plural ist; wer sich nicht hinterfragt, existiert nicht im Plural, denkt nicht. Moralisch relevant ist dies, weil man diesem Dialogpartner bzw. -partnerin, sich selbst, nie entrinnen könne und daher immer seinem Urteil ausgesetzt sei – niemand wolle schließlich mit sich selbst als Mörder/in zusammenleben. Dem könne man nur entfliehen, wenn man aufhöre zu denken: „The partner who comes to life when you are alert and alone is the only one from whom you can never get away – except by ceasing to think." (188) Hier sind die Grundlagen von Arendts Eichmann-Diagnose der Gedankenlosigkeit.

Diese Gefahr des Nicht-Denkens herrsche allenthalben: „most evil is done by people who never made up their minds to be or do either evil or good." (Arendt 1978, I, 180) Alles, was man hierzu zu tun habe,

> "is never start the soundless solitary dialogue we call 'thinking,' never go home and examine things. This is not a matter of wickedness or goodness, as it is not a matter of intelligence or stupidity. A person who does not know that silent intercourse (in which we examine what we say and what we do) will not mind contradicting himself, and this means he will never be either able or willing to account for what he says or does; nor will he mind committing any crime, since he can count on its being forgotten the next moment." (190–191)

Denken sei nicht für Wenige reserviert, sondern

> "an ever-present faculty in everybody; by the same token, inability to think is not a failing of the many who lack brain power but an ever-present possibility for everybody – scientists, scholars, and other specialists in mental enterprises not excluded. Everybody may come to shun that intercourse with oneself whose feasibility and importance Socrates first discovered. [...] A life without thinking is quite possible; it then fails to develop its own essence – it is not merely meaningless; it is not fully alive. Unthinking men are like sleepwalkers." (191)

Wir erinnern uns an Arendts Vorwurf, bei der Machtübernahme der Nazis seien alle „fast asleep" gewesen (177). Denken und Totalitarismus stehen sich hier unversöhnlich gegenüber (vgl. Kap. 10). Den Denkenden, und den professionell Denkenden besonders, wachse dementsprechend in gesellschaftlichen Ausnahmesituationen zwingend politische Bedeutung zu: „When everybody is swept away unthinkingly by what everybody else does and believes in, those who think are drawn out of hiding because their refusal to join in is conspicuous and thereby becomes a kind of action. In such emergencies, it turns out that the purging component of thinking [...] is political by implication." (192) Denken *befreie* die Fähigkeit des Urteilens. Nur durch den Einsatz dieses Denkens, „the two-in-one of the soundless dialogue", und des entsprechenden Urteilens, das das Denken „in the world of appearances, where I am never alone and always too busy to be able to think" sichtbar mache, sei es möglich, menschliche Katastrophen zu verhindern: „this, at the rare moments when the stakes are on the table, may indeed prevent catastrophes, at least for the self." (alle 193)

Sind diese philosophischen Erörterungen, so könnte man nun fragen, nur im Nachhinein nachgeschobene Legitimierungen von Arendts spontaner Reaktion auf den Eichmann-Prozess? Ein Rückzug ins Philosophische nach der harschen öffentlichen Reaktion auf ihren Bericht? Dies kann man klar verneinen: Bereits zwei Jahrzehnte zuvor, in ihrer Sokrates-Vorlesung 1954 (wir verwenden hier die aktuelle deutsche Übersetzung, die gegenüber der englischen Fassung in Arendt 1990 einen zusätzlichen Abschnitt enthält), hatte Arendt die sokratische Vorstellung ihren eigenen Überlegungen zugrundegelegt,

> „dass jeder von uns ein einziger Mensch ist und doch mit sich selbst (*eme emautō*) zu reden vermag, als wäre er zwei. [...] Die Fähigkeit, zu sprechen, und die Tatsache der menschlichen Pluralität entsprechen einander nicht nur in dem Sinne, dass ich mich mit den anderen, mit denen zusammen ich auf der Welt bin, mit Worten verständige, sondern in dem sogar noch wichtigeren Sinne, dass ich, indem ich mit mir selbst spreche, mit mir zusammenlebe [...]. [...] weil ich in Gedanken aufgespalten bin, Zwei-in-Einem bin, deshalb lebe ich nicht nur zusammen mit anderen, als Einer, sondern lebe auch mit mir selbst." (Arendt 2016, 56–57).

Hier greift Arendt nahezu wortgleich auf die bekannten Stellen aus *Theaitetos* (innerer Dialog) und *Gorgias* (Übereinstimmen mit sich selbst) zurück (56–58). Wir erkennen hier vieles wieder, das später *Life* prägen wird, so auch die Unverzichtbarkeit der inneren Pluralität:

> „Selbst wenn ich ganz allein leben würde, so lebte ich doch mein Leben lang im Zustand der Pluralität. Ich muss mit mir selber zurechtkommen [...]. Der Philosoph, welcher der Grundbedingung der menschlichen Pluralität zu entkommen sucht und in die absolute Einsamkeit flieht, ist dieser jedem Menschen inhärenten Pluralität sogar noch radikaler ausgeliefert als ein anderer. Denn es ist ja das Gespräch mit anderen, das mich aus dem aufspaltenden Gespräch mit mir selbst herausreißt und mich wieder zu Einem macht – zu einem einzigen, einzigartigen Menschen, der nur mit einer Stimme spricht und von allen als ein einziger Mensch erkannt wird." (57)

Hier wird klar, dass Arendt diese Pluralität – durchaus an Levinas erinnernd – als Grundlage von Menschlichkeit und Ethik sieht:

> „Die Menschen existieren nicht nur [...] im Plural, sie tragen die Signatur dieser Pluralität in sich. Doch kann das Selbst, mit dem ich in der Einsamkeit allein bin, niemals dieselbe klar umrissene und einzigartige Form annehmen, welche alle anderen Menschen für mich haben; es bleibt vielmehr stets veränderlich und ein wenig ambivalent. Und in dieser Form von Veränderlichkeit und Ambivalenz repräsentiert das Selbst für mich, wenn ich allein bin, alle Menschen, die Menschlichkeit aller Menschen. Was ich von anderen Men-

schen erwarte [...] ist weitgehend bestimmt von den stets veränderlichen Möglichkeiten des Selbst, mit welchem ich zusammenlebe." (60)

Arendt leitet hier aus der Vorstellung des Denkens als innerer Dialog eine Ethik her, die – so zeigt sich – auf den Erfahrungen des Totalitarismus beruht und wiederum die Notwendigkeit des Alleinseins (*solitude, scholē*) betont:

> „Wir unsererseits, die wir unsere Erfahrungen mit totalitären Massenorganisationen haben, deren hauptsächliches Anliegen es ist, jegliche Möglichkeit des Alleinseins abzuschaffen [...], können dafür einstehen, dass in dem Augenblick, da ein Minimum des Mit-sich-selbst-Alleinseins nicht mehr garantiert ist, nicht nur das säkulare Gewissen, sondern jegliche Gewissensform verschwinden wird. Das häufig beobachtete Phänomen, dass das Gewissen unter totalitären Bedingungen nicht mehr funktioniert [...], lässt sich auf diese Weise erklären. Niemand, der nicht fähig ist, mit sich selbst einen Dialog zu führen, kann sein Gewissen bewahren. Denn ihm fehlt, was für alle Formen des Denkens notwendig ist: das Alleinsein." (63)

Und so ist die „Einsamkeit mit sich selbst, der Dialog des Zwei-in-Einem [...] integraler Bestandteil des Zusammenseins und Zusammenlebens mit anderen" (81). Der innere Dialog, der nur in der Abgeschiedenheit der *scholē* möglich ist, erweist sich als ethische Notwendigkeit: Mit ihm steht nicht weniger auf dem Spiel als *die Möglichkeit des Gewissens*.

Eichmanns Gedankenlosigkeit

Auf dieser Grundlage können wir uns nun dem Eichmann-Buch selbst zuwenden, zunächst auf Englisch in *The New Yorker* veröffentlicht, später auf Deutsch als *Eichmann in Jerusalem. Ein Bericht von der Banalität des Bösen* (aufgrund des Bezugs auf Deutschland und Eichmanns Sprache wählen wir hier die deutsche Fassung). Die Vorstellung der Banalität des Bösen, die sie im Wesentlichen als die Abwesenheit von Denken verstand, war Arendt so wichtig, dass sie sie als Untertitel ihres Eichmann-Buches wählte (was ihr viel Ärger einbrachte). Zentral ist, dass Arendt als *Philosophin* über den Prozess berichtete, aus der Ansicht heraus, „daß sowohl die Person und die Tatumstände als auch das Gerichtsverfahren selbst Probleme allgemeiner Natur aufgeworfen haben, die weit über das in Jerusalem Verhandelte hinausgehen" (Arendt 2017, 56) – und genau diese Perspektive zeigt sich in Arendts Herleitung der Banalität des Bösen aus der allseitig lauernden Gefahr der Gedankenlosigkeit. Die Auseinandersetzung um diesen Begriff ahnte Arendt voraus, gerade weil seine philosophische Generalisierung nicht verstanden werden würde: „In diesem Sinne könnte ein echter Streit sich auch über den Untertitel des Buches erheben; denn in dem Bericht selbst kommt die mögliche Banalität des Bösen nur auf der Ebene des Tatsächlichen zur Sprache, als ein Phänomen, das zu übersehen unmöglich war." (56) In *Life* hat Arendt die philosophische Begründung und Bedeutung ihrer Einschätzung nachgeliefert.

Und so lesen wir vor dem Hintergrund der Erläuterungen in *Life* das Eichmann-Buch noch einmal neu. Wie in *Life* (I, 3–4), und mit denselben Vergleichen, schließt Arendt bei Eichmann komplexere Motivationen aus:

> „Eichmann war nicht Jago und nicht Macbeth, und nichts hätte ihm ferner gelegen, als mit Richard III. zu beschließen, ‚ein Bösewicht zu werden'. Außer einer ganz ungewöhnlichen Beflissenheit, alles zu tun, was seinem Fortkommen dienlich sein konnte, hatte er überhaupt keine Motive; [...] er hätte bestimmt niemals seinen Vorgesetzten umgebracht, um an dessen Stelle zu rücken. Er hat sich nur, um in der Alltagssprache zu bleiben, *niemals vorgestellt, was er eigentlich anstellte.*" (Arendt 2017, 56)

Eichmanns Mangel an Denken sieht sie nicht als Dummheit (sie beschreibt seine Fähigkeiten beim Organisieren und Verhandeln komplexer Prozesse):

> „er war nicht dumm. Es war gewissermaßen schiere Gedankenlosigkeit – etwas, was mit Dummheit keineswegs identisch ist –, die ihn dafür prädisponierte, zu einem der größten Verbrecher jener Zeit zu werden. Und wenn dies ‚banal' ist und sogar komisch, wenn man ihm nämlich beim besten Willen keine teuflisch-dämonische Tiefe abgewinnen kann, so ist es darum doch noch lange nicht alltäglich. Es dürfte gar nicht so oft vorkommen, daß einem Menschen im Angesicht des Todes und noch dazu unter dem Galgen nichts anderes einfällt, als was er bei Beerdigungen sein Leben lang zu hören bekommen gar, und daß er über diesen ‚erhebenden Worten' die Wirklichkeit des eigenen Todes unschwer vergessen kann. Daß eine solche Realitätsferne und Gedankenlosigkeit in einem mehr Unheil anrichten können als alle die dem Menschen vielleicht innewohnenden bösen Triebe zusammengenommen, das war in der Tat die Lektion, die man in Jerusalem lernen konnte." (57)

Hier bezieht sich Arendt auf die später von ihr beschriebene Galgenszene (371) und Eichmanns letzte Worte, die sie als ungelenke Klischees bewertet (vgl. 133) und damit wiederum als eine Art des Schutzes vor der Realität.

Vor dem Hintergrund ihrer Auffassung der Sprachlichkeit des Denkens wird auch Arendts Reaktion auf Eichmanns Sprache klarer. Bereits in *Eichmann* betont sie, wie später in *Life*, dass die Fähigkeit, eigenständig zu denken mit der Urteilsfähigkeit zusammenhängt (Arendt 2017, 64). Eigenständiges Denken drückt sich für sie auch in eigenständiger Sprache aus. Eichmanns Gedankenlosigkeit und damit „seine nahezu totale Unfähigkeit, jemals eine Sache vom Gesichtspunkt des anderen her zu sehen" (124) – eine Fähigkeit, die nur dem zukommt, der einen inneren Dialog führen kann –, zeigt sich für Arendt in Eichmanns klischeebeladener Sprache: „Eichmanns heldenhafter Kampf mit der deutschen Sprache, in dem er regelmäßig unterlag [...]. Komisch sind auch die endlosen Sätze, die niemand verstehen kann, weil sie ohne alle Syntax Redensart auf Redensart häufen." (124–125) Vom Richter diesbezüglich ermahnt, habe Eichmann geantwortet: „‚Amtssprache ist meine einzige Sprache.'" Doch, kommentiert Arendt,

> „die Amtssprache war eben gerade deshalb seine Sprache geworden, weil er von Haus aus unfähig war, einen einzigen Satz zu sagen, der kein Klischee war. [...] Die Richter hatten zwar recht, als sie dem Angeklagten bei der Urteilsverkündung sagten, alles, was er vorgebracht habe, sei ‚leeres Gerede' gewesen, aber sie glaubten – zu Unrecht –, daß diese Leere vorgetäuscht war und daß der Angeklagte dahinter Gedanken zu verbergen wünschte, die zwar abscheulich, aber nicht leer waren. Dagegen spricht schon die verblüffende Konsequenz, mit der Eichmann trotz seines eher schlechten Gedächtnisses Wort für Wort die gleichen Phrasen und selbsterfundenen Klischees wiederholte [...], wann immer die Rede auf Dinge oder Ereignisse kam, die ihm wichtig waren." (125)

Wir erinnern uns an die von Arendt in *Life* verwendete Formulierung „frozen thought":

> „was er sagte, war stets das gleiche, und er sagte es stets mit den gleichen Worten. Je länger man ihm zuhörte, desto klarer wurde einem, daß diese Unfähigkeit, sich auszudrücken, aufs engste mit einer Unfähigkeit zu *denken* verknüpft war. Das heißt hier, er war nicht imstande, vom Gesichtspunkt eines anderen Menschen aus sich irgend etwas vorzustellen. Verständigung mit Eichmann war unmöglich, nicht weil er log, sondern weil ihn der denkbar zuverlässigste Schutzwall gegen die Worte und gegen die Gegenwart anderer, und daher gegen die Wirklichkeit selbst umgab: absoluter Mangel an Vorstellungskraft." (126)

Hier sieht man wiederum, wie für Arendt die Fähigkeit zum *inneren* Dialog die Zugänglichkeit *für Andere*, den Dialog mit Anderen, bedingt. Denken als Dialog, als Sehen von verschiedenen Standpunkten, ist *ethisch* relevant. Vor diesem Hintergrund lässt sich die fast obsessive Wiederholung Arendts von Platons Definition des Denkens (*soundless dialogue*) in *Life* besser verstehen.

Arendt versucht, weiter herauszuarbeiten, wie Eichmanns Sprache sein Nicht-Denken widerspiegelt, wie Sprache für ihn eine andere, emotionale Funktion übernimmt:

> „Eichmann war bis zum Rand mit solchen Sprüchen vollgestopft. [...] Wesentlich ist, daß er nicht eine einzige der Phrasen vergessen hatte, die ihm in der einen oder anderen Situation ein ‚erhebendes Gefühl' verschafft hatten. Wenn nun die Richter im Kreuzverhör versuchten, sein Gewissen anzusprechen, tönten ihnen diese ‚erhebenden Gefühle' entgegen, und es entsetzte sie, ebenso wie es sie verwirrte, als sie entdeckten, daß der Angeklagte ein spezielles erhebendes Klischee für jeden Abschnitt seines Lebens und für jede der Tätigkeiten, die er ausgeübt hatte, parat hatte." (Arendt 2017, 130)

Er habe auch ohne Probleme sich widersprechende Phrasen verwendet, die nur dazu dienten,

> „ihm erhebende Gefühle zu verschaffen. Diese Gepflogenheiten Eichmanns schufen während des Prozesses erhebliche Schwierigkeiten – nicht für Eichmann selbst, aber für diejenigen, die dort waren, um ihn anzuklagen, ihn zu verteidigen, Recht über ihn zu sprechen und von ihm zu berichten. Für alle diese Aufgaben mußte man ihn ernst nehmen, und das war sehr schwer" (131).

Arendt bezeichnet sogar das, was Kritiker/innen ihr später vorwarfen, sie habe Eichmanns berechnende Verstellung als Realität seines Charakters betrachtet, als „den bequemsten Ausweg aus dem Dilemma zwischen dem namenlosen Entsetzen vor seinen Taten und der unbestreitbaren Lächerlichkeit des Mannes, der sie begangen hatte" (131) – sie ist sich also dieser logischen Möglichkeit bewusst, schätzt die Lage aber gerade anders sein und arbeitet anhand von Eichmann ein *grundsätzliches* Übel heraus, das sie als Gefahr für die Zivilisation sieht. Eine (in der Ansicht mancher politisch notwendige) Dämonisierung Eichmanns (vgl. Blumenberg 2015) sieht sie als problematisch an, da diese das zugrundeliegende, gesellschaftlich breiter relevante Übel – die Gefahr für das Denken jedes/jeder Einzelnen – übersieht:

> „Trotz der Bemühungen des Staatsanwalts konnte jeder sehen, daß dieser Mann kein ‚Ungeheuer' war, aber es war in der Tat sehr schwierig, sich des Verdachts zu erwehren, daß man es mit einem Hanswurst zu tun hatte. Und da dieser Verdacht das ganze Unternehmen ad absurdum geführt hätte und auch schwer auszuhalten war angesichts der Leiden, die Eichmann und seinesgleichen Millionen von Menschen zugeführt hatten, sind selbst seine tollsten Clownerien kaum zur Kenntnis genommen und fast niemals berichtet worden." (Arendt 2017, 132)

Arendt selbst beantwortet dieses Dilemma anders: Nicht eine Dämonisierung der Person Eichmann dient ihr als *Symbol* in der politischen Situation der Etablierung des Staates Israel, sondern Eichmanns Gedankenlosigkeit steht als *symptomatisches Grundübel* für das, was in der Breite der Gesellschaft passiert war – und was immer wieder droht.

Angesichts der Darstellung in *Eichmann* 131–133 sind schließlich auch Arendts Ausführungen zur Übereinstimmung mit sich selbst (in *Sokrates* und *Life*) besser verständlich: Der Mangel an Denken bzw. innerer Pluralität erlaubt jedem Individuum die Nicht-Übereinstimmung mit sich selbst:

> „Was Eichmann anlangte, so handelte es sich hier lediglich um wechselnde Stimmungen, und solange er irgend imstande war, zu der jeweiligen erhebenden Stimmung die ihr entsprechende Redensart zu finden, ob er sie nun aus seinen Erinnerungen hervorholte oder improvisierte, war er ganz zufrieden und merkte überhaupt nicht, daß das so etwas wie

eine ‚Inkonsequenz' zutage trat. Wir werden sehen, daß diese schaurige Begabung, sich mit Klischees zu trösten, ihn auch in der Stunde seines Todes nicht verließ." (Arendt 2017, 133)

Eichmann entspricht in Arendts Beschreibung *eben nicht* dem sokratischen moralischen Ideal des mit sich selbst Übereinstimmens, weil er nicht *denkt*, sich nicht hinterfragt. Hierzu passt die Prozess-Episode, die der Eichmann-Biograph David Cesarani schildert: „Anschließend erkundigte sich Halevi, ob Eichmann niemals einen ‚Gewissenskonflikt' erlebt habe. ‚Man könnte es eher Gespaltenheit nennen', antwortete Eichmann, ‚und zwar eine bewusste Gespaltenheit, wo man sich von der einen Seite auf die andere flüchtete.'" (Cesarani 2006, 422) Ein innerer Dialog findet hier nicht statt und ermöglicht so die Nicht-Übereinstimmung mit sich selbst, die Handlung ohne Hinterfragen. Denken erweist sich wiederum als ethischer Faktor.

Die Verhinderung des Denkens im Totalitarismus

Endgültig klar wird uns die ethische Bedeutung von Denken und Zugänglichkeit in Arendts Totalitarismus-Buch (*The Origins of Totalitarianism*), dem frühesten der hier behandelten Bücher (erschienen zuerst 1950 in englischer Sprache). Denn das eigenständige Denken des Individuums ist das, was laut Arendt der Totalitarismus versucht, abzuschaffen: „The way to deal with opponents was ‚rectification of thought,' an elaborate procedure of constant molding and remolding of the minds, to which more or less the whole population seemed subject." (Arendt 1976, xxvi) Im totalitären Regime geht eine „Vereindeutigung der Welt" (Bauer 2018) mit der erwünschten Unnötigkeit des Denkens einher. Das Hinterfragen der offiziellen, vom Regime definierten ‚Wahrheit' wird abgeschafft: „the Stalin regime was ruthlessly consistent: all facts that did not agree, or were likely to disagree, with the official fiction [...] were treated as non-facts." (Arendt 1976, xxxii) Mit „totalitarian contempt for facts and reality" (xxxii) definiere die offizielle Ideologie alle notwendigen Wahrheiten, ebenso den Verlauf von Vergangenheit und Zukunft: „an ideology differs from a simple opinion in that it claims to possess either the key to history, or the solution for all the ‚riddles of the universe,' or the intimate knowledge of the hidden universal laws which are supposed to rule nature and man." (159) Dies führe zu einer „carefully organized ignorance" (244) (vgl. Kap. 10).

Individualität sei hierbei unerwünscht, Menschen würden auf ein Merkmal reduziert (Arendt 1976, 301–302) bzw. als Massen definiert – der Totalitarismus spricht, wie Alkibiades, immer nur zur Masse (vgl. 308). Arendt skizziert, wie

Privatleben und Individualität im Totalitarismus gefährdet werden bzw. als gefährlich erscheinen. Der Totalitarismus verhindert den äußeren offenen Dialog durch Spitzeltum: „Merit being ‚gauged by the number of your denunciations of close comrades,' it is obvious that the most elementary caution demands that one avoid all intimate contacts, if possible" (323; vgl. Kap. 10). So greife er letztlich in das Innenleben der Menschen ein: „Totalitarianism is never content to rule by external means, namely through the state and a machinery of violence; thanks to its peculiar ideology and the role assigned to it in this apparatus of coercion, totalitarianism has discovered a means of dominating and terrorizing human beings from within." (325) Ziel sei „the permanent domination of each single individual in each and every sphere of life" (326). Das private, zurückgezogene Leben, das für das Denken notwendig sei, werde so weit wie möglich verhindert: „the totalitarian movements' spurious claim to have abolished the separation between private and public life" (336; vgl. o. das Nicht-Alleinlassen in *Sokrates* und Eichmanns „Amtssprache ist meine einzige Sprache"). Als bedeutsam zitiert Arendt die Aussage des Nationalsozialisten Robert Ley, „‚The only person who is still a private individual in Germany is somebody who is asleep.'" (339) Damit solle jegliches intellektuelle Leben verhindert werden: „The consistent persecution of every higher form of intellectual activity by the new mass leaders springs from more than their natural resentment against everything they cannot understand. Total domination does not allow for free initiative in any field of life, for any activity that is not entirely predictable." (339) Jede Spontaneität und Individualität solle ausgemerzt werden: „Totalitarian domination [...] aims at abolishing freedom, even at eliminating human spontaneity in general" (405). Die Isolation gleichgeschalteter Individuen bilde die Basis für die totalitäre Herrschaft: „isolation of atomized individuals provides [...] the mass basis for totalitarian rule" (407).

Denken wird hier wiederum zur *sozialen* Kategorie und ist allseits bedroht: „a neighbor gradually becomes a more dangerous enemy to one who happens to harbor ‚dangerous thoughts' than are the officially appointed police agents." (Arendt 1976, 422; vgl. Kap. 10) Durch die Fähigkeit zu denken wird jeder Mensch zum/zur Verdächtigen:

> "The category of the suspect thus embraces under totalitarian conditions the total population; every thought that deviates from the officially prescribed and permanently changing line is already suspect, no matter in which field of human activity it occurs. Simply because of their capacity to think, human beings are suspects by definition, and this suspicion cannot be diverted by exemplary behavior, for the human capacity to think is also a capacity to change one's mind." (430)

Da man die Gedanken des Gegenüber nie ganz kennen könne, würden alle sozialen Beziehungen von konstanter „[m]utual suspicion" und damit Isolation durchzogen (430). Mit der Spontaneität würde aber auch die Verantwortung des/der Einzelnen abgeschafft: „a system that, together with spontaneity, eliminates responsibility" (437). Die Pluralität der Menschen werde zur Masse organisiert, als seien alle nur ein Individuum mit immer gleichen Reaktionen: „Total domination, which strives to organize the infinite plurality and differentiation of human beings as if all humanity were just one individual, is possible only if each and every person can be reduced to a never-changing identity of reactions" (438). Die Reduktion des Menschen „to a bundle of reactions" (441), die schrittweise Beraubung der Menschen erst ihrer juristischen Person bzw. Rechte, dann ihrer moralischen Möglichkeiten und dann ihrer Individualität ist laut Arendt das hervorstechende Kennzeichen des Totalitarismus (447–455). Sein Ziel ist es, jenseits erklärter Feinde des Regimes sogar deren *Möglichkeit* auszumerzen: „to destroy individuality is to destroy spontaneity, man's power to begin something new out of his own resources" (455), alles, was über den allerklärenden Ansatz der Ideologie hinausgeht. Es liege in der Natur totalitärer Regimes, unbegrenzte Macht anzustreben: „Such power can only be secured if literally all men, without a single exception, are reliably dominated in every aspect of their life. [...] Any neutrality, indeed any spontaneously given friendship, is from the standpoint of totalitarian domination just as dangerous as open hostility" (456). Individualität, „anything that distinguishes one man from another" sei hier unerträglich (457):

> "The curious logicality of all isms [...] already harbors the first germs of totalitarian contempt for reality and factuality. [...] Nothing matters but consistency. [...] It is chiefly for the sake of [...] complete consistency, that it is necessary for totalitarianism to destroy every trace of what we commonly call human dignity. For respect for human dignity implies the recognition of my fellow-men [...] as builders of worlds or cobuilders of a common world. No ideology which aims at the explanation of all historical events of the past and at mapping out the course of all events of the future can bear the unpredictability which springs from the fact that men are creative, that they can bring forward something so new that nobody ever foresaw it." (458)

Hier ähnelt Arendts Vorstellung weitgehend Levinas' Unendlichkeit. Gegenüber den „corpse factories and holes of oblivion" (459) stehe die menschliche Freiheit, die identisch sei „with the fact that men are being born and that therefore each of them *is* a new beginning, begins, in a sense, the world anew. From the totalitarian point of view, the fact that men are born and die can be only regarded as an annoying interference" (466). Die faktische und gedankliche Reduktion der Pluralität – wir könnten auch sagen, der Komplexität, der Unendlichkeit –

ist die eigentliche Handlung des Totalitarismus: „the iron band of terror, which destroys the plurality of men and makes out of many the One who unfailingly will act as though he himself were part of the course of history or nature" (466).

Das Aufgeben der Freiheit zu denken sei letztlich das Ziel des Totalitarismus:

> "The danger of exchanging the necessary insecurity of philosophical thought for the total explanation of an ideology and its *Weltanschauung*, is not even so much the risk of falling for some usually vulgar, always uncritical assumption as of exchanging the freedom inherent in man's capacity to think for the strait jacket of logic with which man can force himself almost as violently as he is forced by some outside power."

Ideologie mache unabhängig von der Realität und erfordere kein eigenes Denken:

> "The claim to total explanation promises to explain all historical happenings, the total explanation of the past, the total knowledge of the present, and the reliable prediction of the future. Secondly, in this capacity ideological thinking becomes independent of all experience from which it cannot learn anything new even if it is a question of something that has just come to pass. Hence ideological thinking becomes emancipated from the reality that we perceive with our five senses, and insists on a 'truer' reality concealed behind all perceptible things" (Arendt 1976, 470–471).

Die eigene Version der Realität (vgl. Kap. 10) ersetze die eigenständige Wahrnehmung, Kennzeichen von Ideologie und Totalitarismus sei der „claim to total explanation" (470) – eine Abgeschlossenheit der Information und Eindeutigkeit des Wissens, die echte Zugänglichkeit verhindert und das Denken, das Hinterfragen, das Gewissen abstellt. Mit seiner künstlichen Konsistenz – „Ideological thinking orders facts into an absolutely logical procedure which starts from an axiomatically accepted premise, deducing everything else from it; that is, it proceeds with a consistency that exists nowhere in the realm of reality" (471) – bilde das totalitaristische Regime so eine Tyrannei der Logik, „against which nothing stands but the great capacity of men to start something new." (473)

Und genau diese Kraft, etwas Neues zu beginnen, ist für Arendt (ähnlich wie bei Levinas) der Kern der menschlichen Freiheit: „Freedom as an inner capacity of man is identical with the capacity to begin, just as freedom as a political reality is identical with a space of movement between men." (Arendt 1976, 473) Wie der Terror diese Freiheit beschränke, so beschränke die Ideologie die Freiheit zu denken: „As terror is needed lest with the birth of each new human being a new beginning arise and raise its voice in the world, so the self-coercive force of logicality is mobilized lest anybody ever start thinking – which as the freest and purest of all human activities is the very opposite of the compulsory process of deduction." (473) Der/die ideale Untertan/in sei so nicht einmal ein/e fanatische/r Anhänger/in der Ideologie, sondern eine/r, für den/die der Unterschied zwischen wahr und falsch nicht mehr existiere: „The ideal subject of totalitarian rule is not the convinced Nazi or the convinced Communist, but people for whom the distinction between fact and fiction (*i. e.*, the reality of experience) and the distinction between true and false (*i. e.*, the standards of thought) no longer exist." (474) Fake News, Alternative Facts und die Verschwörungstheorien der Gegenwart sind hier nicht weit entfernt (vgl. Kap. 10).

An dieser Stelle kommt Arendt auf ihre Unterscheidung zwischen *solitude*, *loneliness* und *isolation* zurück (vgl. *Life*): Während *solitude*, selbstgewählte Isolation, für das kritische Denken unabdingbar sei, sei soziale Isolation als Einsamkeit schädlich:

> "the iron band of total terror leaves no space for such private life and [...] the self-coercion of totalitarian logic destroys man's capacity for experience and thought just as certainly as his capacity for action. What we call isolation in the political sphere, is called loneliness in the sphere of social intercourse. Isolation and loneliness are not the same. I can be isolated – that is in a situation in which I cannot act, because there is nobody who will act with me – without being lonely; and I can be lonely – that is in a situation in which I as a person feel myself deserted by all human companionship – without being isolated. Isolation is that impasse into which men are driven when the political sphere of their lives, where they act together in the pursuit of a common concern, is destroyed. Yet isolation, though destructive of power and the capacity of action, not only leaves intact but is required for all so-called productive activities of men." (Arendt 1976, 474)

Das totalitäre Regime gehe aber über die politische Isolation hinaus:

> "totalitarian domination as a form of government is new in that it is not content with this isolation and destroys private life as well. It bases itself on loneliness [...]. [...] Loneliness is not solitude. Solitude requires being alone whereas loneliness shows itself most sharply in company with others. [...] the lonely man [...] finds himself surrounded by others with whom he cannot establish contact or to whose hostility he is exposed. The solitary man, on the contrary, is alone and therefore 'can be together with himself' since men have the capacity of 'talking with themselves.' In solitude, in other words, I am 'by myself,' together with my self, and therefore two-in-one, whereas in loneliness I am actually one, deserted by all others. All thinking, strictly speaking, is done in solitude and is a dialogue between me and myself; but this dialogue of the two-in-one does not lose contact with the world of my fellow-men because they are represented in the self with whom I lead the dialogue of thought. The problem of solitude is that this two-in-one needs the others in order to become one again; one unchangeable individual whose identity can never be mistaken for that of any other. For the confirmation of my identity I depend entirely upon other people; and it is the great saving grace of companionship for solitary men that it makes them 'whole' again, saves them from the dialogue of thought in which one remains always equivocal, restores the identity which makes them speak with the single voice of one un-

exchangeable person. Solitude can become loneliness; this happens when all by myself I am deserted by my own self." (475–476)

Hier finden sich bemerkenswerte Parallelen zu *Life* (zwanzig Jahre später verfasst), sowohl zum inneren Dialog als auch zur Unterscheidung von *loneliness* und *solitude*: „I call this existential state in which I keep myself company ‚solitude' to distinguish it from ‚loneliness,' where I am also alone but now deserted not only by human company but also by the possible company of myself." (Arendt 1978, I, 74) Die platonische Figur des inneren Dialogs erweist sich so auch in *Totalitarianism* als prägend, „the thinking dialogue of solitude" (Arendt 1976, 477): Der Totalitarismus untergräbt mit der Einsamkeit letztlich diesen inneren Dialog und das Vertrauen zu sich selbst als kritische/r Dialogpartner/in: „What makes loneliness so unbearable is the loss of one's own self which can be realized in solitude, but confirmed in its identity only by the trusting and trustworthy company of my equals. In this situation, man loses trust in himself as the partner of his thoughts" (477). Diese Einsamkeit wird im Totalitarismus zur Massenerfahrung (478), er dringt in das Innerste, den Innenraum der Menschen ein (vgl. Kap. 8) und zerstört sogar die produktiven Potentiale der Isolation. Wie ein Sandsturm dringt er in jede Ritze, jeden Zwischenraum des Individuums ein: „it seems as if a way had been found to set the desert itself in motion, to let loose a sand storm that could cover all parts of the inhabited earth. The conditions under which we exist today in the field of politics are indeed threatened by these devastating sand storms." (478) Der Totalitarismus lässt die Menschen nicht allein, isoliert sie aber von Anderen und von sich selbst, als „organized loneliness" (478). Die Verhinderung des Denkens als innerer Dialog, der Freiheit, diesen Dialog zu führen, wird als das größte Übel des Totalitarismus gesehen. Mit der Idee des Denkens als innerer Dialog zeigt sich so die durchgehende rote Linie in Arendts Werk als eine platonische: Die drei Werke *Life*, *Sokrates* und *Totalitarianism*, vor und nach *Eichmann* geschrieben, belegen die platonische Wurzel der Konzeption der Banalität des Bösen.

Innere Pluralität

Arendt zeigt in diesen Werken die Fragilität des ergebnisoffenen Denkens und die damit verbundene Fragilität des Zugangs zu anderen Menschen. Wegen seiner Zugangslosigkeit zu Menschen und seiner Unfähigkeit zum inneren Dialog ist Eichmann eine zentrale Figur für ihr philosophisch-ethisches Denken, deren Bedeutung weit über den konkreten Anlass des Prozesses hinausgeht. Arendt schreibt deshalb ein ‚philosophisches' Buch (*Life*), weil sich für sie die eigentlichen *politischen* Übel und Gefahren als *geistige* erweisen (ähnlich wie bei Sokrates die moralischen Fragen des Denkens als Grundlage für politische Übel gesehen werden, z. B. in Bezug auf Alkibiades). Arendt zeigt, wie Levinas und Platon, die ethische Bedeutung der Vorstellungen von Innerlichkeit und Zugänglichkeit, und der Unzureichendheit der Erscheinung, und die Notwendigkeit des Sich-Zugänglichmachens (vgl. die Notwendigkeit der *boētheia* bei Levinas). Was bei Arendt die innere Pluralität und die Freiheit, etwas Neues zu beginnen, ist, ist bei Levinas die Eigenschaft des Individuums, immer über unser Konzept von ihm hinauszugehen, seine Unendlichkeit. Wollte man beide Ansätze verbinden, müsste man sagen, dass der Mensch gerade *durch* seine innere Pluralität immer die Eigenschaft hat, über unser Konzept von ihm hinauszugehen, sich der Vereindeutigung zu widersetzen, sich selbst zu helfen. In dem bei Arendt wie bei Platon immer wieder verhandelten Gegensatz zwischen Philosophie und Handeln, Philosophie und Politik, Philosophie und Masse spiegelt sich die philosophische Frage nach der Subsumierung des Partikularen im Allgemeinen bzw. der Idee eben auch als *zwischenmenschliches* Problem: Entgegen den verallgemeinernden Bestrebungen des Totalitarismus muss man dem/der Anderen immer erlauben, anders zu sein als man denkt, anders zu sein als das erste oder das gesellschaftliche Verständnis. Arendt findet hier eines ihrer Grundthemen – eng mit dem Schicksal des Sokrates verknüpft, dem Paradedenker des inneren und äußeren Dialogs, der durch seinen Prozess verkürzt wird, und des Kampfes gegen die einfache Verwendung allgemeiner Begriffe.

Sokrates erweist sich als zentrale Figur für Arendt. Nachdenken findet bei ihr von der sozialen Welt abgewandt, weltersetzend, statt (vgl. *prosechein ton noun*), sie fragt explizit „Where are we when we think?" (Arendt 1978, I 197 ff.) – ist sich aber als politische Philosophin schmerzhaft der Tatsache bewusst, dass diese Tätigkeit auch im sozialen (und politischen) Raum wahrgenommen wird: Die Thales-Episode ist für sie ebenso das charakteristischste Bild des Denkers wie für Sokrates. Arendt befürwortet den Rückzug von der Welt im Denken, den sie bei Sokrates findet und den Blumenberg in *Das Lachen der Thrakerin* im Ausgang von der platonischen Thales-Episode als „Urgeschichte der Theorie" apostrophiert. Gleichzeitig mahnt sie aber, wie Sokrates, dass dies *jede/r* tun soll, nicht nur die/der Philosoph/in. Sie ruft also, letztlich, die Thrakerin zur Mündigkeit auf. Der innere Dialog, als Nicht-Akzeptanz der ersten Erscheinung, als Prüfen, Wägen und Wenden der eigenen ersten Meinung, ist aus Arendts Sicht für jeden Menschen notwendig. Ihre Aufforderung zum Selber-Denken reiht sich in die aufklärerische Tradition ein, von Zeitgenossen wie T. S. Eliot („Totalitarianism is the desire to return to the womb." Eliot 1963, 68) und Theodor W. Adorno („Entlastung von der Autonomie"; Adorno 1971, 46) bis zu Immanuel Kant („Es ist so bequem, unmündig zu sein." „Was ist Aufklärung?", Kant 1983, Bd. 9, 53) und, wiederum, zu Sokrates' Kritik der Büchergelehrtheit und seiner Schriftkritik (die ja eine Aufforderung zum Selber-Denken ebenso ist wie eine Mahnung, Pluralität nicht auf eine einheitliche statische Form zu reduzieren). Durch das Konzept des inneren Dialogs bekommt das Denken bei Hannah Arendt eine ethische Dimension. Nur wer die innere Pluralität zur Geltung kommen lässt, nur wer sich selbst hinterfragt, *denkt* wirklich. Daher wollte sie auch trotz Kritik ihrer Übersetzerin nicht von dem Wort gedankenlos bzw. *thoughtless* abgehen (s. Ludz 2006): Arendt bestand auf dem Wort, vielleicht weil es gerade durch seine Doppeldeutigkeit den Übergang zwischen einer Beschreibung des Nicht-Denkens und einer moralischen Wertung leistet.

Gleichzeitig sieht sie wie Sokrates, dass Massen für die Wahrheitsfindung nicht zugänglich sind, sondern diese nur in (innerem und äußeren) Dialog, in Freiheit und Muße stattfinden kann, *en eleutheria te kai scholē* (*Theaitetos* 175d). Es ist bezeichnend, dass in ihrer Sicht totalitäre Regimes sogar den Dialog mit sich selbst verhindern, weil man das Individuum nicht in Ruhe lässt. Gewalt und totalitäre Massenorganisation ist also die Verhinderung von ruhiger gemeinsamer Wahrheitsfindung (und die Vorgabe von Wahrheiten), ebenso aber auch die Verhinderung echten Zusammenlebens: Arendt sieht den *inneren* Dialog als grundlegende Voraussetzung für den gelingenden *äußeren* Dialog an – dafür, den Standpunkt des/der Anderen zu verstehen. Eichmann hat also – so könnte man formulieren – zu sich selbst keinen Zugang ebenso wie zu Anderen, oder schärfer: er hat zu Anderen keinen Zugang, *weil* er zu sich selbst keinen hat.

Arendt zeigt, *warum* die Vorstellung von Innen und Außen und von Zugänglichkeit ethisch relevant sind: Weil so die Reduktion durch den Blick des Anderen deutlich gemacht werden kann. Die Vorstellung eines Innen und Außen impliziert, dass man jemanden eben *nicht sofort* versteht, dass Zugang nicht einfach ist, und diese Erkenntnis ist von zentraler *ethischer* Bedeutung. Das Prinzip des inneren Dialogs bedeutet, dass auch *Menschen* keine feste, eindeutige, sofort sichtbare Bedeutung haben, nicht nur Texte, dass sie immer *mehr* sind, dass sie stets der Hilfe bedürfen. Man stellt sich zwar nach außen als Einheit dar, die innere Pluralität darf jedoch nicht gewaltsam auf eine äußere Einheit reduziert werden. Wer selbst seine innere Pluralität reduziert (wie Eichmann), kann Andere nicht mehr verstehen. Der Totalitarismus schließlich versucht, alle zu *einem* Menschen zu machen. Arendt hilft uns also, die *Fragilität* des Zugangs zueinander aufzuzeigen, indem sie die *geistigen* Grundlagen von Gewalt zeigt. Und dies ist ja gerade ihre Anfangsfrage in *Life*: Wie hängt Denken mit dem Bösen zusammen, und kann uns Denken irgendwie vom Bösen abhalten? Die Fragilität des Zugangs erweist sich wiederum als ethisches Thema.

In diesem Kontext erhalten die antiken Themen des inneren Dialogs und der *scholē* aktuelle politische und ethische Bedeutung. Pluralität und Reduktion, Respekt vor Komplexität *als* Respekt vor der Person, erweisen sich als ethische Grundlagen, geistige Gewalt als Ursache physischer Gewalt – Tendenzen, die wir auch in Platon oder Levinas antreffen. Arendt setzt sich in ihrem Werk damit auseinander, was passiert, wenn diese innere Pluralität nicht da ist: In *Life* diskutiert sie, wie die soziale, beschäftigte Welt uns vom Denken abhält und wie wichtig der Rückzug zum inneren Dialog, zur inneren Pluralität ist. In *Totalitarianism* und *Sokrates* hatte sie analysiert, was passiert, wenn die innere Pluralität durch das totalitaristische Regime unterdrückt wird bzw. wenn die breite Bevölkerung statt der notwendigen Pluralität vom Regime eine ideologische Vereinfachung geliefert bekommt. In *Life* und *Eichmann* zeigt sie, was geschieht, wenn diese Pluralität einfach nicht da ist bzw. durch Selbstreduktion und Unverantwortlichkeit unterdrückt wird. Sie kommt damit zu einer Neufassung der Aufklärung, die besagt, dass die innere Pluralität (und der Respekt davor) *jedem* Menschen zugemutet werden muss, und zeigt die negativen Konsequenzen auf, wenn dies nicht geschieht. Arendt etabliert so eine sehr zeitgemäße Ethik, eine Bestimmung des positiven Lebens *miteinander.*

Die endgültige Freiheit des Menschen liegt laut Arendt jedoch im Leben *nacheinander*, im Geborenwerden der Menschen und der entsprechenden Möglichkeit immer neu zu beginnen: „Beginning, before it becomes a historical event, is the supreme capacity of man; politically, it is identical with man's freedom. [...] This beginning is guaranteed by each new birth" (Arendt 1976, 479). Gleichzeitig ist das Nacheinander jedoch auch bedroht und birgt Fragen der Zugänglichkeit, wie die Arendt-Rezeption zeigt, der wir uns nun noch zuwenden.

Blumenbergs Unverständnis

Das Leben nacheinander, die Zugänglichkeit füreinander im Nacheinander, ist durch vielerlei Faktoren bedroht (vgl. Hollmann/Schüller-Zwierlein 2014; s. a. Kap. 10). Vor allem ist Zugänglichkeit im Nacheinander meist medial vermittelt. Zugleich – wie bereits erwähnt – schafft das Nacheinander eine noch engere Verbindung der Wertung von Texten und Personen. Welchen Zugang hatte also Arendt zu Eichmann – umso mehr vor dem Hintergrund der ‚Zeit des Gerichts' (s. Teil I)? Arendts Rezeption Eichmanns war bereits in gewissem Maße eine Rezeption im Nachhinein – Eichmanns Verbrechen lagen 15 Jahre zurück. Arendt fuhr zwar, wie sie schrieb, zum Prozess, um Eichmann „ohne die Zwischenschaltung des gedruckten Wortes" zu erleben (Brief an Jaspers in Arendt 2017, 17), war jedoch nicht den ganzen Prozess hindurch anwesend – was ihr Kritiker/

innen später durchaus vorwarfen. Neben den Tagen im Gericht, die zudem durch die schwierige Übersetzungslage geprägt waren (Arendt 2017, 69), bezog sie ihre Bewertungsgrundlagen aus einer Vielzahl von schriftlichen Berichten und Interviews verschiedenster Qualität, die insgesamt eine recht schwankende textliche Basis ergaben (Arendt 2017, 49–52). Durch die Digitalisierung der Hannah Arendt Papers durch die Library of Congress können wir heute sehen, wie ihre Informationslage war (z. B. ihre Kopien der offiziellen Prozesstranskripte). Doch auch Arendts Kritiker/innen (vgl. Smith 2000) hatten keinen einfachen Zugang als Grundlage für ihr Urteil – sie verfügten neben textlichen Quellen zwar durchaus über filmischen Zugang, dieser war jedoch auf vom Redaktionsteam ausgewählte Ausschnitte beschränkt. Heute hingegen können wir uns die gesamte Footage des Eichmann-Prozesses auf YouTube ansehen, zur Verfügung gestellt von Yad Vashem. Wir sind wiederum Zuschauer/innen eines Prozesses – in einem ganz anderen Sinne. Die Aufnahmen machen einiges deutlicher, das Arendt in ihrer Charakterisierung Eichmanns erfasste, das „zu übersehen unmöglich war" (Arendt 2017, 56), etwa seine Verbindung zur Amtssprache und sein Funktionieren im Gericht – es wird klarer, wie Arendt zu einem Eindruck der Gedankenlosigkeit kam –, zeigen jedoch gleichzeitig auch, was sie verzerrte (so war Eichmann durchaus in der Lage, sich zusammenhängend zu äußern).

Wir wollen uns bei diesem medial vermittelten ‚Prozess mit Zuschauer', der Beurteilung einer Person von außen, einem weiteren Zuschauer zuwenden, Hans Blumenberg, der sich selbst als „Betrachter im Abstand nochmals eines Vierteljahrhunderts" (nach dem Prozess) charakterisiert (Blumenberg 2015, 15). Dessen Nachlass, der sich im Deutschen Literaturarchiv in Marbach befindet, wird in den letzten Jahren systematisch gesichtet und in Teilen publiziert – so wurde im Jahre 2015 der Aufsatz zu Hannah Arendt mit dem Titel *Rigorismus der Wahrheit* erstmals der Öffentlichkeit zugänglich gemacht – und erweitert unser Blumenberg-Bild. Blumenberg und Arendt waren einander nicht näher bekannt (Blumenberg 2015, 118), auch wenn man sich gegenseitig rezipierte (vgl. Arendt 1978, I, 113–121). Blumenberg, der während des Nationalsozialismus aufgrund der jüdischen Abstammung seiner Mutter nicht studieren durfte, aber in Deutschland blieb, hatte sich zeitlebens kaum politisch bzw. zu spezifisch jüdischen Themen geäußert. Umso mehr überraschte es, wie intensiv er sich – allerdings erst 1978, nach Arendts Tod – mit dem Eichmann-Buch auseinandergesetzt hatte (Blumenberg 2015, 119), und dass seine Argumentation gegen Arendt eine klare politische Einschätzung enthält. Blumenbergs scharfer Aufsatz, vermutlich im Umfeld von *Arbeit am Mythos* (1979) entstanden, skizziert die Denkweisen Blumenbergs und Arendts als diametral entgegengesetzt (trotz anderweitiger Annäherungen z. B. in Blumenberg 1980, 1987 oder in Arendt 1978, I, 121) und spiegelt Blumenbergs mythologisch-metaphorologisches Denken wider.

Ausgangspunkt seiner Argumentation ist Sigmund Freuds letztes Buch, *Der Mann Moses und die monotheistische Religion. Drei Abhandlungen.* Freud hatte die Schrift 1939 kurz vor seinem Tode im Londoner Exil publiziert. In ihr geht er Zeugnissen nach, die belegen sollten, dass Moses, der im Gründungsmythos das israelitische Volk aus der ägyptischen Unterdrückung führt, in Wirklichkeit ein Ägypter war, also ein Vertreter des Feindes, der die monotheistische Religion der Juden ausgehend von der Aton-Religion des Echnaton begründet habe. Später sei Moses dann in einer Art von Vatermord ermordet worden – was zu einem dauerhaften kulturellen Trauma geführt habe. Freuds kulturelle Psychoanalyse zieht zudem Verbindungen zum Christentum und versucht, die Überlebenskraft des jüdischen Volkes ebenso wie des Antisemitismus zu erklären. In der Interpretation Blumenbergs hatte Freud, selbst jüdischer Herkunft, damit zum denkbar unpassendsten Moment – 1939, inmitten der Judenverfolgung – nicht nur dem jüdischen Volk seinen Gründungsmythos genommen, sondern auch noch herausgestellt, dass sein Gründer ein Feind gewesen war:

> „Moses, den Ägypter von pharaonischem Geblüt, hat Sigmund Freud zur Kränkung seines Volkes erfunden, wie er lange vorher, in der Nachfolge der Kränkungen durch Kopernikus und Darwin, die Menschheit mit dem Unbewussten gekränkt hatte. Er war einer von denen, die der Wahrheit alles zutrauen, sogar die Freiheit, und daher aus Liebe zur Wahrheit alles von sich und anderen verlangen zu dürfen glauben. Das Jahr 1939 war ihm nicht der falscheste Augenblick, den Gedemütigten und Geschlagenen auch noch den Mann zu nehmen, der am Anfang ihr Vertrauen zur Geschichte begründet hatte." (Blumenberg 2015, 9)

Freuds Entscheidung, diese Thesen zu publizieren, sei – in völliger Abwendung von der politischen Situation und Signifikanz – allein durch persönliche Eitelkeit und einen Absolutismus der Wahrheit ohne Rücksicht auf Konsequenzen geprägt gewesen: „In dieser Situation, auf dem Höhepunkt von Hitlers Macht und der Erbärmlichkeit der von ihm Gejagten, gab es kein anderes Motiv, diese Publikation zu verantworten, als den Absolutismus der Wahrheit." (Blumenberg 2015, 11) Blumenberg wirft Freud – der in der Tat mit dem *amicus Plato*-Gestus beginnt, er schätze die Wahrheit höher als das vermeintlich nationale Interesse (Freud 2010, 9) – schließlich in beißender Weise vor, sich so mit einem letzten großen Wurf angesichts der größten Verbrechen als deren herausragender Analytiker präsentieren zu wollen: „Er dachte nur an den ‚würdigen Abgang', den er sich selbst verschaffen würde." (Blumenberg 2015, 12) Der große Mythologe Freud, so letztlich Blumenbergs Kritik, sei sich der politischen Bedeutung von Mythen nicht bewusst – bzw. ignoriere sie im aufklärerisch-analytischen Gestus bewusst, auf Kosten des jüdischen Volkes.

Sein eigentliches Ziel visiert Blumenberg jedoch dann erst an, indem er eine Parallele zwischen Freuds Moses-Buch und Arendts Eichmann-Buch zieht – ein „Ärgernis von anderer Unerträglichkeit" (Blumenberg 2015, 12). Indem sie Eichmann als „Hanswurst" hingestellt und von der Banalität des Bösen gesprochen habe – die Tiefe und Bedeutung von Arendts Eichmann-Verständnis haben wir zuvor analysiert –, habe sie dem neu geschaffenen Staat Israel, wie Freud, den Gründungsmythos der Tötung des dämonischen Erzfeindes geraubt: Blumenberg sei „bestürzt über die tiefliegenden Gemeinsamkeiten des ‚Mann Moses' und des ‚Eichmann in Jerusalem'. Gemeinsamkeiten, die sich schon an der Äquivalenz ihrer Wirkungen erfassen lassen. Wie Freud den Mann Moses seinem Volk genommen hatte, nimmt Hannah Arendt Adolf Eichmann dem Staat Israel." (13) Arendt ignoriere die aktuelle politische Bedeutung des Prozesses zugunsten einer universalistischen moralischen Wahrheit, die in Wirklichkeit nur ihre eigene sei: „Der Rigorismus der Hannah Arendt ist dem des Sigmund Freud sehr ähnlich. Sie glaubt an die Wahrheit – daß es ihre Wahrheit ist, kann sie nicht ändern und nicht verhindern. […] Hannah Arendt hält die unerschrockene Analyse für die Therapie, die sie ihren inzwischen zum Staatsvolk gewordenen Schicksalsgenossen schuldig zu sein glaubt" (13). Die Wörter Analyse und Therapie sind natürlich nicht zufällig gewählt, sondern flechten rhetorisch an der Parallele zu Freud. Mit fast höhnischem Anklang an Freud wirft Blumenberg Arendt dann auch Narzissmus vor (13), weil sie ihre eigene Wahrheit höher schätze als die politische Bedeutung des Prozesses für den Staat Israel. Während Arendt in Eichmann den Extremfall eines *grundsätzlichen* Übels sieht, das auch die Zukunft der Menschheit bedroht, und über das Schicksal der Juden hinausgeht, betont Blumenberg – als dagebliebener Zionist gegenüber der antizionistischen Emigrantin – die politische Signifikanz für den Staat Israel und liest den Eichmann-Prozess zusammen mit der Freudschen Moses-Lektüre: „Es gibt Staaten, die durch ihre Feinde gegründet worden sind. […] Es gibt den negativen Nationalhelden als Staatsgründer. Er muß getötet werden wie Moses, obwohl er die Bedingungen der Möglichkeit dieser nationalen Existenz geschaffen hat." (14)

Blumenbergs radikal narrativisch-mythologisch orientiertes Denken sieht hierbei die Übelkeit erregenden Parallelen zwischen zionistischen und nationalsozialistischen Diskursen, die Arendt beschreibt, als „fast zwangsläufigen" Schritt (Blumenberg 2015, 15), als eine typische Umwertung von Diskursen und Metaphern, wie er sie kulturgeschichtlich in seinen Werken vielfach beschrieben hat – so schreibt er in Bezug auf Eichmann: „Die Auslöschung war, so blasphemisch dies klingt, nur eine umstandsbedingte Variante der Idee der Aussiedlung auf einen *festen Grund und Boden unter den Füßen*." (15) Arendts „Unbegreifen" dieser „am Rande des Unbegreiflichen liegenden, aber politisch doch fast zwangsläufigen Analogien" „in seinen Bedingungen zu studieren", als „Betrachter im Abstand nochmals eines Vierteljahrhunderts", als Beobachter der Beobachterin, so Blumenberg, sei „ein einzigartiges Präparat für eine Theorie der Unbegrifflichkeit" (15–16) – zeuge also von einem Unverständnis gegenüber der Bedeutung von Mythen. Arendt begreife nicht, dass hier „der Organisator eines Genozids zum Sündenbock gemacht werden kann […]. […] Man kann heftig gegen dieses Ritual sein; aber zuerst muß man begriffen haben, was es für die anderen bedeutet, zu welcher Bedeutungslosigkeit es die Kritik verdammt." (17) Arendts „universale[r] Moralismus" (17) berühre nicht, „was keine andere als eine mythische Notwendigkeit hat." (17) Der Prozess sei „ein Akt der Staatsraison: Jeder Tag Verspätung […] mußte politisch entwerten, was moralisch ohnehin nicht zu bewerten war." (17) Der Beobachter der Beobachterin sieht Arendt verständnislos vor der mythischen Bedeutung des Prozesses: „Was der mythische Akt auf *eine* Figur konzentrieren muß, weil er sonst die Anschaulichkeit nicht erreichen kann, deren jede Begründung von Legitimität bedarf, erscheint der Politologin diffus." (17) Während Arendt universalistisch gegen die Alleinschuld Eichmanns argumentiere, sei diese symbolisch-mythologisch gesehen doch gerade der „politische Kern des Vorgangs" (18). Man könne eben „nicht beides zugleich haben: die Analyse und den Mythos." (18) Ihr moralischer Rigorismus sei in dieser historischen Situation fehl am Platze: „Arendt, die als Politologin angesprochen sein wollte und sich des Verdachtes auf Philosophie genierte, war eine Moralistin. Ihr Buch ist ein Dokument des Rigorismus. […] Ihre Pathosformel ist großartig, verfehlt aber alles an dem Vorgang, was wesentlich ist" (18). Er wirft ihr also letztlich vor, philosophisch und nicht politisch zu denken.

Entsprechend ihrer Sicht Eichmanns als Symptom, nicht als Symbol, hatte sich Arendt – wie auch Jaspers und Buber (Arendt 2017, 367) – gegen einen Prozess in Jerusalem und für einen Prozess vor einem internationalen Gerichtshof ausgesprochen. Blumenberg hingegen insistiert auf der politischen Notwendigkeit eines Prozesses in Israel:

> „Er gehörte [in Arendts Sicht] vor das Gericht aller Menschen. Genau das aber hätte ihn seiner Funktion entzogen, im Nationalmythos als der bezwungene notwendige Feind aufzugehen […]. […] Als Verbrechen gegen die Menschheit aber wäre der Fall Eichmann ‚internationalisiert' gewesen, kein Verbrechen der ungeheuerlichsten Ausschließlichkeit gegen das jüdische Volk und nicht die jeden realistischen Einwand entkräftende Ermächtigung zu diesem Staat." (Blumenberg 2015, 18–19)

Er warf Arendt vor, dass „sie den öffentlich-politischen Rang des Verfahrens als Erschließung des Grundes nationaler Legitimität" verkenne (19), es sei „Sache eines Staatsvolks, seinen geschichtlichen Feind und negativen Staatsgründer gefaßt und gerichtet zu haben" (19). Den „Negierer ihres Daseinsrechts […] als lächerliche Figur vor sich zu sehen, statt als den Dämon" (20), zerstöre diesen Legitimationsgrund – deshalb „durfte niemals gesagt werden, dieser Mann sei ein Hanswurst gewesen [...]. Eine Vogelscheuche der Jämmerlichkeit gefangen zu haben und zu richten, diskreditiert den Staatsakt, zu dem es gemacht worden war und gemacht werden mußte." (20) Blumenberg sieht hier den Vorrang einer narrativ-mythologischen Notwendigkeit. Im Gegensatz zu Arendt, die dieses Buch nicht hätte schreiben dürfen, hätte Freud, so schließt Blumenberg, „die mythische Dimension der Tötung des negativen Staatshelden" „auf den ersten Blick verstanden" (20). Blumenbergs politisches Argument spiegelt die typische Struktur seines Denkens in Metaphern, Mythen und Symbolen wider – auch seine Politik ist metaphorologisch. Weitere posthume Publikationen – z. B. *Präfiguration: Arbeit am politischen Mythos* (2014) – lassen stärker heraustreten, wie intensiv sich Blumenberg mit der *politischen* Funktion des Mythos auseinandersetzte.

Der Herausgeber Ahlrich Meyer hat doppelt recht, wenn er sagt: „Mit seiner Empörung darüber, daß jener Mann, den er als ‚negativen Nationalhelden' Israels verstanden wissen wollte, von Arendt ins Lächerliche gezogen wurde, verstellt sich Blumenberg den Zugang zum Verständnis dessen, was Arendt meinte, als sie von der ‚Banalität des Bösen' sprach." (Blumenberg 2015, 129) Einerseits verstellt hier in der Tat die mythologische Sicht die moralische, die realpolitische die politikphilosophische, der mythologische Rigorismus den Zugang zum Rigorismus der Wahrheit. Andererseits stellen sich in diesem Wechselspiel der Beobachter/innen vielfältige Fragen der Zugänglichkeit füreinander: Eichmanns Zugangslosigkeit für die Perspektiven Anderer steht nun in einem Kontext mit Arendts Bemühungen um ein Verständnis Eichmanns (die Rezeption hat öfter unterstellt, sie habe sich von Eichmann täuschen lassen, s. Cesarani 2006; Stangneth 2014; Smith 2000 – dies erscheint angesichts ihrer Überlegungen zu innerer Pluralität und gewählter äußerer Erscheinung unwahrscheinlich, zudem macht sie z. B. in Arendt 2017, 107 deutlich, dass sie Eichmann nicht alles glaubt) und mit Blumenbergs Unverständnis Arendts (das ebenso auf ein Fernsehinterview Arendts reagierte wie auf das Eichmann-Buch). Umso schwerer fällt es dem Leser/der Leserin, sich hier selbst Zugang zu verschaffen: Was zählt die „Verteidigung des Mythos" (Blumenberg 2015, 107) gegenüber der Verteidigung der (gegebenenfalls eigenen) Wahrheit, die konkrete politische Metaphorologie gegenüber der universalistischen Totalitarismustheorie? Wie verhält sich Eichmann als ‚notwendiges' politisches Symbol zu Eichmann als entscheidendes moralisches Symptom? Wie zugänglich, schließlich, sind uns Arendts Texte (die in verschiedenen Fassungen und Sprachen publiziert wurden), wie haben wir Blumenbergs unpublizierten Text, die abgedruckten Vorfassungen und Notizzettel in sein Oeuvre einzuordnen?

Insbesondere beginnen wir hier zu sehen, wie eng im Leben *nacheinander* Mensch und Text, moralisches Urteil und Textinterpretation zusammenhängen. Zugänglichkeit, so zeigt sich, muss man sich erst hart erarbeiten. Dies geht nur, wenn man sich für die Perspektive des/der Anderen wirklich *interessiert* – also zugänglich dafür ist –, wie es im Rahmen der Debatte um Arendts Eichmann-Buch oft *nicht* der Fall ist. Wie der Eichmann-Biograph Cesarani Arendt abfertigt, ohne auf die Komplexitäten ihrer Vorstellungen von Gedankenlosigkeit und klischeehafter Sprache (bzw. den Zusammenhang von Sprache und Gewalt) einzugehen, so hat auch Blumenberg bei seiner Polemik das Eichmann-Buch nicht ausreichend präsent: Wie der Text belegt (Arendt 2017, 91–92), war sich Arendt der Bedeutung des Eichmann-Prozesses für die Staatsgründung voll bewusst, verstand, dass Eichmann nicht als Hanswurst dastehen durfte, weil dies „das ganze Unternehmen ad absurdum geführt hätte" (Arendt 2017, 132) – machte also genau Blumenbergs Punkt –, und konnte die Tragweite ihrer Aussagen durchaus einschätzen: „so darf man doch andererseits", schreibt sie, „nicht vergessen, was es für Juden bedeutete, zum erstenmal seit der Zerstörung des Tempels über Verbrechen am eigenen Volk zu Gericht zu sitzen, sich also nicht auf den Rechtsschutz anderer Völker zu verlassen oder gar an ‚Menschenrechte' und ähnlich kompromittierte Begriffe appellieren zu müssen." (Arendt 2017, 394) Arendt weiß also besser um die Bedeutung des Prozesses als es Blumenbergs Vergleich vermuten lässt. Auch zieht Blumenberg nicht in Betracht, wie *politisch* (nicht moralistisch) Arendts Aussage zur Normalität und Bürgerlichkeit der Täter/innen angesichts der Entwicklungen im Nachkriegsdeutschland war, wie politisch ihre Bemerkungen zur Gefährdung des Denkens in Ideologie und Totalitarismus angesichts der amerikanischen Konfrontation mit kommunistischen Regimes (Vietnamkrieg, Kubakrise) waren – beide Staaten sicherlich *auch* spezifisch intendierte Publika für Arendts Prozessbericht (nicht umsonst wurde er zuerst im Massenblatt *New Yorker* publiziert). Und Blumenberg lässt auch beiseite, wie politisch Arendts Aussage ist, dass die existenten rechtlichen Kategorien für solche Verbrechen – geschehen im Rahmen einer ideologisierten Gesellschaft, in der *fact* und *fiction* vermischt werden – nicht ausreichen. Gleichzeitig übersieht er, dass seine metaphorologisch geprägte Behandlung im Gegensatz zu Arendts moralisch basierter Haltung eher apolitisch erscheint (man erinnere sich daran, dass die Notwendigkeit von Gründungsmythen auch auf der anderen Seite eine Rolle spielte, etwa der Reichstagsbrand). Es überrascht angesichts dessen nicht, dass auch Arendt sich mit der Rolle von Gründungsmythen (u. a. Moses; Arendt 1978, II, 203 ff.) befasste.

An dieser Stelle kommt Platons Thales zurück ins Spiel – den Blumenberg ebenso wie Arendt aufgenommen hatte. Die Thrakerin-Episode ist nicht nur, wie Blumenberg dies skizziert, eine „Urgeschichte der Theorie", sondern auch die

Geschichte des zugangslosen Zuschauers (bzw. Zuschauerin) – die Welt des Thales bleibt der Thrakerin ebenso verschlossen wie Thales die Welt der Thrakerin (über wen sollen wir hier eigentlich lachen?). Mit dem Abstand eines *weiteren* Vierteljahrhunderts, so muss man nach dem oben Diskutierten sagen, hätte Blumenberg „auf den ersten Blick verstanden", dass er mit dem *Rigorismus*-Aufsatz *selbst* die Rolle der Thrakerin übernimmt, indem er Arendt als weltabgewandte Philosophin jenseits der Realpolitik skizziert, die beim Blick in den philosophischen Sternenhimmel die politische Falltiefe übersieht. In seiner Betonung des Politischen wendet sich Blumenberg nicht nur gegen Arendts Philosophie der Zugänglichkeit, sondern gegen sein eigenes Theorieverständnis in *Thrakerin* und gegen die gesamte sokratische Tradition (ein ähnlicher Rigorismus brachte Sokrates den Tod – mit mythologischer Notwendigkeit, als Sündenbock nach dem verlorenen Peloponnesischen Krieg). Ihm bleibt zudem die böse Pointe verborgen, dass wer die Dämonisierung des Bösen fordert – gleich aus welchen Motiven –, gleichzeitig dessen Drohen im Alltäglichen unterschlägt – und damit selbst gedankenlos ist; wer die Aufmerksamkeit auf die Komplexität des Bösen richtet, lenkt von dem Bösen ab, das in der Reduktion von Komplexität besteht und durch den Mangel an Komplexität geschieht. Wer sagt, dass das Böse aus einem Übermaß an Denken anstatt aus Gedankenlosigkeit entsteht, denkt über Gedankenlosigkeit nicht nach. Darüber hinaus gibt derjenige damit nicht nur dem Staate Israel ein Symbol, einen Mythos, sondern auch dem/der ‚Normalbürger/in' einen *exkulpierenden* Mythos, der alle Schuld auf einen genialischen Bösewicht lädt und von der eigenen schweigt – während, wie Arendt postuliert, das Denken zwingend von *jedem einzelnen* Menschen gefordert werden muss. Was aus Blumenbergs Sicht für den Staat Israel richtig ist, ist so aus Arendts Sicht für die gesamte zukünftige Welt potentiell fatal. Blumenbergs rigoristischer Text bleibt für diese Komplexität der Wirkungen unzugänglich: Dieses Mal fällt die Thrakerin in den Brunnen.

Zugang ist angesichts der Verbrechen des Nationalsozialismus die zentrale Zukunftsfrage. Wie die Autorin eines über 600-seitigen Buches zu den Vernichtungslagern schreibt: „Trotz aller Versuche, sich dem Untersuchungsgegenstand nüchtern und mit kritischer Distanz zu nähern, [...] bleibt letztendlich Unverständnis darüber zurück, wie diese ‚Hölle voller Teufel', wie Treblinka von dem ehemaligen Gefangenen Chil Rajchman genannt wurde, möglich sein konnte." (Berger 2013, 23) Historische Phänomene stellen uns als vorliegende Taten – wie ein Text ohne seine/n Autor/in – vor die Frage der Bedeutung: Was hat den Täter bzw. die Täterin angetrieben? Wie konnte das passieren? Wie können wir verhindern, dass es wieder passiert? Dies sind klassische Fragen der Holocaust-Forschung, die *post factum*, nach dem unzugänglichen einmal Geschehenen, als *Zukunfts*fragen gestellt werden – die also darauf *angewiesen* sind, Text und

Mensch zusammenzubringen –, und die in der meist textbasierten historischen Forschung irgendwo zwischen individualisierter Täter/innen/forschung und struktureller Betrachtung beantwortet werden (vgl. Berger 2013, 10–12). Vor diesen Fragen stand auch Hannah Arendt, sie bemühte sich in intensivem Studium, vor Ort und über eine Vielzahl von Texten, Aussagen und Hintergründen, um eine Antwort. Ihr stellt sich die Frage der Zugänglichkeit der *Person* aus den vorliegenden *Dokumenten* umso drastischer, weil sie sich als Frage mit ethischen Konsequenzen, als ethische *Zukunftsfrage* stellt, als Frage unter ethischem Druck: Je besser man sie beantwortet, desto eher kann man zukünftiges Leid verhindern. Ihre Antwort findet sie schließlich in der Zugänglichkeit selbst: Wer keinen inneren Dialog führt, wer nur im von außen Vorgegebenen lebt, im Vorliegenden (z. B. in der unilateralen, reduktionistischen Amtssprache), wer seine eigene Pluralität nicht realisiert, ist für die menschliche Pluralität unzugänglich. Für Arendt ist diese Warnung vor dem Versagen des *Denkens*, als Reduktion der Pluralität, als vereinfachende Gewalt, für die Zukunft der Menschheit wichtiger als die mythische Legitimation des Staates Israel. Unsere das Eichmann-Buch kontextualisierenden Lektüren von *Life*, *Sokrates* und *Totalitarianism* haben, ausgehend von Platon, diese fundamentale *realpolitische* Bedeutung von Arendts philosophischer Analyse des Denkens und die *ethische* Bedeutung des inneren Dialogs gezeigt. Gleichzeitig ist die Bedrohung der inneren Pluralität, wie die folgenden Kapitel zeigen werden, von höchster Aktualität – die Reduktion von Pluralität in auswertbare Information ist eines der Hauptkennzeichen der Informationsgesellschaft.

8 Adyton: Die Notwendigkeit des Innenraums bei Anne Dufourmantelle und Jacques Derrida

Platons Bild des „Adyton des Buches" (*ek tou adytou tēs biblou*, Theaitetos 162a) macht uns, wie die Schriftkritik, die Nicht-Trivialität des Verstehens deutlich – die Tatsache, dass es nicht selbstverständlich ist, jemanden aufgrund seiner Äußerungen zu verstehen. Das Orakel äußert sich, wie ein Buch, nur einmalig und verteidigt oder erläutert seine Äußerungen nicht, leistet sich selbst keinen Beistand. Sein Innenraum ist unzugänglich, unantastbar. Gleichzeitig haben wir im *Symposion* die Figur eines zugangsbeschränkten Innenraums des *Menschen* gesehen, immer mit ethischer Bedeutung (Sokrates' *agalmata*, sein Eingriff in Alkibiades' Inneres). Wir haben gesehen, dass spätere Denker/innen diese Figuren übernommen haben, in Bezug auf Texte (Derridas *cryptes du poème*) ebenso wie auf Menschen, die immer mehr sind als das Geäußerte (etwa bei Arendt oder Levinas), als die äußere Erscheinung, als das von außen, durch Andere, Beurteilbare. In diesem Kapitel wollen wir zwei weitere Beispiele aus der jüngsten Vergangenheit aufnehmen, bei denen das Bild des Innenraums, und damit der Zugänglichkeit, ethische Bedeutung trägt. Beide Denker/innen nehmen hierbei die Einrichtung der Informationsgesellschaft explizit auf.

Dufourmantelles Geheimnis

Wir beginnen wieder mit dem Umschlagen eines Menschen in die Schrift. Die Philosophin und Psychoanalytikerin Anne Dufourmantelle starb im Jahre 2017 im Alter von 53 Jahren beim Versuch, zwei Kinder aus dem Meer zu retten. In ihrem letzten wissenschaftlichen Buch, *Défense du secret* (2015), schreibt sie, ausgehend von der Praxis der Psychoanalyse, eine Verteidigung des Geheimen, des intimen Innenraums jeder Person. Die Psychoanalyse erscheint hier als Paradefall dessen, was sich im *Theaitetos* zeigte, dass Personen sich *selbst* nicht immer zugänglich sind – die einfache, informatisierte, transparenzorientierte Vorstellung, man brauche dem Analysten/der Analystin nur alles zu sagen, ‚Information' zu ‚übergeben', so Dufourmantelle, sei realitätsfern. Vielmehr entwickele man sich hier gemeinsam – wie bei Platon im helfenden Dialog: „"Tout dire' à l'analyste n'est pas une mise au pas pour atteindre une illusoire transparence à soi, ni à ce que l'époque juge important de s'avouer, ou d'avouer tout court. C'est une invitation à un pari risqué: imaginer que pourront se défaire là les scénarios préfabriqués, issus d'un passé en souffrance, pour en inventer d'autres, plus vivants, plus ouverts." (Dufourmantelle 2015, 14) Die Vorstellung der Transparenz – geschaffen durch äußeres Urteil oder übermittelte Information – kann nicht zutreffen, weil der Mensch selbst nicht immer sofort weiß, was er ist oder meint. Der Unilateralität der Transparenz steht hier die Bilateralität der gemeinsam erschlossenen Bedeutung gegenüber.

Zudem begegne man in der Psychoanalyse nicht nur schädlichen, sondern auch positiven Geheimnissen: „Il y a des secrets toxiques, d'autres qui sont des sources de vie." (Dufourmantelle 2015, 43) Im Privat-Geheimen, im „jardin secret", sieht Dufourmantelle einen wesentlichen Bestandteil der Freiheit des Individuums und eine dauerhafte Quelle für Kreativität: „ce qu'on appelle le jardin secret. Depuis l'enfance, cette immense réserve est source de création, de liberté et de joie." (15) (Hier müssen wir nur an *scholē* und den inneren Dialog zurückdenken, um ihren Punkt zu verstehen.) Geheimnisse, so Dufourmantelle nach einem Blick in die Geschichte des Konzepts – insbesondere auf die christliche Vorstellung des „for intérieur inviolable" (25) –, würden oft essentialistisch und damit falsch verstanden. In Wirklichkeit seien sie eine Handlung, die Schaffung eines privaten Raums: „Trop souvent on l'essentialise, oubliant qu'il est un acte" (43). Diese Handlung des Geheimhaltens gehöre wesentlich zur Entwicklung des Individuums (45–46). Sie dürfe nicht statisch gesehen werden, Geheimnisse entwickelten sich dynamisch im Verhältnis zur Person und ihrem Kontext: „Le secret qu'il garde [...] ne reste pas figé pour toujours, il évolue en même temps que le sujet qui le garde. [...] Tout secret est un devenir." (30) Insbesondere aber sei das private Innere ein Ort jenseits des Festgelegten, der es erlaube, immer wieder neu zu beginnen: „un lieu de renaissance toujours possible" (43) (vgl. Arendts „Freedom as an inner capacity of man is identical with the capacity to begin"). Wie bei Levinas ist auch bei Dufourmantelle das Individuum durch keine endliche Menge an Äußerungen und Erscheinungen von außen definierbar: „Aucune exhaustivité des pensées à voix haute ne viendra jamais tout dire d'un être." (81) Ein Mensch kann nicht auf Gesagtes reduziert werden – er geht immer darüber hinaus und muss dementsprechend die Gelegenheit haben, sich zu *helfen*. Diese Unerschöpflichkeit des Menschen zu respektieren, ist für Dufourmantelle die Grundlage jeder sozialen Beziehung: „Respecter l'espace intime de l'autre, c'est faire alliance avec la nuit sans vouloir y mettre fin, penser que la lumière n'est pas le contraire du noir, mais sa plus secrète alliée, et reconnaître dans le secret [...] le contraire d'une menace, la condition même de la relation." (14–15) Die Frage der Zugänglichkeit erweist sich wiederum als ethische.

Entsprechend beschreibt Dufourmantelle auch die *Gefährdung* des Geheimnisses – nicht nur durch Folter und Totalitarismus, sondern durch die medialisierte Gesellschaft. Dies geschehe zum einen durch massenhafte, aufdringliche Ablenkungen: „Nous détourner des moments d'intimité avec soi semble être de mise: le silence remplacé par le bruit, bavardages à peu près continus, omniprésence des écrans qui captent les regards; presque toute notre sensorialité est mobilisée." (Dufourmantelle 2015, 15–16) In der „intimité avec soi" scheint die Vorstellung des inneren Dialogs wieder auf, der durch den permanenten Schrei der Medien nach Aufmerksamkeit bedroht ist – sie lassen uns nicht mit uns allein. Zum anderen gebe es einen enormen Transparenzdruck, eine „tyrannie du droit de savoir" (20) – mit Blick auf die sozialen Medien ebenso wie auf Überwachungstechnologien. Wer nicht teilnehme, nicht transparent sei, wer nicht bereit sei, sich überwachen zu lassen, werde ausgeschlossen: „Ceux qui n'entreront pas dans l'ère technobiologique avec suffisamment d'ardeur, heureux d'être décryptés, protégés donc surveillés, surveillés donc suspectés, seront laissés de côté." (39) Die ermächtigenden Effekte der digitalen Medien ließen viele Menschen diese negativen Konsequenzen vergessen: „L'individu a trouvé dans les outils de communications produits en masse [...] un moyen d'augmenter sa puissance sans voir qu'il creuse, à travers eux, sa dépendance et son impuissance." (40) Die technischen Möglichkeiten erzeugten letztlich einen moralisch-politischen Sog – das Geständnis werde immer mehr zur Norm, wer sich nicht transparent mache, mache sich verdächtig: „L'aveu devient la norme, et l'inavouable donc ce qui potentiellement' sera reproché à quiconque se ‚sépare' du flux communicationnel." (41) So werde das Geheimnis nicht zum Quell der Individualität, sondern zur Gefahr deklariert: „Que se passe-t-il quand une culture décrète que le secret est un danger pour la sécurité d'un être ou d'une société?" (93) In diesem gesellschaftlich erzeugten und technologischen ermöglichten Transparenzsog gerät die Essenz des Individuums, der innere Dialog, unter Druck – mit allen potentiellen Konsequenzen: Arendts Vorstellung vom Totalitarismus, der einen nicht allein lasse, ist hier nicht weit entfernt.

Unter dem Deckmantel der Entlastung des Individuums werde die Technologie immer invasiver: „La technologie se fera toujours plus invasive, permettra toujours plus d'exhibition [...]. Des capteurs, des arsenaux statistiques interpréteront mieux que nous nos émotions et nos pensées tandis que nous serons délestés, libérés, de choix inutiles et encombrants." (Dufourmantelle 2015, 96) Diese kapitalistisch getriebene, gesellschaftlich immer mehr geforderte Transparenz könne jedoch in einer Überwachungsgesellschaft enden, in der jedes Geheimnis verdächtig sei:

> »Que tout secret soit potentiellement une dissimulation et donc un mensonge et non un ›jardin‹ à l'abri duquel peut croître la vie, est notre nouvelle idéologie de civisme. Tout *devoir savoir* sur les intentions des individus qui composent un corps social pour prévenir de futures déviances ou exactions, voire pour anticiper le devenir terroriste toujours possible de ses sujets, est un fantasme que les démocrates aujourd'hui partagent étrangement avec les décembristes de la Terreur.« (99)

(Wir erinnern uns an Arendts Beschreibung des Totalitarismus: „Simply because of their capacity to think, human beings are suspects by definition"; Arendt 1976, 430.) Es entstehe so eine marktgetriebene Geständnisgesellschaft – „la société des aveux" (99) –, die den Menschen zu einem perfekt funktionierenden Organismus machen wolle (100), mit vereinheitlichten, eindeutigen, austauschbaren Personen: „La société matérialiste n'a d'autre objectif que de nous rendre de plus en plus poreux aux images qu'elle secrète, aux objets qu'elle fabrique et décompose, aux substances qu'elle considère indispensables à la fabrication d'un individu toujours plus lisse, aseptisé et interchangeable." (104) (Vgl. Arendt: „Total domination [...] is possible only if each and every person can be reduced to a never-changing identity of reactions, so that each of these bundles of reactions can be exchanged at random for any other." Arendt 1976, 438) Diese Lesbarmachung des Menschen geschehe natürlich stets ‚zu unserem Besten': „c'est toujours au nom de son ‚bien' que l'on ordonnera aux individus d'être le plus lisible possible." (103) Die Technologieunternehmen versuchten so, neue soziale Normen zu setzen: „Pour Marc Zuckerberg [...], la vie privée est ‚une norme sociale anachronique'." (106) Dem Tempo der Wirtschaftszyklen und Investor/inn/en entsprechend, werde die Erhebung und Ausbeutung der Daten immer weiter gesteigert, als „enregistrement de nos données personnelles à des fins de commercialisation pour notre bien, [...] accélération d'une transparence au programme pour tout un chacun avec aveux nécessaires à celui qui fait un pas de côté." (111) Nur das Geheimnis, der private Innenraum, könne gegenüber diesem schnellen Austausch von Gütern und Informationen, der Anpassung fördert, als ein Verlangsamer dienen (105).

Die größte Gefahr sei der verführerische Diskurs der Entlastung – von Verantwortung, von Geheimnissen, von unserer Erinnerung: „Tout se passe comme s'il fallait qu'on soit constamment délesté de ce qui nous encombre ‚pour notre bien'." (Dufourmantelle 2015, 113) Die Parallelen zu Arendt und zu Adornos „Entlastung von der Autonomie" (Adorno, 1971, 46) sind unverkennbar. In dieser Entlastung, die Wirtschaft und Technologie in allen Lebensbereichen anböten, stecke eine Infantilisierung (Dufourmantelle 2015, 113). Dies gelte sogar für das Gedächtnis, das zunehmend in die sozialen Medien verlagert werde:

> »L'idée est que l'on ne soit plus responsable de sa propre mémoire, qu'on la confie à plus ›sûr‹ que soi. Il est intéressant de noter d'ailleurs la rapidité avec laquelle le symptôme de la maladie d'Alzheimer gagne une société qui fait de l'archive un fardeau dont il faudrait tout à la fois se délester pour soi-même et à confier à d'autres pour l'éternité.« (113–114)

Die vorgebliche Entlastung auf allen Ebenen führe die Menschen dazu, die eigenen Denk- und Urteilsfähigkeiten zu vernachlässigen (man fühlt sich wiederum an die Schriftkritik erinnert). Daher fordert Dufourmantelle von jedem Menschen extreme Wachsamkeit angesichts des informationell Konsumierten, angesichts verschwimmender Grenzen von Wahr und Falsch, angesichts ubiquitärer Entlastungsangebote: „Car l'entreprise est au délestage." (115) Die ‚entlastenden' Technologien wollten die Menschen immer mehr an sich binden und immer weniger mit sich allein lassen: „Cette défausse encouragée vise non seulement la mémoire mais le temps lui-même. Le temps inutile, le temps pour soi." (116) Die zunehmende Ausnützung sämtlicher Zeiteinheiten lässt so keine Zeit für den inneren Dialog. Anklingend an Arendt, warnt Dufourmantelle entsprechend vor neuen Totalitarismen: „De nouveaux totalitarismes s'esquissent dans les discours qui dénoncent le risque de voir renaître les anciens. La transparence volontaire sert la servitude volontaire." (103)

Transparenz sei jedoch eben – mit Blick auf die ethische Bedeutung des Geheimnisses – nicht gleichbedeutend mit Wahrheit: „La transparence n'est pas la vérité." (Dufourmantelle 2015, 103) Eine Informatisierung, eine Lesbarmachung des Menschen, reduziere ihn. Daher bedürfe es des Widerstands, der „résistance à une transparence informative idéale" (101). Ein freiheitliches Leben ist laut Dufourmantelle zum Geheimnis in der Lage (103) – in gewissem Sinne ist das Geheime frei, die Fähigkeit, ein Geheimnis zu haben, die Fähigkeit zur Freiheit. Dementsprechend entwirft sie eine Ethik des Geheimnisses (125 ff.), die sich gegen die Erzwingung von Zugänglichkeit wendet: „S'approprier un être, c'est vouloir entrer dans ‚son' secret et se servir du savoir qu'on aura ainsi dérobé." (131) Die Unaneignbarkeit des privaten Raums des Individuums sei die Grundbedingung seiner Freiheit: „Le secret de notre chambre intérieure [...] est la traduction d'une liberté inappropriable" (132). Diese „qualité du secret d'un être à être inappropriable" könne helfen, eine Ethik zu definieren (132). Dufourmantelle ist hier nicht weit von Levinas' Vorstellung des Menschen als „non-englobable" und „infini" entfernt. Die ethische Bedeutung (vielleicht sogar Notwendigkeit) der Vorstellungen von Innenraum und Zugänglichkeit zeigt sich hier in aller Deutlichkeit.

Gerade in Zeiten, die organisiert versuchten, das Privatleben zu zerstören und zu vereinheitlichen – „Nous entrons dans l'ère de la glaciation douce, d'anesthésie continuelle et légère avec loisirs organisés, pensées dirigées pour empêcher l'étonnement, le pas de côté, le changement d'échelle." (Dufourmantelle 2015, 151) – liegt für Dufourmantelle das Zentrum einer Ethik im Gebot des „respecter le jardin secret de l'autre" (185). Den Zugang zu Geheimnissen, zum Innenraum des/der Anderen, könne man nicht erzwingen: Der Zugang werde in einem sozialen Akt *gegeben*, das Geheimnis *geteilt*. Das Aufnehmen des/der Anderen in den eigenen Innenraum, in das nicht mit Allen Geteilte, in das nicht für Alle Zugängliche, ist also ein Akt der Gastfreundschaft und der menschlichen

Verbindung, ebenso wie das Denken nicht ein Akt des Dominierens, sondern der *geistigen Gastfreundschaft*, der Offenheit für die Welt und deren Fremdheit ist, die durch das Bild des Abrufens von Informationen nicht ausreichend beschrieben werden kann: „La pensée est d'abord une hospitalité à l'intelligence du monde et de la vie." (207) Das Thema der Gastfreundschaft läutet nun den zweiten Teil des Kapitels ein, der weitere ethische Aspekte der Vorstellungen von Innenraum und Zugänglichkeit herausarbeitet.

Derridas Gastfreundschaft

Gastfreundschaft und Fremdheit sind die Themen zweier Seminarsitzungen, die Jacques Derrida im Januar 1996 abhielt – in Anwesenheit von Anne Dufourmantelle. Die Transkripte dieser Sitzungen wurden 1997 in einem Buch publiziert, das auch typographisch als Dialog zwischen beiden angelegt ist. Wie bei *Béliers* eröffnet bereits der Titel die Komplexität des Gegenstandes: *Anne Dufourmantelle invite Jacques Derrida à repondre* [Zeilenabsatz] *De l'hospitalité*. Die Einladung des Gastes zur Antwort, die Gastfreundschaft als Bedingung des Dialogs – jenseits des Rahmens einer akademischen Einladung sind dies zugleich zentrale Themen des Buches. Derrida übernimmt hierbei bewusst selbst die Rolle des Gastes, des/der Fremden. Die existenten Übersetzungen des Buches verpassen dabei die volle Bedeutungstiefe des Titels – denn dieser ist auch durchgehend lesbar als „invite Jacques Derrida à répondre de l'hospitalité": *Répondre de* bedeutet nicht nur *Antworten*, sondern *Sich Verantworten für*, Sich Verbürgen für. Und genau diese Verbindung von Gastfreundschaft und Verantwortung ist das Thema des Buches – in verschiedenen Hinsichten. Die Bedeutungstiefe von *répondre de* hat Derrida einige Zeit später noch einmal in einem Beitrag mit dem Titel „Responsabilité et hospitalité", „Verantwortung und Gastfreundschaft", erläutert:

> »Le titre proposé pour cette séance comporte non seulement le terme d'hospitalité mais aussi celui de responsabilité. Le mot ›responsabilité‹ comporte celui de ›réponse‹: il s'agit de pouvoir répondre à un appel ou de répondre de soi. Mais le mot répondre est lourd de sens: il ne s'agit pas seulement d'échange, de reconnaissance ou de respect de l'autre. L'injonction à répondre, ne l'oublions pas, peut être un acte de violence extrême. [...] Ce système d'injonction peut prétendre s'installer dans une éthique de la responsabilité: tu dois répondre de toi, de ton identité. Par conséquent, l'appel à la responsabilité peut aussi bien être le commencement de l'éthique que celui de la police et de l'autorité étatique. Il faut donc être sans cesse attentive à ces risques de perversion de la loi de responsabilité. Du point de vue de l'éthique pure, il n'est pas demandé à l'arrivant, au visiteur inattendu, de répondre de lui.« (Derrida 1999, 111)

Der Aufruf des Gastes, ihn aufzunehmen und zu schützen, ist hier ebenso gemeint wie der Aufruf des Gastgebers/der Gastgeberin an den Fremden/die Fremde, sich auszuweisen – Informationen anzugeben; die Verantwortung, die aus den Gesetzen des Staates und der bürgerlichen Gastfreundschaft entsteht, ebenso wie die grundsätzliche menschliche Verantwortung jenseits aller Gesetze. Schon mit seinem Titel nimmt Derrida uns als Leser/innen mit in die Verantwortung.

In der ersten Sitzung, „Question d'étranger; venue de l'étranger", greift Derrida genau diese Prozesse des Fragens und Hinterfragens auf, indem er sich weigert, ‚den Fremden' oder ‚das Fremde' einfach als Thema anzunehmen, die Frage des/der Fremden stelle sich vielmehr als Frage *des/der* Fremden, als vom Fremden ausgehende Frage, und als an die Fremde gehende Frage:

> »la question de l'étranger est une question *de* l'étranger, une question venue *de* l'étranger, et une question à l'étranger, addressée *à* l'étranger. Comme si l'étranger était d'abord *celui qui* pose la première question ou *celui à qui* on addresse la première question. Comme si l'étranger était l'être-en-question, l'être-question ou l'être-en-question de la question. Mais aussi celui qui, posant la première question, me met en question«. (Dufourmantelle/Derrida 1997, 11)

Der/die Fremde als in Frage *stehendes* und in Frage *stellendes* Wesen, als Wesen, dessen Frage an den Gastgeber/die Gastgeberin in Frage steht, eröffnet – ähnlich wie bei Levinas' Ansprache – die Dimension der Verantwortung:

> »la question *de* l'étranger comme la question-demande addressée à l'étranger (qui est-tu? d'ou viens-tu? que veux-tu? veux-tu venir? où veux-tu en venir?, etc.) mais surtout, plus tôt encore, la question *de* l'étranger en tant que question venue *de* l'étranger. Et donc de la réponse ou de la responsabilité. Comment répondre à toutes ces questions? Comment *en* répondre aussi? Comment répondre de soi devant elles?« (117)

Diese Fragen stehen im Zentrum der folgenden Erörterungen, die, wie so oft bei Derrida, mit Platon beginnen, zunächst mit der Figur des Fremden in den Dialogen *Sophistes* und *Politikos*, dann mit der *Apologia*, der Verteidigungsrede des Sokrates vor Gericht – ein Diskurs, den Sokrates, wie wir gesehen haben, kritisierte, weil er gerade *kein* In-Frage-Stellen im Dialog zulasse und den Angeklagten/die Angeklagte, letztlich wie ein Buch, auf das in der Rede Gesagte reduziere, weil er keine Zugänglichkeit füreinander erlaube. Sokrates, so Derrida, spiele in seinen Dialogen oft genug absichtlich den (hinterfragenden) Fremden: „Parfois, l'étranger, c'est Socrate lui-même, Socrate l'homme dérangeant de la question et de l'ironie [...]. Socrate lui-même a des traits de l'étranger, il représente, il figure l'étranger, il *joue* l'étranger qu'il n'est pas." (19) In *Apologia* 17c–d stelle sich der Athener Sokrates entsprechend als *Fremden* vor Gericht dar, der die dortige Sprache nicht spreche: „Il déclare qu'il est ‚étranger' au discours de tribunal, à la tribune des tribunaux: il ne sait pas parler cette langue de prétoire, cette rhétorique du droit, de l'accusation, de la défense et de la plaidoirie; il n'a pas la technique, il est *comme* un étranger." (19–21) Hieran zeigt sich für Derrida eine erste grundsätzliche Frage der Gastfreundschaft und der Zugänglichkeit, nämlich die Frage nach der Rolle der (dominanten) Sprache und der (Un-)Möglichkeit, sich zu verantworten, sich zu *helfen*:

> »Parmi les graves problèmes dont nous traitons ici, il y a celui de l'étranger qui, malhabile à parler la langue, risque toujours d'être sans défense devant le droit du pays qui l'accueille ou qui l'expulse; l'étranger est d'abord étranger à la langue du droit dans laquelle est formulé le devoir d'hospitalité, le droit d'asile, ses limites, ses normes, sa police, etc. Il doit demander l'hospitalité dans une langue qui par définition n'est pas la sienne, celle que lui impose le maître de maison [...]. Celui-ci lui impose la traduction dans sa propre langue, et c'est la première violence. La question de l'hospitalité commence là: devons-nous demander à l'étranger de nous comprendre, de parler notre langue, à tous les sens de ce terme, dans toutes ses extensions possibles, avant et afin de pouvoir l'accueillir chez nous? S'il parlait déjà notre langue, avec tout ce que cela implique, si nous partagions déjà tout ce qui se partage avec une langue, l'étranger serait-il encore un étranger [...]? C'est ce paradoxe que nous allons voir se préciser.« (21)

Durch die Dominanz der Amts- und Landessprache wird dem/der Fremden die Möglichkeit genommen, sich selbst zu helfen (vgl. Kap. 10). Gleichzeitig sei die eigene Muttersprache so etwas wie ein mobiler Innen- und Eigenraum, „un chez-soi mobile" (83). Sprache sei zudem nicht nur die Frage der Beherrschung einer Nationalsprache: „Au sens large, la langue, celle dans laquelle on s'adresse à l'étranger ou dans laquelle on l'entend, si on l'entend, c'est l'ensemble de la culture, ce sont les valeurs, les normes, les significations qui habitent la langue. Parler la même langue, ce n'est pas seulement une opération linguistique. Il y va de l'*éthos* en général." (117) In welcher Sprache könne man also den Fremden/die Fremde fragen? (117) Oder müsse man nicht vielmehr „suspendre le langage, un certain langage déterminé", „s'abstenir de lui poser ces questions qui annoncent autant de conditions requises, donc de limites à [l']hospitalité"? (119) Bereits in der Sprache können wir also unzugänglich sein. Die Frage der Gastfreundschaft, der Zugänglichkeit zum Eigenraum, ist in Beziehung zu anderen Zugänglichkeiten, sprachlichen und kulturellen, zu setzen.

Insbesondere schließt sich Derrida aber an einen weiteren Aspekt der Platon-Passage an – Sokrates betone hier, dass ihm *nicht einmal* die Rechte eines Fremden zugestanden würden: „à Athènes, l'étranger avait des droits. [...] [L]a subtilité de la rhétorique socratique [...] consiste à se plaindre de ne pas être même traité en étranger: si j'étais étranger, vous accepteriez avec plus de tolérance que je ne parle pas comme vous, que j'aie mon idiome, ma façon si peu technique, si peu juridique de parler" (Dufourmantelle/Derrida 1997, 25). Der/die Fremde, so Derrida, könne wenigstens die verbrieften Rechte eines Austauschs unter Völkern in Anspruch nehmen (25–27). Für Derrida ist diese Betrachtung über die Rechte des/der Fremden jedoch nur der Ausgangspunkt eines weitergehenden Arguments: Für ihn gibt es Gesetze der Gastfreundschaft, als verbriefte, definierte Rechte in einer Gesellschaft – diesen gegenüber stehe jedoch das ethische Gesetz einer *absoluten* Gastfreundschaft, die nicht nach dem Namen des/der Anderen, nach (unilateral definierten) Informationen und Daten frage, sondern sie/ihn bedingungslos aufnehme:

> »il faudrait noter une fois de plus un paradoxe ou une contradiction: ce droit à l'hospitalité offert à un étranger ›en famille‹, représenté et protégé par son nom de famille, c'est à la fois ce qui rend possible l'hospitalité ou le rapport d'hospitalité à l'étranger mais du même coup le limite et l'interdit. Car on n'offre pas l'hospitalité, dans ces conditions, à un arrivant anonyme et à quelqu'un qui n'a ni nom ni patronyme, ni famille, ni statut social [...]. [...] la différence, une des différences subtiles, parfois insaisissables entre l'étranger et l'autre absolu, c'est que ce dernier peut n'avoir pas de nom et de nom de famille; l'hospitalité absolue ou inconditionnelle que je voudrais lui offrir suppose une rupture avec l'hospitalité au sens courant, avec l'hospitalité conditionnelle, avec le droit ou le pacte d'hospitalité.« (27–29)

Diese absolute Gastfreundschaft sei eine unbedingte Öffnung des eigenen Innenraums für den Anderen/die Andere:

> »l'hospitalité absolue exige que j'ouvre mon chez-moi et que je donne non seulement à l'étranger (pourvu d'un nom de famille, d'un statut social d'étranger, etc.) mais à l'autre absolu, inconnu, anonyme, et que je lui *donne lieu*, que je le laisse venir, que je le laisse arriver, et avoir lieu dans le lieu que je lui offre, sans lui demander ni réciprocité (l'entrée dans un pacte) ni même son nom. La loi de l'hospitalité absolue commande de rompre avec l'hospitalité de droit, avec la loi ou la justice comme droit. L'hospitalité juste rompt avec l'hospitalité de droit« (29).

Die absolute Gastfreundschaft besteht darin, den unbekannten Anderen (bzw. die Andere) ohne Frage, ohne Abfrage von Kriterien und Rechten, in den eigenen Schutzraum aufzunehmen.

Der Konflikt zwischen diesen beiden Arten der Gastfreundschaft – besteht die Gastfreundschaft in der kontrollierten und kontrollierenden oder in der unbedingten Aufnahme? – prägt Derridas Untersuchung:

> »L'hospitalité consiste-t-elle à interroger l'arrivant? Commence-t-elle par la question addressée à qui vient [...]? [...] Ou bien l'hospitalité commence-t-elle par l'accueil sans question, dans un double effacement, l'effacement de la question *et* du nom? Est-il plus juste et plus aimant de questionner ou de ne pas questionner? d'appeler par le nom ou sans le nom? de donner ou d'apprendre un nom déjà donné? Donne-t-on hospitalité à un sujet? à

un sujet identifiable? à un sujet identifiable par son nom? à un sujet de droit? Ou bien l'hospitalité se *rend*-elle, se *donne*-t-elle à l'autre avant qu'il ne s'identifie, avant même qu'il ne soit (posé comme ou supposé) sujet, sujet de droit et sujet nommable par son nom de famille, etc.?« (Dufourmantelle/Derrida 1997, 31)

Die Frage der Gastfreundschaft sei genau die Frage *dieser* Frage nach der Unbedingtheit: Es herrsche

»une antinomie insoluble, une antinomie non dialectisable entre, d'une part, *La* loi de l'hospitalité, la loi inconditionnelle de l'hospitalité illimitée (donner à l'arrivant tout son chez-soi et son soi, lui donner son propre, notre propre, sans lui demander ni son nom, ni contrepartie, ni de remplir la moindre condition), et d'autre part, *les* lois de l'hospitalité, ces droits et ces devoirs toujours conditionnés et conditionnels, tels que les définit la tradition gréco-latine, voire judéo-chrétienne, tout le droit et toute la philosophie du droit jusqu'à Kant et Hegel en particulier, à travers la famille, la société civile et l'État. [...] La tragédie, car c'est une tragédie destinale, c'est que les deux termes antagonistes de cette antinomie ne sont pas symétriques. Il y a là une étrange hiérarchie. *La* loi est au-dessus *des* lois. Elle est donc illégale, transgressive, hors la loi, comme une loi anomique, *nomos a-nomos*, loi au-dessus des lois et loi hors la loi« (73).

Für unsere Zwecke ist hierbei wiederum die *Bedingtheit* unserer Zugänglichkeit für andere Menschen relevant, die Fragilität des Zugangs. Haben andere Menschen ein Anrecht darauf, dass wir für sie zugänglich sind, gibt es einen ethischen Imperativ, sie bei uns aufzunehmen, uns für sie zu öffnen, ihnen Hilfe zu leisten, ihnen Raum zu geben, sich selbst zu helfen? Sind wir in unserer eigenen Sprache, unserem eigenen Recht, offen für Andere (vgl. Kap. 10)? Ist Gastfreundschaft nur möglich auf Basis von Informationen? Vor allem: Welche Bedingungen müssen vorherrschen, damit wir uns überhaupt öffnen können, damit wir dialogbereit sind, damit wir *zugänglich* sind für andere Menschen?

Hier zeigt sich nun eine zentrale Frage – um Gastfreundschaft überhaupt *ausüben* zu können, so Derrida, müsse es erst einmal einen privaten, selbstbestimmten Innenraum geben: „une réflexion sur l'hospitalité suppose [...] la possibilité d'une délimitation rigoureuse des seuils ou des frontières: entre le familial et le non familial, entre l'étranger et le non étranger, le citoyen et le noncitoyen, mais d'abord entre le privé et le public, le droit privé et le droit public" (Dufourmantelle/Derrida 1997, 47), „entre l'espace public ou politique et le chez-soi individuel ou familial." (49) Damit wir für andere Menschen zugänglich sind, für die Intimität und Ausschließlichkeit des Dialogs, die Konzentration auf den Anderen/die Andere, die Hilfe, brauchen wir einen eigenbestimmten Innenraum, dieser ist die Grundbedingung für Gastfreundschaft: „le propre chez-soi [...] rend possible sa propre hospitalité." (51–53) Genau dieser Raum, den man für den jeweiligen Gast öffnen könne, Bedingung für die eigene Offenheit, sei aber durch die moderne technologisch geprägte Gesellschaft bedroht:

> »La frontière se trouve prise dans une turbulence [...]. À partir du moment où une autorité publique, un État, tel ou tel pouvoir d'État, se donne ou se voit reconnaître le droit de contrôler, surveiller, interdire des échanges que les échangeurs jugent privés, mais que l'État peut intercepter puisque ces échanges privés traversent l'espace public et y deviennent disponibles, alors tout l'élément de l'hospitalité s'en trouve bouleversé. Mon ›chez-moi‹ était aussi constitué par le champ d'accès de ma ligne téléphonique (grâce à laquelle je peux donner mon temps, ma parole, mon amitié, mon amour, mon secours à qui je veux, donc inviter qui je veux à entrer chez moi, [...] quand je veux, à n'importe quelle heure du jour et de la nuit [...]). Or si mon ›chez-moi‹, en principe inviolable, est aussi constitué, et de façon de plus en plus essentielle, intérieure, par ma ligne téléphonique, mais aussi par mon e-mail, mais aussi par mon fax, mais aussi par mon accès à l'Internet, l'intervention de l'État devient un viol de l'inviolable, là où l'inviolable immunité reste la condition de l'hospitalité.« (49–51)

Derridas These, dass die Demokratisierung und Technologisierung der Information gleichzeitig auch deren Kontrollierbarkeit steigere (55) und den privaten Innenraum bedrohe, liest sich heute – mehr als zwei Jahrzehnte später, nach einer Vielzahl von Datenskandalen durch kommerzielle Unternehmen, nach der Verbreitung des Transparenzdrucks der sozialen Medien und Metriken (vgl. Kap. 11) und der Entwicklung technologiegestützter *Social Credit Systems* in nicht freiheitlich orientierten Staaten – noch einmal deutlich besorgniserregender: „le développement actuel des techniques restructure l'espace de telle sorte que ce qui constitue un espace de propriété contrôlé et circonscrit, c'est cela même qui l'ouvre à l'intrusion" (57). Eine Gesellschaft, in der alles online ist, ist auch eine Gesellschaft, in der alles gehackt werden kann. Erschreckend ist jedoch Derridas Schlussfolgerung aus dieser Bedrohung des privaten, eigenen, inneren Raums:

> »Toutes ces possibilités technoscientifiques menacent l'intériorité du chez-soi (›on n'est plus chez soi!‹) et en vérité l'intégrité même du soi, de l'ipséité. Ces possibilités sont ressenties comme des menaces pesant sur le territoire propre du propre et sur le droit de propriété privée. Elles sont évidemment à l'origine de toutes les réactions, et de tous les ressentiments purificateurs. Partout où le ›chez-soi‹ est violé, partout où un viol en tout cas est ressenti comme tel, on peut prévoir une réaction privatisante, voire familialiste, voire, en élargissant le cercle, éthnocentrique et nationaliste, et donc virtuellement xénophobe« (51).

Mehr als zwei Jahrzehnte später meinen wir hier eine Voraussage zu lesen, die unsere Gegenwart trifft: Die immer weiter – auch ins Private – ausgreifende Basierung des Lebens auf dem Internet hat nicht nur, wie erhofft, Effekte der Automatisierung, des Komforts, der Bildung, der Globalisierung und des Multikulturalismus mit sich gebracht, sondern auch das Wiederaufflammen von Nationalismus, Populismus und Fremdenhass. (Vgl. Kap. 11.)

Doch es geht nicht nur um die Bedrohung des Eigenen, sondern auch um die Schutzfunktion des eigenen Innenraums für den Anderen/die Andere, und damit um den Kern der Gastfreundschaft. Hier geht Derrida einen Text Kants an, *Über ein vermeintes Recht aus Menschenliebe zu lügen* (1797), in dem dieser sich der Frage widmet, ob man wegen des ethischen Prinzips, immer die Wahrheit zu sagen, einen Freund/eine Freundin, den/die man beherberge, den Mörder/inne/n ausliefern müsse, die nach ihm/ihr suchten – „question á laquelle Kant répond sans hésiter, ‚oui, il ne faut jamais mentir même aux assassins'" (Dufourmantelle/Derrida 1997, 63–65). Kants Position opfere die Gastfreundschaft der Pflicht zur Wahrheit: „Il vaut mieux rompre avec le devoir d'hospitalité plutôt que rompre avec le devoir absolu de véracité, fondement de l'humanité et de la socialité humaine en général." (67) Mit diesem Rigorismus der Zugänglichkeit schaffe er zwar einerseits in der gegenseitigen Wahrhaftigkeit eine moralische Basis, „le devoir de dire la vérité à l'autre comme un devoir absolu de respect pour l'autre et de respect pour le lien social" (65), gleichzeitig zerstöre er aber, in letzter Konsequenz, jeden privaten Raum:

> »simultanément, [...] il détruit, avec le droit de mentir, tout droit de garder pour soi, de dissimuler, de résister à la demande de vérité, d'aveu ou de transparence publique. [...] Kant délégitime ou en tout cas secondarise et subordonne tout droit au for intérieur, au chez-soi [...]. Au nom de la morale pure, [...] il introduit la police partout, tant et si bien que la police absolument intériorisée a son oeuil et ses oreilles partout, ses détecteurs *a priori* dans nos téléphones intérieurs, nos e-mails et les fax les plus secrets de notre vie privée, et même de notre pur rapport intime à nous-mêmes.« (65)

Man mag sich hier an Arendts Aussage erinnert fühlen, der totalitäre Staat lasse einen nicht einmal zum inneren Dialog allein. Wenn der eigene Innenraum Voraussetzung ist für eine Öffnung für den Anderen/die Andere, der Schutzraum Voraussetzung für den Dialog – man denke hier zurück an den Schutzraum der *scholē*, an Arendt und Dufourmantelle –, dieser Innenraum aber aus gleich welchen Motiven einem Transparenzdruck ausgesetzt ist, wird unsere Zugänglichkeit für Andere anfällig.

So stellt sich bei Derrida – Levinas' Überlegungen zum Subjekt als Gastgeber/in aufnehmend (Dufourmantelle/Derrida 1997, 99; vgl. Kap. 6) – die Frage der Gastfreundschaft letztlich gleich in mehreren Hinsichten als ethische Frage und als Frage des Innenraums, der Zugänglichkeit: „le problème de l'hospitalité [est] coextensif au problème éthique. Il s'agit toujours de répondre d'une demeure, de son identité, de son espace, de ses limites, de l'*éthos* en tant que séjour, habitation, maison, foyer, famille, chez-soi." (133) Es ist nicht zufällig, dass Derrida hier das *répondre de* des Titels noch einmal aufnimmt. Die Abgrenzung des Privaten und die Entscheidung, sich für Andere zu öffnen, der Respekt vor dem Privaten – Fremden, Unendlichen – des/der Anderen, und der Aufruf des/der Anderen an uns, die Verantwortung für den Anderen/die Andere, und das Verständnis für die Fragilität des Zugangs füreinander, sind Grundparameter einer Ethik: Der *adyton* des Menschen ist unantastbar. Wo aus technologischen oder politischen Gründen kein Innenraum mehr bleibt, hört auch die Gastfreundschaft auf. Auch vor diesem Hintergrund gilt es unser Gegenwartspanorama der Informationsgesellschaft kritisch zu betrachten.

9 Humanismus und Berechenbarkeit: Der Dialog zwischen Ludwig Wittgenstein und Alan Turing als Ur-Ereignis der Informationsgesellschaft

„Parler la même langue, ce n'est pas seulement une opération linguistique", hatte Derrida gesagt. Vielleicht kommt es jedoch auf unsere Definition von Sprache an. Im Zusammenleben ist die Zugänglichkeit füreinander in zahlreichen Hinsichten bedroht. Viele davon liegen in der Sprache begründet, die gemeinhin als einfaches Mittel der Kommunikation, des Einander-Verstehens angesehen wird und oft doch selbst für die schmerzhaftesten Missverständnisse und Auseinandersetzungen sorgt. Platon hatte die Hilfsbedürftigkeit der Sprache zu einem Hauptthema seiner Dialoge gemacht. Im 20. Jahrhundert hat insbesondere ein Denker diese enorme Anfälligkeit der Sprache, die Alltäglichkeit des Missverstehens, die Nicht-Selbstverständlichkeit des Einander-Verstehens, ins Zentrum seiner Philosophie gestellt: Ludwig Wittgenstein. Für ihn hat sich Philosophie vor allem „mit den Versuchungen des Mißverstehens auseinander zu setzen" (BGM 314), mit den Fallen und Irrwegen, „dem irreführenden Gebrauch" (BB 22) und der „alles gleichmachende[n] Gewalt" (BT 349) der Sprache. Im Laufe seines philosophisch extrem hartnäckigen Lebens hat Wittgenstein hierfür gleich zwei Lösungsversuche entwickelt und dabei die *Grenzen* der Sprache – und damit des Sich-Verstehens – wie kein anderer Philosoph ausgelotet. Seine Konfrontation mit Alan Turing, einem der Väter der Digitalisierung, im Jahre 1939 stellt eines der Ur-Ereignisse der Informationsgesellschaft dar und wirft ein kontrastscharfes Licht auf das dieser zugrundeliegende Sprachverständnis.

Missverstehen: Der erste Lösungsversuch

Wittgensteins erster Lösungsversuch sei hier nur kurz skizziert. Er basiert auf intensivem Studium der mathematischen Logik, die vor allem von Gottlob Frege und Bertrand Russell Ende des 19. und Anfang des 20. Jahrhunderts auf eine neue Ebene gebracht worden war (vgl. z. B. Ebbinghaus et al. 2018; Monk 1991). Insbesondere mit den von Russell und Alfred North Whitehead 1910–1913 publizierten *Principia Mathematica*, die auf Grundlage der Arbeiten Freges und Peanos eine symbolische Notation für die Logik etablierten und versuchten, die Mathematik auf der Logik zu begründen, setzte sich Wittgenstein lebenslang auseinander. Diese Auseinandersetzung bildete die Basis für seinen ersten Lösungsversuch im *Tractatus logico-philosophicus* (1922). Ausgangspunkt des *Trac-*

tatus ist die Wahrnehmung der vielfachen *Missverständnisse* im alltäglichen Sprachgebrauch:

> „In der Umgangssprache kommt es ungemein häufig vor, daß dasselbe Wort auf verschiedene Art und Weise bezeichnet – also verschiedenen Symbolen angehört –, oder, daß zwei Wörter, die auf verschiedene Arten bezeichnen, äußerlich in der gleichen Weise im Satze angewandt werden. So erscheint das Wort ‚ist' als Kopula, als Gleichheitszeichen und als Ausdruck der Existenz; ‚existieren' als intransitives Zeitwort wie ‚gehen'; ‚identisch' als Eigenschaftswort; wir reden von *Etwas*, aber auch davon, daß *etwas* geschieht. [...] So entstehen leicht die fundamentalsten Verwechslungen (deren die ganze Philosophie voll ist). Um diesen Irrtümern zu entgehen, müssen wir eine Zeichensprache verwenden, welche sie ausschließt, indem sie nicht das gleiche Zeichen in verschiedenen Symbolen, und Zeichen, welche auf verschiedene Art bezeichnen, nicht äußerlich auf die gleiche Art verwendet. Eine Zeichensprache also, die der *logischen* Grammatik – der logischen Syntax – gehorcht. (Die Begriffsschrift Freges und Russells ist eine solche Sprache, die allerdings noch nicht alle Fehler ausschließt.)" (TLP 22–23)

Die symbolische Logik soll so als eine Art einheitlicher Universalsprache – die Suche nach einer Universalsprache hat eine lange Geschichte, von Leibniz bis Esperanto – alles logisch Mögliche bzw. Sagbare eindeutig und unmissverständlich ausdrücken. Die alltägliche Sprache eigne sich hierfür nicht: „Die Umgangssprache ist ein Teil des menschlichen Organismus und nicht weniger kompliziert als dieser. Es ist menschenunmöglich, die Sprachlogik aus ihr unmittelbar zu entnehmen. [...] Die stillschweigenden Abmachungen zum Verständnis der Umgangssprache sind enorm kompliziert." (TLP 26) Aus der Verwendung der Umgangssprache resultierten auch viele traditionelle philosophische Fragen: „Die meisten Fragen und Sätze der Philosophen beruhen darauf, daß wir unsere Sprachlogik nicht verstehen. [...] Alle Philosophie ist ‚Sprachkritik'." (TLP 26) Diese Einschätzung wird Wittgenstein lebenslang erhalten bleiben – das Potenzial der symbolischen Logik wird er jedoch später anders beurteilen.

Der *Tractatus* will das „*Mißverständnis der Logik unserer Sprache*" (TLP 9), auf dem viele Fragestellungen der Philosophie beruhen, dadurch vermeiden, dass er der philosophischen Tätigkeit klare Grenzen zieht: „*Was sich überhaupt sagen läßt, läßt sich klar sagen; und wovon man nicht reden kann, darüber muß man schweigen. Das Buch will also dem Denken eine Grenze ziehen, oder vielmehr – nicht dem Denken, sondern dem Ausdruck der Gedanken [...]. Die Grenze wird also nur in der Sprache gezogen werden können*" (TLP 9). Wittgenstein zieht diese Grenze in der oft Abbildtheorie der Sprache genannten Vorstellung, dass die ‚kristalline' logische Syntax – in der klassischen Struktur des Aussagesatzes – und die Sachverhalte in der Welt einander entsprächen, dass die Logik quasi die Syntax der Welt abbilde: „Die Welt ist alles, was der Fall ist. [...] Die Tatsachen im logischen Raum sind die Welt." (TLP 11) Diese Welt sei bestimmt durch das Verhältnis von Gegenständen zueinander im Sachverhalt: „Die Konfiguration der Gegenstände bildet den Sachverhalt. Im Sachverhalt hängen die Gegenstände ineinander, wie die Glieder einer Kette." (TLP 14) Der menschliche Geist forme ein diesem Sachverhalt entsprechendes Bild: „Das Bild stellt die Sachlage im logischen Raume, das Bestehen und Nichtbestehen von Sachverhalten, vor. Das Bild ist das Modell der Wirklichkeit. Den Gegenständen entsprechen im Bilde die Elemente des Bildes. [...] Daß sich die Elemente des Bildes in bestimmter Art und Weise zu einander verhalten, stellt vor, daß sich die Sachen so zu einander verhalten." (TLP 14–15) Ausdruck dieses Bildes sei der Gedanke, die Sprache dessen Umsetzung: „Das logische Bild der Tatsachen ist der Gedanke. [...] Im Satz drückt sich der Gedanke sinnlich wahrnehmbar aus." (TLP 17) Dieser oft ‚logischer Atomismus' genannte Ansatz beschreibt die Welt als aus elementaren Objekten bzw. Objektverbindungen bestehend. Die ausgehend hiervon formulierbare Welt ist dabei klar begrenzt – sie kann weder normativ-ethische (TLP 83) noch metaphysische (TLP 85) Aussagen enthalten. Für die Philosophie bleiben diese Bereiche unsagbar: „*Die Grenzen meiner Sprache* bedeuten die Grenzen meiner Welt." (TLP 67)

Der *Tractatus* ist so der Versuch, eine eindeutige Logikwelt in einheitlicher Sprache zu definieren und alles, was außerhalb ihrer liegt, explizit undefiniert zu lassen. Nach Russells Korrektur von Freges Ansatz (er hatte den ‚Russells Paradoxon' bzw. ‚Russellsche Antinomie' benannten logischen Widerspruch herausgearbeitet und mit seiner Typentheorie versucht, diesen zu korrigieren; vgl. Russell 1908) korrigiert Wittgenstein nun seinerseits Russell (s. TLP 23: „Hiermit erledigt sich Russells Paradox."; vgl. Monk 1991, 70–71; Vossenkuhl 2001, 41–43) und versucht im *Tractatus* eine abschließende Formulierung der logischen Probleme – unter Ausschluss der Komplexität der Alltagssprache ebenso wie der ethischen und metaphysischen Bereiche. Jenseits dieser ‚gesamtphilosophischen' Konzeption erbrachte der *Tractatus* im Bereich der Logik wesentliche Fortschritte, etwa die noch heute gängigen *truth tables*, und wurde in der akademischen Philosophie intensiv diskutiert. In der Folge entdeckte Wittgenstein allerdings Mängel im Ansatz des *Tractatus*. Diese führten ihn jedoch nicht – wie Russell – dazu, *innerhalb* des Systems der symbolischen Logik Wege der Verbesserung zu suchen. Wittgenstein realisierte im Gegenteil mehr und mehr die zweifelhafte Rolle der symbolischen Logik als Medium philosophischer Erkenntnis.

Missverstehen: Der zweite Lösungsversuch

Der Wendepunkt in Wittgensteins Philosophie signalisiert sich in den *Philosophischen Bemerkungen* (1929/30):

„Der Satz ist vollkommen logisch analysiert, dessen Grammatik vollkommen klargelegt ist. Er mag in welcher Ausdrucksweise immer hingeschrieben oder ausgesprochen sein. Die phänomenologische oder primäre Sprache, wie ich sie nannte, schwebt mir jetzt nicht als Ziel vor; ich halte sie jetzt nicht mehr für nötig. Alles was möglich und nötig ist, ist das Wesentliche *unserer* Sprache von ihrem Unwesentlichen zu sondern." (PB 51)

Die herausgehobene Rolle der Logik als vermeintlich besonders exakte, einheitliche Sprache, die die logischen Sachverhalte der Welt eins zu eins abbilde, erscheint ihm nun – angesichts der Komplexität der Alltagssprache und der Widersprüche, die die vorgebliche Exaktheit der Logik immer wieder erzeugt – verwunderlich:

„Wie seltsam, wenn sich die Logik mit einer ,idealen' Sprache befaßte, und nicht mit *unserer*. Denn was sollte diese ideale Sprache ausdrücken? Doch wohl das, was wir jetzt mit unserer gewöhnlichen Sprache ausdrücken; dann muß die Logik also diese untersuchen. [...] Die logische Analyse [...] ist also die Analyse der Sätze *wie sie sind*. (Es wäre seltsam, wenn die menschliche Gesellschaft bis jetzt gesprochen hätte, ohne einen richtigen Satz zusammenzubringen.)" (PB 52)

Philosophische Probleme entstünden meist in der Sprache, *durch* die Sprache – in einer ,idealen' ebenso wie in der Alltagssprache. Ziel des Philosophen/der Philosophin müsse also nicht die Konstruktion einer Idealsprache sein, sondern die genaue Analyse der *Verwendung* der Sprache, um Missverständnisse und Fehlerquellen aufzudecken und philosophische Probleme so gleichsam aufzulösen, „wie ein Stück Zucker im Wasser." (BT 284) Missverständnisse und Unklarheiten stehen damit weiter im Zentrum von Wittgensteins Philosophie – nur ist der Glaube an die Allmacht der Logik verlorengegangen, die er mehr und mehr als nur *eine* weitere Sprache (mit eigenen Gebrauchsregeln und Fehlerquellen) ansieht. Dieser Ansatz bestimmt Wittgensteins Philosophie der 1930er und 1940er durchgehend – so in den Diskussionen mit dem Wiener Kreis: „Ich habe früher geglaubt, daß es die Umgangssprache gibt [...] und eine primäre Sprache, die das ausdrückt, was wir wirklich wissen, also die Phänomene." An dieser Auffassung halte er jedoch nicht mehr fest:

„Ich glaube, daß wir im Wesen nur eine Sprache haben und das ist die gewöhnliche Sprache. Wir brauchen nicht erst eine neue Sprache zu erfinden oder eine Symbolik zu konstruieren, sondern die Umgangssprache *ist* bereits *die* Sprache, vorausgesetzt, daß wir sie von den Unklarheiten, die in ihr stecken, befreien. [...] Andere als die gewöhnlichen Sprachen sind auch wertvoll, insofern sie uns zeigen, was das Gemeinsame zwischen ihnen ist. Für gewisse Zwecke, z. B. zur Darstellung der Verhältnisse des Schließens, ist eine künstliche Symbolik sehr nützlich." (WWK 45–46)

Im *Big Typescript* macht Wittgenstein ebenfalls deutlich, dass die Philosophie es „mit den bestehenden Sprachen zu tun" habe, sie solle nicht vorgeben, „daß sie von einer abstrakten Sprache handeln müsse." (BT 60) Seine frühere Auffassung sei falsch, „weil auch ich dachte, die logische Analyse müsse verborgene Dinge an den Tag bringen (wie es die chemische und physikalische tut)." (BT 77) Die logische Sprache habe jedoch kein Primat vor der Alltagssprache: „Die Philosophie darf den wirklichen Gebrauch der Sprache in keiner Weise antasten, sie kann ihn am Ende also nur beschreiben. [...] Sie läßt alles wie es ist" (BT 282). „Die Untersuchung der Regeln des Gebrauchs unserer Sprache" (BT 295) sei so das eigentliche Instrument philosophischer Arbeit.

Auch die *Philosophische Grammatik* der 1930er ist durch diesen Ansatz geprägt: „Die Aufgabe der Philosophie ist nicht, eine ideale Sprache zu schaffen, sondern den Sprachgebrauch der bestehenden Sprache zu klären." (PG 19) Entscheidend für die frühere Einschätzung sei ein Missverständnis über die Funktion der Sprache: „Wir können leicht, beim Nachdenken über Sprache und Bedeutung, dahin kommen, zu denken, man redete in der Philosophie eigentlich nicht von Wörtern und Sätzen im ganz hausbackenen Sinn, sondern in einem sublimierten, abstrakten Sinn. – So als wäre ein bestimmter Satz nicht eigentlich das, was irgend ein Mensch ausspricht, sondern ein Idealwesen" (PG 121). Man könne jedoch, so Wittgenstein nun, „in der Philosophie auch keine größere Allgemeinheit erreichen, als in dem, was wir im Leben und in der Wissenschaft sagen." (PG 121) Vielmehr sei der *Einzelfall* in der Alltagssprache *entscheidend*: „Wenn ich über Sprache [...] rede, muß ich die Sprache des Alltags reden. Ist diese Sprache etwa zu grob, materiell, für das, was wir sagen wollen? Und wie wird denn eine andere gebildet? – Und wie merkwürdig, daß wir dann mit der unsern überhaupt etwas anfangen können!" (PG 121) Das Primat der logischen Idealsprache *verführe* zu Fehlschlüssen:

> „Ich habe selbst in früheren Zeiten von der ‚vollständigen Analyse' geredet, in dem Gedanken, die Philosophie müßte alle Sätze endgültig zergliedern, um so alle Zusammenhänge klarzustellen und jede Möglichkeit des Mißverständnisses zu beseitigen. Als gäbe es einen Kalkül, in dem diese Zergliederung möglich wäre. [...] Es lag dem allen ein falsch[es] und idealisiertes Bild der Verwendung der Sprache zugrunde." (PG 211–212)

Sprache zeigt sich Wittgenstein vielmehr zunehmend als *Verhaltensweise*, deren komplexe Funktionsweise durch die Idealisierung der Logik und die Abstraktion der Bedeutung verdeckt wird: „Durch Russell [...] ist in die Philosophie eine Pseudoexaktheit gekommen, die die schlimmste Feindin wirklicher Exaktheit ist." (PG 296) Entsprechend sieht Wittgenstein in den *Bemerkungen über die Grundlagen der Mathematik* aus den späten 30ern und frühen 40ern mit Distanz auf seine frühere Vorstellung einer abbildenden, kristallklaren Logik und die seiner Lehrmeister: „Hier schwebt uns in vager Weise vor, daß diese Realität etwas sehr abstraktes, sehr allgemeines und sehr hartes ist. Die Logik ist eine Art von Ultra-Physik, die Beschreibung des ‚logischen Baus' der Welt, den wir durch eine Art von Ultra-Erfahrung wahrnehmen (mit dem Verstande etwa)." (BGM 40) Dabei habe die Logik sogar oberflächliche Konstrukte aus der Alltagssprache übernommen, die zu philosophischen Problemen führten, und „das Denken von Mathematikern und Philosophen gänzlich verbildet, indem sie eine oberflächliche Deutung der Formen unserer Umgangssprache zur Analyse der Strukturen der Tatsachen erklärte." (BGM 300)

In seinem zweiten Hauptwerk, den *Philosophischen Untersuchungen*, publiziert nach seinem Tode, nimmt Wittgenstein schließlich seine früheren Idealvorstellungen aus dem *Tractatus* explizit als methodisches Gegenbild auf, das er so skizziert:

> „Das Denken ist mit einem Nimbus umgeben. – Sein Wesen, die Logik, stellt eine Ordnung dar, und zwar die Ordnung a priori der Welt [...]. Diese Ordnung aber, scheint es, muß *höchst einfach* sein. Sie ist *vor* aller Erfahrung; [...] ihr selbst darf keine erfahrungsmäßige Trübe oder Unsicherheit anhaften. – Sie muß vielmehr vom reinsten Kristall sein. Dieser Kristall aber erscheint nicht als eine Abstraktion; sondern als etwas Konkretes, ja als das Konkreteste, gleichsam *Härteste*." (PU 294)

Diese Kristallreinheit habe sich jedoch als reine Forderung herausgestellt, die die Überlegungen irreführe und drohe, „zu etwas Leerem zu werden. – Wir sind aufs Glatteis geraten, wo die Reibung fehlt, also die Bedingungen in gewissem Sinne ideal sind, aber wir eben deshalb auch nicht gehen können. Wir wollen gehen; dann brauchen wir die *Reibung*. Zurück auf den rauhen Boden!" (PU 297) Der rauhe Boden der Alltagssprache sei zur Analyse des Denkens notwendig, die logische Idealsprache hingegen nur ein formales Muster, das die Philosophen auf die Suche nach etwas schicke, das es nicht gebe: „Man glaubt, wieder und wieder der Natur nachzufahren, und fährt nur der Form entlang, durch die wir sie betrachten." (PU 300) Die Vorstellung eines Wesens „des *eigentlichen* Zeichens" (PU 297) verwirre die Philosophen. Wittgenstein beschreibt hier insistent die Grenzen von Formal- und Idealsprachen – ein Unternehmen, das, wie wir sehen werden, die Mathematik der Zeit und die zeitgenössischen Anfänge der Informatik prägt.

Wittgensteins zweiter Lösungsversuch realisiert also, „daß jeder Satz unsrer Sprache ‚in Ordnung ist, wie er ist'" (PU 295), und „daß, was wir ‚Satz', ‚Sprache', nennen, nicht die formelle Einheit ist, die ich mir vorstellte, sondern die Familie mehr oder weniger miteinander verwandter Gebilde." (PU 298) Zur Aufklärung von Missverständnissen diene nicht eine ideale Abstraktion, sondern nur genaue Beschreibung: „wir dürfen keinerlei Theorie aufstellen. Es darf nichts Hypothetisches in unsern Betrachtungen sein. Alle *Erklärung* muß fort, und nur Beschreibung an ihre Stelle treten." (PU 298–299) Auf der Grundlage solch detaillierter Beschreibung des konkreten Sprachgebrauchs würden die philosophischen Probleme „durch eine Einsicht in das Arbeiten unserer Sprache gelöst [...]: *entgegen* einem Trieb, es mißzuverstehen. [...] Die Philosophie ist ein Kampf gegen die Verhexung unsres Verstandes durch die Mittel unserer Sprache." (PU 299) Da die symbolische Logik denselben Leiden unterliegt wie die Gebrauchssprache und damit ein abgeschlossenes, eindeutiges formales Sprachsystem für die Philosophie nicht existiert, hat diese die Aufgabe, die *durch* und *in* Sprache erzeugten Verwirrungen aufzulösen. Doch wie funktioniert diese Verhexung, wie die angestrebte Auflösung? Im Folgenden wollen wir einige Aspekte des zweiten Lösungsversuchs durchgehen, die die Dimensionen der Missverständlichkeit von Sprache – und so die Fragilität des Zugangs – verdeutlichen.

Die Bedeutung eines Wortes

Zum alles Andere überragenden Thema in Wittgensteins späterem Werk wird die trivial anmutende Frage: „Was ist die Bedeutung eines Wortes?" (BB 15) Er fragt damit nach der zentralen Kategorie sowohl des Verstehens von Texten als auch des zwischenmenschlichen Verstehens. Wittgenstein realisierte im Laufe der 1920er, dass der *Tractatus* auf einem vereinfachten Bild sprachlicher Bedeutung basierte: „Der Begriff der Bedeutung, wie ich ihn in meine philosophischen Erörterungen übernommen habe, stammt aus einer primitiven Philosophie der Sprache her." (PG 56) Wie wir sehen werden, bezieht sich diese Wahrnehmung sowohl auf unser Verständnis der *Funktion* der Sprache als auch – damit zusammenhängend – auf die Vorstellung von *Bedeutung* als etwas dem Wort fest zugeordnetem: „Man sagt: Es kommt nicht auf's Wort an, sondern auf seine Bedeutung; und denkt dabei an die Bedeutung, wie an eine Sache von der Art des Worts, wenn auch vom Wort verschieden. Hier das Wort, hier die Bedeutung. Das Geld und die Kuh, die man dafür kaufen kann." (PG 122) Eine Passage aus Augustinus' *Confessiones* wird für Wittgenstein zur Verkörperung dieser primitiven Vorstellung von Sprache und Bedeutung – bereits in PG und BB behandelt, bildet sie den Anfang der *Philosophischen Untersuchungen*:

> „Nannten die Erwachsenen irgend einen Gegenstand und wandten sie sich dabei ihm zu, so nahm ich das wahr und ich begriff, daß der Gegenstand durch die Laute, die sie aussprachen, bezeichnet wurde, da sie auf *ihn* hinweisen wollten. Dies aber entnahm ich aus ihren Gebärden [...]. So lernte ich nach und nach verstehen, welche Dinge die Wörter bezeichneten, die ich wieder und wieder, an ihren bestimmten Stellen in verschiedenen Sät-

zen, aussprechen hörte. Und ich brachte [...] durch sie meine Wünsche zum Ausdruck." (PU 237)

Diese Passage ist Ausgangspunkt für Wittgensteins Analyse des Missverständnisses von ‚Bedeutung', auch in seinem eigenen Frühwerk:

„In diesen Worten erhalten wir [...] ein bestimmtes Bild von dem Wesen der menschlichen Sprache. Nämlich dieses: Die Wörter der Sprache benennen Gegenstände – Sätze sind Verbindungen von solchen Benennungen. – In diesem Bild von der Sprache finden wir die Wurzeln der Idee: Jedes Wort hat eine Bedeutung. Diese Bedeutung ist dem Wort zugeordnet. Sie ist der Gegenstand, für welchen das Wort steht. [...] Wer das Lernen der Sprache so beschreibt, denkt [...] zunächst an Hauptwörter, wie ‚Tisch', ‚Stuhl', ‚Brot', und die Namen von Personen, erst in zweiter Linie an die Namen gewisser Tätigkeiten und Eigenschaften, und an die übrigen Wortarten [...]. [...] Jener philosophische Begriff der Bedeutung ist in einer primitiven Vorstellung von der Art und Weise, wie die Sprache funktioniert, zu Hause. Man kann aber auch sagen, es sei die Vorstellung einer primitiveren Sprache als der unsern." (PU 237–238)

Wittgenstein zeigt so die Grenzen seines früheren logischen Atomismus auf: „Augustinus [...] beschreibt einen Kalkül unserer Sprache, nur ist nicht alles, was wir Sprache nennen, dieser Kalkül. [...] Als hätten die Wörter nicht auch ganz andere Funktionen als die Benennung [...]. – Hier ist die Wurzel des schlechten Ausdrucks: die Tatsache sei ein Komplex von Gegenständen." (PG 8)

Diese direkte Kritik am *Tractatus* führt Wittgenstein zu einer Reihe von Überlegungen bezüglich sprachlicher Bedeutung – Kernidee hierbei ist, dass die Bedeutung eines Wortes davon abhängt, wie und wozu wir es verwenden, dass Bedeutung also *funktional* ist. Wir werden diese Gebrauchstheorie der Bedeutung, die die Linguistik ebenso stark geprägt hat wie die Philosophie, im Folgenden genauer ansehen. Zunächst aber hat die Idee der Funktionalität der Bedeutung Auswirkungen auf Wittgensteins philosophische Methodik. Seine frühen Formulierungen zur Funktionalität der Bedeutung (entgegen jedem Bedeutungsessentialismus) führen ihn zur Betrachtung der Verwendung von sprachlichen Zeichen als Spiel nach Regeln: „Die Bedeutung eines Zeichens liegt ja in den Regeln, nach denen es verwendet wird. [...] Wir dürfen hier nicht vergessen, daß ein Wort seine Bedeutung nicht als etwas, ihm ein für allemal verliehenes, mit sich herumträgt, so daß wir sicher sind, wenn wir nach dieser Flasche greifen, auch die bestimmte Flüssigkeit, etwa Spiritus, zu erwischen." (BT 84) Dementsprechend könne er die Sprache „nur als ein Spiel, das die Menschen spielen, beschreiben" (BT 135) – „die Sprache funktioniert als Sprache nur durch die Regeln, nach denen wir uns in ihrem Gebrauch richten. (Wie das Spiel nur durch Regeln als Spiel funktioniert.)" (BT 139) Wittgenstein problematisiert zwar in der Folge in ureigenster Weise die Begriffe ‚Regel' und ‚Spiel', entwickelt aber dennoch eine eigene philosophische Methode, die *Sprachspiele*. Dies sind zunächst einfache konstruierte regelbasierte Sprachinteraktionen („Wir können uns auch eine Sprache denken, die nur aus Befehlen besteht."; BT 145), die den Vergleich mit dem Funktionieren der Alltagssprache ermöglichen: „Wenn ich bestimmte einfache Spiele beschreibe, so geschieht es nicht, um mit ihnen nach und nach die wirklichen Vorgänge der Sprache [...] aufzubauen, [...] sondern ich stelle die Spiele als solche hin, und lasse sie ihre aufklärende Wirkung auf die besonderen Probleme ausstrahlen." (BT 141) Diese konstruierten Sprachspiele sollen helfen, Missverständnisse in der Alltagssprache aufzuklären: „Ich habe ein Bild mit verschwommenen Farben und komplizierten Übergängen. Ich stelle ein einfaches mit klargeschiedenen Farben, aber mit dem ersten verwandtes, daneben. Ich sage nicht, daß das erste eigentlich das *zweite* sei; aber ich lade den Andern ein, das einfache anzusehen, und verspreche mir davon, daß gewisse Beunruhigungen für ihn *verschwinden* werden." (BT 179)

Diese Sprachspiele stellen explizit keine Idealsprache dar: „Unsere klaren und einfachen Sprachspiele sind nicht Vorstudien zu einer künftigen Reglementierung der Sprache [...]. Vielmehr stehen die Sprachspiele da als *Vergleichsobjekte*, die durch Ähnlichkeit und Unähnlichkeit ein Licht in die Verhältnisse unsrer Sprache werfen sollen." (PU 304) Durch die Konstruktion einfacher, primitiver Sprachen als „in sich geschlossene Systeme der Verständigung" (BB 121) lässt sich das komplexere Funktionieren der Alltagssprache besser beobachten: „Wir betrachten die Sprache unter dem Gesichtspunkt des Spieles nach festen Regeln. Wir vergleichen sie mit so einem Spiel, messen sie an ihm." (PG 77) In genau so ein Sprachspiel setzt Wittgenstein nun Augustinus' Sprachauffassung um, um zu zeigen, wie weit es sich von der Alltagssprache unterscheidet:

> „Denken wir uns eine Sprache, für die die Beschreibung, wie Augustinus sie gegeben hat, stimmt: Die Sprache soll der Verständigung eines Bauenden A mit einem Gehilfen B dienen. A führt einen Bau auf aus Bausteinen; es sind Würfel, Säulen, Platten und Balken vorhanden. B hat ihm die Bausteine zuzureichen, und zwar nach der Reihe, wie A sie braucht. Zu dem Zweck bedienen sie sich einer Sprache, bestehend aus den Wörtern: ‚Würfel', ‚Säule', ‚Platte', ‚Balken'. A ruft sie aus; – B bringt den Stein, den er gelernt hat, auf diesen Ruf zu bringen. – Fasse dies als vollständige primitive Sprache auf. Augustinus beschreibt, könnten wir sagen, ein System der Verständigung; nur ist nicht alles, was wir Sprache nennen, dieses System." (PU 238–239)

Augustinus' schematische Koppelung von Wort und Bedeutung, so zeigt Wittgenstein in der Folge, lässt eine Vielzahl von Aspekten außer acht – sei es die Pragmatik gegenüber der Semantik, das Funktionieren von Sprache jenseits von Objektnamen und Aussagesätzen, oder die Unschärfe von Bedeutungen. Zunächst einmal hat Wittgenstein aber eine philosophische Methode demonstriert und gezeigt, „inwiefern der allgemeine Begriff der Bedeutung der Worte das Funktionieren der Sprache mit einem Dunst umgibt, der das klare Sehen unmöglich macht. – Es zerstreut den Nebel, wenn wir die Erscheinungen der Sprache an primitiven Arten ihrer Verwendung studieren, in denen man den Zweck und das Funktionieren der Wörter klar übersehen kann." (PU 239)

Entgegen traditionellen Sichtweisen des Einander-Verstehens kann man also nicht einfach von ‚Wort' und ‚Bedeutung' als direkten Entsprechungen ausgehen, wie in einem Wörterbuch. Dies lässt menschliche Kommunikation als deutlich problematischer erscheinen. Doch wie lässt sich die Bedeutung von Wörtern dann beschreiben? Wittgensteins erste Eingebung ist es, sich genauer anzusehen, wie wir Wörter in den jeweiligen Einzelfällen gebrauchen. Bereits im *Tractatus* hatte er bemerkt: „Wird ein Zeichen *nicht gebraucht*, so ist es bedeutungslos." (TLP 23) Diese Einsicht in die dynamische Funktionalität des Zeichens setzt sich in seiner zweiten Philosophie fort: „Nur dynamisch ist etwas ein Zeichen, nicht statisch." (PG 55) Sprache ist wie ein Spiel, bei dem „die Regeln erst das Zeichen machen" (BT 166). Sinn bzw. Bedeutung erhält das Wort, das Zeichen, der Satz, erst in seiner Verwendung in gewissen Abläufen (BT 66). Der Satz ‚habe' nicht einfach einen Inhalt oder eine Bedeutung – seine Bedeutung sei seine Rolle in einem Ablauf, und die Bedeutung verstehe man nur, wenn man den Ablauf verstehe: „Kann ich sagen, mich interessiert nur der *Inhalt* des Satzes? Und der Inhalt des Satzes ist in ihm. Seinen Inhalt hat der Satz als Glied des Kalküls. Ist also ‚einen Satz verstehen' von der gleichen Art wie ‚einen Kalkül *beherrschen*'? Also wie: multiplizieren können? Das glaube ich. Die Bedeutung eines Worts verstehen, heißt, seinen Gebrauch kennen, verstehen." (BT 105)

Diese Gebrauchstheorie der Bedeutung führt ihn dazu, auch die vermeintlich exakten Sprachen der Logik und der Mathematik nun distanzierter, anti-essentialistischer zu sehen – als definierte Sprachgebräuche: „‚Die doppelte Negation gibt eine Bejahung', das klingt so wie: Kohle und Sauerstoff gibt Kohlensäure. Aber in Wirklichkeit *gibt* die doppelte Negation nichts, sondern *ist* etwas" (BT 115), nämlich eine vereinbarte, geregelte Sprachpraxis, die die Definition der Negation symbolisiert; es ist nicht so, „[a]ls würden aus der Natur der Negation die Regeln über das Negationszeichen *folgen*." (BT 117) Die Sprachkonvention verführe hier zu einer Essentialisierung: „Man möchte sagen: ‚die Verneinung hat die Eigenschaft, verdoppelt eine Bejahung zu ergeben'. Während die Regel die Verneinung nicht näher beschreibt sondern konstituiert." (PG 52) Die Folge sei eine mythologische Sicht der Sprache, die die Philosoph/inn/en auf die Suche nach Objekten und Essenzen schicke:

> „,Daß zwei Verneinungen eine Bejahung ergeben, muß doch schon in der Verneinung, die ich jetzt gebrauche, liegen.' Hier bin ich im Begriffe, eine Mythologie des Symbolismus zu erfinden. Es hat den Anschein, als könnte man aus der Bedeutung der Negation *schließen*, daß ,~~p' p bedeutet. Als würden aus der Natur der Negation die Regeln über das Negationszeichen *folgen*. So daß, in gewissem Sinne, die Negation zuerst vorhanden ist, und dann die Regeln der Grammatik." (PG 53)

Für Wittgenstein hingegen stellt der konventionelle und kontextuelle Gebrauch der Sprache ihre unhintergehbare Essenz dar – keinem Zeichen ist eine feste Bedeutung zueigen.

Beispiele für diese These prägen Wittgensteins Schriften durchgehend – so gibt er in PG 131 das Beispiel, dass ein gerader langer Pfeil im Gegensatz zu einem schrägen langen Pfeil ein anderes Zeichen ist als ein gerader langer Pfeil im Gegensatz zu einem geraden kurzen Pfeil. Man müsse die *konkrete Verwendung* des Zeichens beobachten und sehe so seine ‚Bedeutung': „Der Gebrauch des Wortes in der Sprache ist seine Bedeutung. Die Grammatik beschreibt den Gebrauch der Wörter in der Sprache. Sie verhält sich also zur Sprache ähnlich wie die Beschreibung eines Spiels, wie die Spielregeln, zum Spiel." (PG 60) Die philosophischen Probleme seien „Mißverständnisse, die durch Klärung der Regeln, nach denen wir die Worte gebrauchen wollen, zu beseitigen sind" (PG 68), der Philosoph/die Philosophin müsse fragen: „Wie gebrauchst Du das Wort, was machst Du damit – das wird uns lehren, wie Du es verstehst." (PG 87) *Was machst Du damit?* ist so die entscheidende Frage, die die funktionale Sicht der Bedeutung kennzeichnet: Nur der Gebrauch mache „das Leben des Zeichens" (BB 20) aus. Mit Gebrauch ist hier nicht nur die Üblichkeit gemeint, sondern auch die Funktion der Sprache in konkreten Situationen – jenseits von statischen, objektifizierten Bedeutungen:

> „Der Fehler, zu dem wir neigen, könnte folgendermaßen ausgedrückt werden: Wir suchen nach dem Gebrauch eines Zeichens, aber wir suchen nach ihm, als ob er ein Gegenstand wäre, der mit dem Zeichen in Koexistenz ist. (Einer der Gründe für diesen Fehler ist wieder, daß wir nach einem ‚Ding' suchen, ‚das dem Substantiv entspricht'.) Das Zeichen (der Satz) erhält seine Bedeutung von dem System der Zeichen, von der Sprache, zu dem es gehört. Kurz: Einen Satz verstehen, heißt, eine Sprache verstehen. Als ein Teil des Sprachsystems [...] hat der Satz Leben." (BB 20–21)

Systemsichten der Sprache verbreiteten sich Anfang des 20. Jahrhunderts – Wittgensteins Sicht der Sprache ist jedoch keine abstrakte (wie im Strukturalismus), sondern ‚Sprache' umfasst verschiedene Arten sprachbasierten Zusammenlebens – die Bedeutung eines Begriffes bestimmt sich in diesen Formen des Zusammenlebens.

Erst bei einer differenzierten Analyse der tatsächlichen Sprachverwendung ließen sich, so Wittgenstein, Missverständnisse vermeiden. Wörter wie ‚meinen' etwa seien „Gelegenheitsarbeiter", die in der Sprache zu allen möglichen Zwecken eingesetzt würden: „Unsere Neigung, den Gebrauch wichtiger ‚Gelegenheitsarbeiter' [...] so zu beschreiben, als ob sie Wörter mit regelmäßigen Funktionen wären, stiftet die meiste Verwirrung in der Philosophie." (BB 74) In solchen Fällen sei es „immer angebracht, zu sehen, wie die [...] Wörter *wirklich in unserer Sprache gebraucht werden*. [...] Wenn irgend etwas mit der Grammatik unserer Wörter seltsam erscheint, so ist das, weil wir wechselweise versucht sind, ein Wort in mehreren verschiedenen Weisen zu gebrauchen." (BB 92) So würden etwa philosophische Diskussionen dadurch erzeugt, dass ein/e Metaphysiker/in Wörter gebrauche, die „auch zur Feststellung einer Erfahrungstatsache gebraucht werden können" (BB 92), dabei lehne man sich hier nur „gegen den Gebrauch *dieses* Ausdrucks in Verbindung mit *diesen* Kriterien auf." (BB 92) Philosoph/inn/en versuchten ständig, Ausdrücken eine bestimmte fixe Bedeutung zuzuschreiben, die Bedeutung sei jedoch eben keine statische „geistige Begleiterscheinung des Ausdruckes" (BB 104), sondern durch den Gebrauch in Abläufen bestimmt: „Wir sind wie jemand, der denkt, daß Holzstücke, die mehr oder weniger wie Schach- oder Damefiguren geformt sind und auf einem Schachbrett stehen, ein Spiel ausmachen, auch wenn keinerlei Anweisungen bestehen, wie sie gebraucht werden sollen." (BB 113) Viele philosophische Mythen seien so aufzulösen: „Wir wollen uns die Bedeutung nicht als eine geheimnisvolle Verbindung, die der Geist zwischen einem Wort und einem Ding herstellt, vorstellen" (BB 116).

Wittgensteins Gebrauchstheorie der Bedeutung beinhaltet so eine neue Sicht des Verstehens von Sprache: „To understand a phrase, we might say, is to understand its use." (LFM 19) bzw.: „you only understand an expression when you know how to use it" (LFM 20). Hier ist also nicht eine abstrakte Wort-‚Essenz' zu verstehen, sondern die tatsächliche Funktion eines Wortes im zwischenmenschlichen Kontext: „Die Bedeutung eines Wortes ist sein Gebrauch in der Sprache." (PU 262) Daher:

> „Wenn die Philosophen ein Wort gebrauchen – ‚Wissen', ‚Sein', ‚Gegenstand', ‚Ich', ‚Satz', ‚Name' – und das *Wesen* des Dings zu erfassen trachten, muß man sich immer fragen: Wird denn dieses Wort in der Sprache, in der es seine Heimat hat, je tatsächlich so gebraucht? *Wir* führen die Wörter von ihrer metaphysischen, wieder auf ihre alltägliche Verwendung zurück." (PU 300)

Nur „in der Praxis einer Sprache" könne „ein Wort Bedeutung haben." (BGM 344) Die Philosophie ist also schlecht beraten, wenn sie versucht, die Essenz von Begriffen zu definieren – sie muss vielmehr deren Bedeutung und Verwendung im alltäglichen Leben untersuchen: „Die Philosophie darf den tatsächlichen Gebrauch der Sprache in keiner Weise antasten, sie kann ihn am Ende also nur beschreiben." (PU 302) Bedeutung haftet Wörtern nicht abstrakt an, sondern wird durch den Sprachgebrauch im zwischenmenschlichen Zusammenhang definiert. Zugänglichkeit zueinander, gegenseitiges Verstehen, kann somit erst entstehen, wenn Begriffe nicht verabsolutiert, essentialisiert, wie in einem Wörterbuch codiert werden, sondern wenn ihr genauer Gebrauch im jeweiligen Einzelfall, in der jeweiligen Dialogsituation analysiert wird. Der Streit um die ‚echte' Bedeutung eines Wortes erweist sich als unsinnig. Damit legt Wittgenstein nicht nur einen Sprengsatz unter einen Großteil der bisherigen akademischen Philosophie, sondern arbeitet methodisch die Mechanismen der Fragilität des Zugangs heraus.

Realistische Grammatik: Sprache als Vielfalt von Handlungsinstrumenten

In Wittgensteins Arbeiten zeigt sich so, dass die Funktionsweise von Wörtern und Sätzen im System der menschlichen Sprachverwendung deutlich komplexer ist als traditionelle Ordnungsprinzipien uns dies vorspiegeln. Wittgenstein macht dies besonders an zwei Vergleichen deutlich, die sich in Varianten durch sein Werk ziehen. Sie sollen verdeutlichen, dass gleich *Aussehendes* in der Sprache oft nicht gleich *ist*, sondern die unterschiedlichsten Funktionen und Funktionsweisen hat. Der erste Vergleich taucht gleich viermal im Werk auf:

> „Wie die Handgriffe im Führerstand einer Lokomotive sehr verschiedene Arten der Betätigung haben, so die Wörter der Sprache, die in gewissem Sinne Handgriffen gleichen. Einer ist der Handgriff einer Kurbel, sie kann kontinuierlich verstellt werden, denn sie betätigt ein Ventil; ein anderer betätigt einen Schalter, der zwei Stellungen hat; ein dritter ist der Handgriff einer Pumpe und wirkt nur, wenn er auf und ab bewegt wird; etc. Aber alle sehen einander ähnlich, denn sie werden mit der Hand angefaßt." (PG 58; vgl. PB 59; BT 33; PU 243)

So diagnostiziert Wittgenstein die konventionelle Wahrnehmung von Sprache: „da sind Handgriffe, die alle mehr oder weniger gleich aussehen" (PU 243), sie würden aber eben alle unterschiedlich bedient und dienten gänzlich verschiedenen Funktionen. Wichtig ist hierbei auch das Bild an sich – mit Sprache *tut* man etwas, es geht um Sprachhandlungen, die erst die Bedeutung eines Wortes zeigen bzw. generieren: „Ein Wort hat nur im Satzverband Bedeutung: das ist, wie wenn man sagen würde, ein Stab ist erst im Gebrauch ein Hebel. Erst die Anwendung macht ihn zum Hebel." (PB 59) Der zweite, verwandte Vergleich ist der vom „Werkzeugkasten der Sprache" (PG 49; BT 27):

> „Denk an die Werkzeuge in einem Werkzeugkasten: es ist da ein Hammer, eine Zange, eine Säge, ein Schraubenzieher, ein Maßstab, ein Leimtopf, Leim, Nägel und Schrauben. – So verschieden die Funktionen dieser Gegenstände, so verschieden sind die Funktionen der Wörter. (Und es gibt Ähnlichkeiten hier und dort.) Freilich, was uns verwirrt ist die Gleichförmigkeit der Erscheinung." (PU 243)

Auch hier wird zunächst herausgearbeitet, dass die Gleichförmigkeit der Erscheinung der Wortarten von der Unterschiedlichkeit ihrer individuellen Verwendung ablenkt. Das Bild wird jedoch noch komplexer – bereits *in* der Metapher der Werkzeuge wird die Einteilung in Klassen schwierig, die Objekte verfügen über verschiedenste Gemeinsamkeiten mit anderen Objekten: „Viele der Werkzeuge sind mit einander durch Form und Gebrauch verwandt, man kann die Werkzeuge auch beiläufig in Gruppen nach ihrer Verwandtschaft einteilen aber die Grenzen dieser Gruppen werden oft, mehr oder weniger, willkürlich sein; und es gibt verschiedenerlei Verwandtschaften, die sich durchkreuzen." (PG 67) Schließlich macht der Vergleich darauf aufmerksam, dass Wörter auch je nach Sprachspiel jeweils in den verschiedensten Funktionsweisen gebraucht werden können:

> „Denke an Wörter, als seien sie Instrumente, die durch ihren Gebrauch charakterisiert werden, und dann denke an den Gebrauch eines Hammers, [...] eines Meisels, [...] eines Winkeleisens, [...] eines Leimtopfes und des Leimes. (Auch kann all das, was wir hier sagen, nur verstanden werden, wenn man versteht, daß eine große Mannigfaltigkeit von Spielen mit den Sätzen in unserer Sprache gespielt wird: Befehlen und nach Befehlen handeln; Fragen stellen und sie beantworten; Beschreiben eines Ereignisses; eine fiktive Geschichte erzählen; einen Witz erzählen; eine unmittelbare Erfahrung beschreiben; über Ereignisse in der physikalischen Welt Vermutungen anstellen; naturwissenschaftliche Hypothesen und Theorien aufstellen; jemanden grüßen; etc. etc.)" (BB 107–108)

Wittgensteins Grundlegung der linguistischen Pragmatik und seine Abwendung von der reinen Logik der Aussagesätze spiegeln sich hier wider; in den *Philosophischen Untersuchungen* macht er dies noch einmal explizit: „Es ist interessant, die Mannigfaltigkeit der Werkzeuge der Sprache und ihrer Verwendungsweisen, die Mannigfaltigkeit der Wort- und Satzarten, mit dem zu vergleichen, was Logiker über den Bau der Sprache gesagt haben. (Und auch der Verfasser der *Logisch-Philosophischen Abhandlung*.)" (PU 250)

Der späte Wittgenstein sieht Sprache und Worte als Handlungsinstrumente: „Die Sprache ist ein Instrument. Ihre Begriffe sind Instrumente." (PU 452) Was Sprache heiße, so Wittgenstein, sei „ein Wesen bestehend aus heterogenen Teilen und die Art und Weise wie sie [in uns] eingreift unendlich mannigfach." (PG 66) Die Auflösung von Missverständnissen in der Philosophie könne nur gelingen, wenn man realisiere „wie verschiedener Art die Begriffswerkzeuge sind (wie wenig Grund wir haben, hier je Einförmigkeit anzunehmen)." (BPP 197) Sprache besteht für Wittgenstein aus vielen verschiedenen Werkzeugen, die durch die Klassifikationen der Standardgrammatik nur unzureichend unterschieden sind – Aufgabe des Philosophen/der Philosophin ist es, diese Werkzeuge und ihre Funktionsweisen minutiös zu beschreiben. Jedes Werkzeug kann etwas anderes, wie jeder Griff verschieden bewegt werden kann. Die unendlich vielfältigen Gebrauchsformen der Sprache entscheiden über das, was ‚Bedeutung' genannt wird. Deshalb sieht Wittgenstein den Bedarf für eine neue, ganz andere, *realistische* Grammatik. Diese Erkenntnis hatte schon seine Abkehr von der symbolischen Logik Russells geprägt: Diese mache Menschen glauben,

> „die Probleme seien dadurch gelöst, daß man den Satz auf die Russell'sche Form gebracht hat. [...] In allen den Fällen: ‚Einer der vier Füße dieses Tisches hält nicht', ‚es gibt Engländer mit schwarzen Haaren', ‚auf dieser Wand ist ein Fleck', ‚die beiden Töpfe haben das gleiche Gewicht', ‚auf beiden Seiten stehen gleichviel Wörter' – wird in der Russell'schen Notation das ‚([Zeichen ‚es gibt']...) ...' gebraucht; und jedesmal mit anderer Grammatik. Damit will ich also sagen, daß mit einer Übersetzung so eines Satzes aus der Wortsprache in die Russell'sche Notation nicht viel gewonnen ist." (PG 265–266)

Die symbolische Logik gruppiert aus Wittgensteins Sicht Dinge zusammen, die nicht zusammengehören, ignoriert Mehrdeutigkeiten und taugt daher nicht für die Analyse: Nur die reale Untersuchung der Gebrauchssprache offenbart die *wirkliche* Grammatik des menschlichen Sprachgebrauchs.

Die traditionelle Wort- und Satzgrammatik sieht Wittgenstein als ähnlich primitiv an wie die Logik, indem sie *ungleiche* Dinge gleichordnet: „Wenn Wörter in unserer Umgangssprache *prima facie* analoge Grammatiken haben, sind wir geneigt zu versuchen, sie analog zu deuten; d. h. wir versuchen, die Analogie durchweg bestehen zu lassen." (BB 23) Die Faszination, „die die Analogie zwischen zwei ähnlichen Strukturen in unserer Sprache auf uns ausüben kann" (BB 50), wirke sich in allen Gebieten der gewöhnlichen Sprachsicht aus:

> „Wenn uns vorgehalten wird, daß die Sprache alles mit Hilfe von Substantiven, Adjektiven und Verben ausdrücken kann, so müssen wir sagen, daß es dann jedenfalls nötig ist, zwischen ganz verschiedenen Arten von Substantiven etc. zu unterscheiden, da verschiedene grammatische Regeln von ihnen gelten. Dies zeigt sich darin, daß es nicht erlaubt ist, sie füreinander einzusetzen. Es zeigt sich dadurch, daß ihr substantivischer Charakter nur eine Äußerlichkeit war und daß wir es wirklich mit ganz verschiedenen Wortgattungen zu tun haben. Die Wortgattung wird erst durch *alle* grammatischen Regeln bestimmt,

die von einem Wort gelten, und so betrachtet, hat unsere Sprache eine Unmenge verschiedener Wortarten." (PB 118)

Diese Vielfalt an Wortarten hat auch Auswirkungen auf den Satzbau: „Es ist natürlich ganz falsch von *einer* Subjekt-Prädikat-Form zu sprechen. In Wirklichkeit gibt es nicht *eine*, sondern sehr zahlreiche. Gäbe es nämlich nur eine, so müßten alle Substantive und alle Adjektive füreinander substituierbar sein. [...] Aber schon die gewöhnliche Sprache zeigt, daß das nicht der Fall ist." (WWK 46) Philosophische wie logische Probleme seien oft auf genau solche grammatischen Missverständnisse, Analogien und Zusammengruppierungen zurückzuführen:

> „In der Logik gibt es keine Begriffe. Was so ausschaut wie ein Begriff ist eine Kapitelüberschrift in der Grammatik. Wenn man z. B. von verschiedenen Zahlenarten spricht, so hat man es nicht mit verschiedenen Begriffen zu tun. Wir haben nicht *einen* Begriff der Zahl, der in verschiedene Unterbegriffe zerfällt. Die Zahlen zerfallen nicht in Subklassen, sondern wir haben verschiedene Wortarten vor uns, etwa so, wie die Grammatik Substantiva, Adjektiva, Verba etc. unterscheidet. Zwischen der Syntax der verschiedenen Zahlenarten bestehen gewisse Ähnlichkeiten, und deshalb nennt man sie alle Zahlen." (WWK 102)

Die Philosophie der Mathematik suche somit „nicht nach einer Definition des Zahl-Begriffs, sondern nach einer Klärung der Grammatik des Wortes ‚Zahl' und der Zahlwörter." (BT 381) Auch etwa bei Ortsangaben vergesse man leicht, „daß das Wort ‚Ort' in vielen verschiedenen Bedeutungen gebraucht wird, und daß es viele verschiedene Arten von Aussagen über eine Sache gibt, die wir [...] als Ortsangaben für eine Sache bezeichnen können." (BB 25) Die Aufgabenstellung für Wittgensteins realistische Grammatik ist es, diese unterschiedlichen Gebräuche durchzugehen.

Das Missverständnis der Grammatik, das sich u. a. in der Logik abbildet, geht jedoch noch über Wortarten und Satzstrukturen hinaus, indem durch gleiche Begriffe die *Funktion* von Sätzen und sprachlichen Äußerungen reduziert und abstrahiert wird:

> „Befehlen, fragen, erzählen, plauschen gehören zu unserer Naturgeschichte so wie gehen, essen, trinken, spielen. Man meint, das Lernen der Sprache bestehe darin, daß man Gegenstände benennt. [...] Als ob mit dem Akt des Benennens schon das, was wir weiter tun, gegeben wäre. Als ob es nur Eines gäbe, was heißt: ‚von Dingen reden'. Während wir doch das Verschiedenartigste mit unsern Sätzen tun. Denken wir allein an die Ausrufe. Mit ihren ganz verschiedenen Funktionen. Wasser! Fort! Au! Hilfe! Schön! Nicht! Bist du nun noch geneigt, diese Wörter ‚Benennungen von Gegenständen' zu nennen?" (PU 251–252)

Wittgenstein legt hier die Grundlagen der linguistischen Pragmatik. Vor allem zeigt er jedoch die Unzureichendheit *philosophischer* Überlegungen auf, die auf einem solch vereinfachten Bild von Sprache (und damit des Denkens) basieren – der wahre Grund für den zweiten Lösungsversuch.

Wittgenstein zieht aus diesen grammatischen Missverständnissen Schlüsse bezüglich der philosophischen Aufgaben und Methoden:

„Warum die grammatischen Probleme so hart und anscheinend unausrottbar sind – weil sie mit den ältesten Denkgewohnheiten, d. h. mit den ältesten Bildern, die in unsere Sprache selbst geprägt sind, *zusammenhängen*. [...] Die Menschen sind tief in den philosophischen d. i. grammatischen Konfusionen eingebettet. Und sie daraus zu befreien, *setzt voraus*, daß man sie aus den ungeheuer mannigfachen Verbindungen herausreißt, in denen sie gefangen sind. Man muß sozusagen ihre ganze Sprache umgruppieren. [...] Die Sprache hat für Alle die gleichen Fallen bereit; das ungeheure Netz gut erhaltener Irrwege. Und so sehen wir also Einen nach dem Anderen die gleichen Wege gehen und wissen schon, wo er jetzt abbiegen wird, wo er geradeaus fortgehen wird, ohne die Abzweigung zu bemerken, etc. etc. Ich sollte also an allen den Stellen, wo falsche Wege abzweigen, Tafeln aufstellen, die über die gefährlichen Punkte hinweghelfen." (BT 285)

Diese Fallen der Sprache prägten die gesamte Tradition philosophischer Diskussion:

„Man hört immer wieder die *Bemerkung*, [...] daß die gleichen philosophischen Probleme, die schon die Griechen beschäftigten, uns noch beschäftigen. Die das aber *sagen*, verstehen nicht den Grund, warum es so ist. Der ist aber, daß unsere Sprache sich gleich geblieben ist und uns immer wieder zu denselben Fragen verführt. Solange es ein Verbum ‚sein' geben wird, das zu funktionieren scheint wie ‚essen' und ‚trinken', solange es ein Adjektiv ‚identisch', ‚wahr', ‚falsch', ‚möglich' geben wird, solange von einem Fluß der Zeit und von einer Ausdehnung des Raumes die Rede sein wird, u. s. w., u. s. w., solange werden die Menschen immer wieder an die gleichen *rätselhaften Schwierigkeiten* stoßen, und auf etwas starren, was keine Erklärung scheint wegheben zu können." (BT 286)

Klassische philosophische Fragen entstünden durch typische Strukturen des „grammatische[n] Missverständnis[ses]" (BB 25), durch das „Mißverstehen der Sprachlogik" (PU 293): „charakteristisch für eine metaphysische Frage ist, daß wir eine Unklarheit über die Grammatik von Wörtern in der *Form* einer naturwissenschaftlichen Frage ausdrücken." (BB 63)

Für Wittgenstein bedeutet dies, dass die philosophische Tätigkeit im Kern Sprachanalyse ist, die Philosophie wird zur „Verwalterin der Grammatik" (PB 83): „diese Betrachtung bringt Licht in unser Problem, indem sie Mißverständnisse wegräumt. Mißverständnisse, die den Gebrauch von Worten betreffen; hervorgerufen, unter anderem, durch gewisse Analogien zwischen den Ausdrucksformen in verschiedenen Gebieten unserer Sprache." (PU 292) Dies heißt jedoch, dass die Philosophie nicht mehr allgemeine, abstrakte Begriffe als ihr Handwerkszeug ansehen kann – ihre Sprachanalyse dient keiner neuen, eindeutigen Ordnung, keiner Sprachreform:

> „Wir sollen in unserm Wissen vom Gebrauch der Sprache eine Ordnung herstellen: eine Ordnung zu einem bestimmten Zweck; eine von vielen möglichen Ordnungen; nicht *die* Ordnung. Wir werden zu diesem Zweck immer wieder Unterscheidungen *hervorheben*, die unsre gewöhnlichen Sprachformen leicht übersehen lassen. Dadurch kann es den Anschein gewinnen, als sähen wir es als unsre Aufgabe an, die Sprache zu reformieren. So eine Reform für bestimmte praktische Zwecke, die Verbesserung unserer Terminologie zur Vermeidung von Mißverständnissen im praktischen Gebrauch, ist wohl möglich. Aber das sind nicht die Fälle, mit denen wir es zu tun haben. Die Verwirrungen, die uns beschäftigen, entstehen gleichsam, wenn die Sprache leerläuft, nicht wenn sie arbeitet" (PU 304–305)

– wenn man also abstrakte Begriffe idealisiert und dann versucht, ihre essentielle Bedeutung zu ergründen, jenseits des tatsächlichen Gebrauchs. Die Philosophie muss vielmehr, so die Grundbotschaft des zweiten Lösungsversuchs, dem *Einzelfall*, dem einzelnen Gebrauch, und dessen Analyse Vorrang geben, um nicht durch dessen Subsumierung Fehler zu erzeugen: „Wir müssen", so Wittgenstein, „die ganze Sprache durchpflügen." (BT 290) Nur diese geduldige Einzelfallanalyse helfe gegen „[d]ie alles gleichmachende Gewalt der Sprache" (BT 349) – nur so könnten „die philosophischen Probleme [...] verschwinden" (PU 305).

Familienähnlichkeiten: Wittgenstein und Platon

Die Quellen philosophischer Missverständnisse gehen aus Wittgensteins Sicht jedoch über die fehlerhafte grammatische Gleichordnung von Wortarten und Syntax hinaus und liegen zu beträchtlichen Teilen in der Vorstellung einer essentialistischen Semantik, der final definierbaren Bedeutung eines Wortes. Hier kommt Platons *Theaitetos* wieder ins Spiel – für Wittgensteins Überlegungen ebenso Inspirationsquelle wie Gegenpol. Dies ist umso erstaunlicher als Wittgenstein kein philosophiegeschichtlich orientierter Denker ist. Platon jedoch taucht in seinen späteren Schriften immer wieder auf (vgl. z. B. Perissinotto/Cámara 2013; Schneider 2002), er hat Wittgenstein über zwei Jahrzehnte hinweg intensiv beschäftigt. Der *Theaitetos* spielt hierbei die größte Rolle (vgl. BT 57, 59, 152, 247, PG 120–121, 137, 164, VL 269, BB 40–41, 50–51, 121, PU 263 ff., 274, 437, Nachlass Ts-302, Ms. 111). Seine Bedeutung spiegelt ein Zitat von Maurice Drury wider: „I was in a camp near Bayeux after the Normandy landing. A letter from Wittgenstein telling me he was reading Plato's Theaetetus: ‚Plato in this dialogue is occupied with the same problems that I am writing about.'" (Drury 2017, 129) Doch welche Rolle spielt dieser Dialog genau?

Der *Theaitetos* ist für Wittgenstein in verschiedenen Hinsichten wichtig – eine davon spiegelt sich in den *Philosophischen Untersuchungen* (PU 263–265) wider, wo er die Passage aufnimmt, in der Sokrates die Frage erörtert, ob es Urelemente gebe, die nicht weiter zusammengesetzt seien und nur benannt werden könnten. Dies setzt Wittgenstein hier gleich mit seinen eigenen Überlegungen im *Tractatus*: „Diese Urelemente waren auch Russell's ‚individuals', und auch meine ‚Gegenstände' (*Log. Phil. Abh.*)." (PU 264) Ausgehend von dieser Passage – und inspiriert von Platons Erörterungen zu den ‚hundert Hölzern des Wagens' – hinterfragt Wittgenstein genau wie Platon, was wir eigentlich meinen, wenn wir einen Begriff verwenden, in diesem Fall den entscheidenden Begriff ‚zusammengesetzt':

> „Aber welches sind die einfachen Bestandteile, aus denen sich die Realität zusammensetzt? – Was sind die einfachen Bestandteile des Sessels? – Die Stücke Holz, aus denen er zusammengefügt ist? Oder die Moleküle, oder die Atome? – ‚Einfach' heißt: nicht zusammengesetzt. Und da kommt es darauf an: in welchem Sinne ‚zusammengesetzt'? Es hat gar keinen Sinn von den ‚einfachen Bestandteilen des Sessels schlechtweg' zu reden. [...] Wenn ich jemandem ohne weitere Erklärung sage ‚Was ich jetzt vor mir sehe, ist zusammengesetzt', so wird er mit Recht fragen: ‚Was meinst du mit ‚zusammengesetzt'? Das kann ja alles Mögliche heißen!' [...] Das Wort ‚zusammengesetzt' (und also das Wort ‚einfach') wird von uns in einer Unzahl verschiedener, in verschiedenen Weisen miteinander verwandten Arten benützt. [...] Auf die *philosophische* Frage: ‚Ist das Gesichtsbild dieses Baumes zusammengesetzt, und welches sind seine Bestandteile?' ist die richtige Antwort: ‚Das kommt drauf an, was du unter ‚zusammengesetzt' verstehst.' (Und das ist natürlich keine Beantwortung, sondern eine Zurückweisung der Frage.)" (PU 264–265)

Platons Darstellung der Granularitäten des Zugriffs nimmt Wittgenstein hier als Vergleich für die logische Zerlegung der Realität in Tatsachen und von Sätzen in *elementary propositions*, die er im *Tractatus* noch als aussichtsreich betrachtet hatte, deren Relativität und Begrenztheit er aber nun in der zweiten Phase realisiert. So nimmt Wittgenstein den *Theaitetos* als Basis, um seine ursprüngliche Auffassung gleichzeitig zu skizzieren und hinter sich zu lassen.

Noch zentraler für Wittgenstein sind jedoch die aporetischen Versuche des *Theaitetos*, zu einer idealen Definition von Wissen bzw. Erkenntnis zu kommen – die aus seiner Sicht exakt das widerspiegeln, was mit der traditionellen Philosophie nicht stimmt. Insbesondere Sokrates' Korrektur des ersten Definitionsversuchs von Theaitetos – er zähle viele Einzelformen des Wissens auf, von der Geometrie bis zur Schuhmacherkunst, aber eben keine Definition (*Theaitetos* 146c–147c) – ist für Wittgenstein sinnbildlich für die falsche Konstruktion der idealistischen Frage nach der Allgemeinheit. Wittgensteins Gebrauchstheorie der Sprache ist hingegen gerade an den *Einzelfällen* interessiert: „Sokrates weist den Schüler zurecht, der, auf die Frage nach dem Wesen der Erkenntnis gefragt, Erkenntnisse aufzählt. Und Sokrates sieht darin auch nicht einen vorläufigen Schritt zur Beantwortung der Frage. Während unsere Antwort in einer solchen Aufzählung und der Angabe einiger Analogien besteht." (PG 120–121) Die genaue Beschreibung unterschiedlicher Gebrauchsformen des Begriffes ist für Wittgenstein *wichtiger* als die Suche nach einer allgemeinen Definition:

> „Ich finde bei Plato auf eine Frage wie ‚was ist Erkenntnis' nicht die vorläufige Antwort: Sehen wir einmal nach, wie dieses Wort gebraucht wird. Sokrates weist es immer zurück, von Erkenntnissen statt von der Erkenntnis zu reden. Aber wenn so der allgemeine Begriff der Sprache sozusagen zerfließt, zerfließt da nicht auch die Philosophie? Nein, denn ihre Aufgabe ist es nicht, eine neue Sprache zu schaffen, sondern die zu reinigen, die vorhanden ist. [...] Sokrates stellt die Frage, was Erkenntnis sei und ist nicht mit der Aufzählung der Erkenntnisse zufrieden. Wir aber kümmern uns nicht viel um diesen allgemeinen Begriff und sind froh, wenn wir Schuhmacherei, Geometrie etc. verstehen." (BT 57–59)

Er stellt so den platonischen Blickwinkel auf den Kopf und sieht die Suche nach einem allgemeinen Begriff als irreführend an: „Im *Theaitet* kann Sokrates keine Definition von ‚Erkenntnis' vorbringen, weil es keine Definition gibt, die anführt, was allen Fällen von Erkenntnis gemeinsam ist. Da das Wort ‚Erkenntnis' in allen möglichen Weisen verwendet wird, wird jede gegebene Definition auf einige Fälle nicht zutreffen." (VL 269)

Es geht hierbei um mehr als die Unmöglichkeit einer Definition: Die Suche nach dem allgemeinen Begriff *überdeckt* die Unterschiedlichkeit der Einzelfälle im Gebrauch, die Suche nach *einer* ‚Bedeutung' als einem zum Wort gehörigen Gegenstand überdeckt die Vielfalt der Bedeutungen, die sich in den einzelnen Gebrauchsformen zeigt – und *verstellt* damit den *Zugang* zum Verständnis:

> „Ich kann meinen Standpunkt nicht besser charakterisieren, als indem ich sage, daß er der entgegengesetzte Standpunkt dessen ist, welchen Sokrates in den platonischen Dialogen vertritt. Denn würde ich gefragt, was Erkenntnis sei, so würde ich Erkenntnisse aufzählen und die Worte ‚und Ähnliches' hinzufügen. Es ist kein gemeinsamer Bestandteil in ihnen allen zu finden, weil es keinen gibt. Es hängt die traditionelle Auffassung des Gebrauchs der Begriffswörter zusammen mit der Idee, die Bedeutung eines Wortes sei etwas, das bei der sinnvollen Verwendung des Wortes gegenwärtig sein müsse. Es ist als wären die Worte Aufschriften von Flaschen bestimmten Inhalts, und lange ich die Flasche herunter, so habe ich damit eben auch die bestimmte Flüssigkeit in der Hand. Wendet man ein, daß die Worte ‚und Ähnliches' den Begriff nicht abgrenzen, so kann ich nur sagen, daß die Anwendung des Begriffswortes in den meisten Fällen tatsächlich nicht begrenzt ist. Vergleicht man den Begriff wie Frege es getan hat, mit einem Bezirk in der Ebene, so könnte man sagen, der Gebrauch des Begriffs entspricht einem Bezirk mit verschwommener Grenze." („Diktat fuer Schlick", 1933–34, Nachlass Ts-302).

Wittgenstein entwickelt hier einen entschiedenen Antiplatonismus der Bedeutung – Bedeutung ist nicht abschließend, essentialistisch, sondern bestimmt sich im jeweiligen Gebrauch.

Der Versuch, einen allgemeinen Begriff trennscharf zu definieren und in ihm alle Anwendungen zusammenzufassen, vernachlässige, so Wittgenstein, die *eigene* Gebrauchsform *allgemeiner* Begriffe („das Gute', ‚die Erkenntnis') im Unterschied zu einzelnen Anwendungen in verschiedenen Kontexten – und sorge so für philosophische Pseudoprobleme:

> „Wenn wir die Grammatik von Wörtern wie ‚wünschen', ‚denken', ‚verstehen', ‚meinen' studieren, wird es uns genügen, wenn wir verschiedene Fälle des Wünschens, Denkens etc. beschrieben haben. Sollte jemand sagen ‚Gewiß ist das nicht alles, was man ‚wünschen' nennt', würden wir ihm antworten: ‚Gewiß nicht, aber du kannst kompliziertere Fälle konstruieren, wenn du willst.' Und schließlich gibt es nicht eine bestimmte Klasse von Merkmalen, die alle Fälle des Wünschens charakterisiert (zumindest nicht, was den gewöhnlichen Gebrauch des Wortes angeht). Wenn du andrerseits eine Definition des Wünschens geben willst, dann steht es dir frei, diese Grenze nach deinem Belieben zu ziehen; und diese Grenze wird niemals vollständig mit dem tatsächlichen Gebrauch zusammentreffen, da dieser Gebrauch keine scharfe Grenze hat. Die Vorstellung, daß man, um sich über die Bedeutung einer allgemeinen Bezeichnung klar zu werden, das gemeinsame Element in all ihren Anwendungen finden muß, hat hemmend auf philosophische Untersuchungen gewirkt; denn diese Vorstellung hat nicht nur zu keinem Ergebnis geführt, sondern darüber hinaus den Philosophen veranlaßt, über konkrete Fälle als irrelevant hinwegzugehen; Fälle, die allein ihm hätten helfen können, den Gebrauch der allgemeinen Bezeichnung zu verstehen. Wenn Sokrates die Frage stellt: ‚Was ist Erkenntnis?', dann hält er die Aufzählung von tatsächlichen Fällen von Erkenntnis nicht einmal für eine *vorläufige* Antwort." (BB 40–41)

Wittgensteins zentrales Argument, dass die Gebrauchsformen von Wörtern keine scharfen Grenzen haben, dass ‚Bedeutung' nicht wörterbuchartig abschließend abgrenzbar ist, sondern im Einzelfall der Anwendung zu beurteilen ist, hebt so eine ganze Tradition philosophischer Grundfragen als falsch gestellt heraus:

> „Nimm [...] des Sokrates Frage: ‚Was ist Erkenntnis?' Dieser Fall ist noch klarer, da die Diskussion damit beginnt, daß der Schüler ein Beispiel einer exakten Definition anführt, und dann wird nach einer analogen Definition des Wortes ‚Erkenntnis' gefragt. So wie das Problem gestellt wird, scheint es, als ob etwas mit dem gewöhnlichen Gebrauch des Wortes ‚Erkenntnis' nicht stimmt. Es scheint, als ob wir nicht wissen, was es bedeutet, und daß wir deshalb vielleicht nicht berechtigt sind, es zu gebrauchen. Wir würden antworten: ‚Es gibt keine exakte Gebrauchsweise des Wortes ‚Erkenntnis'; aber wir können uns mehrere solche Gebrauchsweisen ausdenken, die mehr oder weniger mit der Art und Weise übereinstimmen, in der das Wort in Wirklichkeit gebraucht wird.'" (BB 50–51)

In direkter Auseinandersetzung mit dem *Theaitetos* entwickelt Wittgenstein so seine bekannteste Beschreibungsweise der ‚Bedeutung' von Wörtern, die der *Familienähnlichkeiten* zwischen ihren einzelnen Anwendungen – es zeige sich hier, „daß die Vorgänge des Erkennens eine große Familie bilden, mit einander übergreifenden Familienähnlichkeiten" (BB 129).

Bei der Entwicklung dieser Vorstellung zeigt sich der *Theaitetos* nicht nur inhaltlich als wegweisend. Wittgenstein nimmt auch den aporetischen Ablauf des Dialogs, sein vergebliches Durchlaufen der Definitionsversuche allgemeiner Begriffe (‚Was ist X?') als bezeichnend für unser grundsätzliches Missverständnis der Sprache wahr:

> „Der philosophisch Verwirrte sieht ein Gesetz in der Weise, in der ein Wort gebraucht wird, und in seinem Streben, dieses Gesetz konsequent anzuwenden, begegnet er Fällen, die zu paradoxen Ergebnissen führen. Sehr oft verläuft eine Diskussion [...] folgendermaßen: Zuerst wird die Frage gestellt: ‚Was ist Zeit?' Diese Frage erweckt den Eindruck, daß eine Definition verlangt wird. Fälschlicherweise nehmen wir an, daß eine Definition uns aus der Verlegenheit befreien wird [...]. Die Frage wird dann mittels einer falschen Definition beantwortet; etwa ‚Zeit ist die Bewegung der Himmelskörper'. Der nächste Schritt ist die Einsicht, daß diese Definition unzureichend ist. Aber das bedeutet nur, daß wir das Wort ‚Zeit' nicht synonym mit ‚Bewegung der Himmelskörper' gebrauchen. Jedoch sind wir nun, da wir feststellen, daß die erste Definition falsch ist, versucht zu denken, daß wir sie durch eine andere, die korrekte, ersetzen müssen. [...] Philosophie, so wie wir das Wort gebrauchen, ist ein Kampf gegen die Faszination, die die Ausdrucksformen auf uns ausüben." (BB 51)

Wittgenstein zieht die Lehren aus diesem platonischen Missverständnis ganz praktisch: Gemäß seinem Vorsatz des „Durchpflügens" der Sprache arbeitet er in seiner späteren Philosophie unermüdlich die Vielzahl der Bedeutungen einer großen Menge von Begriffen durch. In einer Potenzierung des sokratischen Unternehmens zerlegt er reihenweise alltägliche, philosophische, mathematische, logische und psychologische Begriffe und zeigt ihre schillernde Vielfalt von Bedeutungen auf, so z. B. ‚Satz', ‚Sprache', ‚Begriff', ‚Name', ‚Verstehen', ‚Meinen', ‚Spiel', ‚Regel', ‚Verneinung', ‚Hypothese', ‚Wahrscheinlichkeit', ‚Bedeutung', ‚Lesen', ‚Glauben', ‚Wünschen', ‚Möglichkeit', ‚Vergleich', ‚Grund', ‚Beweis', ‚Gleichung', ‚Zahl', ‚Art', ‚Schließen', ‚Allgemeinheit', ‚Unendlichkeit', ‚Genauigkeit' und viele andere mehr. „Das Unglück ist," so schreibt er, „daß unsere Sprache so grundverschiedene Dinge mit jedem der Worte [...] bezeichnet." (BT 409) Auch seine eigenen Kernbegriffe wie ‚Kalkül' (WWK 202) oder ‚Spiel' (BT 58, 168) zerfallen ihm unter den Fingern bzw. werden in ihre Gebrauchsformen zerlegt.

Diese mühevolle Arbeit an der Sprache ist vor allem ein Aufzeigen von Komplexität, ein Wecken von *Respekt* vor Komplexität. Wittgenstein macht dabei deutlich, dass die Schwierigkeit insbesondere darin besteht, die sprachbasierten Gewohnheiten unseres Verstandes aufzulösen: „Die Komplexität der Philosophie ist nicht die ihrer Materie, sondern, die unseres verknoteten Verstandes." (PB 52) In der Sprache sei „eine ganze Mythologie niedergelegt" (BT 291), die Menschen seien „im Netz der Sprache gefangen und wissen es nicht." (489). Die Philosophie löse diese „Knoten in unserem Denken auf" (BT 285). Entsprechend diesem Ziel hinterfragt Wittgenstein die naive Haltung, alles, was wir mit einem Begriff bezeichneten, müsse eine gemeinsame Essenz haben. Am Beispiel des Begriffs „Spiel" arbeitet er ein zentrales Charakteristikum der Sprache heraus, das individuelle *Ermessen*:

> „Denken wir uns, wir wollten die *Ballspiele* beschreiben. Da gäbe es solche, wie Fußball, Kricket, Tennis, mit einem ausgebildeten komplizierten System von Regeln; dann aber ein Spiel, das nur darin besteht, daß jeder einen Ball so hoch wirft als er kann; endlich eines, wie es kleine Kinder spielen, indem sie einen Ball in beliebiger Richtung werfen und ihn dann wieder holen. Oder es wirft Einer einen Ball aus Freude hoch und fängt ihn wieder, ohne aber mit Andern dabei zu konkurrieren. Vielleicht wird man manches kein Ballspiel mehr nennen wollen; aber ist es klar, wo hier die Grenze zu ziehen ist?" (PG 68)

Was genau begrenze oder bestimme die Anwendung des gemeinsamen Begriffes?

> „Und gefragt: Was ist denn aber das Gemeinsame aller dieser Dinge, *weshalb* Du sie zusammenfaßt? könnte er sagen: ich weiß es nicht in einem Satz anzugeben, aber Du siehst ja viele Analogien. Im übrigen ist diese Frage müßig, da ich auch wieder nach Analogien fortfahrend, durch unmerkbare Stufen, zu Gebilden kommen kann, die niemand mehr im gewöhnlichen Leben ‚Spiel' nennen wollte. Ich nenne daher ‚Spiel' das, was auf dieser Liste steht, wie auch, was diesen Spielen bis zu einem gewissen (von mir nicht näher bestimmten) Grade ähnlich ist. Im übrigen behalte ich mir vor, in jedem neuen Fall zu entscheiden, ob ich etwas zu den Spielen rechnen will oder nicht." (BT 58)

Die Anwendung eines Begriffes auf einen Gegenstand oder Sachverhalt ist somit eine menschliche Handlung, die eine Vielzahl von Parametern, insbesondere aber ein Urteil involviert – die menschliche Sprachhandlung beinhaltet *Verantwortung*. Allgemeine Definitionsversuche für die Gesamtsprache scheitern regelmäßig, Definitionen sind immer nur Instrumente zu einem bestimmten Gebrauch, denn die Breite der praktischen Anwendbarkeit *gehört zur Sprache*, „die unscharfen Grenzen gehören zu meinem Begriff" (BT 175). Wer eine Definition einbringe, ändere den ganzen Kalkül, das ganze Spiel: „Wollen wir, für unsere Zwecke, den Gebrauch eines Wortes bestimmten Regeln unterwerfen, so stellen wir seinem fluktuierenden Gebrauch einen andern an die Seite." (PG 11)

Dieses Sprachverständnis wirkt sich auf alle Gebiete aus, auf die Philosophie ebenso wie auf Psychologie und Mathematik – die Logik der Einzelprozesse erweist sich als deutlich komplexer als der allgemeine Begriff, etwa beim Begriff des *Verstehens*:

> „Wenn ich einen Satz mit Verständnis lese, so geschieht etwas: vielleicht schwebt ein Bild in mir vor. Aber was wir ‚verstehen' nennen bezieht sich auf unzählige Vorgänge, die vor und nach dem Lesen *dieses* Satzes stattfinden. Wenn ich einen Satz nicht verstehe – so kann das in verschiedenen Fällen verschieden sein. ‚Ein Wort verstehen' – das ist unermeßlich vielerlei. ‚Verstehen' nennen wir nicht *einen* Vorgang, sondern mehr oder weniger miteinander verwandte Vorgänge, auf einem Hintergrund des tatsächlichen Gebrauchs der gelernten Sprache. – Man meint: Wenn ich in allen diesen Fällen das Wort ‚verstehen' gebrauche, so muß also in allen etwas Gleiches geschehen. Nun, das Begriffswort zeigt allerdings eine Verwandtschaft, aber diese muß keine Gemeinsamkeit einer Eigenschaft oder eines Bestandteils sein." (PG 11)

Ebenso wie ‚Verstehen' unzählige verschiedene Vorgänge bezeichnet (PG 72), hat „[d]er Gebrauch des Wortes ‚Satz', ‚Sprache', etc., […] die Verschwommenheit des normalen Gebrauchs der Begriffswörter unserer Sprache. Die Philosophie der Logik redet in keinem andern Sinn von Sätzen und Wörtern, als wir es im gewöhnlichen Leben tun." (PG 19) Die klassischen Fragen der Ethik sind ebenfalls betroffen: „So könnte man sagen, der Gebrauch des Wortes ‚gut' (im ethischen Sinne) sei aus einer überaus großen Anzahl einander verwandter Spiele zusammengesetzt. Sozusagen Facetten des Gebrauchs." (PG 77) Auch Fachsprachen sind vor der Vermengung verwandter Vorgänge nicht gefeit. Gleichzeitig macht Wittgenstein deutlich, dass durch die Fixierung eines Begriffs, etwa in einer Fachsprache, nichts bzw. nicht alles gewonnen ist, dass hier nichts ‚Wahreres' ausgedrückt wird als in den vielfältigen Anwendungen der Alltagssprache.

Doch wie genau sind die verschiedenen Aspekte eines Wortes ‚verwandt'? Der Begriff der ‚Familienähnlichkeit' zwischen Anwendungen von Begriffen taucht erstmals im *Big Typescript* auf (BT 180) – Wittgenstein arbeitet diese Sichtweise in der Folge wieder in Bezug auf das Verstehen aus:

> „‚Verstehen' nennen wir nicht *einen* Vorgang, der das Lesen oder Hören begleitet, sondern: mehr oder weniger mit einander verwandte Vorgänge, auf einem Hintergrund, in einer Umgebung von Tatsachen bestimmter Art, nämlich: des tatsächlichen Gebrauches der gelernten Sprache oder Sprachen. – Man sagt, das Verstehen ist ein ‚psychischer Vorgang', und diese Bezeichnung ist in diesem, sowie in einer Unzahl anderer Fälle irreführend. Sie vergleicht das Verstehen einem bestimmten *Prozeß* – wie dem Übertragen aus einer Sprache in die andre; und sie legt dieselbe Auffassung fürs Denken, Wissen, Glauben, Wünschen, Beabsichtigen, u. a. nahe. Wir sehen nämlich in allen diesen Fällen, daß das, was wir etwa naiverweise als Kennzeichen eines solchen Vorgangs angeben würden,

> ihm nicht in allen Fällen, oder auch der Mehrzahl der Fälle, eignet. Und der nächste Schluß daraus ist, daß das Wesentliche des Vorgangs etwas bisher Unentdecktes, schwer Erfaßbares ist. Denn man sagt: Wenn ich in allen diesen Fällen das Wort ‚Verstehen' gebrauche, so muß also in allen etwas Gleiches geschehen, welches eben das Wesentliche des Verstehens [...] ist. Denn warum sollte ich sie sonst mit dem gleichen Wort benennen? Dieses Argument geht aus der Auffassung hervor, daß es das Gemeinsame der Vorgänge, oder Gegenstände, etc. ist, welches ihre Charakterisierung durch ein gemeinsames Begriffswort rechtfertigen muß. Diese Auffassung ist [...] *zu primitiv*. Was das Begriffswort anzeigt, ist allerdings eine Verwandtschaft der Gegenstände aber diese Verwandtschaft muß keine Gemeinsamkeit einer Eigenschaft oder eines Bestandteils sein. Sie kann die Glieder kettenartig verbinden, so daß eines mit einem anderen *durch Zwischenglieder* verwandt ist; und zwei einander nahe Glieder können gemeinsame Züge haben, einander *ähnlich* sein, während entferntere nichts mehr mit einander gemein haben und doch zu der gleichen Familie gehören. Ja selbst wenn ein Zug allen Familienmitgliedern gemeinsam ist, muß nicht er es sein, der den Begriff definiert. Die Verwandtschaft der Glieder des Begriffs kann durch die Gemeinsamkeit von Zügen in ihnen hergestellt sein, deren Auftreten in der Familie des Begriffs sich auf äußerst komplizierte Weise überkreuzt. So gibt es wohl nicht ein Charakteristicum, das allem was wir Spiel nennen gemeinsam ist. Aber man kann auch nicht sagen, ‚Spiel' habe eben mehrere unabhängige Bedeutungen [...]. ‚Spiele' nennt man vielmehr auf verschiedene Weisen mit einander verwandte Vorgänge, zwischen denen es eine Mannigfaltigkeit von Übergängen gibt." (PG 74–75)

Anwendungen von Begriffen sind so zwar untereinander verwandt, aber nicht auf ein essentielles Verständnis reduzierbar (PG 75–76). Bedeutet dies, dass die Begriffe unbrauchbar oder beliebig werden?

> „Der Gebrauch des Wortes ‚Satz', ‚Sprache', etc. hat die Verschwommenheit des normalen Gebrauchs der Begriffswörter unserer Sprache. Zu glauben, sie wären darum unbrauchbar, oder doch ihrem Zweck nicht ganz entsprechend, wäre so, als wollte man sagen: ‚die Wärme, die dieser Ofen gibt ist nichts nutz, weil man nicht weiß, wo sie anfängt und wo sie aufhört.' Will ich zur Aufklärung und zur Vermeidung von Mißverständnissen im Gebiet eines solchen Sprachgebrauchs scharfe Grenzen ziehen, so werden sich diese zu den verfließenden Grenzen im normalen Sprachgebrauch verhalten wie scharfe Konturen in einer Federzeichnung zu den allmählichen Übergängen von Farbflecken in der dargestellten Wirklichkeit." (PG 120)

Das Konzept der Familienähnlichkeit stellt so die Grenzen der einfachen Vorstellung der ‚Bedeutung' deutlich heraus.

Das traditionelle Verständnis von Sprache wird damit auf den Kopf gestellt – Sprache besteht aus verwandten Einzelanwendungen, die gemeinsamen, vermeintlich scharfen allgemeinen Begriffe führen in die Irre. Dies macht die Aufgabe der Philosophie umso klarer: „Ihr Zweck ist es, besondere Mißverständnisse zu beseitigen; nicht, etwa, ein eigentliches Verständnis erst zu schaffen." (PG 115) Die Sprache verführe uns zur Suche nach Phantomen: „Wir deuten das Rätselhafte, das durch ein Mißverstehen unserer Sprachform hervorgebracht wird, als das Rätselhafte eines uns unverständlichen Vorgangs." (PG 154–155) Im Zentrum steht für Wittgenstein hierbei die platonistische Suche nach einer Essenz, die dem Begriff entspricht, „ein[e] der großen Quellen philosophischer Verwirrung [...]: ein Substantiv läßt uns nach einem Ding suchen, das ihm entspricht." (BB 15) Für Wittgenstein liegt die Ursache dieser Verwirrung im

> „irreführenden Gebrauch unserer Sprache [...]. Diese Art von Fehler kehrt in der Philosophie ständig wieder; z. B. wenn wir uns über die Beschaffenheit der Zeit den Kopf zerbrechen, wenn Zeit uns als ein *sonderbares Ding* erscheint. Wir sind in größter Versuchung zu denken, daß wir es hier mit verborgenen Dingen zu tun haben, etwas, das wir von außen sehen, aber in das wir nicht hineinschauen können. Aber nichts dergleichen ist der Fall. Was wir wissen wollen, sind keine neuen Tatsachen über die Zeit. All die Tatsachen, die uns angehen, liegen offen vor uns. Aber es ist der Gebrauch des Substantives ‚Zeit‘, der uns hinters Licht führt. Wenn wir die Grammatik dieses Wortes näher betrachten, werden wir, wenn der Mensch sich eine Gottheit der Zeit gedacht hätte, dieses nicht als weniger verblüffend empfinden, als wenn er sich Gottheiten der Negation und Disjunktion gedacht hätte." (BB 22)

Dieses Streben nach Allgemeinheit sei das Ergebnis u. a. der

> „Bestrebung, nach etwas Ausschau zu halten, das all den Dingen gemeinsam ist, die wir gewöhnlich unter einer allgemeinen Bezeichnung zusammenfassen. Wir sind z. B. geneigt zu denken, daß es etwas geben muß, das allen Spielen gemeinsam ist, und daß diese gemeinsame Eigenschaft die Anwendung der allgemeinen Bezeichnung ‚Spiel‘ auf die verschiedenen Spiele rechtfertigt; während Spiele doch eine *Familie* bilden, deren Mitglieder Familienähnlichkeiten haben. Einige haben die gleiche Nase, einige die gleichen Augenbrauen und andere wieder denselben Gang; und diese Ähnlichkeiten greifen ineinander über." (BB 37)

Die Vorstellung von einem Allgemeinbegriff als einer gemeinsamen Eigenschaft seiner einzelnen Beispiele sei mit anderen primitiven Vorstellungen von Sprache verbunden, so mit der Vorstellung, „daß *Eigenschaften Bestandteile* von den Dingen sind, die die Eigenschaften haben; z. B. daß Schönheit ein Bestandteil aller schönen Dinge ist [...] und daß wir deshalb reine Schönheit haben können, unverfälscht von allem, das schön ist" (BB 38), mit der Tendenz zu denken, dass derjenige, der eine allgemeine Bezeichnung versteht, so etwas wie ein Bild des Gegenstandes im Kopf habe, mit der Vorstellung, dass das Verstehen dieses allgemeinen Begriffes so etwas wie ein Bewußtseinszustand sei, oder der, es müsse zu jedem Konzept ein entsprechendes Gefühl, ein charakteristisches Erlebnis geben (BB 218–219). Schließlich sei der Fehler, die Philosophie der Naturwissenschaft nachbilden und auf Prinzipien zurückführen zu wollen – die Philosophie sei vielmehr rein deskriptiv; entsprechend sei hier das Allgemeinheitsstreben,

„die verächtliche Haltung gegenüber dem Einzelfall" (BB 39), die „Verachtung für das, was in der Logik als der weniger allgemeine Fall erscheint" (BB 40), fehl am Platze – vielmehr überdeckt der allgemeine Begriff die Vielzahl der unterschiedlichen Fälle und erzeugt damit Fehler und Missverständnisse: „Durch eine Darstellung des Gebrauchs unserer Worte in falscher Vereinfachung entstehen eine große Zahl der philosophischen Probleme." (BB 217)

Die Philosophie gehe auch von einer falschen Erwartung gegenüber der Sprache aus, als funktioniere diese nach festen Regeln:

> „Denn bedenke, daß wir im allgemeinen die Sprache nicht nach strengen Regeln gebrauchen – man hat sie uns auch nicht nach strengen Regeln gelehrt. [...] Nicht nur, daß wir nicht an die Regeln des Gebrauchs – an Definitionen etc. – denken, wenn wir die Sprache gebrauchen; in den meisten Fällen sind wir nicht einmal fähig, derartige Regeln anzugeben [...]. Wir sind unfähig, die Begriffe, die wir gebrauchen, klar zu umschreiben; nicht, weil wir ihre wirkliche Definition nicht wissen, sondern weil sie keine wirkliche ‚Definition' haben. Die Annahme, daß sie eine solche Definition haben *müssen*, wäre wie die Annahme, daß ballspielende Kinder grundsätzlich nach strengen Regeln spielen. [...] Unser gewöhnlicher Sprachgebrauch entspricht diesem Standard der Exaktheit nur in seltenen Fällen. Warum vergleichen wir dann unsern Gebrauch von Wörtern, wenn wir philosophieren, mit etwas, das sich nach genauen Regeln vollzieht? Die Antwort lautet, daß die Rätsel, die wir aus dem Weg zu räumen versuchen, immer gerade aus dieser Haltung der Sprache gegenüber entstehen"

– nämlich der essentialistischen Haltung des „‚Was ist…?' Diese Frage ist ein Ausdruck von Unklarheit, von geistiger Unbehaglichkeit, und sie ist vergleichbar mit der Frage ‚Warum?', wie Kinder sie oft stellen. [...] Das Kopfzerbrechen über die Grammatik des Wortes ‚Zeit' entsteht aus dem, was man scheinbare Widersprüche in dieser Grammatik nennen könnte." (BB 48–50) Dass man eine ‚Bedeutung' nicht final abgrenzen könne, sei eben *kein* Mangel:

> „Die Annahme, es wäre ein Mangel, käme der Annahme gleich, daß das Licht meiner Leselampe gar kein wirkliches Licht sei, weil es keine scharfe Umgrenzung hat. Philosophen sprechen sehr häufig davon, die Bedeutung von Wörtern zu untersuchen, zu analysieren. Aber laßt uns nicht vergessen, daß ein Wort keine Bedeutung hat, die ihm gleichsam von einer von uns unabhängigen Macht gegeben wurde, so daß man eine Art wissenschaftlicher Untersuchung anstellen könnte, um herauszufinden, was das Wort *wirklich* bedeutet. Ein Wort hat die Bedeutung, die jemand ihm gegeben hat. Es gibt Wörter mit mehreren klar umrissenen Bedeutungen. Es ist leicht, diese Bedeutungen zu katalogisieren. Und es gibt Wörter, von denen man sagen könnte: Sie werden auf tausend verschiedene Weisen gebraucht, die nach und nach miteinander verschmelzen. Kein Wunder, daß wir keine strengen Regeln für ihren Gebrauch aufstellen können." (BB 52)

Auch die Sprachspiele dienten nicht der Aufstellung strenger Regeln, sondern nur als heuristische Mittel:

„Wenn wir ‚Idealsprachen' konstruieren, dann nicht, um die gewöhnliche Sprache durch sie zu ersetzen; unser Zweck ist vielmehr, jemandes Verlegenheit zu beseitigen, die dadurch entstand, daß er dachte, er habe den genauen Gebrauch eines gewöhnlichen Wortes begriffen. Auch aus diesem Grunde zählen wir mit unserer Methode nicht nur bestehende Wortgebräuche auf, sondern erfinden bewußt neue, – davon einige, gerade weil sie absurd erscheinen. Wenn wir sagen, daß wir mittels unserer Methode dem irreführenden Effekt bestimmter Analogien entgegenzuwirken versuchen, dann ist es wichtig zu verstehen, daß die Vorstellung einer irreführenden Analogie nicht scharf umrissen ist. Man kann die Fälle, in denen wir sagen würden, daß jemand durch eine Analogie irregeführt wurde, nicht scharf umreißen. Der Gebrauch von Ausdrücken, die nach analogen Vorbildern konstruiert wurden, hebt Analogien zwischen Fällen hervor, die oft wenig miteinander zu tun haben." (BB 52–53)

Der Punkt der vereinfachenden Sprachspiele ist vielmehr herauszuheben, dass es oft keine scharfe Grenze zwischen einem regulären und einem unüblichen Gebrauch gibt: „The point is that there is no sharp line between a regular use and an irregular or capricious use." (LFM 176)

Wittgenstein will so aus der Philosophie die „Schattenwesen" entfernen, „die wir erschaffen, wenn wir den Substantiven, denen kein körperlicher Gegenstand entspricht, Bedeutung geben wollen" (BB 63): „Es spukt in der Philosophie überall von solchen schattenhaften Gebilden." (BB 216) Die Ausdrucksformen der Sprache schickten „uns auf die Jagd nach Chimären" (PU 294), die Sprache lasse Fragen zu, „zu denen es keine Antworten gibt." (BB 156) Um dies zu *zeigen* (eine eigene Theoriesprache wäre durch eigene ‚Schattenwesen' belastet), reiht Wittgenstein Beispiel an Beispiel. Seine Methode ist, wie er sich selbst immer wieder erinnert, „rein *beschreibend*" (BB 179). Die Sammlung von Einzelfällen soll „die ungeheure Mannigfaltigkeit der Mittel unserer Sprache ahnen lassen" (BB 124): „An expression has any amount of uses." (LFM 20) Man könne sich nur im Detail ansehen, wie die Einzelfälle zusammenhängen:

„die Erklärung, wofür dieses Wort gebraucht werde, [...] besteht in Beispielen, welche charakteristische Züge des Gebrauchs vor Augen führen. Manche dieser Beispiele werden einen solchen Zug in übertriebener Form darstellen, manche in Übergangsformen, manche werden uns sein Abklingen zeigen. Stelle Dir vor, es wollte Dir jemand einen Begriff geben von den besonderen Gesichtszügen der Mitglieder einer gewissen Familie. Er tut dies, indem er Dir Familienporträts zeigt und auf die charakteristischen Züge in ihnen hinweist. Seine Aufgabe wird darin liegen, Dir diese Bilder in der richtigen Folge und in den richtigen Zusammenstellungen zu zeigen; so daß Du zum Beispiel sehen kannst, wie gewisse Einflüsse die Züge der Familie nach und nach geändert haben; oder, in welcher besondern Weise diese Gesichter altern, welche Gesichtszüge dabei besonders hervortreten, u. s. f. Es war nicht die Aufgabe unserer Beispiele, das Wesen des Ableitens, Lesens, u. s. f., durch einen Schleier unwesentlicher Züge sehen zu lassen. Und die Beispiele waren nicht Beschreibungen eines Äußern zu dem Zweck, uns auf ein Inneres ahnen zu lassen, das wir aus irgendeinem Grund nicht in seiner Nacktheit zeigen können." (BB 179)

Hier kommt Wittgenstein auf die platonische Vorstellung der Innerlichkeit zurück – es gibt eben keine innere Essenz des Wortes, die uns erst zugänglich werden müsste, vielmehr macht uns die Verallgemeinerung der Bedeutung unzugänglich für den Gebrauch der Einzelfälle.

Die umfassendste Formulierung des Konzepts der Familienähnlichkeit findet sich dann in den *Philosophischen Untersuchungen* – dort bezieht er es auf das Phänomen Sprache selbst und begründet so seine philosophische Methode; es zeigt sich, dass die Sicht der Sprache als von Familienähnlichkeiten geprägt eben *auch* die Vorstellung einer allgemeinen Form des Satzes (wie im *Tractatus* angestrebt) dekonstruiert, und damit letztlich die klassische symbolische Logik, die Wittgenstein anfangs so gefesselt hatte:

> „Hiermit stoßen wir auf die große Frage, die hinter allen diesen Betrachtungen steht. – Denn man könnte mir einwenden: ‚Du machst dir's leicht! Du redest von allen möglichen Sprachspielen, hast aber nirgends gesagt, was denn das Wesentliche des Sprachspiels, und also der Sprache, ist. Was allen diesen Vorgängen gemeinsam ist und sie zur Sprache, oder zu Teilen der Sprache macht. Du schenkst dir also gerade den Teil der Untersuchung, der dir selbst seinerzeit das meiste Kopfzerbrechen gemacht hat, nämlich den, die *allgemeine Form des Satzes* und der Sprache betreffend.' Und das ist wahr. – Statt etwas anzugeben, was allem, was wir Sprache nennen, gemeinsam ist, sage ich, es ist diesen Erscheinungen garnicht Eines gemeinsam, weswegen wir für alle das gleiche Wort verwenden, – sondern sie sind miteinander in vielen verschiedenen Weisen *verwandt*. Und dieser Verwandtschaft, oder dieser Verwandtschaften wegen nennen wir sie alle ‚Sprachen'." (PU 276–277)

Eine Vielfalt von Sprachspielen zu beschreiben, anstatt eine allgemeine Form des Satzes zu suchen, ist keine Ausflucht, sondern die zentrale Erkenntnis von Wittgensteins späterer Philosophie. Die Vorstellung der *Sprache* kann dabei aus Wittgensteins Sicht ebenso wenig als feste Wesenheit angenommen werden wie die des *Spiels* – hier nimmt er seine Erörterungen zu diesem Thema wieder auf:

> „Betrachte z. B. einmal die Vorgänge, die wir ‚Spiele' nennen. [...] Was ist allen diesen gemeinsam? – Sag nicht: ‚Es *muß* ihnen etwas gemeinsam sein, sonst hießen sie nicht ‚Spiele'.' – sondern *schau*, ob ihnen allen etwas gemeinsam ist. – Denn wenn du sie anschaust, wirst du zwar nicht etwas sehen, was *allen* gemeinsam wäre, aber du wirst Ähnlichkeiten, Verwandtschaften, sehen, und zwar eine ganze Reihe. [...] Schau z. B. die Brettspiele an, mit ihren mannigfachen Verwandtschaften. Nun geh zu den Kartenspielen über: hier findest du viele Entsprechungen mit jener ersten Klasse, aber viele gemeinsame Züge verschwinden, andere treten auf. Wenn wir nun zu den Ballspielen übergehen, so bleibt manches Gemeinsame erhalten, aber vieles geht verloren. – Sind sie alle ‚*unterhaltend*'? Vergleiche Schach mit dem Mühlfahren. Oder gibt es überall ein Gewinnen und Verlieren; aber wenn ein Kind den Ball an die Wand wirft und wieder auffängt, so ist dieser Zug verschwunden. Schau, welche Rolle Geschick und Glück spielen. Und wie verschieden ist Geschick im Schachspiel und Geschick im Tennisspiel. Denk nun an die Reigenspiele: Hier

ist das Element der Unterhaltung, aber wie viele der anderen Charakterzüge sind verschwunden! Und so können wir durch die vielen, vielen anderen Gruppen von Spielen gehen. Ähnlichkeiten auftauchen und verschwinden sehen. [...] Wir sehen ein kompliziertes Netz von Ähnlichkeiten, die einander übergreifen und kreuzen. Ähnlichkeiten im Großen und Kleinen. Ich kann die Ähnlichkeiten nicht besser charakterisieren als durch das Wort ‚Familienähnlichkeiten'; denn so übergreifen und kreuzen sich die verschiedenen Ähnlichkeiten, die zwischen den Gliedern einer Familie bestehen: Wuchs, Gesichtszüge, Augenfarbe, Gang, Temperament, etc. etc. – Und ich werde sagen: die ‚Spiele' bilden eine Familie. [...] Warum nennen wir etwas [‚Spiel']? Nun etwa, weil es eine – direkte – Verwandtschaft mit manchem hat, was man bisher [‚Spiel'] genannt hat; und dadurch [...] erhält es eine indirekte Verwandtschaft zu anderem, was wir auch *so* nennen. Und wir dehnen unseren Begriff der Zahl aus, wie wir beim Spinnen eines Fadens Faser an Faser drehen. Und die Stärke des Fadens liegt nicht darin, daß irgend eine Faser durch seine ganze Länge läuft, sondern darin, daß viele Fasern einander übergreifen." (PU 277–278)

Wie würden wir dann jemandem erklären, was ein Spiel ist?

„Ich glaube, wir werden ihm *Spiele* beschreiben, und wir könnten der Beschreibung hinzufügen: ‚das, *und Ähnliches*, nennt man ‚Spiele'.' Und wissen wir selbst denn mehr? Können wir etwa nur dem Andern nicht genau sagen, was ein Spiel ist? – Aber das ist nicht Unwissenheit. Wir kennen die Grenzen nicht, weil keine gezogen sind. Wie gesagt, wir können – für einen besondern Zweck – eine Grenze ziehen. Machen wir dadurch den Begriff erst brauchbar? Durchaus nicht! Es sei denn, für diesen besondern Zweck." (PU 279)

Sprache zeigt sich hier wiederum als Handlungsinstrument zu verschiedenen Gebräuchen – weit entfernt von der Wörterbuch-artigen Sicht einer fixen Bedeutung:

„Man kann sagen, der Begriff ‚Spiel' ist ein Begriff mit verschwommenen Rändern. – ‚Aber ist ein verschwommener Begriff überhaupt ein *Begriff*?' – Ist eine unscharfe Photographie überhaupt ein Bild eines Menschen? Ja, kann man ein unscharfes Bild immer mit Vorteil durch ein scharfes ersetzen? Ist das unscharfe nicht oft gerade das, was wir brauchen? Frege vergleicht den Begriff mit einem Bezirk und sagt: einen unklar begrenzten Bezirk könne man überhaupt keinen Bezirk nennen. Das heißt wohl, wir können mit ihm nichts anfangen. – Aber ist es sinnlos zu sagen: ‚Halte dich ungefähr hier auf!'? Denk dir, ich stünde mit einem Andern auf einem Platz und sagte dies. Dabei werde ich nicht einmal irgend eine Grenze ziehen, sondern etwa mit der Hand eine zeigende Bewegung machen – als zeigte ich ihm einen bestimmten *Punkt*. Und gerade so erklärt man etwa, was ein Spiel ist. Man gibt Beispiele und will, daß sie in einem gewissen Sinn verstanden werden. – Aber mit diesem Ausdruck meine ich nicht: er solle nun in diesen Beispielen das Gemeinsame sehen [...]. Sondern: er solle diese Beispiele nun in bestimmter Weise *verwenden*. Das Exemplifizieren ist hier nicht ein *indirektes* Mittel der Erklärung, – in Ermanglung eines Bessern. Denn, mißverstanden kann auch jede allgemeine Erklärung werden. *So* spielen wir eben das Spiel (Ich meine das Sprachspiel mit dem Wort ‚Spiel'.)" (PU 280–281).

In Wittgensteins Sicht gibt es somit keine bessere Erklärung für einen Begriff als die (stets erweiterbare) Sammlung von *Sprachspielen*, in denen er verwendet wird – ein Begriff, den Wittgenstein nun nicht mehr auf konstruierte heuristische Vergleichsobjekte begrenzt, sondern als Bezeichnung für die Vielzahl von Einzelmechanismen der Alltagssprache verwendet. Was wir ‚Sprache' nennen, so zeigt sich, zerlegt sich in eine unendliche Vielzahl solcher Sprachspiele – und auch ‚Sprachspiel' selbst ist ein Begriff, der für eine Vielzahl heterogener Mechanismen verwendet wird.

Hinter all dem steht wiederum Wittgensteins Auseinandersetzung mit Platons Ideenlehre:

„Was heißt es: wissen, was ein Spiel ist? Was heißt es, es wissen und es nicht sagen können? Ist dieses Wissen irgendein Äquivalent einer nicht ausgesprochenen Definition? So daß, wenn sie ausgesprochen würde, ich sie als den Ausdruck meines Wissens anerkennen könnte? Ist nicht mein Wissen, mein Begriff vom Spiel, ganz in den Erklärungen ausgedrückt, die ich geben könnte! Nämlich darin, daß ich Beispiele von Spielen verschiedener Art beschreibe; zeige, wie man nach Analogie dieser auf alle möglichen Arten andere Spiele konstruieren kann; sage, daß ich das und das wohl kaum mehr ein Spiel nennen würde; und dergleichen mehr. Wenn Einer eine scharfe Grenze zöge, so könnte ich sie nicht als die anerkennen, die ich auch schon immer ziehen wollte, oder im Geist gezogen habe. Denn ich wollte gar keine ziehen." (PU 282–283)

Wir missverstünden „die Rolle, die das Ideal in unsrer Ausdrucksweise spielt." (PU 296) Die Frage nach einem verborgenen *Wesen* sei irreführend: „‚Das Wesen ist uns verborgen': das ist die Form, die unser Problem nun annimmt. Wir fragen: ‚*Was ist* die Sprache?', ‚*Was ist* der Satz?'" (PU 293) Dabei prädiziere man aber nur „von der Sache, was in der Darstellungsweise liegt." (PU 296) Denn: „‚Wesentlich' ist nie die Eigenschaft des Gegenstandes, sondern das Merkmal des Begriffes." (BGM 64) Wittgenstein ist sich dabei bewusst, dass er sich mit der Abwendung von der Suche nach dem ‚Wesen', der Idee, der Essenz, auch von der Philosophiegeschichte abwendet und „alles Große und Wichtige, zu zerstören scheint"; aber, so sagt er, „es sind nur Luftgebäude, die wir zerstören, und wir legen den Grund der Sprache frei, auf dem sie standen." (PU 301) Die philosophischen Probleme würden so „durch eine Einsicht in das Arbeiten unserer Sprache gelöst [...]: *entgegen* einem Trieb, es mißzuverstehen." (PU 299) Die Wesenssuche der Philosophiegeschichte unterzieht er letztlich einer Art Psychoanalyse: „Die Probleme, die durch ein Mißdeuten unserer Sprachformen entstehen, haben den Charakter der *Tiefe*. Es sind tiefe Beunruhigungen" (PU 299). Dieser „*Tiefe* des Wesens" entspreche „das *tiefe* Bedürfnis nach der Übereinkunft." (BGM 65) Diese Aussage deutet auf die Quelle der Missverständnisse hin, die Wittgenstein seriell herausarbeitet; gleichzeitig zeigt sie auch eine Quelle menschlicher Konflikte: Die Suche nach einer definierten Bedeutung entspringt dem Bedürfnis nach Übereinkunft zwischen den Menschen; gerade dabei aber geht die Übereinkunft oft verloren und Streit entsteht, ja oft hört hier der Dialog auf, weil vermeintlich eindeutige Semantiken nur noch *verfochten* werden. Wittgensteins Konzept der Familienähnlichkeit zeigt hingegen die Hilfsbedürftigkeit der Sprache auf, die Notwendigkeit des Respekts vor Komplexität, ebenso wie die Mündigkeit im Gebrauch, in der Anwendung eines Wortes. In dieser Konzeption spiegeln sich nicht nur Missverständnisse in der philosophischen Debatte, sondern auch Missverständnisse zwischenmenschlicher Art. Es war Wittgensteins ureigenste Mission, solche Missverständnisse aufzuklären.

Sprache als Interaktion

Doch es muss noch ein weiterer Aspekt hinzugefügt werden: Die Komplexität der Sprache entsteht, wie Wittgenstein zeigt, nicht nur durch eine Unschärfe der Bedeutung – sondern durch die Komplexität interaktiver Sprachspiele als Formen menschlichen Zusammenlebens. Schon im *Tractatus* hatte er realisiert, dass die Komplexität der Alltagssprache sehr hoch ist (TLP 26). In der späten Philosophie wird dies zum Hauptblickpunkt: „Es gibt eben viel mehr Sprachspiele, als Carnap und Andere sich träumen lassen." (BPP 169) Die Offenheit der Bedeutung an den Rändern, die Vielfalt der Familienähnlichkeiten rührt aus der Vielfalt der *interaktiven Praktiken*, der Vielfalt der *realen Sprachspiele* (bzw., wie es in einer frühen Form heißt, Kalküle) her: „Ich kann nur Sprachspiele oder Kalküle beschreiben; ob man sie dann noch Kalküle nennen will ist ja gleichgültig, wenn wir uns nur durch den Gebrauch des Sammelnamens nicht vom Untersuchen jedes einzelnen Falles, den wir beurteilen wollen, abhalten lassen." (PG 62) Jedes Wort, jeder Satz diene als Teil, als Zug des jeweiligen Sprachspiels: „Die Bedeutung ist die Rolle die das Wort im Kalkül spielt." (PG 63) Die Gebrauchstheorie der Sprache zeigt sich so als Theorie der menschlichen *Interaktion*: „Ist denn die Bedeutung wirklich nur Gebrauch des Worts? Ist sie nicht die Art, wie dieser Gebrauch in das Leben eingreift? Aber ist denn sein Gebrauch nicht Teil unseres Lebens?! [...] Und was ‚Sprache' heißt ist ein Wesen bestehend aus heterogenen Teilen und die Art und Weise wie sie [in mein Leben] eingreift unendlich mannigfach." (PG 65–66) Gebrauch ist im Sinne von realen Interaktionen, von Sprachhandlungen zu verstehen: „Wie wirkt denn dieses Zeigen und Aussprechen von Worten. Es wirkt nur innerhalb eines Systems anderer Sprachhandlungen." (PG 71) Aus der Grammatik dieser sprachlichen Interaktionen ergibt sich die Bedeutung: „Die Grammatik, das sind die Geschäftsbücher der Sprache, aus denen alles zu ersehen sein muß, was nicht begleitende Empfindungen betrifft, sondern die tatsächlichen Transaktionen der Sprache." (PG 87) *Grammatik* beschreibt hier die Spielregeln der Interaktion: „Wir reden von dem räumlichen und zeitlichen Phänomen der Sprache; nicht von einem unräumlichen und unzeitlichen Unding. Aber wir reden von ihr so, wie von den Figuren des Schachspiels, indem wir Spielregeln für sie angeben" (PG 121). Jede Äußerung ist ein Zug in diesem Spiel. Der einzelne Satz ist so Teil eines sprachlichen Systems: „Ein Satz ist ein Zeichen in einem System von Zeichen. Er ist *eine* Zeichenverbindung unter mehreren möglichen und im Gegensatz zu andern möglichen." (PG 131) Dieses System ist jedoch ein System vielfältiger, grundsätzlich regelbasierter Sprachspiele (nicht ein abstraktes System von Bedeutungen im Sinne des Strukturalismus): „Es kann keine Diskussion darüber geben, ob diese Regeln oder andere die richtigen für das Wort ‚nicht' sind (d. h. ob sie seiner Bedeutung gemäß sind). Denn das Wort hat ohne diese Regeln noch keine Bedeutung, und wenn wir die Regeln ändern, so hat es nun eine andere Bedeutung (oder keine) und wir können dann ebensogut auch das Wort ändern." (PG 184) Bedeutung hat Sprache in der Sprachhandlung: „Die Sprache ist für uns ein Kalkül; sie ist durch *Sprachhandlungen* charakterisiert." (PG 193) Diese können jedoch nach Regeln oder *in Abwandlung von* Regeln geschehen – Wittgenstein geht von einem mündigen Sprachnutzer (bzw. Sprachnutzerin) aus, die/der über die Anwendung von Worten in einer Sprache, die er/sie gelernt hat, entscheidet, im Rahmen der Familienähnlichkeiten und der menschlichen Interaktionen bzw. Sprachspiele; sie/er entscheidet auch über die Veränderung der Sprache – dies ist das Gegenteil eines mechanistischen, statischen Bilds der Sprache, eine Beschreibung der dynamischen Bedeutung („dynamic meaning"; LFM 184) in der Interaktion.

Dementsprechend widmet sich Wittgenstein der Frage, was es eigentlich bedeutet, ein Wort oder einen Satz zu *verstehen*. Auch hier geht er weg von einem einfachen Psychologismus und beschreibt ‚Verstehen' als *aktiven* Teil eines Sprachspiels bzw. Kalküls:

> „Ich beschäftige mich [...] immer wieder mit der Frage, was es heißt: einen Satz *verstehen*. [...] Die gewöhnliche Ansicht ist ja heute die, daß das Verstehen ein psychologischer Prozeß ist, der sich ‚in mir' abspielt. Ich frage nun: Ist das Verstehen ein Prozeß, der dem Satz – d. h. dem gesprochenen oder geschriebenen Satz – entlangläuft? Welche Struktur hat dann dieser Prozeß? Etwa dieselbe, wie der Satz? Oder ist dieser Prozeß etwas Amorphes, etwa so, wie wenn ich den Satz lese und dabei Zahnweh habe? Ich glaube nun, daß das Verstehen gar kein besonderer psychologischer Prozeß ist, der noch außerdem da ist und zu der Wahrnehmung des Satzbildes hinzukommt. [...] Ich verstehe den Satz, indem ich ihn *anwende*. Das Verstehen ist also gar kein besonderer Vorgang, sondern es ist das Operieren mit dem Satz. *Der Satz ist dazu da, daß wir mit ihm operieren.*" (WWK 167)

Hier wird der Fokus gänzlich auf dynamische Sprachhandlungen verlegt, die traditionelle Vorstellung von ‚Bedeutung' ist eine statische Abstraktion: „Das Verstehen eines Wortes oder eines Satzes ist ein Kalkulieren [...]. Die Art, wie wir die Zeichen *verwenden*, bildet den Kalkül" (WWK 168). Entsprechend ist „[d]as, was ich mit den Wörtern der Sprache mache (indem ich sie *verstehe*), [...] genau dasselbe wie das, was ich mit den Zeichen im Kalkül mache: Ich operiere mit ihnen." (WWK 169–170) Dem simplifizierenden Begriff der Bedeutung entspricht also ein simplifizierender Begriff menschlichen Verstehens, der heterogene Praktiken zusammenfasst:

> „Der Begriff des Verstehens fließt [...]. Was ging da vor, als ich auf einmal den Andern verstand? Da sind *viele* Möglichkeiten. [...] Wenn ich einen Satz mit Verständnis lese, so geschieht etwas: vielleicht schwebt ein Bild in mir vor. Aber was wir ‚verstehen' nennen bezieht sich auf unzählige Vorgänge, die vor und nach dem Lesen *dieses* Satzes stattfinden. Wenn ich einen Satz nicht verstehe – so kann das in verschiedenen Fällen verschieden sein. ‚Ein Wort verstehen' – das ist unermeßlich vielerlei." (PG 6, 11)

Es hängt von der Praxis des Sprachspiels ab, was Verstehen heißt: „Welche Rolle der Satz im Kalkül spielt, das ist sein Sinn. Etwas ist ein Satz nur in einer Sprache. Einen Satz verstehen, heißt, eine Sprache verstehen." (PG 21) Eine ganze Sprache zu verstehen bedeute, ihre Praktiken zu beherrschen: „Was wir ‚Verstehen einer Sprache' nennen ist oft von der Art des Verständnisses, welches wir für einen Kalkül kriegen, wenn wir die Geschichte seiner Entstehung kennen lernen, oder seine praktische Anwendung." (PG 40) Dieses Verständnis der Sprache gleicht dem Verständnis eines Spiels: „Das Verständnis der Sprache, quasi des Spiels, scheint wie ein Hintergrund, auf dem der einzelne Satz erst Bedeutung gewinnt. – Aber dieses Verständnis, die Kenntnis der Sprache, ist nicht ein Bewußtseinszustand [...]. Vielmehr ist es von der gleichen Art wie das Verstehen, Beherrschen eines Kalküls, also wie: multiplizieren *können*." (PG 50) Verstehen ist dementsprechend ein Zug im Sprachspiel: „Was der macht, der ein Zeichen in dem und dem Sinne deutet, versteht, ist ein Schritt eines Kalküls (quasi einer Rechnung)." (PG 51) Verstehen ist damit auch potentiell in jedem Sprachspiel etwas anderes – simplifizierende Theorien des Sprachverstehens werden hier wiederum ausgehebelt.

In den *Philosophischen Untersuchungen* macht Wittgenstein deutlich, was die Vorstellung der realen Sprachspiele als interaktiver Sprachzugfolgen impliziert: „eine Sprache vorstellen heißt, sich eine Lebensform vorstellen." (PU 246) Die Bedeutung sprachlicher Äußerungen generiert sich aus Formen menschlichen sprachlichen *Zusammenlebens*:

„Wieviele Arten der Sätze gibt es aber? Etwa Behauptung, Frage und Befehl? – Es gibt *unzählige* solcher Arten: unzählige verschiedene Arten der Verwendung alles dessen, was wir ‚Zeichen', ‚Worte', ‚Sätze', nennen. Und diese Mannigfaltigkeit ist nichts Festes, ein für allemal Gegebenes; sondern neue Typen der Sprache, neue Sprachspiele, [...] entstehen und andre veralten und werden vergessen. [...] Das Wort ‚Sprach*spiel*' soll hier hervorheben, daß das Sprechen der Sprache ein Teil ist einer Tätigkeit, oder einer Lebensform." (PU 250)

Dementsprechend ist eine Privatsprache nicht vorstellbar:

„Ist, was wir ‚einer Regel folgen' nennen, etwas, was nur *ein* Mensch, nur *einmal* im Leben, tun könnte? – Und das ist natürlich eine Anmerkung zur *Grammatik* des Ausdrucks ‚der Regel folgen'. Es kann nicht ein einziges Mal nur ein Mensch einer Regel gefolgt sein. Es kann nicht ein einziges Mal nur eine Mitteilung gemacht, ein Befehl gegeben, oder verstanden worden sein, etc. – Einer Regel folgen, eine Mitteilung machen, einen Befehl geben, eine Schachpartie spielen sind *Gepflogenheiten* (Gebräuche, Institutionen). Einen Satz verstehen, heißt, eine Sprache verstehen. Eine Sprache verstehen, heißt, eine Technik beherrschen." (PU 344)

In dieser institutionalisierten Lebensform treffen sich die Menschen: „in der *Sprache* stimmen die Menschen überein. Dies ist keine Übereinstimmung der Meinungen, sondern der Lebensform." (PU 356) Zu den interaktiven Verständigungsprozessen in dieser Lebensform (nicht einfach einem ‚Verstehen' sprachlicher ‚Bedeutung') gehört auch eine Übereinstimmung der Anwendung von Sprache zu bestimmten Zwecken und in bestimmten Situationen, also letztlich eine Übereinstimmung im Urteil (bzw. deren Aushandlung): „Zur Verständigung durch die Sprache gehört nicht nur eine Übereinstimmung in den Definitionen, sondern [...] eine Übereinstimmung in den Urteilen." (PU 356) Dies bedeutet wiederum, dass jenseits dieser sprachlichen Interaktion in der jeweiligen Lebensform nichts existiert, was man ‚Bedeutung' nennen könnte: „Gott, wenn er in unsre Seelen geblickt hätte, hätte dort nicht sehen können, von wem wir sprachen" (PU 558) – oder: „Wenn ein Löwe sprechen könnte, wir könnten ihn nicht verstehen." (PU 568) Denn: „Ein Spiel, eine Sprache, eine Regel ist eine Institution." (BGM 334) Die Sprache, so Wittgenstein, „bezieht sich auf eine Lebens*weise*. Um das Phänomen der Sprache zu beschreiben, muß man eine Praxis beschreiben, nicht einen einmaligen Vorgang, *welcher Art immer er sei.*" (BGM 335) Nur in einer solchen Praxis „kann ein Wort Bedeutung haben." (BGM 344) Für Wittgenstein hat die Sprache also eine *Interaktionsgrammatik* – die traditionelle Grammatik der Wortarten verdeckt diese eigentliche Logik und Funktion der Sprache: „Die unsägliche Verschiedenheit aller der tagtäglichen Sprachspiele kommt uns nicht zum Bewußtsein, weil die Kleider unserer Sprache alles gleichmachen." (PU 570)

Die Vielfalt der Sprachspiele und damit der Formen des Zusammenlebens bezieht *alle* Bereiche menschlichen Denkens ein – die sich als Gebrauchskonventionen der Verständigung zeigen: „Die Worte ‚Sprache', ‚Satz', ‚Befehl', ‚Regel', ‚Rechnung', ‚Experiment', ‚einer Regel folgen' beziehen sich auf eine Technik, eine Gepflogenheit." (BGM 346) „Könnte", so fragt Wittgenstein, „ein Mensch allein rechnen? Könnte einer allein einer Regel folgen?" (BGM 349) Hier zeigt sich der Zusammenhang vieler Argumente, die die Wittgenstein-Forschung oft separat als ‚Privatsprachenargument', ‚rule-following', ‚Gebrauchstheorie der Bedeutung' und ‚Philosophie der Mathematik' diskutiert hat. Unser gesamtes Denken ist in Wittgensteins Verständnis durch diese sprachbasierten Techniken und Gepflogenheiten strukturiert. Denken geschieht so immer *in* den konventionellen Sprachspielen der Sprache: „die Sprache selbst ist das Vehikel des Denkens." (PG 161). So legt Wittgenstein die Grundlagen dessen, was später in den Geisteswissenschaften als *linguistic turn* beschrieben worden ist. Er macht zugleich klar, welche Gefahren des Missverstehens durch das Verkennen der Vielfalt der realen Sprachspiele und Interaktionsformen sowie durch das traditionelle Bild sprachlicher Bedeutung entstehen – und stellt damit der Geschichte der Philosophie eine massive Vision der Fragilität des Zugangs entgegen. Darüber hinaus zeigt sich hier aber auch der Konstruktions- bzw. Konventionscharakter unserer Denk- und Sprachpraktiken: „Hinter die Regeln kann man nicht dringen, weil es kein Dahinter gibt." (PG 244) Diese antiplatonistische Haltung spiegelt sich in Wittgensteins Überlegungen zu den Grundlagen der Mathematik wider, denen wir uns im Folgenden zuwenden. Es wird sich zeigen, dass sie, wie Wittgensteins gesamte spätere Philosophie, für gegenwärtige Fragen der Zugänglichkeit in der Informationsgesellschaft nur allzu relevant sind.

Wittgensteins Mathematik

Wittgensteins Beschäftigung mit der Mathematik rührt bereits aus seiner ersten Phase her – Russells und Whiteheads *Principia Mathematica*, als Versuch der Grundlegung der Mathematik auf logischen Prinzipien, waren Grundlage für Wittgensteins Beschäftigung mit der Philosophie und wesentlicher Bezugspunkt des *Tractatus* gewesen. In der zweiten Phase seiner Philosophie sollten die Grundlagen der Mathematik eine noch größere Rolle einnehmen. Auslöser hierfür war der Grundlagenstreit der Mathematik, der sich in den 1920ern und 1930ern entspann. Vier Positionen waren hierbei maßgeblich – die hier nur kurz angedeutet werden können: Georg Cantors *Mengenlehre* hatte Ende des 19. Jahrhunderts eine mengentheoretische Grundlage der Mathematik geschaffen, die vermeintlich ein riesiges, gar unendliches Reich mathematischer Objekte in Aussicht stellt – ein „Paradies, das Cantor uns geschaffen" (Hilbert 1926, 170), wie der Mathematiker David Hilbert sich ausdrückte. Dieser platonistischen, mengentheoretischen Sicht der Mathematik gegenüber versuchte Bertrand Russell die Mathematik auf *logische* Grundlagen zu stellen (*Logizismus*). Der *Formalismus* hingegen, vor allem vertreten durch Hilbert, strebte im Gegenzug keine Basierung der Mathematik auf der Logik an, sondern versuchte sie auf Axiome zurückführen, geleitet durch die Anforderung der Widerspruchsfreiheit; diese Zurückführung ist nach Hilbert Ziel einer mit mathematischen Mitteln bzw. mathematischer Sprache arbeitenden *Metamathematik*. Der Formalismus ist antiplatonistisch, für ihn sind mathematische Berechnungen nur Symbole, z. B. auf Papier. Der *Intuitionismus* L. E. J. Brouwers und Hermann Weyls schließlich wendet sich ebenfalls gegen Cantors Sicht einer realen Objekt- bzw. Zahlenvielfalt, behauptet aber, dass die mathematischen Objekte im menschlichen Geist, in der (sprachlosen) Intuition existierten. Wittgenstein, der aus der Ferne über Rudolf Carnap und Friedrich Waismann in diesen Grundlagenstreit involviert war, wendet sich, wie wir sehen werden, in einer eigenen, sprachbasierten Sicht der Mathematik gegen *alle* diese Positionen.

Wittgensteins Arbeit über die Grundlagen der Mathematik – die sich durch alle späteren Werke zieht und in *Lectures on the Foundations of Mathematics* und *Bemerkungen über die Grundlagen der Mathematik* konzentriert ist – steht in engem Zusammenhang mit seiner Sprachphilosophie, obwohl sie oft separat behandelt wird: Der Grundlagenstreit hatte verstärkt deutlich gemacht, dass auch in der Mathematik das Konzept der *Bedeutung* nicht klar war. Entsprechend diagnostizierte Wittgenstein auch hier, dass „es außerordentlich schwer ist, an den unzähligen Fallen, die hier in der Sprache für uns aufgestellt sind, vorbeizukommen." (PB 304) Er demonstriert dies wiederum an den verschiedensten Einzelfragen. Immer wieder entzündet sich für ihn die Diskussion an der platonistisch geprägten Cantorschen Vorstellung eines aktualen Unendlichen, d. h. der Vorstellung, dass man das Unendliche als eine unendliche Menge realer, existenter bzw. mathematischer Objekte verstehen müsse. Wittgenstein wehrt sich gegen diese Vorstellung, gegen „die Anschauung, daß die unendliche Zahlenreihe etwas Gegebenes sei, worüber es nun spezielle Zahlensätze und auch allgemeine Sätze über alle Zahlen der Reihe gibt." (PG 285–286) Er betont, dass der sprachliche Ausdruck ‚unendlich' vielmehr eine *andere* Funktion habe als die, eine Menge bzw. eine Extension anzugeben:

> „Es gibt keinen Weg zur Unendlichkeit, *auch nicht den endlosen*. [...] Der endlose Weg hat nämlich nicht ein ‚unendlich fernes' Ende, sondern kein Ende. Es ist nicht etwa nur ‚für uns Menschen' unmöglich, alle Zahlen sukzessive zu erfassen, sondern es ist unmöglich, es heißt nichts. [...] Ein sukzessives Erfassen ist schon möglich, nur führt es eben *nicht* zur

Gesamtheit. Die Gesamtheit aber ist nur als Begriff vorhanden. [...] Aber von *allen* Zahlen kann man nicht reden, weil es nicht *alle* Zahlen gibt. [...] Das Fundamentale ist nur die Wiederholung einer Operation. Jedes Stadium dieser Wiederholung hat seine Individualität." (PB 146–147)

Per definitionem, aus der Sprache heraus sei die Frage nach einer unendlichen Menge nicht sinnvoll, das Unendliche ende eben nicht: „Es wäre eine gute Frage für die Scholastiker gewesen: ‚Kann Gott alle Stellen von π kennen?' Die Antwort lautet in allen solchen Fällen: Die Frage ist sinnlos." (PB 149) ‚Unendlich' sei keine Zahlenangabe, sondern habe eine andere Funktion: „Es ist auch nur durch die Vieldeutigkeit unserer Sprache, daß es scheint, als kämen die Zahlwörter und das Wort ‚unendlich' auf die gleiche Frage zur Antwort. Während in Wirklichkeit die Fragen, auf die jene Wörter antworten, grundverschieden sind." (PB 162) Die „Unendlichkeit der Länge" sei eben „keine Größe der Länge" (PB 223). Hier zeigt sich erneut Wittgensteins Antiplatonismus: „Die Allgemeinheit in der Mathematik ist eine Richtung, ein Pfeil, der der Operationsreihe entlang weist. Und zwar kann man sagen, der Pfeil weist ins Unendliche; aber heißt das, daß es ein Etwas, das Unendliche, gibt, auf das er – wie auf ein Ding – hinweist? Wenn man es so auffaßt, muß das natürlich zu endlosem Unsinn führen." (PB 163) Auch hier sieht Wittgenstein die Verführung durch die Sprache: „Hier ist es wieder die Grammatik, die wie immer im Bereich des Unendlichen uns einen Streich spielt." (PB 208) Es sei eben „sinnlos, von der *ganzen* unendlichen Zahlenreihe zu reden, als wäre auch sie eine Extension." (PB 164) Die Mathematik sei „ganz durch die perniziöse mengentheoretische Ausdrucksweise verseucht. *Ein* Beispiel dafür ist es, daß man sagt, die Gerade bestehe aus Punkten. Die Gerade ist ein Gesetz und besteht aus gar nichts." (PB 211) Auch ein Punkt entspreche einer Vorschrift (PB 222).

In diesen letzten Wendungen zeigt sich Wittgensteins grundsätzliche Leugnung der Identität von Menge und Formel (bzw. Funktion, Gesetz, Algorithmus), von Rechenvorschrift und Ergebnis: „Soviel ist allerdings klar, daß es nicht die Dualität: Gesetz und unendliche Reihe, die ihm folgt, gibt; d. h. nicht etwas in der Logik wie Beschreibung und Wirklichkeit." (PB 221) Unendliches sei eben als Formel beschreibbar, aber nicht als gesamte Reihe erfaßbar. „Unsere gewöhnliche Ausdrucksweise" trage „den Keim der Verwirrung in ihre Fundamente, indem sie das Wort ‚Reihe' einerseits im Sinne von ‚Extension', anderseits im Sinne von ‚Gesetz' gebraucht." (PG 430) Auch in anderen Hinsichten, etwa bei irrationalen Zahlen, müsse man weg von der Vorstellung von Objekten hin zum Algorithmus: „Das zeigt klar, daß die irrationale Zahl nicht die Extension eines unendlichen Dezimalbruchs, sondern ein Gesetz ist." (PB 223) Der Buchstabe π stehe für ein Gesetz (PB 228). Ebenso könnte man auch sagen: „‚√2' heißt die

Approximationsmethode eines x^2 an 2." (PB 228) Man dürfe auch hier nicht Mengen und Algorithmen miteinander gleichsetzen bzw. vergleichen: „Man kann überhaupt nur endliche Reihen nebeneinander legen und miteinander so vergleichen; nach diesen endlichen Stücken Punkte zu setzen (als Zeichen, daß die Reihe ins Unendliche fortläuft), hat keinen Sinn. Ferner kann man ein Gesetz mit einem Gesetz vergleichen, aber nicht ein Gesetz mit *keinem* Gesetz." (PB 224) Wittgenstein verdeutlicht dies mit drastischen Vergleichen: „Es ist also so, als wären die Ziffern tote Exkretionen des lebenden Wesens der Wurzel. Wie wenn eine Schnecke durch ihren Lebensprozess Kalk absondert und ihr Haus weiterbaut." (PB 225) Das Gesetz sei wie ein schraubenförmiger gewundener Gang, durch den ein unendliches Drahtstück hindurchgeschoben und in Spiralform gebracht würde (PG 430), ein „Model, durch den ich den Zahlenstrom leite." (PG 434) Für Wittgenstein ist diese *prozessuale*, nicht objektzentrierte Sicht zentral für die ganze Mathematik: „Die Mathematik ist immer eine Maschine, ein Kalkül. Der Kalkül beschreibt nichts. Er läßt sich auf das anwenden, auf was er sich anwenden läßt. Man kann nur das zählen, was sich zählen läßt, und dafür gelten auch die Resultate des Kalküls. [...] Der Kalkül ist ein Abakus, ein Rechenbrett, eine Rechenmaschine" (WWK 106). Wichtig ist hierbei zu sehen, dass Wittgensteins Argument *sprachphilosophisch* ist: Die Grammatik des Begriffs ‚unendlich' sei eben eine gänzlich andere als die eines Zahlbegriffs. Man müsse z. B. „einfach den Unterschied der Grammatik der Aussagen ‚... bleibt nie stehn' und ‚... bleibt in 100 Jahren stehn' erkennen." (BT 519) Wittgenstein sieht ‚unendlich' eher in einer Klasse mit Begriffen wie ‚alles', ‚allgemein', ‚nie' und ‚keiner' – nicht als unendliche Zahlenreihe; er wendet sich gegen die extensionale Auffassung der Unendlichkeit, gegen das Cantorsche Paradies mathematischer Objekte – und dies eben als *grammatische* Haltung. Es gelte die unterschiedlichen *Funktionen* zu erkennen, Gesetz (Formel, Funktion) und Objektmenge seien unterschiedliche Dinge bzw. Werkzeuge mit unterschiedlichen Funktionen:

> „Man pflegt z. B. zu sagen: ‚Wir können allerdings nicht alle Zahlen einer Menge aufzählen, aber wir können eine Beschreibung geben.' Das ist Unsinn. Man kann nicht eine Beschreibung an Stelle der Aufzählung geben. Das eine ist kein Ersatz für das andere. [...] Mit dem Dirichletschen Funktionsbegriff fängt die Mengenlehre an. Die Funktion wird hier als eine Zuordnung aufgefaßt. Unter Zuordnung stellt sich der normale Mensch eine Liste vor. Plötzlich hört die Liste auf, und es wird ein Gesetz gegeben. Das Gesetz ist nicht eine andere Methode, das zu geben, was die Liste gibt. Was das Gesetz gibt, *kann* die Liste nicht geben. [...] Wir haben es tatsächlich mit zwei absolut verschiedenen Dingen zu tun. Es wird immer so getan, als ob das eine indirekte Methode des andern wäre. Ich könnte zwar die Liste geben; aber weil das zu kompliziert ist oder über meine Kräfte geht, gebe ich das Gesetz." (WWK 102–103)

Entsprechend seiner Gebrauchstheorie der Sprache arbeitet Wittgenstein ebenso heraus, dass sich der Gebrauch von Begriffen wie Allgemeinheit und Unendlichkeit von den einzelnen Extensionen deutlich unterscheidet:

> „Nehmen wir die besonderen Fälle des allgemeinen Sachverhalts, daß das Kreuz sich zwischen den Grenzstrichen befindet: <drei Skizzen, Kreuz einmal links, einmal weiter rechts, einmal noch weiter rechts zwischen den Grenzstrichen> Jeder dieser Fälle z. B. hat eine *besondere* Individualität. Tritt diese Individualität irgendwie in den Sinn des allgemeinen Satzes ein? Offenbar nicht. Es scheint uns aber das ‚zwischen den Strichen, oder Wänden, Liegen' etwas Einfaches, wovon die verschiedenen Lagen [...] ganz unabhängig sind. D. h., wenn wir von den einzelnen (gesehenen) Lagen reden, so scheinen wir von etwas ganz Anderem zu reden, als von dem, wovon im allgemeinen Satz die Rede ist. Es ist ein anderer Kalkül, zu dem unsere Allgemeinheitsbezeichnung gehört und ein anderer, in dem es jene Disjunktion gibt. Wenn wir sagen, das Kreuz liegt zwischen diesen Strichen, so haben wir keine Disjunktion bereit, die den Platz des allgemeinen Satzes nehmen könnte." (BT 215)

Zwischen diesen Strichen ließen sich unendlich viele Unterteilungen finden – diese alle aufzuzählen könne aber nicht unserem Gebrauch des Begriffs ‚zwischen' zugrundeliegen: Weil es, so Wittgenstein, eben „nicht eigentlich auf die Unendlichkeit der Möglichkeiten ankommt, sondern auf eine Art von Unbestimmtheit." (BT 229) Und so kann „[a]uf keinem Umweg [...], was über eine *Aufzählung* von Einzelfällen gesagt ist, die Erklärung der Allgemeinheit ergeben." (BT 231) Weil es nicht so ist, „daß die Disjunktion immer noch etwas übrig läßt; sondern, daß sie das Wesentliche der Allgemeinheit gar nicht berührt" (BT 230). Der richtige Ausdruck dieser Art von Allgemeinheit sei also der „der gewöhnlichen Sprache ‚in dem Viereck ist ein Kreis', welcher die Lage des Kreises einfach *offen* läßt (*unentschieden* läßt). (‚Unentschieden' ist ein richtiger Ausdruck, weil die Entscheidung einfach *fehlt*.)" (PG 267) Das Allgemeine spielt so eine andere Rolle im Sprachspiel als der Einzelfall: „Auf keinem Umweg kann, was über eine Aufzählung von Einzelfällen gesagt wird, die Erklärung der Allgemeinheit sein." (PG 279) Wie in der Alltagssprache sei hier der *Einzelfall* von Bedeutung: „Der Grund, warum alle Philosophen der Mathematik fehlgehen, ist der, daß man in der Logik nicht allgemeine Dicta durch Beispiele begründen kann, wie in der Naturgeschichte. Sondern jeder besondere Fall hat die volle Bedeutung, aber alles ist mit ihm erschöpft, und man kann keinen allgemeinen Schluß aus ihm ziehen (also *keinen* Schluß)." (PG 369) In der Mengenlehre treffe man jedoch „auf Schritt und Tritt diese verdächtige Allgemeinheit." (PG 467)

Wittgenstein arbeitet so vielfache grammatische Unterschiede des Gebrauchs auch in den Diskussionen über die Grundlagen der Mathematik heraus: „Das Unglück ist, daß unsere Sprache so grundverschiedene Dinge mit jedem der Worte ‚Frage', ‚Problem', ‚Untersuchung', ‚Entdeckung' bezeichnet. Ebenso mit den Worten ‚Schluß', ‚Satz', ‚Beweis'." (BT 409) Die Mathematik sei „ein BUNTES *Gemisch* von Beweistechniken" (BGM 176), es gebe „sehr Verschiedenes, was alles Beweis genannt wird und diese Verschiedenheiten sind *logische*. Was also ‚Beweis' genannt wird, hat nicht mehr miteinander zu tun, als was ‚Zahl' genannt wird." (PG 388) Die unterschiedlichen Bedeutungen desselben Begriffs würden in den Diskussionen oft vernachlässigt:

> „So können wir von einigen philosophierenden Mathematikern sagen, daß sie sich offenbar des Unterschiedes zwischen den vielen verschiedenen Gebrauchsweisen des Wortes ‚Beweis' nicht bewußt sind; und daß ihnen der Unterschied zwischen den Gebräuchen des Wortes ‚Art' nicht klar ist, wenn sie von Zahlenarten, Beweisarten sprechen, als ob hier das Wort ‚Art' dasselbe bedeutet wie im Zusammenhang mit ‚Apfelarten'. Oder, so können wir sagen, sie sind sich der verschiedenen *Bedeutungen* des Wortes ‚Entdeckung' nicht bewußt, wenn wir in einem Fall von der Entdeckung des Verfahrens, ein Fünfeck zu konstruieren, und im andern Fall von der Entdeckung des Südpols sprechen." (BB 53)

Die Schwierigkeit liegt hier wiederum „in der Bildung mathematischer Scheinbegriffe" (BT 489) bzw. der fehlerhaften Zusammengruppierung verschiedener Anwendungen desselben Begriffs: „Es gibt so viel verschiedene ‚alle', als es verschiedene ‚Eins' gibt. Damit nützt es nichts, zur Klärung das Wort ‚alle' zu gebrauchen, wenn man seine Grammatik in *diesem* Fall noch nicht kennt." (PG 269) Dies gelte etwa auch für Begriff der irrationalen Zahl: „Der Wirrwarr *in der Auffassung* des ‚wirklich Unendlichen' kommt von dem unklaren Begriff der irrationalen Zahl her. D. h. davon, daß die logisch verschiedensten Gebilde, ohne klare Begrenzung des Begriffs, ‚irrationale Zahl' genannt werden." (BT 496) Wittgenstein betont, „daß es falsch (oder irreführend) ist, von Irrationalzahlen zu sprechen, indem man sie als Zahlenart den Kardinalzahlen und Rationalzahlen gegenüberstellt, weil man ‚Irrationalzahlen' in Wirklichkeit verschiedene Zahlenarten nennt, – voneinander so verschieden, wie die Rationalzahlen von jeder dieser Arten." (PG 479) So zeigen sich auch in der Mathematik die Familienähnlichkeiten und die Unterschiede zwischen den einzelnen Gebrauchsformen: „Wenn ich von der Mathematik sagte, ihre Sätze bilden Begriffe, so ist das *vag*; [...]. Es gibt eben eine Familie von Fällen." (BGM 408) Die Mathematik ist so kein einheitliches System, sondern „eine Familie" (BGM 399).

Wir beginnen nun zu verstehen, wie eng Wittgensteins Sprachphilosophie und seine Philosophie der Mathematik zusammenhängen: Auch die Begriffe der Mathematik sorgen durch die Zusammengruppierung von Ungleichem für Missverständnisse: „Wenn man vom Begriff ‚Unendlichkeit' redet, muß man sich daran erinnern, daß dieses Wort viele verschiedene Bedeutungen hat, und daran, von welcher wir jetzt gerade reden." (PB 304) Ähnliches arbeitet Wittgenstein bei der mathematischen Symbolik und Syntax heraus: „Es ist nie genügend hervorgehoben worden, daß *ganz verschiedene* Arten von Zeichenregeln in der Form der Gleichung geschrieben werden." (PG 442) Wittgenstein zeigt zudem das hohe Maß, in dem die Mathematik Konzepte und Begriffe aus der Alltagssprache übernimmt, und führt vor, wo diese Begriffe zu Missverständnissen führen:

> "I can as a philosopher talk about mathematics because I will only deal with puzzles which arise from the words of our ordinary everyday language, such as 'proof', 'number', 'series', 'order', etc. [...] What kind of misunderstandings am I talking about? They arise from a tendency to assimilate to each other expressions which have very different functions in the language. We use the word 'number' in all sorts of different cases, guided by a certain analogy. We try to talk of very different things by means of the same schema. This is partly a matter of economy; and, like primitive peoples, we are much more inclined to say 'All these things, though looking different, are really the same' than we are to say, 'All these things, though looking the same, are really different.' Hence I will have to stress the differences between things, where ordinarily the similarities are stressed, though this, too, can lead to misunderstandings." (LFM 14–15)

Auch in der Philosophie der Mathematik ist Wittgensteins Mission also die Weckung von Respekt vor Komplexität: „das ist die Gefahr der heutigen Mathematik, welche die Unterschiede zu nivellieren und alles gleich zu machen sucht. Ich bemühe mich im Gegenteil, die *Verschiedenheit* der grammatikalischen Regeln zu betonen." (WWK 188)

Für Wittgenstein ist die Mathematik so letztlich eine *Sprache* (mit all deren Schwächen): „*Das* ist wahr daran, daß Mathematik Logik ist: sie bewegt sich in den Regeln unserer Sprache." (BGM 99) Als Sprache definiert die Mathematik ihre eigenen Regeln, ihre eigene Syntax: So ist „[d]ie Geometrie des Gesichtsraumes [...] die Syntax der Sätze, die von den Gegenständen im Gesichtsraum handeln. Die Axiome – z. B. – der euklidischen Geometrie sind verkappte Regeln einer Syntax." (PB 216) Die Arithmetik ist „eine Grammatik der Zahlen. Zahlenarten können sich nur durch die sich auf sie beziehenden arithmetischen Regeln unterscheiden. [...] Die Arithmetik redet nicht von Zahlen, sondern sie arbeitet mit Zahlen." (PB 130) Eine Gleichung ist entsprechend „eine syntaktische Regel." (PB 143) Für diese Sprache gilt wiederum, dass die Bedeutung von Zeichen nicht in einer fixen, abbildenden, ‚ewigen' Semantik liegt, sondern in ihrem Gebrauch: „Das System von Regeln, welche einen Kalkül bestimmen, bestimmt auch die ‚Bedeutung' seiner Zeichen. Richtiger ausgedrückt: Die Form und die syntaktischen Regeln sind äquivalent. Ändere ich also die Regeln [...] so ändere ich die Form, die Bedeutung." (PB 178) Wittgensteins Gebrauchstheorie der Mathematik hebt sich damit vom Platonismus ebenso ab wie vom Formalismus:

> „Für Frege stand die Alternative so: Entweder wir haben es mit den Tintenstrichen auf dem Papier zu tun, oder diese Tintenstriche sind Zeichen *von etwas*, und das, was sie vertreten, ist ihre Bedeutung. Daß diese Alternative nicht richtig ist, zeigt gerade das Schachspiel: Hier haben wir es nicht mit den Holzfiguren zu tun, und dennoch vertreten die Figuren nichts, sie haben in Freges Sinn keine Bedeutung. Es gibt eben noch etwas drittes, die Zeichen können verwendet werden wie im Spiel." (WKK 105)

Das Sprachspiel der Mathematik setze eigene Regeln, Gültigkeiten und Gebräuche, jenseits des Abbildenden und jenseits alltagssprachlicher oder philosophischer Umschreibungen:

> „Es ist ein merkwürdiger Irrtum der Mathematiker, daß manche von ihnen glauben, daß durch eine Kritik der Grundlagen etwas *in* der Mathematik fortfallen könnte. Ein Teil der Mathematiker hat den ganz richtigen Instinkt: Was wir einmal *gerechnet* haben, kann doch nicht fortfallen und verschwinden! In der Tat, das, was durch die Kritik zum Verschwinden gebracht wird, das sind die Namen, die Anspielungen, die im Kalkül vorkommen, also das, was ich die *Prosa* nennen möchte. Es ist sehr wichtig, zwischen den Kalkül und dieser Prosa auf das strengste zu unterscheiden." (WKK 149)

Mathematik ist ein Gebrauch, ein Ablauf, ein Algorithmus: „In der Mathematik ist *alles* Algorithmus, *nichts* Bedeutung; auch dort, wo es *so* scheint, weil wir mit *Worten über* die mathematischen Dinge zu sprechen scheinen. Vielmehr bilden wir dann eben mit diesen Worten einen Algorithmus." (BT 494) Man müsse von der Idee des abbildenden Charakters weg:

> „Wie Frege in Cantor's angebliche Definition von ‚größer', ‚kleiner', ‚+', ‚-', etc. statt dieser Zeichen neue Wörter einsetzte, um zu zeigen, daß keine wirkliche Definition vorliege, ebenso könnte man in der ganzen Mathematik statt der geläufigen Wörter [...] neue, bisher bedeutungslose Ausdrücke setzen, um zu sehen, was der Kalkül mit diesen Zeichen wirklich leistet und was er nicht leistet. Wenn die Meinung verbreitet wäre, daß das Schachspiel uns einen Aufschluß über Könige und Türme gäbe, so würde ich vorschlagen, den Figuren neue Formen und andere Namen zu geben, um die Einsicht zu erleichtern, daß alles zum Schachspiel Gehörige in *seinen* Regeln liegen muß." (BT 494)

Die Mathematik erscheint so als eine *Praxis*:

> „Es gibt ein Gefühl: ‚In der Mathematik kann es nicht Wirklichkeit und Möglichkeit geben. Alles ist auf *einer* Stufe. Und zwar in gewissem Sinne *wirklich*.' – Und das ist richtig. Denn Mathematik ist ein Kalkül; und der Kalkül sagt von keinem Zeichen, daß es nur *möglich* wäre, sondern er hat es nur mit den Zeichen zu tun, mit denen er *wirklich* operiert." (BT 495)

Die Bedeutung der einzelnen Zeichen definiert sich aus dem Gebrauch, aus ihrer Rolle in den Abläufen: „Wie weiß ich aber wirklich, daß es folgt? – Weil ich so kalkuliere." (PG 243) Ein Beispiel: Wenn für a f gilt, dann folgt daraus, dass es etwas gibt, für das f gilt. Für Wittgenstein ist dies eben kein Erfahrungssatz, sondern eine *grammatische* Regel (PG 279). Dementsprechend erzeuge hier die philosophische Suche nach der *wirklichen* Bedeutung von Begriffen und Konzepten wiederum Verwirrung: „Both sides of such disputes are based on a particular kind of misunderstanding – which arises from gazing at a form of words and forgetting to ask yourself what's done with it, or from gazing into your own soul to see if two expressions have the same meaning, and such things." (LFM 111) Es gebe keine metaphysische Bedeutung, sondern nur den Konsens des Gebrauchs:

> "This has often been said before. And it has often been put in the form of an assertion that the truths of logic are determined by a consensus of opinions. Is this what I am saying? No. There is no *opinion* at all; it is not a question of *opinion*. They are determined by a consensus of *action:* a consensus of doing the same thing, reacting in the same way. There is a consensus but it is not a consensus of opinion. We all act the same way, walk the same way, count the same way. In counting we do not express opinions at all. There is no opinion that 25 follows 24 – nor intuition." (LFM 183–184)

Dieser Konsens des Gebrauchs sei wie der Konsens beim Gebrauch von Maßeinheiten:

> „Was wir ‚logischer Schluß' nennen, ist eine Transformation des Ausdrucks. Z. B. die Umrechnung von einem Maß auf ein anderes. Auf der einen Kante eines Maßstabes sind Zoll aufgetragen, auf der andern cm. Ich messe den Tisch in Zoll und gehe dann *auf dem Maßstab* zu cm über. – Und freilich gibt es auch beim Übergang von einem Maß zum andern richtig und falsch; aber mit welcher Realität stimmt hier das Richtige überein? Wohl mit einer *Abmachung*, oder einem *Gebrauch*, und etwa mit den praktischen Bedürfnissen." (BGM 40–41)

Auch Maßeinheiten seien eben keine metaphysischen Essenzen, sondern Vereinbarungen über den Gebrauch: „Wenn ich das Urmeter in Paris sähe, aber die Institution des Messens und ihren Zusammenhang mit jenem Stab nicht kennte – könnte ich sagen, ich kenne den Begriff des Urmeters?" (BGM 167–168)

Diese Sicht der Mathematik als gebrauchsbasiertes Sprachspiel (oder Familie von Sprachspielen) impliziert nun auch, dass zentrale Konzepte nicht einfach als naturgegeben angenommen werden können, sondern zum jeweiligen Sprachspiel gehören, etwa das Konzept des Grundes: „Ein *Grund* läßt sich nur *innerhalb* eines Spiels angeben. Die Kette der Gründe kommt zu einem Ende und zwar an der Grenze des Spiels." (PG 97) Was als Grund angesehen wird, ist Teil der Spielregeln: „*Was* ein Grund *wofür* ist (was als Grund wofür gilt), kann von vornherein angegeben werden und beschreibt einen Kalkül, in welchem eben das eine ein Grund des andern ist." (BT 160) – bzw.: „*Was* als Grund einer Annahme gilt, bestimmt einen Kalkül." (PG 18) Dies gilt auch für andere vermeintlich grundlegende Konzepte, etwa das Folgern bzw. Schließen: „worin besteht denn ‚schließen', die Prozedur, zu der wir berechtigt werden? Doch darin, den einen Satz – in irgendeinem Sprachspiel – nach dem andern als Behauptung auszusprechen" (BGM 44). Entsprechend sagt Wittgenstein klar: „Die Regeln des logischen Schließens sind Regeln des *Sprachspiels*." (BGM 401) Wer neue Regeln einführe, ändere schlicht das ganze Spiel: „Die Einführung einer neuen Schlußregel kann man als Übergang zu einem neuen Sprachspiel auffassen." (BGM 425) Auch der Ausschluss von Widersprüchen ist aus Wittgensteins Sicht lediglich ein Spezifikum der spezifischen Sprachgebräuche von Mathematik und Logik, nicht Abbildung irgendeiner Realität: „What I am driving at is that we can't say, ‚So-and-so is the logical reason why the contradiction doesn't work.' Rather: *that* we exclude the contradiction and don't normally give it a meaning, is characteristic of our whole use of language" (LFM 179). Der Ausschluss von Widersprüchen ist so schlicht Teil des gängigen Sprachspiels:

> „‚Die Regeln dürfen einander nicht widersprechen', das ist wie: ‚die Negation darf nicht verdoppelt eine Negation ergeben'. Es liegt nämlich in der Grammatik des Wortes ‚Regel', daß ‚p. ~p' keine Regel ist (wenn ‚p' eine Regel ist). Das heißt, man könnte also auch sagen: die Regeln dürfen einander widersprechen, wenn andre Regeln für den Gebrauch des Wortes ‚Regel' gelten – wenn das Wort ‚Regel' eine andere Bedeutung hat." (PG 304)

Hier zeigt sich deutlich Wittgensteins Distanz von den Versuchen der Logik, immer wieder Lösungen für neu entdeckte Selbstwidersprüche zu finden (wie bei Russell und Frege):

> „Schadet der Widerspruch, der entsteht wenn Einer sagt: ‚Ich lüge. – Also lüge ich nicht. – Also lüge ich. – etc.'? Ich meine: ist unsere Sprache dadurch weniger brauchbar, daß man in diesem Fall aus einem Satz nach den gewöhnlichen Regeln sein Gegenteil und daraus wider ihn folgern kann? – der Satz *selbst* ist unbrauchbar, und ebenso dieses Schlußziehen; aber warum soll man es nicht tun? – Es ist eine brotlose Kunst! – Es ist ein Sprachspiel, das Ähnlichkeit mit dem Spiel des Daumenfangens hat. Interesse erhält so ein Widerspruch nur dadurch, daß er Menschen gequält hat und dadurch zeigt, wie aus der Sprache quälende Probleme wachsen können; und was für Dinge uns quälen können." (BGM 120)

Die Suche nach Gewissheit sei nie final, sondern könne nur im Rahmen eines Sprachspiels geschehen: „Ich will sagen, daß das *Muß* einem Gleise entspricht, das ich in der Sprache lege." (BGM 166) Entsprechend: „*Was* ist unerschütterlich gewiß am Bewiesenen? Einen Satz als unerschütterlich gewiß anzuerkennen – will ich sagen – heißt, ihn als grammatische Regel zu verwenden: dadurch entzieht man ihn der Ungewißheit." (BGM 170) Die Art der Erzielbarkeit von Sicherheit oder Gewissheit hänge von der Art des Sprachspiels ab: „Die Art der Sicherheit ist die Art des Sprachspiels." (PU II xi) Was wir als sicher ansehen wollten, legten wir in der Grammatik fest: „Die Verbindung, die keine kausale, erfahrungsmäßige, sondern eine viel strengere und härtere sein soll, ja so fest, daß das Eine irgendwie schon das Andere *ist*, ist immer eine Verbindung in der Grammatik." (BGM 88) So sei auch die Lektüre von Russells *Principia Mathematica* „ein Spiel, welches gelernt sein will." (BGM 44) Die Aussagefähigkeit der Mathematik werde durch ihre Spielregeln bestimmt: „Die Mathematik – will ich sagen – lehrt dich nicht einfach die Antwort auf eine Frage; sondern ein ganzes Sprachspiel, mit Fragen und Antworten." (BGM 381)

Mit seiner sprachbasierten Auffassung von Mathematik wendet sich Wittgenstein gegen den Intuitionismus Brouwers, der die Mathematik als sprachunabhängig verstand. Wittgenstein macht deutlich, dass die Mathematik nur eines von vielen Sprachspielen ist: „Wenn wir in der Schule spezielle technische Zeichensprachen lernen, wie den Gebrauch von Diagrammen und Tabellen, darstellende Geometrie, chemische Formeln, etc., lernen wir weitere Sprachspiele." (BB 121–122) Versucht man, das eine durch das andere zu definieren oder zu erläutern, wechselt man lediglich das Sprachspiel, schafft aber keine Fundierung oder Rechtfertigung. Schon im *Tractatus* hatte er realisiert: „Definitionen sind Regeln der Übersetzung von einer Sprache in eine andere." (TLP 24) In den späteren Schriften wird diese Ansicht prägend – es gibt kein Metakalkül: „definitions join two quite different techniques" (LFM 43), die Erklärung einer Sprache „führt uns nur von einer Sprache in eine andere." (BT 123) Definitionen dienen immer nur bestimmten Zwecken und sind nie abschließend für den normalen Sprachgebrauch möglich. Auch „[w]as wir ‚*Beschreibungen*' nennen, sind Instrumente für besondere Verwendungen" (PU 372), Erklärungen sind etwas Dynamisches, für einen gewissen Gebrauch (PU 284, 289), um ein bestimmtes Missverständnis zu beseitigen, nicht aber *alle*. Hiermit wendet sich Wittgenstein gleichzeitig auch gegen den Logizismus. Aus seiner Sicht *kann* die Mathematik nicht auf Logik basiert werden, weil sie wiederum nur *eine weitere* Sprache ist: „Durch Russell, aber besonders durch Whitehead, ist in die Philosophie eine Pseudoexaktheit gekommen, die die schlimmste Feindin wirklicher Exaktheit ist. Am Grunde liegt hier der Irrtum, ein Kalkül könne die metamathematische Grundlage der Mathematik sein" (BT 362). Die Sprache der Mathematik auf eine andere Sprache zurückzuführen, die sie gleichsam begründe – dies ergibt für Wittgenstein keinen Sinn, weil es nur die Übersetzung eines Sprachkalküls in einen anderen ist:

„Es ist ein Unterschied, ob ein System auf ersten Prinzipien *ruht*, oder ob es bloß von ihnen ausgehend entwickelt wird. [...] Die Logik und die Mathematik *ruht* nicht auf Axiomen; so wenig eine Gruppe auf den sie definierenden Elementen und Operationen ruht. *Hierin liegt der Fehler*, das Einleuchten, die Evidenz, der Grundgesetze als Kriterium der Richtigkeit in der Logik zu betrachten. Ein Fundament, das auf nichts steht, ist ein schlechtes Fundament." (BT 363)

Die Logik ist nur eine weitere Syntax mit eigenen Regeln, die das kann, was sie kann, die aber keinen begründenden Anspruch für andere Sprachen hat. Mathematik und Logik sind lediglich zwei verschiedene Techniken: „Mathematics and logic are two different techniques. The definitions are not mere abbreviations; they are transitions from one technique to another [...]. [...] It is immensely important to realize that definitions join two quite different techniques." (LFM 43) Die Logik könne mangels eigener Fundierung nicht als Fundament der Mathematik dienen: „logic doesn't give mathematics any particular firmness." (LFM 181) Eine Fundierung der Mathematik kann aus Wittgensteins Sicht schließlich aber auch nicht *in* der Sprache der Mathematik stattfinden – dementsprechend wendet er sich gegen Hilbert: Es könne keine Metamathematik geben, weil diese entweder nur wieder eine weitere eigene Sprache wäre, oder aber als Sprachspiel, als Gebrauchspraxis sich selbst nicht begründen könne: „Weil die Mathematik ein Kalkül ist und daher wesentlich von nichts handelt, gibt es keine Metamathematik." (BT 358) Hilbert stelle nur „Regeln eines bestimmten Kalküls als Regeln einer Metamathematik auf." (BT 362) In diesem Sinne ist auch Wittgensteins Kritik an Gödels Unvollständigkeitssatz (1931) in BGM zu verstehen. All dies finde innerhalb desselben Sprachspiels statt, das sich als Praxis nicht selber fundieren könne: „Die *mathematischen* Probleme der sogenannten Grundlagen liegen für uns der Mathematik so wenig zu Grunde, wie der gemalte Fels die gemalte Burg trägt." (BGM 378) Letztlich kann es so aus Wittgensteins Sicht gar keine Fundierung der Mathematik geben. Stützen sind für ihn immer nur relativ – eine Kantsche Architektur des sicheren Bauens gibt es für ihn nicht. Definitionen, Beschreibungen und Erklärungen haben nur einen Nutzen im zwischenmenschlichen, kommunikativen Sinn. Auch die Rolle des Sprachspiels Mathematik wird erst im jeweiligen Sprachspiel festgelegt: „Das piédestal, auf welchem die Mathematik für uns steht, hat sie vermöge einer bestimmten Rolle, die ihre Sätze in unsern Sprachspielen spielen." (BGM 363) Wie andere Teile der menschlichen Sprache brauche die Mathematik keine Fundierung – sondern eine Klärung ihrer Grammatik: „Wozu braucht die Mathematik eine Grundlegung?! Sie braucht sie, glaube ich, ebenso wenig, wie die Sätze, die von physikalischen Gegenständen – oder die, welche von Sinneseindrücken handeln, eine

Analyse. Wohl aber bedürfen die mathematischen, sowie jene andern Sätze, eine Klarlegung ihrer Grammatik." (BGM 378)

Hieraus ergibt sich eine weitere Aussage, die bei Wittgenstein immer wiederkehrt: Logik und Mathematik könnten als reine Praxis nichts *entdecken*, sondern nur ausgeübt werden. Ein logisches Ergebnis sei keine Entdeckung, sondern eine syntaktisch vorgegebene Folgerung: „Das alles hängt mit dem falschen Begriff der logischen Analyse zusammen, den Russell, Ramsey und ich hatten. So daß man auf eine endliche logische Analyse der Tatsachen wartet, wie auf eine chemische von Verbindungen. Eine Analyse, durch die man dann etwa eine 7-stellige Relation wirklich findet, wie ein Element, das tatsächlich das spezifische Gewicht 7 hat." (BT 373) Entsprechend könne die Logik über die Mathematik nichts ‚entdecken': „Auch die Logik ist keine Metamathematik, d. h. auch das Arbeiten mit dem logischen Kalkül kann keine wesentlichen Wahrheiten *über* die Mathematik zu Tage fördern." (PG 296) Mathematik sei vielmehr eine konstruktive Praxis: „As soon as I get into mathematics the means and the result become the same." (LFM 53) Mathematik werde praktiziert, es gebe keine präexistenten ‚Objekte', die sie entdecke: „We know as much as God does in mathematics." (LFM 104) Der irreführende Platonismus herrsche auch bei Frege und Russell vor:

> „Russell scheint mit jenem Grundgesetz von einem Satz zu sagen: ‚Er folgt schon – ich brauche ihn nur noch zu folgern.' So heißt es einmal bei Frege, die Gerade, welche je zwei Punkte verbindet, sei eigentlich schon da, ehe wir sie zögen und so ist es auch, wenn wir sagen, die Übergänge, der Reihe + 2 etwa, wären eigentlich bereits gemacht, ehe wir sie mündlich oder schriftlich machen, – gleichsam nachzögen." (BGM 45)

Die Mathematik sei eben nicht die Physik mathematischer ‚Objekte', sondern eine Gebrauchspraxis:

> "If you look at it this way, the whole idea of mathematics as the physics of the mathematical entities breaks down. For which road you build is not determined by the physics of mathematical entities but by totally different considerations. [...] Why we should build a certain road isn't because mathematics says that the road goes there – because the road isn't built until mathematics says it goes there. What determines it is partly practical considerations and partly analogies in the present systems of mathematics." (LFM 138–139)

Hiermit wendet sich Wittgenstein gegen die mathematischen Platonisten ebenso wie gegen die Intuitionisten:

> "although everyone agrees that the propositions of logic are not verified in a laboratory, or by the five senses, people say that they are recognized by the intellect to be true. This is the idea that the intellect is some sort of sense, in the same way that seeing or hearing is a sense; it is the idea that by means of our intellect we look into a certain realm, and

there see the propositions of logic to be true. [...] This makes logic into the physics of the intellectual realm." (LFM 172)

Diese Vorstellung sei irreführend, so Wittgenstein, der Mathematiker (bzw. Mathematikerin) *erzeuge* vielmehr Wesen (BGM 50), er (bzw. sie) sei „ein Erfinder, kein Entdecker." (BGM 99)

Wittgensteins Überlegungen repräsentieren so quasi den *linguistic turn* in der Mathematik, die Wendung weg von einem abbildenden ‚platonischen', semantischen, extensionalen Bild der Mathematik hin zu einem algorithmischen, pragmatischen, sprachbasierten Verständnis. Über das Algorithmische hinaus wird die *vielfältige* Gebrauchsweise und *damit* Bedeutung der mathematischen Zeichen und Ausdrücke betont, als *mathematische Sprachhandlung* in einem Sprachspiel. Seine Kritik mathematischer Vorgehensweisen ist geprägt durch die Gebrauchstheorie der Bedeutung: Der Antiplatonismus seiner Mathematik entspricht seinem Antiplatonismus der sprachlichen Bedeutung – Bedeutung erhält Sprache nur als Praxis, im Gebrauch. Damit zeigt sich der enge Zusammenhang zwischen Wittgensteins Philosophie der Mathematik und seiner Sprachphilosophie, die den Streit um essentielle Bedeutungen als irregeleitet herausstellt und die Hilfsbedürftigkeit der Sprache ebenso wie die Notwendigkeit des Respekts vor Komplexität angesichts vielfältiger Verführungen zum Missverstehen betont. Dass er damit einer der wesentlichen Philosophen der Fragilität des Zugangs ist, dürfte deutlich geworden sein – nicht aber, warum wir den Aspekt der Mathematik hinzugefügt haben. Der Grund hierfür – und die entsprechende Bedrohung für die Informationsgesellschaft – wird im Rest dieses Kapitels klar werden.

Wittgenstein und Turing

Im Jahre 1939, dem Jahr, in dem der Zweite Weltkrieg ausbrach, hielten zwei Wissenschaftler Vorlesungen über die Grundlagen der Mathematik an der Universität Cambridge – Ludwig Wittgenstein und Alan Turing, der Mitbegründer der modernen Informatik. Beide schlossen an den Grundlagenstreit in der Mathematik, an Freges und Russells Logik, an Gödels Unvollständigkeitsnachweis und Hilberts Thesen zur Zukunft der Mathematik an. Der jüngere Turing war bei den Vorlesungen des älteren Wittgenstein anwesend und diskutierte intensiv mit ihm (zum biographischen Hintergrund s. z. B. Monk 1991, 417–422, und Hodges 1992, 152–154; zum mathematischen z. B. Marion 1998 und Ramharter/Weiberg 2014) – er hatte Wittgenstein bereits 1937 ein Exemplar seines für die Geschichte der Informatik grundlegenden Aufsatzes „On Computable Numbers"

(1936) zugesandt (Turing 2004, 130). Die Notate weiterer Anwesender haben sich erhalten und werden in der Ausgabe von Cora Diamond (LFM) integriert – wie bei Sokrates wird uns die Diskussion nur so zugänglich (allerdings nur aus der Perspektive von vier der vierzehn Teilnehmer/innen; vgl. Klagge 2019). Die Notizen sind eine beeindruckende Momentaufnahme der Diskussion zwischen diesen beiden zentralen Denkern des 20. Jahrhunderts. Sie dreht sich just um einige der Aspekte, die zuvor angedeutet wurden: Um die Vorstellung von Entdeckung und Experiment in der Mathematik, um die Bedeutung der Widerspruchsfreiheit und um die Basierung der Mathematik auf der Logik. In den Diskussionen zeigt sich einerseits eine gewisse Nähe der beiden Denker – beide werden die Arbeit des Anderen auch nach 1939 nicht aus dem Gedächtnis verlieren –, andererseits deutet sich bereits hier ein Gegensatz über die Natur der Sprache an, der sich als grundlegend für die heutige Informationsgesellschaft und die Frage nach dem Potential Künstlicher Intelligenz und maschinellen Sprachverstehens erweisen soll – und damit für die Untersuchung der Fragilität des Zugangs.

In den Vorlesungen, Diskussionen im kleinen Kreis, beginnt Wittgenstein seine konstruktivistische, sprachbasierte Sicht mathematischer Praxis zu erläutern, trifft aber auf Gegenwehr von Turing, der an der Vorstellung festhält, man könne in der Mathematik Experimente machen und Tatsachen entdecken. Wittgenstein ist sich bewusst, dass seine Sicht die traditionellen Absolutheitsansprüche der Mathematik untergräbt:

> "Turing doesn't object to anything I say. He agrees with every word. He objects to the idea he thinks underlies it. He thinks we're undermining mathematics, introducing Bolshevism into mathematics. But not at all. We are not despising mathematicians; we are only drawing a most important distinction – between discovering something and inventing something." (LFM 67)

Wittgenstein sieht in der Gleichsetzung eines Experiments in Physik oder Chemie und eines ‚Experiments' in der Mathematik eine falsche Analogie:

> "*Turing:* One could make this comparison between an experiment in physics and a mathematical calculation: in the one case you say to a man, 'Put these weights in the scale pan in such-and-such a way, and see which way the lever swings', and in the other case you say, 'Take these figures, look up in such-and-such tables, etc., and see what the result is.' *Wittgenstein:* Yes, the two do seem very similar. But what is this similarity? *Turing:* In both cases one wants to see what will happen in the end. *Wittgenstein:* Does one want to see that? In the mathematical case, does one want to see what chalk mark the man makes? Surely there is something queer about this. – Does one want to see what he will get if he multiplies, or what he will get if he multiplies correctly – what the right result is?" (LFM 96)

Wittgenstein versucht in der Folge, Turing verständlich zu machen, wie sein sprachphilosophischer Ansatz zu dieser Sicht der Mathematik kommt – um die ganze Breite seines Ansatzes zu schildern, ist jedoch nicht genug Zeit –, und Turing führt die Uneinigkeit dann darauf zurück, dass man vielleicht das Wort ‚Experiment' in verschiedenen Bedeutungen verwende. Wittgenstein macht jedoch deutlich, dass die Sache grundlegender ist:

> "Turing thinks that he and I are using the word 'experiment' in two different ways. But I want to show that this is wrong. That is to say, I think that if I could make myself quite clear, then Turing would give up saying that in mathematics we make experiments. If I could arrange in their proper order certain well-known facts, then it would become clear that Turing and I are not using the word 'experiment' differently. You might say, 'How is it possible that there should be a misunderstanding so very hard to remove?' It can be explained partly by a difference of education. Partly by a quotation from Hilbert: 'No one is going to turn us out of the paradise which Cantor has created.' I would say, 'I wouldn't dream of trying to drive anyone out of this paradise.' I would try to do something quite different: I would try to show you that it is not a paradise – so that you'll leave of your own accord." (LFM 102–103)

Wittgenstein sieht es als seine Mission an, Turing von dem mathematischen Platonismus zu befreien, der sich in Hilberts pathetischer Paradies-Darstellung von Cantors Sicht eines aktualen Unendlichen – also einer realen Menge unendlicher Zahlen – zeigt: Wittgenstein sieht die Mathematik als eine Sprache von vielen – nicht als Physik mathematischer Objekte.

Auch die Diskussion über die Norm der Widerspruchsfreiheit in der Mathematik verläuft entlang dieser Linien: In LFM 185 ff. macht Wittgenstein gegenüber Turing klar, dass auch Sprachspiele vorstellbar sind, wo semantisch widersprüchliche Anweisungen dennoch sinnvolle und befolgbare Anweisungen darstellen können, und dass somit die Widerspruchsfreiheit nur die Konvention einer bestimmten Sprache, eines bestimmten Kalküls ist (vgl. PG 303). In der Logik, so Wittgenstein, könnte man prinzipiell auch mit Widersprüchen statt mit Tautologien arbeiten (LFM 187): „there are all sorts of different ways in which we could do logic or mathematics." (LFM 190) Die Norm der Widerspruchsfreiheit und die Arten des Widerspruchs seien sprachinhärent:

> "So we have the idea of a contradiction 'jamming'. And this is only another way of saying that the *meanings* of the signs jam. Professor Moore, in his paper to the Moral Science Club [...], wanted to say that in a contradiction the meanings jam in some sense. – I will try to show that the picture of a mechanism here is an extremely misleading one. It is in such pictures that most of the problems of philosophy arise." (LFM 190)

Aus Wittgensteins Sicht klemmt hier gar nichts, sondern man definiert die Zeichen eben entsprechend: „The idea of a logical machinery would suppose that there was something *behind* our symbols." (LFM 194) Und was bewirke ein ‚verborgener' Widerspruch in einem logischen System überhaupt? Es gebe so viele Bedeutungen von ‚verborgen' wie es Wege des Findens gebe (LFM 210). Die Widerspruchsfreiheit gehöre einfach zu unserer Definition des Sprachspiels Logik (LFM 213). In LFM 212–220 versucht Turing dann, Wittgenstein zu zeigen, dass ein widersprüchliches System zu negativen praktischen Konsequenzen führen wird, etwa zum Zusammenbrechen einer Brücke. Aus Wittgensteins Sicht ist dies aber eine Frage der Physik, nicht der Mathematik – die Brücke könne auch bei einer falschen Berechnung halten (LFM 218), oder einer solchen, die man erst später als falsch oder unzureichend definiere. Auch eine Berechnung, die bislang in aller menschlichen Erfahrung immer zu richtigen Ergebnissen geführt habe, könne trotzdem einen logischen Widerspruch enthalten (eine These, die durchaus nicht so abenteuerlich ist, wie sie klingt, wie Versuche aus den 1950ern zeigen, die *Principia Mathematica* auf einem Computer laufen zu lassen). Wittgensteins sprachphilosophische Sicht der Mathematik steht hier Turings klassisch platonistischem Verständnis von Mathematik und Logik gegenüber. Bereits an dieser Stelle dreht sich das Ringen zwischen beiden letztlich um die Frage der festen Bedeutung von Zeichen und deren festen Entsprechungen in der Realität. Der Gegensatz zwischen den beiden deutet voraus auf einen umfassenderen, zu dem wir noch kommen werden: den zwischen Mensch und Maschine – der Mensch *gebraucht* Sprache (in den verschiedensten Formen und Lebensformen, zu verschiedensten Zwecken, in offener Praxis), die Maschine hingegen arbeitet mechanisch, nach vordefinierten Regeln, mit streng abgegrenzten Teilen, Konzepten, Mechanismen, Bedeutungen. Für Wittgenstein kann das menschliche Kommunizieren und Denken nicht durch Letzteres abgedeckt werden, dafür ist Sprache zu komplex – Turing hingegen wird später Maschinen bauen, die praktisch erproben, wie weit die Berechnung anhand fester Entsprechungen führen kann.

Aber bleiben wir noch ein wenig bei den Inhalten der Vorlesung. Wittgenstein macht hier seinen Zuhörer/inne/n wiederum deutlich, dass die Logik, *pace* Russell, nicht als Fundament der Mathematik angesehen werden könne: „The idea that there is a science, namely logic, on which mathematics *rests*. I want to say it in no way rests on logic. And the fact that you can make logical formulae agree with it, in no way shows that it rests on logic." (LFM 260) Dementsprechend diskutiert Wittgenstein mit Turing wie folgt:

> "*Turing*: Do you mean that when we do arithmetic we don't do all this stuff of Russell's?
> *Wittgenstein*: No. We might do it or we might not do it. For all I know the Martians may teach their children *Principia* and then the children multiply. But they might keep *Principia* and say that 20 × 30 is not 600 but 601, and have generally a quite different arith-

metic. If I give you a calculation to do, you say that you will do it by *Principia*. But what if I do it in the ordinary way and get a different result? How do we decide which calculation is correct? *Turing*: It is just like any of the other pairs of ways of counting. *Wittgenstein*: Exactly; that is the whole point. The Russellian method is just one method, like any of these other methods." (LFM 261–262)

Russells symbolische Logik, so Wittgenstein, sei nur ein Sprachspiel von vielen – sie mache einiges klarer und anderes unklarer: „It translates arithmetic into a language in which we see certain points which we did not see before, and get into certain confusions which we would not have got into before. [...] We might say that Russell's method is perfectly all right, but neither is more *fundamental*." (LFM 265) Und er spezifiziert diese Verwirrungen: „If Russell gives an interpretation of arithmetic in terms of logic, this removes some misunderstandings and creates others. There are gross misunderstandings about the uses of ‚all', ‚any', etc. Russell's propositions are connected with these expressions, but do not do justice to the multiplicity of these uses." (LFM 270) Die Logik sei eben nur eine weitere Sprache, in die man die Mathematik zu übersetzen versuche: „If Russell has connected mathematical procedures with logic, this might mean that he just translates them into a new language. But it is misleading to think this an explanation [...]. The analogy of logic being further down is a pernicious analogy." (LFM 271) In diesen Vorlesungen treffen so in verschiedenen Einzelfragen zwei ganz unterschiedliche Haltungen aufeinander – Turings klassische Sicht der Mathematik und Logik, ausgerichtet auf zunächst theoretische, später pragmatische Berechenbarkeit und ausgehend von einem festen Semantik-Verständnis, und Wittgensteins sprachtheoretische Sicht, die die Multiplizität der Bedeutung und den Interaktionscharakter der Sprache herausarbeitet. Die wirklichen Dimensionen dieses Gegensatzes – und seine Konsequenzen – zeigen sich jedoch erst, wenn wir uns detaillierter mit dem Denken Turings beschäftigen.

Alan Turings Denken dreht sich um die (zunächst mathematische) Frage der Berechenbarkeit. In seinem ersten größeren Artikel, „On Computable Numbers" (1936), der zu einem grundlegenden Dokument der Informatik geworden ist, widmet er sich der Berechenbarkeit (*und* deren Grenzen) und konzipiert sie in Form von (zunächst gedanklichen) Maschinen – die Turing-Maschinen, die die konzeptuelle Basis aller heutigen Computer sind. Er entwirft Maschinen, die die Arbeit menschlicher Berechner/innen (sogenannter ‚computers' oder ‚computors') leisten können (bzw. formuliert Berechenbarkeit im Bild oder Konzept einer Maschine) und zeigt gleichzeitig auf, was diese Maschine *nicht* berechnen kann, und damit die Grenzen von Formalsprachen, etwa der *Principia Mathematica*: „I propose, therefore, to show that there can be no general process for determining whether a given formula A of the functional calculus K is provable, *i. e.*, that there can be no machine which, supplied with any one A of these formulae, will eventually say whether A is provable." (Turing 2004, 84) Turing befindet sich damit in bester Gesellschaft: Neben seinem Lehrer Alonzo Church, der 1936 einen ähnlichen Unbeweisbarkeitsansatz publiziert hatte, hatte Kurt Gödel 1931 seinen berühmten Unvollständigkeitssatz veröffentlicht, der das Zutrauen in die Macht der Mathematik erschütterte – entsprechend grenzt Turing sich von Gödel ab:

> "what I shall prove is quite different from the well-known results of Gödel. Gödel has shown that (in the formalism of Principia Mathematica) there are propositions A such that neither A nor -A is provable. As a consequence of this, it is shown that no proof of consistency of Principia Mathematica (or of K) can be given within that formalism. On the other hand, I shall show that there is no general method which tells whether a given formula A is provable in K, or, what comes to the same, whether the system consisting in K with -A adjoined as an extra axiom is consistent." (Turing 2004, 84)

Wir sehen bereits hier die grundlegende Nähe zu Wittgensteins Argumenten, die ebenfalls deutlich machten, dass eine Formalsprache nicht in sich selbst begründet werden kann. Turing war aber auch deshalb in bester Gesellschaft, weil die Verbindung von Mathematik bzw. Logik mit Maschinen in den 1930ern in der Luft lag: Wenn Turing in „Systems of Logic Based on Ordinals" (1937) Gödels Unvollständigkeitssatz mit *brute force*, also wiederholten Durchläufen verbessern will (Turing 2004, 146) oder in Briefen an Max Newman von einer „proof checking machine" spricht (Turing 2004, 215), ist dies im Kontext anderer Forschungen zu sehen, etwa denen von Claude Shannon, der 1936 die Äquivalenz von Schaltungen und Boolescher Algebra zeigte (s. Shannon 1936). (Die Vision einer *proof checking machine* wurde weiterverfolgt; s. Krantz 2011, 122. Heute sind Beweisassistenten und maschinelles Beweisen Gegenstände aktueller Forschung.)

Ungeachtet der Tatsache, dass Wittgenstein Fehler in den *Principia Mathematica* aufgezeigt hatte, wurden diese in vielen Bereichen der Mathematik als Grundlage verwendet. So verfeinerte Turing Russells *theory of types*, die Wittgenstein verworfen hatte (vgl. Monk 1991, 70–71; Vossenkuhl 2001, 41–43; TLP 23), und suchte – bezeichnenderweise – nach *praktischen* Umsetzungen der Typentheorie (Turing 1948) – auch wenn er später lernende Maschinen von solchen Spitzfindigkeiten entbindet: „The processes of inference used by the machine need not be such as would satisfy the most exacting logicians. There might for instance be no hierarchy of types." (Turing 2004, 462) Auch die heutige Programmierung involviert Typentheorien. So zeigt sich bereits hier ein kennzeichnender Trend, der – befördert durch Gödels Unvollständigkeitssatz wie durch die Annäherung von Maschinen und Logik – in den 1930ern begann und für den Turing stellvertretend steht: Eine erleichternde Abkehr von den philosophischen Grundlagen der Mathematik und ihren quälenden Dilemmata hin zur Frage, was mithilfe von Formalsprachen *praktisch* berechnet werden kann. Dieser Trend sollte sich als grundlegend für das 20. und 21. Jahrhundert erweisen. Die Entwicklung von Turings Denken belegt diesen Trend: Unbeweisbarkeit spielt in seinen späteren Arbeiten keine Rolle mehr, ebenso wenig wie die oben diskutierten Fragen aus dem Grundlagenstreit der Mathematik. Er widmet sich zunehmend der praktischen Anwendung der Mathematik. Turing sollte mit der Frage, was mithilfe von Maschinen berechnet werden kann, auch ganz direkt konfrontiert werden: Kurz nach Wittgensteins Vorlesung begannen 1939 seine militärischen Dekodierungstätigkeiten – die Geschichte um die Entschlüsselung der Enigma ist weltberühmt geworden. Er befand sich nun vollends im Bereich der praktischen Anwendung der Berechenbarkeit. Später sollte er die Entwicklung entsprechender Maschinen auch in der universitären Forschung vorantreiben.

Turing skaliert die Frage der Berechenbarkeit jedoch drastisch über praktische Fragen hinaus – bis hin zum Bereich der künstlichen Intelligenz. Er entwickelt hierbei einen bemerkenswerten Optimismus, der die heutige Entwicklung noch immer prägt. In einer Reihe von Artikeln kurz nach dem Krieg entwirft Turing die Vision von „Intelligent Machinery" (Turing 2004, 410 ff.), von einer „thinking machine" (420). Nachdem Maschinen kleinere menschliche Tätigkeiten *imitieren* könnten (ein Wort das bei Turing häufig vorkommt), sei er zuversichtlich, dass man auch für größere Zusammenhänge denkende Maschinen schaffen könne: „A great positive reason for believing in the possibility of making thinking machinery is the fact that it is possible to make machinery to imitate any small part of a man." (420) Als geeignete Gebiete für die Weiterentwicklung denkender Maschinen nennt Turing Spiele (z. B. Schach), das Lernen und Übersetzen von Sprachen, die Kryptographie und die Mathematik (420). Dabei sei das Übersetzen von Sprachen gut geeignet, weil es wenig Kontakt der Maschine mit der Außenwelt erfordere (421). Wir sehen bereits hier, dass Turing in seinen pragmatisch orientierten Konzeptionen, im Gegensatz zu Wittgenstein, von Sprache als einem System fixer Bedeutungen ausgeht. So müsse man einer Maschine ‚genau sagen, was man meine':

> "The language in which one communicates with these machines, i. e. the language of instruction tables, forms a sort of symbolic logic. The machine interprets whatever it is told in a quite definite manner without any sense of humour or sense of proportion. Unless in communicating with it one says exactly what one means, trouble is bound to result. Actually one could communicate with these machines in any language provided it was an exact language, i. e. in principle one should be able to communicate in any symbolic logic, provided that the machine were given instruction tables which would enable it to inter-

pret that logical system. This should mean that there will be much more practical scope for logical systems than there has been in the past." (392)

Hier sieht man die Schnittstelle der Logik und Mathematik des frühen 20. Jahrhunderts zu modernen Programmiersprachen – sieht nach der Lektüre Wittgensteins aber auch, was Turings pragmatische Orientierung *nicht* erfasst. Sicher, so Turing, hätten Maschinen Grenzen, man müsse den Maschinen aber, um fair zu sein, wie Menschen Fehler zugestehen und ihnen erst einmal die Möglichkeit des Lernens geben: „What we want is a machine that can learn from experience." (393) Maschinen benötigten die gleiche Chance wie Menschen: „fair play must be given to the machine [...] the machine must be allowed to have contact with human beings in order that it may adapt itself to their standards." (394) Investiere man in diese „education of machinery" (421 ff.), habe man erst einmal solche aktiv lernenden Maschinen, so würden sie nach kurzer Zeit die Menschen übertreffen: „it seems probable that once the machine thinking method had started, it would not take long to outstrip our feeble powers. [...] At some stage therefore we should have to expect the machines to take control" (475). Die Wurzeln des im 21. Jahrhundert beliebten Transhumanismus, der Sehnsucht nach Erlösung durch Maschinen und des Optimismus bezüglich der Künstlichen Intelligenz, sind hier klar erkennbar.

Turings Aufsatz „Computing Machinery and Intelligence" (1950; Turing 2004, 433–464) – mit dem berühmten Entwurf des Imitation Game – zeigt uns weitere Kontaktpunkte und Kontraste mit Wittgenstein. In diesem Aufsatz nimmt Turing sich nicht weniger vor als die Frage, ob Maschinen denken können. Zu Beginn signalisiert er jedoch bereits sein Unbehagen mit dieser Fragestellung und kündigt an, diese durch eine andere ersetzen zu wollen:

> "I propose to consider the question, 'Can machines think?' This should begin with definitions of the meaning of the terms 'machine' and 'think'. The definitions might be framed so as to reflect so far as possible the normal use of words, but this attitude is dangerous. If the meaning of the words 'machine' and 'think' are to be found by examining how they are commonly used it is difficult to escape the conclusion that the meaning and the answer to the question, 'Can machines think?' is to be sought in a statistical survey such as a Gallup poll. But this is absurd. Instead of attempting such a definition I shall replace the question by another, which is closely related to it and is expressed in relatively unambiguous words." (Turing 2004, 441).

Man ist versucht, hier eine Reaktion auf Wittgensteins Gebrauchstheorie der Bedeutung und seine Philosophie der Alltagssprache wahrzunehmen – jedoch eine recht oberflächliche: Denn die Frage nach der Bedeutung im Gebrauch kann eben nicht statistisch, per Meinungsumfrage, beantwortet werden (Turing denkt wiederum in Kategorien der *Berechenbarkeit*). Doch auch jenseits dessen ist Turings Ansatz schwierig: Was sind „relatively unambiguous words"? Warum definiert er dann *doch* das Wort ‚machine' (443 ff.; es sind *digital computers*, seine Turing-Maschinen), nicht aber das Wort ‚think'? Warum stellt er die Frage nach dem Denken der Maschinen, mit der er den Artikel beginnt, und die er zwischendurch (449) sagt, mit beibehalten zu müssen (weil die Meinungen ja verschieden sein könnten, wie adäquat seine Ersatzfrage sei), später als (aus seiner persönlichen Sicht) bedeutungslos hin (449)? (Ist dies ein Wittgenstein-inspirierter Versuch, philosophische Fragen als bedeutungslos aufzulösen, umso mehr als Turing seinen Artikel in der zentralen *philosophischen* Zeitschrift *Mind* publiziert?) Doch sehen wir uns Turings Alternativformulierung in Ruhe an.

Turing formuliert die Fragestellung bekanntlich in Form eines *Spiels* – ein Ansatz, den wir nach der Wittgenstein-Lektüre in neuem Licht sehen. Das „imitation game" nimmt den Fokus auf die *Nachahmung*, das Mimikry, wieder auf, den wir oben bereits bei Turing gesehen hatten:

> "The new form of the problem can be described in terms of a game which we call the 'imitation game'. It is played with three people, a man (A), a woman (B), and an interrogator (C), who may be of either sex. The object of the game for the interrogator is to determine which of the other two is the man and which is the woman. [...] The interrogator is allowed to put questions to A and B [...]. [...] It is A's object in the game to try and cause C to make the wrong identification. [...] The object of the game for the third player (B) is to help the interrogator. [...] We now ask the question, 'What will happen when a machine takes the part of A in this game?' Will the interrogator decide wrongly as often when the game is played like this as he does when the game is played between a man and a woman? These questions replace our original, 'Can machines think?'" (Turing 2004, 441).

Der Interrogator bekommt die Kommunikation nur schriftlich (oder vermittelt durch eine weitere Person) mit, also nur den Wortlaut. Nun kann man sich Vieles fragen: Was genau ist die Aufgabenstellung für die Maschine – einen *Menschen* nachzuahmen oder einen *Mann* nachzuahmen, der eine Frau nachahmt? Ist es ein Kriterium für das Denken von Maschinen, wenn die Maschine – eine gewisse Zeit lang, für einen undefinierten ‚Leser' (bzw. ‚Leserin') – *besser oder gleich gut* so tut, als wäre sie eine Frau, als ein Mann? (Später macht Turing deutlich, dass bei Teilnahme des Computers A der Computer sein soll und B der Mann – der Computer soll also doch einen Mann nachahmen – nicht einen Mann, der eine Frau nachahmt; oder Turing meint in der zweiten Formulierung sogar nur einen Menschen, ‚man'.) Warum können Mann und Frau im Ausgangsbeispiel ausführliche Antworten geben (441), während man im Spiel mit dem Computer nur Ja-Nein-Fragen stellen soll (451)? Was hat das intentionale Täuschen („cause C to make the wrong identification"), oder das Nachahmen von Verhalten, mit Denken zu tun? (Sind wir heute versucht, Social Bots oder

Fake News-Generatoren als ‚denkend' zu beschreiben?) Versucht Turing rhetorisch, die Kategorie ‚Mensch' aufzuweichen dadurch, dass er am Anfang Mann und Frau als so unterschiedlich darstellt, um umso leichter den Unterschied Mensch-Maschine verwischen zu können? Schließlich bleibt am Ende des Artikels die Frage nach der Beziehung der zwei Formulierungen zueinander: Was hat die Imitation von Sprachverhalten mit Denken zu tun? Turing bespricht zwar in polemischer Form ausgesuchte Gegenargumente, die Beziehung der zwei Ausgangsfragen wird jedoch nie diskutiert. Die Fragen werden im Aufsatz nicht beantwortet – nicht ohne Grund, denn es zeigt sich, dass das Nachahm-Spiel in Wirklichkeit nur eine rhetorische Strategie ist, kein strenges theoretisches Mittel: „there is no intention to investigate here the theory of the game" (443). Umso erstaunlicher ist es, dass die heutige IT-Welt diese Provokation immer wieder ernsthaft aufgenommen und sich gar an realen Umsetzungen versucht hat.

Bemerkenswerterweise ist hier Turings Ansatz dem Wittgensteins in gewissem Sinne zu vergleichen (wenn auch Turing polemischer und oberflächlicher vorgeht): Wie Wittgenstein stellt er ein konstruiertes Spiel neben die Realität und fragt, wo genau der Unterschied liegt. Computer sollen zunächst alle Aktionen ausführen, die ein menschlicher Berechner (bzw. Berechnerin) ausführt: „these machines are intended to carry out any operations which could be done by a human computer. The human computer is supposed to be following fixed rules; he has no authority to deviate from them in any detail." (Turing 2004, 444) Der digitale Rechner geht also nach denselben festen Regeln vor wie der menschliche Berechner (bzw. Berechnerin) und imitiert dessen (deren) Handlungen: „they can in fact mimic the actions of a human computer very closely" (445). Der Computer soll die Handlungen des Menschen ebenso nachahmen können wie die Aktionen einer beliebigen *discrete state machine*, einer Maschine, die mit klar getrennten Zuständen arbeitet (wie der Computer mit 1 und 0): „This special property of digital computers, that they can mimic any discrete state machine" (448). Wichtig ist es hierbei zu sehen, dass es um das Nachahmen eines menschlichen *Berechners* (bzw. *Berechnerin*) geht, nicht eines Menschen, der sich sozial verhält (auch wenn dies vielleicht so gemeint ist, dass auch ein menschlicher Berechner anhand ausreichenden Trainingsmaterials und mit entsprechender Wahrscheinlichkeitsrechnung *berechnen* könnte, welches Verhalten in einer gewissen Situation vermutlich angemessener wäre). Turing stellt sich sogar vor, dass man das Imitation Game auch mit einem Computer („the mimicking digital computer"; 448) und einer beliebigen Maschine spielen könnte, die dieser imitiert. Er versucht also, die Nachahmung dieser Art menschlichen Verhaltens der Frage gleichzusetzen, ob Maschinen denken können, und so reformuliert er schließlich noch einmal die Hauptfrage:

> "It was suggested tentatively that the question 'Can machines think?' should be replaced by 'Are there imaginable digital computers which would do well in the imitation game?' Let us fix our attention on one particular digital computer C. Is it true that by modifying this computer to have an adequate storage, suitably increasing its speed of action, and providing it with an appropriate programme, C can be made to play satisfactorily the part of A in the imitation game, the part of B being taken by a man?" (448)

Die ursprüngliche Form der Frage, ‚Können Maschinen denken?', will Turing derweil nicht zurücklassen: „We cannot altogether abandon the original form of the problem, for opinions will differ as to the appropriateness of the substitution and we must at least listen to what has to be said in this connexion." (Turing 2004, 448–449) Bevor er jedoch zu möglichen Einwänden gegen das Imitation Game und dessen Implikationen kommt, spricht er zunächst explizit „my own beliefs in the matter" (449) aus:

> "I believe that in about fifty years' time it will be possible to programme computers [...] to make them play the imitation game so well that an average interrogator will not have more than 70 per cent chance of making the right identification after five minutes of questioning. The original question, 'Can machines think?' I believe too meaningless to deserve discussion." (449)

Hieran ist Mehreres seltsam: Was ist ein *durchschnittlicher* Interrogator? Was hilft er oder sie uns bei der Definition von *Denken*? Verschiedene Menschen werden immer drastisch unterschiedliche Urteile im Imitation Game fällen. Was hilft uns eine Wahrscheinlichkeit von nicht mehr als 70 % richtigen Einschätzungen nach fünf Minuten? Dies lässt keine Aussage darüber zu, ob dieser Wert – wenn er erreicht wird – dann noch weiter verbessert werden kann, oder ob es ein Limit gibt. Was genau ist mit ‚meaningless' gemeint – ist das Experiment des Imitation Game ‚bedeutungsvoller'? Warum ist die neue Fragestellung, die der alten ‚eng verwandt' ist (441), bedeutungsvoll, die andere nicht? Dies sagt uns Turing nicht. Er glaubt jedoch, dass es bald legitim sein wird, davon zu sprechen, dass Maschinen denken: „Nevertheless I believe that at the end of the century the use of words and general educated opinion will have altered so much that one will be able to speak of machines thinking without expecting to be contradicted." (449)

Im Folgenden wendet sich Turing gegen mögliche Kritiken seiner These. Zunächst schränkt er das Imitation Game noch einmal deutlich ein: „We are of course supposing for the present that the questions are of the kind of which an answer ‚Yes' or ‚No' is appropriate, rather than questions such as ‚What do you think of Picasso?'" (Turing 2004, 451) (Hier entfernen wir uns immer weiter von einer Definition des Denkens und der Imitation menschlichen Sprachverhaltens.) Gleichzeitig sei die logische Begrenztheit der Maschine und des dazugehörigen mathematisch-logischen Systems (vgl. 450) nicht maßgeblich, Menschen seien ebenfalls nicht fehlerlos oder unbegrenzt zu allem fähig, und man gehe von ihnen trotzdem als denkend aus. Gegen den Mangel an Bewusstsein bei den Maschinen als Gegenargument wendet Turing ein, dass ihm das Verhalten ausreiche (bei ausreichenden Reaktionen muss er den Papagei nicht vom Menschen unterscheiden) (452) – eine Sicht, die durchaus an Wittgensteins Punkt erinnert, es müsse zum Wort ‚wenn' kein eigenes Wenn-Gefühl geben. Turings Überlegungen nähern sich so einer philosophischen Frage: Wie unterscheide ich Verhalten von Denken? Er arbeitet diese Analyse jedoch nicht aus. Bei der Diskussion schließlich, was Computer nach Meinung mancher *nicht* könnten, wird die Sprache zwar erwähnt (453), aber nicht diskutiert; dabei wäre gerade dies mit Blick auf die Sprache als Medium des Denkens zu berücksichtigen – denn im Imitation Game geht es gerade um sprachliche Äußerungen. Dies ist eine bedeutende Leerstelle im Aufsatz.

Es produziere ja auch nicht jeder Mensch, sagt Turing dann noch, immer Reaktionen auf Input, die man als Denken bezeichnen könne, bzw. viele dieser Reaktionen könnte man auch rein mechanisch erklären (Turing 2004, 459). All dies, so sagt er, seien jedoch keine wirklich überzeugenden Argumente, nur „recitations tending to produce belief'." (459) Die einzige Möglichkeit, seine These zu überprüfen, sei bis zum Ende des Jahrhunderts zu warten. Aber was solle man bis dahin tun, und was danach, bei Erfolg des Projekts? Hier setzt Turing seine Hoffnung auf Maschinen, die man wie ein Kind trainiert (458 ff.) – eine erste Skizze der heute so bekannten ‚künstlichen Intelligenz'. Er entwickelt „[t]he idea of a learning machine" (462), die im Verkehr mit Menschen lerne und auf Gelerntem aufbaue (459 ff.), man beginne mit einem „child-programme" und dann folge ein „education process" (460); man müsse natürlich in wiederholten Versuchen (mit Anklängen an den Darwinismus) erst die beste „childmachine" (460) finden. Jenseits der Grundlagen der Mathematik und der Limitierung logischer Systeme strebt Turing so pragmatische Projekte an und sieht die Lösung in lernenden Maschinen, die man dafür nutzen soll, wozu sie nutze sind – und nicht sich mit logischen Feinheiten aufhalten: „The processes of inference used by the machine need not be such as would satisfy the most exacting logicians. There might for instance be no hierarchy of types. But this need not mean that type fallacies will occur, any more than we are bound to fall over unfenced cliffs." (462) Dies ist aber nun gerade Wittgensteins Argument aus LFM – ein Widerspruch im logischen System muss nicht heißen, dass etwas schief geht (wir erinnern uns an die Brücke und die Frage, ob sie zusammenbricht). Turing hat es sich hier offenbar zueigen gemacht.

Abschließend kommt Turing doch wieder zurück zur Frage der Intelligenz: „Intelligent behaviour presumably consists in a departure from the completely disciplined behavior involved in computation, but a rather slight one" (Turing 2004, 463) – eine Sicht, die Urteilsvermögen, Emotionen, komplexe Sprachinteraktion etc. völlig ausschließt. Sein Optimismus ist umso stärker: „We may hope that machines will eventually compete with men in all purely intellectual fields." (463) – was auch immer das genau ist, „purely intellectual fields". Turing stellt sich sogar den Versuch vor, dem Rechner Sprache beizubringen, „teach it to understand and speak English. This process could follow the normal teaching of a child. Things would be pointed out and named, etc." (463) – dies erinnert stark an Wittgensteins Augustinus-Kritik einer simplifizierten Sicht der Sprache (Wittgenstein hatte diese Vorstellung sogar in der Vorlesung angesprochen; LFM 18). Wir sehen also, dass Turings rhetorische Strategien die Komplexität menschlichen Verhaltens, insbesondere der sprachlichen Interaktion, reduzieren: Der Turing-Test spezifiziert nicht, ob es reicht, dass *ein* Mensch es nicht unterscheiden kann, oder mehrere, und auch nicht *wer*. Er reduziert und deindividualisiert die menschliche Seite. Und er *reduziert* Kommunikation auf Frage und Antwort, reduziert also die Sprache. Er gibt sich damit zufrieden, dass jemand für eine gewisse Zeit unter gewissen Bedingungen getäuscht wird (ganz abgesehen von der problematischen Gender-Frage). Turings Imitation Game zeigt keinerlei Reflektion über die Komplexität menschlichen Sprachverhaltens und die Variation der ‚Bedeutung' in der Vielzahl der Sprachspiele. Die Spuren seiner Begegnung mit Wittgensteins Kritik sind zwar wahrnehmbar, letztlich *umgeht* er aber Wittgensteins Argumente nur.

Die beiden Denker teilen einiges: Die tiefe Auseinandersetzung mit mathematischer Logik, die intensive Beschäftigung mit Spielen, die Arbeit mit Instruktionssets bzw. vereinfachten Sprachspielen und an der Frage der Abgrenzung zwischen Menschen und Maschinen. Es finden sich in ihren Schriften durchaus Spuren des jeweils Anderen, so zeigt Turings unpublizierter Aufsatz „The Reform of Mathematical Notation and Phraseology" (Turing 1944; s. Floyd 2013), dass ihn Wittgensteins Kritik am Gebrauch der mathematischen Symbolik nicht unberührt ließ. Wittgenstein derweil nahm die Nähe zwischen seinen vereinfachten Sprachspielen und Turings Instruktionssets wahr:

> „Turings ‚Maschinen'. Diese Maschinen sind ja die *Menschen*, welche kalkulieren. Und man könnte, was er sagt, auch in Form von Spielen ausdrücken. Und zwar wären die interessanten Spiele solche, bei denen man gewissen Regeln gemäß zu unsinnigen Anweisungen gelangt. Ich denke an Spiele ähnlich dem ‚Wettrennspiel'. Man erhielte etwa den Befehl ‚Setze auf die gleiche Art fort', wenn dies keinen Sinn ergibt, etwa, weil man in einen Zirkel gerät; denn jeder Befehl hat eben nur an gewissen Stellen Sinn." (BPP 197)

Dass diese Ähnlichkeit mit Wittgensteins Sprachspielen – etwa dem um ‚Würfel', ‚Säule', ‚Platte' und ‚Balken' in den *Philosophischen Untersuchungen* – kein

Zufall ist, zeigt etwa Emil Posts zeitgenössische Version einer Turing-Maschine (Post 1936), in der nicht 1 und 0 auf ein Band geschrieben wird, sondern ein Arbeiter Kisten markiert. Die Frage der Grenze zwischen Mensch und Maschine lag in der Luft – auch aus philosophischer Perspektive: So kann man etwa Wittgenstein Überlegungen in PU II iv (in typischer Manier der *philosophy of mind*) zur Frage „wie kann ich wissen, dass der Andere *kein* Automat ist?" durchaus als seine Version des Turing-Tests auffassen.

Auf der anderen Seite könnten diese beiden Denker nicht gegensätzlicher sein: Wittgenstein zeigt sich als humanistischer Philosoph, Turing als Ingenieur und praktischer Mathematiker. Wittgenstein sucht nach der Auflösung philosophischer Probleme, Turing nach der Lösung praktischer Probleme. Bei Turing geht es bei um das, was glattgeht, bei Wittgenstein um das, was schiefgeht. Wittgenstein sieht die Mathematik von außen, Turing von innen; ihr Verständnis des Wortes ‚experiment' ist durchaus gleich, wie Wittgenstein sagt, nur ist die Sicht jeweils um die Achse gedreht. Wittgensteins ist konstruktivistisch, Turings platonistisch. Wittgenstein sieht die Mathematik als Sprache (und als eine von vielen Sprachen), Turing als Ermittlungsmechanismus für präexistente Wahrheiten und als Berechnungsmechanismus für praktische Anwendungen. Wittgenstein arbeitet die Vieldeutigkeiten, die Unterschiedlichkeiten im Gebrauch, die Anleihen aus der uneindeutigen Alltagssprache etc. in der Mathematik heraus, die Turing für die einzig wahre Sprache hält. Für Wittgenstein hat kein Wort eine abgeschlossene Bedeutung. Bedeutung ist nur dessen Verwendung in einem bestimmten Kalkül. Turing interessiert hingegen, was man mit solchen Kalkülen und mit festgelegten Bedeutungen machen kann. Für Wittgenstein ist die Sprache unendlich. Turing interessiert sich für deren Endlichkeiten. Wittgenstein sieht die Grenzen von Kalkülen und Formalsprachen, Turing lotet hingegen ihr Potential aus. Für Wittgenstein ist ein Satz ein Zug in einem interaktiven Sprachspiel, einer Lebensform von unendlich vielen, miteinander verwandten – für Turing hingegen zu codierende Information, die der Maschine genau sagt, was man meint. Wittgenstein sieht menschliche Kommunikation als imperfekt und missverständnisbehaftet. Turing hingegen geht von einem perfekten Verständnis aus. Für Turing ist Sprache kein Problem. Für Wittgenstein *erzeugt* sie unsere Probleme. Wo Wittgenstein auf *menschlichen Fortschritt* durch die Realisierung von Komplexität zielt – die Konsequenzen seiner realistischen Grammatik sind bis heute nicht nachvollzogen, nicht einmal in der Philosophie –, setzt Turing auf *technischen Fortschritt*, auf Vereinfachung und Automatisierung.

Was bedeutet dies nun für die Fragilität des Zugangs? Wittgensteins Arbeit zertrümmert jeglichen Idealismus, jegliche essentialistische ‚Semantik', und legt damit den Grundstein für eine Gesamtsicht sprachlicher Interaktion als Lebensform, die in jedem Moment menschliches Urteilen, mündiges Sprachhandeln involviert. In dieser Sicht erscheinen die Familienähnlichkeiten, die scheinbar verschwimmenden Bedeutungen, *notwendig*, um die Vielzahl der menschlichen Interaktionsformen zu erfassen. In der unendlichen Komplexität dieser Interaktionen finden einfache Vorstellungen der Sprache, der Mythos von der Transparenz der Sprache, der Traum von der idealen Metasprache, ein Ende. Die notwendige Imperfektion der Sprache bedingt vielmehr die Notwendigkeit des Dialogs. Sprachliche Bedeutung entsteht im Gebrauch und wird – wie im sokratischen Dialog – oft erst ausgehandelt. Zugang zueinander müssen sich die Menschen immer erst erarbeiten, entgegen „den Versuchungen des Mißverstehens" (BGM 314). Wittgenstein macht uns auf die Hilfsbedürftigkeit der Sprache aufmerksam, indem er systematisch ihre Missverständlichkeit aufzeigt, und zeigt, wieviel es braucht, damit wir überhaupt beginnen, uns zu verstehen. Wenn wir an diesem Punkt stehen, verliert der berühmt gewordene Turing-Test, der immer wieder real und literarisch nachgestellt wurde, die Nachahmung von Sprachverhalten über den Teleprinter, das temporäre Getäuschtwerden eines ‚Durchschnittsmenschen', drastisch an Bedeutung. Turing reduziert die menschliche Kommunikation als grundlegende Form des Zusammenlebens, als Vielfalt der Lebensformen. Der Turing-Test ist weit von der Arbeit des zwischenmenschlichen Sich-Verstehens entfernt. Turings Platonismus der Bedeutung taugt für Maschinen, hat aber mit menschlichem Sprachverhalten wenig zu tun. Die Dominanz seiner Sicht, die im Computerzeitalter mehr und mehr zunimmt, droht den Menschen – und die Menschlichkeit – zu reduzieren: Denn beim Menschen setzen wir voraus, dass immer *mehr* da ist als das reine Gesagte – und nur diese Voraussetzung sorgt für Zugänglichkeit und die Möglichkeit der Bereinigung von Missverständnissen. Der Computer hingegen versteht nur das Gesagte: „Unless in communicating with it one says exactly what one means, trouble is bound to result." (s. o.) Menschen stimmen dagegen, wie Wittgenstein sagt, nicht in Definitionen überein, sondern in Urteilen (z. B. wann welcher Begriff angewendet wird). Das Computerzeitalter hat gezeigt, was Maschinen zu leisten in der Lage sind. Das einfache Bild der Bedeutung, das ihrer ganzen Geschichte zugrundeliegt, die eindeutige Ausdefinition der Welt in Richtung der Maschinenlesbarkeit, droht jedoch, als dominante, auf alle Bereiche ausgeweitete Sicht, ins Unmenschliche zu führen. Die Reduktion von Komplexität führt tendenziell zur Unzugänglichkeit füreinander.

Wichtig ist also, dass *beide* Perspektiven dauerhaft erhalten bleiben – und nicht die maschinelle dominiert oder in den Ruch kommt, Probleme der menschlichen ebenfalls lösen zu können. Zwischenmenschliche Probleme können nicht maschinell gelöst, die Unendlichkeit des Menschen nicht durch Berechenbarkeit geknackt werden. Die menschlichen Schwierigkeiten entstehen, wenn vergessen wird, dass die verwendete Sprache nur *ein* Kalkül ist, das nicht alles kann und das andere Kalküle nicht ausschließen darf (vgl. Kap. 10). Wittgensteins unabgeschlossenes Philosophieren, das anhand realer und konstruierter Beispiele Komplexität demonstriert – stellt heraus, dass es keinen abschließenden Metadiskurs gibt, sondern nur die Auflösung von Sprachverwirrungen, als Beitrag zur Verständigung. Seine Interaktionsgrammatik zeigt Sprache als zentralen Mechanismus zur *Aushandlung* von Bedeutung – entgegen den Bildern von Bedeutung und Information als abgeschlossenen Paketen, die nur *abzuholen* wären. Diese Digitalisierung der Sprache, das Abpacken von Bedeutung, das Nachbauen von Sprache aus berechenbaren Elementen, hat sich für den Betrieb von Maschinen als effizient erwiesen (Wittgenstein hatte das *pragmatische* Potential von Formalsprachen durchaus gesehen), darf jedoch nicht so verstanden werden, als erfasse es die Komplexität menschlicher Interaktion, die Vielfalt von Sprachurteilen und Sprachhandlungen.

Die Debatte zwischen Wittgenstein und Turing macht deutlich, dass Transparenz nicht alles ist, dass sie zwar Dinge zugänglich macht, aber auch Dinge unzugänglich (vgl. Kap. 8). Sie stellt die Versuchung zur Reduktion von Komplexität ebenso wie die Notwendigkeit der Bewahrung von Komplexität heraus. Die Vorstellung einer festen Bedeutung von Wörtern, so zeigt sich, setzt ein bestimmtes Verhältnis der sie gebrauchenden Menschen voraus: Dass sie sich gegenseitig völlig unproblematisch verstehen. Dass dies in der Realität nicht der Fall ist, deutet darauf hin, dass etwas mit der Vorstellung einer fixen Bedeutung nicht stimmen kann. Wittgensteins Auffalten der sprachlichen und zwischenmenschlichen Komplexität, die eine grundlegend *humanistische* Reform der Sprachsicht beinhaltet, steht Turings technikorientierter einfacher Sicht sprachlicher Bedeutung diametral entgegen. Dementsprechend sollten, diese Mahnung mag als Ausblick auf unser Gegenwartspanorama erlaubt sein, intellektuelle Vorkehrungen getroffen werden, damit der (auf Basis der Abwendung der 1930er von den philosophisch-mathematischen Grundsatzfragen hin zu pragmatischen Lösungen geschehende) Technologieschub der Gegenwart diesen Gegensatz nicht glatt überdeckt. Turing bleibt, wie seine späteren Aufsätze zeigen, unzugänglich für das breitere sprachtheoretische Umfeld Wittgensteins; er bleibt konventionell in Logik und Mathematik, essentialistisch, semantisch. Ihm bleibt so eine wesentliche Dimension menschlichen Zusammenlebens verschlossen. Wittgenstein hingegen hat mit Platon gemein, dass er die Alltäglichkeit des Missverstehens und die Notwendigkeit des Dialogs sieht, die unbedingte Notwendigkeit, das, was nicht glattgeht, nicht einzuebnen: Wenn Sprechen und Verstehen jeweils Urteilen involvieren, dann müssen diese Urteile auch revidierbar sein, müssen Erläuterung und Korrektur zulassen, und hierfür muss man sich gegenseitig Hilfe leisten, sich Raum – und Zeit, *Muße* – lassen. Bedeutung ist komplex, dynamisch, umstritten, Aushandlungssache, weit entfernt von bloßer ‚Information'. Ihre Verabsolutierung hingegen kann – wie das nächste Kapitel zeigen wird – in Gewalt ausarten. Hierin zeigen sich in besonderem Maße die Fragilität des Zugangs und die Bedrohung der Informationsgesellschaft. Die Turingsche Frage ‚Was ist berechenbar?' mag sich zukünftig als *ethische* Frage herausstellen.

10 Der Angriff auf die Zukunft: Die Manipulation des kulturellen Gedächtnisses von Platon bis Jean-François Lyotard

Der Zugang zueinander, ob schriftlich oder mündlich, ist – wie die bisherigen Kapitel zeigen – immer intensiv gefährdet: wenn wir einander nicht helfen, wenn wir nicht genügend Zeit aufwenden, wenn wir keinen Respekt vor Komplexität, vor dem Privatraum des/der Anderen oder den Fallen der Sprache haben. Der Zugang zueinander (im Miteinander wie im Nacheinander) wird jedoch auch *aktiv angegriffen* – und oft soll hier der Angriff auf das Nacheinander das Miteinander radikal verändern. Dieser Angriff auf das Nacheinander, auf das Zusammenleben von Individuen über das kulturelle Gedächtnis, ist auch ein Angriff auf die Zukunft. Eine Informationsgesellschaft, die auf der Grundlage von ‚Information' agiert, sollte sich neben den permanenten Prozessen der diachronen Okklusion, also der Unzugänglichwerdung von Information (vgl. Hollmann/Schüller-Zwierlein 2014), auch dieses aktiven Angriffs jederzeit bewusst sein.

Der erste Angriff

Die Geschichte dieses Angriffs, seine Konzipierung, beginnt für uns erneut bei Platon. In der *Politeia* entwirft Sokrates im Dialog mit Platons Bruder Glaukon und anderen einen idealen Staat, an dem, so die These, das Wesen der Gerechtigkeit ablesbar würde. Diese Staatsvision ist aus einer Vielzahl von Perspektiven gelesen worden, als Utopie eines von der realen Machtpolitik frustrierten Philosophen, als dogmatische Vision, als politisches Statement in der historischen Situation (vgl. z. B. Howland 2018), als Vorläufer des Totalitarismus (s. Popper 2011), als Beitrag zum Gegenspiel zwischen Philosophie und Dichtung (vgl. z. B. Naddaff 2003) oder schlicht als tentative Entwicklung von Argumenten und Konsequenzen im Rahmen eines stellenweise durchaus witzig gehaltenen Dialogs mit argumentationsfreudigen Jünglingen, mit dem sokratischen Ziel des Aufzeigens der Komplexität der Fragestellung ‚Was ist Gerechtigkeit?'. In unserem Zusammenhang ist vor allem ein Aspekt von besonderer Bedeutung – die als Dichterkritik bekannten Passagen.

Dichter/innen – angefangen bei Homer und Hesiod bis hin zu Platons Zeitgenossen – sind zu Platons Zeit ein ständiger Referenzpunkt, sie werden zu allen möglichen Gelegenheiten zitiert und dienen auch der Vermittlung von moralischen Botschaften. Diese Verwendung und die Schwierigkeit der Ausdeutung von Dichter/innen/zitaten ist ein konstantes Thema der platonischen Dialoge. Gleichzeitig ist die Notwendigkeit gedanklicher Freiheit im philosophischen Dialog eine durchgehende Botschaft des Sokrates. Umso mehr hat in der Rezeption die Dichterkritik der *Politeia* erstaunt, in welcher Sokrates vorschlägt, zur richtigen sittlichen Bildung und Formung des Charakters das breit mit Dichter/innen/zitaten gefüllte kulturelle Gedächtnis systematisch zu *bereinigen*. In *Politeia* 373b erscheinen die Dichter/innen in Sokrates' Rede als Teil eines ungesunden Luxuslebens. Aus dem Luxusleben folgt die Notwendigkeit des Krieges (zur Beschaffung von Waren und weiterem Reichtum) und daraus die Notwendigkeit von auf Sicherheit und Bewachung des Staates ausgerichteten Personenkreisen, den Wächtern (*phylakes*) – die in strenger Abhebung vom Luxusleben zu erziehen seien. Teil ihrer Bildung seien (im Kindesalter) Märchen bzw. Mythen. Unter diesen gebe es aber gute und schlechte, wahre und falsche. Daher sei mit Blick auf die Ausbildung der Wächter Aufsicht zu führen über die Märchendichter/innen (*epistatēteon tois mythopoiois*; *Politeia* 377b), die guten seien zuzulassen (*enkriteon*, 377c), die schlechten aber auszuschließen (*apokriteon*, 377c) und zu verwerfen (*ekblēteon*, 377c). Dasselbe gelte aber auch für die größeren Mythen der Dichter/innen, von Hesiod bis Homer. Unpassende Mythen, die Götter, Tugenden und andere Sachverhalte falsch darstellten, müssten verschwiegen werden (*sigasthai*, 378a) und seien nicht zuzulassen (*ou lekteoi*, 378b, *ou paradekteon*, 378d, *ouk epitrepteon*, 379a), man dürfe dies die Dichter nicht sagen lassen (*ouk eateon legein ton poiētēn*, 380b) und müsse es auf alle Weise abwehren (*diamacheteon panti tropō*, 380b). Solchen Dichter/inne/n werde man keinen Chor geben (*choron ou dōsomen*, 383c). Man müsse hier nicht nur Aufsicht führen (*epistatein*, 386b), sondern alle diese Dichtungen auslöschen (*exaleipsomen*, 386c), sie ausstreichen (*diagraphōmen*, 387b), verwerfen (*apoblētea*, 387b), fortschaffen (*Aphairetea*, 387c), abschaffen (*exairēsomen*, 387d; *exairoimen*, 387e), sie nicht durchgehen und nicht gelten lassen (*oude ta toiauta apodexometha*, *ouk apodekteon*, 389a) und sie ruhen lassen (*pausteon*, 391e). Die Dichter/innen seien zu nötigen, das Richtige zu sagen (*prosanankazōmen tous poiētas*, 391c), es sei ihnen zu verbieten, das Falsche zu sagen (*aperein legein*, 392b) oder darzustellen, man werde es nicht erlauben (*Ou dē epitrepsomen*, 395d); unpassende Dichter/innen werde man schließlich schlicht in eine andere Stadt geleiten (398a–b). Der Abschluss dieser Passage erfolgt mit der Aussage, man habe nun bestimmt, was gesprochen werden soll und wie (*ha te gar lekteon kai hōs lekteon eirētai*, 398b). Nach der Bühnenkunst werden diese Aussagen dann auf die Musik und andere Künste und Techniken ausgeweitet (398c ff.). In 399d und e ist sogar von einer Reinigung der Stadt die Rede (*diakathairontes, kathairōmen*). Platons hyperbolische Abwechslung in den Begriffen ist hier ebenso auffällig wie die manische Einheitlichkeit der grammatischen Form, insbesondere das gesetzartige „es ist zu tun" (z. B. *epistatēteon, diamacheteon*). Den ‚falschen' Dichter/inne/n werden systematisch *alle* Kanäle verschlossen, sie sollen weder Schauspiele aufführen, noch mündlich tradiert werden, noch in der Stadt sein, schließlich auch nicht schriftlich weitergegeben werden: Sie sind auszulöschen (*Exaleipsomen*, 386c) und auszustreichen (*diagraphōmen*, 387b). Diese Verbindung mit der Schrift wird in einer anderen Passage noch verdeutlicht: Der Planer (bzw. Planerin) eines Staates müsse sich beim ‚Zeichnen' des Staates an einem idealen, göttlichen Urbild orientieren (*hoi tō theiō paradeigmati chrōmenoi zōgraphoi*, 500e); wenn man den Staat und die Sitten der Menschen wie ein Bild auf einer Tafel aufzeichne (*hōsper pinaka*, 501a), müsse man sie zuerst rein machen (*katharan ... poiēsai*, 501a), bevor man Gesetze schreibe (*graphein nomous*, 501a); man müsse als Zeichner/in des Staates (*politeiōn zōgraphos*, 501c) erst einiges auslöschen (*exaleiphoien*, 501b) und einiges wieder einzeichnen (*engraphoien*, 501b). Gegen Ende des Dialogs wird die Dichterkritik dann noch einmal aufgenommen: In 595a–608b werden die Dichter/innen als schlechte Nachbildner/innen beschrieben und ihr schlechter Einfluss bekräftigt; man greife sie an (*epilambanoimetha*, 605a) und klage sie an (*katēgorēkamen*, 605c), ja verweise sie aus der Stadt (*ek tēs poleōs apestellomen*, 607b). In ihrer radikalen Systematizität gehen diese Aussagen weit über Erziehungsprinzipien für die Wächter hinaus.

Das Ganze ist für uns vor allem insofern interessant, als hier die Bildung von *Individuen* durch die Formung – und eben teilweise auch Auslöschung – des *kulturellen* Gedächtnisses beschrieben wird. Es wird genau der Nexus von zwischenmenschlichem Verhalten in der Synchronie und kultureller Überlieferung in der Diachronie, zwischen Leben miteinander und Leben nacheinander, zwischen Person und Schrift, hergestellt, der uns in diesem Buch beschäftigt. Diese Bestrebungen der Lenkung des Individuums durch die Formung und Vereinheitlichung des kulturellen Gedächtnisses haben im 20. Jahrhundert empfindliche Reaktionen ausgelöst. Während Gadamer in *Platon und die Dichter* (Gadamer 1934) charakteristischerweise versucht, Platons Dichterkritik verständlich zu machen (und hierfür von Orozco 2004 seinerseits im Zeitzusammenhang heftig kritisiert wird), liest der nach Neuseeland emigrierte Karl Popper Platon 1945 in *The Open Society and Its Enemies* im Kontext der totalitaristischen Gleichschaltung von Kunst und Gesellschaft während des Nationalsozialismus (Popper 2011). So sieht Popper bei Platon den Willen zum programmatischen „*social engineering*" (Popper 2011, 21) und spricht von der „totalitarian tendency of Plato's political philosophy" (31), die daher stamme, dass hier eben kein schrittweises, prüfendes politisches Vorgehen erfolge („*piecemeal engineering*"; 147), das demokratische Prozesse, Entwicklungen und Einzelmeinungen integrieren könne, sondern ohne Rücksicht auf Verluste von einem festen, kollektivistischen, utopischen Ideal ausgegangen werde („*Utopian engineering*"; 147). Er wirft Platon vor, seine zeichnerische Staatsvorstellung sei von einem radikalen politischen Ästhetizismus geprägt. Platons Reinigungsintentionen liest er vor dem Hintergrund des Nationalsozialismus als reale Intention der Säuberung von Systemgegner/inne/n und störenden Elementen (155). Poppers Schrift wurde viel kritisiert, bildet jedoch ein wichtiges Gegengewicht zur sonstigen Platonlektüre. Sie hält den Widerspruch zwischen (philosophischem) Individualismus und (spartanisch beeinflusstem) Kollektivismus in Platon dauerhaft fest, warnt die Leserin/den Leser vor zu einfachen Rezeptionsweisen und erweitert das platonische Thema der Gefährdung des Denkers/der Denkerin mit Blick auf die systematische Beeinflussung des kulturellen Gedächtnisses. Popper bereitet uns darauf vor, dass dieser Versuch der Manipulation von Individuen über die Manipulation des kulturellen Gedächtnisses im 20. Jahrhundert zu einem zentralen Thema wird, u. a. in den Schriften von Hannah Arendt, George Orwell und Jean-François Lyotard, mit denen wir uns im Folgenden beschäftigen werden.

Arendts „gruesome quiet"

Die totalitären Regimes des 20. Jahrhunderts haben gezeigt, dass zu vollständigkeitsfixierter Wahrheitsbeherrschung auch die Beherrschung der Vergangenheit gehört: Über die Bereinigung des kulturellen Erbes soll die kritische Funktion von Zeugnissen der Vergangenheit entfernt und damit die Realität des Zusammenlebens verändert werden. Hannah Arendt hat dies in *The Origins of Totalitarianism* (1950) herausgearbeitet – für sie ist die Geschichtsfälschung ein zentrales Element des Totalitarismus. Der beginnt, bereits vor der Machtübernahme, mit simplifizierenden Narrativen, ohne Rücksicht auf Fakten: „Before mass leaders seize the power to fit reality to their lies, their propaganda is marked by its extreme contempt for facts as such" (Arendt 1976, 350). Die breiten Massen seien entsprechend aufnahmefähig für einfache, konsistente Narrative, „obsessed by a desire to escape from reality", mit einem „longing for fiction" und „for consistency" (352): „Totalitarian propaganda thrives on this escape from reality into fiction, from coincidence into consistency." (352) Sie begegneten einer „lying world of consistency which is more adequate to the needs of the human mind than reality itself" (353) – eine simplifizierende Konsistenz, die den Menschen von der Komplexität der Realität ‚entlastet'. Viele Menschen suchten diese „gruesome quiet of an entirely imaginary world" (353). So entstehe „a society whose members act and react according to the rules of a fictitious world" (364) – eine

Flucht „from disintegration and disorientation into the fictitious home of the movement" (381). Dieser systematische Betrieb einer konsistenten Welt sei für die oberste Klasse des totalitaristischen Regimes ein zentrales Machtinstrument: „ideological clichés are merely devices to organize the masses" (385); die Anführer „do not actually believe in the factual existence of a world conspiracy against them, but use it only as an organizational device" (387). Ziel solcher Regimes sei es, das Denken der gesamten Bevölkerung in ein einheitliches Raster zu bringen: „The way to deal with opponents was ‚rectification of thought,' an elaborate procedure of constant molding and remolding of the minds, to which more or less the whole population seemed subject." (xxvi) Vereindeutigende Vereinheitlichung, die Denken unnötig machen soll, findet in der gesamten Kommunikation statt, die jegliche widersprechende Fakten eliminiert: „all facts that did not agree, or were likely to disagree, with the official fiction [...] were treated as nonfacts." (xxxii) Wissenschaftliche Erkenntnisse werden in Zweifel gezogen, gefälschte Dokumente in die Realitätskonstitution mit einbezogen (7). So entstehe „carefully organized ignorance" (244), gelenkt durch „the crude and vulgar forgeries perpetrated by the totalitarian movements in all fields of intellectual life" (333). Die Verbindung zum gegenwärtigen Phänomen der Fake News ist offensichtlich.

Zur Erzeugung dieser organisierten Unwissenheit gehört auch die systematische Umschreibung der Geschichte in den totalitären Regimes des 20. Jahrhunderts: „the monstrous forgeries in historiography of which all totalitarian regimes are guilty" (Arendt 1976, 332). Die Regimes würden so zu „rewriters of history" (333), die für sich entdeckt hätten „that gigantic lies and monstrous falsehoods can eventually be established as unquestioned facts, that man may be free to change his own past at will, and that the difference between truth and falsehood may cease to be objective and become a mere matter of power and cleverness, of pressure and infinite repetition." (333) Diese Manipulation der Geschichte gehe, so Arendt, mit der Unglaubwürdigmachung von Fakten in allen Lebensbereichen einher: „history itself is destroyed, and its comprehensibility [...] is in danger, whenever facts are no longer held to be part and parcel of the past and present world, and are misused to prove this or that opinion." (9) Zur methodischen Umorganisation der Realität gehöre die systematische Zerstörung widerstreitender Zeugnisse: „In a totally fictitious world, failures need not be recorded, admitted, and remembered. Factuality itself depends for its continued existence upon the existence of the nontotalitarian world." (388) Dies geschehe jedoch nicht nur durch die Beeinflussung der Presse, durch einseitige Verzeichnung oder die Vernichtung von Dokumenten, sondern auch durch darüber hinausgehende Taten: „when [...] Stalin decided to rewrite the history of the Russian Revolution, the propaganda of his new version consisted in destroying, together with the older books and documents, their authors and readers" (341–342). Je mächtiger die Regimes würden, desto mehr würden jenseits von Schriften auch Personen gänzlich aus der Erinnerung ausgelöscht: „undesirables disappear from the face of the earth; the only trace which they leave behind is the memory of those who knew and loved them, and one of the most difficult tasks of the secret police is to make sure that even such traces will disappear together with the condemned man." (433) Diese Vernichtung widerstreitender Zeugnisse und Spuren wird uns in anderen Schilderungen wiederbegegnen.

Jenseits des totalitaristischen Angriffs auf die Gegenwart über die Manipulation der Geschichte sieht Arendt also auch einen Angriff auf die Zukunft, auf das zukünftige Verständnis der Gegenwart. Die Systematizität dieser Bestrebungen zur Auslöschung aller politischen Gegner/innen aus dem Gedächtnis schildert Arendt anhand der russischen Geheimpolizei (nicht die einzige Organisation, die über ein umfassendes Karteisystem zur Personenerfassung verfügte, vgl. Andrew 2010):

> "The Okhrana [...] is reported to have invented a filing system in which every suspect was noted on a large card in the center of which his name was surrounded by a red circle; his political friends were designated by smaller red circles and his nonpolitical acquaintances by green ones; brown circles indicated persons in contact with friends of the suspect but not known to him personally; cross-relationships between the suspect's friends, political and nonpolitical, and the friends of his friends were indicated by lines between the respective circles. Obviously the limitations of this method are set only by the size of the filing cards, and, theoretically, a gigantic single sheet could show the relations and cross-relationships of the entire population. And this is the utopian goal of the totalitarian secret police. [...] The modern dream of the totalitarian police, with its modern techniques, is incomparably more terrible. Now the police dreams that one look at the gigantic map on the office wall should suffice at any given moment to establish who is related to whom and in what degree of intimacy; and, theoretically, this dream is not unrealizable although its technical execution is bound to be somewhat difficult. If this map really did exist, not even memory would stand in the way of the totalitarian claim to domination; such a map might make it possible to obliterate people without any traces, as if they had never existed at all." (Arendt 1976, 433–434)

Die Elimination jeglichen Widerspruchs beinhalte, dass Menschen „ceased ever to have lived" (434), gefangen in „holes of oblivion" (434), „without leaving behind them such ordinary traces of former existence as a body and a grave." (434) Totalitäre Regimes „obliterate people" (434), so Arendt, ihr Ziel sei „the complete disappearance of its victims" (434), die Schaffung der Tatsache, „that the victim never existed at all." (435). Dazu werde sichergestellt, „that no reliable statistics, no controllable facts and figures are ever published, so that there are only subjective, uncontrollable, and unreliable reports about the places of the living dead." (437) Die Bereinigung des kulturellen Erbes ist so ein Grundpfeiler des totalitären Staates – die Vergangenheit wird nach dem Modell der Gegenwart geformt, Alternativen ausgemerzt. Die Tatsache, dass dies *durchführbar* war und ist, belegt die enorme Fragilität des Zugangs im Nach- und Miteinander.

Arendts aufklärerischer Impetus des eigenständigen Denkens hält demgegenüber fest, manche Wahrheiten könnten selbst totalitäre Regimes nicht zerstören, etwa, dass zwei und zwei vier ergebe: „The elementary rules of cogent evidence, the truism that two and two equals four cannot be perverted even under the conditions of absolute loneliness. It is the only reliable ‚truth' human beings can fall back upon once they have lost the mutual guarantee, the common sense, men need in order to experience and live and know their way in a common world." (Arendt 1976, 477) Wir werden im Folgenden in George Orwells Roman *1984* (ein Jahr vor Arendts Werk veröffentlicht, aber von Arendt offenbar nicht rezipiert) und in Hari Kunzrus Roman *Memory Palace* Visionen durchlaufen, in denen selbst solche grundlegenden Wahrheiten nicht mehr sicher sind.

Orwells ewige Gegenwart

Die Nähe von Orwells und Arendts Werk ist immer wieder bemerkt worden, insbesondere in Bezug auf die Dystopie der totalen Überwachung. Bei beiden wird das Individuum nicht allein gelassen („a Party member had no spare time, and was never alone except in bed." Orwell 2008, 85), sondern von einem totalitären Regime laufend beobachtet, jeder einzelne Mensch ist permanent verdächtig, die „Thought Police" überwacht jedes Geräusch und jede Gesichtsregung über einen omnipräsenten, nicht abschaltbaren „telescreen" (4–5). Wer sich von der Norm abweichend verhält, begeht „*facecrime*" (65) oder „Thoughtcrime" (21). Fern von „freedom of speech, freedom of the press, freedom of assembly, freedom of thought" (14) entsteht so für jedes Individuum, wie bei Arendt, „the locked loneliness in which one had to live" (20), weil man niemand vertrauen kann und unter ständiger Beobachtung steht: „A Party member lives from birth to death under the eye of the Thought Police. Even when he is alone he can never be sure that he is alone." (219) Der private Innenraum des Individuums, der Raum zum Denken, wird, wie bei Arendt beschrieben, wie von einem Sandsturm bedroht, der in jede einzelne Ritze dringt: „It was not till twenty-three hours, when he was home and in bed – in the darkness, where you were safe even from the telescreen so long as you kept silent – that he was able to think continuously." (115)

Der Punkt, der uns hier interessiert, ist jedoch weniger häufig herausgehoben worden: Die Manipulation der Gegenwart durch die Manipulation der Vergangenheit, das Verändern und Auslöschen von Dokumenten und Zeug/inn/en mit dem Ziel der Beeinflussung der Zukunft. Orwells Roman, geschrieben wiederum kurz vor seinem Tod, stellt intensiv die Frage nach dem Leben nacheinander, die Frage, wie man jenseits des eigenen Lebens in die Zukunft kommunizieren kann. Gleichzeitig veranschaulicht er eindringlich, wie sehr die Manipulation der Vergangenheit die Gegenwart jedes Individuums beeinflussen kann. Der Versuch der Hauptfigur, Winston, trotz der allumfassenden Beobachtung ein Tagebuch zu führen und damit etwas für die Zukunft festzuhalten, widerspricht den Prinzipien des totalitären Regimes, und wird radikal bestraft: „The thing that he was about to do was to open a diary. This was not illegal (nothing was illegal, since there were no longer any laws), but if detected it was reasonably certain that it would be punished by death, or at least by twenty-five years in a forced labour-camp." (Orwell 2008, 8) Wie und für wen könnte man das Leben in einem solchen Staat überhaupt dokumentieren, fragt sich Winston: „For the first time the magnitude of what he had undertaken came home to him. How could you communicate with the future? It was of its nature impossible. Either the future would resemble the present, in which case it would not listen to him: or it would be different from it, and his predicament would be meaningless." (9) Auch sein Tagebuch könne den Kontroll- und Vernichtungsbestrebungen der Gedankenpolizei nicht widerstehen:

> "He wondered again for whom he was writing the diary. For the future, for the past – for an age that might be imaginary. And in front of him there lay not death but annihilation. The diary would be reduced to ashes and himself to vapour. Only the Thought Police would read what he had written, before they wiped it out of existence and out of memory. How could you make appeal to the future when not a trace of you, not even an anonymous word scribbled on a piece of paper, could physically survive?" (29)

Allein der Versuch der Artikulation ist für ihn die letzte Möglichkeit des Widerstandes: „He was a lonely ghost uttering a truth that nobody would ever hear. But so long as he uttered it, in some obscure way the continuity was not broken. It was not by making yourself heard but by staying sane that you carried on the human heritage." (30)

Dieser Akt ist ein Versuch der Selbstversicherung, denn die systematische Auslöschung und Veränderung des kulturellen Gedächtnisses in diesem Staat hat Auswirkungen auf das Individuum: „When there were no external records that you could refer to, even the outline of your own life lost its sharpness." (Orwell 2008, 34) Wenn einem der Kontext – schriftlich, als kulturelles ‚Wissen', oder in Form zustimmender Mitmenschen – genommen wird, wessen kann man sich dann noch sicher sein? Der Eingriff in die Vergangenheit ist ein Angriff auf das Individuum: „If the party could thrust its hand into the past and say of this or that event, *it never happened* – that, surely, was more terrifying than mere torture and death?" (37) Genau dies geschieht in diesem Staat – politische Ereignisse, an die sich das Individuum erinnert, werden systematisch umgeschrieben, alle Zeugnisse, Zeitungsmeldungen u. v. m. systematisch verändert, die Geschichte ebenso wie die Tagespolitik, sodass kein Referenzpunkt bleibt:

> "But where did that knowledge exist? Only in his own consciousness, which in any case must soon be annihilated. And if all others accepted the lie which the Party imposed – if all records told the same tale – then the lie passed into history and became truth. 'Who controls the past,' ran the Party slogan, 'controls the future: who controls the present controls the past.' [...] All that was needed was an unending series of victories over your own memory. 'Reality control', they called it: in Newspeak, 'doublethink'." (37)

Ohne Zeugnisse hat das Individuum keine Möglichkeit, die Realität des Erlebten zu beweisen: „The past, he reflected, had not merely been altered, it had been actually destroyed. For how could you establish even the most obvious fact when there existed no record outside your own memory?" (38)

Winston selbst arbeitet täglich im sogenannten Records Department an dieser Auslöschung bzw. Veränderung der Vergangenheit mit, die den Voraussagen der herrschenden Partei zum Erfolg verhelfen soll:

> "Day by day and almost minute by minute the past was brought up to date. In this way every prediction made by the Party could be shown by documentary evidence to have been correct; nor was any item of news, or any expression of opinion, which conflicted with the needs of the moment, ever allowed to remain on record. All history was a palimpsest, scraped clean and re-inscribed exactly as often as was necessary." (Orwell 2008, 42)

Hierzu ist die gründliche Sammlung und Veränderung aller Dokumente notwendig, die das Gegenteil beweisen könnten:

> "The largest section of the Records Department [...] consisted simply of persons whose duty it was to track down and collect all copies of books, newspapers and other documents which had been superseded and were due for destruction. A number of the *Times* which might [...] have been re-written a dozen times still stood on the files bearing its original date, and no other copy existed to contradict it. Books, also, were recalled and rewritten again and again, and were invariably re-issued without any admission that any alteration had been made." (43)

Ältere Bücher werden vernichtet und in neuen Fassungen wieder herausgebracht: „The hunting-down and destruction of books had been done with the same thoroughness in the prole quarters as everywhere else. It was very unlikely that there existed anywhere in Oceania a copy of a book printed earlier than 1960." (101) Die Auslöschung jeglicher Referenz lässt die Realität verschwinden: „Everything faded away into a shadow-world in which, finally, even the date of the year had become uncertain." (44)

Der Anpassung der schriftlichen Dokumente entspricht die Vernichtung von realen Zeug/inn/en und Spuren – wie bei Arendt verschwinden Menschen, ihre Spuren werden komplett getilgt: „The great purges involving thousands of people, with public trials of traitors and thought-criminals who made abject confession of their crimes and were afterwards executed, were special showpieces not occurring oftener than once in a couple of years. More commonly, people who had incurred the displeasure of the Party simply disappeared and were never heard of again." (Orwell 2008, 47) Die Namen und Daten der Verschwundenen werden systematisch aus dem kulturellen Gedächtnis gelöscht: „He knew that in the cubicle next to him the little woman with sandy hair toiled day in, day out, simply at tracking down and deleting from the press the names of people who had been vapourized and were therefore considered never to have existed." (44) Gleichzeitig werden neue Fakten und Figuren geschaffen: „Comrade Ogilvy, unimagined an hour ago, was now a fact. [...] Comrade Ogilvy, who had never existed in the present, now existed in the past, and when once the act of forgery was forgotten, he would exist just as authentically, and upon the same evidence, as Charlemagne or Julius Caesar." (50)

Verändert werden jedoch nicht nur zeitgeschichtliche und historische Dokumente, sondern – besonders bedeutsam in unserem Zusammenhang – die gesamte Sprache wird umgebaut und radikal vereinfacht, um alle Abweichungen zu verunmöglichen: „,We're getting the language into its final shape – the shape it's going to have when nobody speaks anything else. When we've finished with it, people like you will have to learn it all over again. You think, I dare say, that our chief job is inventing new words. But not a bit of it! We're destroying words – scores of them, hundreds of them, every day. We're cutting the language down to the bone. [...]'" (Orwell 2008, 53–54) Die neue Sprache, dokumentiert in einem eigenem Wörterbuch, soll nur noch parteikonformes Denken ermöglichen und alle Mehrdeutigkeiten ausschließen:

> "'Don't you see that the whole aim of Newspeak is to narrow the range of thought? In the end we shall make thoughtcrime literally impossible, because there will be no words in which to express it. Every concept that can ever be needed will be expressed by exactly *one* word, with its meaning rigidly defined and all its subsidiary meanings rubbed out and forgotten. [...]'" (55)

Diese radikale Informatisierung, ja Digitalisierung der Sprache – einem Wort entspricht nur eine feste Bedeutung, eine Information – liegt hier im Zentrum des Totalitarismus (wir werden in Kapitel 11 darauf zurückkommen). Mit der Vereinfachung der Sprache, die sich auch auf die Umarbeitung der Literatur erstreckt, soll das Denken vereinfacht, ja letztlich das Selber-Denken abgeschafft werden – entsprechend Arendts Gedankenlosigkeit: „By 2050 – earlier, probably – all real knowledge of Oldspeak will have disappeared. The whole literature of the past will have been destroyed. [...] The whole climate of thought will be different. In fact there will *be* no thought, as we understand it now. Orthodoxy means not thinking – not needing to think. Orthodoxy is unconsciousness."' (56)

Ohne Referenzgrundlage verschwindet auch die Möglichkeit, jegliche Aussagen zu überprüfen: „It might very well be that literally every word in the history books, even the things that one accepted without question, was pure fantasy. [...] Everything faded into mist. The past was erased, the erasure was forgotten, the lie became truth." (Orwell 2008, 78) Winston erlebt das Verschwinden der Dokumente und Zeugen mit und sieht eine Zukunft völliger Unverifizierbarkeit vor sich:

> "Within twenty years at the most, he reflected, the huge and simple question, 'Was life better before the Revolution than it is now?' would have ceased once and for all to be answerable. But in effect it was unanswerable even now, since the few scattered survivors from the ancient world were incapable of comparing one age with another. [...] all the relevant facts were outside the range of their vision. [...] And when memory failed and written records were falsified – when that happened, the claim of the Party to have improved the conditions of human life had got to be accepted, because there did not exist, and never again could exist, any standard against which it could be tested." (96–97)

Letzte historische Objekte, die eine andere Sprache sprechen könnten, verschwinden mehr und mehr: „this was concrete evidence; it was a fragment of the abolished past, like a fossil bone which turns up in the wrong stratum and destroys a geological theory." (82) Alles Alte wird in der Gesellschaft verdächtig: „Anything old [...] was always vaguely suspect." (99) Widersprechendes wird notfalls durch Verschwörungstheorien devalidiert:

> "'Nonsense. The earth is as old as we are, no older. How could it be older? Nothing exists except through human consciousness.' 'But the rocks are full of the bones of extinct animals – mammoths and mastodons and enormous reptiles which lived here long before man was ever heard of.' 'Have you ever seen those bones, Winston? Of course not. Nineteenth-century biologists invented them. Before man there was nothing. [...]'" (278)

Jegliche historische Referenz wird in allen Lebensbereichen ausgemerzt: „One could not learn history from architecture any more than one could learn it from books. Statues, inscriptions, memorial stones, the names of streets – anything that might throw light upon the past had been systematically altered." (102)

Damit endet letztlich die Geschichte – geschichtliche Dokumente dienen nur der Rechtfertigung der Gegenwart:

> "[...] Do you realise that the past, starting from yesterday, has been actually abolished? If it survives anywhere, it's in a few solid objects with no words attached to them, like that lump of glass there. Already we know almost literally nothing about the Revolution and the years before the Revolution. Every record has been destroyed or falsified, every book has been re-written, every picture has been re-painted, every statue and street and building has been re-named, every date has been altered. And that process is continuing day by day and minute by minute. History has stopped. Nothing exists exept an endless present in which the Party is always right. I *know*, of course, that the past is falsified, but it would never be possible for me to prove it, even when I did the falsification myself. After the thing is done, no evidence ever remains. The only evidence is inside my own mind, and I don't know with any certainty that any other human being shares my memories." (Orwell 2008, 162)

Ohne Referenzgrundlage sind widerstreitende Auffassungen nur noch in menschlichen Köpfen vorhanden – und auch diese sucht das Regime zu kontrollieren: „If both the past and the external world exist only in the mind, and if the mind itself is controllable – what then?" (84) Solche, die nicht kontrolliert werden können, verschwinden: „Whatever happened you vanished, and neither you nor your actions were ever heard of again. You were lifted clean out of the stream of history." (172) Diese „continuous alteration of the past" (221) ist aus zwei Gründen für das Regime notwendig:

> "The subsidiary reason is that the Party member, like the proletarian, tolerates present-day conditions partly because he has no standards of comparison. He must be cut off from the past [...]. But by far the more important reason for the readjustment of the past is the need to safeguard the infallibility of the Party. It is not merely that speeches, statistics and records of every kind must be constantly brought up to date in order to show that the predictions of the Party were in all cases right. It is also that no change in doctrine or in political alignment can ever be admitted. For to change one's mind, or even one's policy, is a confession of weakness. [...] And if the facts say otherwise, then the facts must be altered. Thus history is continuously rewritten." (221–222)

Der Totalitarismus realisiert so in besonderer Deutlichkeit das subversive Potential der Geschichte und sucht es systematisch zu unterdrücken:

> "The mutability of the past is the central tenet of Ingsoc. Past events, it is argued, have no objective existence, but survive only in written records and in human memories. The past

is whatever the records and the memories agree upon. And since the Party is in full control of all records, and in equally full control of the minds of its members, it follows that the past is whatever the Party chooses to make it. It also follows that though the past is alterable, it never has been altered in any specific instance. For when it has been recreated in whatever shape is needed at the moment, then this new version *is* the past, and no different past can ever have existed." (222)

Menschen wie Dokumente sind nun unter der Kontrolle der Partei:

"'[...] Does the past exist concretely, in space? Is there somewhere or other a place, a world of solid objects, where the past is still happening?' 'No.' 'Then where does the past exist, if at all?' 'In records. It is written down.' 'In records. And – ?' 'In the mind. In human memories.' 'In memory. Very well, then. We, the Party, control all records, and we control all memories. Then we control the past, do we not?'" (260)

Ohne externe Referenz, ohne kulturelles Gedächtnis, so zeigt sich, ist individuelles Denken machtlos.

Unterstützt durch moderne Technologie entsteht so eine komplette Meinungskontrolle:

"in the past no government had the power to keep its citizens under constant surveillance. The invention of print, however, made it easier to manipulate public opinion, and the film and the radio carried the process further. With the development of television, and the technical advance which made it possible to receive and transmit simultaneously on the same instrument, private life came to an end. Every citizen, or at least every citizen important enough to be worth watching, could be kept for twenty-four hours a day under the eyes of the police and in the sound of official propaganda, with all other channels of communication closed. The possibility of enforcing not only complete obedience to the will of the State, but complete uniformity of opinion on all subjects, now existed for the first time." (Orwell 2008, 214)

Jegliches freie Denken soll abgeschafft werden: „Already we are breaking down the habits of thought which have survived from before the Revolution. [...] There will be no art, no literature, no science." (279–280) Erst hierin sieht das totalitäre Regime die perfekte Ausformung der Macht: „Power is in tearing human minds to pieces and putting them together again in new shapes of your own choosing." (279) Mit der Meinungskontrolle geht schließlich die Realitätskontrolle, „reality control" (223), einher, mit „the mutability of the past [...] the denial of objective reality" (163): „they can twist reality into whatever shape they choose" (207). Wenn alle Dokumente und alle Gehirne gleichgeschaltet sind, gibt es keinen Widerstand mehr: „how could the immortal, collective brain be mistaken?" (290) Realität liegt nun gänzlich jenseits des Faktischen und nur noch in den manipulierbaren Gehirnen der Staatsbürger/innen: „Whatever happens in all minds, truly happens." (291)

In der Logik der totalen Manipulation liege es – und hier müssen wir an Arendt zurückdenken –, dass man auch versuchen müsse, die grundlegendste Wahrheit, das grundlegendste Gesetz der Wissenschaft, zu manipulieren, dass zwei und zwei vier ergeben: „In the end the Party would announce that two and two made five, and you would have to believe it. It was inevitable that they should make that claim sooner or later: the logic of their position demanded it." (Orwell 2008, 83) Die Sicherung dieser Wahrheit sehen die letzten Widerständler/innen darin, sie jenseits der Schriftlichkeit mündlich von einem zum anderen Menschen weiterzugeben (wir werden diesem Phänomen bei Kunzru wiederbegegnen): „Only by word of mouth, from mind to mind, could they pass on the secret." (228) Nur so können sie versuchen, eine unmanipulierte Zukunft zu schützen: „But you could share in that future if you kept alive the mind as they kept alive the body, and passed on the secret doctrine that two plus two make four." (230) Es ist die schlimmste Pointe des Romans *1984*, dass durch Folter selbst diese Wahrheit im Kopf der Menschen manipulierbar ist (261 ff., 290, 303).

Kunzrus Zukunft der Informationsgesellschaft

Die tragende Rolle des kulturellen Gedächtnisses als Referenzpunkt unserer Realität und als Schutz gegen Manipulation, die Fragilität unseres Zugangs zur Realität und zueinander – sie werden in Orwells Roman drastisch deutlich. Hari Kunzrus Roman *Memory Palace* (2015) zeigt uns in ähnlicher Drastik, aus der Perspektive des 21. Jahrhunderts, die langfristigen Konsequenzen eines solchen Angriffs auf das Miteinander über das Nacheinander, auf das Zusammenleben von Individuen über das kulturelle Gedächtnis – eines Angriffs auf die Zukunft. Der Roman beginnt mit den symptomatischen Worten „Here is how to remember." (Kunzru 2015, 9) Sogar dies muss in der Welt dieses Romans erhalten und den Menschen immer wieder beigebracht werden – wir bewegen uns hier also weit jenseits dessen, was wir für selbstverständlich halten: Das Gedächtnis und seine schriftlichen Stützen – immer bedroht, wie wir gesehen haben – sind hier nahe an der Auslöschung. *Memory Palace* spielt nach „the Withering", einem Ereignis, in dem die uns bekannte Zivilisation zusammenbrach und nach dem das zivilisatorische Wissen immer weiter verloren ging, so weit, dass sogar die Natur der einzelnen Techniken vergessen worden ist – Computer sind nur noch als „pewter" bekannt, die gesamte schriftliche Zivilisation wird nur noch mit dem Wort „sign" bezeichnet (9), ohne dass klar ist, was dies eigentlich im einzelnen war. Wie Winston wird die Hauptperson in *Memory Palace* wegen ihres

Willens, ein Stück der vergangenen Kultur zu bewahren, von einem totalitaristischen Regime verfolgt, eingesperrt und gefoltert. Die Schriftzivilisation ist zerstört, die Menschen, die die Erinnerung erhalten wollen, haben sich zu Netzwerken zusammengeschlossen, um ihre Gedächtnisse gegenseitig zu stützen – der Mitgliedschaft in einem solchen „internet" ist die Hauptfigur angeklagt (12). Allein in diesem Wort zeigt sich eine der Hauptwirkungen des Romans – alltägliche Wörter der Gegenwart sind durch den Druck des Vergessens in Bedeutung und Form verändert worden: „Though they use these words – *charged, internet* – they don't really know what they mean any more. They are words from before the Withering." (12) Was die technische Grundlage der Informationsgesellschaft war, hält nun ein Netzwerk einzelner Menschen zusammen, radikal verfolgt durch ein totalitaristisches Regime.

Durch die radikale Abwendung von der Schriftzivilisation nach dem Zusammenbruch haben sich ohne die Hilfe stützender Medien und Technologien viele Bestandteile der Kultur verändert oder ihre Bedeutung ist verloren gegangen – Fehler schleichen sich unmerklich ein: „The men who gathered to question me have no more notion of information-age Laws than they do of *physics*, or *evilution*." (Kunzru 2015, 12) In diesem langsamen Einschleichen von Fehlern in Wissen und Begriffe, die wir heute als selbstverständlich betrachten, der Tragik der Unzugänglichwerdung, der Fragilität des Zugangs, liegt das eigentliche Drama des Buches. Folgende Passage demonstriert die verformten Trümmer zivilisatorischen Wissens:

> "I know the names of all seventy-two Lawlords, along with their attributes and their colours and their primary Laws. [...] Among the greatest was Milord Rayleigh, who knew why the sky was blue. He made great Laws for the sunset and the sound of distant bird calls. There was Milord and Lady Ayn Stein, who wrote the Laws of Relativity and the Invisible Hand, and Lords Ferryday and Pastor and Lady Mary of the Cure." (20)

Diese Verformungen (Einstein, Faraday, Marie Curie etc.) sind durch lange mündliche Weitergabe entstanden, trotz der eingeführten Überwachungsprozesse: „When they are taught, there are always two Master Memorialists present, so that the sins of error and variance will not creep into our remembering." (20) Die Fehler bei der mündlichen Weitergabe wirken sich über die Zeit drastisch aus: „many of the words are obscure, though they have been passed down among us with great care." (75) Die Namen der Londoner Stadtteile haben sich bis zur Unkenntlichkeit verformt (25). Die Bedeutung alltäglicher Wörter wie „hospital" (18), „advertising" (29), „customer" (36), „museum" (48), „centimetre" (35) oder „manager" (65) ist verlorengegangen. Die übriggebliebenen Tasten („qwerty") eines Computers („pewter") trägt der Protagonist nur noch als Glücksbringer um den Hals: „I had a few keys from a qwerty, and even wore them as a kind of charm, tied round my neck with a leather thong. I think my da must have hung them on me, for luck or protection." (50) Sokrates' Traum der mündlichen Weitergabe von Wissen ist auch hier gescheitert.

Diese Vergessensprozesse geschehen nicht nur natürlich, ohne die Unterstützung von Medien, sondern unter dem Druck des Regimes: Wer die Newtonschen Gesetze – und sei es in verformter Weise – äußert, dem droht Folter (Kunzru 2015, 22). Wie bei Arendt und Orwell wird hier unter äußerem Druck die Realität verformt – und zwar die gegenwärtige über die Auslöschung der Vergangenheit –, bis hin zu naturwissenschaftlichen Gesetzen. „"What is this terrible enthusiasm you have for ideas?"" (33) wird der Protagonist von seinem Folterer gefragt. Dessen Bewegung hat eine Art naturromantischen Totalitarismus etabliert, die der Schriftzivilisation die Schuld am Zusammenbruch der Gesellschaft gibt:

> "'Ideas [...] don't quench your thirst. You may think they give you power, but that's a lie. How can an idea have power over matter? [...] ideas are a poor substitute for true power. True power lives in the bone. It courses through the blood. [...] We are men. We were meant to be warriors. We were meant to exist in a wild world. [...] This is what we're working for. We're trying to find our way back to the feeling of the wind on our faces, the taste of cool fresh spring water in our mouths. [...]'" (34)

Der aristotelische Grundsatz, dass der Mensch von Natur aus nach Wissen strebe, wird hier abgelehnt: „Ignorance is only purity tarnished by scorn. That is the slogan. Knowing nothing should be cherished: it's a sign that you're free of trace." (12) Die Befreiung von zivilisatorischem Wissen – und eigenständigem Denken – wird als Erlösung verkauft, als „a joyful harmonizing with nature" (15), „after being weighed down by civilization for so many centuries" (15). Manche Erlöser/innen ersehnen gleich ganz „our exit as a species from the world's stage" – „[t]hey're looking forward to their extinction as a moment of great joy." (15) Manche suchen in der Abkehrung von der Zivilisation den Abschied von der Last der Autonomie, die De-Individualisierung in einer großen Bewegung: „It's hard to be an invidual, to be conscious and alive inside the prison walls of your skull. So much easier to lay all that aside, to flow into something larger than yourself. So much easier to forget." (15) Der Roman verdeutlicht so den Nexus zwischen kultureller Überlieferung und menschlichem Zusammenleben, zwischen Nacheinander und Miteinander – und betont gleichzeitig die Nichtselbstverständlichkeit all der Grundlagen, auf denen unser heutiges Leben beruht, die Fragilität des Zugangs.

Denn in *Memory Palace* wird wie in *1984* die Sprache bereinigt (und die Sprache der Erinnernden zeigt bereits deutliche Auswirkungen des erzwungenen Vergessens): „These words are banned. *Minute, second, meet* and *centimeet*, *centigrade* and *fair-in-height*. *Inch, gram* and *mile*. Any *kill-oh* word. Any *terror* or *gigger* word. Any *mega* or *minimum* or *mole* or *molecule* or *milly* or *minicule* or *bite*." (Kunzru 2015, 35) Maßeinheiten, technische und wissenschaftliche Begriffe werden aus der Sprache verbannt. Besonders verhasst sind Zahlen und Rechentechniken, da diese mit der Vorstellung der kapitalistischen Informationsgesellschaft verbunden sind:

> "There was once an *international system* of accounting. It was this *international system* that collapsed, causing the world to wither. From this we know that the roots of the old world were steeped in number. When the sap of numbers dried up, the towers drooped and the screens went grey and crumbled to dust. [...] The Thing hates accounting more than any other crime. [...] *Accounting is the opposite of Wilding. The more men account the world, the less wild it will be.*" (35)

Dies führt dazu, dass Schrift und Zahlen abgeschafft und verfolgt werden:

> "I wish I could write this as it should be written, with the equals and the plus and the squared root. But I cannot write. The last true writer died ten generations ago. I wish I could even speak my equation truly, speak it in numbers and coax from it the living sign. This was one of the great powers of accounting, the power of number to cleanse people of error and variancy. But I have no powerful numbers" (35).

Dies ist das Endstadium des 2+2=4.

Die Zerstörung aller schriftlichen Unterlagen geht hiermit einher – die Anhänger der Zivilisation fochten vergeblich „on the steps of the London Library" (Kunzru 2015, 42). Der Protagonist erinnert sich noch an die dann zerstörte British Library, „the site of the Old Library, where readers had made their last stand in the early days of the Withering." (57) Die letzten verbliebenen Schriftzeichen verlieren ihre Bedeutung, die Fähigkeit des Lesens ist verlorengegangen – so hat sich die Tafel der chemischen Elemente (44–45) über die Jahre hinweg in ein Gebet verwandelt:

> "This prayer is sounded in the language of *science* or *signs* or *signscrit*, which is the ancient language of the Lawlords from the time of the Booming. I don't know how to read the marks. I was taught how to make them, but I was never supposed to set them down. They were meant to be in my memorial, as indeed they are [...]. I was supposed to keep them until we could use them again. But I liked to look at them [...]. So I set them down. It was reckless; when I was taken by the wolves, they found the paper. It was trace, than which there is no greater crime. The Wilding will bring the end of trace. It will be the end of all signs separated from bodies. The bodies will just be, without sign to fly over them. All the things of the world inside themselves, dumb and silent, unnamed: that is the Wilding. [...] The Thing want to cut us free from the trap of words. They say we are caught and need to get away." (45)

Die Abschaffung der Schriftzivilisation soll den Menschen wieder zum ursprünglichen Jäger und Sammler machen: „‚[...] This is how nature ordained it [...], before we trod the Sorrowful Road of civilization.'" (39)

Denn die Abhängigkeit der Menschen von Technologien – auch, analog der platonischen Schriftkritik, die Abhängigkeit des Gedächtnisses – führte nach der großen Katastrophe, die auch „the Magnetization" (Kunzru 2015, 42) genannt wird, zunächst zu einem Hobbesschen vorzivilisatorischen Zustand des Kampfes aller gegen alle:

> "An aura was seen all over the world, great waves of light shivering in the sky. They saw the great waves of light, and their screens spewed out their last sign and went dark. After that, all memory was gone, and the market was empty and the people wandered the cities looting and burning and killing one another. It is said that the people had lived in the realm of sign so long that no one could remember how to get food, and without pewter they no longer knew their own names and could not prove to each other that they were kin. [...] It was a war of all against all, each against each." (42)

In dieser Situation, auch wenn einige versuchten, die Zivilisation wieder aufzubauen, hatte sich dann die Partei des radikalen „Wilding", des militanten ‚zurück zur Natur!' etabliert: „The ancestors saw the aura sign and it scraped their machines clean. It was a complete surprise; even their deepest internets hadn't predicted it. The chaos was unimaginable. Millions died. Their so-called civilization collapsed at a stroke. Of course, some fools wanted to build it up again, but the wiser ones knew the Mother was correcting the balance, re-establishing the natural order of things." (71)

Wie bei Arendt und Orwell will dieses Regime letztlich neben den Schriftzeugnissen auch die menschlichen Zeugen vernichten – die letzten Memorialist/inn/en sollen ausgelöscht werden: „The Thing have have all sorts of insulting terms for us. They call us a cult, a corruption, an internet. We call ourselves Memorialists." (Kunzru 2015, 16) Die Abschaffung des Gedächtnisses beinhaltet auch hier die Abschaffung des selbständigen Denkens, die Veränderung der Realität und damit die Absicherung der Macht des Regimes: „*The world is not made of facts. The world is not made of lists of nonsense from the age of information. It is made of rock and wood and water. [...] You only need to make a sign for something you have repressed. What you no longer feel in the blood and in the bone.*" (64) Wer dennoch eigenständig denkt, wird radikal verfolgt:

> "At that meeting I was inducted into the fellowship of the Memorialists. [...] The next day I began to study the art of memory. With Billgee's help I'd already assembled a whole mental library of ancient knowledge. Now, for the first time I understood what it meant to be an internet. We shared our learning. It flowed between us like sign, even though none of it was true sign, just our spoken words. To ask questions, hear answers: it was beautiful,

heart-filling. I understood why the Thing feared it so much. Our way was to double as much as possible, so if one of us was betrayed or killed, the work would not die with them. We lived in constant fear. The Thing knew of our existence, and used spies and informers against us. To be a Memorialist is to live in the shadow of death." (62)

Auch hier zielen die Obersten des Regimes (die wie bei Orwell und Arendt als einzige die alte, nichtideologische Sprache beherrschen; 69) letztlich auf die Schaffung einer ewigen, gedankenlosen Gegenwart des Regimes, eine Abschaffung der Vergangenheit: „We're bringing about the time of no time, the year whose number is no number [...]. Forgetting is at the root of it. If you follow the path of forgetting you'll have freedom of heart and peace of mind. You will have a clear conscience. [...] Release yourself into the time of no time, the thought which undoes all thought." (72) Schritt für Schritt werden die Individuen ausgelöscht, die die letzten Wissensreste erhalten.

Auch der Protagonist wird, nachdem er unter Folter seine Mitwirkenden verraten hat, exekutiert – vorher gibt er jedoch über eine Art Notfallmechanismus sein Wissen an eine ihm unbekannte Memorialistin weiter. Als er in der Todeszelle sitzt, kontaktiert sie ihn durch ein Loch in der Wand (in einer tragischen Neubelegung des Wortes ‚download'): „‚We don't have much time. The fellowship have sent me. You must download. [...] I will receive all your memories. I will keep them safe. It's time for you to give up your burden. Load it down on me.'" (Kunzru 2015, 77) Zusätzlich zu den zu erinnernden Inhalten darf er dem gemeinschaftlichen mündlichen Gedächtnis noch eine persönliche Erinnerung hinzufügen: „This is what we do for the dying. I am permitted to add one memory of my own to the store. The others will hold it, will cherish it as carefully as the words of a Lawlord. After I am gone, it is all that will remain." (80) Dies ist der interpersonal organisierte Widerstand, der der vollständigen Vernichtung des Individuums und des kulturellen Gedächtnisses entgegengehalten wird – die *Hilfe*, die dem Einzelnen jenseits des Todes zuteil wird, die Verkörperung des „Die Welt ist fort, ich muss dich tragen." *Memory Palace* macht uns so die reale Möglichkeit bewusst, dass alle zivilisatorischen Errungenschaften wieder verlorengehen können – Wissen, autonomes Denken, Information, kulturelle Überlieferung, Standards des menschlichen Zusammenlebens –, und zeigt uns, wie eng der Zugang zueinander und der Zugang zum kulturellen Gedächtnis zusammenhängen.

Der reale Angriff

Die systematische Vernichtung des kulturellen Gedächtnisses samt der Vernichtung menschlicher Zeug/inn/en, der Angriff auf das Miteinander über das Nacheinander, hat im 20. Jahrhundert jedoch real stattgefunden. Die Vernichtungsstätten des Nationalsozialismus stehen den fiktionalen Dystopien in nichts nach, sie übertreffen sie in vielem sogar. Dass der Angriff auf die Zukunft hierbei immer mitgedacht wurde, zeigt Primo Levis Bericht von den Aussagen eines SS-Manns:

> „Wie auch immer dieser Krieg ausgeht ... den Krieg gegen Euch haben wir gewonnen. Keiner von Euch wird übrigbleiben, um Zeugnis abzulegen, aber selbst wenn einer davonkommen sollte, würde ihm die Welt nicht glauben. Vielleicht wird es Vermutungen geben, Diskussionen, Untersuchungen von Historikern, aber es wird keinerlei Gewißheit geben, weil wir Euch samt den Beweisen zerstören werden. Und selbst wenn irgendein Beweis übrigbleiben und einer von Euch überleben sollte, werden die Leute sagen, daß die Dinge, von denen ihr da berichtet, zu ungeheuerlich sind, als daß man sie glauben könnte ... Die Geschichte der Lager werden wir diktieren." (zitiert bei Agamben 2013, 137; vgl. Levi 1990, 7)

Diesen „Krieg gegen das Erinnern" (Levi 1990, 28), diesen systematischen Versuch, Geschichte erst gar nicht entstehen zu lassen und damit die Zukunft zu prägen, spiegelt die Geschichte der Vernichtungsstätten Belzec, Sobibor und Treblinka stellvertretend wider.

Belzec, Sobibor und Treblinka – betrieben vom sogenannten T4-Reinhardt-Netzwerk – zählen trotz ihrer vergleichsweise kurzen Existenz mit einer Opferzahl von ca. 1,6 Millionen Menschen (Berger 2013, 254) zu den extremsten Vernichtungsorten des Nationalsozialismus: „Allein in den vier Monaten Juli bis Oktober 1942 wurden in den drei Vernichtungslagern über eine Million Menschen mit Motorenabgasen ermordet. Die Lager der ‚Aktion Reinhardt' übertrafen somit die Opferzahl des Vernichtungslagers Auschwitz-Birkenau, das auch in den mordintensiven Monaten im letzten Kriegsjahr nicht die täglichen Opferzahlen des Lagers Treblinka erreichte." (9) Dennoch, so schreibt Sara Berger, „wird die Bedeutung der ‚Aktion Reinhardt' angesichts der Rolle von Auschwitz als Symbol für den Massenmord an den europäischen Juden häufig unterschätzt." (9) Die drei Vernichtungsstätten seien „in der heutigen öffentlichen Wahrnehmung lediglich peripher verankert, sodass sie sogar als ‚die vergessenen Mordlager des Holocaust' bezeichnet wurden"; auch die Historiker/innen hätten sich „mit der Aufarbeitung der Lager erst relativ spät beschäftigt." (380–381) Wie diese – von den Nationalsozialist/inn/en planmäßig betriebene – Auswirkung auf die

Zukunft zustandegekommen ist, stellt einen weiteren Beleg für die Fragilität des Zugangs dar.

Wie ist die geringe Bekanntheit dieser drei Orte zu erklären? Hier spielen viele Faktoren eine Rolle. Neben der kurzen Betriebszeit von knapp zwei Jahren zählt hierzu die sehr geringe Zahl an Überlebenden, verursacht durch die extreme Systematizität des Vorgehens: Die meisten Ankömmlinge wurden sofort, innerhalb von zwei Stunden nach Ankunft, ermordet. Im Gegensatz zu anderen Konzentrationslagern waren mit diesen Vernichtungsstätten keine weiteren Lagereinheiten verbunden; sie waren nicht, wie Auschwitz, eine „Mischform von Arbeits- und Vernichtungslager" (Berger 2013, 195). Die wenigen Überlebenden von Belzec, Sobibor und Treblinka waren zudem vor allem Angehörige von Arbeitskommandos – diejenigen, die per Zug direkt in die Gaskammern geleitet wurden, konnten *de facto* kein Zeugnis ablegen. Die Möglichkeit des Zeugnisses war erst später durch die Einführung fester jüdischer Hilfsmannschaften aus Überlastgründen gegeben, zu Beginn wurden Helfer sofort nach ihrem Einsatz ermordet. Zudem „hatten die Überlebenden [...] häufig nur ein begrenztes Wissen über das Geschehen im Lager; so war ihnen beispielsweise der Vernichtungsbereich von Sobibor nicht aus eigener Anschauung bekannt." (20) So konnte es den Tätern etwa im Falle von Belzec gelingen, „ihre persönliche Verantwortung für die Taten herunterzuspielen", „aufgrund der fehlenden Zeugen aufseiten der Opfer" (20). Die Vernichtung des menschlichen Zeugnisses ist bei diesen Stätten nahezu vollständig gelungen.

Darüber hinaus wurden die Akten bei der Schließung der Stätten vernichtet (Berger 2013, 19, 380), wie später in ganz Deutschland: „Am 20. Februar 1945 befahl Reichspropagandaminister Joseph Goebbels die systematische Vernichtung aller geheimen und heiklen Dokumente Deutschlands, darunter auch aller Papiere, die sich auf Juden bezogen." (Hilberg 2009, 21–22) Entsprechend können „[v]iele Aspekte der ‚Aktion Reinhardt' [...] nicht mehr aufgearbeitet werden." (Berger 2013, 19) Doch die Vernichtung der Akten war nur der finale Akt einer systematischen verbalen Tarnung: Befehle wurden meist nur mündlich erteilt, Berichte oft in kontextloser Kurzform erstattet, wie das sogenannte Höfle-Telegramm zeigt, in dem die Vernichtungszahlen aus Majdanek, Belzec, Sobibor und Treblinka codiert übermittelt wurden und dessen Bedeutung erst 2001 erkannt wurde (s. Witte/Tyas 2001). Darüber hinaus ermöglichte die systematische Verwendung doppeldeutiger Diskurse eine Verfälschung der Geschichte ebenso wie die Verhöhnung der Opfer. So wurde die Massentötung vielfach als „Sonderbehandlung", Aussiedlung, Durchschleusen oder Transport in den russischen Osten bezeichnet (vgl. Hilberg 2009, 83–155; Wistrich 2012, 2; Berger 2013). Die drei Lager trugen nach außen nur die Bezeichnung „SS-Sonderkommando" (Berger 2013, 61). Die tarnenden Diskurse erlaubten auch die Vermischung von

Ebenen: Opfern wurde zur Beruhigung vorgegaukelt, die Gaskammern dienten nur der Reinigung von Schädlingen, gleichzeitig wurden in der NS-Propaganda Juden als Schädlinge bezeichnet, in Auschwitz wurden sie dann mit Zyklon B, einem Schädlingsbekämpfungsmittel, ermordet, sodass nach dem Krieg wiederum behauptet werden konnte, dieses sei nur zur Schädlingsbekämpfung eingesetzt worden. Eine ähnlich höhnische Doppelnutzung von Sprache ist die bereits erwähnte Vermischung von Diskursen des Zionismus und der Vernichtung, beginnend bei der Bezeichnung als „Umsiedlung" (Wiernik 2014, 21) bis hin zu der Bezeichnung der Gaskammern in Treblinka als „Judenstadt" (41). Hier wird wie in der Aktenvernichtung die *réécriture* der Geschichte proaktiv angelegt (noch heute behaupten Holocaust-Leugner/innen, die verschwundenen Juden seien lediglich ausgewandert). Wie Wandres sagt, war bereits bei seiner Ausführung „das Leugnen des Holocaust eine geradezu notwendige Voraussetzung für seine reibungslose Durchführung" (Wandres 2000, 71).

Die Geschichte der drei Vernichtungsstätten belegt in vielen Details, wie weit der Angriff auf eine zukünftige Geschichte ging. So wurde die Methode der Vernichtung bewusst mit Blick auf die Vermeidung der Öffentlichkeit gewählt (Berger 2013, 26). Vorherige Mordaktionen an Behinderten hatten zu unerwünschter Öffentlichkeit geführt und mussten daher eingestellt werden (33). Dementsprechend wurden in Belzec zunächst Versuche mit mobilen „Gaswagen" (27) durchgeführt. Um größere Kapazitäten zu erreichen, wurden jedoch in der Folge statische Vernichtungsstätten geplant, die trotz guter Anbindung durch ihre Lage der Öffentlichkeit weitgehend entzogen waren:

> „Für den Bau [...] in Belzec sprach in erster Linie der Anschluss an die zentrale Bahnlinie von Lemberg nach Lublin, welche die gute Erreichbarkeit der jüdischen Gemeinden und Ghettos gewährleistete. Eine Eisenbahnrampe im Besitz der ‚Oberschlesischen Holz-Industriegesellschaft' war bereits vorhanden. Trotz ihrer guten Position war die kleine Ortschaft relativ abgeschieden von der Außenwelt und daher geeignet, die Existenz eines Vernichtungslagers möglichst lange geheim zu halten." (38)

Ebenso wurde der Standort Sobibor ausgewählt: „kurz hinter Sobibor endete die Eisenbahnlinie in Wlodawa. Der geringe Durchgangsverkehr und die Abgeschiedenheit des Ortes vereinfachten die Geheimhaltung." (55) Treblinka „lag in einem Kiefernwald, der einen natürlichen Sichtschutz bot, sodass das Lager weder von einem in der Nähe vorbeiführenden Weg noch von der regulären Bahnstrecke eingesehen werden konnte. Überdies war die Gegend nur sehr dünn besiedelt." (72)

Die Tarnung beim Aufbau der Lager war ebenfalls systematisch – so wurde z. B. „nicht mit ausgearbeiteten Plänen gebaut, sondern lediglich mit allgemein gehaltenen Bauskizzen." (Berger 2013, 62) Die Anlagen wurden nach außen hin getarnt, etwa in Sobibor: „Zur Verhinderung der Einsicht von außen ließen die T4-Reinhardt-Männer wie in Belzec Zweige in die Stacheldrahtzäune einflechten." (63) In Belzec wurden, auch zur Beruhigung der Opfer, „[a]uf die drei Stufen, die zum Mittelgang des Gebäudes führten, [...] Blumenkübel gestellt und an der Wand die Schrift ‚Bade- und Inhalationsräume' angebracht." (96) Auch in Sobibor wurde Wert auf die äußere Präsentation gelegt: „Die Gebäude waren frisch gestrichen, das Gelände mit Blumen angelegt. Den Deportierten bot sich aus den Waggons heraus ein beruhigender Anblick, hatte diese Idylle doch nichts mit ihren Vorstellungen von einem möglichen Vernichtungsort gemein." (157) In Treblinka gab es später noch umfangreichere Tarnungsmaßnahmen, bis hin zur „Bahnhofsattrappe" (207). Die kommunikative Geheimhaltung wurde durch Funktionstrennung erhöht, so in Belzec: „Das Bahnpersonal verließ den Zug, da es das Lager nicht betreten durfte. Auch der deutschen Begleitmannschaft aus SS und Polizei wurde in der Regel der Zutritt zum Lager verweigert, um jegliche unnötige Mitwisserschaft [...] zu vermeiden." (110) Sobald weitere Lagerteile, etwa für Arbeitspersonal, bestanden, wurden diese kommunikativ vom Vernichtungsbereich abgetrennt: „Von Sobibor und Treblinka ist bekannt, dass die T4-Reinhardt-Männer jeglichen Kontakt zwischen den Arbeitskräften des Vernichtungsbereichs und des restlichen Lagers unterbanden" (228). Das feste SS-Lagerpersonal war zudem insgesamt recht gering (138).

Nach der geringen Betriebszeit von knapp zwei Jahren wurden die Lager dann systematisch abgebaut – beginnend mit der „Beseitigung der Massengräber": „Mit der Verbrennung der Leichen hatte man in Belzec und Sobibor bereits Ende 1942 begonnen, systematisch umgesetzt wurde sie aber erst 1943. Diese Aktion hatte zum einen hygienische Gründe, diente zum anderen aber auch der Spurenverwischung." (Berger 2013, 189) In Belzec baute man

> „die Baracken und das Gaskammergebäude ab. Per Zug und Lkw wurden die Barackenteile nach Lublin gebracht. Aufgefundene Gegenstände [...] wurden verbrannt. Auf dem gesamten Gelände pflanzte man junge Fichten [...]. Die Stacheldrahtumzäunung und die Wachtürme wurden abgerissen. [...] Nach Beendigung der Arbeiten wurde das leer geräumte Lager von einer Kommission inspiziert [...]. So wenig wie möglich sollte auf die Vergangenheit des Ortes als Vernichtungsstätte für Juden hinweisen." (192–193)

Die eingesetzten jüdischen Arbeitskräfte wurden getötet (193). Auf dem Gelände wurde schließlich noch ein Bauernhof installiert (193). Auch in Treblinka wurden nach der Verbrennung der Leichen verbliebene Knochen zermahlen, dies wurde dann mit Sand und Erde zugedeckt und bepflanzt (213). In der Folge wurden „[w]ährend der Abrissarbeiten [...] auf dem Gelände des Lagers Lupinen und Fichten angepflanzt, außerdem nach dem Vorbild von Belzec ein Bauernhaus errichtet" (274). So wurden die drei Lager „noch vor Ende 1943 aufgelöst und sämtliche Spuren verwischt, die auf die Funktion der Lager als Vernichtungsstätten hätten hindeuten können." (270) Erst in den Jahren nach 2007 wurden durch ein archäologisches Projekt Schritt für Schritt weitere Überreste Treblinkas entdeckt (vgl. Colls/Branthwaite 2018).

Die von Primo Levi zitierte Drohung, die Menschen „samt den Beweisen [zu] zerstören" ist in diesen Stätten weitgehend wahrgemacht worden. Die Effektivität des Angriffs auf die Zukunft zeigt sich nicht nur darin, dass es in der Öffentlichkeit nach dem Krieg große Wissenslücken zu den Geschehnissen in diesen Stätten gab. Auch die Prozesse zu den drei Lagern trugen nicht ausreichend zur Bekanntmachung bei: Der Prozess zu Belzec dauerte nur vier Tage, ein Angeklagter wurde zu einer kurzen Haftstrafe verurteilt (Berger 2013, 368–369, 377), große Teile der Öffentlichkeit wollten mit dem Kapitel abschließen oder Mitglieder der eigenen Gemeinde nicht als schuldig ansehen (379–380). Die Effektivität des Angriffs zeigt sich auch darin, dass Belzec, Sobibor und Treblinka im heutigen öffentlichen Bewusstsein (mindestens in Deutschland) kaum vorkommen: „Im Unterschied zur Gedenkstätte in Auschwitz wird das Gedenken in den drei Lagern vom deutschen Staat nicht finanziell gefördert, was auch dazu beiträgt, dass die Orte trotz ihrer Bedeutung für die Shoah nur peripher in der deutschen und europäischen Erinnerungslandschaft verankert sind." (385) Auch „[i]n den großen internationalen Museen zur Shoah wird den drei Vernichtungslagern in der Regel nur wenig Aufmerksamkeit gewidmet – sie bleiben im Schatten des Vernichtungslagers Auschwitz-Birkenau." (386) Diese

> „vergleichsweise geringe Aufmerksamkeit [...] liegt zum Teil daran, dass es den T4-Reinhardt-Männern weitgehend gelungen ist, nicht nur die Spuren vor Ort, sondern auch das Dokumenten- und ikonographische Material zu zerstören. Zum Teil liegt es aber auch daran, dass mit weniger als 140 Personen [...] nur sehr wenige Menschen die Lager überleben konnten, von denen zudem nur einige Dutzend Erinnerungen verfasst oder auf andere Weise ausführlich über ihre Erfahrungen berichtet haben." (386)

Der weitgehend gelungene Angriff auf die Zukunft belegt die Fragilität unseres Zugangs zur Vergangenheit – und damit die Grenzen des Denkens in verfügbarer ‚Information'. Umso beunruhigender ist es, dass auch in jüngerer Zeit die Aktenvernichtung zu den regelmäßigen Instrumenten unmenschlicher Regimes gehört hat, etwa in der DDR oder in Südafrika (s. Schütz 2018; Krumeich 2013; Engelmann et al. 2020; Ovenden 2020, 14; Harris 1999). Die enge Verquickung von sprachlicher Tarnung mit physischer Tarnung, mit Spurenverwischung und Aktenvernichtung zeigt zudem, dass Adornos Aussage „Es gibt nichts Harmloses mehr." (Adorno 2001, 28) auch für Sprache und ‚Information' gilt.

Lyotard und die Logik des Schweigens

Die Vernichtung des Holocaust wird jedoch noch einmal gesteigert. Bereits in der verbalen und physischen Tarnung und Geheimhaltung der Stätten und in der Folge auch durch Strategien einzelner Verteidiger in den entsprechenden Prozessen wurde die Wurzel für die Holocaust-Leugnung gelegt: „Da die Dokumentation sowie die Lager weitgehend zerstört wurden, boten sich die Lager der ‚Aktion Reinhardt' den Revisionisten besonders an." (Berger 2013, 380) In der Holocaust-Leugnung (vgl. z. B. Vidal-Naquet 1987; Wandres 2000; Wistrich 2012; Evans 2001; Menasse 2017), die auch heute noch stattfindet und in Deutschland gesetzlich verboten ist, zeigt sich am extremsten die Effektivität des Angriffs auf die Zukunft durch die Zerstörung der Geschichte, des Angriffs auf das Miteinander über das Nacheinander. Der Philosoph Jean-Francois Lyotard hat die Brutalität der entstehenden logischen Dilemmata in *Le Différend* (1983) in aller Klarheit formuliert: In der Herstellung der Unfähigkeit, das eigene Leiden glaubhaft zu bezeugen, so werden wir im Folgenden sehen, liegt die Maximierung der Unzugänglichmachung, der größte Angriff auf die Zukunft.

Geschichte ist sicherlich immer auch als Geschichte derer zu denken, die sich *nicht* geäußert haben, von denen keine expliziten oder impliziten Zeugnisse, keine Informationen geblieben sind. Dies ist jedoch von besonderer Bedeutung dort, wo es um Verbrechen und Gewalttaten geht, deren Opfer nicht zu Wort kommen können, die mitsamt allen Spuren vernichtet worden sind. In der Holocaustforschung ist vielfach betont worden, dass es auch gilt, wie der Philosoph Giorgio Agamben schreibt, „dem Ungesagten zuzuhören" (Agamben 2013, 9; vgl. z. B. Bachmann 2010):

> „An einem bestimmten Punkt zeigte sich [...], daß das Zeugnis in sich als einen wesentlichen Teil eine Lücke enthielt: die Überlebenden legten Zeugnis ab für etwas, das nicht bezeugt werden konnte. Ihr Zeugnis zu kommentieren bedeutete damit notwendig, jene Lücke zu befragen – oder besser: zu versuchen, ihr zuzuhören. Einer Lücke Gehör zu schenken hat sich für den Autor nicht als eine unnütze Arbeit erwiesen." (Agamben 2013, 9)

Diese Lücke stelle „den Sinn des Zeugnisses selbst in Frage" (Agamben 2013, 29), man müsse aber gerade deswegen intensiv über sie nachdenken. Agamben übernimmt hierbei Primo Levis Bezeichnung für die „Muselmänner" (eine Bezeichnung aus Auschwitz für diejenigen Opfer, die nur noch auf physische Funktionen reduziert waren bzw. schienen) und die Untergegangenen als die eigentlichen, „die vollständigen Zeugen", also jene, die *dadurch* das wirkliche Ausmaß der Untat bezeugen, dass sie sich eben *nicht* äußern konnten (Agamben 2013, 30, 34): „Nicht wir, die Überlebenden, sind die wirklichen Zeugen." (Levi

1990, 83) Agamben nennt diese Situation des gerade *durch* die Tat Unsagbaren, Unbezeugbaren, „Levis Paradox" (Agamben 2013, 131).

Die klarste Formulierung von Levis Paradox, der entstehenden logischen Dilemmata und ihrer Konsequenzen für die Holocaust-Leugnung findet sich in Lyotards *Le Différend* (1983). Lyotard geht von Wittgensteins Konzeption der Sprachspiele aus. Er sieht hierbei, kurz gesagt, dass in einem Sprachspiel bestimmte Dinge sagbar bzw. ausdrückbar sind, in einem anderen nicht. Im Gegensatz zu Wittgenstein, der diese gesellschaftlichen und ethischen Konsequenzen nicht heraushebt, betont Lyotard, dass es auch Hierarchien und Machtverhältnisse zwischen Sprachspielen geben kann, dass ein Sprachspiel vorherrschen kann, sodass bestimmte Dinge gar nicht formulierbar sind, weil dies nur in einem anderen Sprachspiel möglich wäre. Lyotard gibt hierfür verschiedene Beispiele, etwa das des Einwohners von Martinique, der dem Gesetz nach französischer Staatsbürger ist und nach französischen Gesetzen alles beklagen kann, was seine französischen Bürgerrechte beeinträchtigt; was er aber nicht in diesem Diskurs beklagen kann, ist die Tatsache, dass er überhaupt französischer Staatsbürger sein muss, die Tatsache des Kolonialismus also (Lyotard 1983, 49; vgl. oben Derridas Darstellung zum/zur Fremden). Einen anderen Fall der Nichtkompatibilität zweier Sprachspiele illustriert Lyotard wiederum am Beispiel von Sokrates vor Gericht: Lyotard beschreibt den *différend* zwischen der konsensorientierten Sprache des Dialogs und der überzeugungsorientierten Rhetorik des Rednerwettstreits, zwei inkompatible Sprachspiele der Wahrheitsfindung, von denen eines per Gesetz die Oberherrschaft erhält und über den Tod des anderen Menschen entscheidet (43). (Lyotard verweist seinerseits auf die verschiedenen *Zeiten* dieser Sprachspiele – die kurze, einmalige Zeit des Gerichts und „le temps long et lent du dialogue" (44): „le temps du dialogue vivant est infini." (44)) Es gebe also einen *différend* zwischen verschiedenen Wegen, Wahrheit und Realität zu etablieren – und zwischen den zwei Sprachspielen kein Meta-Sprachspiel, das eine Regulierung der Auseinandersetzung erlauben würde:

> »Il y a donc un différend sur les moyens d'établir la réalité entre les partisans de l'agonistique et les partisans du dialogue. Comment régler ce différend? Ceux-ci disent: par le dialogue, ceux-là: par l'agôn. Si l'on s'en tient là, le différend ne fait que se perpétuer, en devenant une sorte de méta-différend, un différend au sujet de la manière de régler le différend au sujet de la manière d'établir la réalité.« (47)

Sokrates' Gegner ist in diesem Fall gleichzeitig sein Richter, seine Komplexitäten sind in der Sprache des Richters nicht ausdrückbar – eine Struktur, die grundlegend für den *différend* ist: „le tort vient de ce que le dommage ne s'exprime pas dans le langage commun du tribunal et de l'autre partie, et que cela donne naissance à un différend." (49) Eine den Konflikt übergreifende Sprachform gebe es hier nicht: „A l'intérieur d'un genre de discours, les enchaînements obéissent à des règles, qui déterminent des enjeux et des fins. Mais d'un genre à l'autre on ne connaît pas de telles règles ni une fin générale." (53) Lyotard sieht, dass Sprachspiele sich gegenseitig ausschließen und damit *jemanden* ausschließen können. Wenn jemand ein anderes Sprachspiel spielt als ich und dies mit Autorität unterfüttert, kann dies nicht nur zu Missverständnissen führen, sondern *de facto* zu Exklusion und Gewalt. Wer sich nicht äußern, nicht legitimieren, nicht helfen kann, ist, *dadurch*, ein Opfer. Lyotards Konzept des *différend* ist wichtig für unser Argument, weil es die Fragilität des Zugangs zueinander belegt, die Tatsache, dass ein Sprachspiel, eine Informationslage, keinen Raum für Leiden lassen kann, das nur in einem anderen Sprachspiel ausdrückbar ist. Am deutlichsten wird dieser Befund jedoch bei Lyotards Analyse der Holocaust-Leugnung. Sehen wir uns seine Argumentation genauer an.

Was ist also ein *différend*? Ein *différend* ist ein Konfliktfall, wo die beiden Kontrahent/inn/en in jeweils verschiedenen Sprachspielen agieren – lässt man einem Sprachspiel die Oberhand, wird dem anderen Kontrahenten/der anderen Kontrahentin ein Unrecht angetan:

> »A la différence d'un litige, un différend serait un cas de conflit entre deux parties (au moins) qui ne pourrait pas être tranché équitablement faute d'une règle de jugement applicable aux deux argumentations. Que l'une soit légitime n'impliquerait pas que l'autre ne le soit pas. Si l'on applique cependant la même règle de jugement à l'une et à l'autre pour trancher leur différend comme si celui-ci était un litige, on cause un tort à l'une d'elles (au moins, et aux deux si aucune n'admet cette règle). Un dommage résulte d'une injure faite aux règles d'un genre de discours, il est réparable selon ces règles. Un tort résulte du fait que les règles du genre de discours selon lesquelles on juge ne sont pas celles du ou des genres de discours jugé/s.« (Lyotard 1983, 9)

Hierbei ist die Vorstellung, basierend auf dem *linguistic turn*, zentral, dass Denken, ja unsere ganze Konstitution der Welt, grundsätzlich sprachbasiert ist und man somit immer innerhalb eines Sprachspiels agiert, das bestimmte Weisen des Anknüpfens bzw. Antwortens auf das zuvor Gesagte erlaubt, andere nicht:

> »Une phrase, la plus ordinaire, est constituée selon un groupe de règles (son régime). Il y a plusieurs régimes de phrases: raisonner, connaître, décrire, raconter, interroger, montrer, ordonner, etc. Deux phrases de régime hétérogène ne sont pas traduisibles l'une dans l'autre. Elles peuvent être enchaînées l'une à l'autre selon une fin fixée par un genre de discours. Par exemple, dialoguer enchaîne une ostension (montrer) ou une définition (décrire) sur une interrogation, l'enjeu étant que les deux parties tombent d'accord sur le sens d'un référent. Ces genres de discours fournissent des règles d'enchaînement de phrases hétérogènes, règles qui sont propres à atteindre des buts: savoir, enseigner, être

> juste, séduire, justifier, évaluer, émouvoir, contrôler... Il n'y a pas de ›langage‹ en général, sauf comme objet d'une Idée.« (10)

Jenseits der unterschiedlichen Sprachspiele gibt es also – durchaus getreu Wittgensteins Überlegungen – nichts, was man ‚Sprache' nennen könnte:

> »Une phrase ›arrive‹. Comment enchaîner sur elle? Un genre de discours fournit par sa règle un ensemble de phrases possibles, chacune relevant d'un régime de phrases. Mais un autre genre de discours fournit un ensemble d'autres phrases possibles. Il y a un différend entre ces ensembles (ou entre les genres qui les appellent) parce qu'ils sont hétérogènes.« (10)

Lyotard arbeitet hier die ethischen Konsequenzen von Wittgensteins Konzept der Sprachspiele heraus. Der *différend* ist das Maximum der Unzugänglichkeit.

Entsprechend formuliert Lyotard als Aufgabenstellung seines Buches den Umgang mit dieser Heterogenität der Sprachspiele – und die Rechtfertigung philosophischen Denkens und Schreibens angesichts der (wie bei Levinas, s. o. Kap. 6) Absenz eines ‚objektiven' Meta-Diskurses und der steten Drohung der Unzugänglichkeit füreinander: „Etant donné 1. l'impossibilité d'éviter les conflits (l'impossibilité de l'indifférence), 2. l'absence d'un genre de discours universel pour les régler ou si l'on préfère la nécessité que le juge soit partie, trouver, sinon ce qui peut légitimer le jugement (le ‚bon' enchaînement), du moins comment sauver l'honneur de penser." (Lyotard 1983, 10) Er will seine Leser/innen überzeugen, dass in genau dieser Frage, wie man mit der Heterogenität der Sprachspiele umgeht, ethische, politische und geschichtliche Fragestellungen liegen: „Convaincre le lecteur [...] que la pensée, la connaissance, l'éthique, la politique, l'histoire, l'être, selon le cas, sont en jeu dans l'enchaînement d'une phrase sur une phrase." (11) Dies herauszuarbeiten ist Aufgabe der Philosophie, die in dieser mühsamen Arbeit vom zeitsparenden Effizienzdiskurs der Wirtschaft ebenso bedroht wird wie vom akademischen, professoralen Diskurs, der immer ein ‚Meistern' vor sich herträgt und auf Objektivität pocht:

> »Défendre et illustrer la philosophie dans son différend avec ses deux adversaires: à l'extérieur, le genre du discours économique (l'échange, le capital), à l'intérieur d'elle-même le genre du discours académique (la maîtrise). En montrant que l'enchaînement d'une phrase sur une phrase est problématique et que ce problème est la politique, ériger la politique philosophique [...]. Témoigner du différend.« (11)

Denn wenn man vom Faktum, der Möglichkeit des *différend* nicht Zeugnis ablegt, geht er verloren, bleibt stumm, verborgen. Der philosophische Diskurs muss schließlich die Frage, ob die angestrebte Bedeutung des Gesagten/Geschriebenen bei irgendjemandem ankommt, offenlassen (14–15). Sein offener

Zeithorizont, der den potentiell und putativ unendlichen Dialog und die geduldige Hinterfragung von Lücken im Gesagten und Geschriebenen ermöglicht, steht dem der zählbaren Nutzung von Zeit im ökonomischen Diskurs entgegen (15). Die Fragilität des Zugangs, die Unsicherheit des Gelingens der Kommunikation, die Notwendigkeit, untergegangene Stimmen und unterdrückte Differenzen hervorzuholen, erfordert Zeit, *scholē* (vgl. Kap. 4). Was der ökonomische Diskurs als Zeitverlust deutet, sieht der Philosoph als ethisch notwendige Handlung.

Im Falle der Menschenvernichtung im Nationalsozialismus trete in besonderem Maße die Notwendigkeit hervor, sich den Lücken im Gesagten und Geschriebenen zu widmen, dem, was unter den herrschenden Bedingungen nicht bezeugt werden konnte:

> »On vous apprend que des êtres humains doués de langage ont été placés dans une situation telle qu'aucun d'eux ne peut vous rapporter maintenant ce qu'elle fut. La plupart ont disparu alors, les survivants en parlent rarement. Quand ils en parlent, leur témoignage ne porte que sur une infime partie de cette situation. – Comment savoir que cette situation elle-même a existé? N'est-elle pas le fruit de l'imagination de votre informateur? Ou bien la situation n'a pas existé en tant que telle. Ou bien elle a existé, et alors le témoignage de votre informateur est faux, car ou bien il devrait avoir disparu, ou bien il devrait se taire, ou bien, s'il parle, il ne peut témoigner que de l'expérience singulière qu'il a eue, et il reste à établir que celle-ci était une composante de la situation en question.« (Lyotard 1983, 16)

Gerade diese heuristische Bedingung – dass *durch* das Verbrechen vielen das Zeugnisablegen verunmöglicht war – schafft die Grundlagen für das Sprachspiel der Holocaust-Leugnung, wie Lyotard an einem der bekanntesten Beispiele, Robert Faurisson, zeigt:

> »›J'ai analysé des milliers de documents. J'ai inlassablement poursuivi de mes questions spécialistes et historiens. J'ai cherché, mais en vain, un seul ancien déporté capable de me prouver qu'il avait réellement vu, de ses propres yeux, une chambre à gaz‹ (Faurisson, *in* Vidal-Naquet, 1981: 227). Avoir ›réellement vu de ses propres yeux‹ une chambre à gaz serait la condition qui donne l'autorité de dire qu'elle existe et de persuader l'incrédule. Encore faut-il prouver qu'elle tuait au moment où on l'a vue. La seule preuve recevable qu'elle tuait est qu'on en est mort. Mais, si l'on est mort, on ne peut témoigner que c'est du fait de la chambre à gaz. – Le plaignant se plaint qu'on l'a trompé sur l'existence des chambres à gaz, c'est-à-dire sur la situation dite Solution finale. Son argument est: pour identifier qu'un local est une chambre à gaz, je n'accepte comme témoin qu'une victime de cette chambre à gaz; or il ne doit y avoir, selon mon adversaire, de victime que morte, sinon cette chambre à gaz ne serait pas ce qu'il prétend; il n'y a donc pas de chambre à gaz.« (16–17)

In diesem Sprachspiel gibt es keine Möglichkeit, die Existenz der Verbrechen in den Gaskammern nachzuweisen, seine Regeln schließen dies aus.

Hieran zeige sich noch einmal, dass Sprachspiele eben auch Verfahren zur Etablierung von Realitäten seien: „La réalité n'est pas ce qui est ‚donné' à tel ou tel ‚sujet', elle est un état du référent (ce dont on parle) qui résulte de l'effectuation de procédures d'établissement définies par un protocole unanimement agréé, et de la possibilité offerte à quiconque de recommencer cette effectuation autant qu'il veut." (Lyotard 1983, 17) Diese „procédures d'établissement de la réalité" (17) könnten auch politisch vorgegeben werden – so nennt Lyotard, Châtelet zitierend, den totalitären Staat einen „Etat savant", der alles bereits weiß und ein Monopol auf die Definition der Realität hat: „l'Etat savant [...] ne connaît pas de réalité qu'établie, et il détient le monopole des procédures d'établissement de la réalité." (18) Die Anklänge an Arendt und Orwell brauchen hier nicht betont zu werden: Die Vorherrschaft von Sprachspielen als Methoden der Etablierung von Realität ermöglicht auch die Fälschbarkeit der Geschichte und die Verabsolutierung der Bedeutung. Totalitaristisch nennt Lyotard diejenigen Ansätze, die einheitliche, abgeschlossene Etablierungs-Prozeduren für *alles* haben, auch für Unabgeschlossenes (18), die sich über die Heterogenität der Sprachspiele hinwegsetzen und Äußerungen in anderen Sprachspielen verunmöglichen:

> »En règle générale, un objet qui est pensé sous la catégorie du tout (ou de l'absolu) n'est pas un objet de connaissance (dont on peut soumettre la réalité au protocole, etc.). On appellerait totalitarisme le principe qui affirme l'inverse. L'exigence d'avoir à établir la réalité du référent d'une phrase selon le protocole de la connaissance, si elle est étendue à n'importe quelle phrase, en particulier à celles qui se réfèrent à un tout, cette exigence est alors totalitaire dans son principe. C'est pourquoi il est important de distinguer des régimes de phrases: cela revient à borner la compétence de tel tribunal à telle sorte de phrases.« (18)

Hieraus leitet Lyotard entsprechend seine Kategorien des *différend*, des Opfers und des Unrechts ab – das Opfer ist gerade dann eines, wenn ihm die Möglichkeit genommen wird, das erlittene Unrecht zu artikulieren bzw. dessen Realität zu etablieren:

> »Un tort serait ceci: un dommage accompagné de la perte des moyens de faire la preuve du dommage. C'est le cas si la victime est privée de la vie, ou de toutes les libertés, ou de la liberté de rendre publiques ses idées ou ses opinions, ou simplement du droit de témoigner de ce dommage, ou encore plus simplement si la phrase du témoignage est elle-même privée d'autorité [...]. Dans tous cas, à la privation qu'est le dommage s'ajoute l'impossibilité de le porter à la connaissance d'autrui, et notamment d'un tribunal. Si la victime cherche à passer outre à cette impossibilité et à témoigner quand même du tort

qu'elle subit, elle se heurte à l'argumentation suivante: ou bien le dommage dont vous vous plaignez n'a pas eu lieu, et votre témoignage est faux; ou bien il a eu lieu et, puisque vous pouvez en témoigner, ce n'est pas un tort que vous avez subi, mais seulement un dommage, et votre témoignage est encore faux.« (18–19)

Levis Paradox erweist sich also als logisch ebenso komplex wie heimtückisch: Die Tatsache, dass man sich äußern kann, belege, so der *advocatus diaboli*, dass es ja so schlimm nicht gewesen sein könne; und wenn man sich nicht äußere, könne es ja auch nicht so schlimm gewesen sein bzw. könne dann nicht nachgewiesen werden. Lyotard arbeitet nun die perfide Struktur der Holocaust-Leugnung formallogisch heraus:

»Ou vous êtes victime d'un tort, ou vous ne l'êtes pas. Si vous ne l'êtes pas, vous vous trompez (ou vous mentez) en témoignant que vous l'êtes. Si vous l'êtes, puisque vous pouvez témoigner de ce tort, celui-ci n'est pas un tort, et vous vous trompez (ou vous mentez) en témoignant que vous êtes victime d'un tort. Soit: p: vous êtes victime d'un tort; *non-p*: vous ne l'êtes pas; Vp: la phrase p est vraie; Fp: elle est fausse. L'argument est: ou p ou *non-p*; si *non-p*, alors Fp; si p, alors *non-p*, alors Fp. Les Anciens nomment cet argument un dilemme. [...] Cette cheville consiste dans l'application de deux opérateurs logiques, l'exclusion: *ou..., ou*, et l'implication: *si..., alors*, à deux propositions contradictoires p et *non-p*. Soit à la fois: [(*ou p ou non-p*) et (*si p, alors non-p*)]. Comme si vous disiez à la fois: *ou c'est blanc, ou ce n'est pas blanc*; et: *si c'est blanc, ce n'est pas blanc*.« (19)

Lyotard macht deutlich, dass man es hier genau mit den von den Sophisten, etwa Protagoras, bekannten logischen Kampfstrukturen zu tun habe:

»Le paradoxe repose sur la faculté d'une phrase de se prendre elle-même pour référent. [...] C'est pour interdire cette sorte de confusion que Russell introduit la théorie des types: une proposition [...] qui se réfère à une totalité de propositions [...] ne peut être une partie de cette totalité. [...] La phrase dont le référent est *toutes les phrases* ne doit pas faire partie de son référent. Sinon, elle est ›mal formée‹, et rejetée par le logicien. (C'est le cas du paradoxe du menteur sous la forme: *Je mens*.)« (20)

Lyotard entdeckt so in Reaktion auf Faurisson in dem Satz „Ich bin ein Opfer der Gaskammern" dieselbe Problematik wie im klassischen Lügner-Paradoxon. Er weist zu Recht darauf hin, dass gewisse Sprachmechanismen, obwohl die philosophische Logik versucht, sie auszuschließen, in der Realität dennoch vorkommen und Gewalt ausüben – und so ethisch relevant sind. Ihre logische Analyse ist gerade deswegen notwendig, weil sie aufgrund ihrer Dilemma-Struktur so schwer zu entlarven sind.

Gerade wer nicht beweisen könne, was er/sie erlitten habe, sei ein Opfer: „Il est d'une victime de ne pas pouvoir prouver qu'elle a subi un tort. Un plaignant est quelqu'un qui a subi un dommage et qui dispose des moyens de le prouver.

Il devient une victime s'il perd ces moyens. [...] En général, le plaignant devient une victime quand aucune présentation du tort qu'il dit avoir subi n'est possible." (Lyotard 1983, 22–23) Genau dies charakterisiere die Gewalt des *différend*: „J'aimerais appeler *différend* le cas où le plaignant est dépouillé des moyens d'argumenter et devient de ce fait une victime. [...] Un cas de différend entre deux parties a lieu quand le ‚règlement' du conflit qui les oppose se fait dans l'idiome de l'une d'elles alors que le tort dont l'autre souffre ne se signifie pas dans cet idiome." (24–25) Der/die Geschädigte kann sich also nicht selbst *helfen*. Lyotard zeigt uns so die Gefahren die angesichts der Fälschbarkeit der Geschichte und der Standards der Wahrheit drohen: Verbrechen können nicht als solche ausdrückbar sein, Opfer bleiben sprachlos bzw. werden unglaubwürdig. Dieses Gewaltpotenzial der Sprache belegt erneut die Fragilität des Zugangs.

Wie könne man nun überhaupt einem solchen *différend* gerecht werden? Dies gehe nur immer wieder über die Schaffung neuer Sprachformen und Artikulationsregeln:

> »Faire droit au différend, c'est instituer de nouveaux destinataires, de nouveaux destinateurs, de nouvelles significations, de nouveau référents pour que le tort trouve à s'exprimer et que le plaignant cesse d'être une victime. Cela exige de nouvelles règles de formation et d'enchaînement des phrases. Nul ne doute que le langage soit capable d'accueillir ces nouvelles familles de phrases ou ces nouveaux genres de discours. Tout tort doit pouvoir être mis en phrases. Il faut trouver une nouvelle compétence (ou ›prudence‹).« (Lyotard 1983, 29)

Dies erfordere harte sprachliche Arbeit: „Il faut beaucoup chercher pour trouver les nouvelles règles de formation et d'enchaînement de phrases capables d'exprimer le différend" (29). Genau dies aber sei der Einsatzort von Literatur und Philosophie, diese *différends* herauszuarbeiten und zu artikulieren: „C'est l'enjeu d'une littérature, d'une philosophie, peut-être d'une politique, de témoigner des différends en leur trouvant des idiomes." (30) Sie sind gefordert, das, was viele Menschen als gegebenes perfektes Kommunikationsmittel – als lückenlos, mit eindeutigen Bedeutungen, transparent, als reine ‚Information' – betrachten, zu hinterfragen und zu erweitern, um die darin nicht artikulierten Leiden artikulierbar zu machen:

> »Dans le différend, quelque chose ›demande‹ à être mis en phrases, et souffre du tort de ne pouvoir l'être à l'instant. Alors, les humains qui croyaient se servir du langage comme d'un instrument de communication apprennent par ce sentiment de peine qui accompagne le silence (et de plaisir qui accompagne l'invention d'un nouveau idiome), qu'ils sont requis par le langage, et cela non pas pour accroître à leur bénéfice la quantité des informations communicables dans les idiomes existants, mais pour reconnaître que ce

qu'il y a à phraser excède ce qu'ils peuvent phraser présentement, et qu'il leur faut permettre l'institution d'idiomes qui n'existent pas encore.« (30)

Wir sind also gefordert, Sprachen zu finden für Angetanes. Was Lyotard hier nicht sagt, ist, dass Sprachen sich auch wieder verengen und neu gefundene Wörter wieder verpönt werden können (was man heute an der gelegentlichen Empörung über zu viel *political correctness* merkt). Hierin zeigt sich ebenfalls die Fragilität des Zugangs – Sprache hat auch in diesem Sinne keine feste Form, sie wird nicht einfach immer reicher und sensibler.

Mindestens jedoch sind wir gefordert, uns mit dem Schweigen genauer auseinanderzusetzen, das das Opfer charakterisiert: „Celui qui porte plainte est écouté, mais celui qui est victime, et qui est peut-être le même, est réduit au silence." (Lyotard 1983, 25) Es gelte vor allem die Logik des Schweigens genauer zu analysieren: „Le socio-linguiste, le psycho-linguiste, le bio-linguiste cherchent les raisons, les passions, les intérêts, le contexte de ces silences. Cherchons d'abord leur logique." (30) Denn auch ein Schweigen, eine Stille, könne verschieden interpretiert werden: „Un seul silence pourrait se formuler par plusieurs de ces phrases." (30) Es gebe eine Vielzahl von Dimensionen des Schweigens, gerade im Fall der Opfer der nationalsozialistischen Menschenvernichtung:

> »Le silence ne signale pas quelle est l'instance niée, il signale qu'une ou des instances sont niées. Les survivants se taisent, et l'on peut entendre (1) que la situation en question (le cas) n'est pas l'affaire du destinataire (il n'a pas la compétence, ou il ne mérite pas qu'on lui parle, etc.); ou (2) qu'elle n'a pas eu lieu (c'est ce qu'entend Faurisson); ou (3) qu'il n'y a rien à en dire (elle est insensée, inexprimable); ou (4) que ce n'est pas l'affaire des survivants d'en parler (ils ne sont pas dignes, etc.). Ou plusieurs de ces négations ensemble.« (31)

Die Beschäftigung mit der Menschenvernichtung erfordere die Beschäftigung mit der Logik des Schweigens: „Si les survivants ne parlent pas, est-ce parce qu'ils ne le peuvent pas ou parce qu'ils usent de la possibilité de ne pas parler que leur donne la capacité de parler? Se taisent-ils par nécessité, ou librement, comme on dit? Ou la question est-elle mal posée?" (26) Wir finden ähnliche, heuristisch notwendige Erörterungen etwa bei Raoul Hilberg:

> „Ungeachtet der Menge der Überlieferung durch die *Oral history*, ist diese in dreierlei Hinsicht von vornherein begrenzt: 1. Die Überlebenden insgesamt sind keine Zufallsstichprobe aus der jüdischen Gemeinschaft, die vernichtet wurde. 2. Diejenigen unter den Überlebenden, die eine Aussage gemacht haben, sind keine Zufallsstichprobe aus den Überlebenden. 3. Ihr Zeugnis stellt keine Zufallsstichprobe aus ihren Erlebnissen dar." (Hilberg 2009, 54)

Beide weisen auf eine fundamentale Tatsache hin: Das Verbrechen *selbst* hat diese Schwierigkeit der Zeugenschaft *erzeugt*. *Die Informationslage ist das Resultat der Tat* und damit als Gesamtkonstellation, inclusive des Schweigens, zu *lesen*. Auch und gerade der Stille, dem (erzwungenen) Schweigen, ist *Hilfe* zu leisten. Denn hier ist das Umschlagen der Geschichte in die Schrift ein Umschlagen in die Stille.

Wie Lyotard bereits am Anfang seines Buches geschrieben hat: „il n'y a pas de non-phrase, un silence est une phrase" (Lyotard 1983, 10). Deshalb gilt es auch der Vereindeutigung der Stille durch die Holocaust-Leugner/innen entgegenzuwirken, Respekt vor Komplexität zu schaffen und alle Dimensionen des Schweigens herauszuarbeiten:

> »Le silence des survivants ne témoigne pas nécessairement en faveur de l'inexistence des chambres à gaz, comme Faurisson le croit ou feint de le croire. Il peut témoigner aussi contre l'autorité du destinataire (nous n'avons pas de compte à rendre à Faurisson), contre celle du témoin lui-même (nous, rescapés, n'avons pas autorité pour en parler), enfin contre la capacité pour le langage de signifier les chambres à gaz (une absurdité inexprimable). Si l'on veut établir l'existence des chambres à gaz, il faut lever les quatre négations silencieuses: Il n'y a pas eu de chambres à gaz? Si. – Mais s'il y en a eu, cela ne peut pas être formulé? Si. – Mais si cela peut être formulé, du moins personne n'a autorité pour le formuler, et personne pour l'entendre (cela n'est pas communicable)? Si.« (31)

Entsprechend müsse man die Stille-Deutung der Holocaust-Leugner/innen widerlegen: „Pour établir la réalité du référent, il faut réfuter les quatre silences" (34). Die Stille, so Lyotard, sei ein Zeichen – das auch nach der Etablierung des Staates Israel weiter existiere:

> »›Ce n'est pas pour rien qu'Auschwitz est appelé le camp de l'anéantissement‹ [...]. Des millions d'êtres humains y furent anéantis. Anéantis aussi beaucoup des moyens de prouver le crime ou sa quantité. [...] Les ombres de ceux à qui non seulement la vie, mais l'expression du tort qui leur était fait avaient été refusés par la Solution finale continuent à errer, indéterminées. En formant l'Etat d'Israël, les survivants transformaient le tort en dommage et le différend en litige, ils mettaient un terme au silence auquel ils étaient condamnés en se mettant à parler dans l'idiome commun du droit international public et de la politique autorisée. Mais la réalité du tort subi à Auschwitz avant la fondation de cet Etat restait et reste à établir, et elle ne peut pas l'être parce qu'il est du tort de ne pouvoir être établi par consensus [...]. Ce qui pourrait être établi par la science historique serait la quantité du crime. Mais les documents nécessaires pour la validation ont eux-mêmes été détruits en quantité. Cela du moins peut être établi. Il en résulte qu'on ne peut administrer la preuve chiffrée du massacre et qu'un historien plaidant la révision du procès pourra longtemps objecter que le crime n'est pas établi dans sa quantité. – Mais le silence imposé à la connaissance n'impose pas le silence de l'oubli, il impose un sentiment [...]. Supposez qu'un séisme ne détruise pas seulement des vies, des édifices, des objets, mais aussi les instruments qui servent à mesurer directement et indirectement les séismes. L'impossibi-

lité de le quantifier n'interdit, pas, mais inspire aux survivants l'idée d'une force tellurique très grande. Le savant dit qu'il n'en sait rien, le commun éprouve un sentiment complexe, celui que suscite la présentation négative de l'indéterminé. *Mutatis mutandis*, le silence que le crime d'Auschwitz impose à l'historien est pour le commun d'un signe. Les signes [...] ne sont pas des référents auxquels s'attachent des significations validables sous le régime cognitive, ils indiquent que quelque chose qui doit pouvoir être mis en phrases ne peut pas l'être dans les idiomes admis« (90–91).

Die Stille sei ein Zeichen des Unrechts und fordere als solches zu neuen Artikulationen auf:

»Le silence qui entoure la phrase: *Auschwitz fut le camp de l'anéantissement* n'est pas un état d'âme, c'est le signe que quelque chose reste à phraser qui ne l'est pas, et qui n'est pas déterminé. Ce signe affecte un enchaînement de phrases. L'indétermination des sens laissés en souffrance, l'anéantissement de ce qui permettrait de les déterminer, l'ombre de la négation creusant la réalité au point de la dissiper, en un mot le tort fait aux victimes, qui les condamne au silence – c'est cela, et non un état d'âme, qui fait appel à des phrases inconnues pour enchaîner sur le nom d'Auschwitz.« (91)

Gerade diesem Zeichen der Stille müssten sich die Historiker/innen widmen:

»Ils diront qu'on ne fait pas d'histoire avec des sentiments, qu'il faut établir les faits. Mais, avec Auschwitz, quelque chose de nouveau a eu lieu dans l'histoire, qui ne peut être qu'un signe et non un fait, c'est que les faits, les témoignages qui portaient la trace des *ici* et des *maintenant*, les documents qui indiquaient le sens ou les sens des faits, et les noms, enfin la possibilité des diverses sortes de phrases dont la conjonction fait la réalité, tout cela a été détruit autant que possible. Appartient-il à l'historien de prendre en compte non le dommage seulement, mais le tort? Non la réalité, mais la méta-réalité qu'est la destruction de la réalité? Non le témoignage, mais ce qui reste du témoignage quand il est détruit (par le dilemme), le sentiment? Non le litige, mais le différend? Evidemment oui, s'il est vrai qu'il n'y aurait pas d'histoire sans différend, que le différend naît d'un tort et se signale par un silence« (92).

Wenn das Unrecht sich durch Schweigen signalisiere, müsse der Historiker/die Historikerin lernen, sich darauf einzustellen, jenseits der Faktenzusammenstellung: „il faut alors que l'historien rompe avec le monopole consenti au régime cognitive des phrases sur l'histoire, et s'aventure à prêter l'oreille à ce qui n'est pas présentable dans les règles de la connaissance." (92)

Wenn es ethischen Fortschritt in der Menschheit gäbe, so Lyotard, wäre das der Fortschritt, dass man für diese Stille ein Ohr bekomme, ein Gefühl für die Opfer des *différend*:

»S'il y avait progrès de l'humanité vers le mieux, ce ne serait pas parce que ›ça va mieux‹ et qu'on pourrait arrester la réalité de ce mieux par les procédures d'établissement de la réalité, mais parce que les humains seraient devenus si cultivés, capables d'une écoute si fine de l'Idée pourtant imprésentable, qu'ils en éprouveraient la tension à l'occasion des faits apparemment les plus impertinents par rapport à cette Idée, et qu'ils fourniraient par leur seule susceptibilité la preuve même d'un progrès.« (Lyotard 1983, 259)

Doch genau dieser Fortschritt, der Zugewinn an menschlicher Zugänglichkeit, sei durch den Zeitdruck der Ökonomisierung und den Fokus auf den Austausch von ‚Informationen' (die Informatisierung der Welt mit festen Bedeutungen, ohne Mehrdeutigkeit oder Lücken) in Gefahr:

> »Mais quelle assurance y a-t-il que les humains deviendront plus cultivés qu'ils ne sont? Si la culture (de l'esprit, du moins) exige un travail et donc prend du temps, et si le genre économique impose son enjeu, gagner du temps, à la plupart des régimes de phrases et des genres de discours, la culture, consommatrice de temps, devrait être éliminée. De ce fait, les humains [...] deviendront de plus en plus compétents dans les stratégies des échanges, mais exclusivement. Le mot *culture* signifie déjà la mise en circulation d'informations plutôt que le travail à faire pour arriver à présenter ce qui n'est pas présentable en l'occurrence.« (259)

Hier zeigt sich wiederum der ethische und kognitive Wert der *scholē* (die Zeit des Dialogs, die Respekt vor Komplexität erlaubt), die Notwendigkeit der *Erarbeitung* von Zugang – zu Gesagtem und zu Ungesagtem (und zueinander) –, statt des sofortigen, selbstverständlichen Zugangs, die Fragilität des Zugangs, von der uns die ubiquitäre Verfügbarkeit von Information nicht weglenken darf. Das Grundlegende ist nicht die Zirkulation von Informationspaketen, sondern ein Verstehensverhalten, das sich bewusst ist, dass es etwas jenseits des ersten Eindrucks, jenseits der Informationslage gibt und dass man sich Zugang immer erst erarbeiten muss.

Das einzige, was diesem Zeitdruck und Objektivierungsdruck (oder Objektifizierungsdruck der Bedeutung) entgegenstehe, so Lyotard, sei die Heterogenität der Sprachspiele: „Le seul obstacle insurmontable auquel se heurte l'hégémonie du genre économique, c'est l'hétérogénéité des régimes de phrases et celle des genres de discours, c'est qu'il n'y a pas ‚le langage' et ‚l'être' mais des occurrences." (Lyotard 1983, 260) Die Vielfalt der Sprachspiele durchbreche die Hegemonie *eines* Diskurses. Neue Sprachspiele müssten versuchen, Ungesagtes zu artikulieren – ungeachtet des Erfolgs und unberührt von Zeitdruck: „Le *Arrive-t-il?* est invincible à toute volonté de gagner du temps." (260) Der Versuch, etwas Ungesagtes zu artikulieren, kann sich nicht auf seinen Erfolg verlassen, der/die Philosoph/in muss es aber dennoch versuchen. Ob das Gesagte zudem jemals ankommt, weiß der/die Sagende nicht (man erinnere sich an den *Phaidros*, wo das Geschriebene sich sein Publikum nicht aussuchen und sich selbst nicht helfen kann, um Verständnis zu sichern); er/sie muss es aber dennoch äußern und versuchen, für das Ungesagte Zeugnis abzulegen (260), wie Lyotard dies mit seinem Buch tut – dies steht aus seiner Sicht jenseits des Wunsches, Zeit zu sparen, jenseits der Informatisierung und Vereindeutigung, der einfachen, unproblematischen und schnellen Aufnahme von Information. Nur der Respekt vor Komplexität, vor der Vielfalt der Sprachspiele und Bedeutungen, der Blick jenseits des Gesagten, der Blick für die entstandenen und erzwungenen Lücken des kulturellen Gedächtnisses, das Bewusstsein für die Dimensionen des Schweigens, die uneilige Hilfestellung für die Stille, machen uns zugänglich für den *différend* und das resultierende Unrecht.

Lesen lernen

Der Angriff auf das Nacheinander, so hat dieses Kapitel gezeigt, auf das Zusammenleben von Individuen *über* das kulturelle Gedächtnis, ist ein Angriff auf die Zukunft. Die Manipulation des kulturellen Gedächtnisses, die Veränderung oder Vernichtung des Lebens nacheinander kann das menschliche Zusammenleben und das ethische Handeln drastisch beeinflussen. Diese Tatsache wird in Orwells totalitaristischer Vision deutlich, zeigt sich aber *de facto* in den „assassins de la mémoire" (Vidal-Naquet 1987) der Holocaust-Leugner/innen. Sie spiegelt sich auch darin, dass die Holocaust-Leugnung seit 1994 per Gesetz verboten ist (Strafgesetzbuch § 130 Abs. 3, Volksverhetzung) – ein Gesetz, bei dem es sich *auch* um eine Norm für das *heutige Zusammenleben* (nicht nur für den Umgang mit der Geschichte) handelt: „das Auschwitz-Leugnen läßt sich als Tabuverletzung deuten, die nicht lediglich auf die ‚historische Wahrheit', sondern möglicherweise viel tiefer zielt, nämlich auf den Basiskonsens der deutschen Gesellschaft der Gegenwart." (Wandres 2000, 174) Bezeichnenderweise sieht Wandres in seiner rechtlichen Analyse insbesondere zwei Hinsichten, in denen die Holocaust-Leugnung strafrechtlich verfolgt werden kann, die Beleidigung und die Aufhetzung zu Gewalt. Hier geht es also um Normen des *präsentischen* Zusammenlebens. Die rechtliche Regelung stützt zudem den moralischen, gesellschaftlichen Konsens, dass so etwas nie wieder geschehen möge. Das Leben nacheinander und das Leben miteinander – und damit kulturelle Überlieferung und Ethik – hängen so enger zusammen als wir üblicherweise denken.

Die Menschenvernichtung im Nationalsozialismus zeigt in besonderer Plastizität, dass Menschen und Ereignisse stets am Rande des Umschlagens in die Schrift (in andere Medien, in die Stille) stehen, am Rande des Übergangs vom Miteinander zum Nacheinander. Denn die Überlebenden der Vernichtungsstätten sterben aus, die Schriftzeugnisse bleiben: „Kein anderes historisches Ereignis war in auch nur ähnlichem Ausmaß so sehr von Zeugenschaft geprägt wie der Holocaust. Die Zeugenschaft aber wird in den nächsten Jahren endgültig verloren gehen." (Brenner/Strnad 2012, 11) Mit dem Tod von Semyon Rozenfeld, dem letzten Überlebenden von Sobibor, am 3.6.2019 ist die Geschichte dieser Vernichtungsstätte endgültig in die – angreifbare, lückengefüllte – Schrift umgeschlagen. Schon heute machen „Wortquellen, zumeist in schriftlicher Form, [...] den Löwenanteil des verfügbaren Materials aus" (Hilberg 2009, 18), es „füllt heute Hunderte von Archiven." (Hilberg 2009, 24). Hilbergs Grundlagenwerk zeigt gewaltige heuristische Hürden auf und macht deutlich, welcher Vielfalt an Quellen und Techniken es bedarf, um diese Schriftzeugnisse zum Sprechen zu bringen. Für die Beschäftigung mit den Zeugnissen der Vernichtungsstätten gelten alle Bedenken der platonischen Schriftkritik, ebenso wie die Mahnung, „dem Ungesagten zuzuhören" (Agamben 2013, 9). Die reale, ermordete Erfahrung steht nicht „in den Bibliotheken des Gesagten und im Archiv der Aussagen" (Agamben 2013, 141), im Portfolio der lieferbaren Information. Das kulturelle Gedächtnis muss demnach auch auf dem basieren, was nicht geschrieben werden konnte. Das Geschriebene ebenso wie die Stille derjenigen, denen die Möglichkeit geraubt wurde, sich ins kulturelle Gedächtnis einzuschreiben, benötigen die *Hilfe* der Gegenwart. Nach dem Aussterben der Zeug/inn/en müssen wir umso mehr *lesen* lernen.

Zum Lesen Lernen jenseits der ‚Information' gehört auch die Realisierung, dass die Fälschung von Geschichte und Gegenwart zusammengehören, dass es Verbindungen gibt zwischen der Manipulation der Realität durch Propaganda und Fake News, der Manipulation oder Vernichtung des kulturellen Gedächtnisses, der Vernichtung von Menschen und Zeugen und schließlich den sophistischen Argumentationen der Holocaust-Leugnung als doppelter Vernichtung. Im Nationalsozialismus wurde die Bereinigung des kulturellen Erbes (z. B. Bücherverbrennung, bereinigte Bibliographien) ebenso systematisch betrieben wie die Verbreitung tagesaktueller Propaganda. Auch die „Lenkbarkeit der breiten Lesermassen" auf dem Buchmarkt und die enge Beobachtung des Kaufverhaltens in Buchhandlungen gehörten zum Repertoire des Dritten Reichs (Meldungen 1941). In der DDR war die Lenkung der öffentlichen Meinung durch Bibliotheksbestände gang und gebe (s. Kunze/Rückl 1974, I, 59) – diese Bereinigung setzt sich am Ende in der Aktenzerstörung des Regimes fort: Nur ein kleiner Teil der zerrissenen Stasi-Akten konnte trotz jahrzehntelanger Arbeit bislang wieder lesbar gemacht werden (s. Schütz 2018). Insbesondere die faktische und diskursive Tarnung der Judenvernichtung jedoch, die Grundlagen für die heutige Holocaust-Leugnung legte, zeigt, dass die Fälschung der Geschichte bereits in der Gegenwart beginnt.

Gegenwärtige Analysen zum Phänomen der Fake News (z. B. HLG 2018) täten gut daran, die lange Geschichte dieses Phänomens miteinzubeziehen. Schon Sokrates (*Apologia* 18d) war sich schmerzhaft der Tatsache bewusst, dass man sich gegen in die Welt Gesetztes nur schwer verteidigen kann, weil die Urheber/innen nicht Rede und Antwort stehen müssen. Im 20. Jahrhundert entwickelte sich ein immer intensiverer, oft bewusst denunziatorischer Wettkampf um die Diskurshoheit in der Gegenwart und deren Deutung in der Zukunft – Hitler etwa bezeichnete die Verbreitung anderer Meinungen als „Pressevergiftung" (Hitler 1925). Heute wird das Wort Fake News ebenfalls oft ohne Skrupel für die jeweils gegnerische Position verwendet – alternative, sich ausschließende Versionen der Wahrheit werden artikuliert, ähnlich Lyotards *différend*. Gleichzeitig leben wir in einer Zeit der elektronischen Texte, die ebenso zur automatisierten Beeinflussung genutzt wie gefälscht werden können, einer Zeit der prinzipiellen proaktiven *und* nachträglichen Fälschbarkeit der Geschichte – jenseits von alternativen Deutungen hin zur *Änderung* vorliegender Materialien. Umso mehr gilt es sich wie Lyotard der logischen Analyse der entsprechenden Techniken zu widmen und den Kampf um die Artikulation des *différend* trotz unserer Einrichtung in der Informationsgesellschaft nicht aufzugeben.

Denn es zeigt sich mehr und mehr, dass die in den letzten Jahrzehnten für selbstverständlich genommenen liberalen und demokratischen Werte ebenso wie das scheinbar unantastbare kulturelle Gedächtnis genau dies nicht sind: selbstverständlich und unantastbar; dass alles, was wir uns erarbeitet haben, auch wieder verlorengehen kann – in Arendts Worten: „many things have been revealed as façade that only a few decades ago we thought were indestructible essences." (Arendt 1976, 9) Bedingt durch die anfälligen Formen des kulturellen Gedächtnisses verändern sich auch die Haltungen *zueinander*: „Die Selbstdefinition einer ganzen Generation durch die Auseinandersetzung mit dem Holocaust geht zu Ende." (Brenner/Strnad 2012, 12) Die Analysen des vorliegenden Kapitels haben gezeigt, dass aufklärerischer Optimismus – „ein solches Phänomen in der Menschengeschichte *vergißt sich nicht mehr*, weil es eine Anlage und ein Vermögen in der menschlichen Natur zum Besseren aufgedeckt hat" (Kant 1983, Bd. 6, 361) – die permanente Gefahr der Okklusion und der Manipulation vernachlässigt und dass viele Anfälligkeiten der Gegenwart auf früher angelegten Angriffen auf die Zukunft beruhen. Das Miteinander, das wir uns erarbeitet haben, kann durch das – und mit dem – Nacheinander verloren gehen. Denn wenn Geschichte verlorengeht, zerstört, manipuliert oder gefälscht wird, kann sie uns auch nicht mehr hinterfragen. Das manipulierte kulturelle Gedächtnis verliert so seine Funktion als *kulturelles Gewissen*, als kritisches Speichergedächtnis, „als ein Reservoir [...], von dem aus die verengten Perspektiven auf die Vergangenheit relativiert, kritisiert, und nicht zuletzt verändert werden können." (Assmann 2010, 140–141) Bei Arendt, Orwell und Lyotard sieht man, dass die Zerstörung des kulturellen Erbes auch die Zerstörung des kulturellen Gewissens ist – die Zerstörung einer Komplexität, die es erlaubt, das Existente zu hinterfragen. Kulturelles Vergessen kann so auch ethisches Vergessen sein. Eine Gesellschaft, die den Holocaust vergisst, begeht ihn potentiell wieder. Der Verlust der Zugänglichkeit zur Vergangenheit kann auch den Verlust des gegenwärtigen Zugangs zum anderen Menschen bedeuten. Mit der Manipulation des (kulturellen) Gedächtnisses – „the gift of memory so dangerous to totalitarian rule" (Arendt 1976, 434) – wird dem Individuum der private Freiraum genommen, anders zu denken, eine andere Identität oder andere Überlegungen als die öffentlich vorgeschriebenen zu haben, Menschen anders wahrzunehmen als in den etablierten Kategorien – eine Reduktion des Menschen und seiner Freiheit. Die Fragilität des Zugangs im *Nacheinander* bedingt die Fragilität des Zugangs im *Miteinander*. Zugang zur Vergangenheit ist ebenso immer erst zu erarbeiten wie der Zugang zum Gegenüber. Einer Informationsgesellschaft, die diese Mechanismen nicht ernst nimmt, drohen zwischenmenschliche Konsequenzen.

Teil III: **Gegenwart und Zukunft der Informationsgesellschaft**

11 Gegenwartspanorama: Die Schattenseiten der Informationsgesellschaft

Die uneiligen Lektüren der vorhergehenden Kapitel haben uns die ethischen Dimensionen der platonischen Konzepte verdeutlicht: die Hilfsbedürftigkeit der Sprache, die Schwierigkeit des Sich-Verstehens im Mit- und Nacheinander, die kognitive und ethische Notwendigkeit der Muße, die existentielle Bedeutung der Hilfe, die Unabdingbarkeit des inneren Dialogs, die Unabgeschlossenheit der sprachlichen Bedeutung und die Grenzen der Berechenbarkeit, sowie die zwischenmenschlichen Konsequenzen von Angriffen auf das kulturelle Gedächtnis. Auf dieser Grundlage bietet sich uns nun ein neuer Ausblick auf die *Gegenwart*: ein beunruhigend tiefenscharfes Panorama der Unzugänglichkeit, das die Informationsgesellschaft als technische, wirtschaftliche und diskursive Einrichtung in problematischem Licht dastehen lässt. Stellen wir den drei Aspekten der *boētheia*, der *scholē* und des Respekts vor Komplexität einige Gegenwartsdiagnosen gegenüber.

Boētheia und die Kritik des sofortigen Verstehens

Beginnen wir mit der *boētheia*: Wir haben gesehen, dass die Hilfe ein *zentrales* platonisches Konzept ist, das sich auf mündliche *und* schriftliche Sprache bezieht und kognitive und ethische Fragen miteinander verbindet. Sprache unterliegt in Platons Dialogen einer Vielzahl von Gefahren des Missverstehens. Sokrates führt reihenweise vor, wie kompliziert und schillernd die Wörter sind, mit denen wir täglich um uns werfen. Sprachliche Bedeutung wird, so zeigt sich, erst in der Interaktion zwischen den Gesprächspartner/inne/n entwickelt. Oft genug wissen diese selbst zunächst nicht, was sie eigentlich meinen. Sprache bedarf *grundsätzlich* (ob mündlich oder schriftlich) *der Hilfe*, der Erläuterung, der Unterstützung. Sprachliche Bedeutung ist nicht sofort gegeben, Zugänglichkeit nicht selbstverständlich, das gegenseitige Verstehen bei weitem nicht garantiert. Im Gegenteil: *Das Missverstehen ist eher die Regel*. Sprachliche Bedeutung ist erst gemeinsam zu erarbeiten. Verstehen setzt beiderseitige Hilfsbereitschaft voraus – gelingende Kommunikation ist auf ein *ethisches* Element angewiesen. Die Imperfektion der Sprache bedingt die Notwendigkeit des Dialogs. Die *boētheia* ist so, in Levinas' Worten, „l'essence unique du langage" (Levinas 2016, 99).

Ludwig Wittgenstein – ebenso besessen von den „Versuchungen des Mißverstehens" (BGM 314) wie Platon – hat uns gezeigt, *warum* dies so ist: Traditionelle Bilder von Bedeutung als etwas dem Wort fest Zugeordnetem, und damit *sofort, problemlos*, Verständlichem – „Hier das Wort, hier die Bedeutung. Das Geld und die Kuh, die man dafür kaufen kann." (PG 122) – stellen ein „Mißverstehen der Sprachlogik" (PU 293) dar. Die grammatische Oberflächenstruktur der Sprache verführt zur Objektifizierung und Verabsolutierung der Bedeutung – und lenkt durch diese „Verhexung unsres Verstandes" (PU 299) von der *eigentlichen* Funktionsweise, von der anspruchsvollen *Tätigkeit* der Sprache ab, in der die vielfältigen Gebrauchsformen eines Wortes nur durch „ein weitverzweigtes Netz von Familienähnlichkeiten" (BB 170) verbunden sind. Sprache wird dynamisch, handelnd und urteilend verwendet und füllt so gänzlich unterschiedliche Rollen in einer unabschließbaren Vielfalt von Sprachspielen aus. Die irreführende Vorstellung einer festen Entsprechung von Wort und Bedeutung, die nur entstehen kann, wenn – wie in einem Wörterbuch – „die Sprache leerläuft, nicht wenn sie arbeitet" (PU 305), stellt letztlich eine *Dehumanisierung* dar: Sprache ist kein Lexikon – sie lebt im Dialog.

Den Streit um die Essenz der Begriffe, die Suche nach der einen einzigen Bedeutung, erweist Wittgenstein so als Unsinn, der „eine große Zahl der philosophischen Probleme" (BB 217) verursacht. Er erwähnt jedoch nicht, dass hieraus nicht nur *philosophische* Probleme entstehen, sondern auch *zwischenmenschliche*, dass zahllose Missverständnisse und Konflikte auf der Annahme einer festen Bedeutung von Begriffen und damit *sofortigen Verstehens* beruhen. Diese zwischenmenschlichen Konsequenzen versteht man erst, wenn man sich vor Augen führt, dass wegen essentialistischer Auffassungen von Wortbedeutungen (etwa nations- oder religionsbezogener Begriffe) regelmäßig Gewalt ausgeübt wird, wenn wir an Eichmanns „‚Amtssprache ist meine einzige Sprache'" denken, an Orwells totalitäres Newspeak, „*one* word, with its meaning rigidly defined and all its subsidiary meanings rubbed out and forgotten" (Orwell 2008, 55), und Lyotards *différend*, wo eine Sprache andere Ausdrucksmöglichkeiten und damit Ansprüche ausschließt: „le tort vient de ce que le dommage ne s'exprime pas dans le langage commun du tribunal et de l'autre partie" (Lyotard 1983, 49). Wittgensteins Analysen legen jedoch die Grundlage für die Entblößung der Schattenseiten der mechanischen Sicht der Sprache, die die Mannigfaltigkeit der Bedeutung, die Vielzahl der Anfälligkeiten zwischenmenschlichen Verstehens und damit die permanente Fragilität des Zugangs zueinander übertüncht und so *ethische* Konsequenzen hat. Das Konzept der Familienähnlichkeit bedingt in letzter Instanz, dass jemand nicht für ein Wort gehängt werden darf.

Noch ein anderer Aspekt ist im Kontext dieses Kapitels wichtig: Sprache bezieht sich laut Wittgenstein „auf eine Lebens*weise*. Um das Phänomen der Sprache zu beschreiben, muß man eine Praxis beschreiben" (BGM 335) – nur in einer solchen Praxis „kann ein Wort Bedeutung haben." (BGM 344) Für Wittgenstein ist Sprache eine *Interaktionsform* – traditionelle Semantik und Grammatik verdecken diese eigentliche, zentrale Funktionsweise der Sprache. Damit Menschen sich verstehen, müssen sie die Lebensform, das Sprachspiel teilen. Bedeutung erhält ein Wort erst in der zwischenmenschlichen Interaktion. Die Zahl der Sprachspiele ist unabschließbar, weil zwischen den einzelnen Gebräuchen bzw. Sprachhandlungen nur Familienähnlichkeiten bestehen. Dies bedeutet auch, dass die Anwendung eines Wortes jeweils ein Urteil ist (ich kann in jedem Moment neu beurteilen, ob ich etwas als ‚Spiel' bezeichne oder nicht) und es daher jederzeit auch auf neue Sachverhalte, als neuer Spielzug in einem veränderten Sprachspiel angewendet werden kann. Der abstrakte Streit um die Essenz eines Begriffes ist somit hinfällig, Definitionen sind nur für abgegrenzte Zusammenhänge möglich. Bedeutung entsteht im interaktiven Gebrauch, sie kann sich auch erst im Laufe einer Situation herausbilden bzw. durch bilaterale Kalibrierung während des Dialogs (im Sinne der *boētheia*) geklärt werden. Die Offenheit der ‚Bedeutung' an den Rändern, die Vielfalt der Familienähnlichkeiten rührt aus der lebendigen Vielfalt der interaktiven Praktiken, der Vielfalt der realen Sprachspiele her. Wenn Bedeutung erst in der *Interaktion* entsteht, und es eine sich entwickelnde Vielfalt von Interaktionsformen gibt, muss eine präjudizierende Objektifizierung der Bedeutung *zwangsläufig* zu Missverständnissen und Konflikten führen.

Wittgensteins realistische Interaktionsgrammatik verdeutlicht uns so, dass die menschliche Kommunikation wesentlich komplizierter ist als die ‚Übermittlung' von ‚Information' oder präexistenter ‚Bedeutung': „‚Ein Wort verstehen' – das ist unermeßlich vielerlei." (PG 11) Zwischen den einzelnen Gebräuchen eines Wortes bzw. Sprachhandlungen bestehen nur Familienähnlichkeiten, ihre ‚Bedeutung' liegt in ihrer Funktion im Sprachspiel (zu dem auch eine sprachspielspezifische Funktion des ‚Verstehens' gehört). Wegen der Vielzahl der Sprachspiele und Bedeutungen kann nicht von sofortigem, einfachem ‚Verstehen als Informationsaufnahme' ausgegangen werden. Sprache ist, bei Wittgenstein wie bei Platon, Medium unserer *Interaktionsprozesse*, in dem wir uns Schritt für Schritt zusammenfinden, Bedeutungen schaffen, neu anwenden und aushandeln. Wer dies übersieht und von hartcodierten Bedeutungen, eindimensionalen Übermittlungsprozessen und schnellem, unproblematischem Verständnis ausgeht, *verstellt den Zugang zueinander*. Sprache kann nicht auf Logistik reduziert werden: Sie ist nicht einfach Instrument der Übermittlung von Information, sondern *gleichzeitig Grund und Instrument* des menschlichen Sich-Aufeinander-Zuarbeitens, der bilateralen, reziproken Kalibrierung, der gegenseitigen Hilfe. Die Sprachkritik der beiden Philosophen erweist sich so letztlich als fundamentale zwischenmenschliche *Kritik des sofortigen Verstehens*, die von unseren Überlegungen in den weiteren Kapiteln verstärkt wird.

Dieser Fundamentalkritik zwischenmenschlichen Verstehens steht das zeitgenössische Konzept der ‚Information' gegenüber (uns geht es hier um zugrundeliegende Vorstellungen des Begriffes, um seine Verwendungen und seine Assoziationen; zu Definitionsfragen vgl. z. B. Schüller-Zwierlein/Zillien 2012, 15–17; Janich 2006; Ott 2004; Krebs 2019). Dieses Konzept ist in den letzten Jahrzehnten – insbesondere mit der Entwicklung des Internets und der Suchmaschinen als Basistechnologien für Suche und ‚Abruf' von Informationen – zu einem ubiquitären Paradigma für Diskurse über technologische und wirtschaftliche Entwicklung geworden. Gleichzeitig durchsetzt das Konzept jedoch auch Diskurse über das menschliche Zusammenleben: Die Vorstellung einer ‚Informationsgesellschaft' (vgl. z. B. Castells 2009–2010; Webster 2006; Feather 2013) ist das „am häufigsten und vielfältigsten gebrauchte Schlagwort zur Beschreibung der gesellschaftlichen Entwicklung in den westlichen Industrienationen während der letzten Jahrzehnte des 20. Jahrhunderts." (Ott 2004, 254) Die technologische ‚Revolution' rund um die digitalen Medien verändere, so Manuel Castells, immer schneller auch die Gesellschaft (Castells 2009–2010, I, 1), die technologische Transformation expandiere damit zur „informational society" (I, 21), „because of its ability to create an interface between technological fields through common digital language in which information is generated, stored, retrieved, processed, and transmitted. We live in a world that, in the expression of Nicholas Negroponte, has become digital." (I, 30). In den letzten zwei Jahrzehnten hat sich die Gesellschaft immer mehr in den alltäglichen und diskursiven Mechanismen der sofortigen Abrufbarkeit von Information eingerichtet.

Castells' Beschreibung einer „common digital language in which information is generated, stored, retrieved, processed, and transmitted" verweist uns bereits auf die zugrundeliegende Vorstellung der Einrichtung Informationsgesellschaft: Information – etwas Präexistentes und Abgeschlossenes, quasi fertig Verpacktes – wird (in einer Art Universalsprache) gespeichert, gefunden, übermittelt. Der Philosoph Jakob Krebs hat zu Recht darauf hingewiesen, dass es sich hierbei um eine „Objektivierung kommunikativer Gehalte" (Krebs 2019, 42), eine „*grammatikalische Verdinglichung*" (45) und damit um eine „irreführende metaphorische Leitvorstellung" (7) handelt, die sich „technologisch geprägten Metaphern des Übertragens, Transportierens oder Transferierens" verdanke (12). Krebs' Kritik beschränkt sich jedoch auf den kommunikationstheoretischen Aspekt. Den Blick auf die ethische und gesellschaftliche *Tragweite* dieses Phänomens eröffnen erst die Kapitel unseres Buches: Das Konzept der Information zeigt sich bei näherer Betrachtung als strukturgleich mit der oben analysierten fehlerhaften, simplifizierten Vorstellung der sprachlichen Bedeutung. So wie ein Wort in dieser Vorstellung eine präexistente Bedeutung ‚hat', die es nur aufzunehmen gilt, wenn der/die Andere mit mir spricht, so ist in dessen/deren Äußerungen auch präexistente ‚Information' enthalten, die mir ‚übermittelt' wird und die ich aufnehme – und dann ‚habe'. Entscheidend ist, dass die Dimensionen des *Verstehens* und des *Handelns* hier ausgeblendet sind: Missverständnisse und Verstehensprobleme, Fragen zur Bedeutung von Wörtern, die *Tätigkeit* des gemeinsamen Aushandelns und Erarbeitens von Bedeutung, die bilaterale Kalibrierung als Gesprächs*verhalten* („daß im Gespräch eine gemeinsame Sprache erst erarbeitet wird"; Gadamer 2010, 384), die *Tugenden* des Verstehens – sie alle treten in dieser Vorstellung nicht auf. Die Sprache der Informationsgesellschaft gibt sich maschinell, und selig unberührt von der *Kritik des sofortigen Verstehens*. Beide, die fehlerhafte Vorstellung fertiger, abgepackter Bedeutung und das Konzept der ‚Information' erliegen dabei derselben Verführung, stehen unter demselben Dogma: dem der *organisatorischen Grammatik* – der Konstruktion des *gesamten* menschlichen Lebens aus Konzepten des Einteilens, Zählens, Holens und Bringens.

Woher dieser Hang zur organisatorischen Grammatik kommt, wird bei Castells ausreichend deutlich. Zum einen basieren die alltäglichen digitalen Technologien – geprägt durch Shannons mathematische Theorie der Kommunikation als Grundlage der Informationstheorie – auf der Vorstellung der Übermittlung abgepackter, exakt definierter Informationspakete, die es lediglich (wenn auch gegebenenfalls trotz Störungen) zu übertragen gilt, „generated, stored, retrieved, processed, and transmitted" (Castells 2009–2010, I, 30). Zum anderen ist es aber kein Zufall, dass Wittgensteins plastische Beschreibung einer falschen Vorstellung von Bedeutung – „Hier das Wort, hier die Bedeutung. Das Geld und die Kuh, die man dafür kaufen kann." (PG 122) – ein Bild aus der organisatorischen Grammatik der Ökonomie und des Handels ist: Objekt und definierter Gegenwert, Wort und definierte Bedeutung, Signal und definierte Information scheinen hier wie natürlich zusammenzugehören. Castells' Ausführungen machen deutlich, dass die exakt bemessende Vorstellung von Handel und Wirtschaft der Logik der ‚Informationsgesellschaft' ebenso zugrundeliegt wie die Konzepte, auf denen die digitalen Technologien basieren: „the current technological revolution [...] originated [...], not by accident, in a historical period of the global restructuring of capitalism, for which it was an essential tool. Thus, the new society emerging from such a process of change is both capitalist and informational" (Castells 2009–2010, I, 13). Die technologische Revolution, so Castells, sei ihrerseits durch die Logik und die Interessen des Kapitalismus geformt (13). So zeigt sich entsprechend eine enge Verbindung zwischen Informationskonzept und Kapitalismus: „the new techno-economic system can be adequately characterized as *informational capitalism*." (18) Die Übertragung dieser Strukturen aus dem technologischen und wirtschaftlichen Bereich in die Gesellschaftsauffassung und den zwischenmenschlichen Bereich ist ein Hauptauslöser der Dominanz der organisatorischen Grammatik in unserem täglichen Leben.

Eine *Kritik der organisatorischen Grammatik* bzw. ihrer Anwendung auf sprachliche und zwischenmenschliche Fragen – und damit der Konzepte ‚Information' und ‚Informationsgesellschaft' – ist jedoch dringend erforderlich. Denn das Informationskonzept blendet die Dimension des Verstehens und des Handelns aus – und damit die Fragilität des Zugangs, die Leichtigkeit des Missverstehens und die mühsame Arbeit am Sich-Verstehen. Das von Wirtschaft und Technologie inspirierte Konzept der Informationslogistik – der fertig verpackten Information, die nur übermittelt wird – widerspricht dem Prinzip der Hilfsbedürftigkeit der Sprache, der Aushandlung und bilateralen Kalibrierung von Bedeutung im Dialog, die Gadamer als „die eigentliche Leistung der Sprache" (Gadamer 2010, 383) bezeichnet hatte. Die irreführende Vorstellung von einem einzelnen Wort mit einer bestimmten Bedeutung, also ‚enthaltener' Information, die nur übermittelt wird, führt im zwischenmenschlichen Bereich zum Vergessen der Anfälligkeiten menschlichen Verstehens, verschweigt die Fragilität des Zugangs zueinander: Wenn Sprache erst in der gemeinschaftlichen, schrittweisen Kalibrierung von Bedeutung – durch das Helfen, Nachfragen und Verteidigen, das Erläutern und Präzisieren, oft auch das Entwickeln dessen, was ‚gemeint' ist – zur Grundlage zwischenmenschlichen Verstehens wird (und dies auch nur auf Basis der Tugenden *boētheia*, *scholē* und Respekt vor Komplexität), dann kann die ‚Informatisierung', ‚Digitalisierung' und ‚Automatisierung' von Sprache – ein Wort, eine Bedeutung, eine Information – im zwischenmenschlichen Bereich nur zu Missverständnissen, mehr noch, zu Diskriminierung und Gewalt führen. Die Beispiele Eichmann und Orwell sind hier ebenso einschlägig wie die von Thomas Bauer diagnostizierte gesellschaftliche Tendenz zur „Vereindeutigung" (Bauer 2018) und die allenthalben wahrnehmbare Zunahme der Schwarz-Weiß-Raster von Populismus, Rassismus und Nationalismus. Das in das Konzept der organisatorischen Grammatik eingebettete Konzept der Information ist *ein* Hauptfaktor der erneuten Unzugänglichkeit der Menschen füreinander, die wir gegenwärtig beobachten: Ist die Information über den Anderen/die Andere einmal abgeholt, ist das Urteil gefällt. Der Mensch wird eindeutig gemacht – in diametralem Gegensatz zu Levinas' Sicht seiner Unendlichkeit als Grundlage der Ethik. Eine Gesellschaftstheorie auf dem Konzept der Information aufzubauen, erweist sich so als *fundamentale* Fehlkonzeption, die wesentliche Aspekte menschlichen Zusammenlebens unter den Tisch fallen lässt und selbst die *Formulierung* schädlicher Tendenzen erschwert – ein riesiger blinder Fleck in dieser gesellschaftlichen Leitidee.

Die Gesellschaft der Gegenwart pflegt das Konzept der einseitigen, eindeutigen, einfachen Informationsent- und aufnahme weiter, obwohl es den zentralen

Mechanismus der zwischenmenschlichen Entwicklung von Bedeutung ignoriert und so auf einem Missverständnis der Natur der Sprache beruht. Das Konzept der Information und die dazugehörigen Sprachspiele der Gegenwart stecken tief in den Fesseln der organisatorischen Grammatik – im Einteilen, Zählen, Holen und Bringen – und blenden damit den zentralen Interaktionscharakter von Sprache aus: Einigen, Erläutern, Nachfragen, Raumgeben und Zeithaben, das Aufeinanderzuarbeiten und Helfen im Dialog, ethisch wichtige Dimensionen von Sprachhandlungen wie Offenheit, Großzügigkeit und Höflichkeit (vgl. Connor 2019), das *aktive Verstehensverhalten* also, die notwendige Mühe, das Können und die Tugenden des Sich-Verstehens, kommen hier als Elemente der Kommunikation nicht vor. Die Alltäglichkeit des Missverstehens wird ausgeblendet. Mit der Frage des *Verstehens* lässt die Informationsgesellschaft jedoch auch die Frage des zwischenmenschlichen *Sich-Verstehens* beiseite. Enthusiasmiert von der globalen Verbreitung des Internets, durch das jede/r dieselben ‚Informationen' ‚hat' (ein grober Spiegel des rationalistischen Traums der Aufklärung), hat man die *Aktivität der Verständigung*, die harte Arbeit zwischenmenschlichen Verstehens über unterschiedliche Identitäten, Diskurse und *verschiedenes* Verstehen hinweg übersehen. Die Eloge der universellen Verfügbarkeit von Information steht damit auf tönernen Füßen. Der Zugang *zueinander* ist von wesentlich höherer Bedeutung als der Zugang zu Information: *Abrufbarkeit schafft kein Miteinander*.

Die Philosophie von Emmanuel Levinas schärft unseren Blick darauf, dass im Konzept des Abrufs von Information die Bedrohung der *Unilateralität* steckt: ‚Information' ist hilflose Sprache, widerstandslos, unilateral, sie reduziert das Subjekt, über das ‚informiert' wird, auf Eigenschaften und verkörpert den Gehorsam des Anonymen, „l'obédience de l'anonyme" (Levinas 2016, 38). Information ist *Übereinander*-Sprechen, nicht Miteinander-Sprechen, ist Ontologie statt Ethik – ist die Freiheit der Einen, aber nicht des Anderen. Eine solche Freiheit, die sich nicht rechtfertigen muss, ist wie der unsichtbare Gyges, der den Anderen/die Andere sieht, aber selbst nicht gesehen wird (90), ein Wesen, für das die Welt nur ein zu betrachtendes Spektakel ist – eine *stille* Welt ohne Dialog (90). Diese stille Welt der Information ist eine Idolatrie des Faktischen (60), die sich keiner Ansprache eines Gegenübers aussetzt, „une invocation de ce qui ne parle pas" (60), sie schwelgt im „mutisme du produit" (252). Denn erst wenn beide Seiten Gelegenheit haben, sich zu helfen, sich zu erläutern, existiert Gerechtigkeit: „*Nous appelons justice cet abord de face, dans le discours.*" (67) Diese Gerechtigkeit als Möglichkeit der gegenseitigen Hilfe ist *Grundlage* der zwischenmenschlichen Zugänglichkeit: „La parole ne s'instaure pas dans un milieu homogène ou abstrait, mais dans un monde où il faut secourir et donner." (238) Bedeutung wird gemeinsam herausgearbeitet und ist nicht präexistent – ist keine unilateral entnehmbare Information. Das sprachliche Verhältnis zwischen Menschen geht über das *Thematisieren* von Dingen hinaus (233) – die Sprache ruft zum Ausgleichen der Perspektiven auf und damit zur Gerechtigkeit: „le langage est justice" (234). Das Wesen der Sprache, „l'essence unique du langage" (99), liegt in der *Hilfe*: „Son être s'effectue dans cette *assistance*." (100) ‚Information' hingegen zementiert die Außenperspektive: „Une existence dite objective telle qu'elle se reflète dans la pensée des autres [...] ne m'exprime pas mais précisément me dissimule." (194) Im unilateralen Abruf von Information – ebenso wie in der unilateralen Äußerung etwa in sozialen Medien – stellt man eine unwidersprochene Hierarchie her, der/die Abrufende/Äußernde stellt sich *über* den Anderen/die Andere, ohne sich ihm/ihr *auszusetzen*. Wie Levinas sagt, involviert die Notwendigkeit der Hilfe eben auch eine Dimension der Verantwortlichkeit – wer unilateral handelt, übernimmt hingegen keine Verantwortung zur Rechtfertigung und stellt keine Gerechtigkeit im Dialog her. Diese Funktion der Sprache, der Aufruf zur *Verantwortlichkeit*, „[c]e lien entre l'expression et la responsabilité – [...] cette essence éthique du langage" (219), geht jeder enthüllenden oder unilateral einordnenden Funktion der Sprache voraus: „Au dévoilement de l'être en général [...] préexiste la relation avec l'étant qui s'exprime; au plan de l'ontologie, le plan éthique." (220) So begründet Levinas durch die *boētheia* das Primat der Ethik vor der Ontologie und verdeutlicht, warum Vereindeutigung eine reale Gefahr ist, warum zwischenmenschliche Zugänglichkeit gerade darin besteht, dass man den Anderen/die Andere *offenlässt*, ergänzbar, sie/ihn nicht einseitig definiert und abschließt. Die Beschränkung auf den Abruf von Information hingegen liegt auf der Ebene einer unmenschlichen Ontologie, die in ihrer Endstufe zur Tyrannie führt: „L'ontologie [...] mène, fatalement, [...] à la tyrannie." (38) Im Orwellschen und Arendtschen Totalitarismus zeigt sich die Realisierung der einseitigen Verzeichnung von ‚Information' über das Individuum als Tyrannie.

Tief geprägt von der organisatorischen Grammatik, erweist sich so das Konzept der Information – und mit ihm auch das Konzept der Sprache als ‚Informationsaustausch', das suggeriert, dass wenn man die Information einmal ‚abgeholt' hat, man sie dann auch ‚hat' – als unzureichend, zwischenmenschliche Realität zu erfassen. Der Prozess des *Verstehens* taucht hier ebenso wenig auf wie das Existieren verschiedener Perspektiven, die potentielle Mehrdeutigkeit von Zeichen oder das Erarbeiten von Gemeinsamem, für welches das Hinterfragen des Eigenen der erste Schritt ist. Die gesellschaftlichen Auswirkungen zeigen sich deutlich in der Gegenwart. Die Ausblendung der Komplexität des Verstehens, das Phantasma des unproblematischen Abrufs fördern die Möglichkeit der Verbreitung von simplifizierender, tendentiöser und falscher vorgeblicher ‚Information'. Fake News und Manipulation, Populismus und Hate Speech nehmen zu: Im eingefahrenen *sofortigen* Verstehen des Abrufens gehen kritisches Denken, Empfindlichkeit für Vereinfachungen und Manipulationen sowie Verständnis für die Zwischenmenschlichkeit der Kommunikation verloren. Der eintrainierte Impuls, nach Neuem zu schnappen, verstärkt neue Arten der Manipulation: Durch die Zentrierung auf das Konzept Information richtet sich alle Kraft darauf, etwas als wichtige, ‚relevante' Information darzustellen, auch wenn es sich in Wahrheit um manipulative Äußerungen handelt. Der Begriff ‚Information' suggeriert geschickt eine sauber abgepackte, markttaugliche Neutralität, die er nicht hat. Wenn Information jedoch nur schwer – und schon gar nicht automatisch – von Desinformation, Fälschung, Werbung, Meinung und Urteil zu unterscheiden ist, ist das unreflektierte Holen und Bringen von Information als Gesellschaftsparadigma umso gefährlicher. Im *diachronen* Blick verliert die Vorstellung von ‚Information' – und des sofortigen Verstehens – schließlich vollends die Haftung, nicht nur durch die Notwendigkeit der Interpretation der Bedeutung des Überlieferten (ohne die Hilfe der Autor/inn/en) und des ‚kulturellen Erbes' (s. u.) oder der von Gadamer beschriebenen Zeitlichkeit des Verstehenden, der selbst Teil der Geschichte ist, sondern auch wegen der (zufälligen oder gewollten) *Lücken* von ‚Information' im Nacheinander, der *Logik des Schweigens* und der *Stille als Zeichen*, die Lyotard für uns beschrieben hat (und die sich in Martin Pollacks „kontaminiert[en] Landschaften" der vergessenen Massengräber drastisch manifestieren; Pollack 2014). Einer ‚Informationsgesellschaft' ist der *différend* strukturell unbekannt.

Die objektzentrierte Sicht auf ‚Information' erweist sich so als für den zwischenmenschlichen Bereich nicht geeignet. Zugänglichkeit braucht Zeit, Mühe, Hilfe, Tugenden und Kompetenzen – zwischenmenschliche Interaktion. Zugänglichkeit ist fragil und muss jedesmal neu erarbeitet werden. Platons Bild der Sprache hält der ‚Informationsgesellschaft' den Spiegel vor: Sprache bedarf immer der Hilfe, der Erläuterung – mündlich wie schriftlich. Das gegenseitige Verstehen ist in Wirklichkeit ein Aufeinander-Zuarbeiten. Sprache ist weniger ein Medium der Informationsspeicherung oder -übermittlung als ein Medium und Mechanismus des schrittweisen, kalibrierenden Sich-Treffens. Das Wesen der Sprache zeigt sich in ihrer *Imperfektion*, nicht in der Vereindeutigung. Platon und seine Leser/innen machen uns darauf aufmerksam, dass für das 21. Jahrhundert eine *grundsätzlich andere* Orientierung erforderlich ist als jüngste Gesellschaftstheorien sie vorweisen, welche die Paradigmen von Information und Digitalisierung unhinterfragt übernehmen und schlicht die Gesellschaftslehre den digitalen Praktiken anpassen – so Jakob Hohwys Sicht, der Mensch denke ohnehin schon algorithmisch, inferentiell und probabilistisch (Hohwy 2014), Luciano Floridis Entwurf der „philosophy of information" als *prima philosophia* (Floridi 2013), der sich Levinas' Fundamentalkritik der Ontologie der Information offenbar unbewusst ist, oder Armin Nassehis Sicht, die moderne Gesellschaft sei schon immer digital, weil sie Daten und statistische Muster erfasse, und lasse sich nur „informationsförmig beschreiben" (Nassehi 2019, 88; vgl. Koopman 2019), Information sei „das elementare Medium der digitalen Welt" (Nassehi 2019, 162). Die inhumanen Konsequenzen dieses Denkens – das weglenkt von einem Verständnis von Sprache als wichtigstem Instrument menschlicher *Interaktion* – haben wir in den vorigen Kapiteln aufgezeigt.

Wittgenstein hatte uns gewarnt, dass in unserer Sprache „eine ganze Mythologie niedergelegt" (BT 291) ist, dass für selbstverständlich gehaltene Konzepte und Sprachformen unser Denken beeinflussen und irreführen können. Dies gilt auch für das Konzept der Information. Zwar hatte Castells prophezeit, dass die Entwicklung der Informations*technologien* den gesamten Bereich des sozialen Verhaltens prägen würde: „we should expect the emergence of historically new forms of social interaction, social control, and social change." (Castells 2009–2010, I, 18) Weniger vorausgesehen hatte er jedoch, dass allein das *Konzept* der Information – und damit im Zusammenhang stehend die Universalisierung der organisatorischen Grammatik, das logistische Missverständnis der Kommunikation – negative Konsequenzen haben würde. Unsere technische und diskursive Einrichtung beeinflusst alle Bereiche kognitiven und zwischenmenschlichen Verhaltens – in Teil II haben wir die Gefahren ausführlich beschrieben. Im Folgenden wollen wir uns vier konkrete Bereiche der Gegenwart genauer ansehen, in denen die Hilfsbedürftigkeit der Sprache vernachlässigt wird und an denen sich so die bedrohlichen Tendenzen der Informationsgesellschaft ablesen lassen.

Information und die „Verdatung der Gesellschaft"

Angewendet auf den Menschen führt das Konzept der Information, erstens, zu einer Aufspaltung von Individuen in ‚vorhandene' Eigenschaften und Verhaltensweisen, zur umfassenden Erhebung dieser Merkmale und zur Beurteilung von Individuen auf dieser Basis. Der Soziologe Steffen Mau hat dies die „Quantifizierung des Sozialen" und die „Verdatung der Gesellschaft" (Mau 2017, 40) genannt. ‚Information' ist hier – ganz im Sinne der organisatorischen Grammatik – überall nur abzuholen, einzusammeln, einzutauschen, sie wird zur „Leitwährung der digitalisierten Gesellschaft" (26), sozial wie wirtschaftlich. Ratings, Rankings, Scorings und Screenings dominieren den Alltag – menschliche Verhaltensweisen werden systematisch kategorisiert und analysiert: „privateste Dinge wie Hobbys, Familienverhältnisse, Gemütslagen oder Gewohnheiten sind nun plötzlich vermessbar. In ‚smart cities' und ‚smart homes' verschmelzen soziale Lebenswelten mit digitalen Technologien." (40–41) Die wirtschaftlich geprägte Metrik wird auf den zwischenmenschlichen Bereich übertragen. ‚Informationen' scheinen den wichtigsten Zugriffs- und Urteilspunkt auf Menschen zu bilden (vgl. das Konzept der „informational person" bei Koopman 2019).

Mau identifiziert wie Castells die „Digitalisierung und [die] Ökonomisierung der Gesellschaft" als „wesentliche Antriebskräfte" (Mau 2017, 18) dieser Entwicklung. Die Digitalisierung bringt in vielerlei Hinsicht die Möglichkeit von Datenerhebung, Datenanalyse und Metrik mit sich, eine Zerlegung des Lebens in quantifizierbare Einheiten als Basis einer „Informationsökonomie" (11). Um das Problem hieran konturschärfer zu sehen, hilft es zu realisieren, dass der „Verdatung" wiederum das grundlegende Missverständnis sprachlicher Bedeutung zugrundeliegt, das wir als problematisch identifiziert haben – wieder wird der Traum einer eindeutigen Universalsprache geträumt: „Allgemein gesagt, beinhaltet Quantifizierung eine Übersetzungsleistung: Phänomene, Eigenschaften oder Beschaffenheiten eines Sachverhalts werden in einer allgemeinen, abstrakten und universell anschlussfähigen Sprache repräsentiert, der der Mathematik." (27) Wie Colin Koopman sagt: „The power of information is in its promise of, and success at, effective universalization." (Koopman 2019, 11) Individualität, innere Pluralität, Mehrdeutigkeit, Vielschichtigkeit, das gemeinsame Entwickeln von Menschen kommen hier nicht vor. Vielmehr werden durch die Messparameter implizit normative, simplifizierende, de-individualisierende Kräfte aktiv: „Wenn jede Aktivität [...] im Leben aufgezeichnet, registriert und in Bewertungssysteme eingeschrieben wird, verlieren wir die Freiheit, unabhängig von den darin eingelassenen Verhaltens- und Performanzerwartungen zu handeln." (Mau 2017, 13) Was nicht in die informationellen Erfassungsraster passt, existiert nicht; es entsteht ein *différend* der Metrik, wo „le tort dont l'autre souffre ne se signifie pas dans cet idiome" (Lyotard 1983, 25) – mit allen potentiellen Konsequenzen. Das Beschränken auf erhaltene ‚Information' – in Reaktion auf ein Abfrageraster – beschränkt den Zugang zum Menschen und verstellt den Wunsch nach mehr. Verdatung ist *unilateral* – Sprache ohne Möglichkeit der Hilfe, Urteil ohne das Sich-Erarbeiten eines *gemeinsamen* Verständnisses: „La thématisation et la conceptualisation [...] ne sont pas paix avec l'Autre, mais au sein d'une négation de son indépendance." (Levinas 2016, 37)

Die genannten Raster können sich mehrheitlich in der Gesellschaft etablieren und so Heterogenität und Minderheiten ausschließen bzw. benachteiligen – „viele der Kriterien, die der quantitativen Rangbildung zugrunde liegen," würden, so Mau, „einfach hingenommen und nicht mehr hinterfragt [...]. Wenn sie als angemessen, evident und selbstverständlich erlebt werden, sind wichtige Schritte in Richtung einer Naturalisierung sozialer Ungleichheit vollzogen." (Mau 2017, 15) Es entstehe eine *„Bewertungsgesellschaft* [...], die alles und jeden einer Bewertung mittels quantitativer Daten unterzieht und damit zugleich neue Wertigkeitsordnungen etabliert" (16). Die Definitionsmacht über die Kategorien und Zahlen bleibe jedoch oft genug unartikuliert, technische Komplexität verdecke die „Legitimationsfrage" (19): „Expertensysteme und Algorithmen [entscheiden] zunehmend darüber [...], welche Wertigkeiten sich durchsetzen" (19). Dies ist umso problematischer, als die Leitbildfunktion des Konzepts ‚Information', „die durch Zahlen in Aussicht gestellte Transparenz", auch „zu einem Mehr an Überwachung" (19) führt. Das Problem mit dieser Datenmanie wird erst tiefenscharf deutlich, wenn man sie ihrem totalitären Gegenbild gegenüberstellt. Kommerzielle Ratings, Rankings, Scorings und Screenings, parameter- und verhaltensbasierte Preis- und Konditionsgestaltung sind, wie Mau selbst sagt, kaum weniger extensiv oder intrusiv als zentralstaatliche *Social Credit Systems*.

Wir haben versucht, die ethische Bedeutung des richtigen Verständnisses von Sprache, der Offenheit der Bedeutung, des Geheimnisses, des Privatraums und der Unendlichkeit des Menschen herauszuarbeiten, der immer über unser erstes Verständnis, unsere erste ‚Lesart' hinausgeht. In einer Welt der ‚Information' lässt sich demgegenüber ein Schwinden des Unendlichen genauso wie des Privaten diagnostizieren. Vermeintlich objektive Metriken mit zweifelhaftem Legitimationsstatus lassen keinen Raum dafür, dass es jenseits von ihnen noch etwas gibt: „Da [quantifizierende] Daten zur Leitwährung der digitalisierten Gesellschaft geworden sind, gibt es kaum noch natürliche Grenzen, an denen dieser Prozess ein Ende finden könnte." (Mau 2017, 26) Ulrich Hemel hat dies als „Vollständigkeitstheorem der digitalen Vernunft" kritisiert (Hemel 2020, 32). Mag es den Streit um die Berechtigung der Zerlegung von Erfahrung in Pakete und Konzepte immer gegeben haben – angewendet auf Menschen wird das Konzept Information zum Problem. Die Objektifizierung von Bedeutung, basierend auf der organisatorischen Grammatik, führt in letzter Konsequenz zur Objektifizierung von Menschen. Das Konzept der Transparenz basiert auf diesem mechanistischen Bild präexistenter, fixierter, abzuliefernder Information. Anne Dufourmantelles Worte „La transparence n'est pas la vérité." (Dufourmantelle 2015, 103) und ihre Betonung der freiheitlichen Bedeutung des Geheimnisses, einer „résistance à une transparence informative idéale" (101), stehen am *Anfang* eines zukünftig notwendigen Forschungsprogramms, das über den bei Han 2012 skizzierten Aufriss weit hinausgeht: Eine genaue Erforschung der *ethischen* Konsequenzen einer Digitalisierung von Sprache und Mensch in auswertbare Daten und relevante Information ist dringend vonnöten. Neben der Kritik des sofortigen Verstehens und der Kritik der organisatorischen Grammatik ist auch eine systematische, interdisziplinäre *Kritik der Transparenz* erforderlich.

Information und Dialog

Der zweite Bereich, in dem sich das Konzept der Information, die Vorstellung einfach abzuholender Informationspakete, negativ auswirkt, ist das menschliche Zusammenleben, das immer weniger auf den *Dialog* im zuvor geschilderten Sinne ausgerichtet ist. Walter Ong hat darauf aufmerksam gemacht, dass sich mit jedem Medium eine gewisse Psychodynamik verbindet (vgl. Ong 2002, 31 ff.). Die Psychodynamik des schlichten Abrufens von Information – die Suggestion, dass der Tastendruck ‚Antworten' liefert, die so deutlich der organisatorischen Grammatik unterliegt – hat kognitive und ethische Auswirkungen: Es gilt wahrzunehmen, dass dieses Bild des Abrufens von Information *unilateral* ist. Es führt vom Dialog weg, indem es die leichte Erreichbarkeit eindeutiger Wahrheit vorgaukelt. Die Notwendigkeit der *boētheia*, der Klarstellung, Erläuterung, der gegenseitigen Hilfe, des Aufeinanderzuarbeitens, gemeinsamen Entwickelns und Kalibrierens von Bedeutung ist in der Informationsgesellschaft nicht wahrnehmbar. Die Informationsgesellschaft erweist sich so als strukturelle Fehlkonzeption: Gesellschaft, Gemeinschaft, besteht nicht aus dem unilateralen Abschöpfen von Information, sondern aus der gegenseitigen Arbeit am Sich-Verstehen.

Die vorhergehenden Kapitel haben gezeigt, wie schwierig der Dialog, wie fragil der Zugang zueinander *ohnehin* ist. Sprache ist Schauplatz der Aushandlung – Dialog, wenn sich Menschen *verständigen* (nicht verstehen), die mühsame „Herstellung [einer] gemeinsamen Welt" (Arendt 2016, 54), ein Kalibrieren, ein stufenweises Einstellen auf das, was der/die Andere meint (oder zu meinen meint oder zu meinen beginnt). Wenn ich einem Menschen nicht erlaube, sich zu helfen, wenn ich ihn als *thème* behandele, beginnt Unmenschlichkeit. Ein Gespräch ohne *boētheia* ist ein *différend*. Die Nicht-Offensichtlichkeit von Sprache und Menschen, die Hilfsbedürftigkeit der menschlichen Kommunikation und die Notwendigkeit des Dialogs herauszuarbeiten, ist Platons zentraler ethischer Beitrag zur Betrachtung der Gegenwart. In unseren Erörterungen hat sich dies in aller Schärfe gezeigt: Sprache kann Menschen trennen, *Sprechen* nicht. Nur die aktive, dem anderen Menschen Raum für Entfaltung und Entwicklung lassende Aushandlung von Bedeutung ermöglicht Gemeinsamkeit. Zugänglich sein für die Andere/den Anderen heißt, es für möglich zu halten, dass der/die Andere recht hat – und, wenn man nicht versteht, was der/die Andere sagt, oder es sich nicht sinnvoll anhört, es dann trotzdem für möglich zu halten, dass sie/er etwas Sinnvolles sagt, sodass es wiederum der breit gefassten *boētheia* bedarf, bis man den Anspruch und die Ansprache des/der Anderen versteht. Diese *Sinnvermutung* ist als Gesprächsverhalten von grundsätzlicher Bedeutung. Man muss dem/der Anderen Raum lassen, Recht zu haben, zukünftig noch Recht zu haben, oder uns Recht zu geben. Die von Platon betonte *scholē* bedeutet nicht nur *Zeit*, sondern auch, der/dem Anderen logischen *Raum* zu lassen, Recht zu haben, komplexer zu sein als seine/ihre erste Aussage. Das Ziel ist Verständigung und Voneinander-Lernen, nicht unilaterales Urteilen. Dialog besteht nicht nur aus dem ‚Verstehen' sprachlicher Äußerungen, sondern auch aus diesem *Verhalten*. All dies findet sich in der Vorstellung des Abrufs von Information nicht wieder.

Die Informationsgesellschaft ist somit keine Dialoggesellschaft. Während gerade die Imperfektion, die Hilfsbedürftigkeit und Nicht-Sofort-Verständlichkeit der Sprache zum Gespräch und zur Vertiefung auffordert, sucht die Informationsgesellschaft die harte Codierung, die Eindeutigmachung sprachlicher Äußerungen (bei Orwell Kern der totalitaristischen Governance), den Abruf von Information, das einfache Abholen von Bedeutungspaketen, das sofortige Verstehen. Die zwischenmenschlichen Konsequenzen des Informationskonzepts sind absehbar und spiegeln sich in der Zunahme einfacher Feind- und geschlossener Weltbilder, gestützt durch *filter bubbles* (Pariser 2012), wo man nur das sucht und findet, was der eigenen Meinung entspricht: „Der Anspruch, den anderen vorgreifend zu verstehen, erfüllt die Funktion, sich den Anspruch des anderen in Wahrheit vom Leibe zu halten." (Gadamer 2010, 366). Denken wir an Arendt zurück: „Clichés, stock phrases, adherence to conventional, standardized codes of expression and conduct have the socially recognized function of protecting us against reality" (Arendt 1978, I, 4). Das Bild des Sprachverstehens als unproblematische Informationsaufnahme ebenso wie die Annahme eindeutiger Bedeutungen unterstützen das vereinfachende Be- und Verurteilen von Menschen und verführen zur Arendtschen Gedankenlosigkeit: „Absence of thought is [...] a powerful factor in human affairs" (Arendt 1978, I, 71). Sprache ist jedoch keine Maschine, die man nachbauen kann. Menschen sind füreinander nicht zugänglich, wenn sie sofort und irreversibel urteilen. Nur wer den Aushandlungscharakter der Bedeutung respektiert, ist in der Lage, einen Dialog zu führen. Platons Bild des inneren Dialogs, das bei Arendt eine so zentrale Rolle spielt, hat uns darüber hinaus deutlich gemacht, dass auch die *eigene* Denkfähigkeit auf die Fähigkeit zum konstantem Fragen und Hinterfragen, auf das beständige Helfen, Prüfen und Explizieren angewiesen ist, auf die Tatsache, dass es außer meiner (ersten) Perspektive noch weitere gibt, dass Lage, Urteil und Sprache eben *nicht* eindeutig sind. Arendt hat eindringlich darauf aufmerksam gemacht, dass mit dem inneren Dialog nicht weniger auf dem Spiel steht als *die Möglichkeit des Gewissens*: „Niemand, der nicht fähig ist, mit sich selbst einen Dialog zu führen, kann sein Gewissen bewahren." (Arendt 2016, 63) Es ist daher Zeit, die *Dialogfä-*

higkeit, nicht die unilaterale Information, ins Zentrum einer Gesellschaftskonzeption zu stellen.

Information und Lesen

Auch in einem dritten Bereich hat die Vorstellung von einfach abzuholenden Informationspaketen negative Konsequenzen, nämlich bei der Einschätzung des Lesens. Sie führt zu einer fatalen Unterschätzung der Bedeutung des Lesens, der Komplexität und Vielfalt der Leseprozesse. In der breiten Bevölkerung und in den Medien herrscht ein Bild des Lesens als einfacher Informationsaufnahme vor. Lesen könne man entweder oder nicht – wie Fahrradfahren. Meist wird es als Grundfähigkeit vorausgesetzt, der Prozess als rein mechanischer gesehen, wie ein Computer beim Parsing. Dieses Bild der einfachen Informationsentnahme entspricht der organisatorischen Grammatik – es gilt einen bereits fest definierten Inhalt von Punkt A (Buch) nach Punkt B (Hirn) zu transportieren. Diese Vorstellung trifft jedoch in einer *Vielzahl* von Hinsichten nicht zu. Zunächst ist die Vorstellung, man könne entweder Lesen oder nicht, und die meisten könnten es ja, grundlegend unzutreffend – Lesekompetenzen sind über die Bevölkerung breit gestreut, auch unter Erwachsenen: gut 12 % der erwachsenen Bevölkerung in Deutschland können nicht einmal einen einfachen kürzeren Text verstehen („geringe Literalität'; Grotlüschen et al. 2019). In Europa ist dieser Zustand ähnlich beklagenswert: „In Europe one in five 15-year-olds and nearly 55 million adults lack basic literacy skills." (European Declaration of the Right to Literacy, 2016, 4). Aber auch über grundlegende Fähigkeiten hinaus sind die Lesekompetenzen in der erwachsenen Bevölkerung sehr unterschiedlich – bis hin zu Studierenden:

> "Reading for deep comprehension is a key competency for successful learners in the twenty-first century. However, a non-negligible number of students who are competent at completing tasks of low or moderate complexity run into difficulty when they are faced with complex texts or demanding tasks that require them to think about the text content, integrate information across the text, make a critical report, or build knowledge" (Minguela et al. 2015, 722).

Auch bei deutschen Abiturient/inn/en sind Schwierigkeiten beim vertieften Leseverstehen festgestellt worden (vgl. z. B. Henry-Huthmacher/Hoffmann 2016). Die Spannbreite der individuellen Unterschiede ist hoch (vgl. Afflerbach 2015).

Darüber hinaus ist jedoch bereits die Vorstellung von Lesen als einem einzigen Prozess fehlerhaft – Wittgenstein hatte uns gewarnt:

„was wir ‚verstehen' nennen bezieht sich auf unzählige Vorgänge, die vor und nach dem Lesen *dieses* Satzes stattfinden. Wenn ich einen Satz nicht verstehe – so kann das in verschiedenen Fällen verschieden sein. ‚Ein Wort verstehen' – das ist unermeßlich vielerlei. ‚Verstehen' nennen wir nicht *einen* Vorgang, sondern mehr oder weniger miteinander verwandte Vorgänge" (PG 11).

Entsprechend fragt er: „Was aber von dem allen ist für das Lesen als solches wesentlich? Nicht ein Zug, der in allen Fällen des Lesens vorkäme." (BB 182) Sieht man sich die Lesepraxis, etwa in Bibliotheken, und die moderne Leseforschung genauer an, wird in der Tat deutlich, dass die unter dem Begriff ‚Lesen' zusammengefassten Prozesse extrem unterschiedlich sind, etwa das ‚Lesen' in verschiedenen Textgattungen und Medienformen, von Tabellen bis zum Figurengedicht, von der Landkarte bis zum Lexikoneintrag, von der chemischen Formel bis zum Wörterbuch, von der Datenbankabfrage bis zur Bedienungsanleitung. Ebenso variiert das Lesen in verschiedenen inhaltlichen Aufbereitungen und graphischen Darstellungsformen, mit einem oder mehreren Texten und/oder Medien, mit verschiedenen Lesestrategien und -zielen, im Rahmen verschiedenster Arbeitsprozesse. Dazu kommt die Arbeit mit verschiedenen Verarbeitungsmechanismen: Stift, Textmarker, Lernkarteien, Seitenreiter, Eselsohren, Notebook, Handy, Tablet, Scanner u. a. m. Unter dem Begriff Lesen gruppieren wir also in der Alltagssprache ein kaum abschließbares Spektrum an kognitiven Prozessen und Interaktionen mit Objekten (vgl. Schüller-Zwierlein 2017a).

Um das Bild weiter zu komplizieren, muss man deutlich machen, dass Texte über die Zeit hinweg nicht automatisch zugänglich bleiben und ihre Gestalt verändern können (vgl. Hollmann/Schüller-Zwierlein 2014), dass die ubiquitäre Versorgung mit ‚Information' einen *information overload* erzeugt, der tiefes Eindringen in den einzelnen Text *tendenziell* nicht fördert, und dass die Nutzung verschiedener Medien sich auf Leseprozesse und Leseverstehen auswirkt (vgl. z. B. Delgado et al. 2018; Clinton 2019). Die Forschung zu weiteren Einflussfaktoren ist erst in der Entwicklung, etwa zu *mind-wandering*, *re-reading*, Effekten der Mediennutzung, *multiple-documents literacy*, *slow reading*, *social reading*, Leseumgebungen oder *information behavior*. Erfahrene Leser/innen wissen: Es ist nicht einfach, Zugang zu einem beliebigen Text zu bekommen. Es gelingt uns – auch beim selben Text – nicht immer gleich gut, nicht immer in gleicher Art, nicht immer sofort, und nicht immer wieder. Es gelingt nicht jedem/jeder von uns gleich gut, und oft nicht ohne weitere Texte. Was wir zu einem Zeitpunkt verstehen können, können wir oft Jahre später nicht mehr verstehen. Allein in diesen Hinsichten kann also von einer *einfachen Informationsaufnahme* keine Rede sein. Die Konzeption des Lesens als Informationsaufnahme zeichnet ein stark reduziertes Bild unserer Interaktion mit Texten.

Um wieviel unrealistischer wird dieses Bild nun noch, wenn wir uns die vorhergehenden Überlegungen zur sprachlichen Bedeutung ins Gedächtnis rufen? Bereits Platon hatte die Einstimmigkeit des Textes gescheut und deutlich gemacht, dass Sprache grundsätzlich hilfsbedürftig ist, dass wir also hinter dem ersten Verstehen immer weitere Bedeutungen und bessere Interpretationsmöglichkeiten vermuten müssen. Das nur einmalige Lesen eines Textes ist wie die Zeit des Gerichts: Der Text wird vernommen und abgeurteilt. Der Text wird Opfer eines *différend*. Lesen benötigt hingegen die Zeit des Gesprächs, nicht die des Gerichts. Die Mehrdeutigkeitsvermutung ist beim Lesen von ebensogroßer Bedeutung wie die Unschuldsvermutung vor Gericht. Wenn sie/er annimmt, dass der Text ihr/ihm mehr zu sagen hat, als er/sie beim ersten Lesen verstanden hat, wird der/die Leser/in zur Patin, zum Vormund (*epitropos*) oder zum Anwalt des Textes:

> „die besondere Schwäche der Schrift, ihre gegenüber der lebendigen Rede gesteigerte Hilfsbedürftigkeit, hat die Kehrseite, daß sie die dialektische Aufgabe des Verstehens mit verdoppelter Klarheit hervortreten läßt. Wie im Gespräch muß hier das Verstehen den Sinn des Gesagten stärker zu machen suchen. [...] So läßt die schriftliche Fixierung, gerade weil sie den Aussagesinn von dem Aussagenden ganz ablöst, in dem verstehenden Leser den Anwalt eines Wahrheitsanspruches erstehen." (Gadamer 2010, 398)

Der Text braucht nicht nur die Hilfe des Vaters (oder der Mutter), sondern auch die des Lesers/der Leserin. Seine Zugänglichkeit ist keine Selbstverständlichkeit. Die einmalige Lektüre eines Textes (auch bei einem ‚Sachbuch', das angeblich ‚Informationen' und ‚Ergebnisse' enthält) reicht nicht – ebenso wenig wie die verkürzte Aussage vor Gericht, der einzelne Tweet oder die algorithmisch errechnete Bedeutung. *Boētheia* heißt, dass wir uns ein Verständnis erst *erarbeiten*. Ein vereinfacht vorgestelltes, flüchtiges Lesen hingegen kommt unterlassener Hilfeleistung gleich.

Das Bild des Lesens als einfacher Informationsaufnahme ist unilateral: Es vernachlässigt, dass wir *mit* Texten denken, dass Denken nicht nur ein Dialog mit uns selbst, sondern auch *mit Texten* ist. Texte enthalten nicht nur ‚Informationen', sondern Meinungen, Theorien, Möglichkeiten der Bedeutung, Erweiterungen der Wahrnehmung, mit denen man sich – wie mit einem Menschen – auseinandersetzen muss. Texte greifen in uns ein, sie hinterfragen uns, wir müssen uns *ihnen stellen*: „Wer einen Text verstehen will, ist vielmehr bereit, sich von ihm etwas sagen zu lassen." (Gadamer 2010, 273) Bei Gadamer ist zentral, dass der Text auch den Leser/die Leserin hinterfragt, dass es sich um einen echten Dialog, eine echte Verständigung, handelt – eine gegenseitige Prüfung also, die erst auf Dauer zur Zugänglichkeit führen kann. Lesen ist keine *one-way* Angelegenheit. Im iterativen Hin und Her dessen, was der Text sagt und was wir verstehen, erfolgt auch die Problematisierung dessen, was *wir* zu wissen meinen. Gadamers Wort – „Der Anspruch, den anderen vorgreifend zu verstehen, erfüllt die Funktion, sich den Anspruch des anderen in Wahrheit vom Leibe zu halten." (Gadamer 2010, 366) – gilt auch für das Lesen.

Das Bild vom Lesen als einfacher, einseitiger Informationsaufnahme geht aber auch dahingehend fehl, als es – Schwierigkeiten des Verstehens und Verhaltensweisen des Lesens ausblendend – ein *sofortiges* Verstehen voraussetzt: Die *zeitliche* Dimension des Lesens kommt hier nicht vor. Bereits Platon hatte uns auf die *scholē* als notwendige Erkenntnisbedingung aufmerksam gemacht, im 20. Jahrhundert hatte Gadamer vor dem „eilige[n] Leser" (Gadamer 2004, 55) gewarnt. Die Zeit des Lesens – „le temps des textes" (Derrida 2001, 10) – ist lang, es muss sich Zeit *nehmen*, um jedem Wort, jedem Zusammenhang, jedem scheinbaren Widerspruch, jedem Fremden Hilfe zu leisten. Lesezeit und Lebenszeit unterscheiden sich. Lesezeit ist notwendig potentiell unendlich scheinende Zeit, die erst die Öffnung zum Gegenstand hin ermöglicht. Nur die unabgeschlossene Zeitperspektive der *scholē* erlaubt die volle Mehrdeutigkeitsvermutung, erlaubt *boētheia*.

Die Zeitperspektive des Lesens ist jedoch auch aus anderen Gründen relevant: Denn wo endet das Lesen eines Textes? Neuere Modelle des Leseverstehens (s. z. B. Britt/Rouet 2012; Philipp 2015, 26–32) erfassen die Bildung eines abstrakten Gesamtverständnisses aus *mehreren* Texten. Dies erfordert aktive und bewusste Arbeit des Lesenden: „in a multiple-document situation, the reader is the author of the integrated mental model" (Britt/Rouet 2012, 291). Wir hören also nach dem Weglegen des ersten Textes nicht auf, ihn zu lesen. Lesen ist vielmehr ein diachroner Prozess – wir lesen nicht nur gerade die eine Passage, und dann die nächste, sondern halten Inhalte präsent, die dann beim Lesen der nächsten Passage, des nächsten Textes miteinander verknüpft werden. Wann genau verstehe ich den Text einer Monographie – sofort beim Lesen, oder erst an deren Ende, oder erst beim wiederholten Lesen? Der Leseprozess ist ein stark gedächtnisabhängiger Prozess. Nicht jedes gelesene Wort oder Konzept verarbeiten oder verknüpfen wir sofort – manche erst später, wenn wir an anderer Stelle sind, oder nicht mehr im Buch – etwa wenn wir ein Buch in unserem Regal sehen oder wenn wir uns an eine Quelle erinnern. Zählt das noch zum Lesen? *Wo endet das Lesen*? (Vgl. Schüller-Zwierlein 2017a.) Sollte man so viel Zeit auf das Lesen eines Buches verwenden wie der Autor/die Autorin auf das Schreiben? Wie ist das Verhältnis von Lesezeit und Schreibzeit? Eine Monographie signalisiert bereits durch ihre Gestalt, dass ein Sachverhalt nicht in ein paar Worten abzuhandeln ist.

In den letzten Jahren hat sich – analog zur Slow Food-Bewegung – eine Gegenbewegung zum genannten Gegenwartstrend entwickelt, die jedoch oft nicht auf ausreichendem theoretischem Niveau argumentiert: der Diskurs des Slow Reading (vgl. z. B. Lacy 2014; Mikics 2013; Miedema 2009; Mohrhard 2018). Die Philosophin Michelle Boulos Walker lässt einige der Themen anklingen, die wir oben ausgearbeitet haben: Langsames Lesen erlaube es erst, sich Komplexität zu widmen (Walker 2017, xiii). Seine Bedeutung sei mit unserem Bedürfnis verbunden, durch eine Begegnung mit herausfordernden Werken selbst verändert zu werden (Walker 2017, xvii). Es gebe eine Verbindung zwischen eiligem Lesen und der Vorstellung von Lesen als Informationsaufnahme (Walker 2017, 18). Walkers wichtigster Punkt ist jedoch die ethische Bedeutung des Lesens: „Slow reading is an open-ended reading that has ethics as its core – ethics here denoting an openness to the other" (Walker 2017, 29). Dieselben Fehler wie bei Texten gälten auch bei unserer Begegnung mit anderen Menschen: „To engage in limited, protective and hurried ways is barely to engage at all. An ethical engagement with the other or with the text is one that opens us and changes us – transforming us over time. Slow reading is important precisely because it provides us with the attentive quality necessary for openness to occur." (Walker 2017, 179) Erst die Verbindung von Text und Mensch, die wir beginnend bei Platon herausgearbeitet haben, macht die wahre Bedeutung des Lesens deutlich: „what slow reading allows is an open relation to the complexity of the world we inhabit. [...] By granting us unhurried time, we are able to open out to the world. It is that openness that permits us what is ultimately an ethical relation to the world. Openness to otherness, to strangeness, to complexity is what *constitutes* ethics. And slowness, in this sense, is what *enables* this openness." (Walker 2017, 31) Walker betont schließlich auch die Rolle der Aufmerksamkeit und Konzentration, die wir im Konzept der *scholē* herausgearbeitet haben: „the quality of attention is the key to reading well" (Walker 2017, 179). Hier ist vor allem die Bedeutung des Lesens im Sinne der Ausschließlichkeit zu betonen. Lesen ist *Übung der Ausschließlichkeit*, eine Ausschließlichkeit, die sich auch auf den *Anderen* richten kann, und Übung des Denkens *mit* den Positionen Anderer. Ich konzentriere mich auf den Text wie auf einen Gast, den ich einzeln empfange. Ich widme ihm, nur ihm, meine volle Aufmerksamkeit. Ich lasse ihn aussprechen, urteile nicht vorschnell, frage nach. Ich lasse keine Ablenkungen zu, schaue nicht auf weitere Personen oder auf die Uhr: eine ausschließliche Fokussierung und gleichzeitige Öffnung für seinen Anspruch. Ein Buch lesen ist so wie einen Gast aufnehmen: Wir widmen ihm alle Aufmerksamkeit, erlauben ihm, alle unsere (mentalen) Ressourcen zu nutzen und erlauben ihm einen begrenzten Aufenthalt bei uns – mit der Lizenz, sich auf uns auszuwirken. (Manchen Büchern erlauben wir auch einen unbegrenzten Aufenthalt.) Wir nehmen den Text bei uns auf, lassen ihn hinein, lassen ihn uns beeinflussen: „je lui *donne lieu*, [...] je le laisse venir, [...] je le laisse arriver, et avoir lieu dans le lieu que je lui offre"

(Dufourmantelle/Derrida 1997, 29). Ich *überlasse* ihm meinen Ort und meine Zeit, überlasse mich ihm ausschließlich, widme ihm alle Aufmerksamkeit. Der Text ist wie der/die Fremde – der, der in Frage steht und den/die Leser/in in Frage stellt. Hier geht es um die Aufnahme in/bei uns, das Öffnen des *chez-soi*, und das Lernen voneinander. Derrida hat in *Béliers* (Derrida 2003a, 54) deutlich gemacht, dass auch die Unabgeschlossenheit der Bedeutung eines Textes den Leser/die Leserin *ruft* und sie/ihn als Gast des Buches einlädt. Der Text wird zur Welt – ersetzt sie zeitweise, in *seiner* Zeit. Nur so kann sich seine Komplexität erschließen. Die Zeit des Lesens ist die Zeit der Gastfreundschaft.

Wir haben bereits erwähnt, dass eine entscheidende Weichenstellung der heutigen Zeit im Jahre 1939 liegt, wo Turing Wittgensteins Philosophie der Unendlichkeit der Sprache seine Versuche zur *computability* gegenüberstellt, der Auffassung von Sprache als fließend und missverständlich ein Konzept der einfachen Verständlichkeit von Sprache. Letztere Konzeption setzt sich bis in aktuelle Forschungen zur *machine reading comprehension* fort. Wie der Turing-Test von einem vereinfachten Sprachverständnis ausgeht, gehen Versuche zum maschinellen Lesen von einem vereinfachten Leseverständnis aus, das hauptsächlich durch Frage-Antwort-Strukturen überprüft wird (vgl. Zhang et al. 2019) bzw. auf der Auswertung strukturell und/oder terminologisch gleichförmiger Texte beruht (s. z. B. Onishi et al. 2018) – also auf dem Schema der einfachen Informationsentnahme im Sinne der organisatorischen Grammatik: Der Text ‚enthält' Informationen, die es nur abzuholen gilt. Kann der Rechner Fragen zu Sachinformationen im Text beantworten, gilt der Text als verstanden. Gern lehnt man sich hier an schulische Tests zum einfachen Leseverstehen an – Miao et al 2019 entwerfen gar einen Turing-Test, der sich auf das Leseverstehen von Menschen und Maschinen bezieht (Miao et al. 2019). Jenseits der Kritikmöglichkeiten am Turing-Test selbst ist hier das Verständnis von Sprache und Bedeutung auffällig naiv, Mehrfachbedeutungen werden ebenso vernachlässigt wie Kontextwissen, auch der *Zeitfaktor* wird komplett ausgeblendet, der Begriff des Lesens bleibt bemerkenswert begrenzt. Selbst in den Geisteswissenschaften hält diese Vorstellung des Lesens über die Einführung digitaler Methoden Einzug: Die statistische Auswertung literarischer Texte in den Digital Humanities, etwa bei Franco Morettis *distant reading* (Moretti 2016), ist mit den gleichen Problemen behaftet wie Maus Quantifizierung des Selbst – sie liefern scheinbar eindeutige Ergebnisse, wo diese der Natur der Sache nach nicht möglich sind (auch wenn die statistische Auswertung literarischer Texte natürlich durchaus neue Aspekte hervorbringen kann).

Die entscheidende Bedeutung dieser Fragen wird erst dann deutlich, wenn sie nicht nur auf Texte angewandt werden, sondern auf Menschen. In beiden Bereichen ist unsere Zugänglichkeit in gleicher Weise anfällig – zugrunde liegt die

Frage der Abgeschlossenheit oder Unabgeschlossenheit der Bedeutung (man denke an Gadamers unendliches Gespräch, Derridas unendliche *différance*, Wittgensteins unendliche Sprachspielvielfalt, Levinas' Unendlichkeit des Menschen, gegenüber dem Turingschen Traum der *computability*). Im ‚digitalen Zeitalter' darf nicht übersehen werden, dass das Lesen von Texten und der Umgang mit anderen Menschen die gleichen Kompetenzen erfordern. Seit längerem existiert die psychologisch untermauerte These, dass das Lesen von *Literatur* das Verständnis der Perspektiven anderer Menschen erhöht (s. z. B. Leverage et al. 2010; Zunshine 2006; Keen 2007; Wolf 2018, 42–53). Die *weiteren* Zusammenhänge des Zugangs zu Texten und zu Menschen sind jedoch noch nicht ausreichend untersucht worden (z. B., dass auch einzelne menschliche Äußerungen, wie Texte, ohne *boētheia* nicht verständlich sind). Nicht nur um Empathie oder das Verstehen literarischer Figuren als Personen geht es, nicht nur um das Verstehen philosophischer oder politischer Haltungen, sondern um den Grundkampf, überhaupt erst einmal die Bedeutung jedes einzelnen Wortes herauszuarbeiten und so auch der Bedeutungsvielfalt von Begriffen näher zu kommen – in Texten wie im Gespräch. Platons Dialogarbeit ist hier ebenso prägend wie das Wittgensteinsche „Durchpflügen" der Sprache: Texte lesen ist harte Arbeit. Die Bereitschaft, mehr hinter einem Text zu vermuten als man beim ersten Lesen verstanden hat, sinkt jedoch in unseren Tagen ebenso stark wie die Bereitschaft, mehr hinter einem Menschen zu vermuten als man auf den ersten Blick wahrgenommen hat. Nicht umsonst weist die Stavanger-Erklärung zur Zukunft des Lesens (E-READ 2019) auf Effekte des Leseverhaltens für die „Entwicklung kritischen Denkens" hin. Notwendiger Teil unseres kritischen Gegenwartspanoramas, der Kritik des sofortigen Verstehens und der Kritik der organisatorischen Grammatik, ist dementsprechend auch eine *Kritik des einseitigen Lesens*, des Lesens ohne *boētheia* und *scholē*, dessen ethische Konsequenzen das gesellschaftliche Klima der Gegenwart prägen.

Information und Übersetzen

Der vierte Bereich, in dem sich das Konzept der Information negativ auswirkt, ist die Übersetzung. Auch hier wird zu oft mit dem Konzept einfach ‚entnehmbarer' und ‚übertragbarer' ‚Information' gearbeitet. Die Anstrengungen in der maschinellen Übersetzung (MÜ; *machine translation*) sind in den letzten Jahren verstärkt worden (vgl. z. B. Jurafsky/Martin 2008; Carstensen et al. 2010). Neue Dienste der großen Cloud-Provider in diesem Bereich erzeugen immer wieder Schlagzeilen. Es ist eine ganze „language industry" entstanden (Angelone et al. 2020). Zugrunde liegt hier wiederum der Wunsch nach Automatisierung. Automatisierung setzt jedoch – gemäß der organisatorischen Grammatik – Abgeschlossenheit, Einheitlichkeit und Eindeutigkeit voraus. Wie problematisch diese Annahmen im Bereich sprachlicher Inhalte sind, haben wir gezeigt: Sprache ist mehr als ein Lexikon oder eine Grammatik – die maschinelle Umsetzung solcher Strukturen ist nur ein kleiner Schritt in Richtung Sprache. In den Nachkriegsjahren (vgl. z. B. Weaver 1949) wurden sehr große Erwartungen in die maschinelle Übersetzung gesetzt, „die MÜ sollte möglichst die Übersetzungsleistung eines menschlichen Übersetzers abbilden." (Carstensen et al. 2010, 643). Diese Erwartungen wurden jedoch trotz jahrzehntelanger Arbeit nicht gänzlich erfüllt: „Die großen qualitativen Durchbrüche sind bisher [...] nicht eingetreten: Für qualitativ hochwertige Übersetzungen – sowohl in literarischen und technischen als auch in entscheidungskritischen Bereichen – werden weiterhin professionelle Übersetzer eingesetzt." (Carstensen et al. 2010, 657) Nicht umsonst versichert auch Google im entsprechenden Haftungsausschluss, seine Übersetzungsdienste seien „nicht geeignet, die Übersetzung durch einen Menschen zu ersetzen" (Google 2021a). Die maschinelle Übersetzung – deren Proponent/inn/en oft suggerieren, es gelte ‚Information' nur abzuholen und reibungslos in eine andere Sprache zu transferieren – dient weiterhin rein als praktisches Hilfsmittel.

Wittgenstein hat uns gezeigt, warum dies im Grundsatz so bleiben wird: Er macht deutlich, dass die *Tätigkeit* der Sprache durch Grammatiken und Wörterbücher nicht ausreichend abgedeckt ist. Der Versuch, eine abschließende, eindeutige Universalsprache zu finden, ist für ihn vergeblich, weil Sprache grundsätzlich lebendig, dynamisch und *per definitionem* unendlich vielfältig ist. Festverdrahtete Bedeutungen, wasserdichte Wörter, kann es nur in eng definierten Kontexten geben; das Phänomen der menschlichen Sprache lässt sich so nicht erfassen. Die Gefahren der gewaltsamen Implementierung ‚wasserdichter' Sprache haben wir von Eichmann bis Lyotard beschrieben. Die Voraussetzungen für eine Mechanisierung der Übersetzung sind entsprechend kaum gegeben: Die Gebrauchsformen der Sprache sind so divers, dass einem Wort keine *eine* feste Bedeutung zugeordnet werden kann. Die einzelnen Gebrauchsfälle eines Wortes haben lediglich eine Familienähnlichkeit miteinander. Bereits Platons Schriftkritik hatte betont, dass ein einzelnes Zeichen/Satz nicht ‚von selbst' eine feste Bedeutung hat, sondern dass ihm *geholfen* werden muss. Strukturelle Analogien der Grammatik sind hierbei für Philosoph/inn/en ebenso irreführend wie für Computer – die Subsumierung heterogener Dinge unter den gleichen Begriff ist eine Hauptquelle zwischenmenschlicher Missverständnisse und Konflikte. Versuche des einfachen Nachbaus der Sprache mit semantischen Bausteinen (wie bei Wittgensteins Bauarbeitern) scheitern an der Komplexität des zwischenmenschlichen Geschehens.

Der Versuchung der Objektifizierung der Bedeutung ‚im Leerlauf' steht die Kalibrierung von Bedeutung im aktiv handelnden Dialog gegenüber: Die Regeln des Sprachspiels (und damit der Bedeutung) sind nicht abschließend festgelegt, sondern werden im Dialog, im Hin und Her von Sätzen zwischen Menschen entwickelt. Die menschliche Sprache ist eine komplexe Interaktionsform, in der Bedeutung im Gebrauch entsteht, jenseits ‚ewiger', fest abgrenzbarer Konzepte, als Zug in einem Sprachspiel. Der Kern der Sprache liegt in der Vielfalt der möglichen Interaktionen – jenseits des ‚Verstehens' eindeutig vorliegender ‚Information': „‚Ein Wort verstehen' – das ist unermeßlich vielerlei." (Wittgenstein, PG 11) Sprachliche Äußerungen zu verstehen ist kein rein linguistisch-kognitiver Prozess – sondern auch ein sozialer Prozess, der sich auf vielen verschiedenen Ebenen abspielt. Er beinhaltet das Verstehen nicht nur von semantischen Aussagen, sondern von Zielen, Haltungen, Vermeidungsstrategien, Signalen, Implikationen, Handlungsstrategien u. v. m. des Kommunizierenden und die Übersicht über die Vielzahl möglicher Spielzüge. Sprachverstehen ist zudem nicht nur ein Verstehen von Worten, sondern von Urteilen. Hierbei geht es nicht nur um Aussagesätze – die Wahl eines jeden *Wortes* ist bereits ein Urteil über die jeweilige Situation und die Wahl eines Sprachspiels. Wo hört ein ‚Spiel' auf und wo fängt es an? Eine Bezeichnung als Spiel kann nie abschließend definiert werden, sondern ist eine urteilende Sprechhandlung. Im Urteilscharakter der Anwendung liegt die Wurzel der Familienähnlichkeiten und der Unendlichkeit der Sprache. So kann Sprache auf neue Bereiche ausgreifen, etwa durch Anwendung existenter Termini auf neue Phänomene oder durch metaphorische Sprache – Innovation, das Ziehen neuer Verbindungen, gehört zum Grundmechanismus der Sprache: „An expression has any amount of uses." (LFM 20) Erst in den Urteilen trifft man sich, in einem sozialen Akt der Verständigung und Aushandlung: „Zur Verständigung durch die Sprache gehört nicht nur eine Übereinstimmung in den Definitionen, sondern [...] eine Übereinstimmung in den Urteilen." (PU 356) (Hier mag man sich noch einmal fragen, was es *überhaupt* bedeuten kann, dass wir im Turing-Test in einer bestimmten Zahl von Fällen eine per Teleschreiber übermittelte kurze Kommunikation für menschlich halten sollen.)

Verstehen heißt somit nicht nur ‚Sprache' als neutralisiertes Abstraktum zu verstehen, sondern jemanden in seinen urteilenden und manövrierenden Sprachhandlungen, seinen Wertungen, seiner Perspektive, seinem Kontext, seiner Situation zu verstehen. Unterschiedliche Erziehung, kultureller oder diskursiver Background, verschiedene Interaktionspraktiken, machen oft *sofortige* Zugänglichkeit, sofortiges sprachliches Verstehen unmöglich: „Parler la même langue, ce n'est pas seulement une opération linguistique." (Dufourmantelle/ Derrida 1997, 117) Die Grundvoraussetzungen für das Verstehen können auch bei einer gemeinsamen ‚Sprache' nicht vorliegen: „Wenn ein Löwe sprechen könnte, wir könnten ihn nicht verstehen." (Wittgenstein, PU 568; vgl. a. Nagel 1974; Scheffler 2016, 95–100) Lyotard hat gezeigt, dass sich auch in derselben ‚Sprache' Sprachspiele gegenseitig ausschließen können. Dies gilt auch historisch: Könnten wir jemanden verstehen, der nur Gedrucktes kannte? Die keinen Strom kannte? Für den die Reise von München nach Hamburg eine mehrwöchige war? Es braucht Zeit, sich aufeinander zuzuarbeiten; hinter jedem Wort, das verwendet wird, steckt sowohl individuelle als auch Kulturgeschichte. Über die ‚gemeinsame' Sprache muss man sich erst verständigen – jeder belegt und versteht Worte anders, semantisch und emotional, jeder Satz ist stilistisch und syntaktisch abzuschätzen, mit dem weiteren ‚Korpus' des Sprechers/der Sprecherin zu vergleichen, durch eigene oder seine/ihre Hilfe zu erläutern. Sprache im Gespräch ist keine definierte Terminologie. Eine sprachliche Äußerung muss in einer realen Situation verstanden werden. Nehmen wir einen typischen Film-Plot, das fröhliche gemeinplätzige Schnattern beim Familienfest, das nach einer erschütternden Enthüllung verstummt: Ein übersetzender Computer müsste verstehen können, dass dieselbe banale Äußerung, die Minuten vorher normal war, nun nicht mehr möglich, dass sie nun vielmehr grotesk deplaziert ist. Sprache ist integraler Teil unseres Zusammenlebens, ihr Kommunikationspotential geht weit über unidirektionale Codierung hinaus: Meine Frau hört an meiner Wortwahl im Gespräch mit einem/einer Dritten, ob ich diese/n ernst nehme oder nicht, während der- bzw. diejenige dies nicht bemerkt. Die Varietäten des Sprachhandelns gehen über einfache Konzepte wie ‚Bedeutung' weit hinaus. Verständigung ist mehr als unilaterale Informationsaufnahme – sie benötigt Zeit und Hilfe: „Jedes Gespräch [...] bildet eine gemeinsame Sprache heraus. [...] Verständigung im Gespräch ist nicht ein bloßes Sichausspielen und Durchsetzen des eigenen Standpunktes, sondern eine Verwandlung ins Gemeinsame hin, in der man nicht bleibt, was man war" (Gadamer 2010, 384). Sich-Verstehen bedeutet mehr als sprachliches Verstehen.

Wittgensteins Grammatik der Lebensformen hat grundsätzliche Konsequenzen für die Vorstellung maschineller Übersetzbarkeit und maschinellen Sprachverstehens. Die menschliche Sprache ist keine Formalsprache, sondern etwas Soziales, eine Vielzahl von Lebensformen und Interaktionspraktiken. Die Regeln dieser Lebensformen sind nicht abschließend, sondern werden immer wieder neu ausgelegt und erweitert. Die urteilende Praxis des Gebrauchs, die nur den Ausgangspunkt für Verständigungsprozesse bildet, nicht der quasi-maschinelle Austausch fest definierter Wörter, ist das entscheidende Paradigma für die Untersuchung der menschlichen Sprache. Diese Form der Sprache ist ein grundlegend menschlicher Verständigungsmechanismus, ein Verhaltenskomplex, dessen Charakter durch die einfache Vorstellung von ‚Wort', ‚Bedeutung' und ‚Grammatik' nicht ausreichend erfasst wird. Die Vorstellung von Sprache als Lexikon kommt einer Dehumanisierung gleich. Mündige Sprachhandlungen liegen jenseits hart-kodierter Semantik; in seiner Betonung der *Lebendigkeit* und Unendlichkeit der Sprache im Urteilen und Anwenden, die die Interaktion ermöglicht und *erfordert* (vgl. *boētheia*), liegt Wittgensteins linguistischer Humanismus. (Turing hatte recht, als er das Lernen einer Sprache als „the most human of these activities" bezeichnete; Turing 2004, 421.)

Jenseits dieses grundlegenden Unterschiedes steht die maschinelle Übersetzung zudem vor einer ganzen Kette von Herausforderungen, die auch nach mehr als fünf Jahrzehnten nicht bezwungen sind. Sie stößt auf Schwierigkeiten bei den Phänomenen der linguistischen Pragmatik (auch wenn das Bewusstsein hierfür vorhanden ist; vgl. Carstensen et al. 2010, 394 ff.). Ihre Grenzen zeigen sich auch bei Polyvalenz und Polysemie, bei Nuancen und vielschichtigen Texten mit komplexen innertextlichen Beziehungen. Die maschinelle Auswertung von Metaphern, Ironie (trotz wachsender Forschungsliteratur zur „sarcasm detection"), impliziten Verweisen auf Intertexte und Anklängen an Architexte ist großenteils unbewältigt. Weitere typische Problembereiche sind Fehler bei der Spracherkennung, die Kombination der Sprache mit gestischen und anderen Zeichen, die Einbindung von Hintergrundwissen, die Individualität des Sprechers (Stil, Dialekt, persönliche Codes etc.) sowie das Fehlen ausreichender Trainingskorpora (vgl. Kim et al. 2020; Marchisio et al. 2020). Schließlich kann auch die Aussagekraft der jeweiligen materiellen Umsetzung (z. B. gedrucktes Buch) im Zusammenspiel mit dem Text nicht einfach ausgewertet oder ‚übersetzt' werden. Die Methoden der maschinellen Übersetzung haben sich angesichts dieser Herausforderungen in den letzten Jahrzehnten immer weiter verfeinert, neben der regelbasierten maschinellen Übersetzung (*RBMT*) ist hier vor allem die statistisch gestützte Übersetzung (*SMT*) bzw. darauf aufbauend die Arbeit mit sogenannter Künstlicher Intelligenz/Machine Learning-Ansätzen (*NMT*) von entscheidender Bedeutung für jüngere wissenschaftliche Projekte und wirtschaftliche Dienstleistungen (s. z. B. Deng/Liu 2018; Knight 2016; Jurafsky/Martin 2008; Carstensen et al. 2010). Hierbei gelingen für praktische Zwecke durchaus beachtliche Fortschritte, etwa bei der Zero-Shot-Translation (Johnson et al. 2017; Pham et al. 2019), also der KI-basierten Übersetzung von Quellsprache in Zielsprache ohne vorherige Kenntnis dieses Sprachpaars während des Trainings, oder bei der KI-gestützten Echtzeitübersetzung (Microsoft 2021; Rincon 2019). Was wie Science Fiction klingt, wird im Alltag durchaus hilfreich eingesetzt und kann einen fairen Zugang zu textlichen Inhalten unterstützen (vgl. Nurminen/Koponen 2020). Während viele Menschen mit Gewinn einen solchen Übersetzungsdienst genutzt haben, haben jedoch auch viele Menschen Betriebsanleitungen in der Hand gehabt, die maschinell grob fehlerhaft übersetzt waren. Die Praxis zeigt, dass komplexere Bedeutung hier außen vor bleibt: Derzeit sind nur kurze Alltagstexte, streng kodifizierte Fachtexte oder nach gleichbleibenden Mustern gestaltete Texte sinnvoll maschinell übersetzbar. Bei komplexen Texten hingegen ist selbst die beste *menschliche* Übersetzung eine Reduktion.

Sicher, die Effizienz von *machine learning* wächst mit der Größe der verfügbaren Korpora, sie profitiert von der zunehmenden Digitalisierung (Goodfellow et al. 2016, 18 ff.) und der massenhaften Verfügbarkeit von Sprachdaten. Selbst eine perfekte wörtliche maschinelle Übersetzung könnte jedoch nicht den kulturellen Hintergrund einer Äußerung, ihre Ambiguitäten und Sinnvernetzungen deutlich machen, oder gar – eine zentrale Gesprächsfunktion – ihren Explizierungs- und Erläuterungsbedarf identifizieren. Für eine *Verständigung* ist also das längere Gespräch – mit *scholē* und *boētheia* – unabdingbar. Durch die Imperfektion der Äußerungen und die tiefgreifenden semantischen, pragmatischen, individuellen und kulturellen Bezüge kann eine Wahrscheinlichkeitsrechnung, die stets auf ein abgeschlossenes Ergebnis ('die Übersetzung') zielen muss, nicht allein zu *Verständigung* führen – entgegen einfacher Vorstellungen der ‚Übertragung' von ‚Information'. Das (Selbst-)Trainieren neuronaler Netze auf eine spezifische Situation hin kann eine Maschine nicht ausreichend auf die Einschätzung eines realen Kontextes, also des Urteilscharakters jedes Wortes, vorbereiten. Zudem ändert sich Sprache ständig. Ein universell einsetzbares neuronales Netz müsste sich laufend an allen schriftlichen und mündlichen Daten des Internets trainieren, in allen sich verändernden Sprachen und Dialekten. Um richtiger auf eine Person zu reagieren, müsste der Mechanismus über Jahre hinweg mit ihr interagieren. Diese Trainingsdaten könnten jedoch nur persönliche Daten sein – um eine bessere Übersetzung zu bekommen, müsste die Person also viel von sich und ihren Gesprächspartner/inne/n preisgeben. Wie bei anderen digitalen Services ist die Verbesserung der Leistungen eng mit der immer intensiveren Erhebung persönlicher Daten verbunden. In der Wahrscheinlichkeitsrechnung aus allgemeinen Daten liegt hingegen immer die Gefahr des Mainstreamings, das das Individuum zugunsten des Gemeinplatzes eliminiert. Selbst wenn ausreichendes Training möglich wäre, könnte die maschinelle Übersetzung die heuristische, helfende, kalibrierende, gegenseitig maieutische Funktion eines Gesprächs, die menschliche *Interaktion*, das Voneinander-Lernen, das Miteinander-Entwickeln, nicht ersetzen, die die Verständlichkeit von Sprache letztlich erst sichern. Verstehen und Sich-Verstehen sind – wie Wittgenstein uns deutlich gemacht hat – komplexe Prozesse. Der praktische Nutzen der maschinellen Übersetzung verführt leicht zu einer simplifizierten Sicht menschlicher Verständigung.

Die Automatisierung des Verstehens und die Hilfsbedürftigkeit der Sprache

Unser Panorama ist also kein leichtes: Hält man unserem ersten Aspekt, der *boētheia*, der Hilfsbedürftigkeit der Sprache, eine Reihe von Gegenwartsdiagnosen entgegen, zeigt sich deutlich, dass die Trends der Gegenwart von der Komplexität menschlicher Verständigung *weglenken*. Nicht nur in den vier genannten Bereichen verleitet das einfache Bild des Übertragens von Information zu einer Vernachlässigung der Komplexität menschlichen Interagierens. Die Vorstellung des sofortigen Verstehens verdeckt die Fragilität des Zugangs, die mühsame Arbeit an der Verständigung, und erleichtert das Vorurteil. Eine Vereinfachung der Sprache bedeutet eine Vereinfachung menschlichen Interagierens und die Verunmöglichung des Besonderen, Individuellen, Fremden, jenseits des eigenen Horizontes. Vorausgesetzte Eindeutigkeit erschwert die eigene kritische Hinterfragung – und bedroht die Möglichkeit des Gewissens.

Die Digitalisierung der Sprache, die Sehnsucht nach Computern, die sprechen und uns verstehen, ist im Kern nichts anderes als der Leibnizsche Traum der Universalsprache. Trotz seiner Widerlegung durch Wittgenstein wird er im digitalen Zeitalter weitergeträumt, erhält gar neuen Anschub. Wie Turing probiert man aus, was sich mit maschineller Berechnung auf Grundlage vereindeutigter Sprache anstellen lässt – mit beträchtlichem Nutzen. Es gilt jedoch aufzupassen, dass das Trainieren der Künstlichen Intelligenz nicht *de facto* zu einer normativen Reduktion der Komplexität unserer Sprache führt (vgl. Vanmassenhove et al. 2021) – nach dem Motto, nur was der Computer versteht und finden kann, zählt auch als verständliche Sprache. Diese Gefahr ist am Horizont bereits sichtbar, etwa in der Konzeption der „machine translation literacy", die die Fähigkeit „[to] create or modify a scholarly text so that it could be translated more easily by a machine translation system" (Bowker/Ciro 2019, 88) beinhaltet. Die Autor/inn/en sprechen von „translation-friendly writing" (Bowker/Ciro 2019, 55 ff., 90–91). In eine ähnliche Richtung stoßen Forschungen zur „text simplification" (vgl. z. B. van den Bercken et al. 2019; Xu et al. 2015), die – jenseits ihres Nutzens – eine unterschwellige Tendenz zum sprachlichen Mainstreaming und damit der Unterdrückung von Komplexität stützen. Die Nähe von Automatisierung und Gemeinplatz sollte hier – ebenso wie beim Thema *AI bias* (s. u.) – nicht unterschätzt werden.

Es ist durchaus möglich, ein widerspruchsfreies, fest definiertes und dauerhaft funktionierendes maschinelles Kommunikationssystem zu definieren. Nur so funktionieren Computerprogramme. Aber dies ist – wie uns Wittgenstein verdeutlicht hat – nicht alles, was wir Sprache nennen. Es ist darauf zu achten, dass Sprache nicht auf Ersteres reduziert wird, denn das spezifisch Menschliche ist die *Imperfektion* der Sprache – und die damit einhergehende Notwendigkeit des Dialogs. Die menschliche Sprache ist keine Formalsprache, sondern eine Lebensform. Der Traum von einer „*lingua franca*" (Bowker/Ciro 2019, 56), einer perfekten maschinellen Übersetzung, lenkt von der notwendigen *Mühe* ab, die man sich geben muss, um jemanden zu verstehen. Zugang ist fragil und nur durch *scholē* und *boētheia* erreichbar. Der Aushandlungscharakter der Sprache und die Gebrauchstheorie der Bedeutung machen uns die Anfälligkeit der Kommunikation drastisch bewusst. Dies sollte uns umso mehr davor warnen, ein Gesellschafts- und Zukunftsbild auf einem eindeutigen Verständnis der Bedeutung aufzubauen. Fixierungen von Semantiken – die sich z. B. auch von Suchmaschinen ausgehend verbreiten (Denken in Suchbegriffen, Gleichordnen des Ungleichen) – bergen in sich immer die Gefahr der Gewalt. Das Gleichordnen von Ungleichem und das Handeln auf Grundlage dieses Gleichordnens sind Gefahren, deren sich eine zivilisierte Gesellschaft bewusst sein muss. Der Traum der universellen Sprache ist immer mit dem Albtraum der totalitären Sprache belastet.

Hinter diesen Träumen liegt der Wunsch nach *Berechenbarkeit* – oberflächlich im Sinne der praktischen Weltbeherrschung, unterschwellig aber immer mit der Angst vor dem Überraschtwerden, mit der Angst vor dem Fremden verbunden. Das Ideal der Berechenbarkeit – Instrument der organisatorischen Grammatik des Einteilens, Zählens, Holens und Bringens – will in Wirklichkeit schützende Bollwerke schaffen gegenüber der verunsichernden Welt, dem verunsichernden anderen Menschen. Auch Turings Anwendung fixer Semantik, die die praktische Berechenbarkeit ins Extrem treibt und sieht, wie weit dies trägt (bis hin zum Versuch Menschengleiches zu schaffen), steht in dieser Tradition. Es ist jedoch die zentrale Gefahr des in Turings Spuren folgenden digitalen Zeitalters, dass es das Unendliche (die Sprache wie die Person) auf das Endlich-Berechenbare reduziert. Dies ist nicht nur im philosophischen Sinne zu verstehen: Wenn automatisierte Berechnungen und Künstliche Intelligenz in einer Vielzahl von Kontexten eingesetzt werden, vom medizinischen und juristischen Bereich (vgl. Vieira et al. 2020) über staatliche Mechanismen wie Strafverfolgung, Grenzkontrollen und Einwanderungsbehörden bis hin zu militärischen Zwecken (s. Olive et al. 2011), besteht *ganz konkret* und für jede/n die Gefahr des Mainstreamings, das die konkrete Person auf Muster reduziert und sie einem potentiell tendentiösen algorithmischen Urteil unterzieht (vgl. zu *AI bias* z. B. Varona et al. 2021; Vasileva 2020; Mehrabi et al. 2019; Howard/Borenstein 2018; Hacker 2018; Barocas/Selbst 2016; Savoldi et al. 2021; Vanmassenhove et al. 2021).

Forschungen zur Ethik der KI nehmen zwar zu (s. z. B. Boddington 2017; Nida-Rümelin/Weidenfeld 2018; EC 2019), thematisieren jedoch die zugrundeliegende Rolle der Sprache ebenso selten wie die grundsätzliche Frage der Anwendbarkeit von Berechenbarkeit auf Menschen. *Schaffen* eindeutige Sprache und Berechenbarkeit Zugänglichkeit oder *okkludieren* sie sie eher? Was geschieht in der Vorstellung automatischer Berechenbarkeit mit *boētheia* und *scholē*? Sind Dialog und Verständigung *soziale* Interaktionsformen, die durch Berechenbarkeit nicht ersetzt werden können? Übt die Reduktion auf Berechenbarkeit bereits Gewalt aus? Liegt die Würde des Menschen gar in seiner Nicht-Computability? Hier ergeben sich zentrale Forschungsfragen für die Ethik. Einige wesentliche Richtungen haben wir oben angedeutet – die Imperfektion der Sprache und die Notwendigkeit des Dialogs, die Verbindung zwischen der Achtung der Vieldeutigkeit der Sprache und der Achtung der Pluralität und Unendlichkeit des Menschen, der Nutzen und die Grenzen der Transparenz, die Unentscheidbarkeit der Interpretation und die Grenzen der Lesbarkeit. Insbesondere haben wir Platons Konzept der Hilfsbedürftigkeit der Sprache als Leitidee für die Ethik der Gegenwart herausgearbeitet: Sprache, und damit die Menschen, die sie verwenden, bedarf der *boētheia*, der Erläuterung, sie ist nicht einfach ein Instrument des Übermittelns von Information, sondern Medium menschlicher Interaktion, zugleich *Grund* und *Instrument* des Sich-Aufeinander-Zuarbeitens. Die reduktionistische Sicht menschlicher Kommunikation vernachlässigt die Notwendigkeit der Arbeit am Zugang ebenso wie die Unendlichkeit der Sprache als kreative Ressource, als Teil der menschlichen Freiheit. Nicht nur Vermeidung von Missverständnissen oder Verständnis von Worten, sondern die *Verständigung durch Interaktion* ist letztlich das Ziel der Sprache. Meint Platon dies, wenn er sagt, dass Wahrheit nur im Dialog erreicht wird und nicht in der (fixierten) Schrift?

Unsere Kritik des sofortigen Verstehens hat die von der Digitalisierung beförderte „Sprachvergessenheit" der Gegenwart (Gadamer 2010, 422) herausgearbeitet: Sprachdaten werden wie andere Daten als eindeutig, transparent und auswertbar wahrgenommen – was man liest, hat man sofort verstanden, was der Computer berechnet hat, ist unbestreitbar. Dass dies auch dazu führt, dass man Menschen eindeutig einordnet und ihnen keine Mehrdeutigkeit mehr zutraut, wird nicht wahrgenommen – nur wundert man sich über zunehmenden Populismus. Wenn 12 % der Erwachsenen nur über geringe Literalität verfügen sind, nimmt man dies höchstens als Problem der ‚Bildung' wahr (das mit digitalen Mitteln, etwa in der Schule, ‚optimiert' werden kann), nicht aber als das *soziale und politische* Problem, das es in Wahrheit darstellt. Wenn viele Menschen nicht vernünftig lesen können, kann man nicht ernsthaft Sprache als *einfachen* Verständigungsmechanismus annehmen. Die Betonung, dass Sprache hilfsbedürftig ist, zeigt nicht nur die Quelle vieler Konflikte in der Welt, sondern auch Grenzen der maschinellen Auswertung und Übersetzung von Sprache, Grenzen des *distant reading*, die Mängel der Konzeption von Sprache als Übermittlung von Information, die Komplexität und zwischenmenschliche Bedeutung des Lesens und die Notwendigkeit des Dialogs. Das Konzept der *boētheia* steht dem populären Konzept der Information diametral gegenüber.

Zu den Verführungen der Digitalisierung zählt, dass sie uns ihr Denken in *distinct states* aufdrängt – die Berechnung zielt immer auf ein Ergebnis und nicht auf eine Mehrdeutigkeit. Wenn Sprache in Eindeutigkeit und Wahrscheinlichkeit in Sicherheit übergeht, ist Menschlichkeit in Gefahr: Transparenz ist, mit Dufourmantelle, nicht immer Wahrheit; der letzte Spielraum, die Kraft, immer neu anzufangen, bestimmt, mit Arendt, die Freiheit des Menschen. Die Unendlichkeit (Levinas), die innere Pluralität (Arendt), die Vieldeutigkeit der Sprache (Wittgenstein, Derrida), die Zeit, sich miteinander im Dialog zu entwickeln (Platon, Gadamer) – all dies gehört zur menschlichen Freiheit. Kein statistisches Verfahren kann erfassen, dass Menschen *mixed motivations* haben – und, wie sich bei Theaitetos zeigt, auch nicht immer wissen, was sie selber meinen, oder warum sie etwas sagen; oft entwickeln sie erst im Sprechen, was sie eigentlich meinen. Jede trunkierte Interpretation ist so zum Scheitern verurteilt. Die Unabschließbarkeit ist nicht nur eine logische, sondern eine im Kern menschliche, eine ethisch notwendige. Die Regeln der einen Welt sind nicht in die andere übertragbar. Im Zentrum unserer Überlegungen sollte also weiterhin der Mensch stehen. Die vorhergehenden Kapitel haben deutlich gemacht, wie komplex und *anfällig* das Verstehen sprachlicher Äußerungen ist: Sprache dient genauso der Ver*un*ständigung wie der Verständigung, dem Verdecken ebenso wie dem Öffnen. Dennoch unterschätzen wir Sprache zunehmend und gehen von ihrer Transparenz aus. Wer die Erweiterung der menschlichen Fähigkeiten auf die digitale Agenda setzt, sollte nicht vergessen, wie wenig wir die *existenten* menschlichen Fähigkeiten ausloten, etwa das Verständnis für die Komplexität und den Aushandlungscharakter von Sprache. Weiterentwicklung muss auf *beiden* Ebenen erfolgen – zwischenmenschliche Probleme werden nicht technisch gelöst. *Das technische Verständnis von Bedeutung und das menschliche unterscheiden sich grundlegend*: Übereinkunft im menschlichen Sinne entsteht im Gespräch, nicht in exakten Definitionen; bei der Maschine ist es umgekehrt. Menschliches Verstehen unterscheidet sich fundamental von maschinellem Verstehen. Im Gegensatz zum maschinell Berechenbaren folgen im menschlichen Bereich nicht aus Begriffen weitere Begriffe und Handlungsanweisungen. Mindestens für den Umgang mit Menschen muss das logisch-ethische Gesetz gelten, dass aus Begriffen keine Schlüsse gezogen und keine Eigenschaften abgeleitet werden dürfen (man denke nur an die quasi automatischen Assoziationen des Begriffs ‚Jude' im Nationalsozialismus). Ein Begriff kann nicht be- oder verurteilt werden. Platons Betonung der Hilfsbedürftigkeit der Sprache ebenso wie Wittgensteins Konzept der Familienähnlichkeit dürfen in einem Zeitalter, in dem Turings Welt aus pragmatischen Gründen dominant geworden ist, nicht verloren gehen – sonst droht die Unmenschlichkeit des Begriffs. Die Kritik des sofortigen Verstehens und der organisatorischen Grammatik der Information, die den ersten Teil unseres Gegenwartspanoramas dominiert hat, mahnt zu einer Rückbesinnung auf die Kompetenzen der helfenden Verständigung. Es gibt nichts Unmenschlicheres als den Begriff. Es gibt nichts Menschlicheres als die Verständigung.

Scholē und die „Logik der Beschleunigung"

Der Zugang zueinander steht jedoch in einer weiteren Hinsicht auf dem Spiel: Wie die *boētheia* erweist sich auch das Konzept der *scholē* – und der konstanten Bedrohtheit des Denkens durch *ascholia* – mit seinen beschriebenen kognitiven und ethischen Konsequenzen noch einmal als aussagekräftiger, wenn man es Gegenwartsdiagnosen gegenüberstellt. Im zweiten Teil unseres Gegenwartspanoramas wollen wir uns daher Bereichen widmen, in denen die Notwendigkeit der *scholē* vernachlässigt wird. Hannah Arendt hat uns deutlich gemacht, dass die Fähigkeit zum inneren Dialog und mit ihr *die Möglichkeit des kritischen Denkens wie des Gewissens* – „Niemand, der nicht fähig ist, mit sich selbst einen Dialog zu führen, kann sein Gewissen bewahren." (Arendt 2016, 63) – von der *scholē* abhängen. *Scholē* ist hier mindestens in drei Aspekten zu verstehen: der notwendigen *Zeit* zum inneren Dialog, der notwendigen *Konzentration* und der notwendigen *Privatheit*. Alle drei Aspekte sind in der Gegenwart bedroht, wie unsere Diagnose zeigen wird. Beginnen wir mit dem Aspekt der notwendigen Zeit.

Die „Zeitstrukturen" (Rosa 2005, 15) der Gegenwartsgesellschaft analysiert der Soziologe Hartmut Rosa in seinem Buch *Beschleunigung* (2005). Er macht hierbei in den modernen Gesellschaften eine „*Logik der Beschleunigung*" (11) mit drei eng zusammenhängenden Dimensionen aus, der technischen Beschleunigung, der Beschleunigung des Lebenstempos und der Beschleunigung der sozialen und kulturellen Veränderungsraten (16, 124). Diese, so Rosa, erzeugten gemeinsam den paradoxen Effekt, „dass an die Stelle des erträumten [...] Zeitwohlstands in der sozialen Realität westlicher Gesellschaften ein gravierender und sich verschärfender Zeitnotstand getreten ist; eine *Zeitkrise*" (16). Die eingeführten Beschleunigungsmechanismen führten entgegen ihren Zielen dazu, dass für das Individuum *weniger* Zeit zur Verfügung stünde: „*Wir haben keine Zeit, obwohl wir sie im Überfluss gewinnen*" (11). Zeit werde „in nahezu allen Alltagspraktiken durch den immer raffinierteren Einsatz moderner Technik und organisatorischer Planung [...] eingespart", ohne dass sie dadurch weniger knapp würde: „Ganz im Gegenteil: *Je mehr Zeit wir sparen, desto weniger haben wir*"

(43). Rosa arbeitet so eine enge Verbindung zwischen der vorherrschenden organisatorischen Grammatik und der Zeitknappheit heraus.

Gehen wir Rosas Argumentation in Ruhe durch. Er geht von der These aus, dass eine „konstitutive Grunderfahrung" der Moderne „diejenige einer ungeheuren Beschleunigung" (Rosa 2005, 71) ist. In historischer Perspektive macht er wiederkehrende Epochen der Modernisierung mit entsprechenden Selbstbeschreibungen aus, „periodische Klagen über die *Erhöhung des Lebenstempos* und einen immer hektischer werdenden Gang des Lebens" (42). Darüber hinaus stellt er jedoch eine reale, empirisch belegbare Beschleunigung von Prozessen in vielen Lebensbereichen fest, „die ungeheure Beschleunigung der Prozesse des Transports, der Kommunikation und der Produktion in der Geschichte der Moderne" (161). In der Folge arbeitet Rosa heraus, dass es sich hierbei nicht um isolierte Entwicklungen handelt, sondern dass verschiedene Bereiche zusammenwirken, um insgesamt einen „strukturelle[n] Beschleunigungszwang" (219) zu erzeugen, der „*zu einem sich selbst antreibenden Prozess*" (251) wird. Dieser Mechanismus sei auch für „die Zeitnot und Beschleunigungssehnsucht" (281) der Gegenwart verantwortlich, in der die Fortschrittsrhetorik des 19. Jahrhunderts durch eine Rhetorik des Noch-Eben-Schritt-Haltens im Beschleunigungswettbewerb ersetzt worden sei: „Technische und soziale Veränderungen werden nicht mehr im Namen des *Fortschritts* durchgesetzt, sondern mit dem drohenden Verlust der Wettbewerbsfähigkeit begründet. *Wachstum* und *Beschleunigung* stehen dabei als Zielvorgaben gesellschaftlicher Entwicklung weiterhin außer Frage" (418). Die Gegenwart erscheine als in einem beständigen Wettrennen um Zeitgewinne begriffen.

Dieses Wettrennen werde – als „*mächtige[r] Triebfeder des sozialen Wandels*" (Rosa 2005, 471) – mit angetrieben durch technologische Entwicklungen: „Die [...] folgenreichste Gestalt moderner Beschleunigung ist die *intentionale, technische [...] Beschleunigung zielgerichteter Vorgänge*. Paradigmatisch hierfür sind Prozesse des Transports, der Kommunikation und der Produktion (von Gütern und Dienstleistungen)." (124) Es ist bezeichnend für die Gegenwart, dass hier auch die Technisierung von Kommunikationsprozessen – basierend auf dem Konzept der ‚Information' – als Beispiel genannt wird. War es bereits im Zweiten Weltkrieg sowie im Wettrennen um die erste Mondlandung um eine Beschleunigung des Informationsaustauschs gegangen, ist dies nun im ‚digitalen' Zeitalter zum zentralen Punkt technischer Beschleunigung geworden: „Die [...] noch andauernde ‚Beschleunigungswelle' der *digitalen Revolution* [...] konzentriert sich auf die Beschleunigung der Kommunikations- und Informationsströme infolge der Einführung neuer Computer- und Medientechnologien." (246) Rosas Beschreibung der „Beschleunigung der Informationsübermittlung" (126) als einer „‚Transmissionsrevolution'" (126), in der „nicht nur die Geschwindigkeit der Übermittlung von Nachrichten" zunimmt, „sondern auch die *Menge* der pro Zeiteinheit [...] *übermittelbaren* Informationen" (126), übernimmt hier ohne weiteres die zugrundeliegende Vorstellung der organisatorischen Grammatik und verortet Kommunikation im Rahmen von Prozessen des Austauschs, der Zirkulation und des Transports – des Holens und Bringens von Information, nicht des gemeinsamen Erarbeitens von Zugänglichkeit.

Diesen Drang hin zur „schnellere[n] Bewegung von Menschen, Gütern, Informationen" (Rosa 2005, 127) sieht Rosa im Kontext der kapitalistischen Wirtschaftsform: „primärer [...] Antriebsfaktor [...] der *technischen* [...] Beschleunigung ist die zeitökonomische Konkurrenzlogik des kapitalistischen Wirtschaftens", sie bringe „die unentwegte Beschleunigung von Transport, Kommunikation und Produktion" (268) mit sich. Der von ihr ausgehende „Akzelerationsdruck" beschränke sich nicht auf den technologischen Bereich, sondern erstrecke sich „auch auf Entwicklungen in der Arbeitsorganisation" und strahle von dort auf „andere Gesellschaftssphären" aus (268). Die „fortwährend erhöhte Produktionsgeschwindigkeit" gehe „notwendig Hand in Hand mit der Steigerung der Distributions- und Konsumtionsgeschwindigkeiten" (128). Die „im kapitalistischen Wirtschaftssystem angelegten Steigerungsprinzipien" wirkten so „kulturprägend und strukturbildend für die Lebens- und Gesellschaftsform der Moderne" (92). Der „ökonomische Imperativ" verlange die „Akzeleration des gesamten gesellschaftlichen Systems" (172). Produktionssteigerung und das Streben nach Zeiteffizienz würden zu „Systemimperativen einer [...] Produktion", die „die entsprechenden Bedürfnisse gleichsam mitproduziert." (258) Die pausenlose Produktion erfordere eine pausenlose Konsumtion und wirke sich so auch außerhalb des Arbeitslebens aus: „Die Steigerung der Kapital- und Warenumschläge pro Zeiteinheit hat [...] eine [...] entsprechende Erhöhung der Konsumtionsakte pro Zeiteinheit zur Folge, da erst in der Konsumtion der Mehrwert realisiert wird. Die kapitalistische Ökonomie der Zeit ‚erzwingt' daher eine dem Produktionsprozess analoge Steigerung der Konsumintensität", eine „Vermehrung der Handlungs- bzw. Erlebnisepisoden pro Zeiteinheit" (262). Der beschleunigte Austausch definierter Einheiten präge als Grundprinzip kapitalistisch beeinflusster Gesellschaften deren Zeitvorstellungen, es komme zu einer zunehmenden „Verknappung der Zeitressourcen und damit zu einer Erhöhung des Lebenstempos." (204). Die „*Kommodifizierung* der Zeit", „ihre Transformation in ein knappes, unter Effizienzgesichtspunkten zu bewirtschaftendes Gut" (258) wird so zu einem zentralen Thema der Gegenwart – mit Konsequenzen für die menschliche Arbeit, die mehr und mehr verdichtet wird: „Die Steigerung der *Produktivität*, [...] als *Mengensteigerung des Outputs pro Zeiteinheit* [...], zeitigt [...] Wettbewerbsvorteile – allerdings nur so lange, bis die Konkurrenz nachgezogen hat [...], wodurch eine potenziell endlose Beschleunigungsspirale in Gang gesetzt wird." (259–260) Ziel sei „die Aufrechterhaltung der beschleunigten Zirkulation" (263), ohne Zeit zu verlieren, denn, „wie Marx im *Kapital* herausstellt, […] eine Stunde, in der die Maschinen still stehen und nicht gearbeitet oder aber nicht transportiert oder verkauft wird, [ist] eine ökonomisch verlorene Stunde" (264). Alle Lebensbereiche würden in diesen pausenlosen Zirkel aus Produktion und Konsumtion hineingezogen, in einer voranschreitenden „Auflösung […] der […] sozialen Rhythmen nicht nur der Produktion, sondern auch der Zirkulation und der Konsumtion (d. h. von Arbeitszeit und Freizeit, Sonntagen und Arbeitstagen, Öffnungs- und Schließzeiten, Sendezeiten und Sendepausen, kurz: von Verfügbarkeiten und Unverfügbarkeiten) zugunsten einer ,qualitätslosen', verstetigten Simultanzeit" (264–265). Man muss Rosas Analyse nicht in Gänze folgen, um wahrzunehmen, dass die grundlegenden Entwicklungen, die er beschreibt, die Gegenwart prägen und einer Kultur der *scholē*, des Zeithabens und *Zeitnehmens füreinander* diametral entgegengesetzt sind.

Aber gehen wir Rosas Argumentation in Ruhe weiter durch. Ein „*Akzelerationszirkel*" (Rosa 2005, 472), in dem sich ökonomische, technische, strukturelle, kulturelle und soziale Entwicklungen gegenseitig antreiben, lasse sich in vielen Gegenwartsphänomenen wahrnehmen – der gefühlte Zeitmangel erzeuge ein wachsendes Angebot an technischen und wirtschaftlichen Mechanismen, die angeblich Zeit sparen, in Wahrheit aber Zeit in Anspruch nehmen. Die Vervielfachung der Möglichkeiten schaffe eine immer größere Kluft zwischen dem, was theoretisch machbar wäre, und dem, was wir wirklich schaffen: „Dieselben Erfindungen […], welche […] die Gesamtsumme der in einem Leben *verwirklichten* Optionen ansteigen lassen, vermehren auch die Zahl und Vielfalt der *verwirklichbaren* Optionen, […] sodass der Ausschöpfungs*grad* […] beständig abnimmt […]. Dies […] demonstriert […], dass Beschleunigung zumindest langfristig *keine* […] Lösung […] sein kann." (475) Dieser Prozess bringe die Gefahr von „,Beschleunigungspathologien'" (482) mit sich. Zu diesen Pathologien gehört es, dass Digitalisierung und Globalisierung zwar als „Prozess einer beispiellosen globalen *Synchronisierung*" (48) gesehen werden können – „das Erreichen des *Echtzeitniveaus* in der Informationsübermittlung" habe „einen gewaltigen Beschleunigungssog auf nahezu alle Bereiche des Wirtschafts- und Alltagslebens ausgeübt" (336). Gleichzeitig könnten jedoch immer mehr Menschen und Bevölkerungsgruppen mit diesem Tempo nicht mehr Schritt halten:

> „Die in Sekundenbruchteilen weltumspannend operierenden Informations- und Finanzmärkte erlauben […] kaum mehr eine Resynchronisierung zwischen Akteurs- und Systemperspektive und lassen sich vor allem politisch und teilweise selbst rechtlich nicht mehr steuern. Individuen und Nationalstaaten sind zu langsam geworden für das Transaktionstempo der globalisierten Moderne; Bildung, Politik und Recht können mit den ,Entwicklungen der Zeit' nicht mehr Schritt halten. Zugleich werden quantitativ große, aber margi-

nalisierte Gruppen, in der so genannten ‚Dritten Welt', aber durchaus auch in den industrialisierten Gesellschaften, ‚desynchronisiert', indem sie von den strukturell und kulturell maßgebenden Entwicklungen abgeschnitten werden." (48–49)

Diese Desynchronisierung erweise sich als Quelle von Konflikten zwischen „Bevölkerungsgruppen, die sich gleichsam ‚desynchronisiert' nach je eigenen Gesetzen entwickeln" (412). Die Gefährdung ihrer „zeitstrukturellen Kopplung" gefährde ihre „Kopplung überhaupt" (485).

Doch nicht nur hier drohen ‚Beschleunigungspathologien'. Rosas Buch hat das große Verdienst, auch unsere individuellen und zwischenmenschlichen „Zeitpraktiken" (Rosa 2005, 57) in den Mittelpunkt zu stellen, „die Etablierung und Internalisierung von Zeitstrukturen" (30). Dominant ist hier das Durchgetaktetsein, die organisatorische Grammatik all dessen, was wir täglich tun und müssen: „die Bewohner der reichen Industriestaaten [...] beklagen sich massiv über die Knappheit der Zeit." (136–137) Dieses „Gefühl der Zeitknappheit und der Schnelligkeit des sozialen Lebens" (138) habe natürlich bereits Max Weber diagnostiziert:

„Der kategorische Imperativ der protestantischen Ethik wie des kapitalistischen Ethos besteht in der Verpflichtung, *die Zeit so intensiv wie möglich zu nutzen*, Zeitverschwendung und Müßiggang systematisch auszuschalten und sich über die verbrachte Zeit genaue Rechenschaft zu geben. Jene die Grunderfahrung der Moderne prägende Rast- und Ruhelosigkeit und die Beschleunigung des Lebenstempos durch systematische Eliminierung von Pausen und Fehlzeiten sowie die kategorische Ökonomisierung der Zeit in der Lebensführung sind daher nach Weber die Konsequenz einer ursprünglich [...] protestantischen und später säkularisierten Geisteshaltung, nach der eine einmal verlorene Sekunde *für immer verloren* ist und Zeitverluste die erste und ‚tödlichste aller Sünden' sind, wodurch die gleichsam *zeitasketische* Systematisierung [...] der Lebensführung zum Kernelement der modernen Lebenseinstellung wird." (93)

Durch die digitalen Technologien – bis hin zum Life Tracking – würden diese Mechanismen noch einmal drastisch intensiviert und möglichst sämtliche freien Zeitressourcen eliminiert, indem „vormals freie ‚Mikro-Zeitressourcen' *innerhalb* der einem Tätigkeitsfeld gewidmeten Zeit nun gebunden werden." (122) Rosa zitiert hier Marx' Formulierung von der „*Schließung der Poren des Arbeitstages*" (122) – die uns als *zeitliche* Version des von Arendt beschriebenen totalitären Sandsturms erscheinen will, der in alle Ritzen dringt und uns keine Sekunde mehr mit uns selbst allein lässt.

In der Tat gebe es, so Rosa, „genügend empirische Evidenzen dafür, dass die durch technologische Beschleunigung etwa im Haushalt [...] oder im Verkehr potenziell ‚gewonnenen' oder freigesetzten Zeitressourcen durch entsprechende Mengensteigerungen wieder gebunden werden." (Rosa 2005, 120) Um dies noch zu optimieren, würden zuvor getrennte Lebensbereiche miteinander verbunden: „In der Spätmoderne wird die Arbeitsstelle tendenziell wieder zu einem Teil der Lebenswelt und umgekehrt" (270), es finde eine „Entgrenzung von Arbeit und Leben" (276) statt. Die beteiligten sozialen Systeme, Organisationen und Institutionen würden so

> „‚gierig' [...]: Sie begnügen sich nicht mehr mit den ihnen sozial zugewiesenen Zeit-Fenstern, sondern verlangen tendenziell nach der ungeteilten Aufmerksamkeit und den totalen Ressourcen der Subjekte. Weil aus der Binnenperspektive der jeweiligen Systeme [...] alle anderen Aktivitäten nur störende Verzögerungen und eliminierbare Leerzeiten darstellen, wird der Zugriff hochtemporalisierter Systeme auf die Akteure tendenziell totalitär." (304–305).

Tendentiell geht so jegliche Zeitautonomie verloren. Mit diesem nahezu totalen Zugriff auf das Individuum ergebe sich, so Rosa, aber auch die Frage, „*wer* über Rhythmus, Dauer, Tempo, Sequenzierung und Synchronisierung von Ereignissen und Aktivitäten bestimmt", die „*Chronopolitik*" bilde „eine Kernarena für Interessenskonflikte und Machtkämpfe" (36). Die Zeit erweise sich so „geradezu als das Hauptinstrument der insbesondere von Michel Foucault analysierten *Disziplinargesellschaft* [...]." (266) Aus den wirtschaftlichen und technologischen Entwicklungen ergäben sich Notwendigkeiten für das Individuum und dessen Zeitpraktiken, „sodass das, was ein Individuum [...] letztlich *ist*, ganz wesentlich von den zeitlichen Strukturen und Horizonten dieser Existenz bestimmt wird." (443) Die gegenwärtige Gesellschaft erzeuge in den Individuen „das verbreitete Gefühl [...,] auf [...] abrutschendem Terrain, auf ‚slipping slopes' oder auf Rolltreppen nach unten zu stehen: Um seine Position zu halten, um Optionen und Anschlussmöglichkeiten nicht zu verlieren und um die Synchronisationsanforderungen zu erfüllen, müssen die Umweltveränderungen stets mit- und nachvollzogen werden" (468). „*Verpassensangst*" und „*Anpassungszwang*" (469) herrschten in vielen gesellschaftlichen Bereichen vor. Die kognitive und ethische Bedeutung von Zeit taucht in dieser extern erzeugten Verpassensangst nicht auf.

Gleichzeitig zeigten sich, so Rosa, politisch bereits deutlich wahrnehmbare Probleme – die „Forderungen der Zeitrationalität" erzwängen „wachsende sachliche Irrationalität" (Rosa 2005, 205), es sei zu befürchten, dass „Verfahren wie [die] *Internetdebatte* und *-abstimmung*" zwar den „Prozess des *Abstimmens*" beschleunigten, „nicht aber die Interessenformulierung und [...] die Deliberation." (414) Das schnelle Abrufen und Äußern ersetzt die gründliche Erwägung und Selbsthinterfragung. An die Stelle der „Auseinandersetzung mit begründeten und begründbaren *Argumenten*" trete „der politische Kampf der Bilder und Symbole" – Politik sei „im Kampf um die immer knapper werdende Ressource *Auf-*

merksamkeit daher in der Gefahr, schließlich auf eine Frage der besseren Marketingstrategie reduziert zu werden." (414–415) Ein Rückbezug auf Prinzipien oder Erfahrungen werde sich immer weiter reduzieren, durch den schnellen gesellschaftlichen Wandel seien „als Folge der ‚Gegenwartsschrumpfung' nahezu alle Wissens- und Besitzstände beständig vom Veralten bedroht." (219) Jüngere Generationen würden sich „auf nur langfristig sich entfaltende und hohe Vor-Investitionen erfordernde Praktiken nur dann einlassen [...], wenn sie durch stabile Vertrauensbeziehungen und verlässliche Vorbilder dazu ermutigt werden. Solche Vertrauensbeziehungen entwickeln sich indes ihrerseits nur langfristig" (227) – dies werde durch den angetriebenen schnellen sozialen Wandel erschwert. Rosa weist so seinerseits auf ein ganzes Spektrum an individuellen und politischen Effekten der gegenwärtigen technologischen und wirtschaftlichen Entwicklungen hin und ergänzt damit unser kritisches Gegenwartspanorama.

Rosa fügt schließlich hinzu, dass es in jeder Epoche der Beschleunigung auch Rufe nach Entschleunigung gebe: „auf einen technischen Beschleunigungsschub folgt nahezu unausweichlich ein [...] Entschleunigungsdiskurs, in dem der Ruf nach Entschleunigung und die nostalgische Sehnsucht nach der verlorenen ‚langsamen Welt' [...] die Begeisterung über die Tempogewinne überwiegen." (Rosa 2005, 81) Er beobachtet ein „wellenförmige[s] An- und Abschwellen des Beschleunigungsdiskurses und des kulturkritischen Rufes nach *Entschleunigung*" (461), stellt jedoch fest, dass die Beschleunigungstechnologien und -diskurse sich letztendlich immer durchgesetzt hätten (461). Für das Individuum gebe es wenig Handlungsmöglichkeiten, der „Akzelerationszirkel" erweise sich als weitgehend „immun gegenüber *individuellen* Unterbrechungsversuchen [...]. Wer individuell auf Zeitspartechniken verzichtet, bezahlt den Preis einer partiellen Desynchronisierung: er kann sich nicht ‚auf dem Laufenden' halten und verliert [...] Anschlussoptionen, weil er aus Zeitgründen aus zumindest einigen Interaktionszusammenhängen ausscheiden muss." (253) Eine Änderung ließe sich, zumindest theoretisch, nur „auf dem Weg gezielter politischer Intervention" (254) erreichen – dies erweise sich allerdings „als weit schwieriger, als es sich viele Anhänger der *Entschleunigungsideologie* vorstellen." (255) Rosa hält daher eine „wirkungsvolle Unterbrechung des Akzelerationszirkels" für unwahrscheinlich (255). Nichtsdestotrotz beobachtet er auch in der Gegenwart „Phänomene der *intentionalen Entschleunigung*" (464) und äußert mit vager Hoffnung, dass möglicherweise „diese Entschleunigungsidee sogar dabei [sei], zur dominanten Gegenideologie des 21. Jahrhunderts zu werden." (465)

Die von Rosa dargestellten Entwicklungen laufen den in den vorigen Kapiteln herausgearbeiteten kognitiven und ethischen Aspekten der Zeit offensichtlich zuwider. Die Konsequenz hieraus kann jedoch nicht der wohlfeile, Wellness-geprägte Ruf nach Entschleunigung sein, ebenso wenig wie primitive

Kapitalismuskritik (auch bei Platon hat die Muße durchaus eine gewisse materielle Basis), eine generische nostalgische Reaktion oder die Entwicklung einer dogmatischen Gegenideologie. Akademische Ansätze wie die von Walker 2017, Gumbrecht 2003, 2004, und Berg/Seeber 2016 reichen ebenso wenig aus wie die immer wieder auftauchenden punktuellen Mahnungen von Josef Pieper („Gibt es noch einen Bereich menschlichen Wirkens, ja menschlichen Daseins, der nicht dadurch seine Legitimierung besitzt, daß er in die Zweckmechanik eines Fünfjahresplanes eingespannt ist?"; Pieper 1958, 40) bis hin zur Leseforscherin Maryanne Wolf: „in a culture that rewards immediacy, ease, and efficiency, the demanding time and effort involved in developing all the aspects of critical thought make it an increasingly embattled entity." (Wolf 2018, 62) Vielmehr muss wiederum klar, gründlich und interdisziplinär erforscht werden, welche ethischen und kognitiven Konsequenzen die unbedachte Übernahme des Zeitspardiskurses und der organisatorischen Grammatik in *alle* Lebensbereiche hat. Rosas Buch beobachtet vielfach richtig, bietet jedoch keine Alternativen zur organisatorischen Grammatik, sondern verbleibt in ihren Mustern. Seine Studie steht somit erst am Anfang eines Forschungsprogramms. (Rosas eigener resonanztheoretischer Gegenentwurf, der das Primat der ethischen Perspektive und ihre sprachlich-kognitiven Grundlagen zugunsten einer Beschreibung der individuellen Welterfahrung vernachlässigt, vermag diesen Anspruch nicht einzulösen; vgl. Rosa 2019.)

Die Verfügbarkeit von Zeit ist ein zentrales Element der Zwischenmenschlichkeit. Bei Platon ist Zugänglichkeit zueinander immer zeitbestimmt, Zeit, die zum Verstehen aufgewandt wird, die vergangen ist und das Verstehen erschwert, oder die durch Kürze Zugänglichkeit verhindert. Platons Plädoyer für die Zeit zeigt, dass es verschiedene Zugriffe auf Menschen gibt und verschiedene Zugänglichkeiten. Die ethische Präsupposition der Unendlichkeit beim anderen Menschen (Levinas) ist auch eine Präsupposition unendlicher Zeit (*scholē*). Das meint Lyotard, wenn er sagt, die Zeit des Dialogs sei unendlich. Das Als-Ob ist hierbei entscheidend: Behandle jede/n so als ob sie/er und die Zeit für die Verständigung unendlich wären. Dies ist unabdingbar, um Komplexität zu respektieren, unabdingbar für die *boētheia*: Nicht nur jede sprachliche Äußerung, sondern selbst die eigene Präsenz braucht Hilfe (*assister à sa propre présence*), ist nicht *sofort* verstehbar – Levinas sagt sogar, dass die Fähigkeit, die eigene Erscheinung zu erläutern, zuallererst die Person ausmacht. Hilfe benötigt Zeit, *boētheia* benötigt *scholē*. Es braucht Zeit, Worten Mehrdeutigkeit *zuzutrauen*. Voraussetzung für das Verständnis ist es, dem Wort Ruhe und Raum zu geben, dem/der Anderen Zeit zu geben, sich verständlich zu machen, Raum für Erläuterungen, für die Anpassung seiner/ihrer Position, für das gemeinsame Entwickeln von Erkenntnissen. Dies geht bis hin zur *Höflichkeit*, die nicht zu sehr in den Anderen bzw. die Andere dringt und ihn/sie beschämt (*aischynē*), sondern ihm/ihr Zeit, Raum und Würde lässt.

Hierin liegt ein zentraler Punkt ethischen Handelns: Zeit *hat* man nicht, Zeit *nimmt* man sich. Ein lebenswertes gemeinsames Leben ergibt sich nur, wenn wir uns die Zeit nehmen (*poiein scholēn*), den Anderen/die Andere zu verstehen. Muße und Kultur hängen zusammen: Kultiviertsein heißt, sich die *Zeit* zu nehmen, den anderen Menschen zu verstehen (die durch Zeit erworbene Bildung weiß, dass es mehr Meinungen und Gründe gibt als die eigenen und mehr Verstehensarten als die sofortige). Das Maß guten Zusammenlebens ist das Maß an Mühe, die man sich gibt, den anderen Menschen zu verstehen. Dies gilt ebenso für Texte als Maß des guten Lesens:

> „Die Ausschöpfung des wahren Sinnes aber, der in einem Text oder in einer künstlerischen Schöpfung gelegen ist, [...] ist in Wahrheit ein unendlicher Prozeß. Es werden nicht nur immer neue Fehlerquellen ausgeschaltet, so daß der wahre Sinn aus allerlei Trübungen herausgefiltert wird, sondern es entspringen stets neue Quellen des Verständnisses, die ungeahnte Sinnbezüge offenbaren. Der Zeitenabstand, der die Filterung leistet, hat nicht eine abgeschlossene Größe, sondern ist in einer ständigen Bewegung und Ausweitung begriffen. Mit der negativen Seite des Filterns, die der Zeitenabstand vollbringt, ist aber zugleich die positive Seite gegeben, die er für das Verstehen besitzt." (Gadamer 2010, 303–304)

Zugänglichkeit kann somit nicht nur diachron, also mit der Zeit, verschwinden (Okklusion; vgl. Hollmann/Schüller-Zwierlein 2014), sondern auch bereits synchron nicht vorhanden sein, *wenn man sich keine Zeit nimmt*. *Scholē* ist bei Platon Bedingung für Erkenntnis wie für ethisches Handeln: Am Anfang der philosophischen Diskussion steht die Frage der Zeit, die man sich für den Gast nimmt; sein Prinzip des gemeinsamen Entwickelns und In-Ruhe-Durch-Gehens (*dielthein*) ist von hoher Bedeutung für die beschleunigte Informationsgesellschaft, die oft genug auch für den Anderen/die Andere nur kurz Zeit hat – und damit das Vorurteil stärkt.

Dies gilt auch für einen selbst bzw. für das eigene Denken: Ohne Zeit ist kein innerer Dialog und damit keine Selbstkritik, kein Zweifel, kein Gewissen möglich – auch die *eigenen* Gedanken benötigen *boētheia* und damit *Zeit*. Nur Zeit ermöglicht Zweifel. Die Zeit des Gesprächs ist auch die Zeit der Differenzierung, des Erwägens. Die Zeit der Differenzierung ist nicht die Zeit der sozialen Medien, und nicht die Zeit des Totalitarismus (der einem nach Hannah Arendt die Möglichkeit raubt, mit sich selbst allein zu sein und mit sich selbst in Dialog zu treten, d. h. zu denken). Die Zeit des Totalitarismus ist nicht die der Aufklärung – denn Aufklärung heißt nicht nur, den Mut zu haben selber zu denken (Gadamer wendet sich zu Recht gegen Kants Vorurteil gegen das Vor-Urteil), sondern auch Zeit zu haben und *sich die Zeit zu nehmen*, selber zu denken, sich selbst zu hinterfragen und sich vom Anderen bzw. der Anderen hinterfragen zu lassen. Wahre Meinung mit Begründung, so zeigt der *Theaitetos*, kann auch *dadurch nicht* Wissen sein, dass einem keine Zeit für die Begründung bleibt, entweder intern (nach Arendt lässt einen der Totalitarismus nicht allein zum Nachdenken) oder extern (die Zeit des Gerichts bei Platon). Zeitdruck ist bei Platon ein grundlegendes Symbol für die Gefahr, in der Denken permanent ist. Und so ist Intelligenz *auch* eine Frage der Zeit, die man investiert, um Komplexität zu erfassen (also auch der Hartnäckigkeit). Zu meinen zu wissen, was man nicht weiß – laut Platon die Ursache allen Übels –, ist auch eine Frage der Zeit, der Voreiligkeit, der *Präklusion*. Scholē ist bei Platon nicht nur deshalb die Grundbedingung für Erkenntnis, weil in ihr nicht vom Gegenstand abgelenkt wird oder der Forschende keinen externen Zwängen unterworfen ist, sondern auch weil aufgrund der Komplexität des Gegenstandes und des Denkens *Zeit* erforderlich ist – Denken als innerer Dialog, als Prozess des Entwerfens und Prüfens von Meinungen. Die *zeitliche* Offenheit ermöglicht erst die *kognitiv* offene, unvoreingenommene Sicht des Gegenstandes, die Ergebnisoffenheit der Untersuchung. Diese Aspekte werden bei Platon klar herausgearbeitet und sind in Zeiten schneller Medienbotschaften und entsprechender Radikalisierung von ebenso qualvoller Relevanz wie zu Platons Zeiten: *Zu viele Menschen wollen Botschaften sofort verstehen – oder akzeptieren nur diejenigen, die sie sofort verstehen.*

Die zwischenmenschliche Bedeutung der Zeit bedeutet jedoch auch, dass wir eine *Verantwortung* für den Moment haben – Verantwortung dafür, in welchen Bereichen man sich auf Komplexität einlässt und in welchen nicht, Verantwortung dafür, ob man für den Anderen/die Andere zugänglich ist oder nicht. *Scholē* macht uns erst bewusst, dass wir diese Wahl und damit diese Verantwortung haben. Jeder Moment ist eine reichhaltige Möglichkeit, sich für das eine oder andere, den Einen oder die Andere, zu entscheiden. Nur mit *Zeit* realisieren wir die Vielfalt unserer Möglichkeiten *und* der Möglichkeiten Anderer. Ablenkung von dieser Verantwortung für den Moment ist somit wiederum ethisch relevant. Marktgetriebene Innovations- und Schlagzeilenwellen sollen uns davon ablenken, dass man Momente auch ohne Medien oder Kaufen verbringen kann. Dieser Neuigkeitsdruck ist eine beständige Flucht – als wäre das Gleichbleiben, das Verstreichen von Zeit, das Erleben von Zeit, ein Horror. Wenn jede Zeit gefüllt wird und für jede Tätigkeit ein Erledigungsmechanismus parat steht, entmündigen wir uns und nehmen uns die Möglichkeit, uns Zeit zu *nehmen*. Wer seine Zeit non-stop mit Handlungen füllt – mit *Social Media*, dem Abrufen von *News* oder Arbeits-Mails – entlastet sich von der Verantwortung für den Moment, ohne sich zu entspannen und ohne sich *wirklich* zu entlasten. Zugänglich werden wir erst ohne Kommunikationsdruck. Respekt vor Komplexität bedingt

Zeit zum Nachdenken, zum Zuhören und zum Lesen. Die Zeit der Kurznachrichten ist weder die Zeit der Wissenschaft noch die Zeit der Ethik. Angesichts von Rosas Analysen und der Herausforderungen der digitalen Welt muss sich das gegenwärtige Bewusstsein für die zwischenmenschliche Bedeutung der Zeit dringend weiterentwickeln: Wie die Zeit vergeht ist mindestens in Teilen unsere Wahl. Nur in Teilen können oder sollten wir unsere Zeitwahl Anderen aufzwingen, vielmehr ist *deren* Zeit entscheidend – und die Zeit, die wir aufbringen, uns auf sie einzustellen. Wer zum Verständnis zu wenig Zeit aufwendet, tut Anderen Gewalt an. Die zwischenmenschliche Relevanz der *scholē* haben wir heute bei weitem noch nicht ausreichend realisiert – es bedarf eines klareren Blicks auf unsere Zeitpraktiken und -potentiale. Gadamer hat deutlich gemacht, dass Verstehen als grundlegende Daseinskondition ein zeitlicher Prozess ist – Platon hat uns für die *Zeitnot* des Verstehens und die Kritik des sofortigen Verstehens zugänglich gemacht. Die *schnelle* Übermittlung von Information erweist sich so erneut nicht als das wesentliche Element einer funktionierenden Gesellschaft. Wirtschaft, Politik, Nachrichten- und Technologiekonzerne haben ein Eigeninteresse daran, den Diskurs des ewig Neuen als Realität darzustellen. Das ewig Neue ist aber nicht die Realität: Die Realität ist Gegenwart, sind wir selbst und andere Menschen. Diese Realität wird für uns nur zugänglich, wenn wir uns Zeit nehmen und Zeit lassen.

Scholē und die „Ökonomie der Aufmerksamkeit"

Kommen wir zum zweiten Aspekt der *scholē*, der in der Gegenwart bedroht ist, der ausschließlichen Widmung. Platon hat deutlich gemacht, dass zur Fragilität des Zugangs auch die Anfälligkeit unserer Konzentration, unserer ausschließlichen Widmung gehört. Wie Walker sagt, „[t]he quality of our attention is constantly under threat." (Walker 2017, 188) In der Gegenwart steht der Kampf um Ausschließlichkeit jedoch einem *systematischen* Kampf um Aufmerksamkeit gegenüber, in dem aggressive Strategien vor allem kommerzieller Unternehmen von laufend neu entwickelten technischen Mitteln (vgl. McStay 2018) und ausgefeilter Forschung unterstützt werden (vgl. Mangold 2017). Georg Franck hat diesen Kampf bereits 1998 in seinem Buch *Ökonomie der Aufmerksamkeit* beschrieben. Die technologische Entwicklung zielt aus seiner Sicht direkt auf unsere Aufmerksamkeit: „Die [...] Zivilisation ist hoch technisiert nicht nur, was die Techniken maschineller und organisatorischer Art, sondern auch, was die Technologien betrifft, mit denen Aufmerksamkeit erregt und eingefahren wird." (Franck 1998, 13) Dies hat Konsequenzen für die individuellen Wahrnehmungskapazitäten: „Wir sind einem immer gewaltiger anwachsenden Schwall von Reizen ausgesetzt, die eigens dazu hergerichtet sind, unsere Aufmerksamkeit in Beschlag zu nehmen." (49) Franck stellt Aufmerksamkeit als knappe Ressource (50) mit definierbarem ökonomischem Wert dar – es gelte daher, „mit der Aufmerksamkeit hauszuhalten" (51). Im Zentrum dieser Aufmerksamkeitsökonomie steht wiederum das Konzept der Information: „Das Zuviel des Neuen wird zur Belästigung, wenn es die Selektion des eigentlich Wichtigen zu überfordern beginnt. Diese drohende Überforderung ist nun aber, was das Reizklima ausmacht. Die neue Qualität besteht im heraufziehenden Konflikt zwischen Informationsökonomie und Informationsökologie." (62) Das beständige Raunen, hier gebe es etwas Neues, Wichtiges, Unverpassbares, hindert uns daran, tieferen Zugang zu Altem, Vorhandenem oder Selbstgesuchtem zu finden – wir sind einer „ständige[n] Überforderung des Achtgebens" (64), einem „Trommelfeuer der Attacken auf [unsere] Aufmerksamkeit" (64) ausgesetzt. Unsere Kanäle der Kontaktaufnahme werden weitmöglichst mit finanziell verwertbaren Signalen gefüllt: „Das Geld wird zum Hauptmotiv der neu aufkommenden Formen des Massengeschäfts mit Information" (62), das von der „Herstellung von Attraktoren für die Lenkung und Umlenkung massenhafter Aufmerksamkeit" (63) lebt. Aufmerksamkeit ist so „zum wichtigsten Faktor der Geldwert schöpfenden Produktion geworden." (64) Dementsprechend ist der Anspruch der Informations- bzw- Aufmerksamkeitsökonomie total: „Unsere ganze Umwelt mutiert zum Werbeträger." (71)

In diesen „Märkte[n] der Beachtung" (Franck 1998, 148) zeigt sich eine weitere Gefahr, die mit dem Konzept der Information verbunden ist: In diesem Konzept selbst steckt bereits der relevanzbehauptende, werbende Charakter, ebenso die organisatorische Grammatik des Konsums, des Holens und Habens. Die penetrante Relevanzbehauptung der ‚Information' lenkt davon ab, dass *nicht unilateral Neues, sondern bi- oder multilateral Gemeinsames* das Ziel menschlichen Zusammenlebens ist. Zudem macht unsere zunehmende Abrichtung, das reflexartige Schnappen nach neuen Nachrichten – das uns vom Selberdenken abhält – anfälliger für schädliche Einspeisungen und manipulierende Nachrichten: Der Populismus der Gegenwart ist nichts anderes als aufmerksamkeitsheischende Werbung für billige ‚Informations'-Produkte, ein Lieferdienst für politische Lösungen; fertige Endprodukte ersetzen komplizierte Probleme, einfache Antworten lange Fragen (wir denken zurück an Levinas' „mutisme du produit"; Levinas 2016, 252). Die beständigen Neuigkeitsrufe der Medien lassen kaum Raum für Vertiefung. Es gehört zum Prinzip des Internets, auf Weiteres zu verweisen – je bunter, desto besser. Das Internet ist wie die Welt – vielfältig, ablenkend, in steter Veränderung, alle zwei Sekunden ruft eine neue Information, jeder Link verführt zum Draufklicken. Computerspiele – Gewohnheit für einen beträchtlichen Teil der Bevölkerung – halten uns in vielfältigen Welten ständig in Aktion und lassen uns nie unbeschäftigt. Angesichts der pausenlosen Warnrufe – Achtung, Information! – ist Konzentration ein zentrales Thema der Gegenwart.

Sehen wir demgegenüber die platonische *scholē*: Bei Platon dient die Muße nicht primär dem Fest oder Kult („Der Kult hat im Hinblick auf die Zeit einen ähnlichen Sinn wie der Tempel im Hinblick auf den Raum." Pieper 1958, 80), dennoch ist die Ausgrenzung der restlichen Welt, die Ausschließlichkeit der Widmung, zentral für seine Konzeption. Eine Öffnung hin zum Gegenstand ist hier nicht möglich, wenn man stets an die anstehenden Pflichten und Aufgaben denken muss. *Scholē* und Konzentration, das ausschließliche Richten des Geistes auf etwas (*prosechein ton noun*), hängen eng zusammen. Das Konzept der *scholē* kann uns helfen, den Begriff der Konzentration besser zu verstehen: Konzentration wird oft als etwas Angestrengtes gesehen – Platon macht uns darauf aufmerksam, dass es vielmehr um die Ausschließlichkeit, den *weltersetzenden* Charakter der Konzentration geht. Ein Gegenstand ist für uns nur dann wirklich zugänglich, wenn er in dem Moment für uns eine, *unsere* Welt ist, wenn er die Welt ersetzt. Dies ist die wahre Bedeutung der Konzentration: Der Weltbegriff beinhaltet Komplexität und damit Zeit, *scholē*. Wenn eine Sache unsere Welt wird, erscheint sie nicht mehr simpel, sondern scheint in ihrer Komplexität auf. Dies heißt auch, dass Anderes von uns *abfällt*. Konzentration ist das Abfallen des Anderen, das An-die-Stelle-der-Welt-Treten. Bei Platon ist diese Art Muße (im Sinne der Ausschließlichkeit der Widmung) nicht nur eine Bedingung, sondern ein *Grundelement*, ein *Bestandteil* jeglicher Wahrheitsfindung, jeglichen Erkenntnisprozesses, ein Element, das mehr zählt als voreilige Ergebnisextraktion. Erst Muße, als das Unbegrenztscheinen der Zeit – „das Sichaufhalten in der Weile als einer unbegrenzten Gegenwart." (Figal 2014, 30–31) – erlaubt weltersetzende Ausschließlichkeit, erlaubt die Öffnung für Komplexität. Die Welt, und damit auch zeitliche Zwänge, ist ersetzt durch den Gegenstand, der nun in seiner weltartigen Komplexität erfasst werden kann. Muße ist, wenn wir begrenzte Zeit nicht als begrenzt realisieren. Konzentration ist, wenn wir begrenzte Aufmerksamkeitskontingente nicht als solche realisieren, sondern die Hingabe an einen Gegenstand als unbegrenzt empfinden.

In dieser weltersetzenden Ausschließlichkeit der Widmung in der *scholē* sieht Arendt die Fähigkeit zum inneren Dialog und damit zum kritischen Denken und zum Gewissen verankert (Arendt 1978, I, 92–93). Vielleicht liegt in ihm sogar ein Alleinstellungsmerkmal des Menschen (das Tier muss im Überlebenskampf immer seine Umwelt im Auge behalten). Die Forschung hat sich dem zentralen Thema Konzentration noch nicht ausreichend gewidmet: Die Psychologie fasst das Thema eher als Aufmerksamkeit und hat sich vor allem mit Aspekten wie *attentional control*, *perceptual load* und *multitasking* beschäftigt (z. B. Lavie et al. 2014), weniger mit der kognitiven Funktion und sozialen Situierung von

Konzentrationszuständen (vgl. jedoch nun zur Aufmerksamkeit als Bedingung der Zugänglichkeit Wehrle et al. 2021). Moderne Konzepte wie Meditation, *mindfulness*, *flow* (Csikszentmihalyi 2008) oder *effortless attention* (Bruya 2010) fassen diesen Aspekt der *scholē* nicht: *Scholē* hat mit *flow* und *effortless attention* gemeinsam, dass die volle Aufmerksamkeit einem Gegenstand gewidmet ist und der Zeitdruck nicht da ist. Allerdings sind die modernen Konzepte eher auf laufende kleine Herausforderungen geeicht, wo der nächste Schritt immer absehbar und die Schwierigkeit der Aufgabe dem Vermögen des Handelnden angemessen ist, während *scholē* erlaubt, sich riesigen Problemen in Ruhe und Ausschließlichkeit zu widmen und sich Komplexität erst zu erschließen. Im Gegensatz zum *flow* ist *scholē* mit der *intentionalen* ausschließlichen Widmung verbunden, der Ruhe der Durchmusterung, dem geruhsamen Umgang mit den eigenen Horizont übersteigender Komplexität, dem *Zeit nehmen für*. Ein Flow mag uns beim Lesen eines Kriminalromans oder beim Spielen eines Computerspiels passieren. *Scholē* lässt nicht nur Zeit, sondern auch Raum für *Komplexität*.

Die Schilderung des denkenden Sokrates auf dem Feldzug im *Symposion* macht zudem deutlich: Die ausschließliche Widmung erfordert Mut, weil sie ein *Sichanvertrauen* ist. Einer Sache sich anzuvertrauen, die sich lohnt, einer Situation sich anzuvertrauen ohne Angst vor Gefahren, einer Person sich anzuvertrauen im Gespräch, als Gast oder Gastgeber/in – Konzentration als Weltausschließlichkeit muss man sich *trauen*, ganz im Sinne der beschriebenen Verantwortung für den Moment, der Mündigkeit der Versenkung. Funktionale Eingespanntheit und informationelle Dauerbeschallung hingegen lassen uns kaum bewusste Wahlmöglichkeiten, lassen uns nicht mit einer Sache oder einer Person allein, lassen sie nicht zur Welt werden. Ständige Ablenkung ist die Abgabe von Verantwortung für den Moment, für die eigene Zeit, ist Aufgeben vor Komplexität und Verweigerung inneren Dialogs. Wer ständig beschäftigt ist, kann sich nicht auf sich selbst konzentrieren, kann sich nicht hinterfragen, muss keine Verantwortung übernehmen für die Entscheidung nach dem inneren Dialog. Die ständige, wechselnde Beschäftigung fördert zudem die spontane Äußerung von Urteilen und Emotionen: Gedanken, einmal gedacht, werden nicht mehr geprüft und sofort geäußert – und erfüllen so gleich gegenseitig den Drang nach Neuem. Wir ertragen es nicht mehr, unbegrenzt mit uns selbst allein zu sein, sondern lenken uns lieber davon ab.

Der Verlust der Versenkung, die Verdrängung der Ausschließlichkeit, hat nicht nur kognitive, sondern auch zwischenmenschliche Konsequenzen. Martin Bubers Hauptwerk *Ich und Du* (1923) hilft uns, den Blick auf diesen Aspekt noch zu schärfen: Laut Buber kann der Mensch der Welt und ihren Elementen entweder als Es oder als Du begegnen. Nehmen wir etwas (oder jemanden) als Es wahr, so ist dies die distanzierte, klassifizierende, beobachtende Perspektive –

eng verwandt mit dem, was Levinas *thème* nennt, und mit unserer Formulierung der organisatorischen Grammatik. Das Es ist zählbar und in organisatorischen Abläufen zeitlich strukturierbar. Die Begegnung mit dem Du hingegen ist unzeitlich, nicht Gegenstand, sondern Gegenwart: „Gegenwart ist nicht das Flüchtige und Vorübergleitende, sondern das Gegenwartende und Gegenwährende." (Buber 1995, 13). In dieser zeitlich unbegrenzten Begegnung liegt die Verbindung zur *scholē* – das Bubersche Du begegnet in Unbedingtheit und Ausschließlichkeit: „Jede wirkliche Beziehung zu einem Wesen oder einer Wesenheit in der Welt ist ausschließlich." (Buber 1995, 74) Diese Art der Konzentration – als Ausschließlichkeit des Du – hat zwischenmenschlichen Charakter, der/die Andere wird in der ausschließlichen Begegnung weltersetzend (nicht nur für sich eine – unendliche – Welt, sondern auch, in dem Moment, für den anderen Menschen; man denke an Derridas ‚die Welt ist fort' und Levinas' Unendlichkeit des Individuums). Wir respektieren einen anderen Menschen erst, wenn wir ihn für den Moment zu unserer Welt werden lassen, wenn wir uns ihm ausschließlich widmen – inklusive der zeitlichen und logischen Möglichkeit der *boētheia*. Konzentration, Versenkung, Ausschließlichkeit der Widmung ist so von zentraler zwischenmenschlicher Bedeutung: Nur durch die „Macht der Ausschließlichkeit" (Buber 1995, 8) – in der *scholē* als zeitlicher Form der ausschließlichen Widmung – kann wirkliche Begegnung, wirkliche Kommunikation mit dem Gegenwährenden erfolgen. *Scholē* bedeutet, sich einer Sache ausschließlich zu widmen, aber auch, sich einem *Menschen* ausschließlich zu widmen. Buber warnt vor einem Überwiegen des Lebens in der Eswelt – nur nach den Termini der organisatorischen Grammatik, ohne wirkliche Begegnung: „ohne Es kann der Mensch nicht leben. Aber wer nur mit ihm allein lebt, ist nicht der Mensch." (Buber 1995, 34) Er sieht bereits in seiner Zeit ein Zunehmen der Eswelt (Buber 1995, 36–37), die die Fähigkeit zur Du-Beziehung hemmt – was bei Adorno später die „verwaltete Welt" (Adorno 1963) ist (und bei Platon die *ascholia*), ist bei Buber die „Verflochtenheit ins Getriebe" (Buber 1995, 15). Wer sich mit der Eswelt abfindet und sie nur noch zur Verwertung nutzt, ergibt sich ihren Termini und wird in sie absorbiert: „Indem er sich mit einer Welt von Gegenständen, die ihm nicht mehr zu Gegenwart werden, abfindet, erliegt er ihr." (Buber 1995, 52) Wir haben bei Levinas gesehen, wie schnell diese Objektifizierung des Lebens – „die Abdikation des Menschen vor der wuchernden Eswelt" (Buber 1995, 55) –, einmal auf Menschen angewendet, in Gewalt umschlagen kann. Im Dialog hingegen *ist* der/die Andere die Welt, darf zwischenzeitlich den Platz der Welt beanspruchen, steht an der Stelle der Welt. Auch für die Begegnung mit dem anderen Menschen braucht es also den Mut der Ausschließlichkeit.

Scholē und die Bedrohung des Innenraums

Darüber hinaus braucht es hierfür jedoch auch einen Ort und eine Zeit der Ausschließlichkeit – und damit kommen wir zum dritten Aspekt unserer Gegenwartsdiagnose aus Sicht der *scholē*: der *zwischenmenschlichen* Bedeutung der Privatheit, die die unbegrenzte Offenheit und Ausschließlichkeit der *scholē* schafft und so Zugänglichkeit für den anderen Menschen erst ermöglicht, und dem Schwinden der Privatsphäre in der Gegenwart. Derrida hatte uns in seinem Werk zur Gastfreundschaft deutlich gemacht, dass die Privatheit, der eigene Innenraum, das *chez-soi*, notwendige Voraussetzung dafür ist, sich dem/der Anderen, dem Gast, ausschließlich zu widmen, und gleichzeitig darauf hingewiesen, dass dieser für die Intimität und Ausschließlichkeit des Dialogs, für die Konzentration auf den Anderen/die Andere notwendige eigenbestimmte Innenraum, Grundbedingung für Gastfreundschaft, durch technische Mittel und Gewohnheiten zunehmend bedroht ist (Dufourmantelle/Derrida 1997, 49–51) (jedoch, *pace* Derrida, nicht vorrangig durch staatliche, sondern durch wirtschaftlich getriebene Mechanismen). Gleichzeitig hatten u. a. Dufourmantelle und Arendt auf die unabdingbare Notwendigkeit eines privaten Innenraums für das Individuum und seine Fähigkeit zum (selbst-)kritischen Denken hingewiesen. Insbesondere Arendt hatte „the mind's withdrawal as the necessary condition of all mental activities" (Arendt 1978, I 96) bezeichnet und deutlich gemacht, dass der Totalitarismus das Privatleben zerstöre, das Individuum nicht allein lasse (wie ein Sandsturm, der in alle Ritzen dringt) und damit sogar den inneren Dialog des (kritischen) Denkens unterbinde (Arendt 1976, 475–476) – entsprechend zitiert sie die Worte Robert Leys, des nationalsozialistischen Leiters der Deutschen Arbeitsfront: „„The only person who is still a private individual in Germany is somebody who is asleep."" (Arendt 1976, 339) Auch Orwell hat diesen Zustand in *1984* beschrieben („a Party member had no spare time, and was never alone except in bed"; Orwell 2008, 85). Die Vorstellung von *scholē* als privatem Innenraum, der uns für uns selbst und Andere erst zugänglich macht, ist hier deutlich herausgearbeitet.

Stellen wir dem nun wiederum eine Gegenwartsdiagnose gegenüber. Der bereits zitierte Steffen Mau hat in seinem Buch über die Quantifizierung des Selbst und die ‚Verdatung' des Lebens die Konsequenzen der gegenwärtigen Technologieprodukte für Privatraum und Privatzeit beschrieben: „privateste Dinge wie Hobbys, Familienverhältnisse, Gemütslagen oder Gewohnheiten sind nun plötzlich vermessbar. In ‚smart cities' und ‚smart homes' verschmelzen soziale Lebenswelten mit digitalen Technologien." (Mau 2017, 40–41) Die „Protokollierung von Lebens- und Aktivitätsspuren" (Mau 2017, 13) wird mehr und mehr als selbstverständlich dargestellt – stimmaktivierte Lebensbegleiter sind ebenso Realität wie die am Körper getragene Gesundheitsdatenerfassung und der Schlafsensor auf dem Nachttisch (vgl. Google 2021b; nach den Schlaf-Zitaten im vorigen Paragraphen raubt einem letzteres Angebot den Schlaf). Kaum ein Bereich des Lebens ist davon ausgenommen: „Die Rückzugsorte schrumpfen immer weiter, so dass man sich schon anstrengen muss, um überhaupt noch letzte Reservate der Datenfreiheit zu entdecken." (Mau 2017, 41) Der Diskurs der Transparenz und der Konkurrenz – ganz im Sinne der organisatorischen Grammatik –, die Vorgabe des „Nur wer sich beziffern lässt, zählt." (Mau 2017, 234), erhebe, so Mau, letztlich einen totalen, gar totalitären Anspruch: „Die populäre [...] Forderung nach Transparenz bedeutet in ihrer Übersteigerung und letztlich totalitären Form, dass jede und jeder von uns legitimerweise in allen Aspekten des Lebens dauerhaft überprüft, beobachtet, klassifiziert und bewertet werden kann." (Mau 2017, 231–232) Mau sieht hierdurch die Kategorien von privat und öffentlich in der Gegenwart deutlich tangiert (Mau 2017, 232).

Dem *privaten* Leben stellt sich so in der Gegenwart das *privative* Leben gegenüber. Dies gilt in den verschiedensten Bereichen, sei es für soziale Medien („Pour Marc Zuckerberg [...], la vie privée est ‚une norme sociale anachronique'"; Dufourmantelle 2015, 106), die neben dem Privatraum auch die Privatzeit auflösen, indem ständig von allem Bericht zu erstatten ist, sei es im hochdynamischen Bereich der biometrischen und soziometrischen Daten. Während im soziometrischen Bereich kaum Grenzen der Entwicklung absehbar sind (s. o. Mau), zeichnet sich am Horizont eine biometrische Krise ab: Angesichts der Eskalation der Authentifizierungsmechanismen (von Siegel und Unterschrift über Passfoto und Passwörter bis zu Fingerabdruck-, Iris-, Sprach-, Gesichts- und Herzfrequenzerkennung sowie DNA-Analyse) werden irgendwann keine Merkmale mehr übrig sein, die nicht in der *public domain* sind – und damit unsicher. Während wir mit immer persönlicheren Informationen versuchen, unseren digitalen Privatraum zu sichern, machen wir diese *gerade damit* potentiell, tendenziell öffentlich. Wenn biometrische Daten in die Öffentlichkeit kommen, wie jüngst mit mehr als 1 Million Fingerabdrücken passiert, dann ist dieser Schaden jedoch *inkorrigibel*, die betroffenen Menschen sind für den Rest ihres Lebens anfällig. Zudem können solche Daten für jegliche Zwecke eingesetzt werden: In manchen Staaten muss man bereits einen Gesichtsscan über sich ergehen klassen, wenn man eine SIM-Karte freischalten lassen will. Ebenso gibt es Staaten mit umfassender Video- und Gesichtsüberwachung, in denen ein *Social Credit System* mit einer systematischen Aufforderung zur *sincerity culture* über die Verfügbarkeit der verschiedensten sozialen Services entscheidet. Der Punkt scheint nicht fern, wo nicht nur alle biometrischen Daten bei der Geburt erfasst werden, sondern auch ein GPS-Sender implantiert wird. *De facto* haben wir mit unserem Handy diesen Sender jetzt schon ständig bei uns.

Jenseits dieser einzelnen Bereiche gilt es zu realisieren, dass im privativen Online-Zeitalter *das Regime des bidirektionalen Zeichens* herrscht: Jede unserer Online-Aktivitäten, sei es Lesen, Anschauen, Klicken oder Schreiben bzw. Eingeben, wird jenseits des Nutzens für uns selbst gleichzeitig von Anderen für deren Nutzen verwertet. Jede Suche nach Information stellt gleichzeitig eine Information für Andere dar. Zugang bekommen bedeutet hier gleichzeitig Zugang geben. Wir verarbeiten Information und werden als Information verarbeitet, nehmen Information auf und geben sie gleichzeitig ab (zu Web Tracking bzw. Web Analytics s. z. B. Sponder/Khan 2018; Hassler 2017). Die Nutzung von Maps-Anwendungen ist hierfür ein einfaches Beispiel: Um herauszufinden, wo wir sind, teilen wir gleichzeitig Anderen mit, wo wir sind. Jede Produktrecherche im Internet fügt uns gleichzeitig der Kategorie von Menschen hinzu, die sich für solche Produkte interessieren. Jeder getippte Buchstabe in der Textverarbeitung sendet Nutzungsinformationen an deren Hersteller. Im weltweiten Netzwerk wissen wir so nicht, wer uns mit wem verwebt – und an wen er/sie diese Daten weiterverkauft. Handlungen werden zu verwertbaren Objekten verdinglicht. Diese Bidirektionalität ist jedoch gefährlich nahe am automatischen Gedankenlesen: Das Lesen eines gedruckten Buches bereichert uns, das Lesen eines Online-Textes hingegen bereichert und beraubt uns zugleich. Wir können uns nicht aussuchen, wer bei unserem Lesen mitliest, wer *uns* liest – Lesen und Gelesenwerden. Online-Information ist so – auch – ein Köder. Der Drang nach Verwertbarkeit schiebt uns mehr und mehr in Richtung der vollständigen Erfassung aller Handlungen. In einem Zeitalter der vollkommenen Bidirektionalität, wo Stift, Papier und gedruckte Bücher verboten wären, wäre das Lesen als Teil des inneren Dialogs – als eigenes Denken *mit* einem Medium – nicht mehr möglich. Der Mensch wird nicht-intentional zugänglich, sein Adyton schwindet. Das bidirektionale Zeichen droht, universell zu werden.

Von den vorherrschenden Diskursen bewegte Theoretiker/innen einer ‚digitalen Gesellschaft' vertreten im Schwange ihres Enthusiasmus gern, einen privaten Innenraum habe es ohnehin nie gegeben: So beschreibt der Soziologe Armin Nassehi in seinem Buch *Muster* (2019) die Vorstellung eines privaten Innenraums als anachronistisches, romantisches, bürgerliches Phantasma (Nassehi 2019, 293–317). Unsere Analysen haben jedoch die Vorstellung eines privaten Innenraums als *logisch, kognitiv und ethisch notwendig* herausgearbeitet. So hat unsere Lektüre von Arendt und Orwell gezeigt, dass Privatheit Teil der Freiheit und damit Teil der demokratischen Gesellschaft ist. Freiheit ist die Freiheit, sich und Andere zu hinterfragen, die Freiheit, sich zu verändern und jenseits des von Anderen Wahrgenommenen neu zu beginnen. Dass Unsichtbarkeit Teil der Freiheit ist, ob als Datenfreiheit (Mau) oder als *secret* (in dessen Möglichkeit Dufourmantelle erst die Freiheit sieht), wird uns bewusster, wenn wir Poppers Mahnung bedenken, dass der Totalitarismus von Anfang an als Gegenstück zur Demokratie mit dabei war (Popper 2011, 272). Der Totalitarismus erst macht deutlich, was notwendig zur Demokratie gehört – wie Levinas sagt, „La liberté consiste à savoir que la liberté est en péril." (Levinas 2016, 23) Die totalitaristische Welt ist eine geschlossene, die nichts mehr Neues oder Anderes erlaubt, auch nicht im Menschen, sie ist die Maximalform der Unzugänglichkeit für Andere, die stets drohende Endform geistiger Gewalt. Denn im Gegensatz zu einer geschlossenen Gesellschaft ist Privatheit auch prinzipielle *Offenheit*, bevor man sich abgeschlossenen öffentlichen Kategorien preisgibt. Der Privatraum ist auch der *unausgedeutete, unausgewertete, unausdeutbare Raum*, der logische Raum, den wir jemandem lassen, anders zu sein, als wir ihn/sie beurteilen, etwas anderes zu meinen, als wir verstehen, Raum sich zu entwickeln und sich selbst zu helfen. Damit fällt Nassehis Behauptung, es habe diesen Raum nie gegeben (Nassehi 2019, 315), in sich zusammen. Die zentrale Bedeutung der Vorstellung eines menschlichen Innenraums zeigt sich darin, dass wir *immer auf eine weitere Stufe* verwiesen werden als auf die, die wir bereits sehen oder verstehen. Insofern ist das Bild der Zugänglichkeit berechtigt und nützlich. Gleichzeitig haben wir deutlich gemacht, dass man sich selbst auch nicht immer zugänglich ist (*Theaitetos*), ja, dass es des inneren Dialogs bedarf, der eigenen Hilfe, um sich deutlich zu machen, was man meint. Schließlich hat sich auch gezeigt, dass sich Zugänglichkeit nur ergibt, wenn in der Sprache, im Dialog, schrittweise, mit *boētheia* eine gemeinsame Welt erschaffen wird. Das Schwinden des Privaten bringt ein Schwinden dieses Unendlichen mit sich. Die Lesbarmachung des Menschen reduziert ihn. Das Transparenzideal erweist sich aufgrund der *prinzipiellen* Unabgeschlossenheit des Menschen als totalitaristisch: „La transparence n'est pas la vérité." (Dufourmantelle 2015, 103) Der Adyton ist notwendige Grundstruktur einer Ethik: „Le secret de notre chambre intérieure [...] est la traduction d'une liberté inappropriable" (Dufourmantelle 2015, 132). Nassehis Eloge des gleichmachenden Auswertens sozialer Muster verhöhnt die Opfer gleichmachenden Auswertens, seine Apologie des technischen Funktionierens (Nassehi 2019, 297) hat die unmenschliche Geschichte des Funktionierens vergessen. Eine Gesellschaft, in der alles online ist, ist – wie gesagt – eine Gesellschaft, in der alles gehackt werden kann. Die zentrale zivilisatorische Frage der Berechenbarkeit des Menschen stellt sich auch als Frage nach der Hackbarkeit des Adyton.

Doch auch in anderer Hinsicht ist die Vorstellung eines privaten Innenraums notwendig – *de facto*, wie als Metapher: „Thought with its accompanying conceptual language, since it occurs in and is spoken by a being at home in a world of appearances, stands in need of metaphors in order to bridge the gap between a world given to sense experience and a realm where no such immediate apprehension of evidence can ever exist." (Arendt 1978, I, 32) Platons Vorstellung des inneren Dialogs macht uns auf eine entscheidende Tatsache aufmerksam: Alleinsein ist nicht nur Sein ohne Andere, sondern *Mit Sich* Alleinsein. Wie Arendt deutlich macht, können wir uns nur so wirklich hinterfragen. Dies involviert Privatraum und Privatzeit: Mündigkeit, Autonomie, braucht Zeit zur Reflexion. Autonomie ist nicht das spontane Entscheiden zwischen drei Überschriften, die sich uns aufdrängen. Erfahrungen müssen gemacht, verarbeitet und erinnert werden, um mündige Entscheidungen zu ermöglichen. Mündigkeit hat also mit Zeit ebenso wie mit Konzentration zu tun. Nur *Privatzeit* ermöglicht inneren Dialog, nur Privatzeit ermöglicht Zweifel. Zweifel am Eigenen ist aber eine Grundvoraussetzung für die Offenheit für das Andere bzw. den Anderen/die Andere. Trotz der gesellschaftlichen Beschleunigung ist es also unabdingbar, Privatzeit zu lassen, ja zu garantieren. Wenn wir jeden Moment, jede ‚Pore' mit dem Smartphone füllen, sind wir nicht mehr allein mit uns selbst. Was wir an Vernetzung mit Anderen gewinnen, verlieren wir an Dialog mit uns selbst. Die ‚entlastenden' Technologien lassen den Menschen immer weniger mit sich allein: „Cette défausse encouragée vise non seulement la mémoire mais le temps lui-même. Le temps inutile, le temps pour soi." (Dufourmantelle 2015, 116) Arendts Frage, wo wir sind, wenn wir denken, stellt sich so nicht als eskapistische Vision einer Philosophin dar, sondern als die grundsätzliche Frage nach der *Möglichkeit des Gewissens*. Wenn wir nicht mehr allein gelassen werden, geht unser Gewissen – das denkende Selbsthinterfragen im inneren Dialog – verloren. Unmenschlichkeiten werden die Folge sein.

Wir haben schließlich auch gesehen, dass der private Innenraum notwendig ist, um sich dem/der Anderen, dem Gast, ausschließlich widmen zu können: „le propre chez-soi [...] rend possible sa propre hospitalité." (Dufourmantelle/Derrida 1997, 51–53) Derrida hat davor gewarnt, dass genau dieses Schwinden des privaten Innenraums zu einer Gegenreaktion im größeren Stil führen könnte: „Partout où le ‚chez-soi' est violé, partout où un viol en tout cas est ressenti comme tel, on peut prévoir une réaction privatisante, voire familialiste, voire, en élargissant le cercle, éthnocentrique et nationaliste, et donc virtuellement xénophobe" (Dufourmantelle/Derrida 1997, 51). Die Welt rückt uns durch das Internet näher auf den Leib – und wird dementsprechend nicht nur globalisiert, sondern auch re-nationalisiert. Der Rückfall in borniere Nationalismen, Fremdenfeindlichkeit und solitaristisches Denken (Sen), der derzeit stattfindet, beruht mit hierauf – auf der Angst, dass das Eigene schwindet. Dies ist kein Argument für die Schaffung neuer Grenzen – nur ein Appell, diese Mechanismen in politische und technische Überlegungen miteinzubeziehen. Nur Privatheit erlaubt Ausschließlichkeit der Widmung. Nur die private Rückzugsmöglichkeit garantiert Offenheit für Andere.

So muss es, wenn wir die intellektuelle und ethische Bedeutung des individuellen, inneren, privaten Freiraums herausgearbeitet haben, auch Grenzen geben, auf welche Bereiche wir Maschinen Zugriff erlauben. Denn was Maschinen verarbeiten können, ist oder wird nicht mehr privat – und damit nicht mehr selbstbestimmt, man ist nicht mehr allein gelassen, verliert Stück für Stück den notwendigen Innenraum, jede Handlung wird zum bidirektionalen Zeichen. Über die Smart-X-Bewegung wird versucht, diesen Freiraum immer weiter zu reduzieren und auch den privaten Wohnbereich zugriffsfähig und auswertbar zu machen. Freiheitliche Gesellschaften *beruhen* jedoch auf diesem Raum. Ist zukünftig der einzige private, nicht-privative Raum *offline*? Eine komplette Öffentlichkeit des Selbst ist das Gegenteil von Zugänglichkeit, wir verlieren das Alleinsein (mit uns selbst und Anderen), die Möglichkeit des kritischen Nachdenkens und damit den Zugang zu uns selbst, die Hinterfragung und Weiterentwicklung durch uns selbst. Privatheit erweist sich als fragil und als Voraussetzung für wirkliche Zugänglichkeit: Nur wenn wir den Adyton respektieren, und damit die Unendlichkeit des/der Anderen, haben wir wahren Zugang zu anderen Menschen. Der Adyton, den wir selbst zugänglich machen können oder nicht, gehört zum ethisch positiven Umgang miteinander, gehört zur Menschenwürde.

So zeigt sich uns im Konzept der *scholē* ein direkter Zusammenhang zwischen verfügbarer Zeit, Konzentration, Privatheit und ethisch positivem Umgang miteinander. Die kognitive und ethische Bedeutung eines Konzepts des menschlichen Innenraums, wie es seit Platon vorgeherrscht hat, belegt zugleich die kognitive und ethische Bedeutung des Konzepts der Zugänglichkeit, das unserem gesamten Buch zugrundeliegt. Innenraum ist Denkraum, Privatraum, der uns (gegenseitig) die Möglichkeit gibt, unabgeschlossen zu überlegen und selbst unabgeschlossen und unausgedeutet zu sein, der den inneren Dialog ebenso ermöglicht wie den ergebnisoffenen Dialog mit Anderen. Die fundamentale Bedeutung dieses Innenraums – als *scholē*, als *adyton*, als *secret* – zeigt sich erst darin, dass er die Möglichkeit des Gewissens schafft und so gedankenlosem, unmenschlichem Funktionieren entgegenwirkt. Die Möglichkeit zu denken, und damit die Möglichkeit des Gewissens, ebenso wie die Möglichkeit zur Gastfreundschaft, entstehen erst durch den privaten Raum. Die menschliche Unendlichkeit hängt daran, dass wir alleingelassen werden. *Scholē* beinhaltet *Sich-Zeit-Nehmen*, *Konzentration* und *Entspannung* ebenso wie *Privatheit*. In Zeiten der geistigen Vollbeschäftigung und der abhängigmachenden Vernetzung von Einzelleben ist es umso wichtiger, diese Lebensformen klarer als Grundbedingungen menschlicher Zugänglichkeit zu verstehen als bislang – vielleicht weil man sie als selbstverständlich angesehen hat. Dass sie nicht selbstverständlich sind, macht die Informationsgesellschaft jeden Tag deutlich.

Der Respekt vor medialer Komplexität

Kommen wir nun schließlich zu unserem dritten Aspekt, dem Respekt vor Komplexität, den uns zuallererst Platons Aporien und Iterationen eindringlich verdeutlicht hatten, ebenso der permanente schwierige Kampf um Begriffe, die Kritik des einfachen Verstehens von medial Vermitteltem oder die kognitive Granularitätslehre der „hundert Hölzer des Wagens" im *Theaitetos* (207a, 208e). Auch dieser Sicht gilt es als Teil unseres Gegenwartspanoramas einige Entwicklungen gegenüberzustellen, die erkennen lassen, dass der Respekt vor Komplexität in der heutigen Welt in Bezug auf *Medien*, auf *Menschen* und auf die *Geschichte* oftmals fehlt. Beginnen wir mit den Medien. Wir haben schon deutlich gemacht, dass das vorherrschende Bild problemlos abrufbarer Information einen zentralen Topos der Gegenwart darstellt. Weitere verbundene und ebenso trügerische Topoi begegnen uns im öffentlichen Diskurs auf Schritt und Tritt: So verführt die Nutzung eines scheinbar einförmigen Mediums – die gefühlte Monokultur ‚des Internets' (analog dem älteren und viel kritisierten ‚die Medien', vgl. Couldry 2003, 2005, 2009) –, befördert durch die überwiegende Verwendung zentraler Einstiege (etwa Google), zur mangelnden Wahrnehmung der Unterschiedlichkeit und Validität der Quellen, Inhalte und Präsentationsformen: „In many situations, adolescent and adult readers fail to notice source information" (Scharrer/Salmerón 2016, 1542). Empirische Studien zeigen „that source attention and memory are quite poor, even for skilled readers" (Braasch et al. 2016, 1572). Die für ein kritisches, differenziertes Verständnis nötigen Herkunftsinformationen („source information"; Britt/Rouet 2012, 285) zu den einzelnen Texten und ihren Beziehungen untereinander werden oft vernachlässigt. Die für die vergleichende Bewertung der Informationsquellen notwendigen „source heuristics" und „source credibility cues" (Scharrer/Salmerón 2016, 1541) sind vielfach nicht bekannt. Hinzu kommt, dass auch die Anbieter von Informationen ihren Texten nicht immer ausreichende „source transparency indicators" (HLG 2018, 23) beifügen. Bei sehr vielen Dingen, die wir heute lesen, fehlt uns nicht nur der platonische helfende Vater, der erklärt, was er meint, sondern auch die Angabe, woher die Information kommt. Die Migration desselben Textes durch verschiedene Medienformen hindurch verbessert diesen Zustand nicht. Schließlich fehlt den Rezipient/inn/en oft die notwendige *multiple-documents literacy*, die es ermöglicht, Informationen aus mehreren Texten zu entnehmen, kritisch zu vergleichen und in eine differenzierte gemeinsame Vorstellung zu integrieren (vgl. z. B. Anmarkrud et al. 2014; Britt/Rouet 2012; Braasch et al. 2016). Aus all diesem resultiert eine verstärkte Anfälligkeit für Fake News oder *disinformation*, die mit entsprechenden Gefahren für Demokratie und Zusammenhalt verbunden sind: „The move to an increasingly digital environment [...] enables an increase in the volume of various kinds of disinformation in circulation. The latter potentially represents risks for our democratic processes, national security, social fabric, and can undermine trust in the information society and confidence in the digital single market." (HLG 2018, 10) Der Respekt für die Komplexität von Medien ist eng mit der Wahrnehmung der Komplexität von Menschen verbunden.

Die Vorstellung eines einheitlichen, dominanten Mediums führt aber auch zum unreflektierten Empfinden des Mediums bzw. der in ihm dargestellten Inhalte als Zentrum sozialer Realität. Nick Couldry hat dies den „myth of the mediated centre" genannt – „the assumption that [...] media *are* the centre of social life. To believe that is to believe, first, that social life has such a thing as a ‚centre' and, second, that media are that centre, or at least the privileged route to it." (Couldry 2003, 4–5) Er meine damit „the claim that ‚the media' are our privileged access-point to society's centre or core, the claim that what's ‚going on' in the wider world is accessible first through a door marked ‚media'." (Couldry 2009, 6) Diesen Herdfeuer-Effekt des Mediums habe es bereits zu Zeiten von Radio und Fernsehen gegeben. In Zeiten des Internets sei diese Vorstellung jedoch „both more openly contested and more actively produced than before." (Couldry 2009, 3) Während die Vielzahl alternativer Kommunikationskanäle im Internet auch Autonomie ermögliche, sei gleichzeitig die Vorstellung, dass unsere Gesellschaft eine Mitte habe, die in den Medien oder in einem bestimmten Medium zu finden sei, einer der zentralen Marketingfaktoren und damit ein heiß umkämpftes Gebiet geworden. Für entsprechende Anbieter liegt es im eigenen wirtschaftlichen Interesse, den Eindruck zu erwecken, man sei das Zentrum – insbesondere, da viele Verdienstmodelle auf Werbung basieren. Der Mythos des Mediums als sozialen Zentrums ist so Teil eines Marketing-Diskurses, wird jedoch von einer Vielzahl von Menschen unreflektiert übernommen. Dies führt zu problematischen sozialen Effekten, etwa der Vernachlässigung zwischenmenschlicher Interaktion oder zur Beurteilung von Menschen aufgrund von medial vermittelten Bildern und Konzepten. Adorno hat diesen Effekt bereits in Zeiten des Fernsehens präzise formuliert:

„Die Menschen sind geneigt, die Technik für die Sache selbst, für Selbstzweck [...] zu halten und darüber zu vergessen, daß sie der verlängerte Arm der Menschen ist. Die Mittel – und Technik ist ein Inbegriff von Mitteln zur Selbsterhaltung der Gattung Mensch – werden fetischisiert, weil die Zwecke – ein menschenwürdiges Leben – verdeckt und vom Bewußtsein der Menschen abgeschnitten sind." (Adorno 1971, 100)

Auch hier verlocken zentralisierende Diskurse zur Reduktion von Komplexität in mehrfacher Hinsicht.

Die Vorstellung eines einheitlichen, dominanten, zentralen Mediums bewirkt darüber hinaus, dass andere Medien vernachlässigt und verstärkt Inhalte in das vermeintlich zentrale Medium überführt werden – mit problematischen Konsequenzen: Die vermeintliche Zentralität verführt zum Ignorieren der Medienform und deren Funktionalitäten, Spezifizitäten und Einschränkungen. Sie führt zudem oft zur Vernachlässigung spezifischer Funktionen und Zugriffe, die nur andere Medien bieten, und deren zukünftiger Potentiale. Nur die differenzierte Kenntnis verfügbarer Medien erlaubt die Einschätzung der verschiedenen möglichen Zugriffe: Jedes Medium kann etwas anderes – so sind nicht alle Funktionen physischer Medien digital abbildbar. Aus der Vernachlässigung der Funktionen anderer Medien resultiert auch der Verlust von Kenntnissen und Fähigkeiten der Bedienung – die steigende Verfügbarkeit historischer Quellen im Internet hat nicht zur Steigerung der Kenntnis ihrer Mechanismen und damit zu ihrem Verständnis geführt; die Arbeit mit historischen Medienformen muss vielfach neu gelehrt werden und wird nur noch in wenigen professionellen Institutionen beherrscht. Dies führt Schritt für Schritt auch zu einem Vernachlässigen von Informationen, die nicht in diesem einen, vermeintlich zentralen Medium vorliegen (*deep facts*) – je stärker der Zentralisierungsdiskurs, desto geringer das Interesse an vermeintlich nur mühsam zugänglichen Informationen in anderer Form und desto größer die Überschätzung der Vollständigkeit digital vorliegender Inhalte. Diese mediale Monokultur führt schließlich auch zu verstärkter Manipulierbarkeit, da Authentizitätsmarker in der Reproduktion verloren gehen und häufig genutzte Mechanismen durch Personalisierung und Algorithmen immer mehr auf unsere messbaren Bedürfnisse abgestimmt werden – das resultierende Problem der *filter bubble* hat Eli Pariser beschrieben (Pariser 2012). Platons kognitive Granularitätslehre ist hier weit entfernt.

Die verbreitete einfache Vorstellung des ‚Abrufens' von ‚Informationen' aus ‚dem Internet' – ein Medium, eine Gebrauchsweise – verleugnet darüber hinaus die vielfältigen und oft unbewussten Dimensionen menschlichen Informationsverhaltens. Die Komplexität von Leseverhalten, -zielen und -strategien hatten wir bereits erwähnt. Doch auch die Informationssuche – als Teil unseres Informationsverhaltens, das etwa auch das Vermeiden oder Teilen von Information beinhaltet (vgl. Wilson 1999, 263) – ist ein extrem heterogenes Bündel von Prozessen, die durch eine Vielzahl von Faktoren geprägt werden. Das *information behavior research* (s. z. B. Fisher et al. 2006; Case 2007; Wilson 2010, 1999; Greifeneder 2014; Schüller-Zwierlein 2017b) hat in den letzten Jahrzehnten diese Komplexität herausgearbeitet. Hierbei wurden verschiedenste Medien und Bevölkerungsgruppen untersucht, u. a. sicherheitsrelevante Bereiche wie Flugzeugcockpits oder die Suche nach gesundheitsrelevanten Informationen (s. z. B. von Thaden 2008; Sarcevic 2007; Thatcher et al. 2015; Johnson/Case 2012). Auch das Informationsverhalten von Wissenschaftler/inne/n ist regelmäßig Gegenstand der Untersuchung. Diese Forschungen haben neben der Vielzahl der Verhaltensweisen, der inviduellen Unterschiede (jeder hat sein eigenes Portfolio an Gebrauchsarten desselben Mediums) und der hemmenden Faktoren insbesondere herausgearbeitet, dass Informationsverhalten nicht nur rational gesteuert ist, sondern auch durch emotionale (vgl. Nahl/Bilal 2007) und weitere psychologische Faktoren beeinflusst ist, und dass sich entsprechend das subjektive Informationsbedürfnis oft vom objektiven Informationsbedarf unterscheidet. Auch die Frage der Reiz- und Informationsbelastung spielt hier eine Rolle (vgl. Lavie et al. 2014). Eine detailliertere Analyse des Informationsverhaltens steht jedoch noch aus: Wie gehen wir mit ungenauer und inkorrekter Information in Texten um? Wann setzen wir welchen Verlässlichkeitsstandard an, wann betreiben wir welchen Aufwand zur Prüfung? Wie beurteilen wir die Verlässlichkeit von Quellen, im Einzelfall und dauerhaft? Wie verhält sich Zugänglichkeit gegenüber Verlässlichkeit als Kriterium für die Auswahl von Quellen, wie verändert sich unsere Einschätzung von Informationsquellen mit der Erfahrung? Was unterscheidet maschinelle Informationsassistenten und mediale Informationsträger von menschlichen Informant/inn/en? Welche Kompetenzen sind erforderlich, um eine systematische, kritische Informationssuche zu ermöglichen (vgl. z. B. Franke et al. 2014; Sühl-Strohmenger 2017)? Und schließlich: Was geht verloren, wenn wir überhaupt in den Strukturen der ‚Information' denken und uns entsprechend verhalten? Dem gegenüber steht das medial und gesellschaftlich verbreitete Bild des schnellen Abrufens von Information im Internet, das den Respekt vor der beschriebenen Komplexität reduziert, die kognitive Anfälligkeit verharmlost und zum schnellen Urteilen verführt.

Die Vorstellung eines einzigen zentralen Mediums verstärkt zudem eine unangenehme Tendenz, die Medien ohnehin haben: unsichtbar zu werden (vgl. z. B. Malafouris 2013, 4 ff.; Clark 2011, 10). Wir haben gesehen, dass dies für das Medium Sprache gilt, dessen vermeintliche Transparenz wir als Mythos herausgearbeitet haben. Es gilt genauso für das Lesen von Texten, auf dessen Unterschätzung wir ebenfalls hingewiesen haben: Die Forschung der letzten zwei Jahrzehnte hat demgegenüber gezeigt, dass die Nutzung verschiedener Medien sich auch auf Leseprozesse und Leseverstehen auswirkt (vgl. z. B. die beiden Meta-Analysen Delgado et al. 2018 und Clinton 2019 sowie Mangen/van der Weel 2016 und Mangen et al. 2013). So stellen etwa Kaufman und Flanagan fest, dass die Lektüre gedruckter Texte zu einem systematischeren Verständnis der Textinhalte führt als die digitale Lektüre (Kaufman/Flanagan 2016). Doch Mediengebrauch und -konsum wirken sich generell in verschiedenster Weise auf unsere Aufmerksamkeit, unsere Verstehensweise, unser Informationsverhalten und unser Gedächtnis aus. Neben Walter J. Ong, der bereits früh auf die jedem Medium eigene Psychodynamik hingewiesen hat (Ong 2002, 31 ff.), hat dies besonders die Forschung im Bereich der *embodied cognition* und des *extended mind* herausgearbeitet (s. z. B. Clark 2011; Malafouris 2013). Diese geht davon aus, dass wir *mit* Medien denken, sie in unsere kognitiven Prozesse mit einbeziehen: „minds and things are continuous and interdefinable processes rather than isolated and independent entities." (Malafouris 2013, 9) Die Gestaltung unserer Umwelt, incl. der Medien mit ihren Funktionalitäten, entspricht unseren kognitiven Prozessen bzw. formt diese: „environmental engineering is also self-engineering. In building our physical and social worlds, we build (or rather, we massively reconfigure) our minds and our capacities of thought and reason." (Clark 2011, xxviii) Ignoriert man diese enge Verquickung, ist man anfällig für Manipulationen und Einschränkungen der Sichtweise. Medien dürfen für uns nicht unsichtbar werden, sie sind Zugänge zur Realität mit jeweils eigenen Affordanzen (vgl. Gibson 1986; Scarlett/Zeilinger 2019; McClelland 2020), Funktionalitäten und Begrenzungen. Wie Begriffe (Wittgenstein warnte davor, „die Tatsachen durch das Medium einer irreführenden Ausdrucksform [zu] betrachten"; BB 56) lenken unsere medialen Instrumente mit ihren Logiken und Affordanzen unseren Zugang zur Realität – und nur durch bewusste, differenzierte und abwechselnde Handhabung können wir ein sinnvolles Bild der realen Komplexität erhalten. Wittgensteins Kampf gegen die Faszination der Ausdrucksformen (BB 51) ist auch in Bezug auf unsere Medien zu führen – so plausibel uns ein Zugriff erscheint, es ist nur *ein* Zugriff. Ein Medium ist nichts anderes als *eine* Experimentstellung.

Umso betrüblicher – und irreführender – ist es, wenn neben den Zentralitäts- und Zentralisierungsdiskursen auch ein medialer Fatalismus um sich greift, bei dem die Digitalisierung quasi als Naturgewalt, als evolutionäre Kraft, beschrieben wird. Sätze wie „Die Digitalisierung kommt wie eine Naturgewalt auf uns zu, wir sind mitten drin." (deutscher Politiker, 2019) sind derzeit nicht ungewöhnlich. Bei diesem medialen Fatalismus handelt es sich jedoch ebenfalls um einen Marketing-Diskurs, der bereitwillig in der Bevölkerung aufgenommen wird: Wenn der allgemeine Diskurs, in Werbung, Medien, an der Kneipentheke und anderswo, permanent sagt, ‚der Trend' sei jetzt, alles zu digitalisieren, dann verkauft sich ein digitales Produkt noch einmal so gut. Firmen haben ein hohes Eigeninteresse daran, ihre Produkte als eine Art Naturgewalt darzustellen – dementsprechend dringen sie auf die Politik ein. Die Digitalisierung, so muss man sich hingegen immer wieder verdeutlichen, ist ein von Menschen getriebener Prozess – aus einer Vielzahl von Motiven heraus, mit einer Vielzahl von Zielen, die wir im Einzelnen zu bewerten haben –, kein unabwendbares Schicksal.

Dass der mediale Fatalismus ein Marketingdiskurs ist, zeigt sich besonders deutlich in den negativen Seiten der Digitalisierung: Der Gebrauch digitaler Medien findet zu verschiedensten Zwecken statt, man denke nur an das Darknet oder die Beeinflussung der amerikanischen Präsidentschaftswahlen und des Brexit durch Social Media Bots. Geschieht dies ebenfalls *von Natur aus*? Was zählt ist also nicht das Medium, so können wir folgern, sondern die Gebrauchsform. Der Diskurs der Digitalisierung als Naturgewalt entmündigt uns hingegen und vernachlässigt – nur allzu gern – die Perspektive der einzelnen menschlichen Verantwortung. Bei Fragen des Datenschutzes etwa oder der Ethik der Künstlichen Intelligenz schlagen dann solche Fragen *ex post* ganz praktisch wieder bei uns auf. Unsere vermeintlich aufgeklärte Gesellschaft wird immer massiver auf technologisch basierten Input und Dienstleistung von außen geeicht und immer weniger auf das eigene Denken, auf innere Ressourcen und Fähigkeiten. Was beim Navigationssystem beginnt, setzt sich bei den menschlichen und intellektuellen Fähigkeiten und letztlich bei der kritischen Urteilsfähigkeit fort. Medialer Fatalismus schwächt die Mündigkeit.

Denn Mündigkeit kommt ins Spiel, sobald mehrere Zugänge zur Wahl stehen. Der Philosoph Alva Noë hat in seinem Buch *Varieties of Presence* eindringlich darauf aufmerksam gemacht, dass dies für unsere gesamte Wahrnehmung gilt. Unser Zugang zur Welt, so Noë, ist anfällig (Noë 2012, 2). Zugang und die dazugehörige Präsenz von etwas seien nicht einfach vorhanden, sondern würden von uns erst *geleistet*: „presence does not come for free. We achieve presence." (10) Zugang erhielten wir nur durch unsere vielfältigen Zugangstechniken und -fähigkeiten: „The world shows up thanks to our mastery and exercise of skills of access. [...] Insofar as we achieve access to the world, we also achieve *ourselves*." (12–13) Dementsprechend gebe es Unterschiede in der Zugänglichkeit, in der Art des Zugriffs: „To differences in varieties of access there correspond differences in varieties of presence. [...] not everything is accessible. What constrains access, and so presence, is what we can do – know-how and skill." (32) Wie die Welt für uns präsent sei, sei eine Frage der Abstufung, also nicht notwendig bei jedem/jeder gleich, gleich gut und in derselben Weise: „Presence is a matter of degree" (34). Unsere Zugangstechniken und -fähigkeiten bestimmen unseren Zugriffsraum: „We can think of our skills [...] as defining an *access space*." (34) Dies gilt für die Wahrnehmung ebenso wie für den Zugang zur Realität über Konzepte: „What we call a concept is itself simply a technique or tool or skill of access" (35). Noë macht schließlich deutlich, dass diese Nicht-Selbstverständlichkeit des Zugangs nicht nur für Wahrnehmung und Denken gilt, sondern auch für unseren Zugriff über praktische und mediale Strukturen, der immer aus verschiedenen Richtungen erfolgen muss, um nicht fehlerhaft zu sein, der aber ebenso anfällig ist:

"just as the perceiver always understands implicitly that his or her relation to the object of sight requires sustenance through shifts of the eyes, head, attention, effort, so the thinker always implicitly understands that his or her access to the object of thought is supported by knowledge, both practical and propositional, and by elaborate practice structures (libraries, history, language, universities, archives, the Internet, etc.) all of which can, in principle, fail. [...] presence is fragile" (41).

Zugänglichkeit, so zeigt sich, ist nicht selbstverständlich. Sie kann verloren gehen und muss durchgängig aufrechterhalten und mündig reflektiert werden.

Geschieht dies nicht, drohen zwischenmenschliche Konsequenzen. Sobald mehrere Zugänge zur Wahl stehen, sind wir verantwortlich für die Wahl unseres Zugangs. Ein triviales Beispiel mag uns diesem Verständnis noch näherführen: Vor uns liegt ein Haufen Wäsche, wir suchen ein Kleidungsstück. Wir können uns nun erinnern, ob das gesuchte Stück im Haufen ist, wir können den Haufen ausbreiten, um es gegebenenfalls zu sehen, oder wir können den Haufen Stück für Stück durchgehen. Wir können auch jemand Anderen fragen, ob er/sie das gesuchte Stück auf den Haufen getan hat. Wir wählen also Zeitaufwand, Methode und Medium des Zugriffs. Wir wählen und schaffen Zugänglichkeit. Und wir wählen, was genau wir wissen wollen – denn, wenn wir einmal genauer hinsehen, sind wir umgeben von Unzugänglichkeit, von Dingen, die wir nicht wissen: Was ist in allen Schubladen meines Hauses? Welche chemische Zusammensetzung sorgt dafür, dass die Kacheln an der Wand haften bleiben? Warum ist die Tür meines Zimmers gerade so breit wie sie ist? Und warum liegt die Grenze der Weide, an der mein Zug vorbeifährt, gerade dort, wo sie liegt? Ich kenne nicht die Gründe, warum ein Zaun so gezogen ist, oder die Wirkmechanismen des Medikaments, das mich heilt. Vieles *wollen* wir nicht wissen, nur manches, und manches darüber hinaus dauerhaft präsent, zugänglich halten. Zugänglichkeit hat zudem *Gradationen*: Ich mag zwar wissen, dass das ein Kabel in meinem Büro ist, ich weiß aber nicht *welches*. Wir können uns die Welt nur erschließen, wenn wir diese Gradationen der Zugänglichkeit und der Unzugänglichkeit *wahrnehmen* – wie die „hundert Hölzer des Wagens". Mag uns all dies bei Wäschehaufen und Kabeln nicht besonders beeindrucken, so wird das Problem dringlicher, wenn wir realisieren, dass die genannten Phänomene bei unserem gesamten Zugriff auf die Welt relevant sind – wir wählen Ziel, Zeit, Methode und Medium. Unzugänglichkeit ist der Ausgangspunkt, und wir wählen die Zugänge, müssen sie uns oft erst erarbeiten. Was mit dem Wäschehaufen beginnt, wird schockierend, wenn es um unsere Wahrnehmung anderer Menschen geht: Was wollen wir von ihnen wissen, wieviel Zeit nehmen wir uns für sie, in welcher Form und auf welchem Wege werden sie für uns zugänglich und wir für sie? Und schließlich, noch drastischer formuliert: Wo beginnt Gewalt? Wenn wir nur einen Zugriff wählen? Wenn ein Mensch für uns nicht zugänglich ist oder wir für ihn? Unser Umgang mit dem Wissenwollen, unser Verstehensverhalten, beeinflusst auch unser Verhältnis zu anderen Menschen.

Umso mehr muss uns interessieren, welche unterschiedlichen Zugriffe es auf die gesellschaftliche und historische Realität gibt: Jedes Medium *kann* etwas anderes, hat eigene Funktionsweisen und Affordanzen – dieser mediale Funktionalismus steht im Gegensatz zum Mythos der medialen Monokultur. Medien sind wie Winkel, aus denen heraus wir eine Sache angehen. Greift man aus einem anderen Winkel zu, kann sich die Sache ganz anders darstellen – wie in Noës Darstellung von Konzepten: „Don't think of a concept as a label you can slap on a thing; think of it as a pair of calipers with which you can pick the thing up." (Noë 2012, 36) Die reflektierte Medienwahl ist also der erste Schritt mündigen Informationsverhaltens, jenseits des medialen Fatalismus: Wir wählen unseren Zugang zur Welt, unseren Zugriffspunkt. Informationssuche und -verarbeitung ist Teil von Denkprozessen. Unser Denken hängt – jenseits der aufklärerischen Vision vom solitären Denker (bzw. Denkerin) – in umfassender Weise von menschlichen und technischen Informationsquellen ab (vgl. Kuhlen 1999; Craig 1990; Lackey 2010). Es kommt daher darauf an, in welcher Sprache, in welcher Textausgabe, in welchem Medium und mit welchen Menschen ich denke. Weitere Filter kommen hinzu, etwa das Bewusstsein für die Sprechakte der einzelnen Mediationen (Debray 2001) und Remediationen (Bolter/Grusin 2000) – was passiert, wenn ich eine bestimmte Aussage in einem bestimmten Medium präsentiere? – oder das Bewusstsein für die unterschiedliche Validität von Informationsquellen (s. o. zu *source heuristics*) – auch hier ist Mündigkeit jenseits des Fatalismus erforderlich.

Hierbei sind auch Funktionen und Affordanzen zu berücksichtigen, die nicht offensichtlich sind (etwa im Sinne eines Knopfes, den man drücken kann) und die leicht durch monokulturelle Diskurse überdeckt werden. So gilt es beispielsweise zu realisieren, dass gedruckte Bücher nicht nur eine andere Materialität bieten als ein gedruckter Text (und damit bereits den Leseprozess verändern), sondern auch eine andere Präsenzform: Sie signalisieren durch ihre dauerhafte Anwesenheit im Raum, dass es sich lohnt, sie wieder in die Hand zu nehmen – und damit in der Wiederholung Neues zu entdecken, tiefer einzudringen als beim ersten Leseprozess. (So wie man nicht zweimal in den denselben Fluss steigen kann, kann man nicht zweimal dasselbe Buch lesen.) Durch seine Präsenz fordert mich das gedruckte Buch heraus und mahnt zur Berücksichtigung übersehener Komplexität (so leisten sich Bücher – *pace* Levinas – auch selbst Hilfe). Zu den Gebrauchsweisen des physischen Buches gehört, dass es in meinem Regal steht und mich an etwas erinnert; das persönliche Regal kann eine Art persönlichen *memory palace* sein. Das gedruckte Buch kann uns *umge-*

ben, es ist anwesend – es hat damit eine andere Präsenz als das digitale Buch, das ich an- oder ausschalte nach Belieben. Diese Funktionsweise sollte man ebenso ernst nehmen wie die Ruhe des Papiers gegenüber dem betriebenen und stets anderswohin verlinkenden digitalen Text, die Komplexität signalisierende Wirkung des Langtextes gegenüber Online-Snippets, die Funktion der Handschrift zu vermitteln, dass ein Text in der Tat von einer realen Person geschrieben wurde, oder die Funktion des physischen Markierens von Stellen – allesamt mit entsprechenden kognitiven Auswirkungen. Auch hier ist eine Wahl zu treffen: Wir bestimmen, was in welcher Form und wie lange für uns präsent ist. Die Wahl der Präsenzform bestimmt die Zugänglichkeit mit. Das Beispiel Mikrofilm zeigt, dass effiziente (und sogar langzeittaugliche) Speicherung von Information nicht alles ist. Es geht um die kognitiven Prozesse – im Kontext menschlicher Leben –, die die Medien ermöglichen. Phänomenologie und Psychologie dieser kognitiven Prozesse sind noch nicht ausreichend erforscht. Nur wenn wir sie ernstnehmen, ist ein mündiger medialer Funktionalismus realisiert.

Die Sicht des medialen Funktionalismus – dessen, was ein Medium *kann* – ist so jedoch noch zu medienzentriert formuliert. Respekt vor Komplexität und damit Mündigkeit geht über die reine Medienwahl hinaus. Wichtiger als das Medium ist der *Gebrauch*, den *wir* von ihm machen (ähnlich wie bei Wittgensteins Gebrauchstheorie der Bedeutung): Die Forschungen zum Informationsverhalten haben gezeigt, dass es die unterschiedlichsten Gebrauchsweisen desselben Mediums gibt – jeweils mit eigenen Zielen und Zwecken und eigenen (positiven oder negativen) kognitiven Effekten. Dies geht bis hin zu komplexen Fragen der investierten Zeit bzw. zeitlicher Abläufe oder der Kombination von Zugriffen: Denn jeder einzelne Zugriff auf einigermaßen komplexe Information bietet nur eine Teilsicht und ist in vielerlei Hinsicht begrenzt. So bestimmt etwa die Formulierung einer Datenbankabfrage das Ergebnis – es sind mehrere verschiedene Zugriffe notwendig, um das Ergebnis zu validieren und abzurunden. Wer sich auf einen Zugriff beschränkt, erfasst keine Bandbreite. Dem einzelnen Zugriff gilt es also, ganz im Sinne der *boētheia*, durch weitere, andersgeartete Zugriffe beizustehen – sei es bei der Recherche oder bei der Lektüre (auch ein Text kann oft erst durch die Lektüre anderer Texte verständlich werden). Nur so kann Komplexität zugänglich werden. Jenseits eines medialen Fatalismus erlaubt somit nur die detaillierte Analyse aller Prozesse die Beurteilung der kognitiven Effektivität der jeweiligen Informationsprozesse – die Teil von (mehr oder weniger gelingenden) Denkprozessen sind. Diese Gebrauchstheorie des Mediums impliziert nicht nur eine kollektive Verantwortung für die Art unseres Zugriffs (vgl. Miller 2008), sondern eine individuelle. Die Debatte über einen bloß ‚geschehenden' Medienwandel ist damit inapplikabel: Interessanter als holzschnittartige Entscheidungsfragen in Bezug auf Medien (digital oder gedruckt?) ist die Frage *un-*

serer Entscheidungen, die Frage, was wir wie für unsere Zwecke nutzen und wie wir dabei den notwendigen Respekt vor Komplexität wahren. Im Gegensatz zum gegenwärtig vorherrschenden Diskurs der medialen Monokultur müssen wir die Vielfalt der medialen Zugänge wahrnehmen und mündig gebrauchen – nicht akzeptieren, dass die Medien einfach da sind, sondern sie als Modi des Zugangs und Modi der Präsenz sehen, für deren Wahl wir verantwortlich sind. So formuliert, ist der mediale Funktionalismus ein Humanismus (vgl. a. Nida-Rümelin/Weidenfeld 2018).

Während die Kritik am menschlichen Informationsverhalten bereits bei Platon beginnt, ist sie seit der Aufklärung gern als eine Frage der Mündigkeit und als Kritik der ‚Entlastung' beschrieben worden. Bereits Kant schreibt in „Was ist Aufklärung?" vom „Buch, das für mich Verstand hat" (Kant 1983, Bd. 9, 53), dies setzt sich z. B. in Rainer Kuhlens Frage nach „Entlastung oder Entmündigung" durch „Informationsmaschinen" und nach „informationelle[r] Autonomie" (Kuhlen 1999, 9, 11) fort bis hin zu Dufourmantelles Kritik der „délestage" (Dufourmantelle 2015, 115). Auch in der Gegenwart besteht hohes wirtschaftliches Interesse an der „Entlastung von der Autonomie" (Adorno 1971, 46), daran, es uns „so bequem" wie möglich zu machen, „unmündig zu sein." (Kant 1983, Bd. 9, 53) – der Diskurs der medialen Monokultur ignoriert menschliche *agency*. Die Herausforderung für die Gegenwart ist es jedoch, erst einmal in aller Detailliertheit zu formulieren, *worin mediale Mündigkeit überhaupt besteht*. Wie wir uns zu Information verhalten, wie kompetent wir mit ihr umgehen, wie wir sie verarbeiten können, welche Zugänge wir uns schaffen und wie wir uns Information präsent halten – all dies sind Bedingungen der Zugänglichkeit (vgl. Schüller-Zwierlein 2017a, 2017b). Wie bei der diachronen Okklusion (vgl. Hollmann/Schüller-Zwierlein 2014) sind hier viele Dimensionen der Unzugänglichkeit unbewusst und erfordern eine Bewusstmachung: Sind Medienwahl und Gebrauchsform nicht optimal, ist unser Zugang limitiert, begrenzt, gefiltert, einseitig – wir unterliegen dem „tote[n] Winkel der Information" (Franke et al. 2014, 2). Medial vermittelte Zugänglichkeit hat viele weitere Dimensionen: So ist Information nicht für jeden weltweit zugänglich (vgl. Schüller-Zwierlein/Zillien 2012), sie wird über die Zeit unzugänglich (vgl. Hollmann/Schüller-Zwierlein 2014), wir sind uns nicht im Klaren darüber, warum wir Zugänglichkeit dauerhaft erhalten sollen (vgl. Schüller-Zwierlein 2015), und wir übersehen, schließlich, allzu oft die Schattenseiten der Informationslage und des Konzepts ‚Information' selbst. Die Herausarbeitung der mannigfaltigen Dimensionen der Unzugänglichkeit ist ein Forschungsfeld für sich.

Die Antwort auf die Frage nach der medialen Mündigkeit lässt sich nach dem Gesagten in mehrfacher Hinsicht beantworten: Mündig sind wir zunächst dann, wenn wir die verschiedenen Zugänge und Gebrauchsweisen kennen und sie uns bewusst machen. Mündig sind wir sodann, wenn wir die Medienwandeldebatte auf *unsere* Ziele zurückführen: *Wir bestimmen* die Zugangsweisen und Präsenzziele. *Wir entscheiden*, in welchen Medien die Welt für uns präsent ist, und in welchen Medien *wir* präsent bleiben wollen. Mündig sind wir, wenn wir unser eigenes kognitives Verhalten analysieren und Abläufe wie Medien nicht als gegeben hinnehmen: Forschungen zum Informationsverhalten belegen dies ebenso wie solche etwa zur *social epistemology* (vgl. Lackey 2010). Fehlverhalten sollte hierbei nicht nur auf die Art des Mediums bezogen werden (etwa den Konsum von Fake News), sondern auch auf fundamentale Verhaltensweisen – etwa die Frage der *Zeit*, die wir uns zur Prüfung und zum Durchdenken der Argumentationen nehmen, oder die Frage, wo genau wir kognitive Entlastung akzeptieren. Mündig sind wir, wenn wir realisieren, dass unser Zugriff auf Medien und unsere Zugänglichkeit zu und für Menschen miteinander zusammenhängen (wie Platons *boētheia* signalisiert), wenn uns die Schattenseiten des Informationskonzepts bewusst sind. Mündig sind wir schließlich inbesondere dann – und damit endet unsere Betrachtung des Respekts vor der Komplexität der Medien –, wenn wir über ein differenziertes Bewusstsein unserer eigenen Anfälligkeit, der Fragilität des Zugangs, verfügen. Aufklärung in der Gegenwart bedeutet, sich der steten Anfälligkeit der Aufklärung bewusst zu sein: „La liberté consiste à savoir que la liberté est en péril." (Levinas 2016, 23)

Der Respekt vor der Komplexität des Menschen

Nach der Untersuchung des Respekts vor der Komplexität des medialen Zugangs müssen wir uns nun – als zweiter Teil der *Kritik der Reduktion von Komplexität* – ansehen, wie es in unserem Gegenwartspanorama um den Respekt vor der Komplexität in Bezug auf *Menschen* bestellt ist. Auch hier ist Zugänglichkeit nicht selbstverständlich (wie Platon und seine Leser/innen verdeutlicht haben). Vorwegnehmen lässt sich, dass der gegenwärtigen Tendenz zur Reduktion der Komplexität des medialen Zugangs eine Tendenz zur Reduktion der Komplexität des *menschlichen* Zugangs korrespondiert. Diese Tendenz, in gewissem Maße sicherlich immer vorhanden, hat sich nach einer Periode, in der Demokratie, Liberalismus, Globalisierung, postmodernes Identitätsdenken und Political Correctness vorherrschten, in den letzten zwei Jahrzehnten verstärkt zurückgemeldet und manifestiert sich in zunehmendem Populismus und Nationalismus, in Diskriminierung und Chauvinismus. Wir nehmen uns hier zwei beispielhafte Diagnosen heraus, Amartya Sens Buch *Identity and Violence* (2002) und Thomas Bauers *Die Vereindeutigung der Welt* (2018).

Der Wirtschaftsnobelpreisträger Amartya Sen hat in einer Vielzahl von Publikationen auf menschliche Diversität und die Schwierigkeit der Vergleichbarkeit, insbesondere in Bezug auf Gleichheit und Gerechtigkeit, hingewiesen (vgl. z. B. Sen 1998, 2009). In seinem Werk werden einfache Metriken stets als Faktoren der Ungleichheit herausgestellt, die Komplexität und Unterschiedlichkeit übertünchen. In *Identity and Violence* geht er über wirtschaftswissenschaftliche und gerechtigkeitstheoretische Fragestellungen hinaus und macht deutlich, dass auch in der zwischenmenschlichen Wahrnehmung Reduktion und Vereinfachung vorherrschen – und so unsere eigene, innere, Freiheit zur Selbstentfaltung oft *de facto* durch die Außenwahrnehmung begrenzt wird: „Our freedom to assert our personal identities can sometimes be extraordinarily limited in the eyes of others, no matter how we see ourselves." (Sen 2007, 6) Hier zeigt sich wiederum der ethische Wert der Kategorien von innen und außen – erst dieser Unterschied verdeutlicht die Gefahr der reduzierenden Gewalt und die Notwendigkeit des Dialogs. In seiner Gegenwartsdiagnose, die auf Samuel Huntingtons Buch *The Clash of Civilizations* (1996) reagiert, beschreibt Sen, wie Menschen zunehmend auf eine einzige Facette ihrer Identität reduziert werden, in der „illusion of singular identity" (Sen 2007, 175): „the world is increasingly seen [...] as a federation of religions or of civilizations, thereby ignoring all the other ways in which people see themselves. Underlying this line of thinking is the odd presumption that the people of the world can be uniquely categorized according to some *singular and overarching* system of partitioning." (xii) Diese Art des „[c]ivilizational or religious partitioning" ergebe einen „,solitarist' approach to human identity, which sees human beings as members of exactly one group" – „a good way of misunderstanding nearly everyone in the world." (xii) Dieser reduktionistische, solitaristische Ansatz führe zu einer „serious miniaturization of human beings" (xiii).

Dieses solitaristische Verständnis von Identität ermögliche keine Wahrnehmung einer gemeinsamen Menschlichkeit, sondern stelle die Menschen polar gegeneinander: „Our shared humanity gets savagely challenged when the manifold divisions in the world are unified into one allegedly dominant system of classification – in terms of religion, or community, or culture, or nation, or civilization" (Sen 2007, xiii). Die Beschränkung auf eine Kategorie, eine Identität, erzeuge Konfrontationen: „This unique divisiveness is much more confrontational than the universe of plural and diverse classifications that shape the world in which we actually live." (xvi) Dies fördere Gewalt, „the violence of identity" (173), und mache die Welt gefährlicher: „The implicit belief in the overarching power of a singular classification can make the world thoroughly inflammable." (xv-xvi) Dies geschehe insbesondere dadurch, dass solche simplifizierten Identitäten instrumentalisiert würden: „a fostered sense of identity with one group of people can be made into a powerful weapon to brutalize another. [...] many of the conflicts and barbarities in the world are sustained through the illusion of a unique and choiceless identity." (xv) Die Mechanismen menschlichen Selbstverständnisses könnten als Instrument der Gewalt eingesetzt werden, indem alle anderen Identitäten der Individuen ausgeschaltet würden: „What is done to turn that sense of self-understanding into a murderous instrument is (1) to ignore the relevance of all other affiliations and associations, and (2) to redefine the demands of the ‚sole' identity in a particularly belligerent form." (176) Publikationen wie die Huntingtons verstärken in Sens Sicht diese Vorgänge: Seine „theory of civilizational clash" (40) stelle einen „reductionist approach" (41) dar, der dazu beitrage, den interkulturellen Dialog und die Etablierung gemeinsamer Normen zu verunmöglichen (34). Die Konzentration auf religiöse Unterschiede ver*stärke* ihrerseits den Einfluss religiöser Mächte (13) und schwäche jegliche anderen Einflüsse: „The effect of this religion-centered political approach [...] has been to bolster and strengthen the voice of religious authorities while downgrading the importance of nonreligious institutions and movements." (77) Die Gegenüberstellung einer ‚westlichen' Welt – „the *alleged* West" (84) – und einer islamischen Welt sei eine Selbstreduktion mit gefährlichen Konsequenzen: „There is, for example, nothing exclusively ‚Western' about valuing liberty or defending public reasoning. And yet their being labeled as ‚Western' can produce a negative attitude toward them in other societies." (84) So beraube uns die Insistenz auf einer „choiceless singularity of human identity" (16) des Reichtums der Komplexität und der Wahrnehmung von Gemeinsamkeiten.

Eine Person nur als Mitglied einer Zivilisation zu sehen, so Sen, reduziere ein multidimensionales Wesen auf eine einzige Dimension (Sen 2007, 41): „The neglect of the plurality of our affiliations [...] obscures the world in which we live." (xiv) Die Zugehörigkeit zu einer ‚Kultur' sei bei weitem nicht die einzige oder entscheidendste Kategorie: „important as culture is, it is not uniquely significant in determining our lives and identities" (112). Eine Kultur sei zudem in sich nicht homogen: „culture is not a homogeneous attribute – there can be great variations even within the same general cultural milieu." (112) Wer sie als entscheidend ansehe, missverstehe die Natur menschlicher Identitäten, „in particular its inescapable plurality." (182) (Vgl. Arendt.) Jeder Mensch gehöre vielen Gruppen und Kategorien an. Jede von ihnen trage zu unserer Identität bei, entscheide sie aber nicht allein:

> "In our normal lives, we see ourselves as members of a variety of groups – we belong to all of them. A person's citizenship, residence, geographic origin, gender, class, politics, profession, employment, food habits, sports interests, taste in music, social commitments, etc., make us members of a variety of groups. Each of these collectivities [...] gives her a

particular identity. None of them can be taken to be the person's only identity or singular membership category." (4–5)

Angesichts dieser Pluralität von Identitäten und Zugehörigkeiten stehe es jedem Individuum frei zu wählen, welchen davon es besondere Bedeutung gebe: „Given our inescapably plural identities, we have to decide on the relative importance of our different associations and affiliations in any particular context. Central to human life, therefore, are the responsibilities of choice and reasoning." (xiii) Jedes mündige Individuum benötige „a clear-headed understanding of the importance of the freedom that we can have in determining our priorities" (xvii) und sei verantwortlich für seine Wahl der Prioritäten (60) zwischen den „disparate pulls – of history, culture, language, politics, profession, family, comradeship, and so on" (38). Es gelte zu realisieren, dass wir alle diese Wahl täglich bereits träfen – dies sei ein wichtiger Teil unserer Freiheit: „In fact, we are all constantly making choices, if only implicitly, about the priorities to be attached to our different affiliations and associations. The freedom to determine our loyalties and priorities between the different groups to all of which we may belong is a peculiarly important liberty which we have reason to recognize, value, and defend." (5) Dies bedeutet aus Sens Sicht natürlich nicht, dass man Identitäten beliebig wählen kann, sondern nur, dass „we do indeed have choices over alternative identities or combinations of identities, and perhaps more importantly, substantial freedom regarding what *priority* to give to the various identities we may simultaneously have." (38) Zusammen mit der Herausarbeitung interkultureller Gemeinsamkeiten sei diese Betonung der mündigen Wahl zwischen konkurrierenden Identitäten das wichtigste Mittel, um der Manipulation durch Einseitigkeit entgegenzutreten: „the force of a bellicose identity can be challenged by the power of competing identities. […] This leads to other ways of classifying people, which can restrain the exploitation of a specifically aggressive use of one particular categorization." (4) Wie Arendt betont Sen hier die Wahl, wie wir uns zuordnen und wie wir uns für Andere verständlich machen. Jemandem diese Wahl zu nehmen, ist bereits eine Form der Gewalt.

Dieser Gewalt liegt aus Sens Sicht auch ein kognitives und sprachliches Problem zugrunde: „conceptual disarray, and not just nasty intentions, significantly contribute to the turmoil and barbarity we see around us." (Sen 2007, xiv) Es beruhe auf einem grundlegenden Missverständnis der Natur der Identität, „a big conceptual confusion about people's identities, which turns multidimensional human beings into one-dimensional creatures." (174) Wie in Arendts Beschreibung der „thoughtlessness" liegt hier der physischen Gewalt gedankliche Gewalt zugrunde, basierend auf simplifizierenden Fehlverständnissen, die nach Eindeutigkeit streben, wo keine möglich ist: „Misdescription and misconception can make the world more fragile than it need be." (46) Entsprechend betont Sen wie Arendt die zwischenmenschliche Bedeutung des Denkens: „The martial art of fostering violence draws on some basic instincts and uses them to crowd out the freedom to think and the possibility of composed reasoning." (175–176) Sen hilft uns so, klarer herauszuarbeiten, was in einer solitaristischen Sicht ein Mensch mit einem Menschen macht: Er de-individualisiert ihn, macht ihn eindeutig, erkennt dem einzelnen Menschen ab, ein komplexes Individuum zu sein, und ordnet ihn allen anderen Menschen seines ‚Typs' gleich, erkennt ihm die Wahlmöglichkeit ab, die erst seine Individualität konstituiert. Individualität heißt für Sen freie Wahl von Gewichtungen und Werten, „reasoning and choice" (17) – also etwas weder Berechenbares noch Einzuordnendes. Die Komplexität des Individuums gehe verloren, wenn man es in nur in Gruppen einordne: „When interpersonal relations are seen in singular intergroup terms [...] then much of importance in human life is altogether lost, and individuals are put into little boxes." (xvi). Nur durch Verständnis für die Komplexität der Individuen könne dauerhaft Frieden geschaffen werden: „we are *diversely different*. The hope of harmony in the contemporary world lies to a great extent in a clearer understanding of the pluralities of human identity, and in the appreciation that they cut across each other and work against a sharp separation along one single hardened line of impenetrable division." (xiv) Sens Buch belegt erneut die ethische Bedeutung kognitiven Verhaltens – und des Respekts vor Komplexität.

Sechzehn Jahre später scheint sich diese Gegenwartsdiagnose noch verschärft zu haben, wie Thomas Bauer in seinem Buch *Die Vereindeutigung der Welt* (2018) verdeutlicht. Seine Diagnose ähnelt der Klaus Manns aus dem Jahre 1934: „Der Versuch einer Simplifizierung Deutschlands ohnegleichen ist im Gange" (Mann 1993, 99). Bauer ordnet Gewaltphänomene in eine breitere Tendenz zur Entambiguisierung, zur Vermeidung von Mehrdeutigkeit und Komplexität ein – auch hier zeigt sich die Verbindung kognitiver und sprachlicher Prozesse zu physischer Gewalt: In allen Lebensbereichen sei „eine Tendenz zu einem Weniger an Vielfalt, einem Rückgang an Mannigfaltigkeit zu beobachten." (Bauer 2018, 11–12) Unsere „Bereitschaft [...], Vielfalt in all ihren Erscheinungsformen zu ertragen" (12), schwinde, unser „Umgang mit den vielfältigen Wahrheiten einer uneindeutigen Welt" (12) werde immer grobschlächtiger. Die Welt sei zwar voll von Ambiguität, diese könne nicht vollständig vermieden werden (14): „Menschen sind ständig Eindrücken ausgesetzt, die unterschiedliche Interpretationen zulassen, unklar erscheinen, keinen eindeutigen Sinn ergeben, sich zu widersprechen scheinen, widersprüchliche Gefühle auslösen, widersprüchliche Handlungen nahezulegen scheinen." (12) Hiermit müsse der Mensch umgehen und diese in gewissem Maße immer reduzieren: „Menschen sind also, wie die

Psychologie das nennt, tendenziell ambiguitätsintolerant." (15) In der Gegenwart gehe die Ambiguitätsintoleranz jedoch ins Extrem:

> „In vielen Lebensbereichen – nicht nur in der Religion – erscheinen […] Angebote als attraktiv, die Erlösung von der unhintergehbaren Ambiguität der Welt versprechen. Diese gelten […] als besonders zeitgemäß und fortschrittlich und haben vielfach die Diskurshoheit […] erobert. Demgegenüber wird Vielfalt, Komplexität und Pluralität häufig nicht mehr als Bereicherung empfunden." (30)

Bauer sieht in der Gegenwart umfassende Tendenzen der „Mehrdeutigkeitsvermeidung" (88), den „Versuch, Eindeutigkeit in einer uneindeutigen Welt wenigstens dadurch herzustellen, dass man die Vielfalt in der Welt möglichst präzise in Kästchen einsortiert" (81).

Der skizzierte Zusammenhang von Text und Mensch in der Notwendigkeit der *boētheia* gewinnt hier weiter an Gestalt – Bauer nimmt Parallelen zum religiösen Fundamentalismus wahr, bei dem es ebenfalls um die eindeutige Textauslegung im Zusammenhang mit einem eindimensionalen Menschenverständnis geht:

> „Wer Eindeutigkeit erstrebt, wird darauf beharren, dass es stets nur eine einzige Wahrheit geben kann und dass diese Wahrheit auch eindeutig erkennbar ist. Eine perspektivische und damit nicht-eindeutige Sichtweise auf die Welt wird abgelehnt. Für Calvin ist die Bibel in allen wichtigen Punkten absolut eindeutig und uneingeschränkt verbindlich – ohne jeden Spielraum für Interpretation. Parallelen zu heutigen fundamentalistischen Strömungen […] und politischen Ideologien sind offensichtlich." (Bauer 2018, 27)

Dieser Drang nach Eindeutigkeit führe auch zu einer Vereinfachung der Geschichte und der Leugnung historisch vorhandener Textauslegungen:

> „Wenn es nur eine einzige Wahrheit gibt, dann muss diese auch überzeitlich gültig sein. Hat man zu bestimmten Zeiten bestimmte Dinge anders gesehen oder anders interpretiert, können diese Sichtweisen und Interpretationen nur falsch sein, weil es anderenfalls ja mehrere Wahrheiten geben müsste. Das zweite grundlegende Merkmal des Fundamentalismus besteht also in der Ablehnung der Geschichte." (28)

Klassische Islamgelehrte, so Bauer,

> „waren stolz darauf, zu vielen Koranversen mehrere Auslegungen zu kennen […]. Sie rechneten durchaus mit der Möglichkeit, dass auch mehrere richtig sein könnten. […] Heutige Korankommentatoren glauben jedoch meist, und zwar unabhängig davon, ob sie sich dem fundamentalistischen oder dem liberalen Lager zurechnen, dass Gott nicht anders als eindeutig sprechen und jeder Vers somit nur eine einzige Bedeutung haben kann." (36)

Heutige islamistische Autoritäten seien entsprechend oft nicht differenzierende Wissenschaftler, sondern „religiöse Laien" (39), für die es nur ein eindeutiges Textverständnis geben könne. Der Drang nach der Eindeutigkeit sprachlicher Bedeutung hat hier reale, mit Gewalt verbundene Konsequenzen: „*Wahrheitsobsession, Geschichtsverneinung* und *Reinheitsstreben* sind also drei Wesenszüge bzw. Grundbegriffe von Ambiguitätsintoleranz, die die Basis jedes Fundamentalismus bilden. Dies ist der fundamentalistische Pol der Ambiguitätsintoleranz. Alles ist eindeutig, entweder ganz richtig oder ganz falsch, und es ist ewig gültig." (29) Mehrdeutigkeit führt hier sofort zum realen Konflikt.

Bauers Diagnose ist jedoch noch bedrückender, weil er das Drängen nach Eindeutigkeit auch jenseits der Religion in der breiten Gesellschaft wahrnimmt: Er diagnostiziert eine „schwindend[e] Ambiguitätstoleranz in den durchbürokratisierten, hochtechnisierten und vor allem kapitalistischen Gesellschaften" (Bauer 2018, 40). Als Ursachen für diese Vereindeutigungstendenz identifiziert er neben „Bürokratisierung und Technisierung" auch die „kapitalistische Gesellschaftsstruktur und ihre Folgeerscheinungen wie Konsum und Globalisierung" (87), er spricht explizit von der „Ambiguitätsfeindlichkeit des Kapitalismus" (93), die er tief in dessen Mechanismen verankert sieht:

> „Nicht nur ist die Vermeidung von Zweideutigkeit [...] hilfreich für eine Karriere im Kapitalismus, sie ist geradezu eine Voraussetzung für den Erfolg des Kapitalismus überhaupt. Denn bei allen Kosten [...] verspricht er doch eines: Eindeutigkeit. Jeder Ware und jedem Menschen (der dafür ebenfalls Warencharakter annehmen muss) kann über die Mechanismen des Marktes ein exakter Wert zugemessen werden, der in einer exakten Zahl ausgedrückt werden kann und damit jedes Nachdenken über Wert und Werte beendet." (20)

Aus seiner Sicht wird so „alles Ambiguitätsgesättigte, alles, dessen Grenzen schwer zu umreißen sind, alles, was sich nicht in Zahlen umsetzen lässt, abgewertet. [...] Dagegen erfährt alles, was klare, eindeutige Wahrheiten oder wenigstens exakte Zahlen hervorbringt oder hervorzubringen scheint, eine Steigerung des Ansehens." (38) Der Markt verfüge über die „magische Fähigkeit [...], allem und jedem einen exakten Wert [...] zuzuordnen", eine „magische Entambiguisierungsfähigkeit" (38). Man mag hier an Maus ‚Verdatung' zurückdenken. Es wird so insbesondere deutlich, dass auch das Denken in einfachen Identitäten – das oft die Grundlage für zwischenmenschliche Gewalt ist – letztlich der *organisatorischen Grammatik* entspricht.

Bauers Gegenwartdiagnose ist am Ende nicht optimistisch: Es gebe „Utopisten, die bereits von einem Transhumanismus oder Posthumanismus träumen, in dem Maschinenmenschen endlich ein völlig ambiguitätsfreies Leben führen werden" (Bauer 2018, 92). Durch Technologie suche man so, alle Mehrdeutigkeit loszuwerden:

„Im Maschinenmenschen sind alle auf Ambiguitätsintoleranz gründenden Utopien des Fundamentalismus verwirklicht: die Wahrheitsobsession, weil nun eine übermenschliche Wahrheitsinstanz waltet, die Geschichtsverneinung, weil die neue Maschinenwelt die alte, verworrene Welt vollständig ablöst, und das Reinheitsstreben, weil kein Zweifel, keine Unentschiedenheit mehr den reibungslosen Gang der Maschine beeinträchtigt." (96)

Der technologische Diskurs, der uns – durch den Kapitalismus getrieben – pausenlos begleitet, suggeriert so allenthalben Lösbarkeit, Eindeutigkeit, gänzliche und sofortige Verstehbarkeit der Welt für jedermann: „Viele Menschen, denen immer alles erklärt wird und denen eine Welt ohne Geheimnisse, ohne Unerklärbares und Überkomplexes vorgegaukelt wird, glauben schließlich selbst, alles zu verstehen. [...] Wozu braucht man richtige Experten, wenn man doch selbst schon alles durchschaut hat?" (89) Diese Verführung des Diskurses werde immer weniger wahrgenommen: „Wenige nur scheinen unter dieser Vereindeutigung der Welt zu leiden, ja viele scheinen eine noch stärkere Vereindeutigung geradezu herbeizusehnen." (91) Demgegenüber mahnt Bauer zur „Ambiguitätstoleranz" (21) – man müsse wieder „lernen, das Widersprüchliche, das Vage, das Vieldeutige, das Nichtzuzuordnende, das Nichtklärbare als den Normalfall der menschlichen Existenz hinzunehmen, es mindestens zu achten, vielleicht sogar zu lieben." (79) Nur so könnten die gewaltsamen Konsequenzen der Vereinfachung verhindert werden (15).

Platons Arbeit am Respekt vor Komplexität erweist sich so als treffsichere Mahnung für die Gegenwart. Sen und Bauer beschreiben eine Gegenwart, in der die Pluralität, Unendlichkeit, Mehrdeutigkeit und Komplexität des Menschen zunehmend der solitaristischen Klassifizierung der organisatorischen Grammatik gegenüberstehen. Der Respekt vor Komplexität weicht dem Drängen nach Eindeutigkeit. Die organisatorische Grammatik hat keinen Platz für Komplexität und Ambiguität, für Verhältnisse, die unser Verständnis (zunächst) übersteigen. Die tendenziell „gleichmachende Gewalt der Sprache" (Wittgenstein, BT 349) wird nicht problematisiert, sondern durch technische und marktwirtschaftliche Mechanismen vorangetrieben und auf andere Lebensbereiche ausgeweitet. Der „impérialisme du Même" (Levinas 2016, 86), der das Individuum zum Thema, zum Objekt macht und es auf das Gleiche reduziert, greift immer mehr Raum. Nimmt man den Hang von Wirtschaft und Technologie zur organisatorischen Grammatik ernst, muss man immer die *Gewalt als die Schattenseite der organisatorischen Grammatik* mitdenken. Gedankliche Muster haben als diskursive Einrichtung Auswirkungen auf unser Handeln – gedankliche, sprachliche und physische Gewalt hängen zusammen.

Eichmann verkörpert diese Schattenseite der organisatorischen Grammatik – die Transportlogistik von im Rahmen einer Ideologie lediglich als Es, als Begriff, als zu lösende Aufgabe wahrgenommenen Menschen. Der Totalitarismus zerstört die Multiplizität der Zugänge, die Unendlichkeit des Menschen und seiner Möglichkeiten. Menschen und Sprache werden eindeutig, ohne Alternativen und Komplexitäten. Auschwitz, Treblinka, Sobibor, Belzec sind das Maximum an Unzugänglichkeit: Gewalt, Beschneidung der Äußerungsmöglichkeit, Klassifizierung, Kennzeichnung, anonyme Liquidierung sind Ausagierungsformen der Unzugänglichkeit, Kookkurrenzen einer reduktionistischen Konzeptualisierung von Menschen im Sinne der organisatorischen Grammatik. Das besondere Grauen liegt in der logistischen und maschinellen Behandlung von Menschen: „In Auschwitz starb man nicht, es wurden Leichen produziert." (Agamben 2013, 62) In Treblinka, Sobibor, Belzec wurden nicht einmal Nummern eintätowiert – hier wurden Identitäten seriell vernichtet. In diesen Mechanismen wird der Zusammenhang zur organisatorischen Grammatik deutlich: Gewalt beginnt mit Verkürzung, und sie beginnt im Kopf. Hass ist unifokal und vereindeutigend. Wir bringen nie einen Menschen um, sondern ein Merkmal. Der auf einen Begriff reduzierte Mensch kann sich nicht mehr helfen, weil es nicht mehr um ihn geht, sondern um den Begriff. Physische Gewalt beginnt mit geistiger Gewalt. Vorschnelle Schlüsse führen zu vorschnellen Schüssen. Einfache Wahrheiten finden vielfache Opfer. Die ‚kleine Gewalt', den Anderen/die Andere unter meine Begriffe zu subsumieren – die Negierung seines/ihres Anspruchs, ohne Hilfe – skaliert übergangslos zur ‚großen Gewalt' des Tötens. Es gibt keine scharfen Grenzen zwischen sprachlicher und körperlicher Gewalt.

Mit Arendt gesprochen, führt mangelnder Dialog mit sich selbst zu Gedankenlosigkeit bzw. zur eindeutigen Wahrnehmung einer komplexen Welt. Interessanterweise scheint Eichmann, wie Arendt ihn schildert, sich sogar selbst als Es wahrzunehmen – vielleicht hat Buber dies gemeint, wenn er sagt, Menschen könnten der Eswelt „erliegen" (Buber 1995, 52). Eichmann zeigt, wie Menschen sich selbst reduzieren können – dies mag die *Banalität* des Bösen erklären. Das systematische, bürokratische Ausführen einmal gefasster Urteile beinhaltet eine Selbstreduktion. In gleicher Form reduzieren Menschen, die z. B. religiöse Gewalt ausüben, nicht nur andere auf ein Merkmal, eine Idee, ein Wort, sondern auch *sich selbst* – bis hin zum Selbstmordanschlag, in dem die eigene Identität nicht mehr zählt. Menschen machen sich selbst unzugänglich, indem sie sich und ihre Identität unter das Schutzdach einfacher Begriffe stellen und die Verantwortung zur Komplexität abgeben, die die Verantwortung gegenüber dem anderen Menschen inkludiert. Eine Ideologie liefert Antworten und fertige Kategorien – eine Selbstobjektifizierung und „Entlastung von der Autonomie" (Adorno 1971, 46), eine Reduktion von Komplexität, eine Vereindeutigung von Sprache und Urteil, eine Informatisierung des Lebendigen. „Es ist so bequem, unmündig zu sein" (Kant 1983, Bd. 9, 53), oder in Kunzrus Version: „It's hard to be an individual, to be conscious and alive inside the prison walls of your skull. So much easier to lay all that aside, to flow into something larger than yourself. So much easier to forget." (Kunzru 2013, 15) Der Reduktion von Anderen geht die Selbstreduktion voraus.

Der Beginn der Gewalt liegt im Gedanklichen. Sprache hat hierbei monströses Potential: Wir sind in der Lage, jemanden nicht mehr als Mensch zu bezeichnen, und damit legitimieren wir, ihn nicht mehr als Mensch zu behandeln. (Wie Blumenberg sagt, von der Thrakerin bis zum Todesurteil ist es nur ein Schritt.) Die Verbindung von geistiger und sprachlicher Gewalt mit physischer Gewalt ist ein immer noch untererforschtes Gebiet. Jenseits von *hate speech* (zu Gewalt in der Sprache s. z. B. Krämer/Koch 2010; Herrmann et al. 2007) ist hier jedoch insbesondere der Zusammenhang von konzeptueller Reduktion und Gewalt zu untersuchen, auch mit Blick auf technische Entwicklungen: Versuche, den Menschen nachzubauen, haben nicht nur das Potenzial, unsere Fähigkeiten zu erweitern, sondern bergen auch die Gefahr, ihn zu reduzieren. Die Reduktion des Menschen auf Berechenbarkeit und Vorhersagbarkeit ist gefährlich nah an anderen Reduktionen. Hier wird der Dialog als Instrument gemeinsamen Entwickelns von Realität und Meinungen nicht miteinbezogen: Menschen sprechen nicht miteinander, sie berechnen einander nur, sind füreinander nur *thème*. Der binäre Code darf nicht unterschwellig zu binären Sichtweisen verführen, Unterstützungsmechanismen (z. B. KI bei Einstellungsverfahren, in der Einwanderungsbehörde oder in der Medizin) sich nicht zu einseitigen Beurteilungsmechanismen entwickeln – „automating our own prejudices" (Varona et al. 2021, 202; vgl. o. zum *AI bias*). Entlastung und Vereindeutigung, Vereindeutigung und Gewalt hängen zusammen. Die Herrschaft der Begriffe bedroht die Menschlichkeit. Angesichts der technologie- und wirtschaftsgetriebenen organisatorischen Grammatik sind die Würde der Unberechenbarkeit und die Notwendigkeit des helfenden Dialogs wichtige Elemente zukünftiger gesellschaftlicher Entwicklung.

Um zu überleben, reduzieren wir die Komplexität unserer Umwelt – um den Wagen fahren zu können, muss ich nicht seine hundert Hölzer kennen. Wie Platon deutlich gemacht hat, kann man einen Gegenstand auf verschiedene Weise kennen und für verschiedene Fragestellungen verschiedene Komplexitätsgrade anvisieren. Bei *Objekten* sind wir mittlerweile, getrieben durch die Naturwissenschaften, beliebige Komplexität des Zugriffs gewohnt (vom Mikroskop bis zur Nanoforschung). In Bezug auf *Menschen* scheint die Gegenwart diese Komplexität jedoch oft genug nicht anzunehmen. Welchen Zugriff auf Informationen wir wählen, beeinflusst unser Verständnis – welchen Zugang zu Menschen wir wählen, beeinflusst unser Verhalten zu ihnen. Behandeln wir einen Menschen nur als objektivierbare, thematisierbare Ansammlung von Informationen, reduzieren wir ihn. In der Thematisierung verliert sich das Du. Entscheidend ist, dass Identität von innen und von außen nicht in eins zusammengezwungen werden: Identität von außen ist eine Reduzität. Jeder Mensch hat nicht nur einen *adyton* oder ein *secret*, sondern transzendiert *im Grundsatz* unser Bild von ihm:

> »La manière dont se présente l'Autre, dépassant *l'idée de l'Autre en moi*, nous l'appelons, en effet, visage. Cette façon ne consiste pas à figurer comme thème sous mon regard, à s'étaler comme un ensemble de qualités formant une image. Le visage d'Autrui détruit à tout moment, et déborde l'image plastique qu'il me laisse, l'idée à ma mesure et à la mesure de son *ideatum* – l'idée adéquate.« (Levinas 2016, 43)

Levinas nimmt hier die Gefahr der Verdatung vorweg.

Erinnern wir uns an Derridas „Die Welt ist fort, ich muss Dich tragen" – jeder Mensch ist, in Derridas Sicht, eine Welt, die nach seinem Tode ein Anderer weiterträgt, ohne sie sich anzueignen, im fortgesetzten Dialog, „porter sans s'approprier [...,] *se porter vers* l'inappropriabilité infinie de l'autre, à la rencontre de sa transcendance absolue au-dedans même de moi" (Derrida 2003a, 76). Wenn jeder Mensch eine Welt für sich ist, ist er komplex. Wenn diese Welt keine Zeit, keine Äußerungsmöglichkeit, keine Hilfe erhält, endet Zugänglichkeit und beginnt Gewalt. Wenn jeder Mensch eine Welt ist, liegt er jenseits des Begriffes. Jeder Mensch *hat* zudem eine Welt: eine Vergangenheit und Zukunft, eine Heimat, Freunde, Familie, geistige, zeitliche und räumliche Bewegungsmöglichkeit. Raubt man ihm diese Welt, äußerlich oder innerlich, ist dies eine Form der Gewalt. Am Weltcharakter des Menschen, so deutet sich hier an, hängt seine Würde. Die Welt, die man ist oder hat, ist auch eine Welt der Handlungsmöglichkeiten. Diese zu reduzieren, reduziert die Menschenwürde – dies bestätigt die Sicht der Wohlfahrtsökonomie bzw. Armutsforschung (vgl. Sens *capabilities approach* in Sen 1998). Wenn jeder Mensch eine Welt ist, geht er jedoch vor allem über jede einzelne Wahrnehmung hinaus. Seine *zeitliche Endlichkeit* macht einen Menschen nicht weniger wertvoll oder weniger komplex: Seine *logische Unendlichkeit* macht vielmehr seine Würde aus.

Der Respekt vor der menschlichen Komplexität hat Konsequenzen: Wenn jeder Mensch eine Welt ist, darf er nicht ausschließlich der organisatorischen Grammatik unterworfen werden. Dass jeder Mensch eine eigene Welt ist, sollte vielmehr die Basis einer Ethik sein. Dufourmantelle schreibt zu Recht, die „qualité du secret d'un être à être inappropriable" könne helfen, eine Ethik zu definieren (Dufourmantelle 2015, 132). Die Komplexität der *Sprache* kann hierbei als Ausgangspunkt und als Gegensatz zur Reduktion auf Begriffe dienen. Der Mensch ist unendlich auch *wegen* der Sprache. Gleichzeitig bedingt der Respekt vor der Komplexität (Pluralität, Unendlichkeit, Hilfsbedürftigkeit), vor dem Weltcharakter des Anderen, den *Dialog:* Der „impérialisme du Même" (Levinas

2016, 86) findet seine Grenze an der Präsenz des anderen Menschen. Meine *Scham* begrenzt meine Freiheit, ihn mit meinen Kategorien zu dominieren – die (auch kognitive) Freiheit muss sich immer schämen, weil ihre unbegrenzte Ausübung die Freiheit Anderer einschränken würde: „la honte que la liberté éprouve pour elle-même." (Levinas 2016, 85) Gerechtigkeit ist, wie gesehen, nur die offene Begegnung im Du mit der Möglichkeit, sich selbst zu helfen und zu erläutern, nicht die unilaterale Thematisierung und Kategorisierung: „*Nous appelons justice cet abord de face, dans le discours.*" (Levinas 2016, 67) Denn: „La justice est un droit à la parole." (Levinas 2016, 332) Gerechtigkeit liegt in der Möglichkeit zur *boētheia* im Dialog. Die Präsupposition der Unendlichkeit, der weiteren Komplexität jenseits unseres ersten Urteils, macht uns für den Anderen/die Andere offen – ebenso wie die Präsupposition der unendlichen Zeit in der *scholē*.

Entsprechend wenig geeignet ist der ökonomische Diskurs der Effizienz und Schnelligkeit in Bezug auf die Informationsaufnahme ebenso wie in Bezug auf den Umgang mit Menschen. Bei Ausweitung auf alle Lebensbereiche bringt er unweigerlich Gewalt mit sich. Schnelligkeit erfordert Vereindeutigung, und Vereindeutigung impliziert Gewalt: Hass ist auf Eindeutigkeit angewiesen – was mehrdeutig ist, können wir nicht hassen. Lyotards Punkt der Notwendigkeit der Langsamkeit gegenüber der Ökonomie ist somit kein politisch linkes, sondern ein *philosophisches* Argument: Was der ökonomische Diskurs als Zeitverlust deutet, sieht der Philosoph als *ethisch* notwendige Handlung. Gewalt und Einfachheit, Gewalt und Zeit hängen zusammen. Die Welt sofortiger Information und sofortiger Lieferung, sofortiger Bedürfnisbefriedigung, darf nicht zu einer Welt sofortiger Lösungen für komplexe Fragen und sofortigen Verstehenwollens komplexer Menschen (und damit zu Populismus, Radikalismus und Hass) führen. Der Zugang zueinander ist immer – immer wieder, in jeder Generation – in Gefahr. Die Arbeit am Zugang ist eine tägliche.

Die Ethik der Zugänglichkeit ist eine kognitive Ethik. Sie legt den Schwerpunkt auf das Verstehensverhalten, das Wissenwollen, auf den Respekt und das *Staunen* vor Komplexität: Platon hat im *Theaitetos* genau dieses Staunen, *tò thaumázein*, als Beginn bzw. Grundstimmung der Philosophie (155d) beschrieben – Theaitetos schwindelt angesichts der Komplexität der Fragestellung (155c–d). Arendts Philosophie der Pluralität hat dieses Staunen bereits auf die Ethik ausgerichtet: „Würden die Philosophen [...] je zu einer wahrhaftigen politischen Philosophie gelangen, müssten sie die Pluralität des Menschen, aus der die ganze Vielfalt menschlicher Angelegenheiten hervorgeht, zum Gegenstand ihres *thaumazein* machen." (Arendt 2016, 85) Das Staunen über die Pluralität des Menschlichen gilt es in der Gegenwart zu erhalten: „la résistance de la multiplicité sociale à la logique qui totalise le multiple" (Levinas 2016, 324). Die Vereindeutigungstendenz der technologischen und wirtschaftlichen Entwicklung sollte die Schattenseiten der Vereindeutigung nicht vergessen machen – wie Castells schreibt: „there is an extraordinary gap between our technological overdevelopment and our social underdevelopment" (Castells 2009–2010, III, 379). So sehr wir es auch versuchen: Die Lösung unserer zwischenmenschlichen Probleme wird keine technische sein.

Der Respekt vor der Komplexität der Geschichte

Beschließen wir nun unser Gegenwartspanorama mit der Untersuchung des Respekts vor Komplexität in Bezug auf die *Geschichte*. Man mag hier zunächst daran denken, dass in einem Zeitalter, dessen Logiken vom rasanten Fortschritt getrieben werden, Geschichte weniger Beachtung fände (entsprechend Descartes' chronochauvinistischem Diktum, wer sich zu viel mit der Vergangenheit beschäftige, werde zum Fremden im eigenen Land; Descartes 2015, 6–7). So gibt es immer wieder Untersuchungen, die abnehmendes historisches Wissen, etwa bei Schüler/inne/n, nachzuweisen versuchen (vgl. z. B. Forsa 2017). Diese Effekte gibt es sicherlich: Die Mehrheit der Menschen weiß mehr über Smartphones als über Treblinka. Viele lesen minütlich Online-News, aber kaum Bücher zur Zeitgeschichte. Die Menschen mit geringer Literalität überwiegen die Platon-Leser/inn/en. Das stetig auffordernde Narrativ der Neuerung – Menschen verfolgen die neuesten Produktversionen wie die Folgen einer *soap opera* – lenkt vom Narrativ der Geschichte ab, das nicht mit laufenden Verkündungen aufwartet. Daher waren etwa die Erinnerungsfeiern 2020 anlässlich 75 Jahren Auschwitz-Befreiung, auch angesichts der sterbenden Augenzeug/inn/en, dringend notwendig – ebenso wie zukünftige Veranstaltungen und Bildungsmaßnahmen dieser Art. Auch das immaterielle kulturelle Erbe der Aufklärung und der Holocaust-Erfahrung ist angreifbar – wie zunehmender Rechtsradikalismus und entsprechende politische Äußerungen zeigen: Eine im Bundestag vertretene Partei spricht angesichts der Demnigschen Stolpersteine von „Erinnerungsdogmatismus", bezeichnet die Ära des Nationalsozialismus als „Fliegenschiss" der Geschichte und fordert eine „geschichtspolitische Wende". Man sollte somit nicht wie Kant glauben, dass sich manches Geschehene nicht mehr vergessen lasse (s. o. Kap. 10). Der langsame Angriff auf die Zukunft wirkt sich auch heute aus. Die Nichtbeschäftigung mit Geschichte, und der Geschichte des Denkens, ist eine Form der Gedankenlosigkeit, eine Verführung für Verführer/innen. Im Dauerfeuer ‚unbedingt' zu rezipierender Neuigkeiten ist der Kampf gegen das Vergessen notwendig ein täglicher.

Die Ablenkung durch Neuigkeit ist jedoch nicht der einzige Mechanismus, der die Wahrnehmung der Komplexität der Geschichte verringert. Ein anderer Effekt ist mindestens so entscheidend: Es liegt in der Logik des Fortschritts, dass er ein Gegenbild braucht. Dies ist zum einen ein als verächtlich inszeniertes Gegenbild. Selbstimmunisierende Waffe des Fortschrittsdiskurses ist es, alle Andersdenkenden als konservativ, altmodisch etc. zu verhöhnen und damit jeglichen Anspruch aus anderer Perspektive zu umgehen. Zum anderen – in einem viel subtileren Verfahren – neutralisiert der Fortschrittsdiskurs ein Gegenbild, indem er es *würdigt*. Wiederum droht die Verlockung der Vereindeutigung, die Verwandlung ins Produkt. Schon Walter Benjamin hatte „vor der Katastrophe wie eine bestimmte Art ihrer Überlieferung, ihre ‚Würdigung als Erbe' sie sehr oft darstellt" gewarnt: „Es gibt eine Überlieferung, die Katastrophe ist." (Benjamin 1991, V,1, 591) Ähnlich sprechen Horkheimer und Adorno von „zur Leistung großer Denker entwürdigten Gedanken", „der zum Kulturgut neutralisierten Wahrheit" (Horkheimer/Adorno 1988, 47), und Gadamer von „vergegenständlichende[m] Verhalten" gegenüber der Überlieferung (Gadamer 2010, 286). In der Gegenwart ist die Würdigung als ‚kulturelles Erbe', als ‚heritage', in Gefahr, genau dies zu tun – Geschichte zu vereindeutigen und zu verdinglichen und so den Zugang zu ihrer Komplexität zu verstellen.

Der verbreitete Diskurs des „kulturellen Erbes" („cultural heritage", „cultural property", „cultural assets", „cultural possessions", „patrimoine") hat sich im Laufe des 20. Jahrhunderts entwickelt (s. z. B. Harrison 2013; Fairclough et al. 2007; Willer et al. 2013). So etabliert ist er, zumindest seit der UNESCO World Heritage Convention (1972; vgl. Albert/Ringbeck 2013), dass er Gegenstand einer eigenen Forschungsdisziplin geworden ist (s. z. B. Harrison 2013; Albert et al. 2013), und so populär, dass „definitions of heritage have expanded to such an extent that almost anything can be perceived to be ‚heritage'" (Harrison 2013, 3). Die Menge an Stätten und Objekten, die als ‚kulturelles Erbe' deklariert werden, wächst ständig: „[o]ne can barely move without bumping into a heritage site." (Lowenthal 1998, xiii) Kulturelles Erbe findet sich an jeder Straßenecke, in Lehrbüchern, Museen, Gebäuden, multimedialen Reproduktionen und fankulturellen *re-enactments*: „We live in an age in which heritage is ubiquitous." (Harrison 2013, 3) Solcherart als kulturelles Erbe gewürdigte Geschichte birgt jedoch stets den Sog der Verdinglichung: „heritage is not history" (Hewison 1987, 10). Die Verwandlung in ein statisches Objekt mit eindeutiger Geschichte verdeckt allzu oft die Komplexität und Vielstimmigkeit der Geschichte und das Bewahren als steten technischen, organisatorischen und sozialen Prozess: „conservation is as much a ‚social' process as it is a physical or technical one" (Harrison 2013, 226). In den monumentalisierten Erbschaften inszeniert sich der Fortschrittsdiskurs *statische* Gegenbilder, gegen die er sich in seiner *Bewegung und Beschleunigung* abheben will – Harrison spricht von „the production of static identities through heritage" (Harrison 2013, 225). Durch bewusste Antiquierung der Vergangenheit – „we antiquate antiquity" (Lowenthal 2015, 21) – entfernen wir sie von uns und domestizieren sie gleichzeitig als Teil der Gegenwart: „Domesticated into today, [the past] is ever less a foreign country." (Lowenthal 2015, 21) Das Konstrukt des kulturellen Erbes hilft – als Inszenierung der Geschichte –, ein einheitliches, unkritisches kollektives Gedächtnis zu produzieren: „the construction of the past not as it was, but as consumers would like it to have been – often safe, sanitized and simplified" (Basu/Modest 2015, 7), „a view of culture that was finished and complete (and firmly in the past)." (Harrison 2013, 99) Das kulturelle Erbe wird so zum Bollwerk *gegen* die (uns hinterfragende) Geschichte.

Die Rolle des kulturellen Erbes „in the production of collective memory" (Harrison 2013, 166) und die damit verbundene Vereindeutigung sind jedoch nicht nur im Kontext des technischen Fortschritts zu sehen, der sich ein eindeutiges und statisches Gegenbild konstruiert. Das kulturelle Erbe ist in den letzten Jahrzehnten auch immer enger in die kapitalistisch getriebene organisatorische Grammatik integriert worden – Geschichte als Produkt auf einem eigenen Markt: „heritage has become an all-pervasive industry" (Harrison 2013, 69). Kulturerbestätten werden zu besuchbaren Stationen einer Erfahrungsökonomie, zu Themenparks, die die Tourismusindustrie antreiben („visitability", „experience economy"; Harrison 2013, 84–86). In dieser „heritage industry" (Hewison 1987), auch als „heritage boom" (Harrison 2013, 68) oder „machinerie patrimoniale" (Jeudy 2008) kritisiert, ist die Deklarierung als kulturelles Erbe ebenso ein bedeutender ökonomischer Faktor wie ein Instrument diskursiven Schutzes: „The World Heritage Emblem itself has become a global brand [...]. [...] These Plaques have thus become an important marketing tool not only for promoting tourism [...], but also in promoting the World Heritage ‚idea' as a universal, global principle." (Harrison 2013, 89) Der Wettbewerb etwa um die Welterbestätten wird immer intensiver, Tag für Tag kommen neue ‚historische' Produkte auf den Markt: „Successful commercial products are designed with constant reference to market research." (Malcolm-Davies 2004, 279) Die touristische Inszenierung erweist sich als ebenso effektiv wie das fortschrittsgetriebene Vergessen. Sie beruhigt mit stimmigen Narrativen und abgeschlossenen Bedeutungen – hebt zu einem Narrativ passende Stätten hervor und andere nicht (vgl. Silverman 2011, 11), kurz: „the sanitization of history for the sake of tourism revenue" (Smith 2006, 40), die reale Umsetzung des „mutisme du produit" (Levinas 2016, 252). Angesichts des mit Interesse einmalig besichtigten, statischen ‚kulturellen Erbes' – gestützt vom „authorized heritage discourse" (Smith 2006, 11 ff.) – bewahrt sich der Konsument/die Konsumentin ein gutes Gewissen, die Bewunderung des ausgestellten ‚Erbes' erspart ihr/ihm den Respekt vor der Komplexität der Geschichte.

Schlägt menschliche Geschichte jedoch so ins vereindeutigte Produkt um – wie Menschen allzu schnell in Schrift und Begriff umschlagen –, wird sie zur statischen Gegenfolie für die Zwecke der Gegenwart, zum sauber gepackten Paket, ganz im Sinne der organisatorischen Grammatik, wird der Zugang zu ihrer Komplexität und Vielstimmigkeit verstellt – und damit die Kultur der Gegenwart geprägt. Sen hatte uns bereits auf mögliche Konsequenzen für die Gegenwart hingewiesen: „The foggy perception of global history yields an astonishingly limited view of each culture, including an oddly parochial reading of Western civilization." (Sen 2007, 58) Die diachrone Reduktion von Komplexität führt zur *synchronen Selbstreduktion* – u. a., weil sie drei Aspekte außer acht lässt: die Tatsache, dass die Bedeutung kulturellen Erbes oft umstritten ist (*contested heritage*), die kritische Funktion des Speichergedächtnisses, wie sie Aleida Assmann beschrieben hat, und schließlich das u. a. in unserer Platon-Lektüre betonte kommunikative Kontinuum des Lebens mit- und nacheinander. Anhand dieser drei Aspekte wollen wir im Folgenden unsere Kritik an der Reduktion der Geschichte in der Gegenwart vervollständigen.

Contested heritage

Beginnen wir mit dem Aspekt des *contested heritage*. Kulturelles Erbe unterliegt wie andere Lebensbereiche dem Sog der organisatorischen Grammatik. Der Fokus liegt meist auf Objekten und Stätten, die handhabbar sind und – versehen mit eindeutigen Bedeutungen – gemanagt werden können: „Heritage has traditionally been conceived [...] as a discrete ‚site', ‚object', building or other structure with identifiable boundaries that can be mapped, surveyed, recorded, and placed on national or international site registers." (Smith 2006, 31) Die Werte dieser Objekte und Stätten sind jedoch nicht einfach gegeben, „are not inherent or intrinsic" (Harrison 2013, 145). Im Gegenteil, die Konstituierung ‚kulturellen Erbes' ist ein direkt auf die Gegenwart bezogener Akt: „Heritage is not a passive process of simply preserving things from the past [...], but an active process of assembling a series of objects, places and practices that we choose to hold up as a mirror to the present, associated with a particular set of values" (Harrison 2013, 4). Es handelt sich also um eine Inszenierung der Vergangenheit für die Gegenwart, „a production of the past in the present" (Harrison 2013, 32), mit Zielen und Motiven: „heritage is primarily *not* about the *past*, but instead about our relationship with the *present* and the *future*." (Harrison 2013, 4) ‚Kulturelles Erbe' ist daher nicht als Ansammlung von Objekten zu untersuchen, sondern als

Praxis und Prozess (Silverman 2011, 10), als „a cultural process that engages with acts of remembering that work to create ways to understand and engage with the present" (Smith 2006, 44). Diese Prozesse werden durch normierend wirkende Diskurse gelenkt, „which ac[t] to constitute the way we think, talk and write about heritage" (Smith 2006, 11; vgl. Schüller-Zwierlein 2015) – Diskurse, die oft ein statisches Vergangenheitsbild vermitteln und so kritisches Potential übertünchen.

Dies ist umso problematischer als der Fokus dieser Praktiken und Diskurse auf der Konstruktion von Identitäten liegt: „heritage is used to construct, reconstruct and negotiate a range of identities and social and cultural values and meanings in the present." (Smith 2006, 3) Hieraus ergibt sich der *politische* Charakter des kulturellen Erbes: „all heritage is someone's heritage and therefore logically not someone else's" (Tunbridge/Ashworth 1996, 21). Der Erbe-Diskurs stützt die Bildung und Untermauerung von Identitäten (vgl. Biehl et al. 2015; Sandis 2014; Silverman/Ruggles 2007), oft gegenüber wahrgenommenen Bedrohungen: „heritage is often evoked in the context of debates and protests about things and practices that are considered to be threatened or at risk. [...] [T]he physical destruction is perceived to injure not only the object, place or practice in question, but also the group of people who hold that as part of their heritage." (Harrison 2013, 7, 27) Dies kann von nationaler bis zu kultureller und transkultureller Gruppenidentität reichen. „[T]he origins of heritage" jedoch liegen im „nation-building" (Harrison 2013, 141): „During the nineteenth and early twentieth centuries, [...] the term [...] increasingly came to refer to a cultural or intellectual legacy linked to the creation of a series of ‚invented traditions' [...] associated with the rise of new nation-states" (Harrison 2013, 43). Auch heute wird kulturelles Erbe, trotz der universalistischen Bemühungen der UNESCO, oft immer noch aus nationalstaatlicher Perspektive verstanden: „Heritage and nationalism are [...] fundamentally intertwined." (Harrison 2013, 142; vgl. Poulot 2001, 6–8) Entsprechende Institutionen dienen vielfach als nationale Symbole (vgl. Aronsson/Elgenius 2014, 145–166) und können als Teil der politisch-kulturellen Verfassung des Staates (Aronsson/Elgenius 2014, 167–199) gesehen werden. Der Kulturerbe-Diskurs ist so auch oft ein ausschließender Diskurs: „heritage has almost always tended to be used in contexts of unequal relations of power, to isolate and exclude particular individuals and social groups" (Harrison 2013, 230) – Benavides spricht von den „elements of political domination contained within the projects of heritage and historical production" (Silverman/Ruggles 2007, 134). Dies betrifft nicht nur die Abgrenzung zu anderen Nationen, sondern auch subnationale Identitäten: „The heritage discourse, in providing a sense of national community, must, by definition, ignore a diversity of sub-national cultural and social experiences." (Smith 2006, 30) Der universelle Ansatz der

UNESCO – basierend auf der Annahme, dass es etwas gibt, das wir *alle* erben – trifft entsprechend laufend auf alle möglichen Sorten von definitorischen, politischen und praktischen Problemen.

Nicht in jedem Land hat die notwendige kritische Analyse des Konzepts ‚kulturelles Erbe' stattgefunden. Insbesondere französische (z. B. Babelon/Chastel 1994; Poulot 2001, 2006; Choay 1999) und anglo-amerikanische Publikationen (z. B. Harrison 2013; Sandis 2014; Fairclough et al. 2007; Smith 2006; Lowenthal 1998, 1985) haben kulturelle Verzerrungen und Voreingenommenheiten in den jeweiligen Konstruktionen von ‚Erbe' sowie die problematische Beziehung eines identitätsbasierten Ansatzes zur Heterogenität der Vergangenheit herausgearbeitet. Die UNESCO World Heritage Convention (1972) etwa ist kritisiert worden, weil sie die Vorstellung eines universellen kulturellen Erbes nutze „to operationalize Western notions of heritage management in the non-Western world" (Harrison 2013, 110) und einen Kanon nach westlichen Maßstäben etabliere:

> "The particular biases in the World Heritage List that were identified [...] included a geographical bias towards Europe; a typological bias towards historic towns and religious buildings [...]; a religious bias in the overrepresentation of Christianity [...]; a chronological bias in the emphasis on historic periods over prehistory and the twentieth century; and a class bias towards 'elitist' forms of architecture [...]. Perhaps most significantly, [the 1994 UNESCO report] noted the gaps in recognition of living cultures" (Harrison 2013, 128).

In den folgenden Jahrzehnten hat die UNESCO ihr Konzept des kulturellen Erbes zwar erweitert (z. B. in Richtung *intangible heritage* und *cultural diversity*). In und außerhalb der UNESCO gibt es vielerlei Ansätze, den Umgang mit kulturellem Erbe dialogischer und diversitätsorientierter zu gestalten – „to overcome traditional problems in the production of static identities through heritage by providing opportunities for the continuous expression of changing and emerging identities" (Harrison 2013, 225). Die Kritik ist jedoch zu Recht nicht verstummt: Das explosive Wachstum von Kulturerbe-Unternehmungen – eine „véritable explosion d'entreprises patrimoniales" (Poulot 2001, 8) – geht in der Gegenwart weiter, auch im elektronischen Raum, oft mit relativ ungefilterter nationaler Motivation (vgl. Robertson-von Trotha/Hauser 2011, 11, 22; NDIIPP 2011, 1). Trotz wiederkehrender Proteste ist auch das koloniale ‚Erbe' vielfach nicht ausreichend aufgearbeitet (vgl. z. B. Hicks 2020; Greenfield 2007).

Damit bleibt „the issue of ‚diversity' [...] a fundamental problem for heritage" (Harrison 2013, 164). Ein einfacher Umgang mit ‚kulturellem Erbe' – als plakativer Stellvertreter realer Geschichte – verdeckt „the way in which heritage is utilized and produced by the diverse groups and individuals who make appeals to it" (Harrison 2013, 33) und verhindert die vielperspektivisch-moralische Hinterfragung der Geschichte. Eine Rezeption kulturellen Erbes bedarf immer des Respekts für Komplexität, der Sensibilität für die gegenläufigen politischen Tendenzen, die ihm zugrundeliegen, „the construction of identity and its strategic situationality and oppositional deployment" (Silverman 2011, 1). Stätten kulturellen Erbes sind als „sites of contestation" (Silverman 2011, 2) deutlich zu machen, „issues of power inherent in professional archaeological practice, societal norms, and governmental political policy" (Silverman 2011, 3) differenziert darzustellen. Kulturelles Erbe darf nicht Konflikte verdecken: „Heritage is not only a social and cultural resource or process, but also a political one through which a range of struggles are negotiated." (Smith 2006, 7) Andernfalls verfällt es gegebenenfalls der Manipulation: „Cultural heritage policies and practices are inherently political, lending themselves to manipulation" (Silverman 2011, 24). Kulturelles Erbe „can, of course, be used to manipulate people. Governments commonly use cultural heritage to try to weld disparate ethnic groups into a more cohesive and harmonious national entity" (Silverman/Ruggles 2007, 42) – kann also seinerseits ein Angriff auf die Zukunft sein. Oder, wie Kwame Anthony Appiah es formuliert, „the carapace of ‚cultural preservation' often conceals a project of cultural construction" (Appiah 2007, 138).

Hierbei sind insbesondere die realen Konsequenzen für die Gegenwart und Zukunft zu bedenken: „we live in an increasingly fraught world where religious, ethnic, national, political, and other groups manipulate [...] markers and manifestations of their own and others' cultural heritage as a means for asserting, defending, or denying critical claims to power, land, legitimacy, and so forth." (Silverman 2011, 1) Die Instrumentalisierung kulturellen Erbes ist weltweit vielfach sichtbar: „Groups reify collective memories [...] to cement the bonds that further their own aims. History is for all, heritage for us alone." (Lowenthal 2015, 505) Der Fokus des Kulturerbes auf Identität, selbst wenn er, wie jüngst versucht, als eine Art von Menschenrecht beschrieben wird (vgl. Sandis 2014, 197 ff.; Silverman/Ruggles 2007; Harrison 2013, 156), ist immer in der Gefahr, Opfer umstrittener Identitäten zu generieren: „Remade pasts unashamedly annex those of rivals." (Lowenthal 2015, 510) Dieser Fokus auf „identity production" (Silverman/Ruggles 2007, 134) verursacht nicht nur Selektivität und Überdeckung, sondern auch direkte Konflikte: „while heritage can unite, it can also divide [...]. [...] It is precisely because cultural heritage is a significant aspect of identity that it is the arena where conflict occurs." (Silverman/Ruggles 2007, 3–6) Der Streit zwischen Russland und Polen um beider Rolle im Zweiten Weltkrieg ist hierfür nur der jüngste Beleg (s. von Marschall 2020). Bedeutung ist also auch in anderer Hinsicht unklar, umstritten, uneindeutig.

Amartya Sen hat auf die Konfliktträchtigkeit des identitären Solitarismus hingewiesen: „[M]any of the conflicts and barbarities in the world are sustained through the illusion of a unique and choiceless identity." (Sen 2007, xv) Kulturelle Identität ist immer in Gefahr, auf eine „imagined singularity" (Sen 2007, 10) reduziert zu werden, auf nur eine Kategorie unserer „inescapably plural identities" (Sen 2007, xiii). Sobald kulturelle Objekte als Symbole für eine solche Identität gesehen werden – als relevant für Gruppen eher als Menschen, für Menschen eher als Fragen –, sind sie in Gefahr, „divisive symbols" (Moeschberger/Phillips DeZalia 2014, 1) zu werden. *Contested heritage* zeigt sich dementsprechend auch in intentionalen Zerstörungen von kulturellem Erbe (s. z. B. Silverman 2011; Harrison 2013; 170 ff., Hollmann/Schüller-Zwierlein 2014). In der Tat, „armed conflict can often involve military attempts to eradicate memory through the physical destruction of the memoryscape" (McDowell/Braniff 2014, 6), wie etwa die jüngsten Ereignisse im Irak und in Syrien zeigen (González Zarandona et al. 2017). Der Kampf gegen eine Kultur (und ‚ihre' Objekte) kann sogar Teil der Identitäten anderer Kulturen werden („a reactive self-definition"; Sen 2007, 101). Kulturelles Erbe ist damit „an ever-present venue for contestation, ranging in scale from competitively asserted to violently claimed/destroyed" (Silverman 2011, 33). Die komplette methodische Vernichtung der Objekte und Stätten („cultural cleansing"; Weiss/Connelly 2020) ist hierbei der extremste Fall.

Die aus dem Kampf um das kulturelle Erbe entstehenden Konflikte wirken sich jedoch nicht nur auf die Objekte und Stätten selbst aus: Wenn „heritage is utilised and produced by the diverse groups and individuals who make appeals to it" (Harrison 2013, 33), ob durch religiöse Gemeinschaften, ethnische Gruppen oder lokale, nationale und internationale Autoritäten (vgl. Biehl et al. 2015; Sandis 2014; Silverman/Ruggles 2007), dann ist kulturelles Erbe „a social and cultural arena where disputes concerning the affirmation of identities take place. As a consequence, conflict emerges as a prominent aspect of contemporary heritage." (Anico/Peralta 2009, 2) Silverman/Ruggles 2007 beschreibt sogar „six types of heritage conflict" (64). Als „political resource" (Silverman/Ruggles 2007, 159) wird kulturelles Erbe eine Quelle für Konflikte ebenso wie ein sicherheitsgefährdender Faktor – wie UNESCO Director-General Irina Bokova 2015 bezüglich der intentionalen Zerstörung von kulturellem Erbe im Irak sagte: „this is also a security issue as it fuels sectarianism, violent extremism and conflict in Iraq" (UN News 2015). Rivalisierende Identitäten können sich zu „predatory identities" (Appadurai 2006, 51 ff.) entwickeln, die versuchen, die jeweils anderen auszumerzen: „At its worst the exclusion of heritage leads to violence – violence toward cultural heritage that in the act of destruction of inanimate objects implicates loss of human life." (Silverman 2011, 8) Der identitäre Fokus des Konzepts ‚kulturelles Erbe' führt so auch zu zwischenmenschlicher Gewalt. Die möglichen Konsequenzen solcher „predatory identities" – insbesondere die gänzliche Auslöschung der Erinnerung, als Angriff auf die Zukunft – haben wir in Kapitel 10 skizziert: Orwells Fälschung der Vergangenheit, Lyotards *différend*, Pollacks „kontaminierte Landschaften" (Pollack 2014) sprechen dieselbe Sprache. Die Realität der erzwungenen Stille belegt die Realität der *assassins de la mémoire*, der „extermination sur le papier" (Vidal-Naquet 1987, 40), der „permanente réécriture de l'histoire" (Vidal-Naquet 1987, 76), dem Versuch „de priver, idéologiquement, une communauté de ce qui représente sa mémoire historique." (Vidal-Naquet 1987, 35) Die beschriebenen Vernichtungslager des Nationalsozialismus haben die Vorstellungen der Auslöschung von Identitäten aus dem Gedächtnis der Gesellschaft weitgehend realisiert. Hier stehen wenige hundert Überlebende 1,6 Millionen Toten gegenüber. Das Missverhältnis von Zeugnis und Realität deutet auf die Dimensionen des Schweigens und zeigt den Lyotardschem *tort* als *de facto*-Zustand. Die Vereinfachung der Geschichte hat konkrete Opfer.

Hinter all dem steht wieder der Drang zur Eindeutigkeit, aus einem Gefühl der Unsicherheit heraus: „fundamentalism may be seen as a part of an emerging repertoire of efforts to produce previously unrequired levels of certainty about social identity, values, survival, and dignity." (Appadurai 2006, 7) Entsprechende Tendenzen haben selbstverstärkenden Effekt: „Ignorance about others reinforces pride in our own past." (Lowenthal 2015, 505) Was uns als ‚kulturelles Erbe' präsentiert wird, ist so immer in Gefahr, manipuliert und lückenhaft zu sein – auch hier können wir nicht einfach ‚lesen und verstehen'. Wer die klaffenden Lücken nicht mitliest, ihnen keine Hilfe leistet, ist *selbst* nicht zugänglich. Wer nicht auf der aktiven Suche nach *différends* ist, der liest nicht *ganz*. Die ‚Bewahrung' einer ‚Kultur' ist so, wie Appiah zeigt, kein einfaches Konzept, sondern vielmehr „a singularly boggy terrain" (Appiah 2007, 118). Wenn ‚kulturelles Erbe' als Konzept solitaristisches Denken tendenziell unterstützt, dann bleibt die Reflektion von Komplexität in diesem Bereich eine ständige Herausforderung: „the relationship between diversity and heritage needs to be managed carefully" (Harrison 2013, 164). Jede Diskussion über kulturelles Erbe muss auf ausschließende Tendenzen untersucht werden: „Any discussion of heritage must be tested for claims that might exclude or disempower others." (Harrison 2013, 230) Es gilt „contested cultural heritage" (Silverman 2011, 1) als solches zu beschreiben, ausgeschlossene Aspekte der Vergangenheit wieder hervorzubringen („Recovering an excluded past"; Silverman 2011, 7) und „dissonant heritage" (Tunbridge/Ashworth 1996), „the multi-vocality of many heritage values and meanings" (Smith 2006, 11), explizit in den Vordergrund zu stellen. Der Identitätsfokus des Konzepts ‚Kulturerbe' und der Respekt vor Komplexität widersprechen einander tendenziell. Will man diese Art der öffentlichen Vermittlung der Vergangenheit weiter betreiben, ist es notwendig, den Fokus auf das zu lenken, was über Identität hinausgeht und unseren eigenen Horizont übersteigt – in einer *psychēs periagōgē* (Platon, *Politeia* 521c), einer geistigen Wende, von der *Identität* zur *Komplexität*. Der Identitätsfokus ist ein Eindeutigkeitsfokus, der stets droht, konkurrierende Ansprüche auszuschließen, Geschichte zu vereindeutigen, feste Pakete für die organisatorische Grammatik zu packen, den *impérialisme du même* zu befördern, in Senschen Solitarismus, das Herausheben *einer* Identität von vielen, zu verfallen. Dies ist einer der Gründe, warum Walter Benjamin im ‚Kulturgut' immer auch die Barbarei sieht (Benjamin 2011, II, 960). Geschichte kann, wie er sagt, nur „durch die Aufweisung des Sprungs" in ihr (Benjamin 1991, V,1, 591), den Aufweis von Komplexität, gerettet werden. Die diachrone Reduktion von Komplexität hingegen führt zur synchronen Selbstreduktion.

Die kritische Funktion des Speichergedächtnisses

Neben dem Aspekt des *contested heritage* lässt diese diachrone Reduktion einen zweiten Aspekt außer acht: Auch wo es nicht um streitende Parteien geht, tendiert das kulturelle Erbe zur Vereinfachung, das kulturelle Gedächtnis zur Zementierung von Bekanntem und Verabsolutierung des täglich Gebrauchten. Aleida Assmann hat hier die Unterscheidung zwischen Funktions- und Speichergedächtnis „im Sinne zweier komplementärer Modi der Erinnerung" eingeführt:

> „Das bewohnte Gedächtnis wollen wir das *Funktionsgedächtnis* nennen. Seine wichtigsten Merkmale sind Gruppenbezug, Selektivität, Wertbindung und Zukunftsorientierung. Die historischen Wissenschaften sind demgegenüber ein Gedächtnis zweiter Ordnung, ein Gedächtnis der Gedächtnisse, das in sich aufnimmt, was seinen vitalen Bezug zur Gegenwart verloren hat. Dieses Gedächtnis der Gedächtnisse schlage ich vor, *Speichergedächtnis* zu nennen." (Assmann 2010, 134)

Dem alltäglich für das Gegenwartsbild benötigten Geschichtsbild, dem repräsentativen Funktionsgedächtnis, das sich auch in der Auffassung des ‚kulturellen Erbes' manifestiert, steht das Speichergedächtnis gegenüber, das jenseits dieser funktional definierten Positionen steht und sowohl die materielle Überlieferung als auch ihre Erforschung einschließt.

Im Rahmen dieser Konzeption stellt Assmann die kritische Funktion des Speichergedächtnisses heraus, das einer identitären Monumentalisierung des Funktionsgedächtnisses entgegenwirkt:

> „Mit dem Funktionsgedächtnis ist ein politischer Anspruch verbunden bzw. wird eine distinkte Identität profiliert. Das Speichergedächtnis bildet den Gegenpart zu diesen verschiedenen Perspektivierungen des kulturellen Gedächtnisses. Was es zu leisten vermag, wird dort am deutlichsten, wo es in toto kontrolliert oder abgeschafft ist, wie in totalitären Gesellschaften. [...] Das Speichergedächtnis kann als Reservoir zukünftiger Funktionsgedächtnisse gesehen werden [..., als] eine grundsätzliche Ressource der Erneuerung kulturellen Wissens und eine Bedingung der Möglichkeit kulturellen Wandels. Ebenso wichtig ist die Bedeutung des Speichergedächtnisses für die Gegenwart einer Gesellschaft als Korrektiv für aktuelle Funktionsgedächtnisse." (Assmann 2010, 140)

Das Speichergedächtnis sei ein „latentes Reservoir von ungebrauchten Möglichkeiten, Alternativen, Widersprüchen, Relativierungen und kritischen Einsprüchen" (140). Die Funktion des Speichergedächtnisses ist es, gerade den Blick über das *hinaus* zu ermöglichen, was bekannt und anerkannt ist. Die Einrichtungen des Speichergedächtnisses, ob bewahrend oder forschend, wirkten der Versuchung entgegen, die eigene Identität zu monumentalisieren:

> „die Kunst, die Wissenschaft, das Archiv oder das Museum. Die in diese Domänen eingebaute Distanz versperrt in der Regel einen unmittelbaren instrumentellen Identifikationsbezug. Gerade um dieser Distanzierung willen ist die Bedeutung des Speichergedächtnisses für die Gesellschaft so wichtig; es bildet als Kontext der verschiedenen Funktionsgedächtnisse gewissermaßen deren Außenhorizont, von dem aus die verengten Perspektiven auf die Vergangenheit relativiert, kritisiert, und nicht zuletzt: verändert werden können." (141)

Das kritische Potential des Dokuments, das subversive Potential des Unikats (in Zeiten ubiquitärer Reproduktion), die Entdeckung im Archiv, die innovative wissenschaftliche Analyse beugen so der „Gedächtniserstarrung" (140), der Vereindeutigung und Monumentalisierung vor: „ein vom Speichergedächtnis abgekoppeltes Funktionsgedächtnis verkommt zum Phantasma" (142). Entsprechend betont Assmann zu Recht, dass für eine funktionierende Gesellschaft beide Formen des Gedächtnisses notwendig sind, das Identität schaffende Funktionsgedächtnis und das kritische Speichergedächtnis: „In Schriftkulturen existieren beide Formationen, und es hängt für die Zukunft der Kultur viel davon ab, daß sie auch unter neuen medialen Bedingungen nebeneinander erhalten bleiben." (141)

Die Gedächtnismetapher hat jedoch eigene Nachteile – so ist sie z. B. ebenfalls auf Identität fokussiert (vgl. Assmann 2010, 18) und erleichtert zu sehr die Rede von der Notwendigkeit des Vergessens, die zum Verzicht auf die Bewahrung von Kulturgut verführt (die Vor- und Nachteile verschiedener Überlieferungsdiskurse habe ich in Schüller-Zwierlein 2015 erörtert). Auch hier ist eine – in Assmanns Konzeption des kritischen Speichergedächtnisses bereits vorgezeichnete – konzeptuelle Wende von der Identität zur Komplexität notwendig. Kulturelles Gedächtnis ist dann am meisten wert, wenn es uns nicht bestätigt, sondern hinterfragt: „Wer einen Text verstehen will, ist vielmehr bereit, sich von ihm etwas sagen zu lassen." (Gadamer 2010, 273) Daher ist zu fragen, ob neben den Konzepten des kulturellen Gedächtnisses, des kulturellen Unterbewusstseins und der kulturellen Traumata auch die erwähnte Vorstellung eines *kulturellen Gewissens* einen Nutzen hat. Ein solches kulturelles Gewissen – institutionalisiert in Einrichtungen, die die Komplexität der kulturellen Überlieferung erhalten – wäre nicht nur Mahnung im Sinne etwa der Erinnerung an den Holocaust, sondern auch Warnung vor all zu einfachen Präfigurationen und Selbstmythisierungen (s. Blumenberg 2014), vor der Vereindeutigung, Monumentalisierung und Instrumentalisierung der Vergangenheit, vor der synchronen Selbstreduktion durch die diachrone Reduktion von Komplexität. Die Auszeichnung des ‚Speichergedächtnisses' als kulturelles Gewissen würde den Respekt vor Komplexität als zentralen gesellschaftlichen Wert anerkennen.

Das kommunikative Kontinuum

Die diachrone Reduktion von Komplexität – etwa in der Vorstellung eines kulturellen Erbes – vernachlässigt jedoch noch einen dritten Aspekt, das kommunikative Kontinuum des Lebens mit- und nacheinander, und befördert so die synchrone Selbstreduktion. Bei Platon steht neben der Gefährdung des Denkens durch eine Vielzahl von Anfälligkeiten auch immer die Gefährdung des Denkers/der Denkerin im Vordergrund. In seinen kriegsumtobten Zeiten wurde besonders deutlich, wie eng das Leben mit- und das Leben nacheinander verbunden sind, wie schnell das erstere in zweiteres umschlägt. Der Moment des (drohenden) Todes – wie er etwa den *Theaitetos* dominiert – macht uns klar, dass synchrone und diachrone Zugänglichkeit, das Leben mit- und nacheinander, nicht voneinander getrennt behandelt werden können, sondern als kommunikativ vermitteltes Kontinuum zu sehen sind, das eine gemeinsame Sichtweise von Ethik und kultureller Überlieferung bzw. historischen Wissenschaften erfordert – oder, in Gadamers Worten, „wie wir einander, wie wir geschichtliche Überlieferungen [...] erfahren, bildet ein wahrhaft hermeneutisches Universum" (Gadamer 2010, 4). Geprägt durch die Kriegserfahrungen hat Platon die Tatsache, dass wir einander überleben, dass wir, in Derridas Worten, strukturell Überlebende sind (Derrida 2005, 54), die Bedrohung des Denkers/der Denkerin durch Gewalt und Tod, die Fragilität des synchronen wie des diachronen Zugangs, zu Hauptthemen seiner Dialoge gemacht. In gleicher Form hat die Erfahrung des Zweiten Weltkriegs zu einer intensiven Beschäftigung mit der Frage geführt, was nach dem Tode des Autors/der Autorin passiert, inspiriert von der platonischen Schriftkritik: Sartre (*Qu'est-ce que la littérature?*, 1948) spricht von den *cercueils* der Literatur, es folgen die Aufnahmen der Schriftkritik bei Blanchot (*La Bête de Lascaux*, 1958) und Levinas (*Totalité et infini*, 1961). Im Anschluss an diese Denker hat Jacques Derrida der Topos des verwaisten Buches aus der platonischen Schriftkritik sein ganzes Werk hindurch verfolgt, von *De la Grammatologie* (1967) und *La Dissémination* (1972) über *Feu la cendre* (1987), *Chaque fois unique* (2003) und *Béliers* (2003) bis hin zu seinem letzten Interview, *Apprendre à vivre enfin* (2005). Auch bei Arendt, Gadamer und Lyotard wird die Schriftkritik aufgenommen. Immer sind diese Überlegungen mit der Frage verbunden, wie ein Text ohne seine/n Autor/in interpretiert werden kann. Die *existentielle* Dimension dieser Frage ist in den literaturwissenschaftlichen Diskussionen der Postmoderne oftmals verlorengegangen – der ‚Tod des Autors' wurde nur noch metaphorisch verstanden (vgl. Burke 2011). Es ist jedoch von zentraler Bedeutung, sich diese existentielle Dimension wieder zu erschließen. Die Tatsache, dass wir einander überleben und dass somit das Leben miteinander und nacheinander eng verbunden sind, muss in ihren Konsequenzen noch klarer verstanden werden. Das Leben nacheinander wird bislang oft nur in den historischen Wissenschaften und nur retrospektiv betrachtet, prospektiv und strukturell jedoch nur in einzelnen Wissenschafts- und Praxisbereichen, etwa der Ökologie oder der intergenerationellen Gerechtigkeit (vgl. z. B. Birnbacher in Hollmann/Schüller-Zwierlein 2014). Die Betrachtung des Nacheinander (und damit der kulturellen Überlieferung) ist jedoch von fundamentaler gesellschaftlicher Bedeutung – aus zwei Hauptgründen, die sich aus den vorhergehenden Kapiteln ergeben: Erstens beeinflusst die Art des Nacheinander das Miteinander – die Erörterungen in Kapitel 10 mögen dies mit ausreichendem Gewicht belegen. Zweitens bilden Nacheinander und Miteinander ein Kontinuum, weil sie beide kommunikativ vermittelt sind und damit in vielem den *gleichen Anfälligkeiten*, der gleichen Fragilität des Zugangs unterliegen: Das synchrone und das diachrone Missverstehen hängen zusammen.

Platons Betonung der Notwendigkeit der *boētheia* für lebendige Dialogpartner/innen wie für Texte und der *scholē* als kognitiver Bedingung für das Schriftstudium wie für den Dialog hat (ebenso wie spätere Kapitel) deutlich gemacht, dass die Überwindung dieser gemeinsamen Anfälligkeiten identischer Kompetenzen – man könnte auch sagen, Tugenden – bedarf. Hierunter sind geistige ebenso wie praktische Kompetenzen zu verstehen. In unseren Untersuchungen von *boētheia* und *scholē* ist deutlich geworden, dass das Gelingen sprachlicher Kommunikation (und damit menschlichen Zusammenlebens, mit- und nacheinander) immer auch einen *ethischen* Kern, einen Kern richtigen oder guten Verhaltens hat. Der Moment des Todes, das Umschlagen in die Schrift, das wir beschrieben haben, macht uns erst auf diese Gemeinsamkeiten, diese gemeinsamen Schwierigkeiten und Anfälligkeiten, dieses kommunikative Kontinuum aufmerksam. Wir haben eine Reihe von Beispielen hierfür angeführt, beginnend bei der Bedrohung des Denkers durch den Tod im *Theaitetos* und den dortigen Schwierigkeiten, das Denken des Sokrates und des Protagoras zu rekonstruieren. Arendt hat den Nexus in dem Satz zusammengefasst, dass die Athener, die Sokrates anklagten, ihn auch vergessen hätten, hätte Platons schriftliches Zeugnis ihn nicht für die Nachwelt gerettet (Arendt 2016, 39). Derridas ‚schlimmer' Satz, dass man den Worten des/der Anderen vielleicht tiefer zuhört, wenn er/sie tot ist, zeigt in gleicher Intensität, wie eng Miteinander und Nacheinander verbunden sind und wie stark beides mit der aufgewandten Zeit für die Komplexität des/der Anderen zusammenhängt. Das Bild der Schriftkritik eines verwaisten, hilflosen, in gewissem Sinne aussageunfähigen Textes und die komplizierte Logik des/der Überlebenden (ob im *Theaitetos*, bei Derrida oder Lyotard) weisen uns *gleichzeitig* auf die Fragen hin, auf welchen Grundlagen wir eigentlich *gegenwärtige* Menschen zu verstehen meinen (oft beurteilen wir Menschen schon nach dem ersten Satz, nach der Nationalität oder Religionszugehörigkeit – wir erinnern uns an Dufourmantelles Aussage: „Aucune exhaustivité des pensées à voix haute ne viendra jamais tout dire d'un être." Dufourmantelle 2015, 81, und an Levinas' Artikulationen der Unendlichkeit des Individuums) und wie wir im gegenwärtigen Dialog Missverständnisse vermeiden können. Die gemeinsame Betrachtung von Menschen und Texten, von synchroner und diachroner Zugänglichkeit, der „rapports graphiques du vivant et du mort" (Derrida 1972, 73) und der Gefährdungen der gegenwärtigen Zugänglichkeit, des Umgangs mit der kulturellen Überlieferung und der Ethik, hat sich so, obwohl sie zunächst ungewöhnlich erscheint, Schritt für Schritt als sinnvoll erwiesen: Ob Platon, Levinas, Gadamer/Derrida, Lyotard oder Kunzru – die behandelten Texte zeigen in vielfältiger Weise die eigentümlichen Verbindungen zwischen Text und Person.

Unterstützer/innen einer einfachen Sicht der Schriftkritik übersehen Platons intensives Bewusstsein, wie schnell eine Person in Schrift umschlagen kann, und damit seine Einsicht in die *Notwendigkeit* der schriftlichen Überlieferung – Gadamer hat zu Recht in der Schriftkritik eher einen „Appell an den rechten Gebrauch der Schrift", „einen hermeneutischen Appell" gesehen (Gadamer 2001, 94); sie übersehen zudem die Einbettung der Schriftkritik in den breiteren *boētheia*-Diskurs (Hilfe kann nicht nur durch die Autorin/den Autor, sondern auch durch Andere, durch Leser/innen, erfolgen, und ist auch im *mündlichen* Dialog notwendig) und damit die Tatsache, dass, damals wie heute, das Sich-Zugänglichmachen von Texten verwandt ist mit Kompetenzen, die im Umgang mit Menschen erforderlich sind. Ebenso vernachlässigen jene Lesarten der Schriftkritik, die die Unabhängigkeit des Geschriebenen von der Intention des Autors/der Autorin als Positivum betonen, dass, was ein Text bedeutet, eben *doch dann* relevant ist, wenn es z. B. um die moralische Beurteilung einer Person geht. Schließlich beansprucht Derrida für den Text, was Levinas für die Person beansprucht – dass sie jede Interpretation transgredieren, dass sie *unendlich* sind. Allenthalben kommen wir so aus der engen Verbindung von Text und Person, aus dem kommunikativen Kontinuum des Mit- und Nacheinander, nicht heraus. Umso mehr gilt es deutlich zu machen: Lebendige Menschen *unterscheiden sich nicht* von toten Menschen. Mit dem Tod droht der Mensch, in Schrift, in ‚Geschichte' oder ‚Kulturerbe' umzuschlagen und vereindeutigt zu werden – eine Vereindeutigung, die sich *in nichts* von der synchronen Vereindeutigung unterscheidet (deren negative Konsequenzen wir beschrieben haben), da beide in einem sprachvermittelten kommunikativen Kontinuum stattfinden. Dies ist die Essenz von Platons *boētheia*: die Notwendigkeit der *Hilfe*, um Zugang zu ermöglichen, ist *beiden*, Text und lebendigem Mensch, gemein. Dies heißt aber auch: Wie jeder Mensch *diachron* in die *Schrift* umschlagen kann, kann jeder Mensch *synchron* in den *Begriff* umschlagen. Die Verwandlung von Menschen in (vereindeutigte, gleichformende) Begriffe findet bereits in der Gegenwart statt: „La neutralisation de l'Autre, devenant thème ou objet [...] est précisément sa réduction au Même." (Levinas 2016, 34) Das kommunikativ vermittelte Kontinuum von Vergangenheit und Gegenwart erfordert so für Schrift wie Mensch dieselben Kompetenzen (vgl. Kap. 12), die *boētheia* verbindet Überlieferung und Ethik.

Die Reduktion der Komplexität von Geschichte durch die Vernachlässigung des kommunikativen Kontinuums führt auch zum zunehmenden Vergessen der *Realität* der Geschichte. Geschichte ist als ‚kulturelles Erbe' auf Distanz gebracht: „Der Anspruch, den anderen vorgreifend zu verstehen, erfüllt die Funktion, sich den Anspruch des anderen in Wahrheit vom Leibe zu halten." (Gadamer 2010, 366) Das „Vorurteil gegen die Vorurteile" bedeutet „die Entmachtung der Überlieferung" (Gadamer 2010, 275). Was nur historisch verstanden wird, „wird aus dem Anspruch, Wahres zu sagen, förmlich herausgedrängt." (Gadamer 2010, 308) Hier bedarf es wiederum einer Betonung des Humanismus, der Realität und Kontinuität der *menschlichen* Geschichte jenseits faktensammelnder Geschichtsbücher und monumentaler Stätten. Dass jemand stirbt, heißt nicht, dass er uns nichts mehr zu sagen hat. Es geht darum, „sich von der Überlieferung angesprochen zu sehen" (Gadamer 2010, 287) und nicht als Überlebende/r Urteile ohne Widerspruch zu fällen: „le survivant qui ne parle plus à l'être qu'il juge" (Levinas 2016, 269). Auschwitz, Belzec, Treblinka, Sobibor sind drastische Beispiele, wie Zugänglichkeit verlorengeht und erhalten werden muss. Auch hier reicht es nicht, die bloße Stätte als Objekt zu erhalten – in zunehmender Ermangelung historischer Zeug/inn/en müssen Andere hier die *boētheia* für die mit ihnen verbundenen Menschen übernehmen, um ihre Botschaft, ihre Ansprache zugänglich zu halten. Die dauerhafte Zugänglichkeit der einzelnen Menschen in diesen Lagern, eine *Mindestzugänglichkeit*, ist von höchster Bedeutung – von Yad Vashems IRemember-Programm, den digitalen Erinnerungsaktionen des Auschwitz Memorial und der Namenstafel der Münchener Synagoge bis zu Gunter Demnigs Stolpersteinen, die die Realität der Geschichte durch direkte Konfrontation mitten im Alltag verdeutlichen. Das Vergessen der Realität der Geschichte ist eine Vereinfachung und Objektifizierung, die uns anfälliger macht für *gegenwärtige* Vereinfachungen, für den Angriff auf die Zukunft und das Überlesen der Lücken.

Unser Gegenwartspanorama zeigt so eine Gefährdung des Respekts vor der Komplexität der Geschichte in mehrfacher Hinsicht. Gleichzeitig erweisen unsere Untersuchungen die Erhaltung der Komplexität der Geschichte als zentrales Element menschlichen Zusammenlebens in der *Gegenwart*. Die diachrone Reduktion von Komplexität prägt synchrone Identitäten und zwischenmenschliche Beziehungen, sie führt zur *synchronen Selbstreduktion*. Die Fragilität des Nacheinander beeinflusst das Miteinander, die Zugänglichkeit zueinander. Die vorhergehenden Kapitel haben gezeigt, wie anfällig unsere Kultur ist – sowohl ihr materielles kulturelles Erbe als auch das immaterielle Erbe, etwa der Aufklärung oder des Holocaust. Kunzru, Orwell, Arendt, Lyotard und andere machen die Verstümmelung des Denkens deutlich, die durch die Kappung des Lebens nacheinander erzeugt wird, den Zusammenhang zwischen der Auslöschung des kulturellen Gedächtnisses und der Auslöschung von Individualität und Differenzierungsfähigkeit. Wer die Mechanismen des Umschlagens in Schrift, Begriff, Erbe und vereindeutigtes Produkt nicht wahrnimmt, wer die Ansprache der Überlieferung nicht ernst nimmt und das kommunikative Kontinuum nicht als solches akzeptiert, verliert den Sinn für die Realität der Geschichte und behandelt Menschen auf der Grundlage von Begriffen. Zum Respekt für die Komplexität der Menschen gehört der Respekt für die Komplexität der Geschichte.

Der abschließende Teil der fünften Kritik unserer Gegenwartsdiagnose, der Kritik der Reduktion von Komplexität, hat uns vor Augen geführt, dass die Komplexität der Geschichte durch eine Reihe von Faktoren und Entwicklungen in Gefahr ist – zusätzlich zur Vielfalt ohnehin vorhandener Prozesse der diachronen Unzugänglichwerdung (z. B. materiellen oder technischen; s. Hollmann/Schüller-Zwierlein 2014). Er hat gleichzeitig die zentrale Bedeutung der Komplexität der Geschichte für gegenwärtige Identitäten und zwischenmenschliche Beziehungen sowie die unentbehrliche Funktion eines kritischen Speichergedächtnisses, eines kulturellen Gewissens herausgearbeitet. Zugänglichhaltung von Kultur und von Menschen füreinander hängen zusammen: „Informed tolerance toward our total legacy is a necessary condition of enhancing the present and enabling the future." (Lowenthal 2015, 22) Mündigkeit zeigt sich nur im Leben mit Komplexität, mit dem, was über unser eigenes Urteil hinausgeht, entgegen der „lying world of consistency which is more adequate to the needs of the human mind than reality itself" (Arendt 1976, 353). Die Kontinuität der ‚westlichen' Identität bleibt nur gewahrt, wenn wir uns von ihrer Tradition *hinterfragen* lassen, wenn wir uns ihr öffnen, um von ihr – wie Alkibiades von der ‚Schlange' Sokrates – an der empfindlichsten Stelle gebissen zu werden. Verkommt Kultur zum fixierten Kulturgut, ist das ‚Abendland' als Tradition der Selbsthinterfragung verschüttet, Oberfläche und Extremismus haben gesiegt. In der Kraft des kulturellen Gewissens, uns zu beschämen (und uns so davor zu bewahren, unsere Freiheit auf Kosten Anderer ungehemmt auszuleben), in der *aischynē*, liegt der zentrale Punkt einer Geschichte, eines Narrativs, das mit Platon beginnt. Mit dieser Einsicht endet unser Abschnitt zum Respekt vor der Komplexität der Geschichte ebenso wie die Kritik der Reduktion von Komplexität.

Fünf Kritiken, Scham und Mündigkeit

Wir haben im vorliegenden Gegenwartspanorama anhand von drei aus Platons Schriften entlehnten Konzepten – *boētheia*, *scholē* und Respekt vor Komplexität – versucht, kognitiv und ethisch problematische Aspekte der Gegenwart herauszuarbeiten, und haben hierbei *fünf Kritiken* formuliert: *die Kritik des sofortigen Verstehens, die Kritik der organisatorischen Grammatik, die Kritik der Transparenz, die Kritik des einseitigen Lesens und die Kritik der Reduktion von Komplexität*. Diese Kritiken identifizieren Gegenwartstendenzen, die die menschliche Zugänglichkeit im Mit- und Nacheinander behindern und bedrohen. Wie die drei platonischen Konzepte eng zusammenhängen – wer verstehen helfen will, muss sich Zeit nehmen und offen für Komplexität sein –, so sind auch die fünf Kritiken eng miteinander verbunden. Die von ihnen kritisierten Tendenzen treffen sich in der Vorstellung *der organisatorischen Grammatik des Einteilens, Zählens, Holens und Bringens*.

Die Kritik an der Objektifizierung zwischenmenschlicher Beziehungen hat eine lange Tradition. Ausgehend von Marx' Kritik am Fetischcharakter der Ware hat der Marxismus des frühen 20. Jahrhunderts in der *Verdinglichung* ein wichtiges verwandtes Motiv herausgehoben (vgl. Lukács 1923/1967; Jaeggi/Stahl 2011; Thompson 2020). Die Verwandlung einer menschlichen Beziehung in ein austauschbares Warenobjekt mit bezifferbarem Wert wirke sich – so Georg Lukács – auf andere Lebensbereiche aus und bewirke „das verdinglichte Bewusstsein" (Lukács 1923/1967, 105), das weitmöglichst alle Fragen durch die Abgrenzung und Quantifizierung von Objekten beantworte. Diese Verdinglichung durchdringe „sämtliche Lebensäußerungen der Gesellschaft" (96) und greife in alle Lebensbereiche ein. Die Tatsache, „daß das Prinzip der rationellen Mechanisierung und Kalkulierbarkeit sämtliche Erscheinungsformen des Lebens erfassen muß" (103) und alles „rationalisiert, quantifiziert, kalkulierbar" (191) sein müsse, führe zur „Verdinglichung aller menschlichen Beziehungen" (18–19), der Mensch werde „ebenfalls dementsprechend rationell zerlegt" (101). Die Nähe von Lukács' Argumentation zu unseren Betrachtungen zur Berechenbarkeit und Quantifizierung, etwa bei Turing oder Mau, ist offensichtlich. Er skizziert ebenfalls die Gefahr der Selbstreduktion auf entsprechende Kategorien, die die Reduktion von Anderen impliziert: „Der Warencharakter der Ware, die abstraktquantitative Form der Kalkulierbarkeit [...] wird also für das verdinglichte Bewußtsein notwendigerweise zur Erscheinungsform seiner eigentlichen Unmittelbarkeit, über die es – als verdinglichtes Bewußtsein – gar nicht hinauszugehen trachtet" (105). Er hebt zudem die ethischen Folgen dieses Denkens, „den entmenschten und entmenschlichenden Charakter der Warenbeziehung" (104) heraus. Einige der Gegenwartsanalysen in diesem Kapitel bauen auf diesen marxistischen Analysen auf: Rosa und Castells etwa sehen neben der Informationstechnologie den Kapitalismus als stärkste Triebkraft.

Es ist jedoch von zentraler Wichtigkeit, deutlich zu machen, dass hier *weit mehr* als nur eine Kapitalismuskritik notwendig ist. So hat der Marxismus in der *Verdinglichung* zwar einen wichtigen Aspekt herausgehoben. Unsere Analyse in den vorhergehenden Kapiteln hat derweil gezeigt, dass vereindeutigende, objektifizierende Tendenzen im zwischenmenschlichen Bereich eine *Vielfalt* von Ursprüngen und Ursachen haben, die über kapitalistische Gesellschaften hinausgehen und bereits bei Platon zentral untersucht werden. Hierbei spielen fehlerhafte Vorstellungen von Sprache, Sprachverhalten und sprachlicher Bedeutung ebenso eine Rolle wie mangelnde Zeit, technologische Entwicklungen, Konzepte wie Information und Transparenz, oder die vereinheitlichenden Bestrebungen totalitärer Regimes. Ebenso wenig hat der Marxismus die vielfältigen Dimensionen und Auswirkungen dieser Verführung des Denkens ausreichend beschrieben, insbesondere nicht die synchron-ethischen und die diachronen Konsequenzen und deren engen Zusammenhang (das leichte Umschlagen in Schrift, Begriff, Produkt bzw. Ware, Information und Erbe). Unser Gegenwartspanorama hat, aufbauend auf den vorigen Kapiteln, versucht, diese größeren Tendenzen, die sich in der Dominanz der organisatorischen Grammatik zeigen, deutlich zu machen. Das Konzept der organisatorischen Grammatik erweist sich als aussagekräftige *Oberkategorie* für Gegenwartsaspekte wie Quantifizierung, Informatisierung, Verdatung, Vereindeutigung, Fixierung der Semantik (im Gegensatz zu Aushandlung, Interpretation und *différance*), Berechenbarkeit, Beschleunigung, identitären Solitarismus, Thematisierung (*thème*), Aufmerksamkeitsökonomie, kulturelles Erbe und, schließlich, Verdinglichung. Sie setzt die vereindeutigenden Tendenzen der modernen Wirtschaft und Informationstechnologie in einen breiteren, multikausalen Kontext und ermöglicht die Wahrnehmung weitreichender und komplexer kognitiver und ethischer Konsequenzen. Die Schattenseiten der organisatorischen Grammatik, ihre umfassende Bedrohung der sprachvermittelten zwischenmenschlichen Zugänglichkeit, ihre jahrtausendealte Geschichte und ihre gleichzeitige tiefliegende Verankerung in der Informationsgesellschaft haben wir in aller Deutlichkeit aufgezeigt. Besonders plastisch ist schließlich der fundamentale, multidimensional wirkende Gegensatz der organisatorischen Grammatik zum platonischen Konzept der *boētheia* hervorgetreten, das sich als zentrale und zukunftsweisende ethische Kategorie herausgestellt hat: Es zeigt, dass eine Kritik vereindeutigender, verdinglichender Tendenzen nicht „vom Wunschbild ungebrochener [...] Unmittelbarkeit" (Adorno 1966, 365) inspiriert sein muss, sondern vielmehr, als *ethisches* Prinzip, darauf hinweist, dass ein Mensch immer mehr ist als ein Begriff, dass eine sprachliche Äußerung immer mehr ist als ein erstes Verständnis, dass zwischenmenschliche Verständigung Gesprächstugenden und Sprachhandeln *jenseits* der Information erfordert.

Unser Gegenwartspanorama deutet damit über die Gegenwart hinaus. Zeiten des wachsenden Radikalismus machen zwar besonders deutlich, dass es nicht selbstverständlich ist, sich zu verstehen. Dass unsere Zugänglichkeit für andere Menschen jedoch *permanent* bedroht ist, ist eine platonische Erkenntnis, die in ihrer Tragweite durchaus anderen ‚Revolutionen' menschlichen Selbstbewusstseins in der Geschichte gleichkommt. Platons Erkenntnis unterliegt allerdings unglücklicherweise eben jenen Mechanismen, die sie selbst beschreibt, sie ist ihrerseits ständig von Vergessen und Unzugänglichkeit bedroht, ihre Äußerung (wie alle sprachlichen Äußerungen) stets von der Verdinglichung in den Begriff. Begriffe – die Instrumente der täglichen Handhabe, der notwendigen organisatorischen Grammatik – sind laufend in Gefahr, vereindeutigt und verabsolutiert zu werden und ohne Nachdenken in gleicher Weise auf nur ähnliche Phänomene, insbesondere auf *Menschen* angewendet zu werden. Das Umschlagen in die Schrift macht diesen Umstand nur besonders deutlich. Im Zusammenspiel von Platon und Wittgenstein zeigt sich in aller Klarheit: Ob schriftlich oder mündlich, ob diachron oder synchron, Sprache kann nicht einfach als Lexikon mit fest codierter Bedeutung verstanden werden, sondern ist ein Aushandlungsinstrument, eine zwischenmenschliche *Praxis*, in der man sich selbst und gegenseitig Hilfe, *boētheia*, beim Verstehen leistet. Viele unserer Gespräche bestehen in solcher Hilfe: Dem/der Anderen helfen auszudrücken, was er/sie meint, und dem/der Anderen helfen zu verstehen, was ich meine. Gespräche bestehen in gegenseitiger Hilfe – und gegenseitigem Respekt, Raum-Lassen und Ermutigung. Wissen über das, was jemand sagen will, kann es – so scheint es etwa im

Theaitetos – unmöglich geben, wenn er/sie es nicht erklärt. Ein einzelner gefallener Satz, ein nur kurz anwesender Mensch, ein nur einmal gelesenes Buch – sie sind, platonisch gedacht, hilflos, nicht befragbar. Nur wiederholte Befragung, gegenseitige Hilfe, ungeteilte Aufmerksamkeit und zeitloses Zuhören machen wirkliche Zugänglichkeit möglich. Die gegenseitige Hilfe zum Verstehen ist eine Grundtätigkeit des Menschen, deren Vernachlässigung – als unilaterales Verstehen – zu Gewalt führt. Vor der *boētheia* gibt es kein Verstehen (es sei denn auf dem Level von Wittgensteins Bauarbeitern). Menschen müssen sich aufeinander zuarbeiten, ihre Sprache kalibrieren. Zugänglichkeit ist nicht selbstverständlich. Die Arbeit an der Zugänglichkeit ist täglich erforderlich. Die Sorgfalt beim Verstehen des/der Anderen hat etwas mit der Sorge für den Anderen/die Andere zu tun. *Boētheia* ist eine existentielle Notwendigkeit – eine Grundkategorie menschlichen Zusammenlebens.

Sprache ist stets in Gefahr, von der Sprachhandlung ins Objekt umzuschlagen. Verschiedene der behandelten Denker/innen haben jedoch deutlich gemacht, dass dies nicht nur beim Sprachverstehen der Fall ist, sondern dass die gesamte Person in der Perspektive der/des Anderen stets in Gefahr ist, in Eindeutigkeit und Verabsolutierung zu verfallen, und dass für wirkliche Zugänglichkeit diese Person ebenfalls der Hilfe bedarf: Nach Arendt tritt man gerade im sozialen Umgang als eine konsistente Person auf, die man allein nicht ist – und leistet sich so selbst Hilfe zur Verständlichkeit. Sen zielt eher darauf, dass auch im Sozialen jede Person viele Aspekte und Rollen haben kann – dementsprechend kann auch hier der erste Eindruck bzw. eine einfache Kategorisierung nicht ausreichen. Dufourmantelle hat die notwendige Rolle des Geheimnisses erläutert – hier findet sich bei jeder Person etwas, das über unseren Eindruck hinausgeht. Levinas schließlich sieht die Unzugänglichkeit als Ausgangszustand, in dem jede/r sich durch Präsenz weitere Hilfe jenseits der Erscheinung leisten muss – mit *assister à sa propre présence* verändert er Platons *boētheia* subtil: Nicht nur Worte müssen unterstützt werden, sondern die reine Präsenz bedarf als Erstwahrnehmung durch den Anderen/die Andere der Hilfe, Erläuterung, Unterstützung, Verteidigung. Jenseits einer idealen Dialogsituation ist somit in *jeder* Situation das Aufbrechen der vereindeutigenden Thematisierung notwendig, ansonsten droht permanent die Herrschaft der Gewalt. Im Begriff der *boētheia* treffen sich Text und Mensch – beide brauchen Hilfe, um verstanden zu werden, beiden tut man unrecht, wenn man sofortiges Verstehen voraussetzt. Das Umschlagen in Schrift, Begriff, Ware, kulturelles Erbe, *thème* etc., diachron wie synchron, ist die grundsätzliche Bedrohung des Zugangs, die in der Notwendigkeit der *boētheia* verkörpert ist.

Angesichts des sehr grundsätzlichen Charakters der beschriebenen zwischenmenschlichen Verhältnisse sollte ausreichend deutlich geworden sein, dass diese Probleme nicht *technisch* gelöst werden können. In der entgegengesetzten Entwicklung der Denkansätze von Wittgenstein und Turing – auch jenseits der konkreten Diskussion im Jahre 1939 – zeigen sich vielmehr grundlegende Fragen unserer Zeit, die Grenzen der Sprache, der Bedeutung und des Verstehens, die Fragilität des Zugangs zueinander über Sprache. Weil *boētheia* eine zwischenmenschliche Grundkategorie ist, entfaltet die Vorstellung von Transparenz und Automatisierbarkeit der Sprache, wie sie das Computerzeitalter verbreitet, zerstörerische Wirkung. *Die Informationsgesellschaft beruht im Kern auf einer fehlgeleiteten Konzeption der Sprache.* Die Orientierung am Konzept der Information signalisiert Unidirektionalität und Unilateralität, wo Kooperation unabdingbar ist, und ignoriert die Notwendigkeit des richtigen *Kommunikationsverhaltens* – der Bedeutungs- und Meinungskalibrierung im Dialog –, die Bedeutung des richtigen Leseverhaltens, die Bedeutung von *Zeit* (*scholē*), die Bedeutung des richtigen Umgangs mit Komplexität, den Respekt vor der Vielfalt der Sprachspiele, die vielfältigen synchronen und diachronen Dimensionen der Unzugänglichkeit von ‚Information'. Sie beschränkt sich auf die Rhetorik des Einteilens, Zählens, Holens und Bringens, auf die organisatorische Grammatik. Die Ausweitung der organisatorischen Grammatik auf Sprache und damit auf den Menschen ist jedoch grundsätzlich fehl am Platze. Bedeutung ist nicht hartcodiert – zumindest nicht zwischen Menschen. Dies bedeutet auch, dass durch (maschinelle) Übersetzung zwar Verstehen unterstützt, der Bedeutung erst aushandelnde Dialog zwischen Menschen aber nicht ersetzt werden kann. *Menschliche Sprache darf nicht auf nicht-menschliche reduziert werden.* Es geht nicht nur um das *Sprachverstehen*, sondern um das *Sich-Verstehen in der Praxis der Sprache*.

Sprache ist grundsätzlich hilfsbedürftig. Die Berechnung, was jemand wahrscheinlich meint, kann nie das Gespräch ersetzen, in dem er/sie erläutert, was sie/er meint. Denn die Berechnung orientiert sich an Produkten und Ergebnissen, sie lässt Faktoren wie Kümmern, Respekt, Interesse, Raum lassen, ebenso außer acht wie die Entwicklung von Meinungen und die Kalibrierung von Bedeutungen im Gespräch – Bedeutung ist nicht komplett präexistent, sie wird *miteinander* erarbeitet. Um menschenähnlicher zu werden, müsste eine Maschine nicht nur mit dem spezifischen Sprach- und Verhaltenskorpus trainieren, das sie imitieren soll – sprich: sie müsste mit in der Familie leben und sich auf sie eintrainieren, sowie auf diverse andere Communities, die um sie herumgruppiert sind; sondern sie müsste vor allem die Hilfsbedürftigkeit der Sprache realisieren, von einem fixen Konzept der Ordnung und Kategorisierung weggehen und Offenheit ebenso suchen wie Entscheidungen und Abgeschlossenheit. Wir sind hiervon weit entfernt. Dass Maschinen uns ‚verstehen', mag für praktische Zwecke von Nutzen sein; dass wir uns *gegenseitig* verstehen, dass alle *Menschen* den Aushandlungscharakter von Sprache bzw. Sprach*praxis* verstehen, ist jedoch deutlich wichtiger. Menschen, die Sprache handhaben, müssten sich der Verführung der Vereindeutigung und der Fragilität des zwischenmenschlichen Zugangs bewusst werden: Die Komplexität von Sprache und Sprachverstehen ist so hoch, dass man eine Person nicht nach einem Satz verurteilen kann. Die Objektifizierung sprachlicher Bedeutung zeigt sich so auch als ethische Frage. Das im *Age of Access* vermittelte einfache Bild des Sprachverstehens als Informationsaufnahme bewirkt letztlich auch eine Tendenz in Richtung des einfachen Beurteilens von Menschen, es ist unilateral, wo Bilateralität notwendig ist. Wie die Sprache braucht auch die menschliche Existenz Hilfe und leidet durch Unilateralität. Der Bewegungspfeil der Information geht immer nur in eine Richtung, gedacht wird *Lieferung* statt gemeinsamer Entwicklung, Interaktion und Aushandlung. Das Bild der Informationsaufnahme ist damit sehr nahe an der Arendtschen Gedankenlosigkeit. Vor diesem Trend hatte uns die Diskussion zwischen Wittgenstein und Turing am Anfang unseres Computerzeitalters gewarnt. Die gegenwärtige Debatte um algorithmische Berechenbarkeit, maschinelles Sprachverstehen und Künstliche Intelligenz hat hieraus jedoch nicht die notwendigen Konsequenzen gezogen und lenkt ebenso wie die bequeme Einrichtung der Informationsgesellschaft von den schwerwiegenden ethischen Problemen des menschlichen Sich-Verstehens ab.

Fortschritte in diesem Bereich sind letztlich bei den *Menschen*, nicht bei den Maschinen anzustreben (allein das Konzept ‚des' – technischen – Fortschritts, um das wir unsere Kultur zunehmend zentrieren, ist bereits Teil des Diskurses der organisatorischen Grammatik). Hierzu bedarf es der Förderung einer Reihe von Kompetenzen und Tugenden – diesem Aspekt und seiner institutionellen Umsetzung werden wir uns im letzten Kapitel dieses Buches zuwenden. Das Training von Kompetenzen ist jedoch nicht ausreichend, wenn man sich nicht der *grundlegenden Motivation* bewusst wird, die die Verführung der Vereindeutigung so stark macht und die Fragilität des Zugangs bedingt. Wenn ich mir keine Zeit nehme zu verstehen, was jemand gesagt hat, und warum er/sie es gesagt hat, wenn ich nicht ihm/ihr und mir in der Verständigung helfe und wir uns aufeinander zuarbeiten, wenn ich nicht einmal darauf komme, dass sie/er es anders gemeint haben könnte, als ich es verstanden habe, oder dass ich nicht ausreichend weiß, um das Gesagte beurteilen zu können, dann beginnt Gewalt. Dennoch wünschen sich viele Menschen eine Welt, die sauber in Begriffe wie in Plastiksäckchen verpackt ist. Die Wissensgesellschaft ist nicht immer eine des Wissen*wollens*. Viele äußern sich anonym – eine getwitterte Meinung braucht man nicht mehr zu hinterfragen, man ist sie ja losgeworden, ist entlastet, setzt sich keinem Gespräch aus. Kognitive und emotionale Entlastung scheint zu einem Hauptfokuspunkt geworden zu sein. Versenkung in Computerspiel oder

Handy lässt uns nicht mit uns selbst allein. Informationsdruck und Ablenkungsangebot, Gewohnheits- und Erleichterungskonsum halten uns davon ab. Als ob wir uns selbst nicht ertrügen, „als wartete irgend etwas in den Menschen selbst auf jene Entlastung von der Autonomie, die alles meinte, was in Europa einmal zu achten und zu erhalten war." (Adorno 1971, 46) Ebenso scheint sich die Menschheit durch transhumanistische Technologievisionen erlösen zu wollen, anstatt sich selbst zu reformieren – den technischen Fortschritt erledigen ja Andere, für den menschlichen müsste man hingegen an sich selbst arbeiten. Dabei sind die zu lösenden Probleme immer wieder menschliche, nicht technische. Und schließlich halten wir die Komplexität der Geschichte von uns fern durch die Monumentalisierung und Vereindeutigung als ‚kulturelles Erbe' oder ‚historisches Phänomen'. Ablenkung, Entlastung, Vereinfachung und Vereindeutigung sind jedoch letztlich *Schutzimpulse*.

Dass unilaterales Verstehen ein Schutzmechanismus ist – Schutz davor, dass der/die Andere recht haben könnte –, hatte bereits Gadamer formuliert: „Der Anspruch, den anderen vorgreifend zu verstehen, erfüllt die Funktion, sich den Anspruch des anderen in Wahrheit vom Leibe zu halten." (Gadamer 2010, 366) Die Furcht davor, dass etwas über unseren eigenen Horizont, über die eigene Kontrolle hinausgeht, prägt diese Tendenzen der Gegenwart, die die organisatorische Grammatik universalisieren und die Bereitschaft zur *boētheia* schwinden lassen. Wie Appadurai diagnostiziert, hängt Gewalt auch mit Unsicherheit zusammen (Appadurai 2006, 7). Die Objektifizierung und Vereindeutigung der organisatorischen Grammatik ist ein Schutzmechanismus gegen die ‚Bedrohung' der Hinterfragung und gleichzeitig Ermöglicher jeglicher Gewalt. Hinter der Angst davor, dass der/die Andere recht haben könnte, dass sie/er über unseren Horizont, über unser Verständnis hinausgehen könnte, hinter all dem, was wir in den fünf Kritiken analysiert haben, erblicken wir jedoch ein einziges zentrales Motiv. Denken wir zurück an Platons Alkibiades (vgl. *Symposion* 215e ff.): Hinter all dem von uns Kritisierten liegt die *Scham*, die Furcht vor dem Abgrund des eigenen Nichtwissens. Es ist letztlich die *aischynē*, die Scham vor geistigen Haltungen, die Scham, vom Anderen (bzw. der Anderen) korrigiert zu werden, die den Dialog verhindert. So wird lieber oberflächlich Abschluss geschaffen als gar keinen Abschluss zu haben oder das eigene Nichtwissen zu offenbaren. Dies ist die wichtigste Quelle der Vereindeutigung und die wichtigste Ursache der Fragilität des Zugangs. Am Grunde der Gewalt liegt also die Scham – das Schicksal des Sokrates ist hierfür nur ein Beleg, aber ein nicht geringer. Erst wenn wir das eigene Nichtwissen gelassen denken können, sind wir für die Andere/den Anderen offen.

Hannah Arendt hat in ihrem letzten Werk – am Übergang in die Schrift – geschrieben: „Thinking [...] is not a prerogative of the few but an ever-present faculty in everybody; by the same token, inability to think is not a failing of the many who lack brain power but an ever-present possibility for everybody" (Arendt 1978, I, 191). Die Bedrohung des Denkens, die Fragilität des Zugangs geht jeden einzelnen Menschen täglich an. Denn Gewalt beginnt im Denken. Arendt begann ihre Untersuchung mit der Fragestellung, was es genau an unserem Denken ist, das zu Gewalt führt: „If there is anything in thinking that can prevent men from doing evil, it must be some property inherent in the activity itself, regardless of its objects." (Arendt 1978, I, 180) Unsere Kritik der Informationsgesellschaft hat gezeigt, dass unser Denken vor allem durch *eine falsche Vorstellung der Sprache* anfällig ist, welche von eindeutigen Begriffen und sofortigem Verstehen ausgeht und die *essentielle* Hilfsbedürftigkeit der Sprache – und damit der Menschen – ignoriert. Wenn Denken ein sprachbasierter innerer Dialog ist, dann ist *boētheia* ein notwendiger Teil des *Denkens* ebenso wie des menschlichen *Zusammenlebens*. Mit ihrer Vorstellung einseitig abrufbarer, fertig zuhandener, eindeutiger Information und ihrem Glauben an feste, eindeutige Begriffe gleicht die Informationsgesellschaft Platons Höhle, wo Menschen mit festgestellten Köpfen auf Schattenbilder schauen. Sie bedarf einer Wendung des Geistes (*psychēs periagōgē*, *Politeia* 521c) hin zur Erkenntnis der Sprach*praxis*, der Notwendigkeit der Aushandlung von Bedeutung, des helfenden *Verständigungsprozesses* als Grundsituation des Menschen, jenseits der Unilateralität. Wenn jede Eindeutigkeit Mehrdeutigkeit potentiell gewaltsam ausschließt und Zugang verstellt, müssen wir lernen, mit Unsicherheit, Mehrdeutigkeit, Komplexität zu leben. Diese wahre Mündigkeit bedarf einer erneuten Aufklärung, bei der Platon, „the child of a time which is still our own" (Popper 2011, 186), ein guter Führer ist: Die platonischen Dialoge bestehen zum Großteil aus dem Aufweis von den eigenen Denkansatz übersteigender Komplexität – dieser Aufweis der Komplexität macht jeden Dialogteilnehmer zu einem besseren Menschen, ja *beschämt* ihn oft genug. Die Dialoge demonstrieren, dass Zugänglichkeit Arbeit bedeutet, wiederholte und mühsame Arbeit, damit Menschen sich in Worten treffen, damit die Worte des/der Anderen in mein Leben eingreifen können, damit wir für Komplexität jenseits des eigenen Horizonts zugänglich werden. Das Prinzip der *boētheia* definiert das Annehmen der Komplexität des *anderen Menschen* als ethischen Grundsatz. So wie Lukács die Bewusstwerdung der Ware „über sich selbst als Ware" (Lukács 1923/1967, 190) gefordert hatte, ist auch eine Bewusstwerdung der Vereindeutigung und ihrer Schattenseiten notwendig. Menschliche Mündigkeit ist das Bewusstsein der Fragilität des Zugangs und der Notwendigkeit der *boētheia* – dies ist Platons zentrale Botschaft an die Gegenwart. Im Gegensatz zur überhandnehmenden organisatorischen Grammatik steht die *Mündigkeit*, mit dem zu leben, was über unsere Kontrolle hinausgeht, mit der Komplexität der Realität, der Mehrdeutigkeit der Sprache, der Aushandlung von Bedeutung und der Unendlichkeit des/der Anderen. Diese Mündigkeit allein ermöglicht Zugänglichkeit für Andere, auch *in* der Einrichtung der Informationsgesellschaft. Die Hilfsbedürftigkeit der Sprache als menschliches Grundfaktum anzuerkennen, ist ein wesentlicher Schritt in eine bessere Welt.

12 Geistige Resilienz: Die gesellschaftliche Bedeutung von Bibliotheken und Geisteswissenschaften

Eine Reaktion auf die beschriebenen Zustände darf nicht ausbleiben: *Wenn Sprache hilfsbedürftig ist, dann strebt die Informationsgesellschaft in die Unmenschlichkeit.* Es besteht gesellschaftlicher Handlungsbedarf. Wichtig ist hierbei die *zeitliche* Dimension: Dieser permanenten Gefahr kann man nicht mit einer einmaligen Lösung, einem heilenden Produkt begegnen. Wenn Zugänglichkeit laufend bedroht ist, Kultur und Komplexität immer wieder verloren gehen, wenn Wissen verschwindet (*lēthē gar epistēmēs exodos*; *Symposion* 208a) und Information permanent der Vereindeutigungs- und Manipulationsgefahr unterliegt, muss dauerhafte Widerstandsfähigkeit, *Resilienz*, gegen diese Kräfte aufgebaut werden (zum Konzept der Resilienz vgl. Fathi 2019; Fröhlich-Gildhoff/Rönnau-Böse 2019; Nida-Rümelin/Gutwald 2016; Sedmak 2013). Der diachrone Begriff der Resilienz steht hierbei den diachronen Begriffen Okklusion und Fragilität gegenüber: Er bezeichnet eine Widerstandsfähigkeit, die kein einmaliges Produkt ist, sondern *über die Zeit hinweg* existiert: „Resilienz [bedeutet], in der Lage zu sein, die eigene Praxis als Ganze kohärent zu halten und sie gegenüber äußeren und unerwarteten Störungen durchzuhalten." (Nida-Rümelin/Gutwald 2016, 254) Diese diachrone Resilienz muss eine geistige, eine *kognitive* ebenso wie eine *ethische* sein, jenseits technischer Infrastrukturen, fundiert auf dem Bewusstsein der laufenden Verwundbarkeit, der permanenten Fragilität, der dauerhaften Okklusionsbedrohung, auf der

> „Einsicht, dass resilient nicht die Person ist, die nicht berührt und verletzt werden kann, sondern die Person, die um die eigene Verwundbarkeit weiß [...]. [...] Verwundbarkeit ist die Einsicht, dass das, was unsere Identität ausmacht, beschädigt oder zerstört werden kann. [...] Epistemische Resilienz ist die [...] Kraft, eingedenk der eigenen Verwundbarkeit mit Druck auf Identität und Integrität umgehen zu können." (Sedmak 2013, 34)

Nur eine Gesellschaft, die um die Bedrohungen eines nicht nur „beschädigten" (Adorno 2001), sondern *immer wieder beschädigbaren* Lebens weiß, ist resilient: „La liberté consiste à savoir que la liberté est en péril." (Levinas 2016, 23)

Gesellschaftliche Resilienz beruht auf der Resilienz ihrer Individuen (vgl. Fathi 2019, 87 ff.). Als Leitfigur kann hier wiederum Sokrates dienen, dessen kognitive und ethische Resilienz (*karteria*, *Symposion* 219d, *karteria ... tēs pychēs*, *Laches* 192b) gegenüber Alkibiades' Verführungskünsten ebenso besteht wie gegenüber den Schrecken des Krieges, der Bedrohung des Denkers oder den Verführungen des Begriffes. Wie kann eine Gesellschaft die geistige Resilienz ihrer

Individuen fördern – und dies dauerhaft, da Zugänglichkeit permanent bedroht ist, und Komplexität und Kultur laufend wieder verloren gehen? Wie können resiliente *Praktiken* gefördert werden, die dauerhaft die Gegenwart für die Zukunft und die Menschen füreinander offen halten (denn wie Aristoteles sagt, hat noch keine ethische *Theorie* die Menschen in der Breite besser gemacht; *Nik. Eth.* X. ix.3–7)? Um resiliente Praktiken zu befördern, bedarf es einerseits entsprechender *Kompetenzen* bzw. *Tugenden*, die als dauerhafte Befähigungen diachron richtiges Handeln ermöglichen. Andererseits bedarf es entsprechender *Institutionen*, die als dauerhafte Körperschaften diese Kompetenzen fördern, resiliente Praktiken dauerhaft ermöglichen – und die selbst resilient gegenüber gesellschaftlichen Einflüssen sind, u. a. indem sie *außerhalb* der Logik der organisatorischen Grammatik liegen. Wenn Denken und zwischenmenschliche Zugänglichkeit permanent bedroht sind, dann muss es Institutionen geben, die widerstandsfähig *sind* und *machen* gegen kognitive und ethische Okklusion, damit Unzugänglichkeit nicht die Oberhand gewinnt: „[L]a liberté humaine se réfugie de sa propre trahison dans les institutions" (Levinas 2016, 270). Moderne demokratische Gesellschaften verfügen über eine Reihe von Institutionen, die in diesem Bereich wirksam sind. Nicht immer wird hier jedoch der *diachrone* Aspekt der Resilienz berücksichtigt. Das vorliegende Buch hat Verbindungen zwischen diachroner und synchroner Zugänglichkeit, zwischen dem Mit- und dem Nacheinander herausgearbeitet. Auf der Grundlage dieser Verbindungen sieht es *Bibliotheken* und *Geisteswissenschaften* in einer besonderen strukturellen Verantwortung, kognitive und ethische Resilienz zu fördern. Die notwendigen Kompetenzen und institutionellen Eigenschaften sollen in diesem abschließenden Kapitel beschrieben werden.

Bibliotheken und Resilienz

Beginnen wir mit den Bibliotheken. Traditionell oft als bloße Bücherspeicher missverstanden, erscheinen sie heute vielfach als reine Informationsinfrastrukturen, die Medien zur Nutzung bereitstellen, als sekundäre Unterstützungsstrukturen, als technische Apparaturen und Liefermechanismen, nicht als kulturelle Akteure. Diese objektbasierte, mechanische Sicht vernachlässigt jedoch *die unverzichtbare gesellschaftliche Rolle von Bibliotheken als Vermittler von resilienten Kompetenzen und als Schutzraum für resiliente Praktiken*. Bibliotheken eignen sich hierfür in besonderem Maße, weil im kommunikativen Kontinuum die erforderlichen Kompetenzen für Menschen und für Texte miteinander verbunden sind: Bibliotheken machen nicht nur Texte für Menschen zugänglich, sondern auch Menschen für Texte (und damit füreinander). Die spezielle Natur der Bibliothek als Raum, ihre Eigenschaft als Schutzraum für resiliente Praktiken, ist eng mit der Vermittlung resilienter Kompetenzen verbunden – der Bibliotheksraum ist selbst ein wichtiger Faktor bei der Vermittlung dieser Kompetenzen. Sehen wir uns die Kompetenzen und Praktiken im Einzelnen an.

Die erste resilienzfördernde Kompetenz, die Bibliotheken vermitteln, ist die *Informationskompetenz*. Ziel der Vermittlung ist es, dass Informationssuchende Menge und Art der benötigten Informationen beurteilen und sich effizient und effektiv Zugang verschaffen können, dass sie Informationen kritisch beurteilen, ausgewählte Informationen aufnehmen und zur Erreichung ihrer Ziele einsetzen können, und dass sie ökonomische, rechtliche und soziale Implikationen der Nutzung von Information verstehen und berücksichtigen (vgl. ACRL 2000, 2–3). In den letzten Jahren hat sich das Verständnis von Informationskompetenz zudem über die Recherche hinausbewegt in Richtung weiterer Fertigkeiten, z. B. des Umgangs mit Urheberrechten, Forschungsdaten oder Formen des Publizierens. Jenseits einzelner Fertigkeiten ist Informationskompetenz ist jedoch zuallererst *Respekt vor Komplexität*: Informationskompetenz erkennt z. B. an, dass Informationssuche ein iterativer, nicht-linearer, abwägender und urteilender Prozess ist, dass es eine Vielzahl von Informationen und Informationswegen gibt, die verstreut und nicht alle einfach zu finden sind, die von unterschiedlicher und teils schwer beurteilbarer Qualität sind, die alle nur Teilaspekte desselben Phänomens abdecken und sich gegenseitig widersprechen können, dass jedes Medium einen anderen Zugriff bietet, und dass es umfassende, oft schwer sichtbare technische und inhaltliche Lücken gibt. In dieser Form, als Respekt vor der Komplexität der Medien- und Informationslage, ist Informationskompetenz eine zentrale Grundlage für kritisches, unterscheidendes und hinterfragendes Denken: „Media and information literacy has become an essential competence as it is the starting point for developing critical thinking" (HLG 2018, 25).

Seit Anfang der 2000er Jahre verstehen Bibliotheken die Vermittlung von Informationskompetenz verstärkt als Kernaufgabe (vgl. Sühl-Strohmenger 2017; Schüller-Zwierlein 2017b). Internationale Standards haben hierbei die Arbeit maßgeblich beeinflusst (vgl. ACRL 2015, 2000). Auch Förderorganisationen und Entscheidungsträger realisieren zunehmend, dass Informationskompetenz in einer immer mehr vom Medienkonsum beeinflussten Gesellschaft von herausragender Bedeutung ist (vgl. HRK 2012). Methodik und institutioneller Rahmen der Vermittlung haben sich stark ausdifferenziert: Als besonders effektiv hat es sich erwiesen, die Vermittlung von Informationskompetenz im Sinne einer Schlüsselqualifikation als regulären Teil von Studiengängen einzubauen. Daneben gibt es ein breites Spektrum bibliothekarischer Angebote – von eTutorials und Online-Vorlesungen bis zu persönlichen Beratungen und praktischen Übungen. In den letzten Jahren ist jedoch die gesellschaftliche Bedeutung der Informationskompetenz gegenüber der direkten Relevanz für den Studienerfolg in den Hintergrund getreten. Es ist daher von besonderer Bedeutung, dass ihre gesellschaftliche Relevanz stärker herausgestellt und die Vermittlung von Informationskompetenz, als Kerngeschäft der Bibliotheken, über das Bisherige hinaus auf *alle* Dimensionen der Unzugänglichkeit von Information erweitert wird. Denn Information kann für uns in einer Vielzahl von Hinsichten unzugänglich sein, physisch, wirtschaftlich, sprachlich, psychologisch, technologisch, geographisch etc.: So sind etwa Informationszugänge und Informationskompetenzen sehr ungleich verteilt (vgl. Schüller-Zwierlein/Zillien 2012). Die Lesefähigkeiten variieren ebenso enorm (vgl. Schüller-Zwierlein 2017a) wie das Informationsverhalten (vgl. Wilson 2010). Zudem ist Information laufend vom Unzugänglichwerden über die Zeit hinweg bedroht (vgl. Hollmann/Schüller-Zwierlein 2014). Es ist nicht leicht, zwischen Information, Desinformation, Fehlinformation und Werbung zu unterscheiden (vgl. HLG 2018; Siegert et al. 2017). Unser Zugang zu Information wird bestimmt durch die verschiedensten Ausgangspositionen, Einschränkungen und Notwendigkeiten (vgl. Kerkmann/Lewandowski 2015). Gewählte Informationsquellen und mediale Zugänge, Informationsziele und -prozesse entscheiden mit über unseren Informationsstand und darüber, wie und wie lange Informationen präsent bleiben. Informationssuche muss iterativ, adaptiv und multimodal sein, um entsprechende Ergebnisse zu erbringen. Die Liste der zu vermittelnden Kompetenzen ist lang und bedarf ständiger Arbeit. In ihrem Zentrum muss jedoch – so zeigt das vorliegende Buch – ein Bewusstsein der *Grenzen und Schattenseiten des Konzepts der Information* selbst stehen.

Eine eng verwandte resiliente Kompetenz, die Bibliotheken vermitteln sollten, ist die *Textkompetenz* (*textual awareness*; Shillingsburg 2017, 3 ff.) als Respekt vor der Komplexität der textlichen Lage: Sie betrifft die Vielfalt der *Textformen* und *Zugriffsformen* über verschiedene *Textmedien*. Ziel der Vermittlung ist die Erkenntnis, dass – jenseits aller bereits skizzierten Verständnisschwierigkeiten – das bloße Vorliegen *einer* Textform nicht zum Verständnis ausreicht. Die Komplexität der Textformen ist enorm und durch eine Vielzahl von Einzelphänomenen gekennzeichnet. Zentral ist dabei die Erkenntnis, dass die Textform ‚eines' Textes über die Zeit hinweg variiert und ‚derselbe' Text in einer Vielzahl von Formen vorliegt. Dies beinhaltet Varianzen im Text ebenso wie in der Editionsweise und damit der Zugriffsform auf den Text: „Die [...] miteinander konkurrierenden Editionen und Editionstypen sind zahlreich und ihr Anspruch, ihr Niveau und die sie unterscheidenden Merkmale nicht immer leicht zu erkennen. [...] Wissenschaftliche, verlegerische, wirtschaftliche und kulturpolitische Aspekte sind dabei zu berücksichtigen" (Plachta 1997, 11). Wie hat etwa ein/e Herausgeber/in auf gänzlich unterschiedliche überlieferte Textfassungen reagiert – hat er/sie sie in seiner/ihrer Ausgabe zusammengemischt (konflationiert) oder nur eine der Textfassungen publiziert? Editorische Entscheidungen beeinflussen als kuratorische Handlungen (vgl. Bleeker/Kelly 2018, 194) die Aussage von Texten enorm – oft muss man erst jahrelang mit einem Autor, einer Autorin arbeiten, bis man die Bedeutung und die Grenzen der einen oder anderen Textfassung realisiert. Auf einen Kanon überlieferter Texte kann man sich oft nicht verlassen: So beruht beispielsweise ein Großteil der Rezeption von Maurice Halbwachs' Klassiker *La Mémoire collective* auf einer verstümmelten Version – das Werk wurde erst 1997 in einer in 1000 Stellen geänderten kritischen Edition publiziert (Halbwachs 1997). Ähnliche Veränderungen, oder zusätzliche Tiefendimensionen, treten bei vielen kanonischen Werken auf (vgl. z. B. Benjamin 2012). Einige Werke liegen nur in Manuskriptsammlungen vor, bei denen der Herausgeber/die Herausgeberin eine *eigene* Reihenfolge oder Auswahl bestimmen muss (etwa bei vielen von Wittgensteins ‚Werken'), oder sind aus Mitschriften von Hörer/inne/n entstanden (wie Wittgensteins LFM; vgl. Klagge 2019). Auch Lücken bei der Publikation von Manuskripten beeinflussen die Rezeption: So wurde mit *Präfigurationen* (Blumenberg 2014) posthum ein zusätzliches Kapitel des Werkes *Arbeit am Mythos* (1979) publiziert, das Blumenberg als zu politisch weggelassen hatte. Diese Art der – teilweise vom Autor bzw. der Autorin geplanten – posthumen Veränderung bekannter Werke aus dem Nachlass kann die Sicht auf das ganze gedruckte Werk verändern (vgl. Benne 2015). Eine Lektüre der betreffenden Texte ohne Respekt vor der Komplexität der textlichen Lage geht also fehl – die gedruckte Ausgabe ist oft eine Objektifizierung, sie ist nicht einfach als ‚Information' rezipierbar, sondern bedarf der Hilfe durch den/die tiefergehende/n Leser/in. Diese Beispiele machen zudem deutlich, dass mit der Digitalisierung der einen oder anderen Textfassung ohne Textkompetenz wenig gewonnen ist – die reine Digitalisierung ist vielmehr in Gefahr, als unreflektierte Kuratierung zu einer reduktiven Kanonisierung beizutragen. Das digitale Format kann jedoch gerade genutzt werden, um in vernetzten Editionen die Komplexität der textlichen Lage zu verdeutlichen, etwa indem Varianten und Textgenese dynamisch nachvollzogen und mit digitalen Faksimiles verglichen werden können (vgl. Driscoll/Pierazzo 2016). Die Etablierung solcher Mechanismen (gemeinsam mit den Geisteswissenschaften), die bibliographische Erfassung der textlichen Komplexität sowie die Vermittlung der entsprechenden Textkompetenzen sind wichtige bibliothekarische Tätigkeitsfelder.

Neben der Varianz der textlichen Gestalt ist jedoch auch die Vielfalt der *Textmedien* und damit der Zugriffsformen Gegenstand der Textkompetenz. Jedes Textobjekt kann etwas anderes und verändert unseren Zugriff auf den Text. Die grundsätzliche Komplexität von textuellen bzw. Informationsobjekten habe ich in Hollmann/Schüller-Zwierlein 2014, 15–79, ausführlich analysiert. D. F.

McKenzie hat „the discipline that studies texts as recorded forms" klassisch definiert:

> "In these quite specific ways, it accounts for non-book texts, their physical forms, textual versions, technical transmission, institutional control, their perceived meanings, and social effects. It accounts for a history of the book and, indeed, of all printed forms including all textual ephemera as a record of cultural change, whether in mass civilization or minority culture" (McKenzie 1986, 4–5).

Materialität und Funktionalität des Textmediums sind mit entscheidend für das Verständnis des Textes, die Kenntnis der jeweiligen Marktsituation und des Herstellungsprozesses tragen zu einem Verständnis bei. Sehr speziell erscheinende Disziplinen wie Buch- oder Editionswissenschaft können uns zu einem breiteren Verständnis eines medialen Funktionalismus führen, der Forschungen zu *embodied cognition* bzw. *extended mind* (Medien als Denkobjekte) ebenso berücksichtigt wie Erkenntnisse der Mediologie (der Untersuchung von soziokulturellen Praktiken und Gebrauchsweisen; vgl. Debray 2001). Im ‚digitalen Zeitalter' sind die notwendigen Kompetenzen noch einmal komplexer geworden: Was ein digitaler Text ist, ob er mit denselben Verstehensweisen und Zugriffsformen erschließbar ist wie ein physisch fixierter Text, wie eine digitale kulturelle Überlieferung funktionieren kann, wie Geisteswissenschaften dauerhaft mit digitalen Texten arbeiten – diese Diskussionen sind bei weitem noch nicht abgeschlossen (vgl. z. B. Treleani 2017; Bachimont 2017; Meunier 2018). Zur Textkompetenz gehört hier jedoch auch die Erkenntnis, dass digital genutzte Texte oft auf physischen Erstformen basieren. Jede dieser Medienformen hat Eigenschaften, Funktionen und kulturelle Gebrauchsformen, die erkenntnisrelevant und erhaltenswert sind. Auch hier ist die Gefahr der nivellierenden Kanonisierung bestimmter Darstellungsformen stets im Auge zu behalten: In vielen Fällen bleibt bei innovativen Zugriffen und neuen Erkenntnissen die Zugänglichkeit der *Ausgangsmedien* notwendig. Dauerhafte digitale Zugänglichkeit relevanter Information ist auf die permanente Existenz *physischer* Originale ebenso angewiesen wie auf ein funktionales System der digitalen Langzeitarchivierung (ein eigener, hochkomplexer Bereich). Ein Zugriff nur über eine Medienform ‚überliest' andere Zugriffsformen und damit Bedeutungen – ein Bewusstsein für diese Komplexität gehört zur Textkompetenz, für historische Medien ebenso wie für aktuelle. Bibliotheken können diese resiliente Kompetenz durch ihr umfassendes Spektrum verschiedener Medienformen am besten vermitteln.

Eine eng verwandte resiliente Kompetenz ist die *Lesekompetenz*, deren Bedeutung wir bereits skizziert haben. Sie involviert – entsprechend dem medialen Funktionalismus – die Wahl des richtigen *Lesemediums* (bzw. Lesemedien) für den jeweiligen Zweck, die Wahl der jeweiligen *Lesestrategie* für das jeweilige *Le-*

seziel sowie die Beachtung von Quelleninformationen (*sourcing*) und die Fähigkeit zur Arbeit mit multiplen Quellen (*multiple-documents literacy*); darüber hinaus beinhaltet sie auch ein Bewusstsein der Bedeutung von *Lesetugenden*. Wir haben bereits deutlich gemacht, dass Lesen nicht gleich Lesen ist, sondern ein kaum abschließbares Spektrum an kognitiven Prozessen und Interaktionen mit Informationsobjekten involviert (vgl. Schüller-Zwierlein 2017a). Daher ist das bewusste, selbstregulierte Leseverhalten (vgl. Philipp/Schilcher 2012), von größter Bedeutung:

> "Reading is a complex activity that involves both automatic skills and conscious strategic thinking [...]. [...] Being fully competent in reading requires being able to process a text at any of these levels using strategies to meet one's goals, making deliberate, goal-oriented efforts to control one's own behavior, examining one's own reading actions, modifying these actions and/or revising reading goals. In other words, competent readers can self-regulate comprehension." (Minguela et al. 2015, 722)

Die Wahl des *Lesemediums* gehört ebenfalls zu den Entscheidungen, die ein/e Leser/in zu treffen hat (vgl. Britt et al. 2018, 117–143) – jedes Medium kann etwas anderes. Daneben beinhaltet die Lesekompetenz die bewusste Beherrschung verschiedener Lesestrategien. Der Effekt von Lesestrategien und Lesezielen auf die Verarbeitung und Erinnerung textlicher Information wird in der Wissenschaft zunehmend untersucht. Diese „Strategien können sowohl vor dem eigentlichen Lesen zum Einsatz kommen [...] als auch nach dem Lesen" (Philipp 2015, 57). Die Vielfalt der Leseprozesse, -strategien und -modi einzutrainieren und die Abstimmung der Strategie auf die Ziele der eigenen Arbeit einzuüben ist ein Bildungsprozess, der Texte erst zugänglich macht, erweitertes Verstehen und Merken ermöglicht. Die Vermittlung eines grundlegenden Repertoires an Strategien für verschiedene Leseziele sollte daher das Spektrum der Vermittlung von Informationskompetenz ergänzen. Ein bewusster Umgang mit Texten beinhaltet zudem den kritischen, vergleichenden Umgang mit multiplen Dokumenten und die Beachtung von Quelleninformation. Der Zugriff aus verschiedenen Perspektiven ist zentral im Zeitalter der schnellen Fake News. Die zunehmende Publikation verschiedenster Versionen von Geschehnissen erfordert umso tiefere Lese-, Prüf- und Meinungsbildungskompetenzen. Die schnelle Akzeptanz *einer* Meinung ist eine Reduktion von Komplexität. Über diese Kompetenzen hinaus spielen auch Lesetugenden wie das hartnäckige, wiederholte Lesen, die Prüfung auf mehrere Bedeutungen, auf Brüche und Aussparungen, sowie das helfende Nachvollziehen des vertretenen Standpunktes eine zentrale Rolle für die Vermittlung von Lesekompetenz. Schließlich sind auch *nicht-strategische* Lesepraktiken bzw. Lesegewohnheiten von hoher kultureller Bedeutung – nur so können neue Horizonte erschlossen, Meinungen herausgefordert und neue Ziele erkundet werden. Lesekompetenz ist somit für Bildungsprozesse von ebenso zentraler Bedeutung wie für die „Entwicklung kritischen Denkens" (E-READ 2019). Insbesondere ist jedoch auf die *gesellschaftliche* Bedeutung der Lesekompetenz hinzuweisen – unsere Arbeiten zu den *gemeinsamen* Kompetenzen für Texte und für Menschen haben diesen Aspekt umfassend belegt. Als anerkannte Leseorte und Lesezentren haben die Bibliotheken der Zukunft – gemeinsam mit den Geisteswissenschaften – eine zentrale gesellschaftliche Verantwortung, für das Training resilienter Lesekompetenzen (vgl. Douglas et al. 2016) zu sorgen – wie sie es im Bereich der Informationskompetenz schon heute tun.

Gemeinsam mit Informations-, Text- und Lesekompetenzen können und sollten Bibliotheken auch *Kompetenzen in Bezug auf die kulturelle Überlieferung* vermitteln, darunter vor allem ein Bewusstsein für ihre Vielstimmigkeit, ihre Lückenhaftigkeit und Schutzbedürftigkeit sowie für die laufend entstehende diachrone Unzugänglichkeit. Bibliotheken sind in diesem Sinne *das Gegenteil von kulturellem Erbe*: Sie bewahren und demonstrieren weitmöglichst die Vielstimmigkeit der Überlieferung, die allein ‚kulturelles Erbe' für jede Generation ist. Gedächtnisinstitutionen sind nur effektiv, wenn sie die vielfältige Tektonik der Identitäten und Deutungen deutlich machen, wenn sie Komplexitätskompetenz ebenso vermitteln wie ein Bewusstsein der Bedrohung der Überlieferung. So sichern sie die gesellschaftliche Gegenwart ab und helfen, Angriffe auf die Zukunft zu verhindern: „the preservation of information continues to be a key tool in the defence of open societies" (Ovenden 2020, 4). Wenn es die Tendenz totalitärer Regimes ist, die Vergangenheit der Gegenwart anzupassen und „to treat people as if they had never existed" (Arendt 1976, 442), dann kommt Bibliotheken eine besondere gesellschaftliche Rolle zu: Die Sicherung des kulturellen Gedächtnisses als kritische Pluralität, als kulturelles Gewissen, das die Hinterfragung der Gegenwart durch die Vergangenheit ermöglicht und *différends* aufspürbar macht: „Tout tort doit pouvoir être mis en phrases." (Lyotard 1983, 29). Bibliotheken wachen darüber, dass man diesen Stimmen helfen kann, und dass sie sich selbst helfen können. Nur ein Bewusstsein der Fragilität des Zugangs kann kulturelle Rezidive (Foessel 2019) verhindern. Wenn die Gegenwart laufend in Schrift umschlägt (wenn überhaupt in etwas), ist ihre Zugänglichhaltung für die Zukunft umso wichtiger: Die Berichte der KZ-Überlebenden erreichen uns heute noch mit voller Wucht. Ihre wenigen Stimmen *multipliziert* zu haben, ist ein Verdienst der Schrift. Texte sind ihrerseits Überlebende, die in uns eingreifen können.

Überlieferungskompetenz beinhaltet jedoch nicht nur ein Bewusstsein der Bedrohung des kulturellen Gedächtnisses, sondern auch ein Bewusstsein der Ubiquität der diachronen Unzugänglichwerdung: Information bleibt nicht zugänglich. Zu den vielfältigen synchronen Dimensionen der Zugänglichkeit kommen zahlreiche diachrone Dimensionen hinzu, Prozesse der *Unzugänglichwerdung*. Zugänglichkeit geht laufend verloren, muss laufend neu geschaffen oder erhalten werden. Hierbei ist Zugänglichkeit umfassend zu verstehen – sie schließt nicht nur die Bereitstellung von Information ein, sondern auch deren De-Facto-Nutzbarkeit. Wie die bloße Existenz eines Informationsobjekts nicht ausreicht, Zugänglichkeit zu schaffen, reicht auch dessen bloße Persistenz nicht aus, um Information zugänglich zu halten (vgl. Hollmann/Schüller-Zwierlein 2014). Daher ist eine systematische Sicht der beteiligten Prozesse – der *Formationsprozesse* der kulturellen Überlieferung (vgl. Schiffer 1996) – notwendig. Hierzu gehört das Bewusstsein, dass Überlieferung nicht nur objektbasiert ist, sondern auch immaterielle Anteile beinhaltet: Gebrauchsprozesse und Funktionen einzelner Objekte werden oft nicht mitüberliefert – auch eine Art der Waisenhaftigkeit. Entsprechend müssen die nötigen Kompetenzen permanent weitergegeben werden. Aus all dem wird klar: Das Bewusstsein der *Gefährdung* der Überlieferung muss laufend *mitüberliefert* werden. Wenn die Zerstörung der kulturellen Überlieferung auch die Zerstörung des kulturellen Gewissens ist, dann ist die Bewahrung der Überlieferung eine zentrale gesellschaftliche Aufgabe. Die Bedrohung des diachronen Zugangs spiegelt die des synchronen: Diachron wie synchron ist Zugänglichkeit zu schützen und immer wieder zu erarbeiten. Überlieferungskompetenz trägt zur Resilienz der gegenwärtigen Gesellschaft bei. Ihre Vermittlung ist eine unverzichtbare Funktion von Bibliotheken.

Es gibt jedoch auch Zugänglichkeits- und Resilienzkompetenzen, die in besonderer Weise mit der Bibliothek als Raum verbunden sind: Denn auch Räume haben kognitive und gesellschaftliche Funktionen – und, wie Medien, entsprechende Auswirkungen: „[E]nvironmental engineering is also self-engineering. In building our physical and social worlds, we build [...] our minds and our capacities of thought and reason." (Clark 2011, xxviii) Neben der „embodied cognition" ist auch die „situated cognition" (Robbins/Aydede 2008) relevant: Bibliotheken sind Räume eigener Art, die in einer Reihe von Hinsichten *Schutzräume* für resiliente Praktiken darstellen und gleichzeitig entsprechende Kompetenzen vermitteln helfen. In einem Zeitalter der organisatorischen Grammatik braucht es zunächst *Anfänge* – reservierte Räume, die uns *zeigen,* dass es überhaupt etwas jenseits dieser Grammatik gibt. Platons Begriff der *scholē* hat uns gezeigt, dass solche Zeit-Räume Bedingung und Medium der Erkenntnis sind – Räume, in denen wir uns Zeit nehmen: „Mußeräume sind anders. Sie sind Enklaven, die das normale Leben ausschließen und deshalb auf betonte Weise Räume sind." (Figal 2014, 26) Bibliotheken sind solche Zeit-Räume, sie laden ein, Zeit zu *reservieren* für Texte und Personen. Zeit reservieren heißt Raum dafür lassen, dass der Text mehr bedeutet als das erste Lesen erfasst – und die Person mehr als der erste Eindruck. Die Zeit der Bibliothek ist eine andere – nicht die Zeit des schnellen Urteils, sondern die der Offenheit und des tiefen Durchdringens, des überlegenden, wiederholten Überprüfens und des wohlwollenden Helfens. In Bibliotheken investieren wir Verstehenszeit. Sie sind zeitlos, weil sie den Ausstieg aus der Zeit fördern, als Orte mit eigenen Gesetzen, jenseits der organisatorischen Grammatik. Ausstiegskompetenz – *Mußekompetenz* im Sinne der *scholē* – ist der erste Schritt zur Resilienz.

Wer den Sog der organisatorischen Grammatik mit allen Konsequenzen verstanden hat, erkennt die gesellschaftliche Notwendigkeit eines solchen Freiraums, der die *scholē* als Erkenntnisbedingung instituiert, in dem Zeitdruck abwesend und die reine Widmung an einen einzigen Gegenstand erlaubt ist. Bibliotheken sind Schulen des *Zeitnehmens*: Ihre Räume machen deutlich, dass es mehr gibt, als der schnelle Zugriff erlaubt. Sie vermitteln, dass es nicht einfach ist, Zugang zu Texten zu gewinnen, sondern dass man ihn sich erst erarbeiten muss – dass es nicht einfach ist, einen klaren Gedanken zu denken, und man sich die Zeit nehmen muss, ihn herauszuarbeiten. Sie vermitteln, dass ein in vielen Jahren geschriebener Text nicht in Minuten rezipiert werden kann. Sie zeigen, dass Geschichte komplexer ist als ein Geschichtsbuch. Sie stellen sich damit der Beschleunigungslogik der organisatorischen Grammatik entgegen:

> „Jüngere Generationen werden sich auf nur langfristig sich entfaltende und hohe Vor-Investitionen erfordernde Praktiken nur dann einlassen [...], wenn sie durch stabile Vertrauensbeziehungen und verlässliche Vorbilder dazu ermutigt werden. [...] Kulturell erforderlich wäre daher die Einrichtung gleichsam staatlich geschützter ‚Entschleunigungsoasen' [...], innerhalb deren entsprechende Erfahrungen gemacht werden könnten." (Rosa 2005, 227)

Der Wert von Vor-Erfahrungen, Vor-Urteilen und Entwicklungen jenseits der eigenen Generation wird nur deutlich, wenn hierfür Zeit reserviert wird – mit hoher Vorab-Investition, ohne direkt abholbares Resultat – und wenn Räume existieren, die dies ermöglichen.

Die Antike sah mit *ascholia* und *scholē* zwei Lebensbereiche: die Zeit des notwendigen Lebensunterhalts, des geschäftigen gesellschaftlichen Lebens auf der einen, und die weltausschließende Fokuszeit auf der anderen Seite, die es ermöglicht, sich nur *einer* Sache zu widmen. Aristoteles hat dies überspitzt, indem er sagte, wir lebten in der *ascholia* – gemäß der organisatorischen Grammatik –, *um* von ihr frei sein und in der *scholē* der menschlichsten Tätigkeit nachgehen zu können, dem Leben des Geistes (*Nik. Eth.* X.vii.6). Man muss dies nicht so überspitzen, um zu erkennen, dass *beide* Lebensbereiche als solche ernstzunehmen sind: Die Regeln des einen Bereichs dürfen nicht in den anderen übergreifen. *Scholē* steht der organisatorischen Grammatik *gegenüber*. In ihr muss man nicht, zeitgetrieben, von fertig gepackten Paketen der Bedeutung ausgehen, sondern kann sich mit Zeit und Hilfe (*boētheia*) einen (gemeinsamen) Zugang erarbeiten. Die Bedeutung von Mußeräumen zeigt sich so in letzter Konsequenz als notwendig für eine gelingende menschliche Gemeinschaft. Nehmen die Regeln der organisatorischen Grammatik überhand, beginnt Gewalt. Die Schaffung von Zonen, in denen die temporäre Desynchronisation legitimiert ist, ermöglicht hingegen die offene Widmung nur auf einen Gegenstand oder eine Person hin, die Entspannung *von allem anderen*, die für geistige Höchstspannung *auf eines hin* notwendig ist. In einer Gesellschaft, die sich immer mehr den Bedingtheiten der organisatorischen Grammatik unterwirft, braucht es weltaus*-*schließende Orte der Unbedingtheit, in denen wir für *einen* Text, *ein* Gegenüber, zugänglich werden.

Neben der Mußekompetenz, der Kunst des Sich-Zeit-Nehmens, steht somit als zentrale resiliente Kompetenz die *Konzentrationskompetenz*, die Kunst der ausschließlichen Widmung. Während der Mensch, wie Thales' Brunnensturz verdeutlicht, prinzipiell überall zur Konzentration fähig ist, sind in Zeiten professionalisierter Ablenkung dennoch Orte notwendig, die Konzentration erleichtern und vor Ablenkung schützen. Bibliotheken sind solche Räume: Sie sind gesellschaftlich für bestimmte Tätigkeiten reserviert und bieten so einen fokussierenden Freiraum. Die ausschließliche Anwesenheit Gleichgesinnter, die statische Stille ihrer Bücherwände – Bibliotheken sind der einzige Ort, wo wir gemeinschaftlich still sind – haben auch im elektronischen Zeitalter die Funktion, Ablenkungen fernzuhalten. Denn der Urtyp der Information ist die Warnung vor Gefahr: Wir sind sehr anfällig für Interferenzen, reagieren auf jeden Zuruf. Dieser Impuls ist nur dort deaktiviert, wo sich die Umwelt nicht verändert und alle anderen Menschen dasselbe tun. Die verlässliche Absenz von anderen Informationen und Interferenzen ermöglicht das Eintauchen, das Vertiefen und Versenken. Bibliotheken sind Räume, in denen das Andere von uns abfällt. Sie umgeben uns schützend und erlauben weltersetzende Konzentration, fördern die Fähigkeit, für *eine* Sache empfänglich zu sein und nicht für viele. (Lesen ist wie einen Gast beherbergen: Wir geben jemand die Möglichkeit, sich bei uns niederzulassen, und widmen ihm unsere ausschließliche Aufmerksamkeit.) Sicher, es gibt weitere Orte, in denen eigene Gesetze gelten und in die der Besucher/die Besucherin eintaucht, um sich dort nur einem einzigen Zweck zu widmen – Kinos, Theater, Gottesdienste oder Schwimmbäder. Sie alle entlasten uns vom Alltagsleben und legitimieren uns, für eine Zeit nur in einen einzigen Bereich einzutauchen – als Ausnahme von der Regel, vom durchgetakteten Alltag der Pflichten und multiplen Aufmerksamkeiten. Die Nähe von Entspannung und Konzentration liegt im Abfallen der Welt und in der legitimen Absorption. Die Bibliothek unterscheidet sich jedoch von den genannten Institutionen: Bibliotheken tragen nicht nur durch das Abfallen von Welt zu unserer Resilienz bei.

Im Gegensatz zu Kinos etc. lassen sie uns *mit uns selbst allein* und fördern so den inneren Dialog; im Gegensatz zu Stätten, die uns ein Programm bieten, sind sie für selbstgesteuerte Aktivitäten reserviert. Bibliotheken sind Reservate der *eigenständigen* geistigen Beschäftigung, Schutzräume des Weiterdenkens, des Nachgehens von Denkwegen, sie halten dem, der tiefer eindringen will, den Rücken frei. Wer hier ist, ist zum tieferen Eindringen in Abstrakta da, jenseits der Anforderungen des konkreten Lebens. Wir haben gesehen, dass Denken ständig in einer Vielzahl von Hinsichten bedroht ist. Uns Freiräume zu schaffen, ist die erste Grundlage für klares Denken. Das Denken braucht Raum – Bibliotheken *sind* Freiräume, Schutzräume, die den inneren Dialog fördern, sie sind der einzig legitimierte *Denkraum*, den die heutige Gesellschaft bietet.

Mußekompetenz, Konzentrationskompetenz und Denkräume sind jedoch kein Selbstzweck. Erst Konzentration erlaubt es, den verstellten Zugang, die Komplexität im scheinbar Einfachen, die Mehrdeutigkeit im scheinbar Eindeutigen, zu entdecken. Dies gelingt nur, indem ein Gegenstand, eine Person, die Welt ersetzt, zur Welt *wird* und so in seiner/ihrer Komplexität aufscheint. Wir öffnen uns für ihre Komplexität, über die erste, einfache Wahrnehmung hinaus (der Begriff der Resonanz greift hier zu kurz; vgl. Rosa 2019). Dies heißt auch, dass Anderes von uns *abfällt*. Konzentration ist das Abfallen des Anderen, das An-die-Stelle-der-Welt-Treten, in einer zeitlosen Zeit. Bei Platon ist diese Art der Muße nicht nur eine Bedingung, sondern ein *Grundelement*, ein *Bestandteil* jeglicher Wahrheitsfindung, des Erkenntnisprozesses und des gegenseitigen Verstehens, ein Element, das außerhalb der organisatorischen Grammatik steht und mehr zählt als voreilige Ergebnisextraktion. Konzentrationskompetenz ist als Komplexitätskompetenz ein zentrales Element der Resilienz. Eine Gesellschaft, die Geld damit verdient, Menschen in geistiger Vollbeschäftigung zu halten, steuert in die entgegengesetzte Richtung. Daher gilt es Räume zu schaffen, die Menschen aus der Vollbeschäftigung herausnehmen und Konzentration ermöglichen. Die Möglichkeit, sich einer Sache oder Person ausschließlich zu widmen, potentiell unbegrenzt, in all ihrer Komplexität, braucht einen Schutzraum.

Denn der Druck des Alltags zwingt uns dazu, die meisten Umstände, Objekte und – leider – Menschen auf einfache Termini zu reduzieren. Die Vielzahl unserer Verantwortlichkeiten, der auf uns einstürmenden, Relevanz reklamierenden Informationen bringt uns dazu, die Komplexität des Lebens mithilfe der organisatorischen Grammatik zu ordnen. Was pragmatisch erforderlich ist, darf jedoch nicht Ausschließlichkeit beanspruchen. Wir müssen Zeiten und Orte finden, wo wir uns für die Komplexität von Dingen und Menschen öffnen, wo wir für sie und sie für uns zugänglich werden. Bibliotheken sind solche Orte: Wer in die Bibliothek kommt, reserviert Zeit für die Vertiefung in Komplexeres als das Alltagsleben, die Aufnahme der Komplexität dessen, was ein Anderer/eine Andere geschrieben hat (wofür sie/er sich Zeit genommen hat) oder was er/sie mit mir diskutiert. Bibliotheken sind Trainingsorte – jeder Versuch, einen Text zu verstehen, trainiert unsere Fähigkeit, in Komplexes einzudringen, hinter Worten mehr zu vermuten als auf der Seite steht, hinter einem Menschen mehr als auf den ersten Eindruck erscheint –, Orte, die dazu auffordern, Zeit mit Texten zu verbringen und sie nicht schnell zu konsumieren. Als Verteidiger des langen Textes signalisieren sie, dass es wert ist, sich zu vertiefen. Als Trainingsorte für Konzentration, Vertiefung, Hilfeleistung, Komplexität und für das Zeitnehmen vermitteln sie wichtige resiliente Kompetenzen, die die Zugänglichkeit im Miteinander und Nacheinander sichern.

Die Verknüpfung von *scholē* und *schola*, von Freizeit und Studium, hat immer wieder verwundert (zu Herleitungen vgl. Pieper 1958; Kalimtzis 2017, 2013). Es zeigt sich jedoch, dass es tiefe Verknüpfungen zwischen den Bereichen Konzentration und Erholung gibt. Weltersetzende Fähigkeit, Abfallen von Anderem ist für Konzentration ebenso wie für Entspannung nötig. Viele Menschen haben heute auch in der Freizeit keine Muße – sind ständig angesprochen und erreichbar. Ausschließliche Aufmerksamkeit hingegen ist auch zentral für die *Ent*lastung des Hirns, genauso wie Schlaf – sie entlastet von der *ascholia* der Welt. Konzentration ist keine Weltflucht – wie der Tag vor dem Fernseher oder das permanente Gaming, die in wechselnden bunten Reizen letztlich die Alltagswelt nur reproduzieren und uns so weder entspannen noch für Komplexität öffnen. Aufmerksamkeit ist *heilsam*, wenn sie wirklich solche ist, und nicht das Abfrühstücken unkomplexen Materials in schneller Folge, wenn man sich Komplexität öffnet – dies kann auch die Komplexität von etwas (vermeintlich) Einfachem sein, wie die eines Geruchs oder eines Baums. Die Eindrücke der Wanderung sind tiefer als der Tag vor dem Fernseher, weil sie komplexer sind, mit mehreren Tiefendimensionen pro Sinn (was riecht man? Klee? Gras?) und mit mehreren Sinnen (Wind, Sonne, Klee etc.). Das Gleiche gilt für die Widmung auf die Komplexität eines Gastes hin. Die Begriffe Freizeit und Hobby verharmlosen diese Verbindungen. Es geht darum, unser Leben systematisch dahingehend zu betrachten, wo wir uns auf *eine* Tätigkeit konzentrieren und in ihr versinken, und wo wir immer *Mehreres* im Blick halten müssen, wo wir offen sind für ‚Interferenzen'. Wo ist unsere Aufmerksamkeit vielfach verpflichtet, wo ruht sie auf *einem* Ziel? (Ist das Smartphone nun noch Freizeit?) Schwimmen, Sport, Wandern, Basteln u. a. m. sind solche Fokustätigkeiten – die allein deshalb schon das Hirn erholen und schärfen, weil sie es von Anderem entlasten. Je herausfordernder sie sind, desto stärker ist das Hirn fokussiert und gleichzeitig entlastet. Die Nähe von Konzentration und Erholung wird unterschätzt. In viele kurze News können wir uns nicht vertiefen – als machten wir im Urlaub Stippvisiten in zehn Orten nacheinander. Auch wenn ihre Neuigkeit unsere Aufmerksamkeit fordert, ersetzen sie nicht die Welt – weil sie nicht *unsere* werden. Ein Text, den wir kennenlernen, wird hingegen zu *unserer* Welt. *Scholē* und *schola* hängen hier ebenso eng zusammen wie Konzentration und Ethik, Text und Mensch. Hierfür sind Bibliotheken als gastgebende Institutionen notwendig, als geistige Leistungs- wie Erholungsräume. Dies mag der seit der Antike beliebten Aufschrift *psychēs iatreion* letztlich zugrundeliegen. Sie sollte Bibliotheken ermutigen, aktiv Konzentrationskompetenz und Konzentrationstechniken sowie den gesellschaftlichen Wert von Mehrdeutigkeit und Komplexität zu vermitteln.

Um dieses leisten zu können, müssen Bibliotheksräume entsprechend gestaltet werden. Entgegen gegenwärtigen Trends sind hierbei weder große Lesesäle noch gedruckter Präsenzbestand entbehrlich. Im Gegenteil, sie stellen auch in einem ‚digitalen' Zeitalter zentrale Funktionen einer Bibliothek dar: Neuere Forschungen zur „situated cognition" (Schilhab/Kuzmičová 2020; Kuzmičová et al. 2018; Kuzmičová 2016) haben gezeigt, dass die Lesesituation einen deutlichen Einfluss auf Leseprozesse und Konzentration hat – man liest nicht nur in Medien, sondern auch in Räumen. Hier spielt das gemeinschaftliche Lesen eine wichtige Rolle: Die ausschließliche Umgebenheit mit gleichfalls Lesenden im Lesesaal fördert die Fokussierung auf einen einzigen Zweck. Gleichzeitig ist die verordnete Stille hier wirksam: Um in Konzentration vorzustoßen, müssen wir uns – wie beim Einschlafen – der Situation anvertrauen. Die Stille der anderen Leser/innen, die statische Unveränderlichkeit der gedruckten Bücher lösen keine Warnreflexe aus und schaffen so ein Klima des Vertrauens, das kognitions- und konzentrationsfördernd ist. Eine solche Konzentrationsförderung ist digital nicht imitierbar. Die stille Dauer der gedruckten Bücher signalisiert den Wert der Dauer, des Zeithabens, die *scholē* als Erkenntnisbedingung. Ihre traditionelle Inszenierung als dominante Wissenswand umringt den Leser mit sichtbaren Symbolen geistiger Komplexität, die die Vielfalt der Meinungen, die Notwendigkeit der Informationskompetenz und des Zurückhaltens des eigenen Urteils signalisieren, den Respekt vor Komplexität. Dies steht im Gegensatz zur Suchzeile, die uns eine Antwort liefert und den Rest nur allzu gern verschweigt (nach 1000 Treffern endet unsere Suche, die meisten Menschen kommen gar nicht so weit). Genau zu finden, was man sucht, ist nicht alles – man muss auch auf das stoßen, was man *nicht* kennt, was einen hinterfragt. Es gibt keinen Ort außer großen Präsenzbibliotheken, der uns so stark mit der Vorhandenheit anderer Meinungen konfrontiert. Man muss Bibliotheken daher weiterhin entsprechend *inszenieren* – diese Anlage ist eine ihrer wesentlichen zivilisatorischen Funktionen. Präsenzbibliotheken sind Bühnen der Vielfalt, sie inszenieren die Notwendigkeit des Respekts vor Komplexität – und fördern so die Konzentration: Die Unendlichkeit der Fragen öffnet uns für die Notwendigkeit der Vertiefung. Weder Lesesaal noch Präsenzbestand sind somit obsolet. Bibliotheken bleiben zentral im Zeitalter der medialen Diversifizierung.

Allein durch ihre räumliche Strukturierung und Gestaltung können uns Bibliotheken aus zeitlichen Zwängen herausnehmen und Vertiefung fördern: Neben Lesesälen sind dementsprechend Rückzugsorte und Vereinzelungsmöglichkeiten vorzusehen. Beleuchtung, Schalldämpfung und Farbgebung sind wesentliche Gestaltungselemente, die gezielt auf kognitive Zwecke hin eingesetzt werden sollten, jedoch oft bei architektonischen Planungen keine ausreichende Rolle spielen. Darüber hinaus ist eine systematische Betriebspolitik notwendig: Bibliotheken sind deshalb der vorrangige Lernort der Studierenden, so belegen Befragungen, weil viele von ihnen sich zuhause einer Vielzahl von Ablenkungen ausgesetzt sehen. Aufmerksamkeit ist zu einer extrem knappen Ressource geworden. Umso mehr sollten Bibliotheken als ablenkungs-, werbe- und manipulationsfreie Zonen betrieben werden, als Orte, die die kontinuierliche Fokussierung auf einen Gegenstand ermöglichen und befördern. Es kann jedoch auch der Gegenüber sein, der meine ausschließliche Aufmerksamkeit verdient, den ich mir und dem ich mich zugänglich machen will. Bibliotheken müssen daher explizit auch Orte für die Konzentration auf den Gegenüber schaffen, Orte für die Vereinzelung zu zweit, die gemeinsame Ausschließlichkeit, die gegenseitige Hilfe – dedizierte Gesprächszonen verschiedenen Zuschnitts. Die Konstruktion idealer Gesprächssituationen hat philosophische Tradition – die Bibliothek *ist*, potentiell, eine ideale Gesprächssituation. Sie sollte die Rahmenbedingungen hierfür optimieren.

Konzentration wird jedoch auch durch körperliche Faktoren beeinflusst. Als vertiefungsfördernder Raum muss die Bibliothek ihre Nutzer/innen in den Stand versetzen, sich den ganzen Tag möglichst störungsfrei in ihr aufzuhalten – und Störungen können eben auch physische sein, wie Sokrates bereits beklagte (*Phaidon* 66d). Entsprechend ist für eine Umgebung zu sorgen, die schwellenfrei ausreichend Ernährung und Getränke anbietet, um die kognitiven Prozesse so wenig wie möglich zu stören. Auch Belüftungssysteme sollten auf optimale Sauerstoffzufuhr ausgerichtet sein (was oft nicht gegeben ist). Darüber hinaus ist die sitzende Position unzureichend: Zusätzlich zu ergonomisch optimiertem Mobiliar (etwa Bestuhlung für aktives Sitzen) sollten Bibliotheken die Möglichkeit zum Wechsel der Lese- und Arbeitsposition bieten (variierte Bestuhlung, Steharbeitsplätze, Ruhemöbel, Loungemöbel) – neben der psychischen Funktion des Zonenwechsels wirkt sich auch der physische Positionswechsel aus. Die optimale Bibliothek bietet schließlich ausreichende Bewegungsmöglichkeiten, vom Indoor- und Outdoor-Peripatos über Lauf- und Fahrschreibtische bis hin zum Wellness- und Fitnessbereich. Diese Verschränkung mag auf den ersten Blick ungewöhnlich klingen, ist jedoch auf physiologische Erkenntnisse ebenso wie auf die beschriebene Verbindung von Erholung und Konzentration gegründet. Wer die Bibliothek als Konzentrationsraum – und damit als Schutzraum für resiliente Praktiken und Vermittler resilienter Kompetenzen – optimieren will, muss auch neue Elemente in die Gesamtplanung einbeziehen.

Damit wir uns der Konzentration anvertrauen können, muss die Bibliothek jedoch noch in einer weiteren Hinsicht resilienzfördernder Schutzraum sein, nämlich als *freiheitlicher* Raum. Dies bedeutet, dass Bibliotheken als deklarierte Stätten der Freiheit des Denkens institutionalisiert werden müssen, separiert von ideologischen Einflüssen. Diesen Auftrag als Schutzraum des Denkens sollten Bibliotheken aktiv in die Gesellschaft tragen – im deutlichen Kontrast zu historischen Definitionen und Handlungen des Bibliothekswesens (etwa der Bereinigung der Literatur im Nationalsozialismus oder der „zielgerichteten Lenkung der Lektüre" in der DDR; vgl. Kunze/Rückl 1974, I, 59). Die Auffassung der Bibliothek als freiheitlicher Raum bedingt auch, dass in diesem Raum *grundsätzlich* keine Daten zum persönlichen Verhalten der Nutzer/innen erhoben werden. Jenseits der etwa für Ausleihprozesse notwendigen Daten sollte in Bibliotheken – entgegen dem Trend zum bidirektionalen Zeichen – grundsätzlich kein Tracking, keine Verdatung, keine Erhebung des Informationsverhaltens stattfinden, auch nicht im Sinne der Serviceverbesserung; sie sollten von jeglichen biometrischen oder verhaltensbezogenen Erfassungsmechanismen ausgenommen bleiben. Nur so können Bibliotheken Räume sein, in denen auch das Denken *mit* Medien oder anderen Menschen frei stattfinden kann – denn auch das *Denken mit* ist privat und frei. Dies ist eine Grundvoraussetzung für unabhängige Wissenschaft ebenso wie für eine freiheitliche Gesellschaft. Datenschutz ist daher keine lästige Pflichtaufgabe, sondern gehört zum Kernauftrag der Bibliotheken. Dass die systematische Umsetzung der Verdatungsfreiheit nicht trivial ist, zeigt die Tracking-Praxis der Hersteller kommerzieller digitaler Medien (vgl. Hanson 2019; Brembs et al. 2020; DFG 2021) – das gedruckte Buch erweist sich angesichts dessen geradezu als Privatraum. Nur systematischer Datenschutz schafft einen geschützten *Innen*raum für den inneren und gemeinsamen Dialog, der seinerseits hilft, die Gesellschaft gegen Totalitarismus und Gewalt zu schützen. Dies sollte zum Grundgerüst jeglicher Bibliotheksplanungen gehören.

Dieser freiheitliche Raum steht jedoch in einem gesellschaftlichen Zusammenhang. Er muss daher *selbst* resilient sein, um Vermittler resilienter Kompetenzen und Schutzraum resilienter Praktiken sein zu können. Freiheit, auch im Sinne von Konzentration, beruht auf Sicherheit. Dies betrifft zunächst einmal die gesellschaftliche Verankerung der Bibliotheken. Deren Aufgaben sind derzeit in einer Vielzahl heterogener Dokumente und Normen beschrieben, von Bibliotheksgesetzen und Pflichtexemplarverordnungen bis hin zu Bibliotheksordnungen – mit unterschiedlichem Umfang, in heterogener Terminologie von wechselnder Präzision. Die Aufgaben der Resilienzvermittlung und der kulturellen Überlieferung ebenso wie die gesellschaftliche Bedeutung der Bibliotheken finden sich in den wenigsten dieser Dokumente beschrieben. Die Bibliothek als Schutzraum muss jedoch gesellschaftlich und staatlich weitmöglichst festgeschrieben und geschützt werden. Hierzu gehört die Etablierung von Bibliotheksgesetzen als Verankerung ihrer gesellschaftlichen Aufgaben und zur Verhinderung politischer Einflussnahme auf ihre Schutzfunktionen, ihre Gestaltung, ihre Erwerbungs-, Publikations- und Überlieferungspraktiken. Ihre Aufgaben sind als hoheitliche Aufgabe des Staates und als wesentliche Teile der demokratischen Infrastruktur zu definieren und so dauerhaft stabil zu finanzieren. Gleichzeitig gilt es diese gesellschaftliche Rolle verlässlich in der bibliothekarischen Ausbildung ebenso wie in der Öffentlichkeit zu vermitteln und in das Berufsbild zu integrieren. Nur institutionelle Resilienz kann für individuelle Resilienz sorgen.

Zur Resilienz der Bibliotheken gehört zudem die Resilienz ihrer Vorgehensweisen und Strukturen. Die Langzeittauglichkeit einer Bibliothek ergibt sich ebenso aus flexiblen, ausfallsicheren Geschäftsgängen wie aus medial redundanten Angebots- und Archivierungsformen. Für beide gilt das nur scheinbare Paradoxon der effizienten Redundanz als Richtschnur: Nur mediale und qualifikationstechnische Redundanz sichert den Betrieb in Krisen und Veränderungen – gleichzeitig ist nur ein möglichst effizienter Betrieb dieser Redundanz dauerhaft tragfähig. Mediale Redundanz als Prinzip bedeutet, dass eine Digitalisierung sämtlicher Medien kein Allheilmittel ist – auch hier stehen Krisensituationen stets am Horizont. Entsprechend muss eine Bibliothek ebenso für ausreichende Magazine sorgen wie für Infrastrukturen der digitalen Langzeitarchivierung und der IT-Sicherheit. Digitale Daten müssen laufend aktiv von hochqualifiziertem Personal geschützt werden: Dies bezieht sich zunächst auf die ‚natürliche' Gefahr der Obsoleszenz (vgl. Hollmann/Schüller-Zwierlein 2014) – die hohe Zahl der ungeklärten Fragen bei der Langzeitarchivierung und die geringe Zahl aktiver Institutionen entsprechen hier derzeit leider in keiner Weise der großen Menge der Digitalisierungsprojekte. Der Aufbau krisensicherer Institutionen der digitalen Langzeitarchivierung ist eine der großen Herausforderungen der nächsten Jahrzehnte. Darüber hinaus gilt es jedoch auch Resilienz gegenüber *intentionaler* Okklusion zu entwickeln: Die Zeit der digitalen Medien ist in verstärktem Maße eine Zeit der Fälschbarkeit von Geschichte und Gegenwart – jenseits von alternativen *Deutungen* hin zur realen *Änderung* von Materialien. Wegen dieser Möglichkeit des Angriffs auf die Zukunft benötigt eine gesunde Gesellschaft einen laufenden methodischen und technischen Schutz des kulturellen Gedächtnisses. Bibliotheken haben eine besondere Verantwortung, für eine *revisionssichere* Langzeitarchivierung zu sorgen, die die Manipulation der

Vergangenheit verhindert und die Vielfalt ihrer Stimmen erhält. Zur Herausforderung der Langzeitarchivierung kommt damit das von Bibliotheken bisher kaum behandelte Thema der IT-Sicherheit als *next frontier* hinzu: Gemeinsam mit den Rechenzentren müssen Bibliotheken zukünftig durch resiliente Sicherungsmechanismen die Revisionssicherheit historischer Daten garantieren.

In einer von digitalen Medien bestimmten Welt gilt es jedoch gleichzeitig auch der Manipulation der Gegenwart entgegenzuwirken: Bibliotheken sind gefordert, im Kampf gegen Desinformation und Fake News als zentrale Players zu agieren – durch die Vermittlung von Kompetenzen ebenso wie durch die Ermittlung und Verzeichnung von Qualitätsinformation und die formale Qualitätskontrolle in der Wissenschaft. Durch den Aufbau marktneutraler, communitybasierter und konsensualer Qualitätssicherungsinfrastrukturen können Bibliotheken einen Beitrag zur Resilienz der Wissenschaft leisten. Dies betrifft so unterschiedliche Bereiche wie die Etablierung von alternativer Bibliometrie, die Organisation des Peer Review in Open Access-Zeitschriften, die systematische Information über missbräuchliche Praktiken (z. B. Predatory Journals; vgl. Deinzer/Herb 2020), den Betrieb der bibliographischen Teile eines Hochschulinformationssystems, die Etablierung von Author-IDs, die Beratung von Wissenschaftler/inne/n beim Publizieren und die Unterstützung von Systematic Reviews, etwa in der Medizin. Nach den jüngsten Hacker-Angriffen auf Universitäten gilt es darüber hinaus auch die aktuellen Publikations- und Forschungsdaten vor illegitimen Zugriffen und Veränderungen zu schützen – hierzu bedarf es intensiver technischer und organisatorischer Vorkehrungen. Die Sicherung der Integrität wissenschaftlicher Information, und damit die Sicherung der zukünftigen kritischen Funktion des Speichergedächtnisses, ist eine gemeinsame Aufgabe von Rechenzentren und Bibliotheken. In den nächsten Jahrzehnten sind die Unterhaltsträger der Bibliotheken gefordert, massiv in digitale Langzeitarchivierung, IT-Sicherheit, Qualitätssicherungssysteme sowie Datenschutz zu investieren. Nur resiliente Bibliotheken können resiliente Individuen unterstützen.

Bibliotheken machen nicht nur Texte für Menschen zugänglich, sondern auch Menschen für Texte. Als Inseln der Ausschließlichkeit in einer vernetzten Welt, als Orte der Konzentration in einer von Ablenkung dominierten Umgebung, als Schutzräume des inneren Dialogs *mit* – befreiend vom öffentlichen Druck der kognitiven Scham ebenso wie von laufender Beobachtung –, als Monumente der Hilfsbedürftigkeit der Sprache, der Komplexität und der Vielfalt der Perspektiven, sind Bibliotheken Schulen der Offenheit und Zugänglichkeit. Sie sind Schutzräume des freien Denkens, werbe- und ideologiefreie Räume, die uns weder Informationen aufdrängen noch Daten abfordern, die es uns erlauben, tiefer einzudringen als dies der Eindruck des Augenblicks erlaubt. In einem Zeitalter, in dem das Abrufen von Information auf Knopfdruck zur fast schon physischen, auf jeden Fall aber mentalen Gewohnheit geworden ist, wird gern vernachlässigt, dass das Verstehen von Texten nicht selbstverständlich und sofortig ist, sondern dass der Zugang zu ihnen erst erarbeitet werden muss. Die Komplexität dieser Verstehensprozesse muss jeder Generation neu vermittelt werden. Als Vermittler resilienter Kompetenzen und Schutzraum für resiliente Praktiken haben Bibliotheken hierbei eine wichtige gesellschaftliche Funktion. Damit machen sie auch Menschen füreinander zugänglicher und fördern Resilienz gegen geistige und physische Gewalt: Denn was man zu wissen meint, so hat uns Platon verdeutlicht, beeinflusst, wie man handelt. Wie wir gesehen haben, ist und bleibt unsere Fähigkeit des Verstehens *anfällig*, für Ablenkungen, Gedächtnismängel, Entmutigung, Selbstüberschätzung, Vereinfachung, oberflächliche Zufriedenheit, sprachliche Missverständnisse und vieles andere mehr. Von zentraler Bedeutung ist es, dies als grundsätzliches *zwischenmenschliches* und damit gesellschaftsrelevantes Problem zu verstehen: So wie nicht die erste gefundene Information uns alles über den Sachverhalt vermittelt, wie ein Text nicht mit dem ersten Lesen sofort verstanden wird, so erschließt sich uns auch eine Person nicht nach dem ersten Treffen. Das Verständnis für die Notwendigkeit der *Arbeit* an der Zugänglichkeit ist die erste Bedingung eigener Zugänglichkeit. Dementsprechend bedarf es einer Neubewertung der gesellschaftlichen Bedeutung der Bibliotheken als Vermittler resilienter Kompetenzen. Nur durch Schutzräume des Denkens, die *boētheia* und *scholē* ermöglichen und als Zugangsskills vermitteln, kann die Gesellschaft ausreichende Resilienz gegen die Okklusion von Komplexität schaffen.

Die Antwort auf Arendts Frage, wo wir sind, wenn wir denken, ist somit klar: Wir sind in der Bibliothek. Es gibt keinen Ersatz für Bibliotheken. Ihre grundlegende gesellschaftliche Bedeutung ergibt sich aus der Erkenntnis der Hilfsbedürftigkeit der Sprache. Dadurch dass Menschen jederzeit in die Schrift umschlagen können, existieren sie in einem kommunikativen Kontinuum, in dem durchgehend die gleichen Tugenden und Kompetenzen erforderlich sind. Die vorangegangenen Kapitel haben gezeigt, dass synchrone und diachrone Zugänglichkeit, Zugang zu Menschen und zu Texten zusammenhängen. Bibliotheken erinnern uns daran, dass man Texte wie Menschen tiefer verstehen muss als *sofort*, dass die ‚kulturelle Überlieferung' aus *Menschen* besteht, die uns hinterfragen können, erinnern uns an die unmenschlichen Konsequenzen der Reduktion von Komplexität. Wer sich von Texten etwas sagen lässt, wer ihnen Raum lässt, mehr zu bedeuten als der erste Eindruck, der tut dies auch bei Menschen. Die Zugänglichkeit für Andere liegt dem Umgang mit der kulturellen Überlieferung ebenso zugrunde wie der Ethik. Aus diesem Zusammenhang ergibt sich ein neues Verständnis der gesellschaftlichen Rolle von Bibliotheken: Wenn die Schattenseite der organisatorischen Grammatik der Wirtschaft und Technologie die Gewalt ist, dann bedarf es umso mehr derjenigen Kräfte, die Komplexität aufzeigen, – dann sind Stätten notwendig, die eine Welt jenseits der organisatorischen Grammatik und jenseits der Eindeutigkeit ermöglichen und in sie einführen. Aus der Nähe von Person und Text folgt so die Notwendigkeit von Bibliotheken, aus der grundsätzlichen Position des Menschen als Überlebender ergibt sich ihr zentraler Auftrag: „Die Welt ist fort, ich muss Dich tragen."

Geisteswissenschaften und Resilienz

Eine weitere gesellschaftliche ‚Institution' mit besonderer Fähigkeit und struktureller Verantwortung, kognitive und ethische Resilienz zu fördern, sind die Geisteswissenschaften. Mit ihrem gleichzeitigen Blick auf diachrone und synchrone Zugänglichkeit können sie zentrale Kompetenzen für resiliente Individuen vermitteln. Die erste dieser Kompetenzen ist die *Komplexitätskompetenz*. Wissenschaft ist seit jeher Vermittler von Komplexität und gleichzeitig stets durch deren öffentliche Reduktion bedroht. So haben Hochschulrektorenkonferenz und Deutsche Forschungsgemeinschaft in einem Appell vom 28.8.2019 erklärt, dass der „Wandel der politischen Kultur" in Richtung „Populismus, Nationalismus und neu[er] Formen aggressiver Zuspitzung" die Wissenschaftsfreiheit gefährde: „Wesentliche Werte der liberalen Demokratie wie Meinungsfreiheit und Toleranz werden offensiv in Frage gestellt." (HRK et al. 2019) Morddrohungen gegenüber Virologen sowie der Brandanschlag auf das Robert-Koch-Institut während der Corona-Pandemie haben diesen Eindruck verstärkt. In der Äußerungsvielfalt des Internets ist die Stimme der Wissenschaft zunehmend in Gefahr, nur als eine Stimme von vielen behandelt zu werden. Im heutigen Klima koinzidieren die Verleumdung von Expert/inn/en und der Unwille, sich auf ein komplexeres Verständnis von Anderen und von (textlichen) Aussagen einzulassen. Eine komplexe Welt verlangt jedoch komplexe Umgangsweisen – das Versprechen einfacher Lösungen endet in Gewalt. Der Kampf um Komplexität im Wettbewerb der Simplifizierungen ist die zentrale Aufgabe der Wissenschaft.

Die Geisteswissenschaften spielen bei diesem Kampf um Komplexität eine besondere Rolle. Mehr als für andere Wissenschaften liegt ihre Aufgabe im Aufweis von Komplexität und Mehrdeutigkeit, im Herauspräparieren der Relativität des vermeintlich Absoluten, in Entdinglichung und Vermehrdeutigung, im Aufweis von Parteilichkeit und Vorurteil in vermeintlich neutralen Methoden und Diskursen. Zentraler Ansatz der Geisteswissenschaften ist es, die Schwierigkeit des Urteilens, die Notwendigkeit des Respekts vor Komplexität, die Verführungen der „lying world of consistency" (Arendt 1976, 353) und die realen Konsequenzen von geistiger Gewalt und Vereindeutigung herauszuarbeiten. Ihnen obliegt es zu zeigen, dass Zivilisation nicht nur in technischer Vereinfachung, sondern auch in menschlicher Verkomplizierung besteht. Sie haben damit auch zentrale wissenschaftsübergreifende Aufgaben: Nicht nur die Herausarbeitung von Vorurteilen und Gefahren in einzelnen Methoden und Denkansätzen, sondern auch die Betonung der Gefahren, die das Verständnis vom Ziel der Wissenschaft als ‚Entdeckung' von ‚Wahrheiten' birgt, insbesondere die der Präklusion, des vorzeitigen Griffs nach einem Abschluss. Die geisteswissenschaftlichen Untersuchungen können den Anspruch der wahrheitssuchenden Wissenschaften schärfen, indem sie betonen, dass die Aufdeckung größerer Komplexität, als wir sie bislang kannten, Zeichen wissenschaftlichen Fortschritts ist – nicht der kurze Aussagesatz der gefundenen Wahrheit, das Paket der ‚Entdeckung'. Geisteswissenschaften sind letztlich auch dazu da, die Schwächen und Verführungen unseres Geistes herauszuarbeiten und so unser kognitives wie unser ethisches Verhalten zu verbessern. Respekt vor Komplexität ist die Grundlage für Zugänglichkeit – in der Wissenschaft ebenso wie in der Ethik.

Die Geisteswissenschaften können Komplexitätskompetenz deswegen in besonderem Maße vermitteln, weil sie sich mit dem fundamentalen (synchronen und diachronen) Interaktionsinstrument der Menschen befassen – der Sprache. Unsere Untersuchungen haben die Erkenntnis ins Zentrum gestellt, dass die menschliche Sprache eben nicht transparent ist, dass es nicht trivial ist, einen Satz – und damit einander – zu verstehen. Sprache ist nicht nur ein Kommunikationsmittel, sondern auch eine Hauptquelle unserer Missverständnisse, Medium von Gewalt und Unterdrückung, Instrument gewaltsamer Vereinheitlichung und verborgener Ausmerzung. Und doch verbindet gerade dieses zweiseitige Band nicht nur die Menschen untereinander, sondern auch die Generationen miteinander. Nur wenn wir beide Seiten der Sprache kennen, können wir sie menschlich handhaben und sind gegen ihre Verführungen resilient. Entsprechend sind die Geisteswissenschaften gefordert, die Verbindung zwischen der Vieldeutigkeit der Sprache und der Pluralität des Menschen, den Nutzen und die Grenzen von Transparenz und Lesbarkeit, die Unmenschlichkeit der Eindeutigmachung, die ausmerzende Gewalt von Sprachspielen und Diskursen immer wieder herauszuarbeiten. Das tiefe Bedürfnis der Menschen nach Eindeutigkeit ist gleichzeitig Quelle der Gewalt. Nur das Bewusstsein des zweischneidigen Charakters der Sprache kann den Streit um Essenzen, Wesen und Naturen entschärfen. Die Geisteswissenschaften können mit „Ambiguitätstraining" (Bauer 2018, 95) gegen die „Sprachvergessenheit" (Gadamer 2010, 422) ankämpfen, Mehrdeutigkeits-, ja Missverständnisauffindungskompetenz vermitteln und so laufend selbst belegen, dass Sprach-, Dialog-, Text- und Lesekompetenzen zentrale Elemente menschlicher Resilienz sind.

Keine andere Disziplin ist so geeignet, den Menschen nahezubringen, dass Sprache nicht transparent ist, sondern stets der Hilfe bedarf. Dies kann dem durch die Internetmedien gestärkten Trend der unbegründeten, schnell rezipierten Äußerung entgegenwirken: Meinungen werden hier ausgetauscht ohne das Bemühen um Verstehen und Begründung, in einer Maximierung der Schriftkritik – der *verkürzten* Verschriftlichung. Wir teilen hier Meinungen, aber oft keine Gründe. Das Internet ist voll von Information und Meinung ohne Hilfe. Wir stehen uns selbst nicht mehr bei: Äußerungsdruck wird abgearbeitet, ohne das Ziel der Verständigung zu erreichen. Sprache gerät vom Aushandlungsort gemeinsamer Bedeutung zum Kanal für Unmut und Unbedachtes. Der Spontaneität der Äußerung entspricht die Schnelligkeit der Rezeption. Der anonymisierte Kommentar schützt vor der Hinterfragung des Dialogs. Die Arbeit des Gesprächs, die Arbeit am Verstehen erspart man sich. Die Geisteswissenschaften können uns in besonderem Maße deutlich machen, was in diesen Äußerungsformen fehlt und welche Konsequenzen sie haben. Ihre Arbeit mit Texten zeigt die Zweiseitigkeit, Anfälligkeit und Missverständlichkeit der Sprache, aber auch die Realität des kommunikativen Kontinuums und – aus der Beschäftigung mit historischen Texten heraus – die Notwendigkeit der konzentrierten Interpretation von Äußerungen, der abwägenden und wohlwollenden Hilfe für das Gesagte.

Die Arbeit der Geisteswissenschaften am Verständnis von Texten erweitert das Verständnis für gegenwärtige Äußerungen. Denn die Fragilität des Zugangs zu Texten und des Zugangs zum anderen Menschen hängen zusammen. Für beide gilt: Wenn wir nicht für sie zugänglich sind, sind sie für uns nicht zugänglich. Der reine ‚Zugang zu Information' reicht nicht aus (besonders wenn er gleichzeitig auch Zugang zu Missverständnissen, Misinformation und Ablenkung ist). Erst wenn wir uns vom Text etwas sagen lassen und wenn wir verstehen, dass es Arbeit kostet, die Bedeutung von Äußerungen zu verstehen, sind wir trainiert, um auch die Ansprüche anderer Menschen zu verstehen. Nur wenn wir bereit sind, Hilfe zu leisten, können wir zu Verständigung kommen. Die Unendlichkeit und Komplexität der Bedeutung eines Textes sind der Unendlichkeit und Komplexität des Individuums verwandt – durch die Sterblichkeit des Individuums und das Umschlagen in den Text sind sie miteinander verbunden. Bestimmen wir einen Menschen unilateral, ‚verstehen' wir ihn sofort, tun wir ihm Gewalt an. Unbestimmtheit hingegen lässt Raum, dass er anders ist, als er uns scheint, dass er recht hat und nicht ich – sie ist Aufforderung zur Hilfe und zum Dialog. Für einen Text muss dasselbe gelten. Text und Mensch, Lesen und Dialog erfordern so in gewissem Maße die gleichen Kompetenzen. Auftrag der Geisteswissenschaften ist es – in der Tradition Schleiermachers, der davon ausging, *„daß sich das Mißverstehen von selbst ergibt und das Verstehen auf jedem Punkt muß gewollt und gesucht werden"* (Schleiermacher 1993, 92) –, den Wert dieser Kompetenzen, die Hilfsbedürftigkeit der Sprache, die Mühe des (Sich-)Verstehens und die Realität des kommunikativen Kontinuums herauszuarbeiten. Der differenzierende Umgang mit Texten ist für die Zivilisation ebenso lebenswichtig wie der ergebnisoffene Umgang mit Menschen. ‚Transparenz' ist hingegen oft das Gegenteil von Zugang: Sie prakludiert das Unabschließbare, fordert Entscheidung des Unentscheidbaren, postuliert Vereindeutigung, systematische Ordnung und Lesbarkeit, von Texten und Individuen. Sprachverstehen zeigt sich so als ethisch relevant. Die Imperfektion der Sprache bedingt die Notwendigkeit des Dialogs.

Dass menschliche Kommunikation schwierig ist, merkt man im Alltag oft nicht, etwa wegen der geringen Wichtigkeit des Gegenstands (z. B. welche Brötchen ich beim Bäcker will) oder der ständigen Möglichkeit, im persönlichen Gespräch zu erläutern, nachzubessern, mich sogar auf die Ausdrucksweise des/der Anderen einzulassen. Sobald man aber medial oder zeitlich reduziert ist, werden die Schwierigkeiten der sprachlichen Kommunikation – und damit die Fragilität des Zugangs zueinander – drastisch klarer (z. B. im Vorstellungsgespräch oder beim Vorliegen eines kurzen Textes ohne Kontext). Dies ist allein schon für das Lesen und die zwischenmenschliche Kommunikation relevant. Wenn dann noch beeinflussende Rhetorik, plakative Berichterstattung, fehlende Trennung von Meinung und Bericht oder Fake News dazukommen, sehen wir endgültig, dass wir uns den Schwierigkeiten des Verstehens, der Fragilität des Zugangs im kommunikativen Kontinuum intensiv und kritisch stellen müssen. Nur durch sprachliche, textliche und allgemeine Bildung, durch Dialog- und Lesetraining sowie durch sprachliche Sorgfalt als Instanz der Sorge füreinander kann diesen Schwierigkeiten begegnet werden. Schulungen im kritischen Lesen, in kritischer Sprachbehandlung und in Logik sind dringend notwendig, in Schulen und Hochschulen. Die Geisteswissenschaften sind gefordert, diese Bildungsprozesse laufend zu betreiben, um die Gesellschaft gegen die Verführung der Eindeutigkeit zu schützen und sie so resilient zu machen.

Zu diesem Schutz vor Eindeutigkeit gehört auch die laufende Kritik des Funktionsgedächtnisses durch die permanente Durcharbeitung des Speichergedächtnisses: Die Geisteswissenschaften haben die Aufgabe, eine vereindeutigte und abgeschlossene Welt, mit festen Identitäten, planierter Geschichte und versteinertem kulturellen Erbe, zu verhindern, die „gruesome quiet of an [...] imaginary world" (Arendt 1976, 353), und die Ziele, Methoden und blinden Punkte der jeweiligen Funktionsgedächtnisse trennscharf zu analysieren. Dies gilt für das Auffinden von Verlorenem und das Lesen von Ungelesenem ebenso wie für das Überprüfen von Faktenlagen, das Aufspüren von Handlungs- und Äußerungsmotiven, die Herausarbeitung neuer Bedeutungsebenen sowie das Kartieren textlicher Lücken. So kann nicht nur ein Text selbst uns hinterfragen, die Validität unserer Positionen in Frage stellen, Ideen zerpflücken, die wir für simpel hielten, oder die gemeine Münze der Alltagssprache verfremden und neue Dimensionen eröffnen, sondern so kann auch die akzeptierte Textgrundlage in Frage gestellt werden, Kanonisiertes durch ein entdecktes Unikat oder eine Neuedition auf neue Füße gestellt werden, das Gesagte in den Kontext des Ungesagten gestellt werden. Wo die Digitalisierung als Reproduktion oft vereindeutigend, kanonisierend, wirkt, können die Geisteswissenschaften die Eindeutigkeit des verdinglichten Textes aufbrechen und die dynamische Konstituierung textlich basierter Auffassungen enthüllen. Der kritische Umgang mit Texten sollte über die Geisteswissenschaften in jedem Universitätsfach gelehrt werden.

Eine resiliente Gesellschaft benötigt jedoch nicht nur ein kritisches Speichergedächtnis, sondern auch ein *kontrastives* Speichergedächtnis, das den herrschenden Umständen laufend ihr Gegenbild entgegenhält. Ohne den eisernen Gürtel ihres Gegenbildes, die permanente Präsenz der Gefahr des radikal vereindeutigenden Totalitarismus, wird die Demokratie *zu leicht* Beute ihres Gegenbildes, *wird* zu leicht ihr Gegenbild. Da es sich hier um eine laufende Tätigkeit handelt, muss das Speichergedächtnis *de facto* ein kontrastives Funktionsgedächtnis sein: Zur Definition einer resilienten Gesellschaft gehört, dass sie ihr Speichergedächtnis laufend zu ihrer eigenen Hinterfragung und Kontrastierung verwendet. Kontrastives Bewusstsein, kontrastive Denkpraxis ist Teil der Resilienz. *Kontrastive Kompetenz* ist jedoch nur umsetzbar, wenn auch die *Realität der Geschichte* vermittelt wird. Geschehnisse entfernen sich aufgrund der Vielfalt der Ereignisse oft schnell von uns; sind keine lebenden Betroffenen mehr anwesend, ist das Geschehene in ‚Geschichte', in die Schrift umgeschlagen und verliert für viele an Relevanz. Die Realität der Geschichte erkennen wir meist nur schlaglichtartig in konkreten Notfällen: Bei einer Epidemie werden sofort historische Analogien aktiviert, bei Vulkanausbrüchen, Erdbeben oder Klimakatastrophen werden die entsprechenden historischen Ereignisse auf ihre Konsequenzen und langen Entwicklungslinien hin angesehen. Die Relevanz der langen Dauer wird oft erst realisiert, wenn uns die Gegenwart um die Ohren fliegt. Hieraus ergibt sich nicht nur die Notwendigkeit der systematischen Erschließung historischer Forschungsdaten, sondern auch die Notwendigkeit, die Realität der Geschichte in *allen* Bereichen ernster zu nehmen, auch um ethischer Okklusion vorzusorgen: Welcher Mensch *realisiert* heute wirklich, dass 1944 in Auschwitz-Birkenau 500.000 Menschen direkt nach Ankunft vergast wurden? Und dass wir in derselben Welt leben, nur 77 Jahre später (also grob das Alter *eines einzigen* Menschen)? 1,1 Millionen Menschen – ein Achtzigstel aller heute in Deutschland Lebenden – wurden allein in diesem einen Lager umgebracht, mindestens ebenso so viele in den Lagern Belzec, Treblinka und Sobibor. Dass unsere Probleme menschlicher und nicht technischer Natur sind, hätten wir spätestens an diesem Punkt begreifen müssen. Getrieben vom kapitalismusinhärenten Hunger nach Neuem, im vorwärtsstürmenden Innovationsenthusiasmus, vergisst die Welt schnell, dass das Leben dauerhaft *beschädigt* ist (Adorno 2001). In diesem Punkt ist das Umschlagen in die Schrift, vom Leben mit- ins Leben nacheinander, besonders signifikant: Die letzten Holocaust-Überlebenden sterben aus, ihre Erlebnisse schlagen in die Schrift um. Dies muss Anlass für eine Neu-Konzipierung der Aufgabe der Geisteswissenschaften als Präventionsinstanz des kulturellem Gedächtnisses sein: Michael Brenners Forderung nach der weiteren „Etablierung von Holocaust Studies an deutschen Universitäten" und der Gründung eines deutschen Forschungszentrums ist hier ein Schritt in die richtige Richtung (Brenner/Strnad 2012). Er bedarf jedoch der Systematisierung über den Holocaust hinaus: Viele andere Ereignisse sind in ihren physischen und psychischen Nachwirkungen zwar noch lebendig – etwa die Vietnam-, Balkan- und Irak-Kriege –, ihre Relevanz ist jedoch in Gefahr, im schnellen Fortschrittstritt aus dem Blick zu geraten. Es ist permanente Aufgabe der Geisteswissenschaften, *Hilfe* zu leisten, um die Realität der Geschichte und die Relevanz des in Schrift Umgeschlagenen immer wieder herauszuarbeiten.

Hierzu gehört auch, dass sie die *Realität des Autors/der Autorin* herausarbeiten. Die heuristisch korrekte Analyse der Postmoderne vom ‚Tod des Autors' – von „the intentional fallacy" (Wimsatt/Beardsley 1946) bis Barthes, Foucault und Derrida (s. Burke 2011; Barthes 1968; Derrida 1967a) – hat gleichzeitig den natürlichen Prozess der Unterschätzung des in die Schrift Umgeschlagenen unterstützt. Die Realität der Geschichte hängt jedoch auch an der Realität des Autors/der Autorin. Gleichzeitig ist die wissenschaftliche Textlektüre oft in Gefahr, verdinglichend und distanzierend zu wirken. Gadamer hat deutlich gemacht, dass wir, wenn wir einen Text nur wissenschaftlich bzw. historisch als *ein Beispiel von etwas* (etwa den Autor/die Autorin als Teil einer Bewegung) lesen, ihm seinen Anspruch auf Wahrheit nehmen: Ein Text, der nur historisch verstanden wird, „wird aus dem Anspruch, Wahres zu sagen, förmlich herausgedrängt." (Gadamer 2010, 308) Neue empirische Ansätze der Textanalyse mögen solche „vergegenständlichende[n]" (286) Tendenzen noch verstärken. Die Kraft von Gadamers Aussage zeigt sich jedoch erst, wenn wir die Analogie zum Umgang mit Menschen ziehen, die bei Gadamer bereits vorhanden ist: Arendt ebenso wie Sen machen deutlich, dass wir, wenn wir einen Menschen nur als eine Instanz von X sehen (etwa als Vertreter einer ‚Rasse'), ihm seine Freiheit nehmen – alle seine Handlungen werden nur als Handlungen eines X verstanden. Die de-individualisierenden, vergegenständlichenden Mechanismen sind bei Text und Mensch dieselben – sie untergraben deren Anspruch, ihre Realität und Relevanz. Die Geisteswissenschaften sind gefordert, diesen Effekten entgegenzuwirken.

Die Realität von Geschichte und Autor/in im kommunikativen Kontinuum können die Geisteswissenschaften auch dadurch vermitteln, dass sie die vielfache Verschränkung von Text und Mensch herausarbeiten, etwa indem sie zeigen, dass schriftliche Überlieferung und lebendige Präsenz sich gegenseitig kritisch beleuchten müssen, dass sie für Hilfe aufeinander angewiesen sind – die kulturelle Überlieferung leistet uns ebenso Hilfe wie wir ihr Hilfe leisten müssen. Die Verschränkung von Text und Mensch zeigt sich auch darin, dass die Ausschlussmechanismen in Synchronie und Diachronie dieselben sind: Ein Autor, eine Autorin ist diachron immer in gewissem Sinne Opfer eines *différend* – weil ihr/ihm (spätestens nach dem Tod) die Möglichkeit genommen ist, sich selbst beizustehen, zu erklären, was er/sie meint – sie/er ist reduziert auf seine/ihre schriftlichen Äußerungen und dem Urteil des/der nach ihr/ihm Kommenden, in deren/dessen Sprache, ausgesetzt. Die gemeinsam notwendigen Kompetenzen zeigen die Verschränkung von Text und Mensch: Wer offen für einen Text ist, ist auch offen für einen Menschen. Wer sich von einem Text etwas sagen lässt, wer ihn als Kommunikationspartner und nicht als *thème* auffasst, lässt sich auch von einem Menschen etwas sagen. Die Textauslegung mit *boētheia* schult Tugenden, die auch die Zugänglichkeit von/zu Menschen födern: Die „Offenheit für die Überlieferung hat eine echte Entsprechung zu der Erfahrung des Du." (Gadamer 2010, 367) Die Verschränkung von Mensch und Text zeigt sich schließlich auch in anderer Hinsicht, etwa in den Debatten darüber, wie nationalsozialistisch oder antisemitisch z. B. Heidegger, Paul de Man oder Gadamer waren – weil sich hier die Angst widerspiegelt, bisher ‚unschuldig' gelesene philosophische Texte und Konzepte könnten unmerklich ideologisch ‚infiziert' sein. In all diesen Bereichen zeigt sich die Verantwortung der Geisteswissenschaften zur Vermittlung der Realität von Geschichte und Autor/in, zur kritischen *boētheia* im kommunikativen Kontinuum des Mit- und Nacheinander – zur Stärkung der gesellschaftlichen Resilienz.

Auch in anderer Hinsicht ist es Aufgabe der Geisteswissenschaften, den Menschen mit *seiner eigenen Realität* zu konfrontieren, von der er sich immer wieder zu entlasten versucht. Zu diesen Entlastungsversuchen gehört der technologieromantische Transhumanismus (vgl. z. B. Loh 2020; von Becker 2015; More 2013). Bereits Turing, dessen Überlegungen heute noch die Forschung zur Künstlichen Intelligenz motivieren, hatte als Vision in den Raum gestellt, dass die Maschinen irgendwann die Kontrolle über die Menschen übernehmen (Turing 2004, 475). Diese heute gern technologisch begründete und fantasievoll ausgemalte Erlösungsvision ist jedoch letztlich nichts anderes als der von Adorno beschriebene Wunsch nach der Entlastung von der Autonomie. Auch die Formulierung, dass die ‚Digitalisierung' alles bewege und verändere, als natürlicher, quasi evolutionärer Prozess, ist nur eine zeitgenössische Variante des

Traums von einer transhumanen geschichtlichen Bewegungskraft, der seit jeher nur der Entmündigung gedient hat. Aufgabe der Geisteswissenschaften ist es hingegen, gerade in technologisch dominierten Zeiten, den mündigen Humanismus in den Mittelpunkt zu stellen, resiliente Kompetenzen zu vermitteln und die drastischen Konsequenzen des Abgebens von Mündigkeit herauszuarbeiten. Wer mit der Digitalisierung Hoffnungen auf Entlastung von der Mündigkeit verbindet, ist auf dem falschen Dampfer. Humanismuskompetenz zu vermitteln, die Kompetenz, das mündige Menschsein zu ertragen, ohne der Versuchung der Entlastung nachzugeben, ist zentrale Aufgabe der Geisteswissenschaften.

Zu diesem systematischen Humanismus gehört auch die trennscharfe Analyse dessen, was der Mensch kann und was die Maschine. Während die Fähigkeiten des Menschen Inspiration für technische Entwicklungen sein können, beinhaltet die grundsätzliche Intention, den Menschen technisch reproduzieren zu wollen, immer die Gefahr des Totalitarismus. Es ist Aufgabe der Geisteswissenschaften, diese Gefahren für das menschliche Zusammenleben immer wieder, permanent, herauszuarbeiten. Die heutige KI-Praxis etwa versucht mit allen Mitteln, den Menschen zu knacken, von optischer Gesichts- und Emotionserkennung bis zur Einschätzung von Persönlichkeitsmerkmalen über die Sprache. Diese Praxis bedarf einer laufenden wissenschaftlichen Begleitung, die ihre möglichen Schattenseiten und Grenzen herausstellt (s. z. B. Bogosian 2017; Vanderelst/Winfield 2018). Wenn etwa Personaler/innen Software zur Bewertung der Sprache eines Bewerbers/einer Bewerberin einsetzen und daraus Charakter-Eigenschaften ableiten, ist die Nähe zum Aufstieg des Populismus, der einfache Lösungen zur Kategorisierung von Menschen bietet, ebenso immer mitzudenken wie die Perpetuierung gesellschaftlicher Vorurteile in solchen Mechanismen. Ähnliches gilt für die IT-basierte Sprachimitation: Turings Ansatz sprachlichen Nachahmens und kurzzeitigen Täuschens führen heute Social Bots und Fake News-Generatoren weiter. Hier sind die Geisteswissenschaften gefordert, die Gefahren dieser Art von Beeinflussung herauszustellen und immer wieder zu zeigen, wie weit sich diese Praktiken von menschlicher Kommunikation abheben: Sprache ist im Kern menschliche Interaktion – und moralisch bewertbares *Sprachverhalten*; sie kann mit einem Wort beruhigen oder ermutigen, rechtgeben oder rüffeln, Raum geben oder beistimmen, kann kritisch oder gesichtswahrend agieren. Diese komplexe Interaktion ist nicht einmal mit herkömmlichen linguistischen Mitteln ausreichend beschrieben – geschweige denn, dass sie von Maschinen nachgeahmt werden könnte. Es ist Aufgabe der Geisteswissenschaften, Sprache als zutiefst menschliche Aktivität herauszustellen. Ihre Praxis, sich den Zugang zu Menschen wie zu Texten erst zu erarbeiten, kann die Gesellschaft vor der reduktionistischen Sicht menschlicher Kommunikation bewahren und die ethische Bedeutung der Komplexität des Menschen und die Grenzen der Kategorisierbarkeit vermitteln.

Teil dieser Resilienz schaffenden Vermittlung ist es, deutlich zu machen, in welchen Bereichen menschlichen Lebens mit abgeschlossenen Bedeutungen gearbeitet werden kann und in welchen nicht. Wir haben gesehen, wie die jahrzehntelange Arbeit von Philosoph/inn/en herausgestellt hat, dass eine Welt jenseits der festen Begriffe, definierten Objekte und zugeordneten Eigenschaften der organisatorischen Grammatik existiert. Die *adaequatio* der IT-Welt steht dem diametral gegenüber und droht *durch ihre Ausbreitung in andere Bereiche* zu einer Verflachung und Rückvereindeutigung menschlichen Zusammenlebens zu führen. In diesem Zusammenhang stellt die Frage, was berechenbar ist und was nicht, eine Grundfrage unserer Zeit dar – und definiert einen zeitgenössischen Humanismus. Der Untersuchung der Leistungsfähigkeit formaler Systeme in Logik, Mathematik und Informatik mit Blick auf die *Berechenbarkeit* eines kohärenten Gesamtsystems ist, wie gesehen, die Analyse dessen gegenüberzustellen, was *nicht* in einem Gesamtsystem erfassbar ist, des *infini*, das der *totalité* gegenübersteht. Praktisch nützlichen Unternehmungen, die z. B. zu betriebswirtschaftlichen Zwecken berechnen, wie sich Menschen verhalten, müssen laufend die Grenzen der Berechenbarkeit des Menschen und die Gefahren seiner Berechnung gegenübergestellt werden, der „Reduktion des Denkens auf mathematische Apparatur" (Horkheimer/Adorno 1988, 33) die Unendlichkeit des Menschen, der Rechenzeit die *scholē*, dem definitorischen Abschluss die endlose Verständigung, dem schnellen Zugriff die Mühsamkeit des Zugangs. Geisteswissenschaft zeigt sich so als permanent notwendiger gesellschaftlicher Gegenpol zur wirtschaftlichen Verwertung des technisch Möglichen.

Zu dieser Funktion als produktiver Gegenpol gehört auch das Herausarbeiten der spezifisch zwischenmenschlichen Probleme. In der vermeintlich heilenden Eile des Fortschritts vergisst man schnell, dass die größten Probleme der Menschheit nicht technischer, sondern zwischenmenschlicher Natur sind. Die moralischen Fortschritte in der Welt (bei Menschenrechten, Gleichberechtigung, Frieden, Freiheit, Versorgung mit lebenswichtigen Gütern etc.) zeigen in den letzten Jahren verstärkt ihre Fragilität, sie können von jeder neuen Generation angegriffen oder fallengelassen werden. Die Geisteswissenschaften sind gefordert, neben dem technischen den zwischenmenschlichen Fortschritt stets im Zentrum der öffentlichen Aufmerksamkeit zu halten. Ihre Perspektive ist notwendig, um der technischen Entwicklung Richtung zu geben und gesellschaftliche Ziele des Fortschritts jenseits der reinen technischen Möglichkeit zu definieren (dass sich Menschen untereinander verstehen ist wichtiger als dass Maschinen Menschen verstehen, das richtige Sprachverhalten wichtiger als maschinelle Übersetzung). Ihnen obliegt es schließlich, neben den positiven Effekten jeder technischen Entwicklung auch deren Schattenseiten zu artikulieren (etwa neben den aufklärerischen Effekten des Internets auch dessen anti-aufklärerische Auswirkungen). Nur durch die Funktion der Geisteswissenschaften als produktiver, humanismuskompetenter Gegenpol kann eine Gesellschaft resilienter werden gegen die „rätselhaft[e] Bereitschaft der technologisch erzogenen Massen, in den Bann eines jeglichen Despotismus zu geraten" (Horkheimer/Adorno 1988, 3).

Von zentraler Wichtigkeit ist schließlich eine weitere resiliente Kompetenz, die die Geisteswissenschaften vermitteln können: die *Dialogkompetenz*. Wittgenstein und Platon haben uns deutlich gemacht, dass wir im Gespräch nicht von festen Bedeutungen ausgehen können, sondern dass Bedeutung vielmehr osziliert und in der gegenseitigen Hilfe erst ausgehandelt werden muss. Bedeutung entsteht erst in der erzielten Übereinkunft, im überwundenen *différend*. Damit geht das Sprachverhalten Dialog drastisch über das hinaus, was im Lexikonsinne als Sprache verstanden wird, über einfache Vorstellungen von der Transparenz der Sprache und der Informatisierung von Kommunikationsprozessen. Wie erwähnt kann Sprache mit einem Wort Menschen beruhigen oder ermutigen, ihnen rechtgeben oder sie rüffeln, ihnen Spielraum geben oder beistimmen, sie zur Explizierung auffordern, ohne sie zu beschämen, sie Standpunkte entwickeln lassen, kann großzügig, kritisch oder gesichtswahrend agieren, kann *Zeit* lassen für das Verstehen eines Satzes, seiner Aussagen, Hintergründe und Implikationen, für Komplexität, helfende Fragen und erläuternde Sätze. Insbesondere kann sie auf diesem Weg Erkenntnisse entwickeln und gemeinsame Bedeutungen finden. Platons Begriff der *boētheia* zeigt die zentrale Dimension des Dialogverhaltens und der Dialogkompetenz an.

Zur Dialogkompetenz gehört nicht nur Sprachverhalten, sondern auch kognitives Verhalten. Arendt hat das Denken als inneren Dialog als wesentliches *ethisches* Prinzip herausgearbeitet: Nur wer hinterfragt, verschiedene Perspektiven einnimmt, Argumente gegeneinander abwägt, schrittweise klärt und präzisiert, also letztlich dialogisiert, der *denkt* wirklich. In das eigene Denken werden immer Aussagen Anderer – direkt, über Medien oder Gedächtnis – miteinbezogen, mit denen dialogisiert wird. Kognitive Zugänglichkeit bedeutet, dass man sich gegenseitig in sein Denken miteinbezieht. Das offene Denken, das Absehen von, das Denken *mit* ist Teil der Dialogkompetenz. Dialog ist nicht nur *ein* Sprachspiel – sondern eine zentrale zwischenmenschliche und kognitive Sprach*praxis*. Aufgrund des dialogischen Charakters des Denkens sind vollständige Transparenz und Informatisierung eines Menschen nicht möglich, er ist unentschieden, zwiegespalten, unendlich, hat Geheimnisse, braucht Bewegungs- und Entwicklungsspielraum, hat eine *auch kognitive* Würde, die es zu respektieren gilt. Hieraus folgt auch, dass es zur ‚Aufklärung' nicht reicht, *selber* zu denken. Weder Pflichten- noch Tugend- noch utilitaristische Ethik verweisen auf die wichtigste Tugend, nämlich zu versuchen, *den Anderen/die Andere zu verstehen*. Zugänglichkeit heißt vor allem, dass man nicht voraussetzt, dass man a) den Anderen/die Andere richtig und sofort versteht und b) selber recht hat. Gadamers Gesprächsethik, zu oft als reine Texthermeneutik verstanden, ist hier ein ebenso wichtiger Ausgangspunkt wie die Arbeiten von Levinas. Dazu kommen Überlegungen aus anderen Bereichen, etwa zum kognitiven Nachvollziehen der Position der/des Anderen (z. B. Nichols/Stich 2003, Brandom 2000). Es geht darum, den Anderen/die Andere in ihren/seinen Zielen, Zwecken, Verstehenszugriffen, in seinen/ihren *skills of access* und *modes of presence* zu verstehen und sich systematisch für ihre/seine Perspektive zu öffnen. Dieses Verständnis des/der Anderen ist laufend *präsent* zu halten und zu aktualisieren – *Zugänglichkeit* baut auch auf dieser zeitlichen (mündlichen oder schriftlichen) *Präsenz* des/der Anderen (bzw. des anderen Standpunktes) auf. Nicht wagen zu wissen, sondern wagen, die Welt vom Standpunkt der/des Anderen aus zu sehen, hinter den ersten Eindruck zu sehen, ist wirklich ‚Aufklärung' zu nennen. Nur ein/e dialogische/r Denker/in kann einen zwischenmenschlichen Dialog führen und so resilient bleiben gegen die Verführung der einfachen, abschließenden Lösung.

Dass die bloße Verfügbarkeit von Information nicht gleichzeitig die Zugänglichkeit zu Menschen mit sich bringt, zeigt sich in der Tatsache, dass es in Zeiten von Internet und Globalisierung zu einem Wiedererstarken von Nationalismen und Extremismen gekommen ist – primitive Schutzreflexe gegen die Hinterfragung der eigenen Perspektive. Die wichtigste Dimension der Zugänglichkeit ist, demgegenüber, *unsere eigene* Zugänglichkeit. Zur Dialogkompetenz gehört entsprechend die Verwundbarkeit – es wurde oben schon gesagt,

> „dass resilient nicht die Person ist, die nicht berührt und verletzt werden kann, sondern die Person, die um die eigene Verwundbarkeit weiß und auch beschädigt werden kann. Der Begriff der Verwundbarkeit ist [...] eng mit dem Begriff von Resilienz verbunden. [...] Verwundbarkeit ist die Einsicht, dass das, was unsere Identität ausmacht, beschädigt oder zerstört werden kann. [...] Epistemische Resilienz ist die [...] Kraft, eingedenk der eigenen Verwundbarkeit mit Druck auf Identität und Integrität umgehen zu können." (Sedmak 2013, 34)

Nur wer erlaubt, dass die/der Andere in ihn oder sie *eingreift*, dass der/die Andere recht hat und sie/ihn besser macht, nur wer nicht – wie Alkibiades – aus kognitiver *Scham* blockiert, in Abwehrhaltung kommt, ist wirklich dialogkompetent. Hierzu gehören auch Konzentration und Zeit: Die Stimme des/der Anderen in uns gelten zu lassen, heißt erst einmal, sie in einem Raum, der leer ist von eigenen Ansprüchen, Meinungen, Urteilen, Sätzen, in ihrem Geltungsanspruch zu hören. Dieser Raum muss zeitlich und konzentrationstechnisch frei sein, er muss Zeit lassen für das Verstehen des Satzes, seiner Aussagen, Hintergründe, Implikationen. Er muss Zeit lassen für helfende Fragen und Sätze. Bei allem Machtringen in der Welt ist der Moment des Zuhörens ein Absehen von Macht, eine generelle Machtlosigkeit, die das Anrecht der/des Anderen, ihre/seine *hauteur enseignante* empfangen will. Weltausschließlichkeit kann auch auf den Anderen, die Dialogpartnerin, den Gast, gewandt werden. Der/die Andere ist für uns dann die Welt. Auch dies gehört zur Dialogkompetenz.

Die Fragilität des Zugangs besteht so zu einem großen Teil in der Gefahr, dass man sich auf Selbstgeworfenes (s. o. Kap. 5), auf die *filter bubble* (Pariser 2012) beschränkt. Dialogkompetenz hingegen kombiniert die genannten Kompetenzen und Tugenden, kombiniert *boētheia*, *scholē*, Respekt vor Komplexität, dialogisches Denken, gemeinsame Erarbeitung von Bedeutung und die eigene Zugänglichkeit für den (auch geschichtlichen) Anderen (bzw. die Andere), um diese Beschränkung zu verhindern. Zugang ist nicht selbstverständlich. Menschen können für uns nicht (mehr) zugänglich sein, auch politische Kanäle und Grenzen können nicht mehr offenstehen, Diskurse nicht mehr legitim, Ansprechpartner/innen nicht mehr ansprechbar sein. Helfen kann hier nur das Zugänglichhalten über das Gespräch, das gemeinsame Nachdenken, das Erarbeiten von Bedeutung, das Kultivieren der Gesprächskultur. Textlektüre und Dialog – mentaler und physischer, synchroner und diachroner Dialog – erfordern hierbei gleichermaßen *skills of access*, die trainiert und erhalten werden müssen, und die sich gegenseitig trainieren. Das Annehmen und Unterstützen des Besten, das jemand sagen könnte bzw. meinen könnte, ist eine der Tugenden, die den Umgang mit Personen und mit Texten vereint. Die Verstehensarbeit an Texten kann helfen, die Vieldimensionalität von Bedeutung auch im Umgang miteinander und die Notwendigkeit des Sich-Gegenseitig-Zugänglich-Machens zu verstehen; die ausschließliche Konzentration auf den Text kann für die Konzentration auf Andere öffnen, die eine eigene Art der *boētheia* ist. Wir können bei Menschen wie Texten nicht von der Vorstellung *essentiellen* Verstehens ausgehen – nur Mühe, Hilfe, Zeit, Konzentration, Komplexitätsvermutung, Lernwille und konstanter Dialog mit anderen Aussagen und Meinungen – ob anwesend oder abwesend, synchron oder diachron – erhalten die Zugänglichkeit zueinander.

Die Geisteswissenschaften als Wissenschaften von Menschen und Texten können diese Dialogkompetenz in alle anderen Wissenschaftsfächer als Schlüsselkompetenz einbringen, sie können auf dialogfördernde Lehr- und Lernformen sowie räumliche Gegebenheiten hinwirken und Dialog-Training anbieten. Mit ihrer Hilfe sollten Hochschulen zusätzlich zum Fachwissen auch abprüfen, ob jemand dialogfähig ist, ob sie/er zuhören, im Gespräch dazulernen und Meinungen *entwickeln* kann, ob sie/er andere Standpunkte nachvollziehen kann – als wichtige Vorbereitung für ein erfolgreiches Berufsleben ebenso wie als Beitrag zur Resilienz der Gesellschaft. Die Schulung des dialogischen Denkens, des *Denkens mit*, sollte ein zentrales Ziel universitärer Bildung sein – mit den Geisteswissenschaften als dem Haupttreiber, um über den Multiplikator Hochschule diese wichtige Grundlage gesellschaftlicher Resilienz weit in die Gesellschaft hineinzutragen und der Okklusion des Zugangs zueinander dauerhaft entgegenzuwirken.

Jenseits der Vermittlung resilienter Kompetenzen ist jedoch auch die analytische Arbeit der Geisteswissenschaften, die Herausarbeitung der Fragilität des Zugangs, für eine resiliente Gesellschaft notwendig: Menschen sind nicht nur anfällig für Gewalt, Krankheit und Tod, sondern auch kognitiv, in ihrer Wahrnehmung, ihrem perzeptiven Zugang zur Welt, und besonders dort, wo es um unser Urteil, unser Wissen, unsere Informationslage, unser *Verstehen* geht. Dies ist umso gefährlicher als unser Urteil und unser Wissen darüber entscheiden, wie wir uns zu Anderen verhalten. Daher ist es nicht delegierbare Aufgabe der Wissenschaften vom menschlichen Geist, die Anfälligkeit des Verstehens und die Verführbarkeit des Geistes herauszuarbeiten. Sie müssen gegen die selbstgefällige Präklusion, den tendenziösen Abschluss, die gewaltsame Verkürzung, die selbstbestätigende Verurteilung des/der Anderen vorgehen. Sie müssen die Lückenhaftigkeit, Selektivität und Brüchigkeit des kulturellen Gedächtnisses – des Verstehens der Gegenwart durch die Vergangenheit – herausarbeiten, Manipulationen aufdecken und die verborgene Gewalt im vermeintlich Abgeschlossenen suchen. Sie sind gefordert zu zeigen, dass Fragen des Verstehens auch Fragen des Sich-Verstehens sind – dass kognitive Handlungen und Kompetenzen ethisch relevant sind und Konsequenzen für das gesellschaftliche Zusammenleben haben. Sie sind gefordert, die Vorhandenheit des kommunikativen Kontinuums und seine Konsequenzen zu verdeutlichen. Ihre traditionellen Techniken und Forschungsgebiete ausbauend können die Geisteswissenschaften so als Wissenschaft von den Anfälligkeiten des (gegenseitigen) Verstehens eine wichtige gesellschaftliche Rolle spielen.

Wir haben diesen Ansatz der Geisteswissenschaften in unserem Buch demonstriert: Ein Hauptthema bei Platon sind Fragen des richtigen Verstehens, des Sich-Verstehens. Im *Theaitetos* wie in anderen Dialogen ist es schwierig zu verstehen, was man selbst meint, was Begriffe bedeuten, was andere meinen, seien sie gegenwärtig oder in der Schrift präsent. Menschen sind unwissend, nicht lernfähig, haben etwas vergessen oder nicht verstanden, geben voreilig etwas zu, fallen auf Fangschlüsse oder bloße Homologien herein, sind von Zeitdruck oder Gewalt bedroht. Diese Anfälligkeiten des Verstehens beziehen sich auf Menschen wie Texte – sie sind grundlegend in der Sprache angelegt. Sokrates' Lehre, dass man nicht vom eigenen sofortigen Verstehen ausgehen kann, ist nicht nur als kognitive, sondern auch als *ethische* Lehre angelegt. Es ist Aufgabe der Geisteswissenschaften, diese Anfälligkeiten und ihre Konsequenzen permanent herauszuarbeiten. Bei Platon ist zudem das Verstehen ein Sich-Aufeinander-Zuarbeiten, ein sozialer Prozess, für den es – in Lektüre wie Dialog – ausreichend Muße als kognitive (und damit ethische) Vorausbedingung geben muss. Auch hier sind die Geisteswissenschaften gefordert, die zentrale gesellschaftliche Funktion von Muße zu artikulieren und auf die zwischenmenschlichen Gefahren einer mußelosen, von der organisatorischen Grammatik getriebenen Gesellschaft aufmerksam zu machen.

Auch Gadamers *Wahrheit und Methode* und Derridas *Béliers* drehen sich um die Frage, wie wir uns – mit- und nacheinander, präsentisch oder textvermittelt – *überhaupt* verstehen können. Es ist kaum ausreichend realisiert worden, dass es sich hierbei auch um eine *ethische* Frage handelt – Gadamer setzt das kommunikative Kontinuum auf die philosophische Landkarte, indem er Verstehen als menschliche Grundhaltung analysiert und die Texthermeneutik in den Kontext zwischenmenschlichen Verstehens stellt. *Béliers* ist dann ein großartiger Moment der Philosophiegeschichte, weil ein Verfechter der Vieldeutigkeit und Eigenständigkeit der Schrift ein Enkomium hält auf den verstorbenen Verfechter der These, dass die schriftliche Überlieferung uns zielgerichtet anspricht, der Verfechter der Waisenhaftigkeit des Textes herausarbeitet, was der verstorbene Freund uns *durch* seine Texte sagen kann. Bereits früh von der platonischen Schriftkritik inspiriert, realisiert Derrida erst in seinen späten Schriften die Tiefe dieser platonischen Basis, die eng mit der Endlichkeit des menschlichen Lebens und dem Leben nacheinander verbunden ist: dass Texte auch ein Leben *nacheinander* bedeuten können – mit Menschen und Aussagen, die einem etwas bedeuten, von denen man etwas lernen kann, die man *verstehen will*. Parallel zur Frage des synchronen Verstehens wirft die Vorstellung vom Menschen als Welt die Frage auf, was nach dem Tod eines Menschen passiert, und damit die Frage nach der kulturellen Überlieferung und der Texthermeneutik. Derrida realisiert in *Béliers* für beide, Menschen und Texte, gleichermaßen die ethische Bedeutung der Arbeit am Sich-Verstehen ebenso wie die der *différance*, der Unendlichkeit der Sprache. Aus der Untrennbarkeit beider Ansätze entsteht sein Bild des unendlichen, ununterbrochenen Dialogs „entre deux infinis".

Die weiteren Kapitel unseres Buches zeigen ebenfalls die *ethische* Dimension der Kritik des sofortigen Verstehens. So betont Levinas die ethischen Gefahren des präkludierenden Verstehens unendlicher menschlicher Individuen und stellt heraus, dass sogar die schiere Präsenz des Menschen der Hilfe bedarf. Die Reduktion menschlicher Pluralität auf Klischees und die ethischen Konsequenzen der Absenz hinterfragenden Denkens beschreibt Arendt eindrücklich. Auch

Dufourmantelle und Derrida heben die ethische Notwendigkeit der Irreduzibilität des Menschen heraus, des privaten, inneren *adyton*, einer das eigene Verstehen transzendierenden Privatheit und Unendlichkeit der Möglichkeiten. Das Lebenswerk Wittgensteins stellt die vielfältigen Gefahren des gegenseitigen Missverstehens ins Zentrum der Philosophie. Und schließlich zeigt das Kapitel *Der Angriff auf die Zukunft*, wie Verständnisebenen okkludieren, wie sie unterdrückt und ausgelöscht werden und so das Verstehen in der Zukunft manipuliert werden kann. Verstehen, Verständlichkeit, so zeigt sich, ergibt sich nicht von allein: Wir müssen uns verständlich machen, uns Zugänglichkeit erst erarbeiten. Diese ständige Bedrohtheit des Denkens, die Anfälligkeit des Verstehens, die Fragilität des Zugangs nach den Erfahrungen des 20. Jahrhunderts zu einem Studiengegenstand im 21. Jahrhundert zu machen, ist die gegenwärtige Aufgabe der Geisteswissenschaften. Nur so können sie Resilienz vermitteln. Gleichzeitig sind sie so eine Grundbedingung menschlicher Freiheit: „La liberté consiste à savoir que la liberté est en peril." (Levinas 2016, 23)

Zentraler Faktor der Anfälligkeit unseres Verstehens ist – wie gesehen – die Sprache. Die Geisteswissenschaften als einzige mit Sprache im gesamten kommunikativen Kontinuum befasste Wissenschaften sind gefordert herauszustellen, dass es sich bei Sprache nicht um ein transparentes Medium des menschlichen Geistes handelt, sondern um ein gesellschaftliches Handlungsinstrument mit Stärken und Schwächen, positivem und negativem Potential. Sprache ist übersät mit Fallen des Missverstehens. Die Hilfsbedürftigkeit der Sprache und die menschliche Hilfsnotwendigkeit im gemeinschaftlichen Sprachhandeln herauszustellen und so individuellen Missverständnissen wie gesellschaftlichen Konflikten vorzubeugen, ist eine wesentliche Anforderung an die Geisteswissenschaften. Ebenso müssen sie die Schattenseiten der Sprache aufzeigen, zeigen, wie oft Sprache entzweit und verprellt, falsche Hoffnung sät und unverdienten Hass erzeugt, wie sie Motive verdeckt und Wünsche verschweigt, Erinnerung begräbt, Ansprüche unterdrückt und Perspektiven unterschlägt, manipuliert und verfälscht, schließlich als Machtinstrument dient. Dieser Auftrag, der die Postmoderne geprägt hat, hat im 21. Jahrhundert keinesfalls ausgedient, sondern gehört in zunehmendem Maße zur gesellschaftlichen Verantwortung der Geisteswissenschaften. Es ist an ihnen, der Öffentlichkeit aufzuzeigen, dass Sprachhandeln ethisch relevant ist.

Wem all dies zu ‚philosophisch' klingt, der muss sich über die praktischen Konsequenzen Gedanken machen. Unser Alltag ist, wenn man genau beobachtet, beherrscht von Formulierungen, die suggerieren, es sei leicht, sich zu informieren, Information sei zugänglich und einfach auffindbar, und Sprache ein transparentes Medium ebensolcher Informationsprozesse. Dem/der Suchenden wird, dadurch, dass er/sie schnell etwas findet, Mündigkeit ebenso vorgegaukelt wie Urteilsfähigkeit, im anonymen Eingeben in die Suchmaschine bleibt das Hinterfragtwerden des/der Suchenden völlig aus, er oder sie sitzt gemächlich in der Position des Urteilenden vor dem Bildschirm. Dabei kann Sprache – und Texte sind ebenfalls Sprachhandlungen – mit jedem Begriff, mit jeder Verknüpfung, mit jedem Satz manipulieren, verschweigen, unterdrücken – und Information, die wir *nicht* sehen, ist mindestens so bedeutsam wie die, die wir sehen. Verstehen ist, so haben alle unsere Kapitel gezeigt, eben kein *einseitiger* Prozess. Die Imperfektion der Sprache bedingt die Notwendigkeit des Dialogs. Das Bild von der einfachen, einseitigen Informationsaufnahme über die Sprache, so haben wir gesehen, ist *irreführend* und hat ethische Konsequenzen. Für die sich selbst als ‚Informationsgesellschaft' wahrnehmende Gegenwart – der Begriff hat sich in unseren Überlegungen mehr und mehr als *Fehlkonzeption* erwiesen – gilt es, so kann man folgern, wegzukommen vom Bild der einfachen, einseitigen Informationsaufnahme hin zum Training von Aushandlungsprozessen der Bedeutung im Dialog. Die Arbeit der Geisteswissenschaften kann ein Antreiber dieser Entwicklung sein.

Die Tatsache, dass die Geisteswissenschaften bei Platon als Gegenpol zur Sophistik und zur politischen Rhetorik und Demagogie geboren wurden, sollte uns diese zentrale gesellschaftliche Rolle der Geisteswissenschaften gegenüber sprachbasierter Gewalt, kommerzieller und politischer Rhetorik, Demagogie, Fake News, Verschwörungstheorien und Geschichtsfälschung verdeutlichen. Gegenüber diesen Diskursformen müssen die Sprachpraktiken der Geisteswissenschaften andere sein, müssen Sprache und Sprecher/innen hinterfragen und Verunklarungs- und Vereindeutigungsstrategien bloßlegen. Das, was wir heute Vernunft oder Wissenschaft nennen, ist im Kampf gegen *aktive* Verunklarung entstanden. Hinter dem vermeintlichen Abschluss immer wieder die Offenheit zu suchen, ist daher kein Zeichen von Relativismus, sondern eine kognitive und ethische Notwendigkeit, vor allem dort, wo die – in der kapitalistisch geprägten Gesellschaft verstärkte – geistige Tendenz zur Verdinglichung sich auf den Umgang mit Menschen auswirkt. In Theorie und Praxis ist es für die Geisteswissenschaften notwendig, deutlich zu machen, dass es Bereiche jenseits der Sprachpraxis der organisatorischen Grammatik gibt – und geben muss, um eine resiliente Gesellschaft zu gewährleisten.

Resilienz ist jedoch nicht nur gegenüber einmaligen Attacken erforderlich. Sie steht vielmehr der laufenden Okklusion von Zugänglichkeit gegenüber. Den Begriff der Okklusion habe ich im Sinne des Unzugänglichwerdens von Information über die Zeit hinweg in Schüller-Zwierlein 2014 eingeführt, er ist jedoch darüber hinaus tauglich, um zu erfassen, dass neben der Zugänglichkeit von Information auch unsere *eigene* Zugänglichkeit beständig schwindet und laufend erhalten werden muss. Okklusion besteht darin, dass sich der menschliche Geist immer wieder zusetzt, verdunkelt, vereinfacht, durch Pragmatismus, Oberflächlichkeit, Zeitdruck, Bequemlichkeit oder Ideologie Komplexität vereinfacht, Bedeutung vereindeutigt, Entscheidungen vorwegnimmt und über die Dauer für selbstverständlich nimmt: „Das Denken wird kurzatmig, beschränkt sich auf die Erfassung des isoliert Faktischen. Gedankliche Zusammenhänge werden als unbequeme und unnütze Anstrengung fortgewiesen." (Horkheimer/Adorno 1988, 207) Wir haben in den Kapiteln dieses Buches gesehen, dass sprachliche Okklusion ebenso geschieht wie menschliche Okklusion (vgl. Levinas 2016, 5: „L'état de guerre suspend la morale"), geschichtliche Okklusion (etwa Pollacks kontaminierte Landschaften) und kulturelle Okklusion (etwa bei Kunzru oder Orwell). Alles, was wir uns erarbeitet haben, kann wieder verlorengehen. Die eigentliche Bedeutung der *Tätigkeit* der kulturellen Überlieferung wird erst in gefährlicheren Zeiten plastisch hervorstechend: Kultur *bleibt* nicht zugänglich. Die heutigen Bedrohungen der Fortschritte etwa bei den Menschenrechten belegen dies deutlich. Ein Verständnis, „warum die Menschheit, anstatt in einen wahrhaft menschlichen Zustand einzutreten, in eine neue Art von Barbarei versinkt." (Horkheimer/Adorno 1988, 1), warum „Aufklärung [...] in Mythologie zurück [schlägt]" (6), ist nur möglich, wenn man die Bedrohung des Denkens als *dauerhaft vorhanden*, als grundlegende Situation des Denkens und als permanenten Fokus der Aufmerksamkeit des Denkens auffasst. Der Kampf um Zugänglichkeit ist laufend und immer wieder notwendig, weil die Hilfsbedürftigkeit der Sprache nicht abnimmt, weil die Multidimensionalität des Zugangs zueinander gleichzeitige Aktivität an vielen Fronten erfordert, weil Menschen immer neu geboren werden und in die Schrift umschlagen, und weil Zugänglichkeit letztlich *unsere eigene* Zugänglichkeit voraussetzt, die auf Aufmerksamkeit, ausreichender Zeit und dialogischem Denken beruht und die durch die organisatorische Grammatik des täglichen Lebens bedroht ist. Die Erziehung zur Mündigkeit ist bei jedem Menschen aufs Neue nötig. Aufklärung kann man nicht als Resultat voraussetzen. Kultur findet in unseren Köpfen statt, nicht in Objekten.

Dies bedeutet auch, dass die Arbeit der Geisteswissenschaften immer wieder zu tun ist. Sie funktionieren nicht nach dem Prinzip des ‚Fortschritts' (das zur organisatorischen Grammatik gehört), sondern sind notwendig eine *kontinuierliche Praxis*, eine laufende Wiederaufdehnung des menschlichen Denkens, eine beständige Zugänglichmachung und -haltung – füreinander und für die kulturelle Überlieferung. Das Aufdehnen und Zugänglichmachen muss beständig praktiziert, wiederholt und trainiert werden, um Verflachung, Vereinfachung und Vereindeutigung entgegenzuwirken und diejenigen gesellschaftlichen Kräfte zu identifizieren, die diese explizit oder implizit vorantreiben. Die Geisteswissenschaften haben hier die Funktion des permanenten Analysten, Beobachters, ja Wächters: Denn Okklusion geschieht oft schleichend und unbemerkt, gesellschaftliche Folgen zeigen sich meist erst verzögert. Die Lautstärke der Stimmen und die Frequenz der Rufe verdecken oft die Fragilität des Zugangs. Die Geisteswissenschaften arbeiten in ihrer Verbindung von Text- und Menschenstudium die Bedeutung der eigenen Zugänglichkeit und des kommunikativen Kontinuums heraus – sie machen uns für das volle Spektrum des Menschlichen (inclusive der kulturellen, textlichen Überlieferung) immer wieder zugänglich und verdeutlichen uns gleichzeitig, wieviel Mühe es bedarf, sich Texte wie Menschen zugänglich zu machen, für Texte und Menschen zugänglich zu sein. Sie arbeiten so laufend gegen vereinfachendes Identitätsdenken und die Vereinnahmung der Vergangenheit an.

Aus der Tatsache des kommunikativen Kontinuums von Mit- und Nacheinander und der Notwendigkeit der Hilfe bei mündlicher wie bei schriftlicher Sprache folgt, dass die Geisteswissenschaften – jenseits davon, rein historische Wissenschaften zu sein – uns Wesentliches über den Umgang mit Menschen, nicht nur mit Texten, beizubringen haben. Das Textstudium der Geisteswissenschaften ist somit nicht so lebensfremd wie es manchem erscheint – es lehrt uns vielmehr ein wertvolles Verständnis der eigenen Zugänglichkeit: Oft genug dominiert den menschlichen Alltag, dass wir für die Aussagen, Anliegen oder Argumente Anderer nicht zugänglich, nicht aufnahmefähig, nicht wertschätzend sind; ebenso ist es bei Texten, die wir häufig rein als zu nutzende, abzugrasende, auszuwertende Informationsquellen verstehen, oder als im Hinblick auf gewisse, von uns gesetzte Kriterien von uns zu beurteilen. Gadamer hat hingegen deutlich gemacht, dass wir als Leser/innen für den Anspruch des Textes zugänglich sein müssen: „Wer einen Text verstehen will, ist vielmehr bereit, sich von ihm etwas sagen zu lassen." (Gadamer 2010, 273) Wir müssen dem Text wie dem Menschen erlauben, uns, unsere Urteile und unsere Sprache zu hinterfragen – müssen ihn zu uns *hineinlassen* (Derek Attridge spricht von der „readerly hospitality, a readiness to have one's purposes reshaped by the work to which one is responding"; Attridge 2004, 80). Die *eigene* Zugänglichkeit ist von gleicher Bedeutung wie die ubiquitäre Verfügbarkeit von Information. Okklusion bedroht den Zugang zu Texten ebenso wie zu Menschen (die ihrerseits in Texte umschlagen), für Texte wie für Menschen ist das Bewusstsein ihrer nicht abschließbaren Bedeutung und des erst zu erarbeitenden Zugangs notwendig. Zugänglichkeit ist fragil und muss *gehütet* werden, zu Texten wie zu Menschen. Die Schwierigkeit der Zugänglichkeit der Vergangenheit macht uns auf die Schwierigkeit der Zugänglichkeit der Gegenwart aufmerksam. Kulturelle Überlieferung und Ethik sind verknüpft.

Das Wieder-Zugänglichmachen von laufend verlorengehendem Wissen beschreibt bereits Platon: „wie jeder Abfluß auch wieder einen neuen Zufluß erfordert, so ist die Erinnerung ein solcher Zufluß welcher den Abgang an Kenntnis ersetzt." (*Nomoi* 732b). Dieses Wiederzugänglichmachen von Verlorengehendem, dieses beständige Aufdehnen des menschlichen Geistes, das Ankämpfen gegen Unzugänglichkeit, ist die Aufgabe der Geisteswissenschaften, ihre gesellschaftliche Rolle, *Resilienz* zu schaffen gegen *Okklusion*. Zugänglichkeit ist keine Selbstverständlichkeit. Die Geisteswissenschaften helfen uns, klarer, bewusster und mündiger zu sehen. Okklusionsprozessen können die Geisteswissenschaften jedoch nur als permanente *Praxis* im Rahmen dauerhafter Institutionen entgegenwirken – sie sind daher nicht an verdinglichten Ergebnissen im Sinne der organisatorischen Grammatik zu messen, sondern an ihrer Aktivität und gesellschaftlichen Wirkung. Ziel dieser Aktivität ist es letztlich, geistige Gewalt zu verhindern – die platonische Ursache allen Übels: zu meinen zu wissen, was man nicht weiß.

Reale Gewalt ist nichts anderes als ausgeführte geistige Gewalt: „Tuer n'est pas dominer mais anéantir, renoncer absolument à la compréhension." (Levinas 2016, 216) Geistige Gewalt verhindern zu helfen, ist die vornehmste Aufgabe der Geisteswissenschaften. Sie haben dabei mit nicht weniger als den menschlichen Limitationen zu kämpfen: Das Sinnbedürfnis der Menschen geht über das hinaus, was in dieser Welt möglich ist. Sie können sich also entscheiden, entweder dies *auszuhalten* und horizontübergreifende Komplexität als sinnvollen und notwendigen Zustand zu erfahren, oder sich über vorschnelle Schlüsse, Vereinfachung, Vereindeutigung, *Abpackung* der Realität Sinn zu generieren, an den sie sich klammern (Präklusion). Letzteres ist in manchen Bereichen eher unschädlich, in anderen jedoch sehr schädlich. Es ist dann schädlich, wenn man sich dadurch vor anderen Menschen verschließt, es verbreitet Schaden, wenn man versucht, andere Menschen von vorschnellen Schlüssen zu überzeugen, und es ist abscheulich, wenn man andere Menschen *zwingt*, die eigenen vorschnellen Schlüsse, die eigene zusammengezimmerte Realität zu akzeptieren, und wenn die eigene Realität andere Realitäten gewaltsam ausschließt. Die Bereinigung der Vergangenheit ist ebenso beständig zu verhindern wie die Bereinigung der Gesellschaft. Der Kampf gegen die präkludierende Abpackungsmentalität ist derweil von enormem Ausmaß: Das pragmatische Leben ist unmerklich von Ideologien durchsetzt, die uns Sicherheit vorgaukeln und uns von der Offenheit der Freiheit und Komplexität entlasten, indem sie das Leben als eine Maschine mit gänzlich ausdefinierten Teilen erscheinen lassen. Menschen ebenso wie Sprache sind aber nicht gänzlich auszudefinieren, außer durch Reduktion und Gewalt. Auch die Vergangenheit muss offen sein und uns offen halten – sie hat die Stärke, uns in der Gegenwart als Korrektiv zu dienen. Nur so können wir als Individuen erhalten werden – und nicht als Teil einer ideologischen Maschine. Deswegen allein schon braucht es die Geisteswissenschaften.

Zentrale Aufgabe der Geisteswissenschaften ist also das Herausarbeiten der Anfälligkeiten des Geistes, der Dimensionen und Konsequenzen der Unzugänglichkeit, und die Schaffung geistiger Resilienz. Geisteswissenschaften haben so, als Multiplikatoren gedacht, friedens- und demokratiestützende Funktion. Dieser gesellschaftlichen Funktion sollte sich jede/r Geisteswissenschaftler/in bewusst sein. Nur wer die kleinen und versteckten Schäden und Fallen sieht, kann die großen verhindern. Angesichts des allseitigen wirtschaftlichen und technologischen Optimismus gilt es diese Funktion umso stärker zu betonen. Aufgabe der Geisteswissenschaften ist es zu zeigen, was bei der (notwendigen) organisatorischen Grammatik unter den Tisch fällt – und nicht unter den Tisch fallen darf. Sie dürfen somit selbst *nicht* gänzlich der organisatorischen Grammatik unterliegen. Genau hier ist für die Geisteswissenschaften wiederum eigene Resilienz notwendig: Die ungenaue Rede von der Nutzlosigkeit der Geisteswissenschaften hat seit Aristoteles (*Metaphysik* 981b–982d) die Menschen verwirrt und dem Ansehen der Geisteswissenschaften geschadet. Dabei ist die Aussage vielmehr aus platonischer Sicht zu interpretieren: Wissenschaft ist erst dann wirklich *möglich*, wenn sie (im Sinne der *scholē*) *nicht* dem Druck der direkten Verwertung (und damit der organisatorischen Grammatik) ausgesetzt ist – *nur* dann kann sie ihre gesellschaftliche Funktion wahrnehmen. Die Geisteswissenschaften stehen damit strukturell und notwendig der zunehmenden Ökonomisierung der ‚unternehmerischen' Universitäten entgegen. Ihre Funktion ist nicht berufsbildend, sondern gesellschaftsbildend. Ihr Output ist nicht in Start-Up-Quoten zu messen. Sie können nicht dem kleinteiligen Ergebnisproduktionsprozess unterworfen werden, der die heutige Wissenschafts- und Publikationslandschaft prägt. *Die Kritik der organisatorischen Grammatik kann nicht selbst der organisatorischen Grammatik unterworfen sein.* Ein Bericht über die Tätigkeiten der Geisteswissenschaften muss verdeutlichen, wie sie sich von anderen Bereichen abhebt, nicht sie ihnen angleichen. Geisteswissenschaften sind nicht nutzlos, sondern schaffen Resilienz gegen kognitive und ethische Verführungen und Okklusionen. Dies ist ihre gesellschaftliche Funktion. Wenn sie sich als nutzlos bezeichnen, schwächen sie ihre eigene Resilienz. Gleichzeitig sind Räume zu schaffen, in denen diese Wissenschaft stattfinden kann, in denen sie geschützt ist, damit sie ihrerseits schützen kann. *Scholē* hat, wie gesehen, kognitive Funktion, nur sie erlaubt die Kritik der organisatorischen Grammatik und die Ausleuchtung der Opfer ihrer Mechanik. Diese schützenden Umstände benötigen die Geisteswissenschaften, um selbst resilient zu sein und ihre gesellschaftliche Funktion ausüben zu können. Denn sie sind ihrerseits stets in Gefahr, gerichtet zu werden wie unter Kindern ein Arzt, den der Koch verklagte (Platon, *Gorgias* 521e).

Fragilität und Resilienz

Bibliotheken und Geisteswissenschaften sind so Teil einer notwendigen Reaktion auf das beschriebene Gegenwartspanorama. Sie tragen eine strukturelle Verantwortung, kognitive und ethische Resilienz in der Gesellschaft zu fördern und die Okklusion des Zugangs zueinander zu verhindern. Sie verteidigen so nicht die Vergangenheit, sondern die Zukunft – gegen Verluste und mangelnde Bildung, aber auch gegen direkte oder schleichende Angriffe. Man mag einwenden, der Begriff des Zugangs bzw. der Zugänglichkeit sei seinerseits problematisch, weil er voraussetze, dass da etwas ist, ein Objekt, das ‚entdeckt' werden kann – man kann kritisieren, dass dies auf Personen oder geschichtliche Zusammenhänge nicht oder nur begrenzt zutrifft oder selbst eine Verdinglichung darstellt. Doch es geht hier nicht um den ‚Wahrheitsgehalt' der Metapher, sondern um ihre erkenntnis- und handlungsleitende Funktion: Zugänglichkeit bedeutet hier, dass es etwas *jenseits* des ersten Eindrucks, der Oberfläche, des sofortigen Verstehens gibt, in das man erst durch Mühe und Arbeit eindringen kann, und dass es notwendig ist, Arten der Unzugänglichkeit, Trübungen des Verstehens, Prozesse der Unzugänglichwerdung und Angriffe auf den Zugang zueinander herauszuarbeiten. Zugänglichkeit wird in der Informationsgesellschaft zwar allenthalben signalisiert, gleichzeitig werden aber Dimensionen der Unzugänglichkeit und -werdung überdeckt. Gesellschaftliche Aufgabe der Geisteswissenschaften ist es zu zeigen, dass Texte wie Menschen nicht nur ‚Informationen' darstellen, und die Konsequenzen im Zwischenmenschlichen zu verdeutlichen; Aufgabe der Bibliotheken ist es, verfolgungsfreie Vertiefung und Dialog zu ermöglichen, inneren wie äußeren. Beide Institutionen stellen so das Erarbeiten von Zugang in den Vordergrund.

Das Bild des Zugangs macht uns empfänglich für die Komplexität des Einander-Verstehens, für menschliche wie geschichtliche Okklusionsprozesse, für die Bedeutung der eigenen Zugänglichkeit, für die Unverzichtbarkeit des menschlichen *adyton* und die Notwendigkeit der gegenseitigen Hilfe. Die vorangegangenen Kapitel zeigen die enorme Anfälligkeit synchronen und diachronen Verstehens, die Fragilität des Zugangs. Unser Zugang zur Realität ist ohnehin fragil – wir erleben sie immer nur ausschnittsweise, gefiltert, perspektivisch, subjektiv geprägt. Jenseits unseres engeren Horizonts – dessen Erschließung schwierig genug ist – eröffnet sich ein weiterer, medial vermittelter Horizont, der Verfremdungen jeglicher Art ausgesetzt ist. All dies gilt allein für unseren Zugang zum Jetzt, der Zugang zur Vergangenheit ist mindestens so schwierig, wenn nicht noch schwieriger. Zugänglichkeit ist umso fragiler, weil sie mit unserem eigenen Handeln zusammenhängt. Zugänglichkeit ist fragil, *weil* Menschen von Medien (diskursen) ausgehend urteilen, nicht von Prozessen und Funktionen, *weil* ihnen Kompetenzen fehlen, *weil* sie ihre Präsenzziele weder realisieren noch artikulieren, *weil* sie keine *scholē* haben oder sich nehmen, *weil* sie Komplexität nicht respektieren, *weil* sie nicht *boētheia* leisten, *weil* sie Funktionen und Nutzungsprozesse von Medien nicht mitüberliefern. Zugänglichkeit ist fragil, weil sie multiple Dimensionen hat, weil Okklusion überall am Werk ist und wir es nicht immer merken, weil es leicht ist, die falsche Zugriffsmethode zu wählen, weil es nicht genügend Zeit gibt, weil Worte (geschrieben wie gesprochen) Hilfe und Dauer brauchen (Assistenz und Persistenz), um verstanden werden zu können. Zugänglichkeit ist fragil, weil Sprache und Lesen komplex sind. Für diese Komplexität des Verstehens reichen unsere bisherigen analytischen Diskurse nicht aus. Die Philosophie hat Mühe, Verblendungs- und Okklusionsprozesse zu artikulieren. Adornos Kritik der Massenmedien hat uns auf das Internet nicht vorbereitet. Zugänglichkeit erweist sich so als ein reichhaltiges multidisziplinäres Forschungsgebiet für die Zukunft.

Hierbei sollten nicht nur die *kognitiven* Anfälligkeiten im Vordergrund stehen, sondern insbesondere die *zwischenmenschlichen*. Schon bei Platon ist klar, dass es verschiedene Zugänge zu Menschen gibt, dass z. B. Rhetorik und Dialog sich unterscheiden – mit beträchtlichen Konsequenzen: „Sokrates' Fehler war es, seine Richter in dialektischer Form anzureden, und deshalb konnte er sie nicht überreden." (Arendt 2016, 46) Das Lachen der Thrakerin und das Todesurteil vor Gericht hängen zusammen in der „Aussichtslosigkeit der Verständigung, [...] wofür das Lachen dort, das Todesurteil hier nur die Symptome waren." (Blumenberg 1987, 22). Genau um diese Frage geht es – ob und *wie* wir uns *überhaupt* verständigen können und wodurch diese Verständigung gefährdet ist. Dementsprechend ist auch die Debatte zwischen Differenz (Derrida, Levinas, Lyotard) und Dialog (Gadamer, Habermas, Apel), die in der zweiten Hälfte des 20. Jahrhunderts geführt wurde, immer noch hoch aktuell. Sie berührt nicht weniger als die Frage, *ob* wir uns miteinander verständigen können, die Fragilität des Zugangs. Gleiches gilt für Wittgenstein, dessen philosophische Mission im Aufklären von Missverständnissen, im Entfernen von Unzugänglichkeiten bestand, nicht im Finden *der einen* Wahrheit. Diese Ansätze können die Geisteswissenschaften aufnehmen, ausweiten und zu einer generellen Betrachtung zwischenmenschlicher Prozesse systematisieren: Zugänglichkeit ist in vielfacher Hinsicht fragil. Zu einem resilienten Menschen – und damit zu einer Gesellschaft, die gegen die Entstehung geistiger und realer Gewalt resilient ist – gehört das Verständnis der Dimensionen gegenseitiger Unzugänglichkeit.

Eine Reihe grundlegender Ansätze lässt sich hierbei bereits isolieren: Zugänglichkeit ist fragil und muss laufend erhalten werden. Zugang ist multidimensional und wird dementsprechend durch eine Vielzahl von Barrieren behindert. Zugang muss permanent gemanagt und motiviert werden. Wir wählen den Zugangsmodus, den Präsenzmodus und das Medium. Bedingungen und Kontext des Zugangs müssen expliziert werden. Zugangskompetenzen sind wichtig, sie müssen gelernt werden. Wir erzeugen so Zugang und Präsenz. Unsere Wahl, wie etwas zugänglich und präsent sein soll, entscheidet darüber, wer wir sind, über unsere Lebensform, unser Verhältnis zu anderen Menschen. Nur eine Gesellschaft, die kompetent darin ist, Zugang zu gewinnen und zu erhalten, die ihre Zugangs- und Präsenzmodi bewusst wählt und die sich selbst zugänglich hält, für Gegenwart, Vergangenheit und Zukunft, ist eine resiliente Gesellschaft. Notwendig ist es daher, die Vielfalt der Zugänge immer wieder aufzuzeigen und aufzudehnen – um die Unilateralisierung des zwischenmenschlichen Diskurses zu verhindern. Die Vermittlung geistiger Resilienz ist das Gegenmittel zur Fragilität des Zugangs. Bibliotheken und Geisteswissenschaften können hierbei als Akteure, Orte und Multiplikatoren fungieren.

Wir haben gesehen, dass die Fragilität des Zugangs synchron und diachron gemeinsame Mechanismen hat und gemeinsame Kompetenzen erfordert. Die Vorstellung sofortigen Verstehens hat sich angesichts der Hilfsbedürftigkeit der Sprache als unbrauchbar erwiesen. Die Sicht der Existenz des Menschen in einem kommunikativen Kontinuum hat vielmehr deutlich gemacht, *dass es sich bei der Hilfe um eine ethische Grundkategorie handelt* – Zugänglichkeit bedarf der gegenseitigen Hilfe und der *Hilfsbereitschaft*. Hilfsbereitschaft und Erfahrungsbereitschaft (Gadamer) sind die Grundbestandteile der Offenheit für den Anderen/die Andere. Zugänglichkeit ist nicht einfach zu haben – Sprache sorgt nicht allein für Zugang, sie verfällt zu leicht in Objektifizierung. Sprachliche Bedeutung ist vielmehr immer erst gemeinsam zu erarbeiten. Verstehen setzt beiderseitige Hilfsbereitschaft voraus – gelingende Kommunikation ein ethisches Element, *boētheia*, „l'essence unique du langage" (Levinas 2016, 99). Die Imperfektion der Sprache bedingt die Notwendigkeit der Hilfe. Die Dimensionen der Hilfe beleuchten sich dabei gegenseitig – gegenwärtige Missverständnisse machen uns dafür empfänglich, wie wenig wir die Zeugnisse der Vergangenheit ohne Mühe verstehen, gleichzeitig mögen uns die Lücken der Vergangenheit dafür empfänglich machen, was wir im täglichen Umgang mit unseren Mitmenschen unterlassen: Lyotards logisches Dilemma des Bezeugens für die Geschehnisse in den Vernichtungslagern öffnet die Augen für den *différend* in der Gegenwart. Die Antwort hierauf kann nur *boētheia* (mit *scholē*) lauten – die es ermöglicht, solche kommunikativen Dilemmata überhaupt zu entdecken bzw. zu denken. Wir müssen in der Gesellschaft solche aktiv suchen, die sich nicht äußern und verteidigen können, müssen Institutionen und Praktiken schaffen, die dies ermöglichen, unterstützen und erforschen. Auch dies ist ein Erbe der platonischen Schriftkritik. *Boētheia* ist auch für das Nichtgeschriebene und Nichtgesagte notwendig.

Platon hat uns dabei deutlich gemacht, wie unscharf die Grenzen zwischen Synchronie und Diachronie sind, wie schnell der Mensch in den Text umschlägt – und wie eng die entsprechenden Kompetenzen der Zugänglichmachung zusammenhängen. Gadamer hat sich in dieser Hinsicht mit seiner Beschreibung des Verstehens als menschlicher Grundhaltung – in Bezug auf Menschen wie auf Texte – am klarsten als Erbe Platons erwiesen: Wer sich bewusst ist, dass man sich bei Texten den Zugang erst erarbeiten muss, ist dies auch bei Menschen – und umgekehrt. Wer sich von einem Text etwas sagen lässt, lässt sich auch von einem Menschen etwas sagen. Mensch wie Text sprechen uns an und hinterfragen uns: „la question de l'écriture s'ouvre bien comme une question morale" (Derrida 1972, 83). Diese ethische Frage nimmt in einem Zeitalter, das sich als ‚Informationsgesellschaft', als Zeitalter der sofortigen Verfügbarkeit abgepackter Bedeutung versteht, an Relevanz zu. *Die Fragilität des Zugangs ist das zentrale Thema der Informationsgesellschaft*: Wer Texten keine Hilfe leistet und sich so tiefere Bedeutungsebenen erschließt, der erlaubt auch Menschen nicht, sich jenseits des zunächst Wahrgenommenen Hilfe zu leisten. Diese strukturelle Nähe von ‚Informationsgesellschaft' und populistisch-radikalen Tendenzen offenzulegen, ist eine der zentralen gesellschaftlichen Aufgaben der heutigen Zeit. Information ist immer auf ihr Gegenbild angewiesen, den helfenden Dialog. Bibliotheken und Geisteswissenschaften haben gemeinsam die wichtige Funktion, die resiliente Kompetenz der Hilfe für Menschen und Texte zu vermitteln. Sie sind weit davon entfernt, bloß historisch orientierte Institutionen zu sein: Das Leben nacheinander und das Leben miteinander – kulturelle Überlieferung und Ethik – hängen in der Notwendigkeit der Hilfe eng zusammen.

Die Bereitschaft zur kommunikativen Hilfe ist eine von einer Reihe von Kompetenzen bzw. Tugenden, die wir in den vergangenen Kapiteln herausgearbeitet haben. Der Verbindung von kognitiven und ethischen Fragen, die sich in ihnen manifestiert, wird nicht ausreichend Aufmerksamkeit gewidmet: Obwohl „[t]he deepest disputes in epistemology focus on concepts that are quite obviously ethical" (Zagzebski 1996, xiii), „philosophers have rarely given the intellectual virtues much notice" (xiv). Die Aristoteles-inspirierte Forschungsrichtung der *virtue epistemology* ist hier eine bemerkenswerte Ausnahme (s. z. B. Zagzebski 1996; Axtell 2000; DePaul/Zagzebski 2003; Fairweather/Flanagan 2014; Fairweather/Zagzebski 2001; Greco 1994; Napier 2008; vgl. Connor 2019), die hierauf aufsetzende Forschung zu *vices of the mind* ist erst in den Anfängen (Cassam 2019). Die vorangegangenen Lektüren haben jedoch deutlich gemacht, dass es gerade diese geistigen Verhaltensweisen bzw. Tugenden sind, die für eine dauerhaft gewaltresiliente Gesellschaft notwendig sind. Zugänglichkeit ist laufend gefährdet durch Zeitdruck (*ascholia*), praktische Zwänge und die damit verbundene organisatorische Grammatik, Ablenkung, Sterblichkeit, Gewalt, Rhetorik, aktive Verunklarung, *filter bubbles*, politische Fangschlüsse und oberflächliche Präklusion. *Boētheia, scholē*, Respekt vor Komplexität, Konzentration (*prosechein ton noun*), Respekt vor dem *adyton*, vor der Unzureichendheit der Sprache, vor der Vielstimmigkeit der Vergangenheit, die Suche nach Verständigung, die Kalibrierung des Gemeinten und Gemeinsamen im Gespräch, die Erarbeitung des Zugangs zu Anderen und zu Texten – sie alle wirken als geistige Tugenden oder Kompetenzen diesen Tendenzen entgegen und erhalten Zugänglichkeit. Voraussetzung dieser Tugenden ist dabei unsere *eigene* Zugänglichkeit: Hilfsbereitschaft, Erfahrungsbereitschaft, das Investieren von Zeit, die Bereitschaft, (geistig) Gastgeber/in zu sein, den Anderen/die Andere ebenso wie „die Überlieferung in ihrem Anspruch gelten lassen" (Gadamer 2010, 367) – sie alle hängen an der eigenen Zugänglichkeit. Wie die vorangegangenen Kapitel zeigen, muss man hierzu bereit sein, den Anderen/die Andere in das eigene Hirn, die eigenen Meinungen eingreifen zu lassen, sich von ihm/ihr hinterfragen zu lassen und nicht – wie Alkibiades – vor ihm/ihr zu fliehen, sich nicht durch vorgreifendes Verstehen „den Anspruch des anderen in Wahrheit vom Leibe zu halten." (Gadamer 2010, 366) Ausschlaggebender Faktor ist hierbei die Scham (*aischynē*) – die Angst davor, dass die/der Andere recht hat, dass zentrale Pfeiler unseres Selbstbildes ins Wanken geraten. Unser Selbstbild bestimmt so unser Verhältnis zu Anderen – und ist oft Auslöser geistiger und realer Gewalt. Der Kern der geistigen Resilienz – und damit einer resilienten Gesellschaft – ist es, mit dieser Scham umgehen zu lernen.

Die Zentralität dieser Tugenden und die ständige Anfälligkeit des Individuums führen dazu, dass unsere ganze Kultur anfällig ist. Die Tugenden hängen am Individuum und seinem Denken und Handeln – sie werden nicht einmalig kulturell erworben und sind dann, ganz gemäß der organisatorischen Grammatik, vorhanden. Moralischen Fortschritt gibt es nicht abgepackt. Wir haben gesehen, wie der Mensch selbst der größte Feind seiner Zivilisation sein kann. Platon ist einer der ersten, der die Zerbrechlichkeit der Kultur und die Bedrohung des Denkens in aller Deutlichkeit beschreibt. Er zeigt die ständige Bedrohung des Denkens durch den Tod ebenso wie durch Verkürzung, Manipulation und Demagogie, zeigt, wie das breite Volk den Koch dem Arzt vorzieht und Mahner zum Tode verurteilt, zeigt, wie schwierig der Zugang zu Gesagtem, Geschriebenen und zueinander ist und wie leicht er verloren gehen kann. Vielleicht können wir erst nach den Erfahrungen des 20. und 21. Jhs die volle Macht Platons, von Sokrates und Alkibiades, wieder verstehen. Die Fragilität der Kultur liegt im schleichenden Unzugänglichwerden von Texten und Menschen füreinander. Geschichtsvergessenheit, Sprachvergessenheit und Blindheit gegenüber anderen Menschen, intellektuelle und ethische Okklusion, hängen zusammen. Alles, was wir uns erarbeitet haben, kann wieder verloren gehen (man denke an Kunzrus schockierenden Satz „Here is how to remember." ebenso wie etwa an die Kritik der USA am Internationalen Strafgerichtshof, der gegen Völkermord, Verbrechen gegen die Menschlichkeit und Kriegsverbrechen vorgeht, im Juni 2020). Die Praxis intellektueller Tugenden und die permanente Arbeit an der Zugänglichhaltung sind zentral für die Erhaltung unserer Kultur.

Diese Kultur ist jedoch auf Dauer nur erhaltbar, wenn in der Breite realisiert wird, dass es der Be- und nicht der Entlastung bedarf. Derzeit wirkt sich unser technologie- und servicegetriebenes Zeitalter der Entlastung auch auf den kognitiven Bereich aus: Schriften sollen einfacher, Texte leichter verstehbar werden, für alles und jedes brauchen wir Assistenten, die uns Arbeit und Denken abnehmen. Sofortiges Verstehen, fragloses, müheloses Urteil, Selbstgewissheit ohne Aufwand ist der Geist der Stunde. Das Internet präsentiert sich als Traum der Entlastung und Verfügbarkeit. Die vermeintliche Verfügbarkeit des Fernen sollte jedoch nicht dazu führen, dass wir das Nahe nicht ernst- und nicht wahrnehmen (eine neue Version der Thrakerin) und das Ferne schon zu kennen meinen. Hierzu gehört auch die Geschichte, die uns gern fertig verpackt und gereinigt präsentiert wird, gestützt durch distanzierende Epochenbezeichnungen, sodass wir uns von ihr entlasten können, anstatt von ihr belästigt zu werden. Diese Entlastung führt zum von Arendt beklagten massenhaften Nicht-Denken, zum bequemen Unmündigsein. Die Rhetorik der schnellen Verfügbarkeit – gepaart mit der betriebseigenen *ascholia* der organisatorischen Grammatik – übertüncht schlicht und einfach, dass wir uns keine Zeit zum Denken nehmen. In der Gesellschaft allseitiger Verfügbarkeit und ständiger Beschäftigung verlieren wir nicht nur unsere informationelle Autonomie (Kuhlen 1999), viel schlimmer: Nichts bereitet uns mehr darauf vor, dass Zugang hart erarbeitet werden muss. Die größte Gefahr hierbei ist, dass sich die kognitiven Gewohnheiten der „Entlastung von der Autonomie" (Adorno 1971, 46) auf unsere Zugänglichkeit für Menschen auswirken, die wir dann bereitwillig in Kategorien einordnen – und was wir nicht verstehen, ist von Übel. Weil Zugänglichkeit fragil und Verstehen anfällig sind, kann die Antwort hier eben nicht Entlastung lauten. Kein Mensch ist für uns jemals gänzlich zugänglich – gleichzeitig können wir ihn nie als abgeschlossenes Objekt abhandeln. Diesem Dilemma können und dürfen wir nicht entfliehen. Zwischenmenschliche Zugänglichkeit bedarf beständiger Mühe und Arbeit. Hier stellt Entlastung keinen zivilisatorischen Fortschritt dar – vielmehr sind Hilfe, Muße, Respekt vor Komplexität und die Mühe der Erarbeitung von Zugang der Fortschritt. An der Stelle der Entlastung steht im zwischenmenschlichen Bereich die *Hilfeleistung*. Realisiert die Informationsgesellschaft dies nicht, wird Unmenschlichkeit resultieren.

Die Fragilität des zwischenmenschlichen Zugangs zu kennen, ist der wichtigste Schutz vor Unmenschlichkeit („La liberté consiste à savoir que la liberté est en péril." Levinas 2016, 23). Diese geistige Resilienz – als modernste Form der Mündigkeit, nach dem Umschlagen der Aufklärung in Barbarei (Horkheimer/Adorno 1988) – bedeutet gleichzeitig individuelle Freiheit und gesellschaftlichen Schutz. Geprägt durch die Kriegserfahrung hat die Philosophie des 20. Jahrhunderts gezeigt, dass jenseits unserer Kategorien und einfachen Urteile die Gegenwart des anderen Menschen liegt. Dieser Raum hinter dem sprachlich-konzeptuellen, den jede ‚Thematisierung' zerstört (*adyton*), wird zur Grundlage von Ethik und Menschenwürde. Der Respekt vor dem Unzugänglichen jedes Menschen ebenso wie der Versuch, Zugänglichkeit zu schaffen und zu bewahren, sind die zentralsten Aspekte menschlichen Zusammenlebens. Diese Zugänglichkeit ist permanent anfällig, fragil. Einer der großartigsten Momente im menschlichen Leben ist es derweil, wenn Menschen sich verstehen. Die gedachte Zeit hierfür mag unendlich sein (oft allerdings auch nicht), das Verstehen ist aber trotzdem als leitendes Ziel unabdingbar. Zugänglichkeit *ist* unser Verhältnis zu anderen Menschen bzw. bestimmt es. Dieses Verhältnis ist durch das kommunikative Kontinuum geprägt: *Boētheia* und *scholē* zeigen, dass das Gelingen sprachlicher Kommunikation immer auch einen *ethischen* Kern hat, dass ein Dialog über Informationsübermittlung hinausgeht, dass das Leben mit- und nacheinander, Ethik und kulturelle Überlieferung, zusammenhängen und sich als Fragen der Zugänglichkeit stellen. Schon im ersten Wort des Mitmenschen können wir ihn missverstehen. Darauf vorbereitet zu sein, muss Teil unserer Kultur sein. Wie Gadamer sagt, wer auf Differenz besteht, steht am Anfang eines Gesprächs, nicht an dessen Ende. Eine offene Gesellschaft braucht beides – dauerhafte Offenheit *und* den Willen zur Verständigung. Zu meinen, etwas zu wissen, wenn man es nicht weiß, verstellt den Zugang, kognitiv wie ethisch. Die Kritik des sofortigen Verstehens, das Realisieren der Hilfsbedürftigkeit der Sprache, die Einsicht in die Notwendigkeit der Mühe, der Arbeit am Zugang (im Gegensatz zur Entlastung), in die Unabdingbarkeit des *adyton*, der Vertiefung und des Respekts vor Komplexität haben, schließlich, eines gemeinsam: die Einsicht in das eigene Nichtwissen. Und damit sind wir wieder bei Platon angelangt.

13 Einladung

Vereinfachung, Zeitdruck und das Denken in fertigen Produkten haben, so zeigt sich, nicht nur kognitive, sondern auch ethische Konsequenzen. Umso mehr ist dieses Buch weitmöglichst als (mehr oder minder gemächlicher) *Durchgang* durch die behandelten Werke gestaltet – die Autorin, der Autor bekommt Zeit, ihr oder sein Argument zu entwickeln, die Leserin, der Leser bekommt Zeit, die Texte kennenzulernen und in ihre verschiedenen Schichten einzudringen. Das Buch versucht mit vielen Zitaten, möglichst in der Originalsprache, den Autorinnen und Autoren Raum zu geben, die Sache in ihren eigenen Worten darzustellen; und gleichzeitig, den Leserinnen und Lesern Gelegenheit zu geben, diese Worte auf Bedeutungen zu prüfen, die der Autor des vorliegenden Buches nicht gesehen hat, und so über die bereits geleistete Hilfe hinauszugehen. Gleichzeitig lädt das Buch ein, sich gerade damit zu beschäftigen, was das Zugänglichmachen eines Textes oder einer Person eigentlich ist. Es will darauf aufmerksam machen, wie unzugänglich wir in vielerlei Hinsicht sein können. Wenn jeder Mensch eine Welt ist (vielleicht sogar, wie Derrida sagt, *die* Welt, aus einer je eigenen Perspektive), wie können wir uns diese je eigene Welt zugänglich, verstehbar machen, wie können wir *uns* für eine andere Welt zugänglich machen? (Auf diese Frage spontan mit „Durch die Sprache!" zu antworten, hat etwa den Aussagewert, wie wenn man auf die Frage danach, wie man das Hungerproblem in Afrika löst, „Mit Essen!" antwortet.) Durch welche Mechanismen ist diese Zugänglichkeit bedroht? Wie können wir angesichts der vielfältigen Fallen und Verführungen der Sprache und anderer Medien sicherstellen, dass wir uns gegenseitig verstehen? Diese Fragestellungen sind ethischer Natur, bedürfen aber aufgrund ihrer hohen Komplexität des Inputs aus den verschiedensten Wissenschaftsdisziplinen – Sprach- und Medienwissenschaft, Kognitionswissenschaft, Psychologie, Epistemologie etc. Gleichzeitig betont das Buch, dass die Blickwinkel dieser Disziplinen alle gleich notwendig sind, dass sie sich gegenseitig ergänzen müssen. So stellt es auch keinesfalls eine Kritik an der Verwendung digitaler Technologien dar: Es macht lediglich auf problematische Entwicklungen aufmerksam und betont, dass dem *per definitionem* eilenden Fortschrittsdiskurs immer auch ein kritisches, langsames Gegengewicht gegenübergesetzt werden muss, um die Würde des Menschen zu sichern. Es umreißt so ein weites Forschungsfeld für die Zukunft, anstatt ein fertiges Produkt abzuliefern.

Umso mehr möchte ich ans Ende dieses Buches kein Fazit stellen, sondern stattdessen *eine Reihe von Einladungen* aussprechen – als erste darunter die, die besprochenen Autorinnen und Autoren selbst zu lesen, sich für sie Zeit zu nehmen, sich für sie zugänglich zu machen. Dementsprechend behaupte ich in diesem Buch nicht, ‚etwas Neues gefunden' zu haben, sondern will durch den breit angelegten Aufriss Leserinnen und Leser vertrauter mit den involvierten Texten machen, sie zugänglicher machen für diese Texte. Gleichzeitig ist das Buch eine Einladung in die Institutionen der Vertiefung, des Trainings der geistigen Offenheit und der Praxis der Hilfe – in Bibliotheken und in die Geisteswissenschaften. Und es lädt ein, sich – auch oder gerade in den heutigen Zeiten – Zeit zu nehmen für das Lesen. Jean-François Lyotard zeigte sich in *Le Différend* besorgt um die Zukunft des Buches, weil seine Lektüre nicht in eine zeitsparende, produktorientierte Welt passe:

> »il n'y aura plus de livres, le siècle prochain. C'est trop long de lire, quand le succès est de gagner du temps. On appellera livre un objet imprimé dont les médias, un film, un entretien journalistique, une émission télévisée, une cassette, auront diffusé d'abord le ›message‹ (la teneur en information) avec le nom et le titre, et avec la vente duquel l'éditeur (qui aura aussi produit le film, l'entretien, l'émission, etc.) obtiendra un supplément de bénéfice, parce que l'opinion sera qu'il faut l'›avoir‹ (donc l'acheter) [...]. Le livre [...] donnera un supplément de bénéfice financier pour l'éditeur, symbolique pour le lecteur. [...] C'est le rapport au temps, on est tenté d'écrire: l'›usage du temps‹, qui règne dans l'›espace publique‹ aujourd'hui. On ne repousse pas la réflexion parce qu'elle est dangereuse ou dérangeante, mais simplement parce qu'elle fait perdre du temps, et ne ›sert à rien‹, ne sert pas à en gagner. Or le succès est d'en gagner. Un livre par exemple est un succès si le premier tirage est épuisé vite. Cette finalité est du genre économique.« (Lyotard 1983, 13–14)

Der eigentliche Punkt ist jedoch die Sicht auf *beide* Welten: Während im Verlagswesen das ökonomische Denken in Produkten und Verkaufserfolgen *de facto* unvermeidlich ist, darf die Denkpraxis der organisatorischen Grammatik, „l'usage comptable du temps" (Lyotard 1983, 15), eben nicht auf *andere* Denkbereiche ausgeweitet werden, auf den zwischenmenschlichen Bereich ebenso wenig wie auf die Lesepraxis, die dann ‚Erfolg' in der Anzahl der aufgenommenen Informationspakete pro Zeiteinheit suchen würde. Daher möchte ich Sie mit diesem Buch zu einer anderen Lesepraxis einladen, die nicht auf ein einmaliges Ergebnis zielt, sondern immer wieder liest, und immer wieder anders liest, die sich Zeit nimmt, um Hilfe zu leisten, um sich zu hinterfragen, um tiefere Schichten zu erschließen, und in der das Buch Dialogpartner im Denken ist. Der Widerstand gegen die Zählbarkeit der organisatorischen Grammatik, die auch eine Zählbarkeit der aufgewandten Zeit ist, ist ein Anliegen des Lyotardschen Buches, weshalb es am Ende wieder an seinen Anfang verweist. Und so ende auch ich mit der Einladung an Sie, das vorliegende Buch erneut zu lesen, „fleißig wieder um[zu]kehren zu dem zuvorgesagten", „zugleich vorwärts zu schauen und rückwärts" (Platon, *Kratylos* 428d), „noch einmal auf das zurück[zu]gehen, von wo aus wir hierher gekommen sind" (438a), die Spur einer Sache, die vorher schon vorkam, noch einmal weiterzuverfolgen (*Theaitetos* 187e) oder noch einmal völlig neu zu beginnen, *ex archēs*.

14 Literatur

ACRL (2015): Framework for Information Literacy for Higher Education. Chicago, IL: Association of College and Research Libraries. http://www.ala.org/acrl/standards/ilframework. Zuletzt aufgerufen am 5.4.2021.

ACRL (2000): Information Literacy Competency Standards for Higher Education. Chicago, IL: Association of College and Research Libraries. http://www.ala.org/acrl/standards/informationliteracycompetency. Zuletzt aufgerufen am 5.4.2021.

Adorno, T. W. (2001): Minima Moralia. Reflexionen aus dem beschädigten Leben. Frankfurt/Main: Suhrkamp.

Adorno, T. W. (1971): Erziehung zur Mündigkeit. Frankfurt/Main: Suhrkamp.

Adorno, T. W. (1966): Negative Dialektik. Frankfurt/Main: Suhrkamp.

Adorno, T. W. (1963): Dissonanzen: Musik in der verwalteten Welt. 3. Ausg. Göttingen: Vandenhoeck & Ruprecht.

Afflerbach, P. (ed.) (2015): Handbook of Individual Differences in Reading. London: Routledge.

Agamben, G. (2013): Was von Auschwitz bleibt. Das Archiv und der Zeuge (Homo sacer III). Übersetzt v. Stefan Monhardt. 5. Aufl. Berlin: Suhrkamp.

Albert, M.-T. et al. (eds) (2013): Understanding Heritage: Perspectives in Heritage Studies. Berlin: de Gruyter.

Albert, M.-T.; Ringbeck, B. (2013): 40 Jahre Welterbekonvention: Zur Popularisierung eines Schutzkonzeptes von Kultur- und Naturgütern. Berlin: de Gruyter.

Andrew, C. (2010): The Defence of the Realm. The Authorized History of MI5. London: Penguin.

Angelone, E. et al. (eds) (2020): The Bloomsbury Companion to Language Industry Studies. London: Bloomsbury.

Anico, M.; Peralta, E. (eds) (2009): Heritage and Identity: Engagement and Demission in the Contemporary World. London: Routledge.

Anmarkrud, Ø. et al. (2014): „Multiple-Documents Literacy: Strategic Processing, Source Awareness, and Argumentation When Reading Multiple Conflicting Documents". Learning and Individual Differences 30, 64–76. http://dx.doi.org/10.1016/j.lindif.2013.01.007. Zuletzt aufgerufen am 5.4.2021.

Appadurai, A. (2006): Fear of Small Numbers: An Essay in the Geography of Anger. Durham, NC: Duke University Press.

Appiah, K. A. (2007): The Ethics of Identity. Princeton, NJ: Princeton University Press.

Arendt, H. (2017): Eichmann in Jerusalem. Ein Bericht von der Banalität des Bösen. 14. Aufl. München: Piper.

Arendt, H. (2016): Sokrates: Apologie der Pluralität. 3. Aufl. Berlin: Matthes und Seitz.

Arendt, H. (1990): „Philosophy and Politics". Social Research 57:1, 73–103.

Arendt, H. (1978): The Life of the Mind. One-Volume Edition. New York, NY: Harvest/Harcourt.

Arendt, H. (1976): The Origins of Totalitarianism. New ed. New York: Harvest/Harcourt.

Aristoteles (1989): Metaphysik. Hrsg. von H. Seidl. 2 Bde. 3. Aufl. Hamburg: Meiner.

Aristoteles (1999): The Nicomachean Ethics. Transl. H. Rackham. Loeb Edition. 2nd ed. Repr. Cambridge, Mass.: Harvard UP.

Aristoteles (1944): Politics. Transl. H. Rackham. Loeb Edition. 2nd ed. Cambridge, Mass.: Harvard UP, 1944.

Aronsson, P.; Elgenius, G. (eds) (2014): National Museums and Nation-Building in Europe, 1750–2010. London: Routledge.

Assmann, A. (2010): Erinnerungsräume: Formen und Wandlungen des kulturellen Gedächtnisses. 5. Aufl. München: Beck.
Attridge, D. (2004): The Singularity of Literature, London: Routledge.
Axtell, G. (ed.) (2000): Knowledge, Belief and Character: Readings in Virtue Epistemology. Lanham, MD: Rowman and Littlefield.
Babelon, J.-P.; Chastel, A. (1994): La Notion du patrimoine. Paris: Liana Levi.
Bachimont, B. (2017): Patrimoine et numérique: Technique et politique de la mémoire. Paris: INA.
Bachmann, M. (2010): Der abwesende Zeuge: Autorisierungsstrategien in Darstellungen der Shoah. Tübingen: Francke.
Barocas, S.; Selbst, A. D. (2016): „Big Data's Disparate Impact". California Law Review 104:671. https://papers.ssrn.com/sol3/papers.cfm?abstract_id=2477899. Zuletzt aufgerufen am 5.4.2021.
Barthes, R. (1968): „La Mort de l'auteur". Manteia 4:5, 61–67.
Bastian, T. (1994): Auschwitz und die „Auschwitz-Lüge". Massenmord und Geschichtsfälschung. München: Beck, 1994.
Basu, P.; Modest, W. (2015): „Museums, Heritage and International Development". In: P. Basu; W. Modest (eds): Museums, Heritage and International Development. London: Routledge, 1–32.
Baudy, G. J. (1986): Adonisgärten: Studien zur antiken Samensymbolik. Frankfurt/Main: Hain.
Bauer, T. (2018): Die Vereindeutigung der Welt. Über den Verlust an Mehrdeutigkeit und Vielfalt. 7. Aufl. Stuttgart: Reclam.
Benjamin, W. (2012): Das Kunstwerk im Zeitalter seiner technischen Reproduzierbarkeit. Hrsg. von B. Lindner. Berlin: Suhrkamp.
Benjamin, W. (2011): Gesammelte Werke, 2 Bde. Frankfurt/Main: Zweitausendeins, 2011.
Benjamin, W. (1991): Das Passagen-Werk. Hrsg. von R. Tiedemann. 2 Bde. Frankfurt/Main: Suhrkamp. (Gesammelte Schriften V,1 & 2).
Benne, C. (2015): Die Erfindung des Manuskripts. Zu Theorie und Geschichte literarischer Gegenständlichkeit. Berlin: Suhrkamp.
Berg, M.; Seeber, B. K. (2016): The Slow Professor: Challenging the Culture of Speed in the Academy. Toronto: University of Toronto Press.
Berger, S. (2013): Experten der Vernichtung: Das T4-Reinhardt-Netzwerk in den Lagern Belzec, Sobibor und Treblinka. Hamburg: Hamburger Edition.
Biehl, P. F. et al. (eds) (2015): Identity and Heritage. New York, NY: Springer.
Bleeker, E.; Kelly, A. (2018): „ Interfacing Literary Genesis". In: R. Bleier et al. (eds): Digital Scholarly Editions as Interfaces. Norderstedt: Books on Demand, 193–218.
Bluhm, H. (2016): „Arendts Plato – unter besonderer Berücksichtigung ihres Denktagebuches". HannahArendt.net 1:8, 131–148. http://www.hannaharendt.net/index.php/han/article/view/348. Zuletzt aufgerufen am 5.4.2021.
Blumenberg, H. (1980): „Nachdenklichkeit". Dankrede von Hans Blumenberg anlässlich der Verleihung des Sigmund-Freud-Preises vor der Deutschen Akademie für Sprache und Dichtung. https://www.deutscheakademie.de/de/auszeichnungen/sigmund-freud-preis/hans-blumenberg/dankrede. Zuletzt aufgerufen am 5.4.2021.
Blumenberg, H. (1987): Das Lachen der Thrakerin. Eine Urgeschichte der Theorie. Frankfurt/M.: Suhrkamp.
Blumenberg, H. (2014): Präfiguration: Arbeit am politischen Mythos. Hrsg. von A. Nicholls und F. Heidenreich. Berlin: Suhrkamp.

Blumenberg, H. (2015): Rigorismus der Wahrheit. ‚Moses der Ägypter' und weitere Texte zu Freud und Arendt. Hrsg. von A. Meyer. 2. Aufl. Berlin: Suhrkamp.
Boddington, P. (2017): Towards a Code of Ethics for Artificial Intelligence. Cham: Springer.
Bogosian, K. (2017): „Implementation of Moral Uncertainty in Intelligent Machines". Minds & Machines 27, 591–608.
Bolter, J. D.; Grusin, R. (2000): Remediation: Understanding New Media. Boston, MA: MIT Press.
Bowker, L.; Ciro, J. B. (2019): Machine Translation and Global Research: Towards Improved Machine Translation Literacy in the Scholarly Community. Bingley: Emerald.
Braasch, J. L. G. et al. (2016): „Content Integration across Multiple Documents Reduces Memory for Sources". Reading and Writing 29, 1571–1598. http://dx.doi.org/10.1007/s11145-015-9609-5. Zuletzt aufgerufen am 5.4.2021.
Brandom, R. B. (2000): Making It Explicit: Reasoning, Representing, and Discursive Commitment. Cambridge, MA: Harvard UP.
Brembs, B. et al. (2020): „Auf einmal Laborratte". Frankfurter Allgemeine Zeitung, 2.12.2020. https://www.faz.net/aktuell/karriere-hochschule/hoersaal/auf-einmal-laborratte-wie-grossverlage-wissenschaftler-ueberwachen-17078766.html. Zuletzt aufgerufen am 5.4.2021.
Brenner, M.; Strnad, M. (eds) (2012): Der Holocaust in der deutschsprachigen Geschichtswissenschaft: Bilanz und Perspektiven. Göttingen: Wallstein.
Britt, M. A. et al. (2018): Literacy Beyond Text Comprehension: A Theory of Purposeful Reading. London: Routledge.
Britt, M. A.; Rouet, J.-F. (2012): „Learning with Multiple Documents: Component Skills and Their Acquisition." In: J. R. Kirby; M. J. Lawson (eds): Enhancing the Quality of Learning: Dispositions, Instruction, and Learning Processes. New York, NY: Cambridge University Press, 276–314.
Bruya, B. (ed.) (2010): Effortless Attention: A New Perspective in the Cognitive Science of Attention. Cambridge, MA: MIT Press.
Buber, M. (1995): Ich und Du. Stuttgart: Reclam.
Burke, S. (2011): The Death and Return of the Author: Criticism and Subjectivity in Barthes, Foucault and Derrida. 3rd ed. Edinburgh: Edinburgh UP.
Burnyeat, M. (1990): The Theaetetus of Plato. With a translation by M. J. Levett. Indianapolis, IN: Hackett.
Carstensen, K.-U. et al. (Hgg.) (2010): Computerlinguistik und Sprachtechnologie. Eine Einführung. 3. Aufl. Heidelberg: Spektrum.
Case, D. O. (2007): Looking for Information: A Survey of Research on Information Seeking, Needs, and Behavior. 2nd ed. London: Academic Press/Elsevier.
Cassam, Q. (2019): Vices of the Mind. Oxford: Oxford University Press.
Castells, M. (2009–2010): The Information Age: Economy, Society, and Culture. 3 vols. 2nd ed. Oxford: Wiley-Blackwell.
Catana, L. (2018): „The Ethical Discussion of Protection (*Boētheia*) in Plato's *Gorgias*". The Classical Quarterly 68:2, 425–441.
Cesarani, D. (2006): Adolf Eichmann. Bürokrat und Massenmörder. Übersetzt v. K.-D. Schmidt. Augsburg: Weltbild.
Choay, F. (1999): L'Allégorie du patrimoine. 2nd ed. Paris: Seuil.
Clark, A. (2011): Supersizing the Mind: Embodiment, Action, and Cognitive Extension. Oxford: Oxford UP.

Clark, A.; Chalmers, D. (1998): „The Extended Mind". Analysis 58:1, 7–19.
Clinton, V. (2019): „Reading from Paper Compared to Screens: A Systematic Review and Meta-Analysis". Journal of Research in Reading 42:2, 288–325.
Colls, C. S.; Branthwaite, M. (2018): „,This Is Proof'? Forensic Evidence and Ambiguous Material Culture at Treblinka Extermination Camp". International Journal of Historical Archaeology 22, 430–453.
Colombo, M. et al. (eds) (2019): Andy Clark and His Critics. Oxford: Oxford University Press.
Connor, S. (2019): Giving Way: Thoughts on Unappreciated Dispositions. Stanford, CA: Stanford University Press.
Couldry, N. (2012): Media, Society, World: Social Theory and Digital Media Practice, Cambridge, UK: Polity,
Couldry, N. (2009): „Does ,the Media' Have a Future?" European Journal of Communication 24:4, 437–449.
Couldry, N. (2005): „Transvaluing Media Studies: or, Beyond the Myth of the Mediated Centre". In: J. Curran; D. Morley (eds): Media and Cultural Theory. London: Routledge, 177–194.
Couldry, N. (2003): „Television and the Myth of the Mediated Centre: Time for a Paradigm Shift in Television Studies?". Paper presented to Media in Transition 3 conference, MIT, Boston, USA, 2–4 May 2003. https://cmsw.mit.edu/mit3/papers/couldry.pdf. Zuletzt aufgerufen am 5.4.2021.
Craig, E. (1990): Knowledge and the State of Nature. An Essay in Conceptual Synthesis. Oxford: Clarendon Press.
Csikszentmihalyi, M. (2008): Flow: The Psychology of Optimal Experience. New York, NY: Harper.
Debray, R. (2001): Cours de médiologie générale. Paris: Gallimard.
Deinzer, G.; Herb, U. (2020): „Scheinverlage in der wissenschaftlichen Kommunikation: Verbreitung von Predatory Publishing und Lösungsansätze". ZfBB 67:1, 25–37.
Delgado, P. et al. (2018): „Don't Throw Away Your Printed Books: A Meta-Analysis on the Effects of Reading Media on Reading Comprehension". Educational Research Review 25, 23–38.
Deng, L.; Liu, Y. (eds) (2018): Deep Learning in Natural Language Processing. Singapore: Springer.
DePaul, M.; Zagzebski, L. (eds) (2003): Intellectual Virtue: Perspectives from Ethics and Epistemology. Oxford: Oxford University Press.
Derrida, J. (2005): Apprendre à vivre enfin. Entretien avec Jean Birnbaum. Paris: Galilée.
Derrida, J. (2003a): Béliers. Le dialogue ininterrompu: entre deux infinis, le poème. Paris: Galilée.
Derrida, J. (2003b): Chaque fois unique, la fin du monde. Ed. P.-A. Brault, Michael Naas. Paris: Galilée.
Derrida, J. (2001): Papier Machine. Le Ruban de machine à écrire et autres réponses. Paris: Galilée.
Derrida, J. (1999): „Responsabilité et hospitalité". In: Autour de Jacques Derrida: Manifeste pour l'hospitalité – aux Minguettes. Avec la participation de M. Wieviorka. Sous la direction de M. Seffahi. Grigny: Éditions Paroles d'Aube, 111–124.
Derrida, J. (1972): La Dissémination. Paris: Seuil.
Derrida, J. (1967a): De la Grammatologie. Paris: Minuit.
Derrida, J. (1967b): L'Écriture et la différence. Paris: Seuil.

Derrida, J.; Gadamer, H.-G. (2004): Der ununterbrochene Dialog. Hrsg. von M. Gessmann. Frankfurt/M.: Suhrkamp.
Descartes, R. (2015): Entwurf der Methode. Mit der Dioptrik, den Meteoren und der Geometrie. Hrsg. von C. Wohlers. Hamburg: Meiner.
DFG (2021): Datentracking in der Wissenschaft: Aggregation und Verwendung bzw. Verkauf von Nutzungsdaten durch Wissenschaftsverlage. Ein Informationspapier des Ausschusses für Wissenschaftliche Bibliotheken und Informationssysteme der Deutschen Forschungsgemeinschaft. Bonn: Deutsche Forschungsgemeinschaft.
Direk, Z. (2007): „Attending One's Own Words: Levinas' Appeal to the *Phaedrus*". Research in Phenomenology 37:3, 303–323.
Dobler, G.; Riedl, P. P. (Hgg.) (2017): Muße und Gesellschaft. Tübingen: Mohr Siebeck.
Douglas, K. et al. (2016): „Building Reading Resilience: Re-thinking Reading for the Literary Studies Classroom". Higher Education Research & Development 35:2, 254–266. https://doi.org/10.1080/07294360.2015.1087475. Zuletzt aufgerufen am 5.4.2021.
Driscoll, M. J.; Pierazzo, E. (eds) (2016): Digital Scholarly Editing: Theories and Practices. Cambridge: Open Book Publishers.
Drury, M.O'C. (2017): The Selected Writings of Maurice O'Connor Drury. Ed. J. Hayes. London: Bloomsbury.
Dufourmantelle, A. (2015): Défense du secret. Paris: Manuels Payot.
Dufourmantelle, A.; Derrida, J. (1997): De l'Hospitalité. Paris: Calmann-Lévy.
Ebbinghaus, H.-D. et al. (2018): Einführung in die mathematische Logik. 6. Aufl. Berlin: Springer.
EC (2019): Ethics Guidelines for Trustworthy AI. Brussels: European Commission. https://ec.europa.eu/newsroom/dae/document.cfm?doc_id=60419. Zuletzt aufgerufen am 23.4.2021.
Eliot, T. S. (1963): Notes towards the Definition of Culture. London: Faber and Faber.
Empson, W. (1965): „The Style of the Master". In: Tambimuttu; R. March (eds): T. S. Eliot: A Symposium. 3. ed. London: Cass, 35–37.
Engelmann, R. et al. (2020): Vernichtung von Stasi-Akten: Eine Untersuchung zu den Verlusten 1989/90. Berlin: Der Bundesbeauftragte für die Unterlagen des Staatssicherheitsdienstes der ehemaligen Deutschen Demokratischen Republik. urn:nbn:de: 0292-97839465724423. Zuletzt abgerufen am 18.4.2021.
E-READ: Stavanger-Erklärung „Zur Zukunft des Lesens". FAZ online, 22.1.2019. https://www.faz.net/aktuell/feuilleton/buecher/themen/stavanger-erklaerung-von-e-read-zur-zukunft-des-lesens-16000793.html. Zuletzt aufgerufen am 5.4.2021.
European Declaration of the Right to Literacy, 2016. http://www.eli-net.eu/fileadmin/ELINET/Redaktion/user_upload/European_Declaration_of_the_Right_to_Literacy2.pdf. Zuletzt aufgerufen am 5.4.2021.
Evans, R. J. (2001): Der Geschichtsfälscher: Holocaust und historische Wahrheit im David-Irving-Prozess. Frankfurt/Main: Campus.
Fairclough, G. et al. (eds) (2007): The Heritage Reader. London: Routledge.
Fairweather, A.; Flanagan, O. (eds) (2014): Naturalizing Epistemic Virtue. Cambridge: Cambridge University Press.
Fairweather, A.; Zagzebski, L. (eds) (2001): Virtue Epistemology: Essays on Epistemic Virtue and Responsibility. Oxford: Oxford University Press.

Fathi, K. (2019): Resilienz im Spannungsfeld zwischen Entwicklung und Nachhaltigkeit. Anforderungen an gesellschaftliche Zukunftssicherung im 21. Jahrhundert. Wiesbaden: Springer VS.
Feather, J. (2013): The Information Society: A Study of Continuity and Change. London: Facet.
Figal, G. (2014): „Die Räumlichkeit der Muße". In: Hasebrink/Riedl 2014, 26–33.
Figal, G. et al. (Hgg.) (2016): Raumzeitlichkeit der Muße. Tübingen: Mohr Siebeck.
Fiorucci, F. (2017): Muße, otium, schole in den Gattungen der antiken Literatur. Freiburg i.Br.: Rombach.
Fisher, K. E. et al. (2006): Theories of Information Behavior. Medford, NJ: asis&t.
Floridi, L. (2013): The Philosophy of Information. Oxford: Oxford University Press.
Floyd, J. (2013): „Turing, Wittgenstein and Types: Philosophical Aspects of Turing's ‚The Reform of Mathematical Notation and Phraseology'". In: S. B. Cooper; J. van Leeuwen (eds): Alan Turing: His Work and Impact. Amsterdam: Elsevier, 250–253.
Foessel, M. (2019): Récidive. 1938. Paris: puf.
Forsa (2017): Forsa-Umfrage Geschichtsunterricht der Körber-Stiftung. Berlin: Körber-Stiftung. https://www.koerber-stiftung.de/fileadmin/user_upload/koerber-stiftung/redaktion/handlungsfeld_internationale-verstaendigung/pdf/2017/Ergebnisse_forsa-Umfrage_Geschichtsunterricht_Koerber-Stiftung.pdf. Zuletzt aufgerufen am 5.4.2021.
Franck, G. (1998): Ökonomie der Aufmerksamkeit: Ein Entwurf. München: Hanser.
Franke, F. et al. (2014): Schlüsselkompetenzen: Literatur recherchieren in Bibliothek und Internet. 2. Aufl. Stuttgart: Metzler.
Freud, S. (2010): Der Mann Moses und die monotheistische Religion. Drei Abhandlungen. Hrsg. von J. Assmann. Stuttgart: Reclam.
Fröhlich-Gildhoff, K.; Rönnau-Böse, M. (2019): Resilienz. 5. Aufl. Stuttgart: UTB.
Gadamer, H.-G. (2010): Wahrheit und Methode. Grundzüge einer philosophischen Hermeneutik. Werke I. Tübingen: Mohr Siebeck.
Gadamer, H.-G. (2004): „Wer bin Ich und wer bist Du? Kommentar zu Celans Gedichtfolge ‚Atemkristall'". In: Derrida/Gadamer 2004, 55–96.
Gadamer, H.-G. (2001): Wege zu Plato. Stuttgart: Reclam.
Gadamer, H.-G. (1996): „Über die Aktualität der Hermeneutik". In: K.-D. Eichler (Hrsg.): Philosophiegeschichte und Hermeneutik. Leipzig: Leipziger Universitätsverlag, 319–331.
Gadamer, H.-G. (1986): „Destruktion und Dekonstruktion". In: Hermeneutik II: Wahrheit und Methode; Ergänzungen; Register. (Werke 2). Tübingen: Mohr Siebeck, 361–372.
Gadamer, H.-G. (1934): Plato und die Dichter. Frankfurt/Main: Klostermann.
Gallagher, S. (2018): „Building a Stronger Concept of Embodiment". In: A. Newen et al. (eds): The Oxford Handbook of 4E Cognition. Oxford: Oxford: University Press, 353–367.
Gallagher, S. (2013): „The Socially Extended Mind". Cognitive Systems Research 25–26, 4–12.
George, C.; Hussmann, H. (2017): „Going Beyond Human Communication Capabilities with Immersive Virtual Reality". Proceedings of the CHI 2017 Workshop on Amplification and Augmentation of Human Perception. http://www.medien.ifi.lmu.de/pubdb/publications/pub/george2017chiwork/george2017chiwork.pdf. Zuletzt aufgerufen am 5.4.2021.
Gibson, J. J. (1986): The Ecological Approach to Visual Perception. New York, NY: Taylor & Francis.
Gimmel, J. et al. (eds) (2016): Konzepte der Muße. Tübingen: Mohr Siebeck.
González Zarandona, J. A. et al. (2017): „Digitally Mediated Iconoclasm: the Islamic State and the War on Cultural Heritage". International Journal of Heritage Studies 24:6. https://doi.org/10.1080/13527258.2017.1413675. Zuletzt aufgerufen am 18.4.2021.

Goodfellow, I. et al. (2016): Deep Learning. Cambridge, MA: MIT Press.
Google (2021a): Cloud Translation. Anforderungen an die Quellenangabe. https://cloud.google.com/translate/attribution. Zuletzt aufgerufen am 5.4.2021.
Google (2021b): Nest Hub (2. Generation). https://store.google.com/de/product/nest_hub_sleep_sensing. Zuletzt aufgerufen am 5.4.2021.
Greco, J. (1994): „Virtue Epistemology and the Relevant Sense of ‚Relevant Possibility'". Southern Journal of Philosophy 32:1, 61–77.
Greenfield, J. (2007): The Return of Cultural Treasures. 3rd ed. Cambridge: Cambridge University Press.
Greifeneder, E. (2014): „Trends in Information Behaviour Research". Information Research 19:4. http://informationr.net/ir/19-4/isic/isic13.html#.Xixdn3tCdPY. Zuletzt aufgerufen am 5.4.2021.
Grotlüschen, A. et al. (2019): LEO 2018 – Leben mit geringer Literalität. Pressebroschüre. Hamburg. http://blogs.epb.uni-hamburg.de/leo. Zuletzt aufgerufen am 5.4.2021.
Gumbrecht, H. U. (2004): Production of Presence: What Meaning Cannot Convey. Stanford, CA: Stanford UP.
Gumbrecht, H. U. (2003): Die Macht der Philologie: Über einen verborgenen Impuls im wissenschaftlichen Umgang mit Texten. Frankfurt/M.: Suhrkamp.
Hacker, P. (2018): „Teaching Fairness to Artificial Intelligence: Existing and Novel Strategies Against Algorithmic Discrimination Under EU Law". Common Market Law Review 55, 1143–1186. https://papers.ssrn.com/sol3/papers.cfm?abstract_id=3164973. Zuletzt aufgerufen am 5.4.2021.
Halbwachs, M. (1997): La Mémoire collective. Ed. G. Namer. Paris: Albin Michel.
Han, B.-C. (2012): Transparenzgesellschaft. Berlin: Matthes & Seitz.
Hanson, C. (2019): „User Tracking on Academic Publisher Platforms". Paper, 2019. https://www.codyh.com/writing/tracking.html. Zuletzt aufgerufen am 5.4.2021.
Harris, V. (1999): „They should have destroyed more": the Destruction of Public Records by the South African State in the Final Years of Apartheid, 1990–1994. Paper presented at the Wits History Workshop: The TRC; Commissioning the Past, 11–14 June, 1999. http://hdl.handle.net/10539/7871. Zuletzt aufgerufen am 18.4.2021.
Harrison, R. (2013): Heritage: Critical Approaches. London: Routledge.
Hasebrink, B.; Riedl, P. P. (Hgg.) (2014): Muße im kulturellen Wandel: Semantisierungen, Ähnlichkeiten, Umbesetzungen. Berlin: de Gruyter.
Hassler, M. (2017): Digital und Web Analytics: Metriken auswerten, Besucherverhalten verstehen, Website optimieren. 4. Aufl. Frechen: mitp.
Hauser, S. et al. (Hgg.) (2019): Alternative Öffentlichkeiten: Soziale Medien zwischen Partizipation, Sharing und Vergemeinschaftung. Bielefeld: transcript.
Heidegger, M. (1977): Sein und Zeit. Frankfurt/Main: Klostermann.
Hemel, U. (2020): Kritik der digitalen Vernunft. Warum Humanität der Maßstab sein muss. Freiburg: Herder.
Henry-Huthmacher, C.; Hoffmann, E. (Hgg.) (2016): Ausbildungsreife & Studierfähigkeit. Sankt Augustin: Konrad-Adenauer-Stiftung. http://www.kas.de/wf/doc/kas_44796-544-1-30.pdf?160407120128. Zuletzt aufgerufen am 5.4.2021.
Herrmann, S. K. et al. (Hgg.) (2007): Verletzende Worte. Die Grammatik sprachlicher Missachtung. Bielefeld: transcript.
Hewison, R. (1987): The Heritage Industry: Britain in a Climate of Decline. London: Methuen.

Hicks, D. (2020): The Brutish Museums: The Benin Bronzes, Colonial Violence and Cultural Restitution. London: Pluto Press.
Hilberg, R. (2009): Die Quellen des Holocaust. Entschlüsseln und Interpretieren. Übersetzt von U. Rennert. Frankfurt/M.: Fischer.
Hilbert, D. (1926): „Über das Unendliche". Mathematische Annalen 95, 161–190.
Hitler, A. (1925): „Volkskampf gegen die internationale Verbrecherpresse! Gegen die jüdische Weltpressevergiftung!" (17. September 1925). In: Nationalsozialismus, Holocaust, Widerstand und Exil 1933–1945. Online-Datenbank. De Gruyter. 24.04.2018. http://db.saur.de/DGO/basicFullCitationView.jsf?documentId=HRSA-0068. Dokument-ID: HRSA-0068.
HLG (2018): A Multi-Dimensional Approach to Disinformation. Report of the Independent High Level Group on Fake News and Disinformation. Brüssel: Europäische Kommission.
Hodges, A. (1992): Alan Turing: The Enigma. London: Vintage.
Hohwy, J. (2014): The Predictive Mind. Oxford: Oxford University Press.
Hollmann, M.; Schüller-Zwierlein, A. (Hgg.) (2014): Diachrone Zugänglichkeit als Prozess: Kulturelle Überlieferung in systematischer Sicht. Berlin: de Gruyter.
Hookway, C. (1994): „Cognitive Virtues and Epistemic Evaluations". International Journal of Philosophical Studies 2:2, 211–227.
Horkheimer, M.; Adorno, T. W. (1988): Dialektik der Aufklärung. Philosophische Fragmente. Frankfurt/Main: Fischer.
Horn, C. et al. (Hgg.) (2020): Platon-Handbuch. Leben – Werk – Wirkung. 2. Aufl. Stuttgart: Metzler.
Horst, H. A.; Miller, D. (eds) (2012): Digital Anthropology. London: Berg.
Howard, A.; Borenstein, J. (2018): „The Ugly Truth About Ourselves and Our Robot Creations: The Problem of Bias and Social Inequity". Science and Engineering Ethics 24, 1521–1536. https://doi.org/10.1007/s11948-017-9975-2. Zuletzt aufgerufen am 13.4.2021.
Howland, J. (2018): Glaucon's Fate: History, Myth, and Character in Plato's *Republic*. Philadelphia, PA: Paul Dry Books.
HRK (2012): Hochschule im digitalen Zeitalter: Informationskompetenz neu begreifen – Prozesse anders steuern. Bonn: Hochschulrektorenkonferenz. https://www.hrk.de/fileadmin/_migrated/content_uploads/Entschliessung_Informationskompetenz_20112012.pdf. Zuletzt aufgerufen am 5.4.2021.
HRK et al. (2019): „Wandel der politischen Kultur gefährdet Wissenschaftsfreiheit". Pressemitteilung. 2019. https://www.hrk.de/presse/pressemitteilungen/pressemitteilung/meldung/wandel-der-politischen-kultur-gefaehrdet-wissenschaftsfreiheit-4618/. Zuletzt aufgerufen am 5.4.2021.
Jaeggi, R.; Stahl, T. (2011): „Schwerpunkt: Verdinglichung". Deutsche Zeitschrift für Philosophie 59:5, 697–700.
Janich, P.: Was ist Information? Kritik einer Legende. Frankfurt a. M.: Suhrkamp.
Jeudy, H.-P. (2008): La Machinerie patrimoniale. Paris: Circé.
Johnson, J. D.; Case, D. O. (2012): Health Information Seeking. New York, NY: Peter Lang.
Johnson, M. et al. (2017): „Google's Multilingual Neural Machine Translation System: Enabling Zero-Shot Translation". Transactions of the Association for Computational Linguistics 5, 339–351.
Jurafsky, D.; Martin, J. H. (2008): Speech and Language Processing. 2nd ed. Upper Saddle River, NJ: Prentice Hall.
Kalimtzis, K. (2017): An Inquiry into the Philosophical Concept of Scholê: Leisure as a Political End. London: Bloomsbury.

Kalimtzis, K. (2013): „Aristotle on *Schole* and *Nous* as a Way of Life". Organon 45, 36–41.
Kant, I. (1983): Werke in zehn Bänden. Hrsg. von W. Weischedel. Darmstadt: Wissenschaftliche Buchgesellschaft, 1983.
Kaufman, G.; Flanagan, M. (2016): „High-Low Split: Divergent Cognitive Construal Levels Triggered by Digital and Non-digital Platforms". Proceedings of the 2016 CHI Conference on Human Factors in Computing Systems, 2773–2777. http://dx.doi.org/10.1145/2858036.2858550. Zuletzt aufgerufen am 5.4.2021.
Keen, S. (2007): Empathy and the Novel. Oxford: Oxford University Press.
Kerkmann, F.; Lewandowski, D. (Hgg.) (2015): Barrierefreie Informationssysteme: Zugänglichkeit für Menschen mit Behinderung in Theorie und Praxis. Berlin: de Gruyter.
Kim, Y. et al. (2020): „When and Why is Unsupervised Neural Machine Translation Useless?". arXiv:2004.10581 [cs.CL]. Zuletzt aufgerufen am 27.5.2021.
Klagge, J. C. (2019): „The Wittgenstein Lectures, Revisited". Nordic Wittgenstein Review 8:1–2, 11–82. https://doi.org/10.15845/nwr.v8i0.3550. Zuletzt aufgerufen am 25.5.2021.
Knight, W. (2016): „AI's Language Problem". MIT Technology Review, Aug 9 2016. https://www.technologyreview.com/s/602094/ais-language-problem/. Zuletzt aufgerufen am 5.4.2021.
Koopman, C. (2019): How We Became Our Data: A Genealogy of the Informational Person. Chicago, IL: Chicago University Press.
Krämer, H. (1996): „Platons Ungeschriebene Lehre". In: T. Kobusch; B. Mojsisch (Hgg.): Platon: Seine Dialoge in der Sicht neuer Forschungen. Darmstadt: WBG, 249–275.
Krämer, S.; Koch, E. (Hgg.) (2010): Gewalt in der Sprache. Rhetoriken verletzenden Sprechens. München: Fink.
Krebs, J. (2019): Uninformative Information: Informationsübertragung als irreführende Leitmetapher der Informationsgesellschaft. Bielefeld: transcript.
Krumeich, K. (2013): „Virtuelle Rekonstruktion zerrissener Stasi-Unterlagen". Bibliotheksdienst 47:7, 553–554.
Kümpel, A. S.; Rieger, D. (2019): Wandel der Sprach- und Debattenkultur in sozialen Online-Medien. Ein Literaturüberblick zu Ursachen und Wirkungen inziviler Kommunikation. Berlin: Konrad-Adenauer-Stiftung. https://www.kas.de/en/single-title/-/content/wandel-der-sprach-und-debattenkultur-in-sozialen-online-medien. Zuletzt aufgerufen am 5.4.2021.
Kuhlen, R. (1999): Die Konsequenzen von Informationsassistenten. Frankfurt/M.: Suhrkamp.
Kunze, H.; Rückl, G. (Hgg.) (1974): Lexikon des Bibliothekswesens. 2. Aufl. 2 Bde. Leipzig: VEB Verlag für Buch- und Bibliothekswesen.
Kunzru, H. (2013): Memory Palace. London: V&A Publishing.
Kuzmičová, A. (2016): „Does it Matter Where You Read? Situating Narrative in Physical Environment". Communication Theory 26, 290–308.
Kuzmičová, A. et al. (2018): „Reading and Company: Embodiment and Social Space in Silent Reading Practices". Literacy 52:2, 70–77.
Lackey, J. (2010): Learning from Words: Testimony as a Source of Knowledge. Oxford: Oxford UP.
Lacy, M. (ed.) (2014), The Slow Book Revolution: Creating a New Culture of Reading on College Campuses and Beyond. Santa Barbara, CA: Libraries Unlimited.
Lavallée, M.-J. (2018): Lire Platon avec Hannah Arendt: Pensée, politique, totalitarisme. Montréal, CA: Les Presses de l'Université de Montréal.

Lavie, N. et al. (2014): „Blinded by the load: attention, awareness and the role of perceptual load". Philosophical Transactions of the Royal Society B-Biological Sciences 369:1641, 20130205. https://doi.org/10.1098/rstb.2013.0205. Zuletzt aufgerufen am 5.4.2021.
Leverage, P. et al. (eds) (2010): Theory of Mind and Literature. West Lafayette, IN: Purdue UP.
Levi, P. (2017): Ist das ein Mensch? Ein autobiographischer Bericht. Übersetzt von H. Riedt. 7. Aufl. München: dtv.
Levi, P. (1990): Die Untergegangenen und die Geretteten. Übersetzt von M. Kahn. München: Hanser.
Levinas, E. (2016): Totalité et infini. Essai sur l'extériorité. Paris: Livre de poche/Kluwer.
Levinas, E. (1982): Éthique et infini. Dialogues avec Philippe Nemo. Paris: Fayard.
Loh, J. (2020): Trans- und Posthumanismus zur Einführung. 3. Aufl. Hamburg: Junius.
Lowenthal, D. (2015): The Past Is a Foreign Country – Revisited. Cambridge: Cambridge University Press.
Lowenthal, D. (1998): The Heritage Crusade and the Spoils of History. Cambridge: Cambridge University Press.
Lowenthal, D. (1985): The Past Is a Foreign Country. Cambridge: Cambridge University Press.
Ludz, U. (2006): „,Thoughtlessness': Its Rare Meaning Enters The Times". HannahArendt.net 2, Miscellanea. http://www.hannaharendt.net/index.php/han/article/view/96. Zuletzt aufgerufen am 5.4.2021.
Lukács, G. (1967): Geschichte und Klassenbewusstsein. Studien über marxistische Dialektik. Photomechanischer Neudruck der Originalausgabe von 1923 im Malik Verlag, Berlin. Amsterdam: De Munter.
Lyotard, J.-F. (1983): Le Différend. Paris: Minuit.
Magiera, G. (2007): Die Wiedergewinnung des Politischen: Hannah Arendts Auseinandersetzung mit Platon und Heidegger. Frankfurt/Main: Humanities Online.
Malafouris, L. (2013): How Things Shape the Mind: A Theory of Material Engagement. Cambridge, MA: MIT Press.
Malcolm-Davies, J. (2004): „Borrowed Robes: The Educational Value of Costumed Interpretation at Historic Sites". International Journal of Heritage Studies 10:3, 277–293.
Mangen, A.; van der Weel, A. (2016): „The Evolution of Reading in the Age of Digitisation: an Integrative Framework for Reading Research". Literacy 50:3, 116–124. http://dx.doi.org/10.1111/lit.12086. Zuletzt aufgerufen am 5.4.2021.
Mangen, A. et al. (2013): „Reading Linear Texts on Paper versus Computer Screen: Effects on Reading Comprehension". International Journal of Educational Research 58, 61–68. http://dx.doi.org/10.1016/j.ijer.2012.12.002. Zuletzt aufgerufen am 5.4.2021.
Mangold, R. (2017): „Human Processing of Commercial Information in Digital Environments". In: G. Siegert et al. (eds): Commercial Communication in the Digital Age: Information or Disinformation? Berlin: de Gruyter, 75–88.
Mann, K. (1993): Zahnärzte und Künstler. Aufsätze, Reden, Kritiken 1933–1936. Hrsg. von U. Naumann und M. Töteberg. Hamburg: Rowohlt.
Marchisio, K. et al. (2020): „When Does Unsupervised Machine Translation Work?" arXiv:2004.05516 [cs.CL]. Zuletzt aufgerufen am 27.5.2021.
Marion, M. (1998): Wittgenstein, Finitism, and the Foundations of Mathematics. Oxford: Clarendon Press.
Mau, S. (2017): Das metrische Wir: Über die Quantifizierung des Sozialen. Berlin: Suhrkamp.
McClelland, T. (2020): „The Mental Affordance Hypothesis". Mind 129:514, 401–427.

McDowell, S.; Braniff, M. (2014): Commemoration as Conflict: Space, Memory and Identity in Peace Processes. London: Palgrave.
McKenzie, D. F. (1986): Bibliography and the Sociology of Texts. London: The British Library.
McStay, A. (2018): „Digital Advertising and Adtech". In: J. Hardy et al. (eds): The Advertising Handbook. 4th ed. London: Routledge, 88–101.
Mehrabi, N. et al. (2019): „A Survey on Bias and Fairness in Machine Learning". arXiv:1908.09635 [cs.LG]. Zuletzt aufgerufen am 13.4.2021.
Meldungen (1941): Meldungen aus dem Reich (Nr. 156) 23. Januar 1941. In: Nationalsozialismus, Holocaust, Widerstand und Exil 1933–1945. Online-Datenbank. De Gruyter. 24.04.2018. http://db.saur.de/DGO/basicFullCitationView.jsf?documentId=MAR-0163. Dokument-ID: MAR-0163.
Menary, R. (ed.) (2010): The Extended Mind. Cambridge, MA: MIT Press.
Menasse, E. (2017): Der Holocaust vor Gericht: Der Prozess um David Irving. Köln: Kiepenheuer & Witsch.
Meunier, J. G. (2018): „Le Texte numérique: enjeux herméneutiques". DHQ: Digital Humanities 12:1. http://www.digitalhumanities.org/dhq/vol/12/1/000362/000362.html. Zuletzt aufgerufen am 5.4.2021.
Michelfelder, D. P.; Palmer, R. E. (1989): Dialogue and Deconstruction: The Gadamer-Derrida Encounter. Albany, NY: State University of New York Press.
Microsoft (2021): Skype Translator. https://www.skype.com/de/features/skype-translator/. Zuletzt aufgerufen am 5.4.2021.
Miedema, J. (2009): Slow Reading. Duluth, MS: Litwin Books.
Mikics, D. (2013): Slow Reading in a Hurried Age. Cambridge, MA: The Belknap Press.
Miller, S. (2008): „Collective Responsibility and Information and Communication Technology". In: J. van den Hoven; J. Weckert (eds): Information Technology and Moral Philosophy. Cambridge: Cambridge University Press, 226–250.
Minguela, M. et al. (2015): „Flexible Self-Regulated Reading as a Cue for Deep Comprehension: Evidence from Online and Offline Measures". Reading and Writing 28:5, 721–744. http://dx.doi.org/10.1007/s11145-015-9547-2. Zuletzt aufgerufen am 5.4.2021.
Moeschberger, S. L.; Phillips DeZalia, R. A. (eds) (2014): Symbols that Bind, Symbols that Divide: The Semiotics of Peace and Conflict. New York, NY: Springer.
Mohrhard, J. J. (2018): Slow Reading: Der neue Lesetrend. Mainz: Institut für Buchwissenschaft.
Monk, R. (1991): Ludwig Wittgenstein: The Duty of Genius. London: Vintage.
More, M. (2013): The Transhumanist Reader: Classical and Contemporary Essays on the Science, Technology, and Philosophy of the Human Future. Chichester: Wiley.
Moretti, F. (2016): Distant Reading. Konstanz: Konstanz University Press.
Naas, M. (2008): „Lending Assistance Always to Itself: Levinas' Infinite Conversation with Platonic Dialogue". In: B. Schroeder; S. Benso (eds): Levinas and the Ancients. Bloomington, IN: Indiana UP, 79–102.
Naddaff, R. A. (2003): Exiling the Poets: The Production of Censorship in Plato's *Republic*. Chicago, IL: The University of Chicago Press.
Nagel, T. (1974): „What Is It Like to Be a Bat?" The Philosophical Review 83:4, 435–450.
Nahl, D.; Bilal, D. (2007): Information and Emotion: The Emergent Affective Paradigm in Information Behavior Research and Theory. Medford, NJ: Information Today, Inc.
Napier, S. E. (2008): Virtue Epistemology: Motivation and Knowledge. New York, NY: Continuum Press.

Nassehi, A. (2019): Muster: Theorie der digitalen Gesellschaft. München: Beck.
Nichols, S.; Stich, S. P. (2003): Mindreading: An Integrated Account of Pretence, Self-Awareness, and Understanding Other Minds. Oxford: Clarendon Press.
NDIIPP (2011): Preserving Our Digital Heritage: The National Digital Information Infrastructure and Preservation Program 2010 Report. http://www.digitalpreservation.gov/multimedia/documents/NDIIPP2010Report_Post.pdf. Zuletzt aufgerufen am 5.4.2021.
Nida-Rümelin, J.; Gutwald, R. (2016): „Der philosophische Gehalt des Resilienzbegriffs". Münchener Theologische Zeitschrift 67, 250–262.
Nida-Rümelin, J.; Weidenfeld, N. (2018): Digitaler Humanismus: Eine Ethik für das Zeitalter der Künstlichen Intelligenz. 2. Aufl. München: Piper.
Noë, A. (2012): Varieties of Presence. Cambridge, MA: Harvard UP.
Nurminen, M.; Koponen, M. (2020): „Machine Translation and Fair Access to Information". Translation Spaces 9:1, 150–169.
Olive, J. et al. (eds) (2011): Handbook of Natural Language Processing. DARPA Global Autonomous Language Exploitation. New York, NY: Springer.
Ong, W. J. (2002): Orality and Literacy: The Technologizing of the Word. London: Routledge.
Onishi, T. et al. (2018): „Relation Extraction with Weakly Supervised Learning Based on Process-Structure-Property-Performance Reciprocity". Science and Technology of Advanced Materials 19:1, 649–659.
Orozco, T. (2004): Platonische Gewalt. Gadamers politische Hermeneutik der NS-Zeit. Hamburg: Argument.
Orwell, G. (2008): Nineteen Eighty-Four. London: Penguin.
Ott, S. (2004): Information: Zur Genese und Anwendung eines Begriffs. Konstanz: UVK.
Ovenden, R. (2020): Burning the Books: A History of Knowledge Under Attack. London: John Murray.
Pariser, E. (2012): The Filter Bubble: What the Internet is Hiding from You. London: Penguin.
Perissinotto, L.; Cámara, B. R. (eds) (2013): Wittgenstein and Plato: Connections, Comparisons and Contrasts. London: Palgrave.
Pham, N.-Q. et al.: „Improving Zero-Shot Translation with Language-Independent Constraints". Preprint, 2019. https://arxiv.org/abs/1906.08584. Zuletzt aufgerufen am 5.4.2021.
Philipp, M. (2015): Lesestrategien. Bedeutung, Formen und Vermittlung. Weinheim: Beltz Juventa.
Philipp, M.; Schilcher, A. (Hgg.) (2012): Selbstreguliertes Lesen: Ein Überblick über wirksame Leseförderansätze. Seelze: Klett Kallmeyer.
Pieper, J. (1958): Muße und Kult. 5. Aufl. München: Kösel.
Plachta, B. (1997): Editionswissenschaft: Eine Einführung in Methode und Praxis der Edition neuerer Texte. Stuttgart: Reclam.
Platon (2016): Werke in acht Bänden. Griechisch und deutsch. Hrsg. von G. Eigler. 7. Aufl. Darmstadt: WBG.
Pollack, M. (2014): Kontaminierte Landschaften. 2. Aufl. Wien: Residenz.
Popper, K. (2011): The Open Society and Its Enemies. One-volume ed. London: Routledge.
Post, E. (1936): „Finite Combinatory Processes. Formulation I." Journal of Symbolic Logic 1:3, 103–105.
Poulot, D. (2001): Patrimoine et musées: L'Institution de la culture. Paris: Hachette.
Ramharter, E.; Weiberg, A. (2014): „Die Härte des logischen Muß": Wittgensteins Bemerkungen über die Grundlagen der Mathematik. Neuauflage. Berlin: H-E Verlag.

Rifkin, J. (2001): The Age of Access: The New Culture of Hypercapitalism, Where All of Life is a Paid-For Experience. New York, NY: Tarcher/Putnam.

Rincon, L. (2019): „Interpreter Mode Brings Real-Time Translation to Your Phone". Google Blog, 12.12.2019. https://www.blog.google/products/assistant/interpreter-mode-brings-real-time-translation-your-phone/. Zuletzt aufgerufen am 5.4.2021.

Robbins, P.; Aydede, M. (eds) (2008): The Cambridge Handbook of Situated Cognition. Cambridge: Cambridge University Press.

Robertson-von Trotha, C. Y.; Hauser, R. (Hgg.) (2011): Neues Erbe: Aspekte, Perspektiven und Konsequenzen der digitalen Überlieferung. Karlsruhe: KIT Scientific Publishing. http://digbib.ubka.uni-karlsruhe.de/volltexte/1000024230. Zuletzt aufgerufen am 5.4.2021.

Rosa, H. (2019): Resonanz: Eine Soziologie der Weltbeziehung. Berlin: Suhrkamp.

Rosa, H. (2005): Beschleunigung. Die Veränderung der Zeitstrukturen in der Moderne. Frankfurt/M.: Suhrkamp.

Russell, B. (1908): „Mathematical Logic as Based on the Theory of Types". American Journal of Mathematics 30:3, 222–262.

Sandis, C. (ed.) (2014): Cultural Heritage Ethics: Between Theory and Practice. Cambridge: Open Book Publishers.

Sarcevic, A. (2007): „Human-Information Interaction in Time-Critical Settings: Information Needs and Use in the Emergency Room". Proceedings of the 70th Annual Meeting of the American Society for Information Science and Technology (ASIS&T 2007) 44:1, 1–15. http://dx.doi.org/10.1002/meet.1450440241. Zuletzt aufgerufen am 5.4.2021.

Scarlett, A.; Zeilinger, M. (2019): „Rethinking Affordance". Media Theory 3:1, 1–48.

Scharrer, L.; Salmerón, L. (2016): „Sourcing in the Reading Process: Introduction to the Special Issue". Reading and Writing 29, 1539–1548. http://dx.doi.org/10.1007/s11145-016-9676-2. Zuletzt aufgerufen am 5.4.2021.

Scheffler, S. (2016): Death and the Afterlife. Oxford: Oxford UP.

Schiffer, M. B. (1996): Formation Processes of the Archaeological Record. Reprint. Salt Lake City, UT: University of Utah Press.

Schilhab, T.; Kuzmičová, A. (2020): „Situated Meaning-Making and the Places Where We Read". In: T. Schilhab; S. Walker (eds): The Materiality of Reading. Aarhus: Aarhus Universitetsforlag, 9–16.

Schleiermacher, F. D. E. (1993): Hermeneutik und Kritik. Hrsg. von M. Frank. 5. Aufl. Frankfurt/Main: Suhrkamp.

Schneider, J. G. (2002): Wittgenstein und Platon: Sokratisch-platonische Dialektik im Lichte der wittgensteinschen Sprachspielkonzeption. Freiburg: Alber.

Schüller-Zwierlein, A. (2017a): „Die Bibliothek als Lesezentrum". o-bib 2. https://doi.org/10.5282/o-bib/2017H2S14-34. Zuletzt aufgerufen am 5.4.2021.

Schüller-Zwierlein, A. (Hrsg.) (2017b): Informationskompetenz, Informationsverhalten, Informationsverarbeitung. Regensburg: Universitätsbibliothek Regensburg.

Schüller-Zwierlein, A. (2015): „Why Preserve? An Analysis of Preservation Discourses". Preservation, Digital Technology & Culture 44:3, 98–122.

Schüller-Zwierlein, A. (2014): „Diachrone Unzugänglichkeit: Versuch einer Prozesstypologie". In: Hollmann/Schüller-Zwierlein 2014, 15–79.

Schüller-Zwierlein, A.; Zillien, N. (Hgg.) (2012): Informationsgerechtigkeit: Theorie und Praxis der gesellschaftlichen Informationsversorgung. Berlin: de Gruyter.

Schütz, J. (2018): „Nur kleiner Teil der zerrissenen Stasi-Akten wieder lesbar". Heise online, 2.1.2018. https://www.heise.de/newsticker/meldung/Nur-kleiner-Teil-der-zerrissenen-Stasi-Akten-wieder-lesbar-3929318.html. Zuletzt aufgerufen am 5.4.2021.

Sedmak, C. (2013): Innerlichkeit und Kraft: Studie über epistemische Resilienz. Freiburg: Herder.

Sen, A. (2009): The Idea of Justice. London: Allen Lane.

Sen, A. (2007): Identity and Violence: The Illusion of Destiny. London: Penguin.

Sen, A. (1999): Development as Freedom. Oxford: Oxford University Press.

Sen, A. (1998): Inequality Reexamined. Cambridge, MA: Harvard UP.

Shannon, C. (1936): A Symbolic Analysis of Relay and Switching Circuits. Thesis, MIT. http://hdl.handle.net/1721.1/11173. Zuletzt aufgerufen am 5.4.2021.

Shillingsburg, P. L. (2017): Textuality and Knowledge. Essays. University Park, PA: The Pennsylvania State University Press.

Siegert, G. et al. (eds) (2017): Commercial Communication in the Digital Age: Information or Disinformation? Berlin: de Gruyter.

Silverman, H. (2011): Contested Cultural Heritage: Religion, Nationalism, Erasure, and Exclusion in a Global World. New York, NY: Springer.

Silverman, H.; Ruggles, D. F. (eds) (2007): Cultural Heritage and Human Rights. New York, NY: Springer.

Smith, G. (ed.) (2000): Hannah Arendt Revisited: ‚Eichmann in Jerusalem' und die Folgen. Frankfurt/M.: Suhrkamp.

Smith, L. (2006): Uses of Heritage. London: Routledge.

Sponder, M.; Khan, G. F. (2018): Digital Analytics for Marketing. New York, NY: Routledge.

Stähler, T. (2011): Platon und Levinas: Ambiguität diesseits der Ethik. Würzburg: Königshausen und Neumann.

Stangneth, B. (2014): Eichmann vor Jerusalem: Das unbehelligte Leben eines Massenmörders. 2. Aufl. Hamburg: Rowohlt.

Sühl-Strohmenger, W. (Hrsg.) (2017): Handbuch Informationskompetenz. 2. Aufl. Berlin: de Gruyter.

Szlezák, T. A. (1992): „Was heißt ‚Dem Logos zu Hilfe kommen'? Zu Struktur und Zielsetzung der platonischen Dialoge". In: L. Rossetti (ed.): Understanding the ‚Phaedrus'. Proceedings of the Second Symposium Platonicum. St. Augustin: Academia, 93–107.

Thatcher, A. et al. (2015): „An Investigation into the Impact of Information Behaviour on Information Failure: the Fukushima Daiichi Nuclear Power Disaster". International Journal of Information Management 35:1, 57–63. http://dx.doi.org/10.1016/j.ijinfomgt.2014.10.002. Zuletzt aufgerufen am 5.4.2021.

Thompson, M. J. (2020): „Verdinglichung und das Netz der Normen: Wege zu einer Kritischen Theorie des Bewusstseins". Deutsche Zeitschrift für Philosophie 68:2, 218–241.

Treleani, M. (2017): Qu'est-ce que le patrimoine numérique? Une sémiologie de la circulation des archives. Lormont: Le Bord de l'eau.

Tunbridge, J. E.; Ashworth, G. J. (1996): Dissonant Heritage: The Management of the Past as a Resource in Conflict. New York, NY: Wiley.

Turing, A. (2004): The Essential Turing. Ed. J. Copeland. Oxford: Clarendon Press.

Turing, A. (1948): „Practical Forms of Type Theory". Journal of Symbolic Logic 13:2, 80–94.

Turing, A. (1944): „The Reform of Mathematical Notation and Phraseology". Unpubliziert, ca. 1944.

van den Bercken, L. et al. (2019): „Evaluating Neural Text Simplification in the Medical Domain". Proceedings, WWW '19 The World Wide Web Conference. San Francisco, CA, USA – May 13–17, 2019, 3286–3292. https://doi.org/10.1145/3308558.3313630. Zuletzt aufgerufen am 5.4.2021.
Vanderelst, D.; Winfield, A. (2018): „An Architecture for Ethical Robots Inspired by the Simulation Theory of Cognition". Cognitive Systems Research 48, 56–66. https://doi.org/10.1016/j.cogsys.2017.04.002. Zuletzt aufgerufen am 5.4.2021.
Van Dijk, J. A. G. M. (2005): The Deepening Divide: Inequality in the Information Society. Thousand Oaks, CA: Sage.
Varga, S. (2014): Vom erstrebenswertesten Leben: Aristoteles' Philosophie der Muße. Berlin: de Gruyter.
Varona, D. et al. (2021): „Machine Learning's Limitations in Avoiding Automation of Bias". AI & Society 36, 197–203. https://doi.org/10.1007/s00146-020-00996-y. Zuletzt aufgerufen am 13.4.2021.
Vasileva, M. I. (2020): „The Dark Side of Machine Learning Algorithms: How and Why They Can Leverage Bias, and What Can Be Done to Pursue Algorithmic Fairness". ACM KDD '20, August 23–27, 2020, Virtual Event, USA. https://doi.org/10.1145/3394486.3411068. Zuletzt aufgerufen am 13.4.2021.
Veblen, T. (1926): Theory of the Leisure Class. New York: Vanguard Press.
Vidal-Naquet, P. (1987): Les Assassins de la mémoire. ‚Un Eichmann de papier' et autres essais sur le révisionnisme. Paris: La Découverte.
Vieira, L. N. et al. (2020): „Understanding the Societal Impacts of Machine Translation: A Critical Review of the Literature on Medical and Legal Use Cases". Information, Communication & Society. https://doi.org/10.1080/1369118X.2020.1776370. Zuletzt aufgerufen am 27.5.2021.
von Becker, P. (2015): Der neue Glaube an die Unsterblichkeit: Transhumanismus, Biotechnik und digitaler Kapitalismus. Wien: Passagen.
von Marschall, C. (2020): „Putin gibt Polen Mitschuld am Zweiten Weltkrieg". Tagesspiegel, 8.1.2020. https://www.tagesspiegel.de/politik/geschichtsstreit-putin-gibt-polen-mitschuld-am-zweiten-weltkrieg/25397584.html. Zuletzt aufgerufen am 5.4.2021.
von Thaden, T. L. (2008): „Distributed Information Behavior: a Study of Dynamic Practice in a Safety Critical Environment". Journal of the American Society for Information Science and Technology 59:10, 1555–1569. http://dx.doi.org/10.1002/asi.20842. Zuletzt aufgerufen am 5.4.2021.
Vossenkuhl, W. (2001): „Sagen und Zeigen: Wittgensteins ‚Hauptproblem'". In: W. Vossenkuhl: Ludwig Wittgenstein: Tractatus logico-philosophicus. Berlin: Akademie Verlag, 35–63. (Klassiker Auslegen; 10).
UN News (2015): „Iraq: UNESCO outraged over terrorist attack against Mosul Museum". UN News, 26.2.2015. https://news.un.org/en/story/2015/02/492082-iraq-unesco-outraged-over-terrorist-attack-against-mosul-museum#.VPAVhFdQQas. Zuletzt aufgerufen am 5.4.2021.
Walker, M. B. (2017): Slow Philosophy: Reading against the Institution. London: Bloomsbury.
Wandres, T. (2000): Die Strafbarkeit des Auschwitz-Leugnens. Berlin: Duncker & Humblot.
Weaver, W. (1949): „Translation". Rockefeller Foundation. http://gunkelweb.com/coms493/texts/weaver_translation.pdf. Zuletzt aufgerufen am 5.4.2021.
Webster, F. (2006): Theories of the Information Society. 3rd ed. London: Routledge.

Wehrle, M. et al. (2021): Access and Mediation: A New Approach to Attention. Berlin: de Gruyter.
Weiss, T. G.; Connelly, N. (2020): Cultural Cleansing and Mass Atrocities: Protecting Cultural Heritage in Armed Conflict Zones. Los Angeles, CA: Getty Publications.
Wiernik, J. (2014): Ein Jahr in Treblinka. Wien: bahoe books.
Willer, S. et al. (Hgg.) (2013): Erbe: Übertragungskonzepte zwischen Natur und Kultur. Berlin: Suhrkamp.
Wilson, T. D. (2010): „Fifty Years of Information Behavior Research". Bulletin of the American Society for Information Science and Technology 36:3, 27–34. https://doi.org/10.1002/bult.2010.1720360308. Zuletzt aufgerufen am 5.4.2021.
Wilson, T. D. (1999): „Models in Information Behaviour Research". Journal of Documentation 55:3, 249–270.
Wistrich, R. S. (ed.) (2012): Holocaust Denial: The Politics of Perfidy. Berlin: de Gruyter.
Witte, P.; Tyas, S. (2001): „A New Document on the Deportation and Murder of Jews during ‚Einsatz Reinhardt' 1942". Holocaust and Genocide Studies 15:3, 468–486.
Wittgenstein, L. (1984): Tractatus logico-philosophicus. Tagebücher 1914–1916. Philosophische Untersuchungen. Werkausgabe Band 1. Frankfurt/M.: Suhrkamp. (TLP / PU)
Wittgenstein, L. (1984): Philosophische Bemerkungen. Hrsg. von R. Rhees. Werkausgabe Band 2. Frankfurt/M.: Suhrkamp. (PB)
Wittgenstein, L. (1984): Ludwig Wittgenstein und der Wiener Kreis. Gespräche, aufgezeichnet von Friedrich Waismann. Hrsg. von B. F. McGuinnness. Werkausgabe Band 3. Frankfurt/M.: Suhrkamp. (WWK)
Wittgenstein, L. (1989): Das Blaue Buch. Eine philosophische Betrachtung: (das braune Buch). Hrsg. von R. Rhees. Werkausgabe Band 5. 4. Aufl. Frankfurt/M.: Suhrkamp. (BB)
Wittgenstein, L. (1984): Philosophische Grammatik. Hrsg. v. Rush Rhees. Werkausgabe Band 4. Frankfurt/M.: Suhrkamp. (PG)
Wittgenstein, L. (1989): Wittgenstein's Lectures on the Foundations of Mathematics, Cambridge, 1939. Ed. C. Diamond. Chicago, IL: The University of Chicago Press. (LFM)
Wittgenstein, L. (2000): ‚The Big Typescript'. Wiener Ausgabe. Hrsg. von M. Nedo. Frankfurt/M.: Zweitausendeins. (BT)
Wittgenstein, L. (1989): Vorlesungen 1930–1935. Frankfurt/M.: Suhrkamp. (VL)
Wittgenstein, L. (1984): Bemerkungen über die Grundlagen der Mathematik. Hrsg. von G. E. M. Anscombe et al. Werkausgabe Band 6. Frankfurt/M.: Suhrkamp. (BGM)
Wittgenstein, L. (1984): Bemerkungen über die Philosophie der Psychologie. Letzte Schriften über die Philosophie der Psychologie. Werkausgabe Band 7. Frankfurt/M.: Suhrkamp. (BPP)
Wojcieszuk, M. A. (2010): ‚Der Mensch wird am DU zum ICH': Eine Auseinandersetzung mit der Dialogphilosophie des XX. Jahrhunderts. Freiburg: Centaurus.
Wolf, M. (2018): Reader, Come Home: The Reading Brain in a Digital World. New York, NY: Harper.
Xu, W. et al. (2015): „Problems in Current Text Simplification Research: New Data Can Help". Transactions of the Association of Computational Linguistics 3:1, 283–297.
Zagzebski, L. T. (1996): Virtues of the Mind: An Inquiry into the Nature of Virtue and the Ethical Foundations of Knowledge. Cambridge: Cambridge UP.
Zhang, X. et al. (2019): „Machine Reading Comprehension: a Literature Review". Preprint. https://arxiv.org/abs/1907.01686. Zuletzt aufgerufen am 5.4.2021.

Zillien, N. (2009): Digitale Ungleichheit: Neue Technologien und alte Ungleichheiten in der Informations- und Wissensgesellschaft. 2. Aufl. Wiesbaden: VS.
Zunshine, L. (2006): Why We Read Fiction: Theory of Mind and the Novel. Columbus, OH: Ohio State UP.

www.ingramcontent.com/pod-product-compliance
Lightning Source LLC
Chambersburg PA
CBHW030515230426
43665CB00010B/626